善善 經傳國譯叢書 ❸

孟子集註

善善 儒敎經傳硏究所 譯

㈜善善

譯 敍

　하필 왕께서는 利를 말씀하십니까? 仁義가 있을 뿐입니다. 맹자께서 양혜왕에게 개진한 첫 말씀이다. 나는 『孟子』를 읽는 사람이 첫째로 알아야 할 것이 바로 '맹자의 기상'이라고 늘 생각해 왔다.

　전국시대, 제후들이 다투어 영토를 전벌로 확장하기 위하여 세금을 거두고 강한 군대양성을 지상의 목표로 하던 시대, 그러한 시대에 자신의 포부를 실현하기 위하여 외유까지 감행한 맹자께서 왕이 '무엇으로 우리나라를 이롭게 하시겠느냐?'는 물음에 첫 말씀이 '왕께서는 하필 利를 말씀하시냐?'는 힐난을 하시고 있다.

　이뿐만이 아니라 제왕의 시대에 현 민주주의 대통령 시대에도 못할 직설적인 힐책을 맹자는 서슴없이 하고 있고 듣는 왕이 처음엔 기분이 언짢은 표정을 하지만 끝내 맹자의 논리에 순응하고 존중하는 태도를 취하기도 했다. 이러한 맹자의 기상과 장강대하와 같은 변론은 어디서 온 것일까? 이는 맹자께서 도에 대한 철저한 깨달음이 없는 분이라면 불가능한 것이다.

　이 도는 요·순·우·탕·문·무·주공이 행한 것으로서 공자가 집대성하고 전한 바로 유학의 도이다. 오늘의 시대에 유학의 도가 학설과 정치·경제·문화·교육·국방 등의 여러 분야에 가장 생생하게 볼 수 있는 자료는 단연 『孟子』를 제쳐두고는 어디서도 구하기 어려울 것이다.

　당대의 변설가들이 利를 판단 척도로 유세하였다면 맹자는 인의를 척도로 가르침을 펼쳐 만나는 제후마다 유학의 진정한 도를 깨우치고 역대의 성군과 같은 왕이 될 것을 요구하였다. 이것이 바로 전국시대에 맹자가 창도한 왕도정치이다.

맹자를 찬찬이 읽고 생각하고 마음에 돌이켜 구하면 현대의 자유민주주의와 자본주의자들이 제시한 정책들 역시 다 利에 근원하고 있음을 알 수 있다. 물론 맹자께서 말씀하신 바와 같이 彼善於此는 있을 수 있다. 예컨대, 복지정책·경로정책·유아정책 등등 일부 은혜를 베푸는 정책이 있지만, 이는 개인주의·합리주의의 병폐를 치유하기 위한 하나의 수단에 불과하니 補孔塞罅에 불과할 뿐이고 인간의 타고난 본성을 바탕으로 각각의 삶을 실현하는 맹자의 왕도정치와 대동사회에서 제시한 각득기소의 정치에 비견될 수 있겠는가.

『孟子』를 읽으면서 모름지기 먼저 맹자의 기상을 체념하고 그와 같은 기상이 도에 대한 깨달음에 연유한 것임을 알아야 한다. 부분적으로 산출하는 성인이 계시지 않은 시대에 자임한 사명감, 공자에 대한 존숭, 이단에 대한 배척, 사단을 근거로 한 성선에 대한 확신, 호연지기의 배양, 뭇 성인에 대한 정밀한 논평, 당시 인물에 대한 평론, 정치에 대한 견해 역시 도에서 나온 것임을 확연히 알게 될 것이다.

맹자 전체를 관통하는 도가 바로 맹자가 깨달은 것이요 실천한 것이요 지위를 얻어 천하만대에 행하고자 한 이상이다. 이 도는 다 마음(心)에 근원을 두고 있다. 그러기에 맹자는 왕을 만나 대화를 함에도 갖가지 정책의 시비나 인물의 전형보다 임금의 그릇된 마음을 바로잡는 데(格君心之非)에 중점으로 두고 있다. 한 번 임금의 마음을 바루면 천하에 바루지 못할 것이 없기 때문이다.

편리와 물질적 풍요를 염원하는 오늘날 마음을 바루면(正心) 손해를 본다고들 한다. 이는 맹자께서 인용한 '부를 추구하면 仁하지 못하고, 仁을 하면 부유하지 못한다.'는 양화와 같은 사람일 것이다. 양화는 仁을 함이 富를 추구함에 방해 될 것을 염려한 것이고 맹자는 富를 추구함이 仁을 함에 해가 될 것을 염려한 것이다. 양화가 그처럼 부를 추구했다면 2000년이 지난 지금에는 천지를 뒤덮는 부를 이룸이 마땅한데도 현재는 맹자의 부만도 못하다는 사실을 깨우치고 보면 시공을 초월하여 인류역사에 부를 전하고자 하는 자는 모름지기 仁義를 쌓아 천지의 도와 짝하는 浩然之氣를 기르는 것이 유일한 방법임을 알아야 할 것이다.

최근에 내가 직접 경험한, 정의를 구현한다는 기관의 담당자들이 사실을 호도하고 시비와 흑백을 변환함을 보고, 기실 나 자신도 분울했던 적이 있다. 그러나 그들의 사술이 어찌 진심에서 우러난 것이며 또 그로 인해 나의 본성이 어찌 어둑해지겠는가? 단지 하늘을 우러러 왕도를 행하는 자가 나와 庶民이 仁義에 흥기하는 시대가 이르기를 기원할 뿐이다.

잘난 사람이야 어느 시대를 만나든, 나라를 팔아먹을 수도 있고 밀수를 할 수도 있고 사기를 칠 수도 있으니 호의호식하겠지만, 못난 서민이야 왕도를 행하는 이가 출현하지 않으면 제 몸 건사도 못하리니, 어찌 仁義에 흥기할 수 있겠는가?

맹자께서 우리 유학에 공헌한 것이 한두 가지가 아니다.

그 첫째는 인간의 본성이 선함을 밝힌 성선설이다. 현대의 학문 풍토가 새롭고 기이한 것(新奇)과 갈래갈래 나누어 이견 세움(岐異)을 좋아하고 서양학술을 우위(盲從)에 두어 이미 맹자께서 분명하게 밝히신 학설마저 학계에 다시 유행하고 심지어 각 급 학교의 교과서에 버젓이 등장하고 있으니, 참으로 안타까운 일이다.

둘째는 호연지기를 발명하신 점이다. 극기라 하면 어렵고 힘든 일을 해내는 것으로 여기고 호연지기를 기른다 하면 정상에 올라 야호 하는 것으로 인식하는 시대에 맹자의 호연지기는 설명하기도 어렵고 이해하기도 어렵다. 단편적으로 예를 들면 착한 일을 했을 때, 옳은 일을 했을 때, 공부하다가 전에 모르던 것을 새로 깨달았을 때 등등에서 뿌듯하고 꽉 찬 듯한 마음의 상태, 그것이 바로 올곧고 굳센(浩然) 기운의 시초일 것이다. 이러한 호연지기는 道義와 配合하여 길러지므로 일상의 하는 일이 하나도 道義에서 벗어나지 않을 때 가능할 것이다.

지금 세상에는 기를 수련한다. 호흡을 한다. 요가를 한다. 등등 많은 유파들이 있지만 맹자께서 말씀하신 浩然之氣를 기르려는 자는 義를 행하는 데서 시작해야 할 것이다. 아무리 기를 수련하고 호흡을 해도 불의를 행하면 벌써 타고난 본성의 양심이 메아리 칠 것이니, 무슨 도움이 되겠는가?

孔孟이 다 지위를 얻지 못했으니, 또 세상 사람들은 유학은 실현 불가능한 하나의 학문에 지나지 않는다고 말할지도 모른다. 과연 공맹은 실패한 분인가? 나는 인류역사상 공맹보다 성공한 분은 없다고 생각한다. 왜냐하면 부로 말해도 공자께서는 2500년이 지난 지금에도 여의도 면적을 능가하는 부지의 저택을 소유하셨고 중국 역사상 무지하고 몰염치한 진나라 시황제나 현대 초기 공산주의 때를 제외하고 변함없이 존숭을 받으셨으니, 부와 명성으로도 공자보다 위대한 분은 인류역사에는 단연코 없다.

맹자께서도 '아직은 내가 부족하지만 내가 배우고자 하는 분은 공자이시다.' 하셨다. 오늘의 시대와 전국시대 공자를 존숭하고 본받는 데 어떤 시대가 더 쉬울까? 똑같이 利를 추구하는 시대이며 이단의 학설이 난무하는 시대이다. 어려움은 시대에 있지 않고 도에 대한 깨달음과 실천에 달려 있다.

사람은 돈 있는 만큼 사는 것이 아니라 생각하는 만큼 산다. 맹자께서 만난 사람은 왕이며 경대부·왕자 등등이다. 그럼에도 그들의 생각은 오직 利와 富에 있을 뿐이었다. 그러니 인생은 생각하는 만큼 사는 것이다.

끝으로 이 번역서가 유학의 도를 체념하고 실행하신 맹자의 호연한 기상과 성선의 학설을 이해하는 데에 일조를 하여 시대의 폐단을 극복하는 척

도로서 가늠할 수 있는 현인의 출현을 간절히 기원하는 바이다.

　아울러 이 책이 나오기까지 번역과 토론에 성심을 다한 번역위원과 마무리 교정에 열과 성을 다해준 검토위원에게 고마움을 전하며 항상 제자들에게 학문의 진보를 독려하시고 채근하시는 병주 이선생께서 더욱 강령하시어 다음 인쇄에는 선생의 강설이 실리기를 염원한다.

2012년 12월　일 선선유교경전연구소에서 고주환은 삼가 쓰다.

凡 例

1. 本書는 선선유교경전연구소 經傳國譯叢書의 한 책이다.
2. 本書는 內閣本(學民文化社 影印本)을 번역 대본으로 하였다.
3. 본서의 구성은 經文·集註 순으로 번역하였다.
4. 원문 이해를 돕기 위하여 懸吐를 하였다.
   經文의 吐는 諺解本을 따랐다.
   集註의 吐는 屛洲 李鍾洛 先生이 懸吐하였다.
5. 독자의 내용 파악을 돕기 위해 集註는 내용별로 단락을 나누고 번역문도 이를 따랐다.
6. 飜譯은 원전에 충실하면서도 가능하면 간결하게 표현하였고, 필요한 경우에는 번역문 다음에 原文을 ( )로 제시하였다.
7. 經文·集註의 異音異義 한자는 음을 표시하였고, 언해의 독음과 현용 한문사전의 독음이 다른 경우는 언해의 독음을 따르고 현용 한문사전의 음을 ( )에 표시하였으며, 어려운 한자와 특이한 用例의 한자는 음과 훈을 集註 밑에 실어 편의를 도모하였다.(단 독음은 언해를 따르고 현용 사전의 음을 ( )에 표기하였다.)
8. 譯註는 이해하기 어려운 문맥을 대상으로 하였으며 한자의 音訓 다음에 실었다.
9. 本書는 대화체인 점을 감안하여 직접화법인 경우에 " "를 사용하고 인용인 경우에는 ' '를 사용하였다.
10. 本書에서 사용한 符號는 다음과 같다.
    『　』: 서명　　「　」: 편명　　<　>: 장　　≪　≫: 절
    (　): 보충역, 간주, 참고 원어 및 한자　　*: 각주 표시

目次

- 譯敍 · i
- 凡例 · vi

孟子集註序說 ………………………………… 9
梁惠王章句上 ………………………………… 15
梁惠王章句下 ………………………………… 57
公孫丑章句上 ………………………………… 107
公孫丑章句下 ………………………………… 157
藤文公章句上 ………………………………… 194
藤文公章句下 ………………………………… 239
離婁章句上 …………………………………… 279
離婁章句下 …………………………………… 328
萬章章句上 …………………………………… 373
萬章章句下 …………………………………… 410
告子章句上 …………………………………… 447
告子章句下 …………………………………… 492
盡心章句上 …………………………………… 534
盡心章句下 …………………………………… 592

- 跋文 ………………………………………… 643

孟子集註序說

　　史記列傳에 曰孟軻는 騶人也니 受業子思之門人하니라 道旣通에 游事齊宣王하되 宣王이 不能用이어늘 適梁하신대 梁惠王이 不果所言하고 則見以爲迂遠而闊於事情이라하니 當是之時하야 秦用商鞅하고 楚魏는 用吳起하고 齊用孫子田忌하야 天下方務於合從連衡(횡)하야 以攻伐로 爲賢이어늘 而孟軻 乃述唐虞三代之德하시니 是以所如者 不合이라 退而與萬章之徒로 序詩書하사 述仲尼之意하사 作孟子七篇하시니라

　　『史記』「列傳」에 말하였다. "맹가는 추나라 사람이니, 자사의 문인에게 수업하셨다. 도를 이미 통달함에 齊나라에 가서 선왕을 섬겼는데 선왕이 능히 행하지 않거늘, 梁나라에 가셨는데 梁나라 혜왕이 맹자께서 말씀하신 바를 수행하지 못하고 곧 실정에 멀고 소활하게 여기는 인상을 받았다고 하니, 당시에 秦나라는 상앙을 등용하고 楚나라 魏나라는 오기를 등용하고 齊나라는 손자와 전기를 등용하여 천하가 한창 합종·연횡에 힘써 정벌을 최상으로 삼았다. 그런데도 맹자께서는 바로 요·순(唐虞)과 3대의 덕을 칭술하셨으니, 이 때문에 가시는 곳마다 뜻에 부합하지 않은지라, 물러나 만장의 문도와 함께 『詩』·『書』를 서술하여 중니의 뜻을 이어받아 『孟子』 7편을 지으셨다."

■ 騶 나라이름 추　　果 해낼 과　　迂 멀 우　　闊 오활할 활
　 衡 가로 횡　　　　賢 나을 현　　如 갈 여　　序 서술할 서
　 述 이을 술

韓子曰 堯는 以是傳之舜하시고 舜은 以是傳之禹하시고 禹는 以是傳之湯하시고 湯은 以是傳之文武周公하시고 文武周公은 傳之孔子하시고 孔子는 傳之孟軻러시니 軻之死에 不得其傳焉하니 荀與揚也는 擇焉而不精하고 語焉而不詳하니라

○又曰 孟氏는 醇乎醇者也요 荀與揚은 大醇而小疵하니라

○又曰 孔子之道 大而能博하시니 門弟子 不能徧觀而盡識(지)也라 故로 學焉而皆得其性之所近이러니 其後離散하야 分處諸侯之國하야 又各以其所能으로 授弟子하니 源遠而末益分이라 惟孟軻 師子思而子思之學이 出於曾子하니 自孔子沒로 獨孟軻氏之傳이 得其宗故로 求觀聖人之道者 必自孟子始니라

○又曰 揚子雲이 曰古者에 楊墨이 塞路어늘 孟子 辭而闢之廓如也라하니 夫楊墨이 行이면 正道廢하니 孟子 雖賢聖이시나 不得位하고 空言無施하니 雖切何補리오 然賴其言而今之學者 尙知宗孔氏崇仁義貴王賤霸而已요 其大經大法은 皆亡滅而不救하고 壞爛而不收하니 所謂存十一於千百이라 安在其能廓如也리오 然向無孟氏면 則皆服左袵而言侏離矣리라 故로 愈 嘗推尊孟氏하야 以爲功不在禹下者 爲此也니라

한자가 말하였다. "요임금은 이것을 순임금에게 전하시고 순임금은 이것을 우왕에게 전하시고 우왕은 이것을 탕왕에게 전하시고 탕왕은 이것을 문왕·무왕·주공에게 전하시고 문왕·무왕·주공은 이것을 공자에게 전하시고 공자는 이것을 맹자에게 전하셨는데, 맹자께서 돌아가시자 그 전함을 제대로 얻지 못하였으니, 순자와 양웅은 취택은 하였으되 정밀하지 못하고 말은 하였으되 자세하지 못하였다."

○또 말하였다. "맹씨는 순후하고도 순후한 분이요 순자와 양웅은 대체는 순후하나 조금 흠(하자)이 있다."

○또 말하였다. "공자의 도가 크고도 넓으시니, 문하 제자들이 능히 두루

관찰하고 다 기억할 수 없었다. 그러므로 이 도를 배움에 다 각자 성품에 가까운 바를 얻었더니, 그 후에 흩어져 제후국에 처하여 또 각자 자기의 능한 바로써 제자에게 전수하니, 근원이 멀어짐에 말엽이 더욱 갈라졌다. 오직 맹가만이 자사를 스승으로 삼으시고 자사의 학문이 증자에서 나왔으니, 공자께서 돌아가신 뒤로 유독 맹가씨의 전함만이 그 종주를 얻었으므로, 성인의 도를 구해 관찰하려는 자가 반드시 『孟子』로부터 비롯해야 한다."

○또 말하였다. "양자운이 '옛날 양주와 묵적이 聖人의 도를 막고 있거늘 맹자께서 말씀으로 물리쳐 넓히셨다.' 하니, 양주·묵적의 사설이 횡행하면 정도가 폐하니, 맹자께서 비록 현성이시나 지위를 얻지 못하고 빈말에 불과했으니, 비록 절실하나 무슨 보탬이 있으리오. 그러나 그 말씀에 힘입어 지금의 학자가 그나마 공자를 종주로 하며 인의를 숭상하며 왕도를 귀하게 여기고 패도를 천시할 줄 알 뿐이고, 그 大經大法은 다 없어져도 구제하지 못하고 문드러져도 정돈하지 못하니, 이른바 보존한 것이 천에 열, 백에 하나라는 것이다. 어디에 활짝 열어놓음이 있으리오. 그러나 지난번에 맹씨가 없었다면 다 오랑캐 옷을 입고 오랑캐 말을 했으리라. 그러므로 내가 일찍이 맹씨를 추존하여 공적이 우왕 아래에 있지 않다 한 것이 이 때문이다."

■ 向 접때 향　　　袵 옷깃 임　　　侏 거미 주　　　識 기억할지
　廓 넓힐 확

* 侏離 : 뜻이 통하지 않는 만이(蠻夷)의 소리

或이 問於程子曰 孟子를 還(선)可謂聖人否잇가

程子曰 未敢便(변)道他是聖人이나 然學已到至處니라

○程子 又曰 孟子 有功於聖門을 不可勝言이니 仲尼는 只說一箇仁字어시든 孟子는 開口에 便(변)說仁義하시고 仲尼는 只說一箇志어시든 孟子는 便(변)說許多養氣出來하니 只此二字 其功이 甚多니라

○又曰 孟子 有大功於世는 以其言性善也니라

○又曰 孟子性善養氣之論은 皆前聖所未發이니라

○又曰 學者 全要識時니 若不識時면 不足以言學이라 顔子 陋巷自樂(락)은 以有孔子在焉이어니와 若孟子之時엔 世旣無人하니 安可不以道自任이리오

○又曰 孟子 有些英氣하니 才有英氣면 便(변)有圭角이니 英氣 甚害事니라 如顔子는 便(변)渾厚不同하니 顔子는 去聖人이 只毫髮間이요 孟子는 大賢이니 亞聖之次也라 或曰 英氣 見(현)於甚處오 曰 但以孔子之言으로 比之하면 便(변)可見이라 且如冰與水精이 非不光이언마는 比之玉하면 自是有溫潤含蓄氣象이요 無許多光耀也니라

혹자가 정자에게 물었다. "맹자를 도리어 聖人이라 이를만합니까?"

정자가 대답하였다. "감히 곧 그분이 聖人이라고 말하지는 못하나, 학문은 이미 성인(至)의 경지에 도달하셨다."

○정자가 또 말하였다. "맹자께서 聖門에 이룬 공적을 이루 다 말할 수 없으니, 중니는 단지 仁자만 말씀하셨는데 맹자는 말씀마다 仁·義를 말씀하시고, 중니는 단지 志만을 말씀하셨는데 맹자는 허다한 養氣를 말씀하셨으니, 다만 이 두 글자로 말씀하신 공이 심히 크다."

○또 말하였다. "맹자께서 세상에 큰 공을 세움은 性善을 말씀하셨기 때문이다."

○또 말하였다. "맹자의 성선론과 양기론은 다 이전 성인이 발명하지 않은 바이다."

○또 말하였다. "학자가 때를 완전히 알아야 하니 만일 때를 모르면 학문을 말할 수 없다. 안자가 누추한 집에서 스스로 도를 즐거워함은 공자께서 계셨기 때문이거니와, 맹자 때에는 세상에 이미 聖人이 없으니 어찌 도를 스스로 책임지지 않겠는가?"

○또 말하였다. "맹자께서는 조금의 영기가 있으니, 조금 영기가 있으면 곧 규각이 있게 되니 영기가 심히 일을 해치는 것이다. 안자 같은 분은 곧

혼후함이 같지 않으니, 안자는 성인과 거리가 단지 털끝사이 정도요, 맹자는 大賢으로서 亞聖의 다음이다. 혹자가 '英氣가 어느 곳에 나타납니까?' 묻기에, 대답하기를, '단지 공자 말씀으로 비교하면 곧 알 수 있다. 우선 예를 들면 얼음과 수정이 빛나지 않는 것은 아니지마는 옥에 비교하면 옥은 자연히 온화함과 윤택함을 함축한 기상을 지니고, 번쩍번쩍하는 광채는 없다.' 하였다."

■ 還 곧 선   便 곧 변   勝 모두 승   箇 낱 개
  甚 심히(무엇) 심   巷 집 항   些 조금 사   才 겨우 재

楊氏曰 孟子一書는 只是要正人心이니 敎人存心養性하야 收其放心하시고 至論仁義禮智하얀 則以惻隱羞惡(오)辭讓是非之心으로 爲之端하시고 論邪說之害하얀 則曰生於其心하야 害於其政이라하시고 論事君하얀 則曰格君心之非니 一正君而國定이라하사 千變萬化를 只說從心上來하니 人能正心이면 則事無足爲者矣라 大學之脩身齊家治國平天下 其本이 只是正心誠意而已니 心得其正然後에 知性之善故로 孟子 遇人에 便(변)道性善하시니라 歐陽永叔이 却言聖人之敎人이 性非所先이라하니 可謂誤矣로다 人性上에 不可添一物이니 堯舜所以爲萬世法도 亦是率性而已니 所謂率性은 循天理 是也라 外邊에 用計用數하야 假饒立得功業이라도 只是人欲之私니 與聖賢作處로 天地懸隔이니라

양씨가 말하였다. "『孟子』 한 책은 단지 인심을 바로잡을 것을 요구했으니, 사람으로 하여금 存心養性하여 방종하는 마음을 수습하게 하시고, 仁義禮智를 논함엔 惻隱·羞惡·辭讓·是非의 마음을 그 단서로 삼으시고, 邪說의 폐해를 논함엔 '그 마음에서 생겨 그 정치를 해친다.' 하시고, 임금 섬김을 논함엔 '임금 마음의 그릇됨을 바로잡을 것이니 한번 임금을 바로잡음에 나라가 안정된다.' 하여 천만 가지 변화를 단지 마음으로부터 말씀하셨으니, 사람이 능히 마음을 바로잡으면 일은 作爲할 것조차 없다. 『大學』의 脩身·齊家·治

國·平天下가 그 근본이 다만 正心과 誠意일 뿐이니, 마음이 그 바름을 얻은 연후에 본성이 선함을 알 수 있으므로, 맹자께서 만나는 사람마다 곧 性善을 말씀하셨다. 구양영숙은 도리어 '성인이 사람을 가르침에 性은 앞세운 것이 아니다.'하니 잘못이라 할만하다. 人性 위에는 어느 하나도 첨가하지 못할 것이니 요임금·순임금이 만세의 법이 되는 까닭도 역시 性을 따랐을 뿐이니, 이른바 性을 따른다 함은 天理를 따르는 것이다. 이것의 바깥에서 잔꾀와 술수를 써서 가령 功業을 세울지라도 단지 사람의 사욕일 뿐이니, 성현이 하신 일과는 하늘땅처럼 현격하다."

- 格 바로잡을 격　　　外 외댈 외　　　邊 끝 변　　　假 가령 가
  饒 가령 요

梁惠王章句上

凡七章이라

모두 7장이다.

1-1. 孟子 見梁惠王하신대

맹자께서 양나라 혜왕을 만나셨는데,

梁惠王은 魏侯營(영)也니 都大梁하야 僭稱王하니 諡曰惠라 史記에 惠王三十五年에 卑禮厚幣하야 以招賢者하니 而孟軻 至梁하시니라

梁惠王은 위나라 임금 영으로 대량에 도읍하여 王이라 참칭하였으니, 시호를 惠라 한다. 『史記』에 '惠王 35년에 예를 낮추고 폐백을 후하게 하여 현자를 초빙함에 맹가께서 梁에 이르셨다.'하였다.

- 梁 나라이름 량   魏 나라이름 위   侯 후작 후   營 물독 영(앵)
  僭 참람할 참   諡 시호 시   軻 굴대 가

1-2. 王曰 叟 不遠千里而來하시니 亦將有以利吾國乎잇가

왕이 말하였다. "노인장께서 천 리를 멀다 않고 오시니, 또한 장차 내 나라를 이롭게 함이 있겠습니까?"

叟는 長老之稱이라 王所謂利는 蓋富國彊兵之類라

叟는 장로의 호칭이다. 王이 말한 바 利는 대개 부국강병의 부류이다.

■ 叟 늙은이 수   長 어른 장

1-3. 孟子 對曰 王은 何必曰利잇고 亦有仁義而已矣니이다

孟子께서 대답하셨다. "王은 하필이면 利를 말씀하십니까? 또한 仁·義가 있을 따름입니다.

　　仁者는 心之德이며 愛之理요 義者는 心之制며 事之宜也라 此二句는 乃一章之大指라 下文에 乃詳言之하니 後多放此하니라

　　仁은 마음의 德이며 사랑의 이치요, 義는 마음의 제재이며 일의 마땅함이다. 이 두 구는 바로 이 章의 大指이다. 아랫글에 자세히 말하였으니, 뒤도 대체로 이와 비슷하다.

1-4. 王曰 何以利吾國고하시면 大夫曰 何以利吾家오하며 士庶人이 曰何以利吾身고하야 上下 交征利면 而國이 危矣리이다 萬乘之國에 弑其君者는 必千乘之家요 千乘之國에 弑其君者는 必百乘之家니 萬取千焉하며 千取百焉이 不爲不多矣언마는 苟爲後義而先利면 不奪하야는 不饜이니이다

王이 '어찌 내 나라를 이롭게 할까?'하시면, 大夫가 '어찌 내 집안을 이롭게 할까?'하며 士와 庶人이 '어찌 내 몸을 이롭게 할까?'하여 上下가 서로 이득을 취하고자 하면 나라가 위태할 것입니다. 만승의 나라에서 임금을 시해하는 자는 반드시 천승의 대부(家)요 천승의 나라에서 임금을 시해하는 자는 반드시 백승의 대부이니, 만승에서 천승을 차지하며 천승에서 백승을 차지함이 많지 않은 것이 아니건만, 진실로 義를 뒤로 하고 利를 앞세우면 빼앗지 않고서는 만족하지 아니합니다.

此는 言求利之害하야 以明上文何必曰利之意也라 征은 取也니 上取乎下하고 下取乎上故로 曰交征이라 國危는 謂將有弑奪之禍라 乘은 車數也라 萬乘之國者는 天子畿內地方千里에 出車萬乘이라 千乘之家者는 天子之公卿采地方百里에 出車千乘也라 千乘之國은 諸侯之國이요 百乘之家는 諸侯之大夫也라 弑는 下殺上也라 饜은 足也라 言臣之於君에 每十分而取其一分이면 亦已多矣로대 若又以義爲後而以利爲先이면 則不弑其君而盡奪之하얀 其心이 未肯以爲足也라

이는 利로움을 추구하는 해를 말하여 윗글 何必曰利의 뜻을 밝힌 것이다. 征은 빼앗음이니, 윗사람이 아랫사람에게서 빼앗고 아랫사람이 윗사람에게서 빼앗으므로 交征이라 한다. 國危는 장차 시해하고 탈취하는 재앙이 있음을 이른다. 乘은 수레의 대수이다. 萬乘之國은 天子의 기내 지역 사방 천리에서 수레 만 대를 차출한다. 千乘之家는 천자의 公·卿으로 채지 사방 백리에서 수레 천 대를 차출한다. 千乘之國은 제후의 나라이고, 百乘之家는 제후의 大夫이다. 弑는 아랫사람이 윗사람을 죽임이다. 饜은 만족함이다. '신하가 임금에게 매 10분에서 1을 받으면 또한 이미 많은데, 만일 또 義를 뒤로 하고 利를 앞세우면 제 임금을 시해하여 다 빼앗지 않고서는 그 마음이 기꺼이 만족하지 않음'을 말한 것이다.

■ 乘 수레 승　　苟 진실로 구　　後 뒤로할 후　　先 먼저할 선
　奪 빼앗을 탈　　饜 만족할 염

1-5. 未有仁而遺其親者也며 未有義而後其君者也니이다

仁하고서 제 어버이를 버릴 자가 없으며, 義롭고서 제 임금을 뒤로 할 자가 없습니다.

此는 言仁義未嘗不利하야 以明上文亦有仁義而已之意也라 遺는 猶棄也라 後는 不急也라 言仁者는 必愛其親이요 義者는 必急其君이라

故로 人君이 躬行仁義하고 而無求利之心이면 則其下化之하야 自親戴 於已也라

이는 仁義가 일찍이 利롭지 않은 적이 없음을 말하여 윗글 亦有仁義而已 의 뜻을 밝힌 것이다. 遺는 버림과 같다. 後는 시급히 여기지 않음이다. '仁한 자는 반드시 제 부모를 사랑하고 義로운 자는 반드시 제 임금을 중요시한다. 그러므로 임금이 몸소 仁·義를 행하고 利를 추구하는 마음이 없으면 그 아랫사람이 감화하여 스스로 자기를 친애하여 받들 것임'을 말한 것이다.

1-6. 王은 亦曰仁義而已矣시니 何必曰利잇고

王은 또한 仁·義를 말씀하실 따름이니, 하필이면 利를 말하십니까?"

重言之하야 以結上文兩節之意하시니라

○此章은 言仁義는 根於人心之固有하니 天理之公也요 利心은 生於物我之相形하니 人欲之私也라 循天理면 則不求利而自無不利하고 徇人欲이면 則求利未得而害已隨之하나니 所謂毫釐之差에 千里之繆(무)라 此는 孟子之書 所以造端託始之深意니 學者 所宜精察而明辨也니라

○太史公이 曰余 讀孟子書라가 至梁惠王이 問何以利吾國하야 未嘗不廢書而嘆也호라 曰嗟乎라 利는 誠亂之始也라 夫子 罕言利하시니 常防其源也라 故로 曰放於利而行이면 多怨이라하시니 自天子로 以至於庶人히 好利之弊 何以異哉리오

程子曰 君子 未嘗不欲利로되 但專以利爲心이면 則有害요 惟仁義 則不求利而未嘗不利也라 當是之時하야 天下之人이 惟利是求하고 而不復(부)知有仁義라 故로 孟子 言仁義而不言利하시니 所以拔本塞源 而救其弊시니 此 聖賢之心也라

거듭 말씀하여 윗글 두 절의 뜻을 결론지으셨다.

○ 이 장은 '仁·義는 人心의 고유함에 근거하니 天理의 公이요, 利心은 물아의 형체에서 생기니 人慾의 사사로움이다. 天理를 따르면 이로움을 구하지 않아도 자연히 이롭지 않음이 없고, 人慾을 쫓으면 利를 구함에 얻을 수 없고 해가 이미 따르니, 이른바 털끝만한 차이에서 천 리만큼 어긋난다는 것이다.'고 말하였다. 이는 『孟子』에서 단서와 시초를 이루는 깊은 뜻이니, 학자가 마땅히 정밀하게 살피고 명확하게 분별할 일이다.

○ 太史公이 말하였다. "내가 『孟子』를 읽다가 梁惠王問何以利吾國에 이르러서는 일찍이 책을 덮고 한탄하였노라. 아! 利는 진실로 亂의 시초라서 夫子께서 드물게 利를 말씀하셨으니, 항상 그 근원을 막은 것이었다. 그러므로 '利에 의거하여 행하면 원망이 많다.' 하셨으니, 천자부터 서인까지 利를 좋아하는 폐단이 어찌 다르겠는가?"

程子가 말하였다. "군자가 일찍이 백성을 이롭게 하고자 않은 적이 없건마는 다만 오로지 利로써 마음을 삼으면 해만 있고, 오직 仁·義로 마음을 삼으면 利를 구하지 않아도 일찍이 이롭지 않음이 없다. 당시에 천하 사람이 오직 利만 추구하고 仁·義가 있음을 더는 알지 못하였다. 그러므로 맹자께서 仁·義를 말씀하시고 利를 말씀하지 않으셨으니, 발본색원하여 그 폐단을 구제하려는 것이니, 이것이 聖賢의 마음이다."

■ 重 거듭 중　　循 좇을 순　　徇 좇을 순　　釐 이 리
　繆 틀릴 무　　罕 드물 한　　放 의지할 방　　拔 뽑을 발
　塞 막을 색

2-1. 孟子 見梁惠王하신대 王이 立於沼上이러시니 顧鴻鴈麋鹿曰 賢者도 亦樂(락)此乎잇가

맹자께서 梁나라 혜왕을 만나셨는데 혜왕이 못가에 서있더니, 크고 작은 기러기와 크고 작은 사슴을 돌아보고 말하셨다. "현자도 이를 즐거워합니까?"

沼는 池也라 鴻은 鴈之大者요 麋는 鹿之大者라

沼는 연못이다. 鴻은 큰 기러기이다. 麋는 큰 사슴이다.

■ 鴻 큰기러기 홍   鴈 기러기 안   麋 순록 미   鹿 사슴 록

2-2. 孟子 對曰 賢者而後에 樂(락)此니 不賢者는 雖有此나 不樂(락)也니이다

맹자께서 대답하셨다. "賢者인 후에야 이를 즐거워하니, 不賢者는 비록 이를 소유하더라도 즐거워하지 못합니다.

此는 一章之大指라

이것은 한 장의 큰 요지이다.

2-3. 詩云 經始靈臺하야 經之營之하시니 庶民攻之라 不日成之로다 經始勿亟하시나 庶民子來로다 王在靈囿하시니 麀鹿攸伏이로다 麀鹿濯濯이어늘 白鳥鶴鶴이로다 王在靈沼하시니 於(오)牣魚躍이라하니 文王이 以民力爲臺爲沼하시나 而民이 歡樂(락)之하야 謂其臺曰靈臺라하고 謂其沼曰靈沼라하야 樂(락)其有麋鹿魚鼈하니 古之人이 與民偕樂(락)故로 能樂(락)也니이다

『詩』에 '영대를 측량하여 경영하시니, 뭇 백성이 만드는지라 하루도 못가서 완성했네. 경영을 서둘지 말라 하시나, 뭇 백성이 자식처럼 달려왔네. 王께서 영유에 계시니 암수사슴이 편히 쉬는구나. 암수사슴이 반들반들 윤나거늘 백조는 눈처럼 희도다. 王께서 영소에 계시니 아! 가득히 물고기 뛰노네.' 하였으니, 文王께서 민력으로 대를 만들고 못을 만드셨으나 백성이 기뻐하고 즐거워하여 그 대를 영대라 하고 그 못을 영소라 하여 그분이 암수사슴과 물고기와 자라를

소유함을 즐거워하니, 옛사람이 백성과 더불어 즐거워하므로 능히 즐거워할 수 있었습니다.

此는 引詩而釋之하야 以明賢者而後에 樂(락)此之意라 詩는 大雅靈臺之篇이라 經은 量度(탁)也라 靈臺는 文王臺名也라 營은 謀爲也라 攻은 治也라 不日은 不終日也라 亟은 速也니 言文王이 戒以勿亟也라 子來는 如子來趨父事也라 靈囿靈沼는 臺下有囿하고 囿中有沼也라 麀는 牝鹿也라 伏은 安其所하야 不驚動也라 濯濯은 肥澤貌요 鶴鶴은 潔白貌라 於(오)는 歎美辭라 牣은 滿也라

孟子 言文王이 雖用民力이나 而民이 反歡樂(락)之하야 旣加以美名하고 而又樂(락)其所有하니 蓋由文王이 能愛其民故로 民樂(락)其樂(락)하고 而文王이 亦得以享其樂(락)也라

이는 『詩』를 인용하고 풀이하여 賢者而後樂此의 뜻을 밝힌 것이다. 詩는 「大雅」〈靈臺〉편이다. 經은 설계함이다. 靈臺는 문왕의 대 이름이다. 營은 일을 도모함이다. 功은 만듦이다. 不日은 하루가 다하지 않음이다. 亟은 빠름이니, 文王이 서둘지 말라고 훈계함을 말한다. 子來는 자식이 부모의 일에 달려오듯이 함이다. 靈囿와 靈沼는 영대 아래에 영유가 있고 영유 안에 영소가 있다. 麀는 암사슴이다. 伏은 있는 곳이 편안해서 놀라서 움직이지 않음이다. 濯濯은 살찌고 윤나는 모양이다, 鶴鶴은 깨끗하고 흰 모양이다. 於는 감탄사이다. 牣은 가득함이다.

孟子께서 '文王이 비록 민력을 쓰셨으나 백성이 도리어 기뻐하고 즐거워하여 이미 아름다운 명칭을 붙이고, 또 그 분이 소유함을 즐거워하니, 대개 文王이 능히 백성을 사랑하므로 백성이 그분의 즐거워함을 즐거워하고 文王도 그 즐거움을 얻어 누리셨다.'고 말씀하신 것이다.

■ 經 잴 경   攻 지을 공   亟 빠를 극   囿 동산 유
　麀 암사슴 우   濯 살질 탁   鶴 흴 학   於 감탄사 오

仞 가득할 인   鼈 자라 별   偕 함께 해   牝 암컷 빈
反 도리어 반

2-4. 湯誓에 曰時日은 害(갈)喪고 予及女(여)로 偕亡이라하니 民欲與之偕亡이면 雖有臺池鳥獸나 豈能獨樂(락)哉리잇고

<湯誓>에 '이 해는 언제 망할꼬? 내 너와 함께 망하리라.'하니, 백성이 임금과 함께 망하고자 하면 비록 臺池와 鳥獸가 있으나 어찌 능히 홀로 즐겁겠습니까?"

此는 引書而釋之하야 以明不賢者는 雖有此나 不樂(락)之意也라 湯誓는 商書篇名이라 時는 是也라 日은 指夏桀이라 害(갈)은 何也라 桀이 嘗自言吾有天下 如天之有日하야 日亡이라야 吾乃亡耳라하니 民怨其虐故로 因其自言而目之曰 此日은 何時亡乎아 若亡則我寧與之俱亡이라하니 蓋欲其亡之甚也라 孟子 引此하야 以明君獨樂(락)而不恤其民이면 則民怨之하야 而不能保其樂(락)也라

이는 『書經』을 인용하고 풀이하여 不賢者雖有此不樂의 뜻을 밝히신 것이다. <湯誓>는 「商書」의 편명이다. 時는 이것이다. 日은 夏의 걸왕을 가리킨다. 害은 어찌이다. 걸왕이 늘 스스로 '내가 천하를 소유함은 하늘에 해가 있음과 같아서, 해가 없어져야 내가 이에 망할 뿐이다.'하니, 백성이 그의 학정을 원망하므로 그가 한 말을 가지고 지목하여 '이 해는 언제 망할꼬? 만일 망한다면 내가 차라리 해와 함께 망하리라.'하니, 그 망하기를 바람이 심한 것이다. 孟子께서 이 말을 인용하여 임금만 홀로 즐거워하고 백성을 구휼하지 않으면 백성이 원망하여 그의 즐거움을 능히 보존할 수 없음을 밝히신 것이다.

■ 時 이 시(是)   害 어찌 갈(曷)   目 일컬을 목   俱 함께 구

3-1. 梁惠王이 曰寡人之於國也에 盡心焉耳矣로니 河內凶則移其民 於河東하며 移其粟於河內하고 河東이 凶커든 亦然하노니 察鄰國之政 혼댄 無如寡人之用心者로대 鄰國之民이 不加少하며 寡人之民이 不 加多는 何也잇고

양혜왕이 말하였다. "과인이 나라에 마음을 다할 뿐이니, 하내가 흉년이면 그 백성을 하동으로 옮기며 하동의 곡식을 하내로 옮기고, 하동이 흉년이면 역시 그리하였습니다. 이웃나라의 정사를 살펴보건대, 과인이 마음 씀과 같은 자가 없는데 이웃나라의 백성이 더 줄어들지 않으며 과인의 백성이 더 늘어나지 않음은 어째서입니까?"

寡人은 諸侯自稱이니 言寡德之人也라 河內河東은 皆魏地라 凶은 歲不熟也라 移民以就食하고 移粟以給其老稚之不能移者라

寡人은 제후가 자신을 칭함이니, 덕이 적은 사람을 말한다. 河內와 河東은 다 魏나라 땅이다. 凶은 그 해에 곡식이 익지 않음이다. 백성을 이주시켜 먹게 하고, 곡식을 옮겨 늙고 어려서 이주하지 못하는 자에게 공급한 것이다.

■ 凶 흉년들 흉　　　給 줄 급　　　稚 어린애 치

3-2. 孟子 對曰 王이 好戰하실새 請以戰喩호리이다 塡然鼓之하야 兵刃 旣接이어든 棄甲曳兵而走호대 或百步而後에 止하며 或五十步而後에 止하야 以五十步로 笑百步則何如하니잇고 曰 不可하니 直不百步耳언정 是亦走也니이다 曰 王如知此則無望民之多於鄰國也하소서

맹자께서 대답하셨다. "왕께서 전쟁을 좋아하시기 때문에, 청컨대 전쟁으로 비유하겠습니다. 둥둥 북을 울려 병기가 이미 부딪쳤는데, 갑옷을 벗어버리며 병기를 끌고 달아나되 혹은 100보 뒤에 멈추며 혹은 50보 뒤에 멈추어서 50보로

써 100보를 비웃으면 어떻습니까?" 말하였다. "옳지 못하니, 다만 100보가 아닐 뿐이지 이 역시 달아난 것입니다." 말씀하셨다. "왕께서 만일 이를 아신다면 백성이 이웃나라보다 많기를 바라지 마소서.

填은 鼓音也니 兵以鼓進하고 以金退라 直은 猶但也라 言此하야 以譬鄰國은 不恤其民하고 惠王이 能行小惠나 然皆不能行王道以養其民하니 不可以此而笑彼也라 楊氏曰 移民移粟은 荒政之所不廢也라 然不能行先王之道하고 而徒以是爲盡心焉이면 則末矣라

填은 북소리이니, 병사가 북소리로 진격하고 징소리로 후퇴한다. 直은 다만과 같다. 이것을 말씀하시어 비유하기를, 이웃나라는 백성을 구휼하지 않고 혜왕은 작은 은혜를 베풀었으나 다들 王道를 행하여 백성을 양육하지 못하고 있으니, 이것으로 저들을 비웃을 수 없다고 하신 것이다.

양씨가 말하였다. "백성을 옮기고 곡식을 이동함은 흉년에 백성을 구제하는 정책에서 폐하지 못할 바이다. 그러나 능히 先王의 도를 행하지 못하고 한갓 이것만으로 마음을 다했다고 한다면 말단이다."

■ 喩 비유할 유　　填 북소리 전　　鼓 북칠 고(鼓)　　兵 병기 병
　 刃 칼 인　　　　曳 끌 예　　　　直 다만 직　　　　荒 흉년들 황

3-3. 不違農時면 穀不可勝食也며 數(촉)罟를 不入洿池면 魚鼈을 不可勝食也며 斧斤을 以時入山林이면 材木을 不可勝用也니 穀與魚鼈을 不可勝食하며 材木을 不可勝用이면 是는 使民養生喪死에 無憾也니 養生喪死에 無憾이 王道之始也니이다

농사철을 놓치지 않으면 곡식을 이루다 먹지 못하며 촘촘한 그물을 웅덩이에 들이지 않으면 고기와 자라를 이루다 먹지 못하며 도끼와 자귀를 제때에 산림에 들이면 재목을 이루다 쓰지 못합니다. 곡식과 고기와 자라를 이루다 먹지 못하며

재목을 이루다 쓰지 못하면 이는 백성으로 하여금 산 사람을 봉양하며 죽은 사람을 장사지냄에 유감없게 함이니, 산 사람을 봉양하며 죽은 사람을 장사지냄에 유감없게 함이 王道의 시작입니다.

農時는 謂春耕夏耘秋收之時니 凡有興作에 不違此時하고 至冬에 乃役之也라 不可勝食은 言多也라 數(촉)은 密也라 罟는 網也라 洿는 窊下之地水所聚也라 古者에 網罟는 必用四寸之目하야 魚不滿尺이면 市不得粥(육)하고 人不得食이라 山林川澤을 與民共之而有厲禁하고 草木零落然後에야 斧斤이 入焉하니 此皆爲治之初에 法制未備하고 且因天地自然之利而撙節愛養之事也라 然飮食宮室은 所以養生이요 祭祀棺槨은 所以送死라 皆民所急而不可無者니 今皆有以資之면 則人無所恨矣라 王道는 以得民心爲本故로 以此爲王道之始라

農時는 봄에 밭갈이하며 여름에 김매며 가을에 거두어들이는 때를 이르니, 모든 공사(興作)에 이런 때를 어기지 않고 겨울에 일을 시킨다. 不可勝食은 많음을 말한다. 數은 촘촘함이다. 罟는 그물이다. 洿는 움푹하여 낮은 땅으로 물이 고인 곳이다. 옛날 그물은 반드시 4치 눈을 사용하여 고기가 1자 되지 않으면 저자에서 팔 수 없고 사람이 먹을 수 없었다. 山林과 川澤을 백성과 공유하되 엄한 禁令을 두고 초목이 낙엽 진 뒤에야 도끼와 자귀가 들어가게 하니, 이 모두 정치하는 초기에 법제가 미비하여서 우선 천지자연의 이로움에 따라 절제하고 愛養하던 일이다. 그러나 음식과 궁실은 산 사람을 부양하는 것이요 제사와 관곽은 죽은 사람을 보내는 것이니, 다 백성의 시급한 일로 없어서는 안 되는 것이다. 지금 모두 이에 자뢰할 수 있으면 사람이 한할 바가 없을 것이다. 王道는 민심 얻는 것을 근본으로 삼기 때문에 이를 王道의 시초로 삼는다.

- ■ 違 어길 위   勝 다 승   數 촘촘할 촉   罟 그물 고
  洿 웅덩이 오   鼈 자라 별   斧 도끼 부   斤 자귀 근
  憾 한할 감   窊 움푹할 와   粥 팔 육   厲 엄할 려

零 떨어질 령   撙 누를 준   棺 속관 관   槨 덧관 곽
貲 힘입을 자

3-4. 五畝之宅에 樹之以桑이면 五十者 可以衣帛矣며 雞豚狗彘之
畜(훅)을 無失其時면 七十者 可以食肉矣며 百畝之田을 勿奪其時면
數口之家 可以無飢矣며 謹庠序之敎하야 申之以孝悌之義면 頒白
者 不負戴於道路矣리니 七十者 衣帛食肉하며 黎民이 不飢不寒이요
然而不王者 未之有也니이다

5묘 집터에 뽕나무를 심으면 50된 자가 비단을 입으며, 닭과 수퇘지와 개와
암퇘지 기름을 그 때를 놓치지 않으면 70된 자가 고기를 먹으며, 100묘 밭을
농사철을 빼앗지 말면 몇 식구의 집이 굶주림이 없으며, 庠·序의 학교 교육을
신중히 하여 거듭하여 孝·悌의 의리로써 가르치면 반백 노인이 도로에서 등짐
지고 머리에 이지 않으리니, 70된 자가 비단 입고 고기 먹으며 백성이 굶지
않으며 춥지 않게 하고, 그러고도 王하지 못할 자가 없습니다.

五畝之宅은 一夫所受니 二畝半은 在田하고 二畝半은 在邑이라 田中에
不得有木은 恐妨五穀故로 於墻下에 植桑以供蠶事라 五十에 始衰하야
非帛不煖이니 未五十者는 不得衣也라 畜(훅)은 養也라 時는 謂孕字之
時니 如孟春에 犧牲을 毋用牝之類也라 七十에 非肉不飽니 未七十者는
不得食也라 百畝之田은 亦一夫所受니 至此則經界正하고 井地均하야
無不受田之家矣라 庠序는 皆學名也라 申은 重也니 丁寧反覆之意라
善事父母 爲孝요 善事兄長이 爲悌라 頒은 與班으로 同하니 老人이 頭半
白黑者也라 負는 任在背요 戴는 任在首라 夫民이 衣食不足이면 則不暇
治禮義요 而飽煖無敎면 則又近於禽獸故로 旣富而敎以孝悌면 則人
知愛親敬長而代其勞하야 不使之負戴於道路矣라 衣帛食肉에 但言

七十은 擧重以見(현)輕也라 黎는 黑也니 黎民은 黑髮之人이니 猶秦言黔首也라 少壯之人은 雖不得衣帛食肉이나 然亦不至於飢寒也라 此는 言盡法制品節之詳하고 極財成輔相之道하야 以左右民이니 是는 王道之成也라

五畝之宅은 농부 한 사람이 받은 것이니, 2묘 반은 밭에 있고 2묘 반은 읍내에 있다. 밭에 나무를 심지 않은 것은 5곡에 방해될까 염려스럽기 때문에 담장 아래에 뽕나무를 심어서 누에치는 일에 공급한다. 나이 50에 비로소 쇠하여 비단이 아니면 따뜻하지 않으니, 50이 안 된 者는 입지 못한다. 畜은 기름이다. 時는 새끼 배고 기르는 때를 이르니, 맹춘에 犧牲을 암컷을 쓰지 말라 함과 같은 부류이다. 70에 고기 아니면 배부르지 않으니 70이 안 된 자는 먹지 못하였다. 百畝之田은 역시 농부 한 사람이 받은 것이니, 이런 정도에 이르면 經界가 바르고 정전의 토지가 균등하여 전토를 받지 않은 집이 없었다. 庠과 序는 다 학교의 이름이다. 申은 거듭함이니, 간곡하게 반복한다는 뜻이다. 부모를 잘 섬김이 孝요 형과 어른을 잘 섬김이 悌이다. 頒은 班자와 같으니, 노인이 머리가 반쯤 희고 검은 것이다. 負는 짐이 등에 있고 戴는 짐이 머리에 있는 것이다. 무릇 백성은 의식이 부족하면 禮와 義를 다스릴 겨를이 없고, 배부르고 따뜻하기만 하고 가르침이 없으면 또 짐승에 가까우므로, 이미 부유함에 孝·悌로써 가르치면 사람이 어버이를 사랑하고 어른을 공경할 줄 알아 그들의 수고를 대신하여 도로에서 등짐 지거나 머리에 이게 하지 않는다. 衣帛과 食肉에 단지 70세만 말한 것은 중한 것을 들어 가벼운 것을 나타낸 것이다. 黎는 검정이니 黎民은 검은 모발의 사람이니, 秦나라에서 黔首라 말함과 같다. 젊고 건장한 사람은 비록 비단을 입지 못하고 고기를 먹지 못하나 또한 굶주리고 추운 지경에 이르지 않는다. 이것은 '法制와 品節의 상세함을 다하고 財成하며 輔相하는 방도를 지극히 하여 백성을 좌우함'*을 말한 것이니, 이는 王道의 완성이다.

■ 畝 이랑 묘(무)　　樹 심을 수　　雞 닭 계　　豚 돼지 돈

彘 돼지(암돼지) 체	畜 기를 훅	庠 학교 상	序 학교 서
申 거듭 신	頒 아롱질 반	戴 머리일 대	黎 검을 려
墻 담 장	蠶 누에 잠	孕 애밸 잉	字 새끼 자
犧 희생 희	牲 희생 생	經 지경 경	牝 암컷 빈
重 거듭 중	班 얼룩 반(斑)	任 짐 임	黔 검을 검
財 마름질할 재	相 도울 상	左 도울 좌	右 도울 우

* 極財成輔相之道以左右民 : 財成은 책력과 도로를 만들어 백성을 편리하게 해주는 것이요, 輔相은 부족한 것을 도와 알맞게 해주는 것이니, 『周易』泰卦의 大象을 원용한 말이다. 泰卦 大象에 '天地가 만난 것이 泰의 형상이니, 군주가 이 이치를 본받아 天地의 道를 재단하여 이루며 天地의 義를 도와 백성을 좌우한다.(天地交 泰니 后 以하야 財成天地之道하며 輔相天地之宜하야 以左右民이라)'하였다.

3-5. 狗彘 食人食而不知檢하며 塗有餓莩(표)而不知發하고 人死則曰 非我也라 歲也라하나니 是 何異於刺(척)人而殺之曰 非我也라 兵也리오 王無罪歲하시면 斯天下之民이 至焉하리이다

개돼지가 사람의 음식을 먹는데도 제지할 줄 모르며 길가에 굶어죽은 이가 있는데도 창고를 열 줄 모르고, 사람이 죽으면 '내가 아니라 흉년 때문이다.'하니, 이 어찌 사람을 찔러 죽이고 '내가 아니라 병기 때문이다.' 말함과 다르겠습니까? 王이 흉년을 탓함이 없으시면 天下의 백성이 올 것입니다."

檢은 制也라 莩는 餓死人也라 發은 發倉廩以賑貸也라 歲는 謂歲之豐凶也라 惠王이 不能制民之産하고 又使狗彘로 得以食人之食하니 則與先王制度品節之意로 異矣라 至於民飢而死에도 猶不知發하니 則其所移는 特民間之粟而已어늘 乃以民不加多로 歸罪於歲凶하니 是知刃之殺人而不知操刃者之殺人也라 不罪歲면 則必能自反而益脩其政하리니 天下之民이 至焉이면 則不但多於鄰國而已라

○程子曰 孟子之論王道 不過如此하니 可謂實矣로다

又曰 孔子之時에 周室이 雖微나 天下 猶知尊周之爲義故로 春秋는 以尊周爲本하고 至孟子時엔 七國이 爭雄하야 天下 不復(부)知有周而生民之塗炭이 已極하니 當是時하야 諸侯能行王道면 則可以王矣니 此는 孟子所以勸齊梁之君也니라 蓋王者는 天下之義主也니 聖賢이 亦何心哉오 視天命之改與未改耳니라

檢은 제지함이다. 莩는 굶어죽은 사람이다. 發은 창고를 열어 구휼하고 빌려줌이다. 歲는 그해 농사의 豐作과 凶作을 이른다. 惠王이 백성의 산업을 제정하지 못하고, 또 개돼지로 하여금 사람의 음식을 먹게 하니, 先王이 제도를 만들고 品節하신 뜻과 다르다. 심지어 백성이 굶어 죽는데도 오히려 창고를 열 줄 모르니, 그가 옮긴 것은 다만 민간의 곡식일 뿐이거늘, 백성이 더 많아지지 않는 것을 가지고 흉년을 탓하니, 이것은 칼이 사람을 죽임만 알고 칼을 잡은 자가 사람을 죽임을 모르는 것이다. 흉년을 탓하지 않는다면 반드시 스스로 반성하여 더욱 그 정사를 닦을 것이니, 천하의 백성이 오면 다만 이웃 나라보다 많을 뿐만이 아니다.

○ 정자가 말하였다. "맹자께서 王道를 논함이 불과 이와 같으니, 實事라 이를만하다."

또 말하였다. "孔子 시대에 周나라 왕실이 비록 미약했으나 천하가 오히려 周나라를 높임이 의리임을 알았으므로 『春秋』는 尊周로써 근본을 삼았고, 孟子 시대에는 7國이 자웅을 겨루어 천하가 다시는 周나라가 있음을 알지 못하고 백성의 도탄이 이미 극심하니, 당시 제후가 능히 王道를 행하면 王노릇 할 수 있으니, 이는 孟子께서 齊와 梁의 임금에게 권하신 까닭이다. 대개 王者는 天下의 의로운 군주이니, 성현이 역시 무슨 마음이겠는가? 천명이 바뀜과 바뀌지 않음을 보실 따름이다."

- 檢 금제할 검　　塗 길 도　　莩 굶어죽을 표　　發 열 발
  刺 찌를 척(자)　　賑 구휼할 진　　貸 줄 대　　特 다만 특
  塗 진흙 도　　炭 숯불 탄

4-1. **梁惠王**이 **曰寡人**이 **願安承敎**하노이다

梁惠王이 말하셨다. "과인이 원컨대 편안하게 가르침을 받들겠습니다."

承上章言願安意以受敎라

윗장을 이어 '편안한 마음으로 가르침 받기를 원한다.'고 말한 것이다.

4-2. **孟子 對曰 殺人以梃與刃**이 **有以異乎**잇가 **曰 無以異也**니이다

맹자께서 대답하셨다. "살인을 몽둥이와 칼로 함이 다릅니까?" 대답하였다. "다름없습니다."

梃은 杖也라

梃은 몽둥이이다.

■ 梃 몽둥이 정   杖 몽둥이 장

4-3. **以刃與政**이 **有以異乎**잇가 **曰 無以異也**니이다

"칼과 정치로 함이 다릅니까?" 대답하였다. "다름없습니다."

孟子 又問而王이 答也라

孟子께서 또 질문하심에 王이 답한 것이다.

4-4. **曰 庖有肥肉**하며 **廐有肥馬**요 **民有飢色**하며 **野有餓莩**(표)면 **此**는 **率獸而食人也**니이다

말씀하셨다. "푸줏간에 살진 고기가 있으며 마구간에 살진 말이 있고, 백성이 굶주린 기색이 있으며 들판에 굶어죽은 사람이 있으면, 이는 짐승을 몰아 사람을 잡아먹게 하는 것입니다.

厚斂(렴)於人하야 以養禽獸하고 而使民飢以死면 則無異於驅獸以食人矣라

人民에게 많이 거두어 짐승을 기르고 백성을 굶어죽게 하면, 곧 짐승을 몰아 사람을 잡아먹게 함과 다름없다.

■ 庖 푸줏간 포   廐 마구간 구   莩 굶어죽을 표   率 거느릴 솔

4-5. 獸相食을 且人이 惡(오)之하나니 爲民父母라 行政호대 不免於率獸而食人이면 惡(오)在其爲民父母也리잇고

짐승끼리 서로 잡아먹는 것도 사람이 미워하나니, 백성의 부모가 되어서 정사를 행하되 짐승을 몰아 사람을 잡아먹게 함을 면치 못하면, 어디에 백성의 부모 된 것이 있습니까?

君者는 民之父母也라 惡(오)在는 猶言何在也라

임금이란 백성의 부모이다. 惡在는 어디에 있냐고 말함과 같다.

4-6. 仲尼曰 始作俑者 其無後乎인저하시니 爲其象人而用之也시니 如之何其使斯民飢而死也리잇고

仲尼께서 '처음 인형을 만든 자는 그 후손이 없을 것이다.' 하셨으니, 그가 사람 모습을 만들어 썼기 때문이니, 어찌하여 이 백성을 굶어죽게 하려는 것입니까?"

俑은 從葬木偶人也라 古之葬者 束草爲人하야 以爲從衛하고 謂之芻靈하니 略似人形而已러니 中古에 易之以俑則有面目機發而太似人矣라 故로 孔子 惡(오)其不仁而言其必無後也시니라 孟子 言此作俑者 但用象人以葬이로대 孔子 猶惡(오)之어시든 況實使民飢而死乎아

○ 李氏曰 爲人君者 固未嘗有率獸食人之心이나 然徇一己之欲

而不恤其民이면 則其流 必至於此라 故로 以爲民父母로 告之하시니 夫 父母之於子에 爲之就利避害하야 未嘗頃刻而忘于懷하니 何至視之不 如犬馬乎아

俑은 장사를 따르는 나무인형이다. 고대에 장사지내는 자가 풀을 묶어 인형을 만들어 시중 들며 호위하게 하고 추령이라 하니, 대략 사람 모습과 유사할 뿐이더니, 中古에 나무인형으로 바꾸었는데 얼굴과 눈과 기관이 있어서 아주 사람과 흡사하였다. 그러므로 공자께서 그의 不仁함을 미워하여 반드시 후손이 없을 것이라고 말씀하셨다. 맹자께서 '이 나무인형을 만든 자가 다만 사람 형상을 사용하여 장사지냈을 뿐인데도 공자께서 오히려 미워하셨는데, 하물며 실제로 백성을 굶어죽게 함이겠느냐?' 말씀하신 것이다.

○이씨가 말하였다. "임금 된 자가 진실로 짐승을 몰아 사람을 잡아먹게 하려는 마음을 먹은 적은 없으나, 자기 한 몸의 욕심을 쫓고 백성을 구휼하지 않으면 그 영향이 반드시 이 지경에 이를 것이다. 그러므로 백성의 부모가 된 것으로 고하셨으니, 부모가 자식을 위하여 利를 쫓고 害를 피하여 일찍이 잠시도 마음에 잊지 않나니, 어찌 백성 보기를 개·말만도 못한 지경에 이르겠는가?"

■ 俑 목우 용   象 본뜰 상   偶 허수아비 우

5-1. 梁惠王이 曰晉國이 天下에 莫强焉은 叟之所知也라 及寡人之身하야 東敗於齊에 長子 死焉하고 西喪地於秦七百里하고 南辱於楚하니 寡人이 恥之하야 願比死者하야 一洒(세)之하노니 如之何則可니잇고

梁나라 혜왕이 말씀하셨다. "晉國이 天下에 막강함은 노인장께서 아시는 바입니다. 과인의 몸에 이르러 동쪽으로 齊나라에 패함에 장자가 죽고 서쪽으로 秦나라에 700리 땅을 잃고 남쪽으로 楚나라에 굴욕을 당하였습니다. 과인이 이를 부끄러워하여 전사자를 위하여 한번 치욕을 씻고자 하노니, 어찌하면 좋겠습니까?"

魏는 本晉大夫魏斯 與韓氏趙氏로 共分晉地하고 號曰三晉이라 故로 惠王이 猶自謂晉國이라 惠王三十年에 齊擊魏하야 破其軍하고 虜太子申하며 十七年에 秦이 取魏少梁하고 後에 魏又數(삭)獻地於秦하며 又與楚將昭陽으로 戰敗하야 亡其七邑하니라 比는 猶爲也니 言欲爲死者하야 雪其恥也라

魏는 본래 晉나라 대부 위사가 한씨, 조씨와 晉나라 땅을 함께 나누고 이름을 三晉이라 하였다. 그러므로 혜왕이 아직도 스스로 晉國이라 한 것이다. 혜왕 30년에 齊나라가 魏나라를 공격하여 그 군사를 격파하고 태자 신을 사로잡으며, 17년에 秦나라가 魏나라 소량을 탈취하고, 후에 또 魏나라가 땅을 秦나라에 자주 바치며, 또 楚나라 장수 소양과 싸워 패하여 7읍을 잃었다. 比는 위함과 같으니, 전사자를 위하여 설욕하고자 함을 말한다.

- 比 위할 비   洒 씻을 세   號 이름 호   虜 사로잡을 로
  數 자주 삭   雪 씻을 설

5-2. 孟子 對曰 地方百里而可以王이니이다

孟子께서 대답하셨다. "땅이 사방 100里라도 왕 할 수 있습니다.

百里는 小國也라 然能行仁政이면 則天下之民이 歸之矣라

百里는 작은 나라이다. 그러나 능히 仁政을 행하면 천하 민심이 돌아올 것이다.

5-3. 王如施仁政於民하사 省(생)刑罰하시며 薄稅斂(렴)하시면 深耕易(이)耨하고 壯者 以暇日로 脩其孝悌忠信하야 入以事其父兄하며 出以事其長上하리니 可使制梃하야 以撻秦楚之堅甲利兵矣리이다

王께서 만일 仁政을 백성에게 베풀어 형벌을 줄이며 세금을 가볍게 하시면

백성은 깊이 밭갈이하며 가꾸어 김매고 젊은이가 여가에 그 孝·悌와 忠·信을 닦아 들어와서 제 부형을 섬기며 나가서 제 어른을 섬길 것이니, 이들로 하여금 몽둥이를 만들어 秦나라·楚나라의 견고한 갑옷과 날카로운 무기를 매질하게 할 수 있습니다.

省(생)刑罰薄稅斂(렴)此二者는 仁政之大目也라 易(이)는 治也요 耨는 耘也라 盡己之謂忠이요 以實之謂信이라 君行仁政이면 則民得盡力於農畝하고 而又有暇日以脩禮敎라 是以로 尊君親上而樂(락)於效死也라

省刑罰·薄稅斂 이 두 가지는 仁政의 큰 조목이다. 易는 다스림이다. 耨는 김맴이다. 자기를 다함을 忠이라 하고 진실하게 함을 信이라 한다. 임금이 仁政을 행하면 백성이 농사(農畝)에 온 힘을 다하고 또 여가에 禮·敎를 닦을 수 있다. 이 때문에 임금을 높이며 윗사람을 친애하여 목숨을 바침에 즐거워하는 것이다.

- 斂 거둘 렴　　易 다스릴 이　　耨 김맬 누　　梃 몽둥이 정
　撻 매질할 달　　耘 김맬 운

5-4. 彼 奪其民時하야 使不得耕耨하야 以養其父母하면 父母 凍餓하며 兄弟妻子 離散하리니

저들이 백성의 농사철을 빼앗아 밭갈이하며 김매어 제 부모를 봉양하지 못하게 하면 父母가 얼고 굶주리며 형제와 처자가 이산할 것이니,

彼는 謂敵國也라

彼는 적국을 이른다.

5-5. 彼 陷溺其民이어든 王이 徃而征之하시면 夫誰與王敵이리잇고

저들이 자기 백성을 함정에 떨어뜨리고 물에 빠뜨리거든 王이 가서 바로잡으

시면 누가 왕과 대적하겠습니까?

陷은 陷於阱이요 溺은 溺於水니 暴虐之意라 征은 正也라 以彼暴虐其民而率(솔)吾尊君親上之民하야 往正其罪면 彼民이 方怨其上하야 而樂(락)歸於我하리니 則誰與我爲敵哉리오

陷은 함정에 떨어뜨림이요 溺은 물에 빠뜨림이니, 포학하다는 뜻이다. 征은 바로잡음이다. 저들이 자기 백성을 포학하게 다스리기 때문에 나의 임금을 높이고 윗사람을 친해하는 백성을 거느리고 가서 그 죄를 바로잡으면, 저들의 백성이 바야흐로 자기 윗사람을 원망하여 즐거이 나에게 귀의할 것이니, 누가 나와 대적 하리오?

5-6. 故로 曰仁者는 無敵이라하니 王請勿疑하소서

그러므로 仁者는 敵이 없다 하니, 王은 청컨대 의심하지 마소서."

仁者無敵은 蓋古語也니 百里可王이 以此而已라 恐王이 疑其迂闊故로 勉使勿疑也라

○孔氏曰 惠王之志는 在於報怨하고 孟子之論은 在於救民하니 所謂唯天吏면 則可以伐之 蓋孟子之本意라

仁者無敵은 아마 고어인 듯하니, 100리 땅으로 왕 할 수 있음이 이 때문이다. 王이 실정에 어둑하다 의심할 것을 걱정했기 때문에 의심하지 말라 권면하신 것이다.

○ 공씨가 말하였다. "惠王의 뜻은 원수를 갚는 데 있고 孟子의 의논은 백성을 구제하는 데 있으니, 이른바 오직 天吏만이 정벌할 수 있다는 것이 孟子의 本意이다."

* 唯天吏則可以伐之(呂氏曰 奉行天命을 謂之天吏니라) : 公孫丑下 8章 2節에 나오는 맹자의 말씀이다. 「公孫丑」篇에는 唯를 爲라 함.

6-1. 孟子 見梁襄王하시고

맹자께서 梁나라 양왕을 보시고,

  襄王은 惠王의 子니 名은 赫이라
  양왕은 혜왕의 아들로 이름은 혁이다.

6-2. 出語人曰 望之不似人君이요 就之而不見所畏焉이러니 卒然問曰 天下는 惡(오)乎定고하야늘 吾對曰 定于一이라호라

나와서 사람더러 고하셨다. "멀리서 바라봄에 군주 같지 않고 다가감에 경외할 바를 보지 못하겠더니, 갑자기 '천하는 어디로 안정되겠느냐?' 묻거늘, 내가 '하나로 안정되리라.' 하였다.

  語는 告也라 不似人君不見所畏는 言其無威儀也라 卒然은 急遽之貌라 蓋容貌辭氣는 乃德之符니 其外如此則其中之所存者를 可知라 王이 問列國分爭하니 天下는 當何所定고하야늘 孟子 對以必合于一然後에 定也라하시니라
  語는 일러줌이다. 不似人君·不見所畏는 그가 위의가 없음을 말한다. 卒然은 갑작스런 모양이다. 대개 용모와 말씨는 곧 덕의 증표이니, 그의 외면이 이와 같으면 그 마음에 간직한 것을 알 만하다. 王이 '열국이 분쟁하니, 天下는 곧 어디로 안정되겠느냐?' 묻자, 孟子께서 '반드시 하나로 합쳐진 뒤에 安定되리라.' 대답하신 것이다.

■ 卒 갑자기 졸   遽 갑자기 거   符 부신 부

6-3. 孰能一之오하야늘

'누가 能히 통일합니까?' 하거늘,

王이 問也라

王이 물은 것이다.

6-4. 對曰 不嗜殺人者 能一之라호라

대답하기를 '살인을 즐기지 않는 자가 능히 통일할 것입니다.' 하였다.

嗜는 甘也라

嗜는 즐김이다.

6-5. 孰能與之오하야늘

'누가 능히 그에게 귀의합니까?' 하거늘,

王이 復(부)問也라 與는 猶歸也라

王이 다시 물은 것이다. 與는 돌아감과 같다.

6-6. 對曰 天下 莫不與也니 王은 知夫苗乎잇가 七八月之間이 旱則苗 槁矣라가 天이 油然作雲하야 沛然下雨則苗 浡然興之矣나니 其如是면 孰能禦之리오 今夫天下之人牧이 未有不嗜殺人者也니 如有不嗜殺人者則天下之民이 皆引領而望之矣리니 誠如是也면 民歸之 由水之就下하리니 沛然을 孰能禦之리오호라

대답하기를 '천하가 귀의하지 않을 사람이 없을 것이니, 王은 곡식의 묘를 아십니까? 7-8월간이 가물면 묘가 시들었다가 하늘이 뭉게뭉게 구름을 만들어 쫙 비를 내리면 묘가 쭉쭉 성장하나니, 이와 같으면 누가 능히 막겠습니까? 이제 천하의 임금(人牧)이 살인을 좋아하지 않는 자가 없으니, 만일 살인을 좋아하지 않을 자가 있으면 천하의 백성이 모두 고개를 쭉 빼고 바라볼 것이니, 진실로 이와 같으면 백성이 귀의함이 마치 물이 아래로 흘러감과 같을 것이니, 성대함을 누가 능히 막겠습니까?' 했노라."

周七八月은 夏五六月也라 油然은 雲盛貌요 沛然은 雨盛貌요 浡然은 興起貌라 禦는 禁止也라 人牧은 謂牧民之君也라 領은 頸也라 蓋好生惡(오)死는 人心所同이라 故로 人君이 不嗜殺人이면 則天下悅而歸之라

○ 蘇氏曰 孟子之言이 非苟爲大而已라 然不深原其意而詳究其實이면 未有不以爲迂者矣라 予 觀孟子以來로 自漢高祖及光武及唐太宗及我太祖皇帝히 能一天下者 四君이니 皆以不嗜殺人致之하고 其餘는 殺人愈多而天下愈亂하고 秦晉及隋는 力能合之로대 而好殺不已故로 或合而復(부)分하고 或遂以亡國하니 孟子之言이 豈偶然而已哉리오

周曆 7-8월은 夏曆 5-6월이다. 油然은 구름이 성대한 모양이고, 沛然은 비가 성대한 모양이고, 浡然은 세력이 우쩍 일어나는 모양이다. 禦는 막아 저지함이다. 人牧은 백성을 기르는 임금을 이른다. 領은 목이다. 대개 삶을 좋아하고 죽음을 싫어함은 人心의 동일한 것이다. 그러므로 군주가 살인을 즐겨하지 않으면 천하가 기뻐하여 돌아가는 것이다.

○ 소씨가 말하였다. "맹자의 말씀이 다만 성대할 뿐만이 아니다. 그러나 그 뜻을 깊이 찾아서 그 실제를 상세히 궁구하지 않으면 우활하다 여기지 않을 자가 없다. 내가 살피건대, 맹자 이래로 漢나라 고조부터 광무제와 唐나라 태종과 우리 태조황제까지 천하를 능히 통일한 자가 네 임금이니, 다 살인을 즐기지 않음으로써 이루고, 그 나머지는 살인이 많을수록 천하가 더욱 어지러웠고, 秦·晉·隋는 무력으로 천하를 통합했지만 살인을 좋아함이 끝이 없으므로 혹은 통합했다 다시 분열하고 혹은 마침내 나라가 망하였으니, 孟子의 말씀이 어찌 우연일 뿐이겠는가?"

■ 浡 우쩍일어나는모양 발   由 같을 유   大 크게할 대
原 캐물을(찾을) 원

7-1. **齊宣王**이 **問曰 齊桓晉文之事**를 **可得聞乎**잇가

齊나라 선왕이 여쭈었다. "齊나라 환공과 晉나라 문공의 일을 들을 수 있습니까?"

齊宣王의 姓은 田氏요 名은 辟彊이니 諸侯僭稱王也라 齊桓公晉文公은 皆霸諸侯者라

齊나라 선왕의 성은 전씨이고 이름은 벽강으로 제후로서 王이라 참칭했다. 齊나라 환공과 晉나라 문공은 다 제후의 패자이다.

7-2. **孟子 對曰 仲尼之徒 無道桓文之事者**라 **是以**로 **後世**에 **無傳焉**하니 **臣**이 **未之聞也**호니 **無以則王乎**인져

맹자께서 대답하셨다. "중니의 문도가 환공과 문공의 일을 말한 자가 없으니, 이 때문에 후세에 전하는 이가 없으니, 신이 듣지 못하였으니, 그치지 말라 하시면 王道를 말하겠습니다."

道는 言也라 董子曰 仲尼之門에 五尺童子 羞稱五伯(패)는 爲其先詐力而後仁義也라하니 亦此意也라 以는 已로 通用하니 無已는 必欲言之而不止也라 王은 謂王天下之道라

道는 말함이다. 董子가 '중니의 문하에서 5척 동자도 5패를 일컫는 것을 부끄러워함은 그들이 속임수와 무력을 앞세우고 仁義를 뒤로 했기 때문이다.' 하니, 역시 이런 뜻이다. 以는 已자와 통용하니, 無已는 반드시 말하고자 함에 제지하지 않음이다. 王은 천하에 王 하는 도를 이른다.

■ 道 말할 도   以 말 이   董 성 동   伯 두목 패(霸)

7-3. 曰 德이 何如則可以王矣리잇고 曰 保民而王이면 莫之能禦也리이다

여쭈었다. "덕이 어떠하면 王 할 수 있습니까?" 대답하셨다. "백성을 사랑으로 보호하여 王 하면 능히 막을 사람이 없을 것입니다."

保는 愛護也라
保는 사랑으로 보호함이다.

■ 保 기를 보   禦 막을 어

7-4. 曰 若寡人者도 可以保民乎哉잇가 曰 可하니이다 曰 何由로 知吾의 可也잇고 曰 臣이 聞之胡齕호니 曰 王이 坐於堂上이어시늘 有牽牛而過堂下者러니 王이 見之하시고 曰 牛는 何之오 對曰 將以釁鍾이니이다 王曰 舍之하라 吾 不忍其觳觫若無罪而就死地하노라 對曰 然則廢釁鍾與잇가 曰 何可廢也리오 以羊易之라하사소니 不識케이다 有諸(저)잇가

여쭈었다. "과인 같은 자도 백성을 보호할 수 있습니까?" 대답하셨다. "가능합니다." 여쭈었다. "어떤 이유로 내가 가능한 줄 아십니까?" 대답하셨다. "신이 호흘에게 들으니, 王께서 당 위에 앉아 계시거늘 소를 끌고 당하로 지나는 사람이 있었는데, 王이 보시고 '소는 어디로 가느냐?'하시자, 대답하기를 '종에 피 칠하려 합니다.'하거늘, 王께서 '놓아주어라. 내가 부들부들 떨며 죄 없이 사지에 나아감을 차마 보지 못하겠노라.'하시자, 대답하기를 '그러면 종에 피 칠하는 禮를 폐지하시겠습니까?'하거늘, 말씀하시기를 '어찌 폐지하겠느냐? 羊으로 바꾸어라.'하셨다 하오니, 알지 못하겠습니다. 그런 일이 있으십니까?"

胡齕은 齊臣也라 釁鍾은 新鑄鍾成而殺牲取血하야 以塗其釁郄也라 觳觫은 恐懼貌라 孟子 述所聞胡齕之語而問王이 不知果有此事否아
胡齕은 齊나라 신하이다. 釁鍾은 새로 종을 주조하여 완성함에 희생을

잡아 피를 취하여 그 틈을 바르는 것이다. 觳觫은 두려워하는 모양이다. 맹자께서 胡齕에게 들으신 말을 기술하여 王에게 과연 이런 일이 있었는가 물으신 것이다.

- 齕 깨물 흘
- 觳 두려울 곡
- 郤 틈 극
- 牽 끌 견
- 觫 두려울 속
- 釁 피바를 흔
- 鑄 부어만들 주
- 舍 놓을 사
- 塗 바를 도

7-5. 曰 有之하니이다 曰 是心이 足以王矣리이다 百姓은 皆以王爲愛也어니와 臣은 固知王之不忍也하노이다

대답하셨다. "있습니다." 말씀하셨다. "이 마음이 족히 王하실 수 있습니다. 백성은 다 왕더러 인색하다 하지만, 신은 진실로 王께서 차마 못하신 것을 압니다."

王이 見牛之觳觫而不忍殺하니 卽所謂惻隱之心은 仁之端也니 擴而充之면 則可以保四海矣라 故로 孟子 指而言之하사 欲王察識於此而擴充之也시니라 愛는 猶吝也라

왕이 소가 부들부들 떠는 것을 보고 차마 죽이지 못하니, 곧 이른바 惻隱之心은 仁의 단서이니, 이를 확충하면 사해 백성을 사랑으로 기를 수 있다. 그러므로 맹자께서 지적하여 말씀하시어 王으로 하여금 이를 살펴 알고 확충하게 하고자 하신 것이다. 愛는 인색함과 같다.

- 惻 슬퍼할 측
- 隱 가엾어할 은
- 擴 넓힐 확
- 保 기를 보

7-6. 王曰 然하다 誠有百姓者로다마는 齊國이 雖褊小나 吾何愛一牛리오 卽不忍其觳觫若無罪而就死地라 故로 以羊易之也호이다

왕께서 말씀하셨다. "그렇습니다. 진실로 백성이 비난할 점이 있습니다마는,

齊나라가 비록 협소하나 내 어찌 소 한 마리를 아끼겠습니까? 곧 소가 부들부들 떨면서 죄 없이 사지에 나아감을 차마 보지 못하겠기에, 그래서 양으로 바꾼 것입니다."

言以羊易牛 其迹이 似吝하야 實有如百姓所譏者나 然我之心은 不如是也라

'양으로 소를 바꾼 그 행위가 인색한듯하여 실로 백성이 비난하는 바와 같은 점이 있으나 내 마음은 이와 같지 않다.'고 말한 것이다.

7-7. 曰 王은 無異於百姓之以王爲愛也하소서 以小易大어니 彼惡(오)知之리잇고 王若隱其無罪而就死地則牛羊을 何擇焉이리잇고 王이 笑曰 是誠何心哉런고 我非愛其財而易之以羊也언마는 宜乎百姓之謂我愛也로다

말씀하셨다. "왕은 백성이 왕더러 인색하다 함을 괴이쩍게 여기지 마소서. 작은 것으로 큰 것을 바꾸었으니, 저들이 어찌 알겠습니까? 왕이 만일 그 죄 없이 사지에 나아감을 마음 아파하셨다면 소와 양을 어찌 분별하시겠습니까?" 왕이 웃으며 말하셨다. "이것이 정말 무슨 마음이었던가? 내가 그 소(財)를 아껴서 양으로 바꾼 것이 아니건마는, 백성이 나더러 아낀다고 말함이 마땅하도다."

異는 怪也라 隱은 痛也라 擇은 猶分也라 言牛羊이 皆無罪而死하니 何所分別而以羊易牛乎아 孟子 故設此難하야 欲王反求而得其本心이어늘 王이 不能然故로 卒無以自解於百姓之言也라

異는 괴이함이다. 隱은 아파함이다. 擇은 분별함과 같다. '소와 양이 다 죄 없이 죽으니 무엇으로 분별하여 양으로 소를 바꿨느냐?'는 말이다. 맹자께서 일부러 이런 힐난을 가설하여 王으로 하여금 돌이켜 구하여 그 본심을 깨닫게 하고자 하셨거늘, 왕이 능히 그렇지 못하므로 마침내 백성의 말을

스스로 이해할 수 없었다.

■ 怪 기이할 괴　　　隱 아파할 은　　　　難 나무랄 난

7-8. 曰 無傷也라 是乃仁術也니 見牛코 未見羊也일새니이다 君子之於禽獸也에 見其生하고 不忍見其死하며 聞其聲하고 不忍食其肉하나니 是以로 君子는 遠庖廚也니이다

말씀하셨다. "해로울 것 없습니다. 이것이 바로 仁을 행하는 방법이니, 소는 보고 양은 보지 못했기 때문입니다. 군자가 짐승에게는 그 산 것을 보고 차마 그 죽음을 보지 못하며 그 죽는 소리를 듣고 차마 그 고기를 먹지 못하나니, 이 때문에 君子는 푸줏간을 멀리 합니다."

無傷은 言雖有百姓之言이나 不爲害也라 術은 謂法之巧者라 蓋殺牛는 旣所不忍이요 釁鍾을 又不可廢니 於此에 無以處之면 則此心雖發而終不得施矣라 然見牛則此心이 已發而不可遏이요 未見羊則其理未形而無所妨이라 故로 以羊易牛면 則二者 得以兩全而無害니 此所以爲仁之術也라 聲은 謂將死而哀鳴也라 蓋人之於禽獸에 同生而異類故로 用之以禮나 而不忍之心이 施於見聞之所及하니 其所以必遠庖廚者는 亦以預養是心而廣爲仁之術也라

無傷은 비록 백성의 비난하는 말이 있으나 해가 되지 않음을 말한다. 術은 방법이 정교한 것을 이른다. 대개 殺牛는 이미 차마 못할 바요 釁鍾을 또 폐지할 수 없으니, 여기서 처리할 방법이 없으면 이 마음이 비록 생겨도 끝내 시행할 수 없다. 그러나 소를 보았으니 곧 이 마음이 이미 생겨서 막을 수 없고, 아직 양을 보지 못했으니 그 이치가 드러나지 않아 거리낄 바가 없다. 그러므로 양으로 소와 바꾸면 이 두 가지가 온전하여 해로움이 없으니, 이것이 仁을 행하는 방법이다. 聲은 막 죽을 적에 슬픈 비명을 이른다. 대개

사람이 짐승에 대해서 같은 생명체이나 類가 다르므로 禮에 맞게 이용하나 不忍之心이 눈과 귀가 미치는 곳에 베풀어지니, 군자가 반드시 푸줏간을 멀리하는 까닭은 역시 미리 이 마음을 길러 仁을 행하는 방법을 넓히려는 것이다.

■ 遠 멀리할 원   庖 푸주간 포   廚 부엌 주   妨 거리낄 방
　預 미리 예

7-9.
王이 說(열)曰 詩云他人有心을 予忖度(탁)之라하니 夫子之謂也로소이다 夫我乃行之하고 反而求之호대 不得吾心이러니 夫子 言之하시니 於我心에 有戚戚焉하여이다 此心之所以合於王者는 何也잇고

왕이 기뻐서 말하셨다. "『詩』에 '남의 지닌 마음을 내가 헤아린다.' 하니, 夫子를 말한 것입니다. 내가 행동하고 돌이켜 찾았으되 내 마음을 알지 못하더니, 夫子께서 말씀하시니 내 마음에 뭉클함이 있습니다. 이 마음이 王道에 부합하는 까닭은 무엇입니까?"

　詩는 小雅巧言之篇이라 戚戚은 心動貌라 王이 因孟子之言하야 而前日之心이 復(부)萌하니 乃知此心이 不從外得이나 然猶未知所以反其本而推之也라

　詩는 「소아」<교언>편이다. 戚戚은 마음이 동하는 모양이다. 王이 맹자 말씀으로 인하여 전날의 마음이 다시 싹터서 이에 이 마음이 밖으로부터 얻어지지 않음을 알았으나, 아직도 그 근본을 돌이켜 미룰 줄 몰랐다.

■ 忖 헤아릴 촌   度 헤아릴 탁   戚 뭉클할 척

7-10.
曰 有復於王者曰 吾 力足以擧百鈞而不足以擧一羽하며 明足以察秋毫之末而不見輿薪이라하면 則王은 許之乎잇가 曰 否라 今에

恩足以及禽獸而功不至於百姓者는 獨何與잇고 然則一羽之不擧는 爲不用力焉이며 輿薪之不見은 爲不用明焉이며 百姓之不見保는 爲不用恩焉이니 故로 王之不王은 不爲也언정 非不能也니이다

말씀하셨다. "王께 아뢰는 자가 '내 힘이 100균을 족히 들지마는 깃털 하나를 들지 못하며 시력이 秋毫의 끝을 족히 살피지마는 수레의 나뭇짐을 보지 못한다.'고 말하면 王은 허락하시겠습니까?" 대답하셨다. "못합니다." 말씀하셨다. "지금 은택이 금수에게 족히 미치되 공덕이 백성에게 이르지 못함은 유독 어째서입니까? 그렇다면 깃털 하나를 들지 못한다 함은 힘을 쓰지 않기 때문이며, 수레의 나뭇짐을 보지 못한다 함은 시력을 쓰지 않기 때문이며, 백성이 보호받지 못함은 은덕을 쓰지 않기 때문입니다. 그러므로 王께서 王노릇하지 못함은 하지 않는 것이지 하지 못하는 것이 아닙니다."

復은 白也라 鈞은 三十斤이니 百鈞은 至重難擧也요 羽는 鳥羽이니 一羽는 至輕易(이)擧也라 秋毫之末은 毛 至秋而末銳하니 小而難見也라 輿薪은 以車載薪이니 大而易(이)見也라 許는 猶可也라 今恩以下는 又 孟子之言也라 蓋天地之性에 人爲貴故로 人之與人으로 又爲同類而相親이라 是以로 惻隱之發은 則於民切而於物緩이요 推廣仁術은 則仁民易(이)而愛物難하니 今王此心이 能及物矣니 則其保民而王은 非不能也요 但自不肯爲耳라

復은 아룀이다. 鈞은 30근이니 100鈞은 매우 무거워 들기 어렵고, 羽는 새의 깃털이니 깃털 하나는 지극히 가벼워 들기 쉽다. 秋毫之末은 짐승의 털이 가을에 끝이 가늘어진 것이니 작아서 보기가 어렵다. 輿薪은 수레에 땔나무를 실은 것이니 커서 보기 쉽다. 許는 허가함과 같다. 今恩 이하는 또 맹자의 말씀이다. 천지간의 만물(性) 중에 사람이 존귀하므로 사람이 사람과 더불어 또 동류가 되어 서로 친하다. 이 때문에 惻隱之心의 발로는 백성에게 절실하며 동물에게는 느슨하고, 仁을 행하는 방법을 미루어 넓힘은 백성을

사랑하기는 쉬우며 동물을 사랑하기는 어려우니, 지금 王의 이 마음이 능히 동물에게 미치니, 백성을 보호하여 王노릇함은 하지 못하는 것이 아니고 다만 스스로 기꺼이 행하지 않는 것뿐이다.

■ 復 아뢸 복   鈞 서른근 균   輿 수레 여   薪 섶나무 신

7-11. 曰 不爲者와 與不能者之形이 何以異잇고 曰 挾太山하야 以超北海를 語人曰 我不能이라하면 是는 誠不能也어니와 爲長者折枝를 語人曰 我不能이라하면 是는 不爲也언정 非不能也니 故로 王之不王은 非挾太山以超北海之類也라 王之不王은 是 折枝之類也니이다

여쭈었다. "하지 않는 것과 하지 못하는 것의 형상이 어찌 다릅니까?" 말씀하셨다. "太山을 겨드랑이에 끼고 북해를 뛰어넘음을 사람더러 '내가 하지 못한다.'하면 이는 진실로 하지 못함이거니와 어른을 위하여 나뭇가지 꺾음을 사람더러 '내가 하지 못한다.'하면 이는 하지 않을 뿐이지 하지 못함이 아니니, 그러므로 王께서 王노릇하지 못함은 태산을 겨드랑이에 끼고 북해를 뛰어넘는 종류가 아니라, 王께서 왕 하지 못함은 나뭇가지를 꺾는 종류입니다.

形은 狀也라 挾은 以腋持物也라 超는 躍而過也라 爲長者折枝는 以長者之命으로 折草木之枝니 言不難也라 是心固有하야 不待外求하니 擴而充之는 在我而已라 何難之有리오

形은 형상이다. 挾은 겨드랑이에 물건을 낌이다. 超는 뛰어넘음이다. 爲長者折枝는 어른의 명으로 초목의 가지를 꺾음이니, 어렵지 않음을 말한다. 이 마음이 본디 지닌 것이라서 외부에서 구할 필요가 없으니, 확충함은 나에게 달렸을 따름이다. 무슨 어려움이 있겠는가?

7-12. 老吾老하야 以及人之老하며 幼吾幼하야 以及人之幼면 天下는 可運於掌이니 詩云 刑于寡妻하야 至于兄弟하야 以御于家邦이라하니

言擧斯心하야 加諸(저)彼而已니 故로 推恩이면 足以保四海요 不推恩이면 無以保妻子니 古之人이 所以大過人者는 無他焉이라 善推其所爲而已矣니 今에 恩足以及禽獸而功不至於百姓者는 獨何與니잇고

내 노인을 섬겨 남의 노인에게 미치며 내 어린이를 사랑하여 남의 어린이에게 미치면 천하는 손바닥에서 움직일 수 있습니다. 『詩』에 '아내에게 모범이 되어 형제에게 이르러 이로써 집안과 나라를 다스린다.'하니, 이 마음을 들어서 저들에게 베풀(加) 따름임을 말한 것입니다. 그러므로 은덕을 미루면 사해를 보전하고 은덕을 미루지 못하면 처자조차 보호하지 못합니다. 옛사람이 남보다 크게 뛰어난 까닭은 다름이 아니라 그가 하는 바를 잘 미루었을 따름이니, 지금 은덕이 짐승에게는 족히 미치되 은덕이 백성에게 이르지 못함은 유독 어째서입니까?

老는 以老事之也라 吾老는 謂我之父兄이요 人之老는 謂人之父兄이라 幼는 以幼畜(흑)之也라 吾幼는 謂我之子弟요 人之幼는 謂人之子弟라 運於掌은 言易(이)也라 詩는 大雅思齊(재)之篇이라 刑은 法也라 寡妻는 寡德之妻니 謙辭也라 御는 治也라 不能推恩이면 則衆叛親離故로 無以保妻子라 蓋骨肉之親은 本同一氣하야 又非但若人之同類而已라 故로 古人이 必由親親推之然後에 及於仁民하고 又推其餘然後에 及於愛物이니 皆由近以及遠하고 自易(이)以及難이어늘 今王이 反之하시니 則必有故矣라 故로 復(부)推本而再問之하시니라

老는 노인으로 섬김이다. 吾老는 나의 부형을 이르고 人之老는 남의 부형을 이른다. 幼는 사랑으로 기름이다. 吾幼는 나의 자제를 이르고 人之幼는 남의 자제를 이른다. 運於掌은 쉬움을 말한다. 『詩』는 「대아」<사재>편이다. 刑은 모범이 됨이다. 寡妻는 덕이 적은 아내이니 겸사이다. 御는 다스림이다. 은택을 미루지 못하면

민중이 배반하고 친척이 떠나므로 처자를 보호하지 못한다. 대개 骨肉之

親은 본래 똑같은 한 기운으로서 단지 사람이란 동류일 뿐만이 아니다. 그러므로 옛사람이 반드시 親親으로 말미암아 미룬 연후에 仁民에 미치고, 그 나머지를 미룬 연후에 愛物에 미쳤으니, 다 가까운 데에서 먼 데에 미치고 쉬운 것부터 어려운 것에 미쳤거늘, 지금 王이 이를 반대로 하시니 반드시 까닭이 있을 것이다. 그러므로 다시 근본을 미루어 거듭 질문하신 것이다.

■ 老 노인대접할(어른) 로　　幼 사랑할(어린아이) 유
　刑 본받을 형　　　　　　御 다스릴 어　　　　　　畜 기를 휵

7-13. 權然後에 知輕重하며 度然後에 知長短이니 物皆然이어니와 心爲甚하니 王請度(탁)之하소서

저울질한 뒤에 경중을 알며 자로 잰 뒤에 장단을 아니, 사물이 다 그렇거니와 마음이 더욱 심하니 王은 청컨대 잘 헤아리소서.

權은 稱錘也라 度는 丈尺也라 度(탁)之는 謂稱量之也라 言物之輕重長短은 人所難齊니 必以權度로 度(탁)之而後에 可見이어니와 若心之應物은 則其輕重長短之難齊를 而不可不度(탁)以本然之權度 又有甚於物者어늘 今王이 恩及禽獸호대 而功不至於百姓하니 是其愛物之心은 重且長하고 而仁民之心은 輕且短하야 失其當然之序而不自知也라 故로 上文에 旣發其端하시고 而於此에 請王度(탁)之也시니라

權은 저울추를 맞춤이다. 度는 자로 잼이다. 度之는 헤아림을 이른다. '물건의 경중과 장단은 사람마다 일치하기 어려운 것이니 반드시 저울과 자로 헤아린 후에 알 수 있거니와, 마음이 사물에 응함은 그 경중과 장단이 일치하기 어려운 것을 본연의 權度로써 헤아리지 않을 수 없음이 또 사물보다 더욱 심한 점이 있거늘, 지금 王이 은택은 짐승에 미치되 공덕이 백성에게 이르지 못하니 이는 동물을 사랑하는 마음은 중하고 길며 백성을 사랑하는 마음은 가볍고 짧아서 그 당연한 순서를 잃었는데도 자신은 몰랐다. 그러므로

윗글에서 이미 그 단서를 말씀하시고 여기에서 王께 헤아리기를 청한 것임'을 말한 것이다.

- 權 저울질할 권   度 잴 도, 헤아릴 탁   稱 맞을 칭   錘 저울추 추

7-14. 抑王은 興甲兵하며 危士臣하야 構怨於諸侯然後에야 快於心與잇가

왕은 전쟁을 일으키며 전사와 장수(臣)를 위태롭게 하여 제후와 원한을 맺은 연후에야 마음에 흔쾌하시겠습니까?"

抑은 發語辭라 士는 戰士也라 構는 結也라 孟子 以王愛民之心이 所以輕且短者는 必其以是三者로 爲快也라 然三事 實非人心之所快 有甚於殺觳觫之牛者故로 指以問王하야 欲其以此而度(탁)之也시니라

抑은 발어사이다. 士는 전사이다. 構는 맺음이다. 맹자께서, 왕의 백성 사랑하는 마음이 가볍고 짧은 것은 반드시 이 세 가지를 흔쾌히 여기기 때문이라 여기셨다. 그러나 세 가지 일이 실로 마음에 흔쾌할 바 아님이 부들부들 떠는 소를 죽임보다 심한 점이 있으므로, 지적하여 王께 여쭈어 이로써 헤아리게 하시려는 것이다.

- 構 맺을 구   快 쾌할 쾌

7-15. 王曰 否라 吾何快於是리오 將以求吾所大欲也로이다

왕이 말하였다. "아닙니다. 내 어찌 이것에 흔쾌하겠습니까? 장차 나의 큰 욕망을 추구하려는 것입니다."

不快於此者는 心之正也요 而必爲此者는 欲誘之也니 欲之所誘者 獨在於是라 是以로 其心이 尙明於他而獨暗於此하니 此其愛民之心이 所以輕短而功不至於百姓也라

이 세 가지에 흔쾌하지 않음은 마음의 바름이요 반드시 이것을 함은 욕심이 유혹함이니, 욕심이 유혹한 바가 유독 이에 있는지라 이 때문에 그의 마음이 오히려 저곳엔 밝지만 유독 여기엔 어두우니, 이것이 백성을 사랑하는 마음이 가볍고 짧아 공덕이 백성에게 이르지 못하는 까닭이다.

■ 快 흔쾌할 쾌　　　欲 욕심 욕　　　誘 꼬일 유　　　尙 오히려 상

7-16. 曰 王之所大欲을 可得聞與잇가 王이 笑而不言하신대 曰 爲肥甘이 不足於口與며 輕煖이 不足於體與잇가 抑爲采色이 不足視於目與며 聲音이 不足聽於耳與며 便嬖 不足使令於前與잇가 王之諸臣이 皆足以供之하나니 而王은 豈爲是哉시리잇고 曰 否라 吾不爲是也로이다 曰 然則王之所大欲을 可知已니 欲辟土地하며 朝秦楚하야 莅中國而撫四夷也로소이다 以若所爲로 求若所欲이면 猶緣木而求魚也니이다

말씀하셨다. "王의 큰 욕망을 들을 수 있습니까?" 王이 웃으면서 말하지 않자, 말씀하셨다. "살지고 맛있는 음식이 입에 부족하며 가볍고 따뜻한 의복이 몸에 부족하기 때문입니까? 아니면 채색이 눈에 안차며 음악이 귀에 안차며, 총애하는 사람이 앞에서 사령하는데 부족하기 때문입니까? 왕의 여러 신하가 다들 풍족하게 공급하니 王은 어찌 이것 때문이겠습니까?" 대답하셨다. "아닙니다. 내가 이 때문이 아닙니다." 말씀하셨다. "그러면 왕의 큰 욕망을 알만하니, 토지를 개척하며 秦나라와 楚나라한테 조회 받아 中國에 임하여 사방 오랑캐를 어루만지고자 하시는 것입니다. 이 같은 소행으로 이 같은 욕망을 추구하면 나무에 올라 물고기 잡는 것과 같습니다."

便嬖는 近習嬖幸之人也라 已는 語助辭라 辟은 開廣也라 朝는 致其來朝也라 秦楚는 皆大國이라 莅는 臨也라 若은 如此也라 所爲는 指興兵結怨之事라 緣木求魚는 言必不可得이라

便嬖는 가까이 익숙하고 총애하는 사람이다. 已는 어조사이다. 辟은 땅을 개척하여 넓힘이다. 朝는 그들이 와서 조회하게 함이다. 秦과 楚는 다 강대국이다. 莅는 임함이다. 若은 이와 같음이다. 所爲는 군사를 일으키며 원함을 맺는 일을 가리킨다. 緣木求魚는 반드시 불가능함을 말한다.

- 采 무늬 채 便 익힐 편 嬖 사랑할 폐 辟 개간할 벽
  朝 조회받을 조 莅 임할 리 撫 어루만질 무 若 이와같을 약
  緣 더위잡아오를 연 幸 꾀할 행

7-17. 王曰 若是其甚與잇가 曰 殆有甚焉하니 緣木求魚는 雖不得魚나 無後災어니와 以若所爲로 求若所欲이면 盡心力而爲之라도 後必有災하리이다 曰 可得聞與잇가 曰 鄒人이 與楚人戰則王은 以爲孰勝이니잇고 曰 楚人이 勝하리이다 曰 然則小固不可以敵大며 寡固不可以敵衆이며 弱固不可以敵強이니 海內之地 方千里者 九에 齊 集有其一하니 以一服八이 何以異於鄒敵楚哉리잇고 蓋亦反其本矣니이다

왕이 여쭈었다. "이렇듯이 심합니까?" 말씀하셨다. "자못 이보다 심한 것이 있습니다. 나무에 올라 물고기를 구함은 비록 물고기를 얻지 못하나 후환이 없거니와 이 같은 소행으로 이 같은 욕망을 추구하면 마음과 힘을 다할지라도 후에 반드시 재앙이 있을 것입니다." 여쭈었다. "들을 수 있습니까?" 말씀하셨다. "추나라가 초나라와 싸우면 왕은 누가 이기리라 생각하십니까?" 대답하셨다. "초나라가 이길 것입니다." 말씀하셨다. "그러면 소국이 진실로 대국을 대적하지 못하며, 소수가 진실로 다수를 대적하지 못하며, 약자가 진실로 강자를 대적하지 못하나니, 사해 안에 땅이 사방 천리인 나라 아홉에서 齊나라가 땅을 합쳐 그 하나를 차지했으니, 하나로써 여덟을 복종시킴이 어찌 추나라가 초나라를 대적함과 다르겠습니까? 역시 그 근본으로 돌아가야 합니다.

殆蓋는 皆發語辭라 鄒는 小國이요 楚는 大國이라 齊集有其一은 言集

合齊地에 其方千里니 是有天下九分之一也라 以一服八은 必不能勝이니 所謂後災也라 反本은 說見(현)下文하니라

殆·蓋는 다 발어사이다. 鄒는 약소국이요 楚는 강대국이다. 齊集有其一은 齊나라 땅을 합치면 사방 천리이니, 천하 9분에 1을 소유함을 말한다. 以一服八은 반드시 승리하지 못함이니, 이른바 後災이다. 反本은 설명이 아랫글에 보인다.

- 殆 발어사 태   甚 심할 심   固 진실로 고   敵 대적할 적
  蓋 발어사 개

7-18. 今王이 發政施仁하사 使天下仕者로 皆欲立於王之朝하며 耕者로 皆欲耕於王之野하며 商賈(고)로 皆欲藏於王之市하며 行旅로 皆欲出於王之途하시면 天下之欲疾其君者 皆欲赴愬於王하리니 其如是면 孰能禦之리잇고

지금 왕이 정사를 펼쳐 仁을 베푸시어 천하의 벼슬하는 자로 하여금 다 왕의 조정에 서고자 하며, 농부로 하여금 다 왕의 들녘에서 경작하고자 하며, 상인으로 하여금 다 왕의 저자에 상품을 저장하고자 하며, 나그네로 하여금 다 왕의 도로에 나아가고자 하게 하시면, 천하에 자기 임금을 미워하는 자가 다 왕에게 달려와 하소연하고자 하리니, 이와 같다면 누가 능히 막겠습니까?"

行貨曰商이요 居貨曰賈(고)라 發政施仁은 所以王天下之本也라 近者 悅하고 遠者 來면 則大小彊弱은 非所論矣라 蓋力求所欲이면 則所欲者 反不可得이요 能反其本이면 則所欲者 不求而至니 與首章으로 意同하니라

물품을 가지고 다니면서 파는 것을 商이라 하고, 물품을 쌓아놓고 파는 장사를 賈라 한다. 發政施仁은 천하에 王하는 근본이다. 가까운 자가 기뻐하

고 멀리 있는 자가 오면 곧 대소·강약은 논할 바가 아니다. 대개 힘써 욕망을 추구하면 바라는 바를 도리어 얻을 수 없고, 능히 그 근본으로 돌아가면 바라는 바를 추구하지 않아도 올 것이니, 첫장과 뜻이 같다.

■ 商 장사 상　　　賈 장사 고　　　貨 팔 화　　　反 도리어(돌이킬) 반

7-19. 王曰 吾惛하야 不能進於是矣로니 願夫子는 輔吾志하야 明以敎我하소서 我雖不敏이나 請嘗試之호리이다 曰 無恒產而有恒心者는 惟士 爲能이어니와 若民則無恒產이면 因無恒心이니 苟無恒心이면 放辟邪侈를 無不爲已니 及陷於罪然後에 從而刑之면 是는 罔民也니 焉有仁人이 在位하야 罔民을 而可爲也리오

왕이 말하였다. "내가 어둑하여 능히 이에 나아가지 못하니, 원컨대 夫子는 내 뜻을 보필하여 밝게 나를 가르치소서! 내 비록 똑똑하지 못하나 청컨대 시험하겠습니다." 말씀하셨다. "떳떳한 생업이 없어도 떳떳한 마음을 지닌 자는 오직 士만이 능하거니와, 만일 백성은 곧 떳떳한 생업이 없으면 이로 인하여 떳떳한 마음도 없나니, 진실로 떳떳한 마음이 없으면 방탕·편벽·사악·사치를 하지 않는 것이 없으리니, 죄에 빠진 후에 그대로 처형하면 이는 백성을 법망으로 그물질함입니다. 어찌 어진 사람이 존위에서 백성을 그물질하는 것을 하겠습니까?

恒은 常也요 產은 生業也니 恒產은 可常生之業也라 恒心은 人所常有之善心也라 士는 嘗學問知義理故로 雖無恒產이나 而有常心이어니와 民則不能然矣라 罔은 猶羅罔이니 欺其不見而取之也라

恒은 떳떳함이요 產은 생업이니, 恒產은 떳떳하게 살만한 생업이다. 恒心은 사람이 떳떳하게 지닌 선한 마음이다. 士는 일찍이 학문하여 의리를 알므로 비록 떳떳한 생업이 없으나 떳떳한 마음을 지니거니와 백성은 능히

그러하지 못하다. 罔은 그물을 벌려놓음과 같으니, 보지 못하게 속여서 잡는 것이다.

- 惛 흐릴 혼　　嘗 시험할 상　　恒 떳떳할 항　　放 방탕할 방
  辟 간사할 벽　　邪 간사할 사　　侈 사치할 치　　罔 그물 망
  羅 그물 라

7-20. 是故로 明君이 制民之産호대 必使仰足以事父母하며 俯足以畜(흑)妻子하야 樂(락)歲에 終身飽하고 凶年에 免於死亡하나니 然後에 驅而之善故로 民之從之也 輕하니이다

이러므로 현명한 임금이 백성의 생업을 제정하되 반드시 위로는 풍족히 부모를 섬기며 아래로는 풍족히 처자를 부양하여 풍년에는 내내 배부르고 흉년에는 죽음을 면하게 하나니, 그런 후에 백성을 몰아서 선한 길로 가게 하므로 백성이 따르기가 쉽습니다.

　　輕은 猶易(이)也라 此는 言民有常産而有常心也라
　　輕은 쉬움과 같다. 이는 백성이 떳떳한 생업이 있어야 떳떳한 마음을 지님을 말한 것이다.

7-21. 今也에 制民之産호대 仰不足以事父母하며 俯不足以畜(흑)妻子하야 樂(락)歲에 終身苦하고 凶年에 不免於死亡하나니 此惟救死而恐不贍이어니 奚暇에 治禮義哉리오

지금은 백성의 생업을 제정하되, 위로 부모를 풍족히 섬기지 못하며 아래로 풍족히 처자를 부양하지 못하여 풍년에 내내 고생하고 흉년에는 죽음을 면하지 못하게 하나니, 이는 오직 죽음만 구제해도 부족할까 염려하거니, 어느 겨를에 禮·義를 다스리겠습니까?

贍은 足也라 此는 所謂無常産而無常心者也라

贍은 풍족함이다. 이는 이른바 떳떳한 생업이 없으면 떳떳한 마음이 없다는 것이다.

- 奚 어찌 해   暇 겨를 가   贍 넉넉할 섬

7-22. 王欲行之則盍反其本矣니잇고

왕께서 행하고자 하시면 어찌 그 근본으로 돌아가지 않으십니까?

盍은 何不也라 使民有常産者는 又發政施仁之本也니 說見(현)下文하니라

盍은 어찌 않느냐이다. 백성으로 하여금 떳떳한 생업이 있게 함은 또 정사를 펼쳐 仁을 베푸는 근본이니 설명이 아랫글에 보인다.

- 盍 어찌아니할 합   反 돌이킬 반

7-23. 五畝之宅에 樹之以桑이면 五十者 可以衣帛矣며 雞豚狗彘之畜(훅)을 無失其時면 七十者 可以食肉矣며 百畝之田을 勿奪其時면 八口之家 可以無飢矣며 謹庠序之敎하야 申之以孝悌之義면 頒白者 不負戴於道路矣리니 老者 衣帛食肉하며 黎民이 不飢不寒이요 然而不王者 未之有也니이다

5묘 집터에 뽕나무를 심으면 50된 자가 비단을 입으며, 닭과 수퇘지와 개와 암퇘지를 기름을 그 때를 놓치지 않으면 70된 자가 고기를 먹으며, 100묘 밭을 농사철을 빼앗지 말면 여덟 식구 집이 굶주림이 없으며, 상·서의 학교 교육을 신중히 하여 孝·悌의 의리를 거듭하면 반백 노인이 도로에서 등짐 지고 머리에 이지 않으리니, 늙은이가 비단 입고 고기 먹으며 백성이 굶지

않으며 춥지 않게 하고, 그러고도 王노릇하지 못할 자가 없습니다."

此는 言制民之産之法也라

趙氏曰 八口之家는 次上農夫也라 此는 王政之本이요 常生之道故로 孟子 爲齊梁之君各陳之也라

楊氏曰 爲天下者는 擧斯心하야 加諸彼而已나 然이나 雖有仁心仁聞而民不被其澤者는 不行先王之道故也라 故로 以制民之産으로 告之하시니라

○此章은 言人君은 當黜覇功行王道而王道之要는 不過推其不忍之心하야 以行不忍之政而已라 齊王이 非無此心이로대 而奪於功利之私하야 不能擴充以行仁政하니 雖以孟子反覆曉告하야 精切如此로대 而蔽固已深하야 終不能悟하니 是可歎也로다

이는 백성의 생업을 제정하는 법도를 말한 것이다.

조씨가 말하였다. "八口之家는 차상의 농부이다. 이는 왕도정치의 근본이요 떳떳한 삶의 방도이므로 맹자께서 齊나라와 梁나라 임금을 위하여 각각 진술하신 것이다."

양씨가 말하였다. "천하를 다스리는 자는 이 마음을 들어다가 저기에 미룰 뿐이다. 그러나 비록 어진 마음과 어진 소문이 있으나 백성이 그 은택을 입지 못함은 선왕의 도를 행하지 않기 때문이다. 그러므로 백성의 생업을 제정하는 것으로 일러주신 것이다."

○이 章은 '군주는 마땅히 패자의 공적을 물리치고 왕자의 도를 행할 것이로되 왕도의 요체는 불과 그 不忍之心을 미루어 不忍之政을 행할 따름임'을 말한 것이다. 齊나라 선왕이 이 마음이 없는 것은 아니지만 공리의 사욕에 빼앗겨 능히 확충하여 仁政을 행하지 못하니, 비록 孟子께서 반복하여 깨우쳐주기를 정밀하고 간절함이 이와 같으시되, 욕심에 가림이 굳고 이미 깊어 끝내 깨닫지 못하니, 한탄스럽다.

梁惠王章句下

凡十六章이라
모두 16장이다.

1-1. 莊暴(포) 見孟子曰 暴 見(현)於王호니 王이 語暴以好樂이어시늘 暴未有以對也호니 曰好樂이 何如하니잇고 孟子曰 王之好樂이 甚則齊國은 其庶幾乎인져

장포가 맹자를 뵙고 여쭈었다. "내가 왕을 알현하니 왕께서 나더러 음악을 좋아함을 말씀하시거늘, 내가 응대하지 못했습니다. 음악을 좋아함이 어떻습니까?" 맹자께서 말씀하셨다. "왕이 음악을 좋아하심이 심하면 齊나라는 거의 다스려질 것이다."

莊暴(포)는 齊臣也라 庶幾는 近辭也니 言近於治라
莊暴는 제나라 신하이다. 庶幾는 가깝다는 말이니, 다스림에 가까움을 말한다.

■ 庶 거의 서　　　幾 거의 기

1-2. 他日에 見(현)於王曰 王이 嘗語莊子以好樂하사소니 有諸(저)잇가 王이 變乎色曰 寡人이 非能好先王之樂也라 直好世俗之樂耳로이다

다른 날 王께 알현하여 말씀하셨다. "王께서 전에 장자더러 음악 좋아함을

말씀하셨다 하니, 그런 일이 있으십니까?" 王이 안색이 바뀌어 말씀하셨다. "과인이 先王의 음악을 좋아하는 것이 아니라, 다만 세속의 음악을 좋아할 뿐입니다."

變色者는 慚其好之不正也라
變色은 그 좋아함이 바르지 못함을 부끄러워함이다.

- 直 다만 직   慚 부끄러워할 참

1-3. 曰 王之好樂이 甚則齊其庶幾乎인저 今之樂이 由古之樂也니이다

말씀하셨다. "王이 음악을 좋아하심이 심하면 齊나라는 거의 다스려질 것입니다. 지금의 음악이 옛날 음악과 같습니다."

今樂은 世俗之樂이요 古樂은 先王之樂이라
今樂은 세속의 음악이요, 古樂은 先王의 음악이다.

- 由 같을 유

1-4. 曰 可得聞與잇가 曰 獨樂樂(락)과 與人樂樂(락)이 孰樂(락)이니잇고 曰 不若與人이니이다 曰 與少樂樂(락)과 與衆樂樂(락)이 孰樂(락)이니잇고 曰 不若與衆이니이다

여쭈셨다. "들을 수 있습니까?" 말씀하셨다. "홀로 하는 음악의 즐거움과 남과 함께 하는 음악의 즐거움은 무엇이 더 즐겁겠습니까?" 대답하셨다. "남과 함께 하는 것만 못합니다." 말씀하셨다. "적은 사람과 하는 음악의 즐거움과 대중과 하는 음악의 즐거움은 무엇이 더 즐겁겠습니까?" 대답하셨다. "많은 사람과 하는 것만 못합니다."

獨樂(락)이 不若與人하고 與少樂(락)이 不若與衆은 亦人之常情也라

홀로 하는 즐거움이 남과 함께 하는 것만 못하고 적은 사람과 하는 즐거움이 많은 사람과 하는 것만 못함은 역시 人之常情이다.

1-5. 臣이 請爲王言樂호리이다

"신이 청컨대, 王을 爲하여 음악을 말씀드리겠습니다.

此以下는 皆孟子之言也라
이 이하는 모두 孟子의 말씀이다.

1-6. 今王이 鼓樂於此어시든 百姓이 聞王의 鍾鼓之聲과 管籥之音하고 擧疾首蹙頞(알)而相告曰 吾王之好鼓樂이여 夫何使我로 至於此極也오하야 父子 不相見하며 兄弟妻子 離散하며 今王이 田獵於此어시든 百姓이 聞王의 車馬之音하며 見羽旄之美하고 擧疾首蹙頞(알)而相告曰 吾王之好田獵이여 夫何使我로 至於此極也오하야 父子 不相見하며 兄弟妻子 離散하면 此는 無他라 不與民同樂(락)也니이다

이제 왕이 여기서 음악을 연주하시거든 백성이 왕의 종·북 소리와 생황·피리 소리를 듣고 모두 머리 아파하며 이맛살을 찌푸리고 서로 고하기를, '우리 王이 음악 연주를 좋아함이여! 어찌 우리를 이런 곤궁한 지경에 이르게 하는고?' 하면서 부자가 서로 보지 못하며 형제와 처자가 헤어지며, 이제 왕이 여기에서 사냥하시거든 백성이 王의 거마 소리를 들으며 깃발의 아름다움을 보고 모두 머리 아파하며 이맛살을 찌푸리고 서로 고하기를, '우리 왕이 사냥을 좋아함이여! 어찌 우리를 이런 곤궁한 지경에 이르게 하는고?' 하면서 부자가 서로 보지 못하며 형제와 처자가 헤어지면, 이는 다름이 아니라 백성과 함께 즐거워하지 않기 때문입니다.

鍾鼓管籥은 皆樂器也라 擧는 皆也라 疾首는 頭痛也라 蹙은 聚也요 頞(알)은 頞也니 人憂戚則蹙其頞이라 極은 窮也라 羽旄는 旌屬이라 不與民同樂(락)은 謂獨樂(락)其身하고 而不恤其民하야 使之窮困也라

鍾鼓와 管籥은 다 악기이다. 擧는 모두이다. 疾首는 두통이다. 蹙은 찡그림이다. 頞은 이맛살이니, 사람이 근심스러우면 이맛살을 찌푸린다. 極은 곤궁함이다. 羽旄는 깃발 등속이다. 不與民同樂은 그 자신만 홀로 즐거워하고 백성을 구휼하지 않아 곤궁하게 만듦을 이른다.

- 鼓 연주할 고   鍾 쇠북 종   管 피리 관   籥 피리 약
  擧 모두 거   蹙 찡그릴 축   頞 이마 알   極 곤궁할 극
  田 사냥할 전   獵 사냥할 렵   旄 기 모   額 이마 액
  旌 기 정

1-7. 今王이 鼓樂於此어시든 百姓이 聞王의 鐘鼓之聲과 管籥之音하고 擧欣欣然有喜色而相告曰 吾王이 庶幾無疾病與아 何以能鼓樂也오하며 今王이 田獵於此어시든 百姓이 聞王의 車馬之音하며 見羽旄之美하고 擧欣欣然有喜色而相告曰 吾王이 庶幾無疾病與아 何以能田獵也오하면 此는 無他라 與民同樂(락)也니이다

이제 王이 여기서 음악을 연주하시거든 백성이 王의 종·북 소리와 생황·피리 소리를 듣고 모두 흔쾌하게 기쁜 안색을 하고 서로 고하기를, '우리 왕께서 거의 병환이 없으신가? 어찌 능히 음악을 연주하시는고?'하며, 이제 王이 여기에서 사냥하시거든 백성이 王의 거마 소리를 들으며 깃발의 아름다움을 보고 모두 모두 흔쾌히 기쁜 안색을 하고 서로 고하기를, '우리 王이 거의 병환이 없으신가? 어찌 능히 사냥을 하시는고?'하면, 이는 다름이 아니라 백성과 같이 즐거워하기 때문입니다.

與民同樂(락)者는 推好樂之心하야 以行仁政하야 使民으로 各得其所

也라

與民同樂은 음악 좋아하는 마음을 미루어 仁政을 행하여 백성들로 하여금 각자 제 삶을 얻게 하는 것이다.

■ 欣 기쁠 흔　　　庶 거의 서　　　幾 거의 기　　　與 그런가 여

1-8. 今王이 與百姓同樂(락)則王矣시리이다

이제 王이 백성과 함께 즐거워하시면 王하실 것입니다."

好樂而能與百姓同之면 則天下之民이 歸之矣리니 所謂齊其庶幾者 如此라

○范氏曰 戰國之時에 民窮財盡호대 人君이 獨以南面之樂(락)으로 自奉其身하니 孟子 切於救民故로 因齊王之好樂하야 開導其善心하야 深勸其與民同樂(락)하시고 而謂今樂이 猶古樂하시니 其實은 今樂古樂이 何可同也리오 但與民同樂(락)之意는 則無古今之異耳니 若必欲以禮樂으로 治天下인댄 當如孔子之言하야 必用韶舞하고 必放鄭聲이니 蓋孔子之言은 爲邦之正道요 孟子之言은 救時之急務니 所以不同이라

○楊氏曰 樂은 以和爲主어늘 使人聞鍾鼓管絃之音하고 而疾首蹙頞(알)이면 則雖奏以咸英韶濩라도 無補於治也라 故로 孟子 告齊王以此하야 姑正其本而已시니라

음악을 좋아하되 능히 백성과 함께 하면 곧 天下 백성이 귀의하리니, 이른바 齊其庶幾가 이와 같다.

○범씨가 말하였다. "전국시대에 백성이 곤궁하고 재물이 다 떨어졌으되 임금이 홀로 제왕(南面)의 권력(樂)으로써 그 자신만 보양하였으니, 맹자께서 백성 구제에 간절하셨으므로 제나라 선왕이 음악 좋아함으로 인하여 그의 善한 마음을 깨우치고 인도하여 與民同樂할 것을 깊이 권면하시고 '지금

음악이 옛날 음악과 같다.'하시니, 그 실상은 지금 음악과 옛날 음악이 어찌 같겠는가? 다만 與民同樂의 뜻만은 곧 고금의 차이가 없을 뿐이다. 만일 반드시 禮樂으로 天下를 다스리고자 할진댄, 마땅히 공자의 말씀처럼 하여 반드시 순임금의 소무를 쓰고 반드시 음탕한 鄭聲*을 내쳐야 할 것이다. 대개 孔子의 말씀은 나라 다스리는 正道요 孟子의 말씀은 시대를 구원하는 급선무이기 때문에 같지 않은 것이다."

○ 양씨가 말하였다. "음악은 조화가 주가 되거늘, 사람들로 하여금 종·북·관·현의 소리를 듣고 머리 아파하며 이맛살을 찌푸리게 하면 비록 함지·오영·소·호*를 연주하더라도 다스림에 보탬이 없다. 그러므로 맹자께서 제나라 선왕에게 이것을 일깨워 우선 그 근본을 바로잡으신 것뿐이다."

■ 韶 풍류이름 소   放 내칠 방   濩 풍류이름 호   姑 우선 고

* 韶舞, 鄭聲 : 韶舞는 순임금이 만든 韶라는 舞樂이요, 鄭聲은 鄭나라 음악으로 음탕한 내용이다.

* 咸英韶濩 : 모두 중국 고대 제왕이 만든 음악의 이름으로『漢書』「禮樂志」에, 黃帝가 <咸池>를 만들고 帝嚳이 <五英>을 만들고, 帝舜이 <招(소)>를 만들고 湯王은 <濩>를 만들었다 하고, 그 뜻이 <咸池>는 구비함이요 <五英>은 영화가 무성함이요 <招>는 요임금을 계승함이요 <濩>는 백성을 구원함이다.

2-1. 齊宣王이 問曰 文王之囿 方七十里라하니 有諸(저)잇가 孟子 對曰 於傳에 有之하니이다

齊나라 선왕이 여쭈었다. "문왕의 동산이 사방 70리라 하니 그랬습니까?" 孟子께서 대답하셨다. "고서에 있습니다."

囿者는 蕃育鳥獸之所라 古者에 四時之田을 皆於農隙하야 以講武事라 然不欲馳騖(무)於稼穡場圃之中故로 度(탁)閒曠之地以爲囿나 然文王七十里之囿는 其亦三分天下에 有其二之後也與인져 傳은 謂古

書라

囿는 짐승을 번식하고 기르는 곳이니, 옛적에 사계절의 군사훈련(田)*을 다 농한기에 행하여 무예를 익혔으나 농토 안에서 말달리고자 하지 않았으므로 빈 땅을 헤아려 동산을 만들었다. 그러나 文王의 70리 동산은 그 또한 천하의 3분에 2를 소유한 뒤일 것이다. 傳은 고서를 이른다.

- 囿 동산 유   傳 책 전   蕃 불을 번   隙 틈 극
  講 익힐 강   馳 달릴 치   騖 달릴 무   稼 심을 가
  穡 거둘 색   圃 남새밭 포 度 헤아릴 탁 閑 한가할 한
  曠 빌 광

* 四時之田 : 봄 사냥은 蒐이니 새끼배지 않은 놈을 잡고, 여름사냥은 苗이니 다른 짐승 해치는 놈을 잡고, 가을사냥은 獮이니 제법 자란 놈을 잡고, 겨울사냥은 狩이니 다 자란 짐승을 포위하여 잡는 것이다.

2-2. 曰 若是其大乎잇가 曰 民이 猶以爲小也니이다 曰 寡人之囿는 方四十里로대 民이 猶以爲大는 何也잇고 曰 文王之囿 方七十里에 芻蕘者 往焉하며 雉兎者 往焉하야 與民同之하시니 民이 以爲小 不亦宜乎잇가

여쭈었다. "이렇듯이 컸습니까?" 말씀하셨다. "백성이 오히려 작다 하였습니다." 여쭈었다. "과인의 동산은 사방 40리로되 백성이 오히려 크다 함은 어째서입니까?" 말씀하셨다. "문왕의 동산 사방 70리에 꼴 베고 나무하는 자가 들어가며 사냥꾼이 들어가서 백성과 함께 하시니, 백성이 작다 함이 또한 마땅하지 않습니까?

芻는 草也요 蕘는 薪也라

芻는 꼴이요, 蕘는 땔나무이다.

- 芻 꼴 추   蕘 땔나무 요   雉 꿩 치

2-3. 臣이 始至於境하야 問國之大禁然後에 敢入호니 臣은 聞郊關之內에 有囿 方四十里에 殺其麋鹿者를 如殺人之罪라하니 則是方四十里로 爲阱於國中이니 民이 以爲大 不亦宜乎잇가

신이 처음 국경에 이르러 나라의 큰 禁法을 물은 연후에 감히 입국하였는데, 신은 들으니, '교외 관문 안에 있는 동산 사방 40리에서 그곳의 크고 작은 사슴을 잡은 자를 살인죄와 같이 한다.'하니, 곧 이것은 사방 40리로 나라 안에 함정을 만든 것이니, 백성이 크다 함이 또한 마땅하지 않겠습니까?"

禮에 入國而問禁이라 國外百里爲郊요 郊外有關이라 阱은 坎地以陷獸者니 言陷民於死也라

『禮記』에, 입국할 적에 禁法을 묻는다 하였다. 나라의 都城 밖 100리가 郊이고, 郊外에 관문을 두었다. 阱은 땅을 파서 짐승을 빠뜨리는 것이니, 백성을 죽음에 빠뜨림을 말한다.

■ 麋 고라니 미　　阱 함정 정　　坎 구덩이 감

3-1. 齊宣王이 問曰 交鄰國이 有道乎잇가 孟子 對曰 有하니 惟仁者야 爲能以大事小하나니 是故로 湯이 事葛하시고 文王이 事昆夷하시니이다 惟智者야 爲能以小事大하나니 故로 大(태)王이 事獯鬻(육)하시고 句踐이 事吳하니이다

齊나라 선왕이 여쭈었다. "이웃 나라와 교제함에 도가 있습니까?" 맹자께서 대답하셨다. "있습니다. 오직 仁者라야 능히 대국으로 소국을 섬기나니, 이러므로 탕왕이 갈나라를 섬기시고 문왕이 곤이를 섬기셨습니다. 오직 智者라야 능히 소국으로 대국을 섬기나니, 그러므로 태왕이 훈육을 섬기시고 월나라 왕 구천이 오나라를 섬겼습니다.

仁人之心은 寬洪惻怛하야 而無較計大小彊弱之私故로 小國이 雖或不恭이나 而吾所以字之之心은 自不能已요 智者는 明義理識時勢故로 大國이 雖見侵陵이나 而吾所以事之之禮는 尤不敢廢라 湯事는 見(현)後篇하고 文王事는 見(현)詩大雅하고 大(태)王事는 見(현)後章이라 所謂狄人은 卽獯鬻(육)也라 句踐은 越王의 名이니 事見(현)國語史記하니라

仁人의 마음은 관대하며 사랑하여 대소·강약의 사사로움을 따짐이 없기 때문에 小國이 비록 공손하지 않더라도 자신의 사랑하는 마음은 자연히 그치지 못하고, 智者는 의리에 밝고 時·勢를 알기 때문에 대국이 비록 침략하고 능멸할지라도 자신의 섬기는 예는 더욱이 감히 폐하지 않는 것이다. 탕왕의 일은 후편에 보이고 문왕의 일은 『詩經』의 「대아」〈면〉편에 보이고 태왕의 일은 후장에 보인다. 이른바 狄人은 바로 훈육*이다. 句踐은 越나라 왕의 이름이니, 사실이 『國語』와 『史記』에 보인다.

- 葛 나라이름 갈　　昆 종족이름 곤　　獯 오랑캐이름 훈　　鬻 흉노이름 육
　惻 슬퍼할 측　　　怛 슬퍼할 달　　　字 사랑할 자　　　陵 업신여길 릉
　狄 오랑캐 적

* 獯鬻 : 『통감절요』新莽三年條의 '獫狁內侵'의 〈釋義〉에, 匈奴의 호칭을 요순 이전은 山戎(산융) 또 獯鬻(훈육)이라 하고, 夏代는 淳維(순유), 殷代는 鬼方(귀방), 周代는 獫狁(험윤), 秦·漢時代는 匈奴라 하였다.

3-2. 以大事小者는 樂(락)天者也요 以小事大者는 畏天者也니 樂(락)天者는 保天下하고 畏天者는 保其國이니이다

大國으로 小國을 섬기는 자는 天理를 즐거워하는 자요 小國으로 大國을 섬기는 자는 天理를 경외하는 자이니, 天理를 즐거워하는 자는 천하를 보전하고 天理를 경외하는 자는 그 나라를 보전합니다.

天者는 理而已矣라 大之字小와 小之事大는 皆理之當然也라 自然

合理故로 曰樂(락)天이요 不敢違理故로 曰畏天이라 包含徧覆(부)하야 無不周徧은 保天下之氣象也요 制節謹度하야 不敢縱逸은 保一國之規模也라

天이란 이치일 따름이다. 대국이 소국을 사랑함과 소국이 대국을 섬김은 다 이치의 당연함이다. 자연히 이치에 부합하므로 樂天이라 하고, 감히 天理를 어기지 못하므로 畏天이라 한다. 널리 포용하고 두루 감싸주어 널리 미치지 않음이 없음은 天下를 보전하는 기상이요, 절제하며 법도를 신중히 하여 감히 방종하고 안일하지 아니함은 한 나라를 보전하는 규범이다.

■ 違 어길 위　　徧 두루 편　　覆 감쌀 부

3-3. 詩云 畏天之威하야 于時保之라하니이다

『詩』에, '하늘의 위엄을 경외하여 이에 나라를 보전한다.'하였습니다."

周頌我將之篇이라 時는 是也라

「주송」<아장>편이다. 時는 이것이다.

3-4. 王曰 大哉라 言矣여 寡人이 有疾호니 寡人은 好勇하노이다

선왕이 말하였다. "훌륭하다, 말씀이여! 과인이 병통이 있으니, 과인은 용맹을 좋아합니다."

言以好勇故로 不能事大而恤小也라

용맹을 좋아하기 때문에 능히 대국을 섬기지도 소국을 사랑하지도 못함을 말한 것이다.

3-5. 對曰 王請無好小勇하소서 夫撫劍疾視曰 彼惡(오)敢當我哉리오

하나니 此는 匹夫之勇이라 敵一人者也니 王請大之하소서

대답하셨다. "王은 청컨대 小勇을 좋아하지 마소서. 칼을 어루만지고 눈을 부라리며, '저자가 어찌 감히 나를 당하겠는가?'하나니, 이는 필부의 용맹이라 한 사람을 대적하는 것이니, 王은 청컨대 大勇을 좋아하소서.

疾視는 怒目而視也라 小勇은 血氣所爲요 大勇은 義理所發이라

疾視는 성난 눈을 부라리며 봄이다. 小勇은 혈기로 하는 것이요 大勇은 의리로 하는 것이다.

■ 撫 어루만질 무   疾 미워할 질   當 당할 당

3-6. 詩云 王赫斯怒하사 爰整其旅하야 以遏徂莒하야 以篤周祜하야 以對于天下라하니 此는 文王之勇也니 文王이 一怒而安天下之民하시니이다

『詩』에, '王이 불끈 대로하시어 이에 그 군대를 정돈해서 침략해 가는 무리를 막아 周나라 복을 돈독히 하여 천하의 여망에 대답하셨다.'하니, 이는 문왕의 용맹이니, 문왕이 한 번 노함에 천하의 백성을 편안하게 하셨습니다.

詩는 大雅皇矣篇이라 赫은 赫然怒貌라 爰은 於也라 旅는 衆也라 遏은 詩作按(알)하니 止也라 徂는 往也라 莒는 詩作旅하니 徂旅는 謂密人侵阮徂共之衆也라 篤은 厚也라 祜는 福也라 對는 答也니 以答天下仰望之心也라 此는 文王之大勇也라

『詩』는 「대아」〈황의〉편이다. 赫은 불끈 성내는 모양이다. 爰은 이에이다. 旅는 군사이다. 遏은 『詩經』에 按이라 썼으니, 막음이다. 徂는 나아감이다. 莒는 『詩經』에 旅라 썼으니, 徂旅는 密나라 사람이 阮나라를 침략하여 共邑으로 가는 군사를 말한다. 篤은 厚함이다. 祜는 福이다. 對는 보답함이니,

이로써 天下의 仰望하는 마음에 보답한 것이다. 이는 文王의 大勇이다.

- 赫 대로할 혁
  徂 갈 조
  密 땅이름 밀
  爰 이에 원
  莒 무리 려
  阮 땅이름 원(완)
  旅 군사 려
  祜 복 호
  共 땅이름 공
  遏 막을 알
  按 막을 알

3-7. 書曰 天降下民하사 作之君作之師하샨든 惟曰 其助上帝라 寵之四方이시니 有罪無罪에 惟我 在커니 天下 曷敢有越厥志리오하니 一人이 衡(횡)行於天下어늘 武王이 恥之하시니 此는 武王之勇也니 而武王이 亦一怒而安天下之民하시니이다

『書』에, '하늘이 下民을 내리시어 임금을 세우며 스승을 세우심은 오직 上帝를 돕는지라 四方에서 총애하게 하신 것이니, 죄가 있고 없음에 오직 내가 살피니, 天下에 어찌 감히 그 뜻을 어길 자가 있으리오.'하니, 한 사람이 천하에 멋대로 행하거늘 武王이 이를 부끄러워하셨으니, 이는 武王의 용맹으로서 武王이 역시 한 번 怒하시어 천하의 백성을 편안케 하셨습니다.

書는 周書泰誓之篇也라 然所引이 與今書文小異하니 今且依此解之하노라 寵之四方은 寵異之於四方也라 有罪者를 我得而誅之하고 無罪者를 我得而安之하니 我旣在此하니 則天下何敢有過越其心志而作亂者乎아 衡(횡)行은 謂作亂也라 孟子釋書意如此而言武王이 亦大勇也라
『書』는 「周書」<泰誓>편이다. 그러나 인용한 것이 지금의 『書經』 글과 조금 다르니, 이제 우선 이를 따라서 풀이한다. 寵之四方은 사방에서 특별히 총애함이다. 罪 있는 자를 내가 잡아 죽이고 罪 없는 자를 내가 편안하게 하니, 내가 이미 이를 살피니 천하에 어찌 감히 그 마음을 어기고 亂을 일으킬 자가 있겠는가? 衡行은 亂 일으킴을 이른다. 孟子께서 『書經』의 뜻풀이를 이와 같이 하여 武王 또한 大勇임을 말씀하신 것이다.

- 衡 가로 횡
  作 세울(일으킬) 작
  在 살필 재
  越 어긋날 월

3-8. 今王이 亦一怒而安天下之民하시면 民이 惟恐王之不好勇也리이다

이제 王께서 또한 한번 노하시어 천하 백성을 편안하게 하시면 백성이 오직 王께서 용맹을 좋아하지 아니하실까 걱정할 것입니다."

王若能如文武之爲면 則天下之民이 望其一怒하야 以除暴(포)亂而拯己於水火之中하야 惟恐王之不好勇耳라

○此章은 言人君이 能懲小忿이면 則能恤小事大하야 以交鄰國이요 能養大勇이면 則能除暴(포)救民하야 以安天下라

張敬夫曰 小勇者는 血氣之怒也요 大勇者는 理義之怒也니 血氣之怒는 不可有요 義理之怒는 不可無니 知此則可以見性情之正而識天理人欲之分矣리라

王이 만일 능히 문왕·무왕이 하신 것처럼 하면 천하 백성이 그가 한 번 노하여 포악하며 作亂하는 자를 없애고 자기를 도탄 속에서 건져주기를 갈망하여 오직 王이 용맹을 좋아하지 않을까 걱정할 뿐이라 한 것이다.

○이 장은 '임금이 능히 사소한 분노를 경계하면 小國을 사랑하고 大國을 섬겨 이웃 나라와 교제하고 능히 大勇을 기르면 포악한 자를 제거하고 백성을 구원하여 천하를 편안하게 함'을 말한 것이다.

장경부가 말하였다. "小勇이란 혈기의 분노요 大勇이란 의리의 분노이니, 血氣의 분노는 있어서는 안 되고 義理의 분노는 없어서는 안 되니, 이를 알면 性情의 올바름을 알고 천리와 인욕의 분별을 알 것이다."

■ 除 없앨 제   拯 건질 증

4-1. 齊宣王이 見孟子於雪宮이러시니 王曰 賢者도 亦有此樂(라)乎잇가 孟子對曰 有하니 人不得則非其上矣니이다

齊나라 선왕이 맹자를 설궁에서 보시더니, 왕이 말씀하셨다. "賢者도 또한

이 즐거움이 있습니까?" 孟子께서 대답하셨다. "있으니, 사람이 얻지 못하면 그 윗사람을 그르다 여깁니다.

> 雪宮은 離宮名이라 言人君이 能與民同樂(락)이면 則人皆有此樂(락)이요 不然이면 則下之不得此樂(락)者 必有非其君上之心이니 明人君이 當與民同樂(락)하야 不可使人有不得者요 非但當與賢者共之而已也라

雪宮은 별궁 이름이다. '임금이 능히 백성과 함께 즐거워하면 사람이 다 이 즐거움을 갖고, 그렇지 않으면 아래에서 이 즐거움을 얻지 못한 자가 반드시 임금과 윗사람을 그르게 여기는 마음을 가짐'을 말하였으니, 임금이 마땅히 백성과 함께 즐거워하여 사람으로 하여금 얻지 못하게 해서는 안 되고 다만 賢者와 공유할 뿐이 아님을 밝힌 것이다.

■ 非 그르게여길 비

4-2. 不得而非其上者도 非也며 爲民上而不與民同樂(락)者도 亦非也니이다

얻지 못하여 윗사람을 그르다 하는 자도 그르며, 백성의 윗사람이 되어 백성과 함께 즐거워하지 않는 자도 또한 그릅니다.

> 下不安分하고 上不恤民이 皆非理也라

아랫사람이 분수에 편안히 여기지 않고 윗사람이 백성을 구휼하지 않음이 다 이치가 아니다.

4-3. 樂(락)民之樂(락)者는 民亦樂(락)其樂(락)하고 憂民之憂者는 民亦憂其憂하나니 樂(락)以天下하며 憂以天下하고 然而不王者 未之有也니이다

백성의 즐거움을 즐거워하는 자는 백성도 또한 그의 즐거움을 즐거워하고

백성의 근심을 근심하는 자는 백성도 또한 그의 근심을 근심하나니, 즐거움을 天下로써 하며 근심을 天下로써 하고 그렇고도 王하지 못할 자가 없습니다.

樂(락)民之樂(락)而民樂(락)其樂(락)이면 則樂(락)以天下矣요 憂民之憂 而民憂其憂면 則憂以天下矣라

백성의 즐거움을 즐거워하고 백성이 그의 즐거움을 즐거워하면 즐거움을 천하로써 함이요, 백성의 근심을 근심하고 백성이 그의 근심을 근심하면 근심을 천하로써 함이다.

4-4. 昔者에 齊景公이 問於晏子曰 吾欲觀於轉附朝儛하야 遵海而 南하야 放于琅邪(야)하노니 吾何脩而可以比於先王觀也오

옛날에 齊나라 경공이 안자에게, '내가 전부산과 조무산에서 유람하여 바다를 따라 남하하여 낭야읍에 이르고자 하노니, 내가 어찌 해야 선왕의 유람에 견줄 수 있느냐?' 물었는데,

晏子는 齊臣이니 名은 嬰이라 轉附朝儛는 皆山名也라 遵은 循也라 放은 至也라 琅邪는 齊東南境上邑名이라 觀은 游也라

晏子는 齊나라 신하로 이름이 영이다. 轉附·朝儛는 다 산 이름이다. 遵은 따름이다. 放은 이름이다. 琅邪는 齊나라 동남쪽 국경부근의 읍 이름이다. 觀은 유람함이다.

- ▪ 晏 늦을 안　　觀 유람할 관　　儛 춤출 무　　遵 따를 준
  放 이를 방　　琅 옥이름 랑　　邪 땅이름 야

4-5. 晏子 對曰 善哉라 問也여 天子 適諸侯曰巡狩니 巡狩者는 巡所 守也요 諸侯 朝於天子曰述職이니 述職者는 述所職也니 無非事者요 春省耕而補不足하며 秋省斂(렴)而助不給하나니 夏諺에 曰吾王이 不

遊면 吾何以休며 吾王이 不豫면 吾何以助리오 一遊一豫 爲諸侯度라하니이다

안자가 대답하기를, '훌륭하다, 질문이여! 天子가 제후에게 감을 순수라 하니 순수는 지키는 곳을 순행함이요, 諸侯가 천자께 뵙는 것을 술직이라 하니 술직은 직분을 진술함이니 일이 아님이 없고, 봄에 밭갈이를 살펴 부족함을 보충해주며 가을에 수확을 살펴 부족함을 보조하나니 夏나라 속말에, 우리 王이 유람하지 않으시면 우리가 어찌 휴식하며, 우리 王이 즐거워하지 않으시면 우리가 어찌 보조 받으리오. 한 번 유람하며 한 번 즐거워함이 諸侯의 법도가 된다.' 하였습니다.

述은 陳也라 省은 視也라 斂(렴)은 收穫也라 給은 亦足也라 夏諺은 夏時之俗語也라 豫는 樂(락)也라 巡所守는 巡行諸侯所守之土也요 述所職은 陳其所受之職也니 皆無有無事而空行者요 而又春秋에 循行郊野하야 察民之所不足而補助之라 故로 夏諺에 以爲王者一遊一豫 皆有恩惠以及民而諸侯 皆取法焉이요 不敢無事慢遊하야 以病其民也라

述은 진술함이다. 省은 살펴봄이다. 斂은 수확함이다. 給은 또한 풍족함이다. 夏諺은 하나라 때 속어이다. 豫는 즐거움이다. 巡所守는 제후가 지키는 영토를 순행함이요 述所職은 제후가 받은 직분을 진술함이니, 다 일 없이 공연히 행함이 없고, 또 봄가을에 교외 들녘을 순행하여 백성의 부족함을 살펴 보조한다. 그러므로 夏나라 속어에, '王者의 한 번 유람함과 한 번 즐거워함이 다 은혜가 백성에게 미쳐서 제후가 다 본받는 것이지, 감히 일 없이 유람하여 백성을 병들게 않는다.' 하였다.

■ 朝 조회할 조   述 진술할 술   省 살필 성   斂 수확 렴
　 諺 속말 언   休 쉴 휴   豫 즐거울 예   度 법도 도

4-6. 今也에는 不然하야 師行而糧食하야 飢者 弗食하며 勞者 弗息하야

睊睊胥讒하야 民乃作慝이어늘 方命虐民하야 飮食若流하야 流連荒亡하야 爲諸侯憂하나니이다

지금에는 그렇지 않아 호위군대가 뒤따라 다니며 식량을 먹어서 굶주린 자가 먹지 못하며 고달픈 자가 쉬지 못하여 곁눈질하며 서로 비방하여 백성이 원망하거늘, 王命을 거역하며 백성을 학대하여 마시고 먹기를 끊임없이 하여 뱃놀이(流·連)·사냥(荒)·음주(亡)에 빠져 제후의 근심거리가 됩니다.

今은 謂晏子時也라 師는 衆也니 二千五百人이 爲師니 春秋傳에 曰 君行師從이라하니라 糧은 謂糗糒之屬이라 睊睊은 側目貌라 胥는 相也라 讒은 謗也라 慝은 怨惡(오)也니 言民不勝其勞而起怨謗也라 方은 逆也라 命은 王命也라 若流는 如水之流 無窮極也라 流連荒亡은 解見(현)下文하니라 諸侯는 謂附庸之國과 縣邑之長이라

今은 안자 당시를 이른다. 師는 무리로 2,500人이 師이니,『春秋傳』에 '임금이 행차함에 군사가 따른다.'하였다. 糧은 미숫가루·마른밥 등을 이른다. 睊睊은 곁눈질하는 모양이다. 胥는 서로이다. 讒은 비방함이다. 慝은 원망하고 미워함이니, 백성이 그 수고로움을 견디지 못하여 원망과 비방이 일어남을 말한다. 方은 거역함이다. 命은 王命이다. 若流는 물 흐름이 끝없음과 같다. 流·連·荒·亡은 풀이가 아랫글에 보인다. 諸侯는 부용국과 縣邑의 우두머리를 이른다.

- 師 무리 사 　　睊 흘겨볼 견 　　胥 서로 서 　　讒 참소할 참
  慝 간사할 특 　　方 거스를 방 　　糗 미싯가루 구 　　糒 말린밥 비
  謗 비방할 방

4-7. 從流下而忘反을 謂之流요 從流上而忘反을 謂之連이요 從獸無厭을 謂之荒이요 樂(락)酒無厭을 謂之亡이니

물살 따라 내려가 돌아오기를 잊음을 流라 하고, 물살을 따라 올라가서 돌아오

기를 잊음을 連이라하고, 짐승을 쫓아 싫증남이 없음을 荒이라하고, 음주를 즐거워하며 싫어함이 없음을 亡이라하니,

> 此는 釋上文之義也라 從流下는 謂放舟隨水而下요 從流上은 謂挽舟逆水而上이라 從獸는 田獵也라 荒은 廢也라 樂(락)酒는 以飲酒爲樂(락)也라 亡은 猶失也니 言廢時失事也라

이는 윗글의 뜻을 풀이한 것이다. 從流下는 배를 띄워 물살 따라 내려감을 이르고, 從流上은 배를 끌어당겨 물살을 거슬러 올라감을 이른다. 從獸는 사냥함이다. 荒은 荒廢함이다. 樂酒는 음주를 낙으로 삼음이다. 亡은 놓침과 같다. 제때를 폐하고 할 일을 놓침을 말한 것이다.

- 反 돌아갈 반
- 厭 싫어할 염
- 挽 당길 만
- 田 사냥할 전
- 獵 사냥할 렵

4-8. 先王은 無流連之樂(락)과 荒亡之行하더시니 惟君所行也니이다

先王은 뱃놀이(流·連)의 즐거움과 사냥(荒)·음주(亡)의 행실이 없으셨으니, 오직 임금께서 행하시는 바에 달렸습니다.'

> 言先王之法과 今時之弊 二者에 惟在君所行耳라

先王의 법과 지금 시대의 폐단, 두 가지 중에 오직 임금이 행할 바가 있을 뿐임을 말한 것이다.

4-9. 景公이 說(열)하야 大戒於國하고 出舍於郊하야 於是에 始興發하야 補不足하고 召大(태)師曰 爲我하야 作君臣相說(열)之樂하라하니 蓋徵(치)招(소)角招(소) 是也라 其詩曰 畜君何尤리오하니 畜君者는 好君也니이다

경공이 기뻐하여 크게 나라에 명령을 내리고 교외에 나가 묵고, 이에 비로소

창고를 열어 부족함을 보충하고 태사를 불러, '나를 위해 군신이 서로 기뻐하는 음악을 만들라.'하니 치소·각소가 이것입니다. 그 詩에 '임금을 제지함이 무슨 허물이랴?'하니, 임금을 제지함이 임금을 사랑하는 것입니다."

戒는 告命也라 出舍는 自責以省民也라 興發은 發倉廩也라 大(태)師는 樂官也라 君臣은 已與晏子也라 樂有五聲하니 三曰角이니 爲民이요 四曰 徵(치)니 爲事라 招(소)는 舜樂也라 其詩는 徵招(소)角招(소)之詩也라 尤는 過也라 言晏子 能畜止其君之欲하니 宜爲君之所尤나 然其心則何過哉리오 孟子 釋之하사 以爲臣能畜止其君之欲이 乃是愛其君者也라하시니라

○尹氏曰 君之與民으로 貴賤이 雖不同이나 然其心은 未始有異也라 孟子之言이 可謂深切矣어시늘 齊王이 不能推而用之하니 惜哉로다

戒는 명령함이다. 出舍는 自責하여 백성을 살펴봄이다. 興發은 창고를 엶이다. 大師는 악관이다. 君臣은 자기와 안자이다. 음악에 5성이 있으니 셋째가 角이니 백성이요 넷째가 徵이니 일이다. 招는 순임금 음악이다. 其詩는 치소와 각소의 시이다. 尤는 허물이다. '안자가 능히 임금의 욕심을 제지하니 마땅히 임금이 탓할 바이나 그 마음은 곧 무슨 허물이겠는가?'하니, 맹자께서 이를 풀이하여 신하가 능히 그 임금의 욕심을 제지함이 바로 임금을 사랑함이라고 하신 것이다.

○윤씨가 말하였다. "임금이 백성과는 귀천이 비록 다르나 그 본심은 애당초 다름이 없다. 맹자 말씀이 심원하고 간절하거늘, 제나라 선왕이 미루어 적용하지 못하니, 안타깝도다!"

■ 徵 소리 치   招 풍류이름 소   畜 제지할 축

5-1. 齊宣王이 問曰 人皆謂我毁明堂이라하나니 毁諸(저)아 已乎잇가

齊나라 선왕이 여쭈었다. "사람이 다 날더러 명당을 헐라하니, 헐어야겠습니

까? 말아야겠습니까?"

趙氏曰 明堂은 泰山明堂이니 周天子 東巡守朝諸侯之處니 漢時에 遺址尙在하니라 人欲毁之者는 蓋以天子 不復(부)巡守하고 諸侯는 又不當居之也라 王이 問當毁之乎아 且止乎잇가

趙氏가 말하였다. "明堂은 태산의 명당이니, 周나라 天子가 동으로 순수하여 諸侯를 조회하던 곳으로, 漢나라 武帝 때에 유지가 아직 남아있었다." 사람이 헐고자 한 것은 아마 天子가 다시 순수하지 않고 제후는 또 처함이 부당하기 때문이다. 선왕이 마땅히 헐어야겠는가, 말아야겠는가 물은 것이다.

5-2. 孟子 對曰 夫明堂者는 王者之堂也니 王欲行王政則勿毁之矣소서

孟子께서 대답하셨다. "明堂은 王者의 堂이니 王이 王政을 행하고자 하신다면 헐지 마소서."

明堂은 王者所居以出政令之所也라 能行王政이면 則亦可以王矣니 何必毁哉리오

明堂은 王者가 거처하여 政令을 내는 곳이다. 능히 왕도정치를 행한다면 또한 왕 할 수 있으니, 어찌 반드시 헐어야겠는가.

5-3. 王曰 王政을 可得聞與잇가 對曰 昔者文王之治岐也에 耕者를 九一하며 仕者를 世祿하며 關市를 譏而不征하며 澤梁을 無禁하며 罪人을 不孥하더시니 老而無妻曰鰥이요 老而無夫曰寡요 老而無子曰獨이요 幼而無父曰孤니 此四者는 天下之窮民而無告者어늘 文王이 發政施仁하사대 必先斯四者하시니 詩云 哿矣富人이어니와 哀此煢獨이라하니이다

선왕이 여쭈었다. "王政을 들을 수 있습니까?" 대답하셨다. "옛적 文王이

기 나라를 다스리실 적에 경작자는 9분의 1을 하며, 벼슬한 자를 대대로 봉록을 주며 관문과 저자를 기찰만 하고 징수하지 않으며, 연못에 어량 설치를 금하지 않으며, 죄인을 처자까지 벌하지 않으셨습니다. 늙어서 아내 없는 이를 鰥夫라 하고, 늙어서 남편 없는 이를 寡婦라하고, 늙어서 자식 없는 이를 獨身(同氣 없는 사람)이라하고, 어려서 부모 없는 이를 孤兒라하니, 이 네 부류는 천하의 궁한 백성으로 하소연할 데 없는 자이거늘, 文王이 정사를 펼쳐 인덕을 베푸시는 데 반드시 이 네 부류에게 먼저 하셨으니, 『詩』에 '괜찮겠지, 부유한 사람은. 애달구나, 외롭고 쓸쓸한 이여!' 하였습니다."

岐는 周之舊國也라 九一者는 井田之制也라 方一里爲一井이니 其田九百畝라 中畫(획)井字하야 界爲九區하야 一區之中에 爲田百畝하니 中百畝 爲公田이요 外八百畝 爲私田이라 八家 各受私田百畝하야 而同養公田하니 是九分而稅其一也라 世祿者는 先王之世에 仕者之子孫을 皆敎之하야 敎之而成材면 則官之하고 如不足用이라도 亦使之不失其祿하니 蓋其先世에 嘗有功德於民故로 報之如此하니 忠厚之至也라 關은 謂道路之關이요 市는 謂都邑之市라 譏는 察也요 征은 稅也니 關市之吏 察異服異言之人하고 而不征商賈(고)之稅也라 澤은 謂瀦水요 梁은 謂魚梁이니 與民同利하야 不設禁也라 孥는 妻子也니 惡(오)惡이 止其身하고 不及妻子也라 先王養民之政이 導其妻子하야 使之養其老而恤其幼하고 不幸而有鰥寡孤獨之人하야 無父母妻子之養이면 則尤宜憐恤이라 故로 必以爲先也라 詩는 小雅正月之篇이라 哿는 可也라 煢은 困悴貌라

岐는 周의 예전 나라이다. 九一은 정전의 세금제도이다. 사방 1里가 1井이니, 그 田이 900묘이다. 우물 井자로 구획하여 9구역을 만들어 1구역이 전토 100畝이다. 가운데 100묘가 공전이요 바깥 800묘가 사전이다. 8가구가 각기 사전 100묘씩 받아 공동으로 公田을 가꾸니, 이는 9구역에서 1구역을 세금으

로 내는 것이다. 世祿이란 先王 시대에 벼슬한 자의 자손을 다 가르쳐서, 가르침에 인재가 되면 관직에 임용하고 만일 임용하기에 부족하더라도 또한 그 俸祿을 잃지 않게 하였으니, 대개 그의 선조 세대에 일찍이 백성에게 功德이 있으므로 이와 같이 보답한 것이니 忠厚함이 지극한 것이다. 關은 도로의 관문을 이르고, 市는 도읍의 저자를 이른다. 譏는 살핌이요 征은 세금을 징수함이니, 관문과 저자의 벼슬아치가 다른 복장과 이상한 말을 하는 사람을 살피고 장사하는 세금을 징수하지 않는다. 澤은 저수지를 이르고 梁은 魚梁을 이르니, 백성과 이로움을 같이 하여 금지하지 않는다. 孥는 처자이니, 악으로 처벌함이(죄악을 미워함이) 그 자신에게 그치고 妻子에 미치지 않는다. 先王의 養民하는 정사가 처자를 인도하여 백성으로 하여금 노인을 봉양하며 아이를 사랑하게 하고, 불행하여 鰥·寡·孤·獨의 사람이 있어서 부모와 처자의 부양이 없으면 더욱 마땅히 가엾게 여겨 구휼해야 한다. 그러므로 반드시 우선으로 한다. 『詩』는 「소아」<정월>편이다. 哿는 괜찮음이다. 煢은 고단하고 초췌한 모양이다.

- 岐 나라이름 기 | 譏 살필 기 | 征 취할 정 | 梁 어량 량
  孥 처자식 노 | 鰥 홀아비 환 | 寡 홀어미 과 | 獨 홀몸 독
  孤 고아 고 | 哿 괜찮을 가 | 煢 외로울 경 | 養 봉양할 양
  賈 장사 고 | 瀦 웅덩이 저 | 悴 파리할 췌

5-4. 王曰 善哉라 言乎여 曰 王如善之則何爲不行이니잇고 王曰 寡人이 有疾호니 寡人은 好貨하노이다 對曰 昔者에 公劉 好貨하더시니 詩云 乃積乃倉이어늘 乃裹餱糧을 于橐于囊이오아 思戢(집)用光하야 弓矢斯張하며 干戈戚揚으로 爰方啓行이라하니 故로 居者 有積倉하며 行者 有裹糧也然後에야 可以爰方啓行이니 王如好貨어시든 與百姓同之하시면 於王에 何有리잇고

선왕이 말하였다. "훌륭하다, 말씀이여!" 말씀하셨다. "왕께서 만일 훌륭하게

여기시면 어찌 행하지 않으십니까?" 선왕이 말하였다. "과인이 병통이 있으니, 과인은 재화를 좋아합니다." 대답하셨다. "옛날 공류가 재화를 좋아하셨는데, 『詩』에 '노적하며 창고에 가득하거늘, 마른양식을 전대에 싸며 자루에 싸고 나서, 백성을 편안히 하여 나라 빛낼 것을 생각하여 활과 화살을 매며 방패와 창, 작은 도끼와 큰 도끼를 들고 바야흐로 길을 떠났다.' 하였습니다. 그러므로 남아있는 자가 노적과 창고가 있으며 떠나가는 자가 마른양식을 지닌 연후에야 바야흐로 길을 떠날 수 있으니, 王이 만일에 재화를 좋아하시면 백성과 함께 하시면 王노릇하심에 무슨 어려움이 있겠습니까?"

王이 自以爲好貨故로 取民無制而不能行此王政이라 公劉는 后稷之曾孫也라 詩는 大雅公劉之篇이라 積은 露積也라 餱는 乾(간)糧也라 無底曰橐이요 有底曰囊이니 皆所以盛餱糧也라 戢은 安集也니 言思安集其民人하야 以光大其國家也라 戚은 斧也라 揚은 鉞也라 爰은 於也라 啓行은 言徃遷于豳也라 何有는 言不難也라 孟子 言公劉之民이 富足如此하니 是는 公劉好貨而能推己之心以及民也라 今王이 好貨어시든 亦能如此則其於王天下也에 何難之有리오

王이 스스로 '재물을 좋아하기 때문에 백성의 재물을 취함에 절제가 없어 이런 王政을 행할 수 없다.'고 생각하였다. 公劉는 후직의 증손이다. 『詩』는 「대아」<공류>편이다. 積은 노적가리이다. 餱는 마른양식이다. 밑이 없는 것을 전대(橐)라 하고, 밑이 있는 것을 자루(囊)라 하니, 다 마른양식을 담는 것이다. 戢은 편안하게 함이니, '그의 백성을 편안하게 하여 국가를 빛나고 크게 할 것을 생각함.'을 말한 것이다. 戚은 작은 도끼이다. 揚은 큰 도끼이다. 爰은 이에이다. 啓行은 빈으로 천도함을 말한다. 何有는 어렵지 않음을 말한다. 孟子께서 '공류의 백성이 풍족함이 이와 같으니 이는 공류가 재화를 좋아하고 능히 자기 마음을 미루어 백성에게 미친 것이다. 지금 王이 재화를 좋아하신다면 역시 이와 같이 하면 王天下함에 무슨 어려움이 있겠는가?' 하신 것이다.

■ 積 노적가리 적　　倉 곳집 창　　　　裹 쌀 과　　　　餱 마른바 후
　 橐 전대 탁　　　　囊 자루(주머니) 낭　迺 편안할 집　張 맬 장
　 戚 작은도끼 척　　揚 큰도끼 양　　　爰 이에 원　　斧 작은도끼 부
　 鉞 큰도끼 월　　　豳 나라이름 빈　　集 편안할 집

5-5. 王曰 寡人이 有疾호니 寡人은 好色하노이다 對曰 昔者에 大(태)王이 好色하사 愛厥妃하더시니 詩云 古公亶父(보) 來朝走馬하사 率西水滸하야 至於岐下하야 爰及姜女로 聿來胥宇라하니 當是時也하야 內無怨女하며 外無曠夫하니 王如好色이어시든 與百姓同之하시면 於王에 何有리잇고

王께서 말씀하셨다. "과인이 병통이 있으니, 과인은 여자를 좋아합니다." 대답하셨다. "옛적에 태왕이 여자를 좋아하시어 그 후비를 사랑하셨는데, 『詩』에 '고공단보가 아침에 말달려 서쪽 물가를 따라 기산 기슭에 이르러, 이에 姜女와 함께 와서 살 곳을 살폈네.'하니, 이때에 안에 혼기 놓친 처녀가 없으며 밖에 아내 없는 사내가 없었으니, 王이 만일 여자를 좋아하시거든 백성과 같이 하시면 王 함에 무슨 어려움이 있겠습니까?"

王이 又言此者는 好色則心志蠱惑하고 用度奢侈하야 而不能行王政也라 大(태)王은 公劉의 九世孫이라 詩는 大雅緜之篇也라 古公은 大(태)王之本號니 後乃追尊爲大(태)王也라 亶父(보)는 大(태)王의 名也라 來朝走馬는 避狄人之難也라 率은 循也라 滸는 水厓也라 岐下는 岐山之下也라 姜女는 大(태)王之妃也라 胥는 相也라 宇는 居也라 曠은 空也니 無怨曠者는 是大(태)王이 好色而能推己之心하야 以及民也라

○楊氏曰 孟子 與人君言에 皆所以擴充其善心하야 而格其非心이요 不止就事論事하시니 若使爲人臣者로 論事를 每如此면 豈不能堯舜其君乎아

愚는 謂此篇이 自首章으로 至此에 大意皆同하니 蓋鐘鼓苑囿游觀之樂(락)과 與夫好勇好貨好色之心은 皆天理之所有요 而人情之所不能無者라 然天理人欲이 同行異情하니 循理而公於天下者는 聖賢之所以盡其性也요 縱欲而私於一己者는 衆人之所以滅其天也라 二者之間이 不能以髮而其是非得失之歸 相去遠矣라 故로 孟子 因時君之問하야 而剖析於幾微之際하시니 皆所以遏人欲而存天理니 其法이 似疎而實密하고 其事 似易(이)而實難하니 學者 以身體之면 則有以識其非曲學阿世之言而知所以克己復(복)禮之端矣리라

王이 또 이를 말한 것은 여자를 좋아하면 심지가 호리고 용도가 사치하여 王政을 행할 수 없다는 것이다. 태왕은 공유의 9세손이다. 『詩』는 「대아」<면>편이다. 古公은 태왕의 본래 호칭이니, 후에 추존하여 태왕이라 하였다. 단보는 태왕의 이름이다. 來朝走馬는 적인의 환난을 피한 것이다. 率은 따름이다. 滸는 물가이다. 岐下는 기산 기슭이다. 姜女는 태왕의 妃이다. 胥는 살펴봄이다. 宇는 살 곳이다. 曠은 공허함이니, 怨女와 曠夫가 없음은 태왕이 여자를 좋아하고 능히 자기 마음을 미루어 백성까지 미친 것이다.

○楊氏가 말하였다. "孟子께서 임금과 말씀하실 적에 다 그의 善心을 확충하여 그의 그릇된 마음을 바로잡으셨으니, 다만 일을 논함에 그치지 않으셨다. 만일 신하 된 자로 하여금 일을 논함에 매양 이와 같이 한다면, 어찌 그 임금을 堯·舜으로 만들지 못하랴?"

내가 생각건대, 이편은 첫 장부터 여기까지 大意가 다 같으니, 대개 鐘鼓·苑囿·游觀의 즐거움과 好勇·好貨·好色의 마음은 다 天理에 있는 바요 人情에 없을 수 없다. 그러나 天理와 人慾이 외적 행적이 같아도 내적 實情은 다르니, 천리를 따라 천하에 공정함은 聖賢이 본성을 다한 것이요, 인욕에 방종하여 한 몸에 사사로이 함은 뭇사람이 天理를 멸한 것이다. 이 둘 사이가 間髮의 차도 못되는데, 그 是非와 得失의 귀결이 서로 아득하다. 그러므로 孟子께서

당시 임금의 질문으로 인하여 기미의 즈음을 분석하셨으니, 다 人慾을 막고 天理를 보존하려는 것이니, 그 방법이 소략한듯하나 실상은 엄밀하고 그 일이 쉬운듯하나 실상은 어려우니, 학자가 몸으로 체득한다면 그것이 曲學阿世의 말이 아님을 알고 克己復禮하는 단서를 깨달으리라.

- 胡 물가 호　　聿 드디어 율　　胥 볼 서　　曠 공허할 광
  蠱 좀벌레 고　　相 볼 상　　　　剖 가를 부

6-1. 孟子 謂齊宣王曰 王之臣이 有託其妻子於其友而之楚遊者 比其反也하야 則凍餒其妻子어든 則如之何잇고 王曰 棄之니이다

孟子께서 齊나라 선왕에게 말씀하셨다. "王의 신하가 처자를 벗에게 맡기고 楚나라에 가서 노닐던 자가 돌아와 보니, 妻子를 춥고 굶주리게 하였다면 곧 어찌하시겠습니까?" 王께서 말씀하셨다. "끊어버립니다."

託는 寄也라 比는 及也라 棄는 絶也라

託는 맡김이다. 比는 미침이다. 棄는 끊어버림이다.

- 託 맡길 탁　　凍 얼 동　　餒 주릴 뇌

6-2. 曰 士師 不能治士어든 則如之何잇고 王曰 已之니이다

말씀하셨다. "獄官 우두머리가 능히 獄官을 관리하지 못하거든 어찌하시겠습니까?" 王께서 대답하셨다. "파직하겠습니다."

士師는 獄官也니 其屬이 有鄕士遂士之官하니 士師 皆當治之라 已는 罷去也라

士師는 옥사의 官長이니, 그 官屬에는 향사·수사의 관직이 있으니, 士師가 다 관리한다. 已는 파직함이다.

*鄕士·遂事 : 鄕士는 6鄕의 옥사를 맡으며, 遂士는 6遂의 옥사를 맡으며, 또 縣士는 1縣의

옥사를 맡는다.

* 周制에 왕성 100~300리를 遂라 하고, 5縣이 1遂이다.

6-3. 曰 四境之內 不治어든 則如之何잇고 王이 顧左右而言他하시다

말씀하셨다. "사방 국경 안이 다스려지지 못하거든 어찌하시겠습니까?" 王이 좌우를 돌아보고 다른 일을 말하셨다.

孟子 將問此而先設上二事以發之러시니 及此而王不能答也라 其憚於自責하고 恥於下問이 如此하니 不足與有爲를 可知矣라

○趙氏曰 言君臣上下 各勤其任하야 無墮(휴)其職이라야 乃安其身이라

孟子께서 이를 묻고자 우선 위의 두 일을 가설하여 질문하셨는데, 이 질문에 이르러 王이 답변하지 못하였다, 그가 自責하기를 꺼리고 下問하기를 부끄러워함이 이와 같으니, 그와 일할 수 없음을 알만하다.

○조씨가 말하였다. "군신과 상하가 각자 자기 임무에 힘써서 그 직분을 무너뜨리지 않아야 그 몸을 편안히 할 수 있음을 말한 것이다."

■ 墮 무너뜨릴 휴(墮)

7-1. 孟子 見齊宣王曰 所謂故國者는 非謂有喬木之謂也라 有世臣之謂也니 王無親臣矣샤소이다 昔者所進을 今日에 不知其亡也온여

맹자께서 齊나라 선왕을 만나 말씀하셨다. "이른바 故國이란 교목이 있음을 말하는 것이 아니라 세신이 있음을 이르니, 王이 친한 신하도 없으십니다. 어제 등용한 자를 오늘엔 그가 도망한 것을 모르시는군요."

世臣은 累世勳舊之臣이니 與國同休戚者也요 親臣은 君所親信之臣이니 與君同休戚者也라 此는 言喬木世臣은 皆故國所宜有나 然所

以爲故國者는 則在此而不在彼也라 昨日所進用之人을 今日에 有亡去而不知者하니 則無親臣矣니 況世臣乎아

世臣은 여러 대 걸친 훈구신하이니, 나라와 기쁨과 근심을 같이하는 자이다. 親臣은 임금이 친애하고 신임하는 신하이니 임금과 기쁨과 근심을 같이하는 자이다. 이는 '喬木과 世臣은 다 故國에 의당 있는 바이나 故國이라 하는 것은 여기에 있지 저기에 있지 않다'고 말한 것이다. 어제 등용한 사람을 오늘엔 도망갔어도 모른 자가 있으니, 곧 親臣도 없는 것이니, 하물며 世臣이랴?

■ 喬 우뚝할 교   昨 어제 작   亡 도망 망

7-2. 王曰 吾何以識其不才而舍之잇고

王께서 말씀하셨다. "내 어찌 그가 재능 없는 줄 알고서 버리겠습니까?"

王意以爲此亡去者는 皆不才之人이어늘 我初不知而誤用之라 故로 今不以其去爲意耳라 因問何以先識其不才而舍之邪아하니라

王의 생각에, 이 도망간 자는 다 재능이 없는 사람이거늘 내가 처음에 모르고 잘못 등용하였기 때문에 지금 그의 떠나감을 마음에 두지 않을 뿐이라 여겼다. 이어서 '어찌 먼저 그가 재능 없는 줄 알고서 버리겠느냐.'고 물었다.

■ 舍 버릴 사   因 이어서 인   邪 어조사 야

7-3. 曰 國君이 進賢호되 如不得已니 將使卑로 踰尊하며 疏로 踰戚이니 可不愼與잇가

말씀하셨다. "나라의 군주가 賢人을 등용하되 부득이한 것처럼 하나니, 장차 낮은 이가 높은 이를 뛰어넘게 해주며 소원한 이로 하여금 친한 이를 뛰어넘게

해주는 것이니 신중하지 않겠습니까?"

如不得已는 言謹之至也라 蓋尊尊親親은 禮之常也라 然或尊者親者 未必賢이면 則必進踈遠之賢而用之하나니 是는 使卑者踰尊하고 踈者踰戚이니 非禮之常이라 故로 不可不謹也니라

如不得已는 신중함이 지극함을 말한다. 대개 높은 이를 존경하고 친한 이를 친애함은 禮의 상도이다. 그러나 만일 높은 이와 친한 이가 결단코 현명하지 않다면 반드시 소원한 현자를 임용하나니, 이는 낮은 이를 높은 이 위에 올리며 소원한 이를 친한 이 위에 올림이니 예의 상도가 아니다. 그러므로 신중하지 않을 수 없다.

■ 踰 넘을 유   踈 성길 소

7-4. 左右 皆曰 賢이라도 未可也하며 諸大夫 皆曰 賢이라도 未可也하고 國人이 皆曰 賢然後에 察之하야 見賢焉然後에 用之하며 左右 皆曰 不可라도 勿聽하며 諸大夫 皆曰 不可라도 勿聽하고 國人이 皆曰 不可然後에 察之하야 見不可焉然後에 去之하며

좌우가 다 현명하다 하여도 옳다하지 않으며 모든 대부가 다 현명하다 하여도 옳다하지 않고 나라 사람이 다 현명하다 한 연후에 관찰하여 현명함을 본 연후에 임용하며, 좌우가 다 불가하다 하여도 듣지 말며 많은 대부가 다 불가하다 하여도 듣지 말고 온 나라 사람이 다 불가하다 한 연후에 관찰하여 불가함을 본 연후에 버리며,

左右는 近臣이니 其言을 固未可信이요 諸大夫之言은 宜可信矣나 然이나 猶恐其蔽於私也요 至於國人하얀 則其論이 公矣라 然이나 猶必察之者는 蓋人有同俗而爲衆所悅者하고 亦有特立而爲俗所憎者라 故로 必自察之하야 而親見其賢否之實然後에 從而用舍之면 則於賢者에

知之深하고 任之重하야 而不才者 不得以幸進矣니 所謂進賢如不得已者 如此니라

    左右는 측근 신하이니, 그 말을 진실로 믿을 수 없고, 모든 大夫의 말은 의당 믿을만하나 그래도 사욕에 가렸을까 염려하고, 나라 사람에 이르러서는 그 議論이 공평할 것이나 그래도 반드시 살핌은 대개 사람이 세속을 같이하여 대중의 기쁨을 받는 자도 있으며 또한 탁월하여 세속에 미움 받는 자도 있다. 그러므로 스스로 살펴서 직접 그 현명 여부의 실상을 본 연후에 등용하거나 버리면 현자를 깊이 알고 중책을 맡겨 재능 없는 자가 요행으로 임용되지 않을 것이니, 이른바 현자를 등용하되 부득이한 것처럼 한다는 것이 이와 같다.

7-5. 左右 皆曰 可殺이라도 勿聽하며 諸大夫 皆曰 可殺이라도 勿聽하고 國人이 皆曰 可殺然後에 察之하야 見可殺焉然後에 殺之니 故로 曰 國人이 殺之也라하니이다

좌우가 다 죽여야 한다 하여도 듣지 말며 모든 대부가 다 죽여야 한다 하여도 듣지 말고, 나라 사람이 다 죽여야 한다 한 연후에 관찰하여 죽일만한 것을 본 연후에 죽여야 하니, 그러므로 나라 사람이 죽인다는 것입니다.

    此는 言非獨以此로 進退人才라 至於用刑에도 亦以此道니 蓋所謂 天命天討요 皆非人君之所得私也니라

    이는 '단지 이렇게 人才를 임용하고 물러나게 할 뿐 아니라 형벌을 사용함도 역시 이런 방도로 하는 것이니, 이른바 하늘이 덕 있는 이를 임명하며 하늘이 죄인을 토벌한다는 것이요, 다 임금이 사사로이 할 바가 아니다.'말한 것이다.

* 天命·天討 : 『書經』의 <皐陶謨>에, 하늘이 있는 이를 임명하니 五服과 五章이며 하늘이 죄인을 토벌하니 五刑과 五用이라 함을 말한다.

7-6. **如此然後**에 **可以爲民父母**니이다

이와 같은 연후에 백성의 부모가 될 수 있습니다."

傳에 曰民之所好를 好之하고 民之所惡(오)를 惡(오)之 此之謂民之父母라하니라

『大學』 傳文에, '백성이 좋아하는 것을 좋게 여기며, 백성이 싫어하는 것을 싫다 함이, 이것이 바로 백성의 부모라는 것이다.' 하였다.

8-1. **齊宣王**이 **問曰 湯**이 **放桀**하시고 **武王**이 **伐紂**라하니 **有諸**(저)잇가 **孟子對曰 於傳**에 **有之**하니이다

齊나라 선왕이 여쭈셨다. "탕왕이 걸왕을 가두시고 무왕이 주왕을 정벌하셨다 하니, 그런 일이 있습니까?" 맹자께서 대답하셨다. "책에 있습니다."

放은 置也니 書에 云 成湯이 放桀于南巢라하니라

放은 가둠이다. 『書經』에, '成湯이 桀을 남소에 가두었다.' 하였다.

■ 放 가둘 방   桀 홰 걸   紂 주임금 주   傳 책 전
　巢 둥지 소   置 가둘 치

8-2. **曰 臣弑其君**이 **可乎**잇가

여쭈셨다. "신하가 임금을 시해함이 가합니까?"

桀紂는 天子요 湯武는 諸侯라

걸왕·주왕은 天子요 탕왕·무왕은 제후였다.

8-3. **曰 賊仁者**를 **謂之賊**이요 **賊義者**를 **謂之殘**이요 **殘賊之人**을 **謂之**

一夫니 聞誅一夫紂矣요 未聞弑君也케이다

말씀하셨다. "仁을 해치는 것을 賊이라 하고 義를 해치는 것을 殘이라 하고 해치는 사람을 一夫라 하나니, 一夫 주를 죽였다는 말은 듣고 임금을 시해했다는 말은 듣지 못했습니다."

賊은 害也요 殘은 傷也니 害仁者는 凶暴(포)淫虐하야 滅絶天理라 故로 謂之賊이요 害義者는 顚倒錯亂하야 傷敗彛倫이라 故로 謂之殘이라 一夫는 言衆叛親離하야 不復(부)以爲君也라 書曰 獨夫紂라하니 蓋四海歸之면 則爲天子요 天下叛之면 則爲獨夫니 所以深警齊王하고 垂戒後世也시니라

○王勉이 曰斯言也는 惟在下者 有湯武之仁하고 而在上者 有桀紂之暴(포)則可커니와 不然이면 是는 未免於簒弑之罪也니라

賊은 해침이요 殘은 상함이니, 仁을 해치는 자는 흉포하고 음학하여 天理를 끊어버린다. 그러므로 賊이라 하고, 義를 해치는 자는 전도되고 어지러워 떳떳한 윤리를 상하고 무너뜨린다. 그러므로 殘이라 한다. 一夫는 민중이 배반하고 친족이 이산하여 더는 임금으로 삼지 않음을 말한다. 『서경』에 獨夫紂라 하니, 사해가 돌아오면 天子요 天下가 배반하면 獨夫이니, 깊이 齊王에게 경계하고 후세에 훈계를 내린 것이다.

○王勉이 말하였다. "이 말씀은 오직 아랫사람이 탕왕과 무왕의 仁德을 지니고 윗사람이 걸왕과 주왕의 폭정이 있으면 가하거니와, 그렇지 않으면 이는 찬탈과 시해의 죄를 면치 못한다."

■ 賊 해칠 적　　殘 상할 잔　　顚 넘어질 전　　倒 넘어질 도
　錯 어긋날 착　　傷 해칠 상　　敗 무너질 패　　彛 떳떳할 이
　垂 드리울 수　　簒 찬탈할 찬

9-1. 孟子 見齊宣王曰 爲巨室則必使工師로 求大木하시리니 工師 得大木則王이 喜하야 以爲能勝其任也라하시고 匠人이 斲而小之則王이 怒하야 以爲不勝其任矣라하시리니 夫人이 幼而學之는 壯而欲行之니 王曰 姑舍女(여)의 所學하고 而從我라하시면 則何如하니잇고

孟子께서 齊나라 선왕을 만나 말씀하셨다. "큰 집을 지으려면 반드시 도편수(工師)로 하여금 큰 나무를 구하게 하실 것이니, 도편수가 큰 나무를 구하면 왕이 기뻐하여 '능히 그 임무를 감당한다.'하시고, 목공이 깎아서 작게 하면 왕이 노하여 '그 임무를 감당하지 못한다.'하시니, 사람이 어려서 배움은 장성하여 행하고자 함이니, 왕께서 '우선 네가 배운 바를 버리고 나를 따르라.'하시면 어떻겠습니까?

巨室은 大宮也라 工師는 匠人之長이라 匠人은 衆工人也라 姑는 且也라 言賢人所學者 大而王欲小之也니라

巨室은 큰 집이다. 工師는 목공의 우두머리이다. 匠人은 여러 목공이다. 姑는 우선이다. 賢人의 배운 바가 크거늘 왕이 작게 하고자 함을 말한 것이다.

■ 勝 감당할 승　　　斲 깎을 착　　　姑 우선 고　　　舍 버릴 사
　且 우선 차

9-2. 今有璞玉於此하면 雖萬鎰이라도 必使玉人彫琢之하시리니 至於治國家하야는 則曰 姑舍女의 所學하고 而從我라하시면 則何以異於敎玉人彫琢玉哉잇고

지금 박옥이 여기에 있으면 비록 1만 일이라도 반드시 옥장이로 하여금 갈고 다듬게 하실 터이니, 국가를 다스림에 이르러는 곧 말하시기를 '우선 네가 배운 바를 버리고 나를 따르라.'하시면 옥장이를 가르쳐서 옥을 갈고 다듬게 함과 어찌 다르겠습니까?"

璞은 玉之在石中者라 鎰은 二十兩也라 玉人은 玉工也니 不敢自治하고 而付之能者는 愛之甚也라 治國家則徇私欲而不任賢하니 是는 愛國家를 不如愛玉也라

○范氏曰 古之賢者는 常患人君이 不能行其所學이어늘 而世之庸君은 亦常患賢者 不能從其所好라 是以로 君臣相遇 自古以爲難하니 孔孟이 終身而不遇 蓋以此耳니라

璞은 玉이 돌 속에 있는 것이다. 鎰은 20냥이다. 玉人은 옥장이이니, 감히 스스로 다듬지 않고 能者에게 부탁하는 것은 사랑함이 甚하기 때문이다. 국가를 다스림은 곧 사욕을 따르고 현자를 임용하지 않으니, 이는 국가를 사랑함이 玉을 사랑함만 못한 것이다.

○범씨가 말하였다. "옛날 현자는 늘 군주가 배운 대로 행하지 못할까 근심하거늘, 세상의 용렬한 군주는 또한 늘 현자가 자기가 좋아하는 바를 따라주지 않을까 근심한다. 이 때문에 군신의 만남이 예로부터 어려웠으니, 공자·맹자께서 종신토록 만나지 못함이 대개 이 때문인 성싶다."

■ 璞 옥덩이 박　　鎰 중량 일　　彫 새길 조　　琢 쫄 탁
　庸 용렬할 용

10-1. 齊人이 伐燕勝之어늘

齊나라 사람이 燕나라를 정벌하여 이기거늘,

按史記에 燕王噲(쾌) 讓國於其相子之하고 而國이 大亂이어늘 齊因伐之하니 燕士卒이 不戰하고 城門不閉하야 遂大勝燕하니라

살피건대, 『사기』에 '燕나라 왕 쾌가 나라를 정승 子之에게 양위하고 나라가 크게 혼란하거늘 齊나라가 이틈에 정벌하니, 燕나라 사졸이 싸우지 않고 성문을 닫지 않아 드디어 燕을 크게 이겼다.'하였다.

■ 噲(쾌)　　　　讓 사양할 양

10-2. 宣王이 問曰 或謂寡人勿取라하며 或謂寡人取之라하나니 以萬乘之國으로 伐萬乘之國호되 五旬而擧之하니 人力으로 不至於此니 不取하면 必有天殃이니 取之何如하니잇고

선왕께서 여쭈셨다. "혹자는 과인더러 차지하지 말라 하며, 혹자는 과인더러 차지하라 하나니, 만승의 나라로 만승의 나라를 정벌하되 50일에 빼앗았으니, 인력으로는 하지 못할 것이니, 차지하지 않으면 반드시 하늘의 재앙이 있으리니, 차지함이 어떻습니까?"

以伐燕爲宣王事 與史記諸書로 不同하니 已見(현)序說하니라

연나라 정벌이 선왕 때 일이라 함이 『사기』 등 여러 책과 다르니, 이미 서설에 보였다.

■ 旬 열흘 순　　　擧 빼앗을 거　　　殃 재앙 앙

10-3. 孟子 對曰 取之而燕民이 悅則取之하소서 古之人이 有行之者하니 武王이 是也니이다 取之而燕民이 不悅則勿取하소서 古之人이 有行之者하니 文王이 是也니이다

맹자께서 대답하셨다. "차지함에 연나라 백성이 기뻐하면 차지하소서. 옛사람이 행한 자가 있으니 무왕이 이런 분입니다. 차지함에 연나라 백성이 기뻐하지 않으면 차지하지 마소서. 옛사람이 행한 자가 있으니 문왕이 이 분입니다.

商紂之世에 文王이 三分天下에 有其二하사 以服事商이러니 至武王 十三年하야 乃伐紂而有天下하니라

張子曰 此事 間不容髮이니 一日之間에 天命未絶이면 則是君臣이요 當日命絶이면 則爲獨夫나 然命之絶否를 何以知之오 人情而已라 諸侯不期而會者 八百이니 武王이 安得而止之哉시리오

商나라 주 시대에 文王이 천하의 3분의 2를 차지하여 商나라에 복종하여 섬기더니, 武王 13년에 주를 정벌하여 천하를 차지하였다.

장자가 말하였다. "이 일은 털끝만큼의 틈도 용납될 수 없으니, 하루 사이라도 天命이 끊어지지 않으면 곧 君臣이요 당일에 天命이 끊어지면 곧 獨夫이다. 그러나 천명이 끊어짐은 무엇으로 아는가? 인정일 뿐이다. 제후가 기약하지 않고 모인 자가 8백이니, 무왕이 어찌 제지할 수 있겠는가?"

10-4. 以萬乘之國으로 伐萬乘之國이어늘 簞食(사)壺漿으로 以迎王師는 豈有他哉리오 避水火也니 如水 益深하며 如火 益熱이면 亦運而已矣니이다

만승의 나라로써 만승의 나라를 정벌하거늘 밥 담은 대그릇과 간장 항아리를 가지고 왕의 군사를 맞이함은 어찌 다른 점이 있겠습니까? 도탄을 피하려 함이니, 물이 더욱 깊으며 불이 더욱 뜨거우면 또한 옮길 따름입니다.

簞은 竹器라 食(사)는 飯也라 運은 轉也라 言齊若更爲暴(포)虐이면 則民將轉而望救於他人矣라
○趙氏曰 征伐之道는 當順民心이니 民心이 悅이면 則天意를 得矣라

簞은 대그릇이다. 食는 밥이다. 運은 옮김이다. '齊나라가 만일 더 포학하면 백성이 장차 마음이 옮겨 다른 사람에게 구원을 바란다.'고 말한 것이다.
○조씨가 말하였다. "정벌의 도는 마땅히 민심에 따라야 하니, 민심이 기뻐하면 天意를 얻으리라."

■ 簞 대그릇 단   食 밥 사   壺 병 호   漿 간장 장

11-1. 齊人이 伐燕取之한대 諸侯 將謀救燕이러니 宣王이 曰諸侯 多謀伐寡人者하니 何以待之잇고 孟子 對曰 臣은 聞七十里로 爲政於天

下者는 湯이 是也니 未聞以千里로 畏人者也케이다

제나라 사람이 연나라를 정벌하여 차지하자 제후가 장차 연나라 구원함을 도모하더니, 선왕께서 여쭈셨다. "제후가 과인 정벌을 도모하는 자가 많으니, 어찌 대처해야 하겠습니까?" 孟子께서 대답하셨다. "신은 70리로써 천하에 정사를 한 자는 탕왕이 이런 분이라고 들었으니, 천 리로 남을 두려워한 자를 듣지 못하였습니다.

千里畏人은 指齊王也라
千里畏人은 제나라 선왕을 가리킨다.

11-2. 書에 曰湯이 一征을 自葛로 始하신대 天下 信之하야 東面而征에 西夷 怨하며 南面而征에 北狄이 怨하야 曰奚爲後我오하야 民이 望之호대 若大旱之望雲霓也하야 歸市者 不止하며 耕者 不變이어늘 誅其君而 弔其民하신대 若時雨 降이라 民이 大悅하니 書에 曰徯我后하다소니 后 來하시니 其蘇라하니이다

『書』에, '탕왕이 처음 정벌을 葛로부터 始作하셨는데, 天下가 신뢰하여 동으로 향하여 정벌하심에 서쪽오랑캐가 원망하며 남으로 향하여 정벌하심에 북쪽 오랑캐가 원망하면서 어찌 우리를 뒤에 하시냐고 하여, 백성이 큰 가뭄에 비를 바라듯이 갈망하여 저자에 가는 자가 그치지 않으며 밭가는 농부가 변동하지 않거늘, 그 폭군을 벌하고 백성을 위로하시니 단비가 내림과 같아서 백성이 크게 기뻐한다.' 하니, 『書』에 '우리 임금을 기다렸더니 임금께서 오시니 소생하였다' 하였습니다.

兩引書는 皆商書仲虺之誥文也니 與今書文으로 亦小異하니라 一征은 初征也라 天下信之는 信其志在救民하야 不爲暴也라 奚爲後我는 言

湯이 何爲不先來征我之國也라 霓는 虹也니 雲合則雨하고 虹見(현)則止라 變은 動也라 徯는 待也라 后는 君也라 蘇는 復生也니 他國之民이 皆以湯爲我君而待其來하야 使己得蘇息也라 此는 言湯之所以七十里로 而爲政於天下也라

두 번 인용한 『書經』은 모두 「商書」 <仲虺之誥>의 글이니, 지금 『書經』의 글과 또한 조금 다르다. 一征은 처음 정벌이다. 天下信之는 그 뜻이 백성을 구원하여 포학하지 않을 줄 믿음이다. 奚爲後我는 탕왕이 어찌 먼저 우리나라를 치지 않느냐고 말한 것이다. 霓는 무지개이니, 구름이 끼면 비가 내리고 무지개가 나타나면 그친다. 變은 변동함이다. 徯는 기다림이다. 后는 임금이다. 蘇는 삶을 회복함이다. 타국의 백성이 다 탕왕을 我君이라 여겨 그분이 와서 자기를 소생하게 해주기를 기다린 것이다. 이것은 탕왕이 70리로써 천하에 정사를 함을 말한 것이다.

■ 霓 무지개 예　　　徯 기다릴 혜　　　虹 무지개 홍

11-3. 今에 燕虐其民이어늘 王往而征之하시니 民이 以爲將拯己於水火之中也라하야 簞食(사)壺漿으로 以迎王師어늘 若殺其父兄하며 係累其子弟하며 毁其宗廟하며 遷其重器하면 如之何其可也리오 天下 固畏齊之彊也니 今又倍地而不行仁政이면 是는 動天下之兵也니이다

"이제 燕나라가 백성에게 포학하거늘 왕께서 가서 정벌하셨으니, 백성들이 장차 자기들을 도탄 속에서 구원하리라 생각하여 밥 담은 대그릇과 간장 항아리를 가지고 왕의 군사를 맞이하거늘, 만일 그 부형을 죽이며 그 자제를 잡아가며 종묘를 헐며 보물을 옮기면 어찌 옳다 하겠습니까? 천하가 진실로 齊나라의 강성함을 두려워하니, 이제 또 영토를 배로 늘리고 仁政을 행하지 않으면 이는 천하의 군대를 움직이는 것입니다.

拯은 救也라 係累는 繫縛也라 重器는 寶器也라 畏는 忌也라 倍地는 幷燕而增一倍之地也라 齊之取燕에 若能如湯之征葛이면 則燕人이 悅之하야 而齊 可爲政於天下矣어늘 今乃不行仁政하고 而肆爲殘虐이면 則無以慰燕民之望而服諸侯之心이라 是以로 不免乎以千里而畏人也라

拯은 구원함이다. 係累는 포승으로 묶음이다. 重器는 보배로운 물건이다. 畏는 꺼림이다. 倍地는 燕나라를 병합하여 1배의 땅을 늘림이다. 齊나라가 燕나라를 取함에 만일 탕왕이 葛을 정벌함과 같이 하면 燕나라 사람이 기뻐하여 齊나라가 천하에 정사를 할 만하거늘, 지금 仁政을 행하지 않고 방자하게 잔학한 짓을 하면 燕나라 백성의 소망을 위안하고 제후의 마음을 복종시킬 수 없다. 이 때문에 천 리를 가지고 남을 두려워함을 면하지 못하는 것이다.

■ 拯 건질 증 累 묶을 루 繫 맬 칩 縛 묶을 박
  肆 방자할 사

11-4. 王速出令하사 反其旄倪하시며 止其重器하시고 謀於燕衆하야 置君而後에 去之則猶可及止也리이다

王이 빨리 슈을 내리시어 그 노인과 어린애를 돌려보내시며 보물 옮기는 일을 중지하시고 燕나라 사람과 도모하여 임금을 세운 뒤에 떠나면 오히려 그치게 할 것입니다."

反은 還也라 旄는 老人也요 倪는 小兒也니 所謂虜略之老小也라 猶는 尙也라 及止는 及其未發而止之也라

○范氏曰 孟子 事齊梁之君에 論道德則必稱堯舜하고 論征伐則必稱湯武하니 皆治民을 不法堯舜이면 則是爲暴(포)요 行師를 不法湯武면 則是爲亂이니 豈可謂吾君不能而舍所學以徇之哉리오

反은 돌아감이다. 旄는 노인이요 倪는 어린애이니, 이른바 사로잡은 노인과 젊은이이다. 猶는 오히려이다. 及止는 그 일이 발생하기 전에 중지시킴이다.

○ 范氏가 말하였다. "孟子께서 齊·梁의 임금을 섬길 적에 道德을 논하면 반드시 堯·舜을 칭하시고 征伐을 논하면 반드시 湯·武를 칭하시니, 다 백성 다스림을 堯·舜을 본받지 아니하면 폭군이요, 군대 출동함을 湯·武를 본받지 않으면 亂臣이니, 어찌 우리 임금이 능하지 못하다 여겨 배운 바를 버리고 임금을 따르겠는가?"

■ 旄 늙은이 모   倪 어린애 예   虜 사로잡을 로

12-1. 鄒 與魯鬨이러니 穆公이 問曰 吾有司死者 三十三人이로되 而民은 莫之死也하니 誅之則不可勝誅요 不誅則疾視其長上之死而不救하니 如之何則可也잇고

추나라가 노나라와 다투더니 목공이 여쭈셨다. "나의 有司 죽은 이가 33人이로되 백성은 죽지 않았으니, 죽이자니 이루다 죽이지 못하겠고 죽이지 않자니 윗사람의 죽음을 질시하고 구원하지 않았으니, 어찌하면 좋겠습니까?"

鬨은 鬪聲也라 穆公은 鄒君也라 不可勝誅는 言人衆不可盡誅也라 長上은 謂有司也니 民怨其上故로 疾視其死而不救也라

鬨은 싸우는 소리이다. 穆公은 추나라 임금이다. 不可勝誅는 사람이 많아 죄다 죽일 수 없음을 말한다. 長上은 有司를 이르니, 백성이 그 윗사람을 원망하므로 그들의 죽음을 질시하고 구원하지 않은 것이다.

■ 鬨 싸움소리 홍   誅 벨 주   疾 미워할 질

12-2. 孟子 對曰 凶年饑歲에 君之民이 老弱은 轉乎溝壑하고 壯者는 散而之四方者 幾千人矣요 而君之倉廩이 實하며 府庫 充이어늘 有司

莫以告하니 是는 上慢而殘下也니 曾子曰 戒之戒之하라 出乎爾者
反乎爾者也라하시니 夫民이 今而後에 得反之也로소니 君無尤焉하소서

孟子께서 대답하셨다. "흉년과 기근에 임금의 백성이 노약자는 구렁창에 나뒹굴고 젊은이는 흩어져 사방으로 간 자가 몇 천 명이요, 임금의 곡간이 가득 차며 재물창고가 꽉 찼거늘 有司가 告하지 않으니, 이는 윗사람이 태만하여 아랫사람을 해침이니, 曾子께서 '경계하고 경계하라. 너에게서 나온 것이 너에게로 돌아간다.'하셨으니, 백성이 이제야 돌려주는 것이니, 임금은 탓하지 마소서.

轉은 飢餓輾轉而死也라 充은 滿也라 上은 謂君及有司也라 尤는 過也라

轉은 굶주림에 전전하다 죽음이다. 充은 가득함이다. 上은 임금 및 有司를 이른다. 尤는 탓함이다.

■ 溝 보 구 　　壑 구렁 학 　　幾 거의 기 　　倉 창고 창
　廩 곳집 름 　　府 창고 부 　　庫 곳간 고 　　慢 태만할 만
　殘 해칠 잔 　　爾 너 이 　　尤 허물 우

12-3. 君行仁政하시면 斯民이 親其上하야 死其長矣리이다

임금이 仁政을 행하시면 이 백성이 윗사람을 친애하여 그의 官長을 위해 죽을 것입니다."

君不仁而求富라 是以로 有司 知重斂(렴)而不知恤民이라 故로 君行仁政이면 則有司 皆愛其民하고 而民亦愛之矣라

○范氏曰 書曰 民惟邦本이니 本固라야 邦寧이라하니 有倉廩府庫는 所以爲民也라 豐年則斂(렴)之하고 凶年則散之하야 恤其飢寒하며 救其疾苦라 是以로 民親愛其上하야 有危難則赴救之를 如子弟之衛父兄과 手足之捍頭目也라 穆公이 不能反己하고 猶欲歸罪於民하니 豈不誤哉리오

임금이 仁하지 않아 부강함을 추구하는지라, 이 때문에 有司가 세금을 무겁게 거둘 줄만 알고 백성을 구휼할 줄 모른 것이다. 그러므로 임금이 仁政을 행하면 有司가 다 백성을 사랑하고 백성 역시 그를 사랑하는 것이다.

范氏가 말하였다. "『書經』에 '백성은 오직 나라의 근본이니 근본이 견고해야 나라가 안녕하다.' 하니, 곡간과 재물창고는 백성을 위한 것이라서, 풍년에는 거둬들이고 흉년에는 나눠주어 굶주림과 추위를 구휼하며 질병과 고통을 구제하는 것이다. 이 때문에 백성이 윗사람을 친애하여 재앙과 난이 있으면 달려가 구원하기를 마치 자제가 부형을 보호하듯, 손발이 머리와 눈을 감싸듯 하는 것이다. 목공이 자신에게 돌이키지 못하고 오히려 허물을 백성에게 돌리고자 하니 어찌 그릇되지 않은가?"

13-1. 滕文公이 問曰 滕은 小國也라 間於齊楚하니 事齊乎잇가 事楚乎잇가

등나라 문공이 여쭈었다. "등은 소국으로서 제나라와 초나라 사이에 끼었으니, 제나라를 섬겨야 합니까? 초나라를 섬겨야 합니까?"

滕은 國名也라
滕은 나라 이름이다.

13-2. 孟子 對曰 是謀는 非吾의 所能及也로소이다 無已則有一焉하니 鑿斯池也하며 築斯城也하야 與民守之하야 效死而民弗去則是可爲也니이다

孟子께서 대답하셨다. "이 계책은 내가 능히 미칠 바가 아닙니다. 그만두지 말라 하시면 한 가지 있습니다. 해자를 파며 성을 쌓아 백성과 함께 지켜 죽음을 바치되 백성이 떠나지 않으면 곧 이것이 할 만합니다."

無已는 見(현)前篇하니라 一은 謂一說也라 效는 猶致也라 國君은 死社稷故로 致死以守國하고 至於民에도 亦爲之死守而不去니 則非有以深得其心者면 不能也라

○ 此章은 言有國者 當守義而愛民이요 不可僥倖而苟免이라

無已는 전편에 보인다. 一은 一說을 이른다. 效는 바침과 같다. 國君은 사직을 위해 죽으므로 죽음을 바쳐 나라를 지키고 백성도 역시 이를 위해 사수하여 떠나지 않아야 하니, 곧 깊이 민심을 얻은 자가 아니면 불가능하다.

○ 이 章은 나라를 소유한 자가 마땅히 의리를 지키고 백성을 사랑해야 하고 요행수로 구차하게 모면하려고 해서는 안 됨을 말한 것이다.

■ 效 바칠 효   致 바칠 치

14-1. 滕文公이 問曰 齊人이 將築薛하니 吾甚恐하노니 如之何則可잇고

등나라 문공이 여쭈셨다. "齊나라 사람이 설에 성을 쌓으려 하니, 내가 심히 두렵습니다. 어찌하면 좋겠습니까?"

薛은 國名이니 近滕하니 齊取其地而城之故로 文公이 以其偪已而恐也라

薛은 나라 이름으로 등나라에 가까우니, 齊나라가 그 땅을 빼앗아 성을 쌓으므로 文公이 자기 나라에 근접하기 때문에 걱정한 것이다.

■ 偪 근접할 핍

14-2. 孟子 對曰 昔者에 大(태)王이 居邠하실새 狄人이 侵之어늘 去하시고 之岐山之下하사 居焉하시니 非擇而取之라 不得已也시니이다

孟子께서 대답하셨다. "옛적에 태왕이 빈에 계실 때 적인이 침략하거늘 그곳을 떠나시고 기산 기슭에 가시어 거처하시니, 그곳을 가려서 취한 것이 아니라

마지못해서입니다.

邠은 地名이니 言大(태)王이 非以岐下로 爲善하야 擇取而居之也라 詳見(현)下章하니라

邠은 지명이니, '태왕이 기산 기슭을 좋게 여겨 가려서 거처하신 것이 아님'을 말한다. 아랫장에 상세하게 보인다.

■ 邠 지명 빈   狄 오랑캐 적

14-3. 苟爲善이면 後世子孫이 必有王者矣리니 君子 創業垂統하야 爲可繼也라 若夫成功則天也니 君如彼에 何哉리오 彊爲善而已矣니이다

진실로 善을 하면 후세에 자손이 반드시 王할 자가 있으리니, 君子가 창업하며 統緒를 드리워 계승하게 할 뿐입니다. 만일 성공함인즉 天命이니, 임금께서 저 齊나라에 어찌하시겠습니까. 善을 하는 데 힘쓸 따름입니다."

創은 造也라 統은 緒也라 言能爲善이면 則如大(태)王이 雖失其地나 而其後世에 遂有天下하니 乃天理也라 然君子 造基業於前하야 而垂統緒於後에 但能不失其正하야 令後世로 可繼續而行耳니 若夫成功則豈可必乎아 彼齊也를 君之力이 旣無如之何則但彊於爲善하야 使其可繼而俟命於天耳라

○ 此章은 言人君이 但當竭力於其所當爲요 不可徼倖於其所難必이라

創은 창조함이다. 統은 통서이다. '능히 善을 하면 마치 태왕이 비록 그 땅을 잃었으나 그 후세에 드디어 天下를 소유함과 같으니, 바로 天理이다. 그러나 君子가 앞에서 창업하여 후세에 통서를 드리움에 단지 능히 그 정도를 잃지 않아서 후세로 하여금 계승하여 행하게 할 수 있을 뿐이니, 성공함인즉 어찌 기필하겠는가? 저 齊나라를 임금의 힘이 이미 어찌할 수 없으니, 다만

善을 함에 힘써서 계승하게 하여 天命을 기다릴 따름이다.'고 말씀하신 것이다.
　○이 장은 군주가 다만 그 당연히 할 일에 노력을 다해야지, 기필하기 어려운 일에 요행을 바라서는 안 됨을 말한 것이다.

■ 彊 힘쓸 강　　　俟 기다릴 사　　　竭 다할 갈　　　徼 맞이할 요
　倖 요행 행

15-1. 滕文公이 問曰 滕은 小國也라 竭力하야 以事大國이라도 則不得免焉이로소니 如之何則可잇고 孟子 對曰 昔者에 大(태)王이 居邠하실새 狄人이 侵之어늘 事之以皮幣라도 不得免焉하며 事之以犬馬라도 不得免焉하며 事之以珠玉이라도 不得免焉하야 乃屬(촉)其耆老而告之曰 狄人之所欲者는 吾土地也니 吾는 聞之也호니 君子는 不以其所以養人者로 害人이라호니 二三者는 何患乎無君이리오 我將去之호리라 하고 去邠하시고 踰梁山하사 邑于岐山之下하사 居焉하신대 邠人이 曰仁人也라 不可失也라하고 從之者 如歸市하더라

등나라 문공이 여쭈었다. "등나라는 소국이라서 힘을 다하여 대국을 섬겨도 면하지 못하니, 어찌하면 좋겠습니까?" 孟子께서 대답하셨다. "옛날 태왕이 빈 땅에 계실 때 적인이 침략하거늘 가죽과 폐백으로 섬겨도 면하지 못하며 개와 말로 섬겨도 면하지 못하며 구슬과 옥으로 섬겨도 면하지 못하여, 이에 그 기로를 모아놓고 고하기를 '狄人이 바라는 것은 우리 토지이니, 나는 듣건대 君子는 사람 기르는 토지로써 사람을 해치지 않는다 하니, 여러분은 어찌 임금이 없음을 근심하리요. 내가 이곳을 떠나려 한다.'하시고, 빈을 버리고 양산을 넘어 기산 기슭에 도읍을 만들어 거처하셨는데, 빈 사람이 '仁한 분이라서 놓치지 못할 것이다'하고 따르는 자가 저자에 앞을 다투어 가듯이 하였다 하더이다.

　　皮는 謂虎豹麋鹿之皮也라 幣는 帛也라 屬(촉)은 會集也라 土地는 本生物以養人이니 今爭地而殺人이면 是는 以其所以養人者로 害人也라

邑은 作邑也라 歸市는 人衆而爭先也라

皮는 범·표범·사슴의 가죽을 이른다. 幣는 비단이다. 屬은 모음이다. 土地는 본디 곡물을 생산하여 사람을 기르는 것이니, 지금 토지를 다투어 사람을 죽이면 이는 사람을 기르는 것으로써 사람을 해침이다. 邑은 도읍을 만듦이다. 歸市는 많은 사람이 앞을 다툼이다.

■ 幣 폐백 폐　　屬 모을 촉

15-2. 或曰 世守也라 非身之所能爲也니 效死勿去라하나니

혹자가 '대대로 지켜온 곳이라서 자신이 마음대로 할 바가 아니니, 죽음을 바쳐 떠나지 말라.'하니,

又言或謂土地는 乃先人所受而世守之者라 非己所能專이니 但當致死守之요 不可舍去라하나니 此는 國君死社稷之常法이니 傳所謂國滅君死之正也 正謂此也라

또 '혹자가 土地는 바로 선조가 받아서 대대로 지켜오는 곳이라서 자기 마음대로 할 바가 아니니 다만 마땅히 죽음을 바쳐 지킬 것이요, 버리고 떠나지 못할 것이라'하나니, 이는 임금이 사직을 위해 죽는 常法이니,『公羊傳』에 이른바 나라가 망함에 임금이 죽는 것이 올바르다는 것이 바로 이를 두고 한 말이다.

■ 效 바칠 효

15-3. 君請擇於斯二者하소서

임금께서는 청컨대 둘 중에 선택하소서."

能如大(태)王則避之요 不能則謹守常法이니 蓋遷國以圖存者는 權

也요 守正而俟死者는 義也니 審己量力하야 擇而處之 可也라

○楊氏曰 孟子之於文公에 始告之以效死而已는 禮之正也요 至其甚恐하얀 則以大(태)王之事로 告之하시니 非得已也라 然이나 無大(태)王之德而去라가 則民或不從하야 而遂至於亡이면 則又不若效死之爲愈故로 又請擇於斯二者하시니라

又曰 孟子所論을 自世俗觀之하면 則可謂無謀矣라 然理之可爲者 不過如此하니 舍此면 則必爲儀秦之爲矣라 凡事求可하고 功求成하야 取必於智謀之末하고 而不循天理之正者는 非聖賢之道也라

태왕처럼 하면 피해 옮길 것이요 능히 못하면 삼가 常法을 지킬 것이니, 나라를 옮겨 보존을 도모함은 권도요, 정도를 지켜 죽기를 기다림은 의리이니, 자기 능력을 살피고 헤아려서 선택하여 대처함이 옳다.

○ 양씨가 말하였다. "孟子께서 文公에게 처음에 목숨을 바칠 따름이라고 고하신 것은 禮의 정도요, 그가 심히 두려워하자 태왕의 일로 고하셨으니 부득이한 것이었다. 그러나 태왕의 덕이 없는데 떠났다가 백성이 혹여 따르지 않아 드디어 망하게 되면 또한 죽음 바쳐 지키는 편보다 못하다. 그러므로 또 이 둘 중에 택하라고 청하신 것이다."

또 말하였다. "孟子께서 論하신 것을 世俗의 식견으로 보면 무모하다 말할 것이다. 그러나 이치에 할 만한 것은 불과 이와 같으니, 이를 버리면 반드시 장의와 소진의 행위가 될 것이다. 무릇 가능한 일만 추구하고 성공하기만 추구하여 智謀의 말단에서 기필을 취하고 天理의 올바름을 따르지 않는 것은 聖賢의 道가 아니다."

■ 權 권도 권   審 살필 심   量 헤아릴 량

16-1. 魯平公이 將出할새 嬖人臧倉者 請曰 他日에 君이 出則必命有司所之러시니 今에 乘輿 已駕矣로되 有司 未知所之하니 敢請하노이다

公曰 將見孟子호리라 曰 何哉잇고 君所爲輕身하야 以先於匹夫者는
以爲賢乎잇가 禮義는 由賢者出이어늘 而孟子之後喪이 踰前喪하니
君無見焉하소서 公曰 諾다

魯나라 평공이 장차 출궁할 때 폐인 장창이 청하였다. "전날 임금이 출궁하시면 반드시 有司에게 가시는 곳을 명하시더니, 이제 수레가 이미 멍에를 메었으되 有司가 가실 곳을 모르니, 감히 청하나이다." 평공이 말씀하셨다. "맹자를 만나보련다." 여쭈었다. "어째서입니까? 임금이 몸을 가볍게 하여 匹夫에게 먼저 하는 바가 현명하다 하십니까? 禮·義는 현자로부터 나오거늘 孟子의 뒤에 치른 모친상이 먼저 치른 부친상보다 지나쳤으니, 임금께서는 만나지 마소서." 평공이 말씀하셨다. "알았다."

乘輿는 君車也라 駕는 駕馬也라 孟子 前喪父하고 後喪母하시니라 踰는
過也니 言其厚母薄父也라 諾은 應辭也라

乘輿는 임금 수레이다. 駕는 말에 멍에를 멤이다. 孟子께서 먼저 아버지를 여의고 뒤에 어머니를 여의셨다. 踰는 지나침이니, 모친상에 후하고 부친상에 박하였음을 말한다. 諾은 응하는 말이다.

■ 嬖 사랑할 폐　　輿 수레 여　　駕 멍에 가　　諾 응낙할 낙

16-2. 樂正子 入見(현)曰 君이 奚爲不見孟軻也잇고 曰 或이 告寡人
曰 孟子之後喪이 踰前喪이라할새 是以로 不徃見也호라 曰 何哉잇고
君所謂踰者는 前以士요 後以大夫며 前以三鼎而後以五鼎與잇가
曰 否라 謂棺槨衣衾之美也니라 曰 非所謂踰也라 貧富不同也니이다

악정자가 입궁하여 뵙고 여쭈었다. "임금께서 어찌 맹자를 만나지 않으십니까?" 말씀하셨다. "혹자가 과인에게, 孟子의 뒤에 치른 모친상이 앞에 치른 부친상보다 지나쳤다고 하기 때문에, 그래서 가보지 않았다." 여쭈었다. "무엇입

니까? 임금께서 이른바 지나쳤다는 것은 부친상은 士로써 하고 모친상은 大夫로써 하며, 부친상은 3鼎으로써 하고 모친상은 5鼎으로써 한 것입니까?" 말씀하셨다. "아니다. 관곽과 수의(衣衾)가 화려함을 이른다." 말하였다. "이른바 지나쳤다는 것이 아니라, 빈부가 다르기 때문입니다."

樂正子는 孟子弟子也니 仕於魯하니라 三鼎은 士祭禮요 五鼎은 大夫祭禮라

樂正子는 孟子 제자로 魯나라에서 벼슬하였다. 三鼎은 士의 제례이고 五鼎은 大夫의 제례이다.

16-3. 樂正子 見孟子曰 克이 告於君호니 君이 爲來見也러시니 嬖人有臧倉者 沮君이라 君이 是以로 不果來也하시니이다 曰 行或使之며 止或尼(닐)之나 行止는 非人의 所能也라 吾之不遇魯侯는 天也니 臧氏之子 焉能使予로 不遇哉리오

악정자가 맹자를 뵙고 말하였다. "제가 임금께 고하니, 임금께서 와보려고 하셨는데, 폐인 장창이 임금을 막았습니다. 임금께서 이 때문에 과단하여 오시지 않습니다." 말씀하셨다. "행함이 혹 시켜서 하며 그침이 혹 막아서이나, 행함과 그침은 사람이 능히 할 바가 아니다. 내가 노나라 임금을 만나지 못함은 天命이니, 장씨의 자식이 어찌 나로 하여금 만나지 못하게 하겠는가?"

克은 樂正子名이라 沮尼(닐)은 皆止之之意也라 言人之行이 必有人使之者하고 其止 必有人尼(닐)之者나 然其所以行所以止는 則固有天命而非此人所能使요 亦非此人所能尼(닐)也라 然則我之不遇는 豈臧倉之所能爲哉리오

○ 此章은 言聖賢之出處는 關時運之盛衰니 乃天命之所爲요 非人力之可及이라

克은 악정자의 이름이다. 沮·尼은 다 그치게 한다는 뜻이다. '사람의 행함이 반드시 사람이 시킨 것이 있고, 그침이 반드시 사람이 막는 것이 있으나, 행함과 그침의 근원은 진실로 天命이 있어서 사람이 능히 시키는 바가 아니며 또한 능히 막을 수 있는 바도 아니다. 그러면 내가 임금을 만나지 못함은 그 어찌 장창이 할 바이겠는가?'말한 것이다.

○ 이 장은 聖賢의 出處는 時運의 성쇠에 관련하니, 곧 天命이 하는 바이지 인력이 미칠 수 있는 것이 아님을 말하였다.

■ 沮 그칠 저   果 결단할 과   尼 그칠 닐

公孫丑章句上

凡九章이라
모두 9장이다.

1-1. 公孫丑(추) 問曰 夫子 當路於齊하시면 管仲晏子之功을 可復(부) 許乎잇가

공손추가 여쭈었다. "선생님께서 제나라의 요직에 계시면 관중과 안자의 공을 다시 기약할 수 있겠습니까?"

公孫丑(추)는 孟子의 弟子니 齊人也라 當路는 居要地也라 管仲은 齊 大夫로 名은 夷吾니 相桓公霸諸侯하니라 許는 猶期也라 孟子 未嘗得政 하시니 丑(추) 蓋設辭以問也라

공손추는 맹자 제자로 제나라 사람이다. 當路는 요직에 있음이다. 管仲은 제나라 대부로 이름은 夷吾이니, 환공을 도와 제후의 패자가 되게 하였다. 許는 기약함과 같다. 맹자께서 정사에 종사한 적이 없으시니 공손추가 가설적으로 질문한 것이다.

- 丑 사람이름 추　　當 맡을 당　　路 요로 로　　許 기약할 허
  設 설령 설

1-2. 孟子曰 子誠齊人也로다 知管仲晏子而已矣온여

맹자께서 말씀하셨다. "그대는 진실로 제나라 사람이로다. 관중과 안자만

알 뿐이구나!

齊人은 但知其國에 有二子而已요 不復(부)知有聖賢之事라

제나라 사람은, 단지 그 나라에 두 사람이 있음을 알 뿐이고 성현의 일이 있음을 더는 몰랐다.

1-3. 或이 問乎曾西曰 吾子 與子路孰賢고 曾西 蹵然曰 吾先子之所畏也니라 曰 然則吾子 與管仲孰賢고 曾西 艴然不悅曰 爾何曾比予於管仲고 管仲이 得君이 如彼其專也며 行乎國政이 如彼其久也로되 功烈이 如彼其卑也하니 爾何曾比予於是오하니라

혹자가 증서에게 '우리 그대는 자로와 누가 더 나은가?' 묻자, 증서가 불안해하며 '자로는 우리 先子께서도 경외하신 분이다.'라고 말했다. '그렇다면 그대는 관중과 누가 더 나은가?' 물었더니, 증서가 발끈 기뻐하지 않으면서 '그대가 어찌 곧 나를 관중에게 비교하는가? 관중이 임금의 신임이 저토록 오로지 하며 국정 수행함이 저토록 오래하였으되 공렬이 저토록 낮은데, 그대가 어찌 나를 이 사람과 비교하는가?'라고 말하였다.

孟子 引曾西與或人問答이 如此라 曾西는 曾子之孫이라 蹵은 不安貌라 先子는 曾子也라 艴은 怒色也라 曾之言은 則也라 烈은 猶光也라 桓公이 獨任管仲四十餘年하니 是 專且久也로되 管仲이 不知王道而行霸術故로 言功烈之卑也라

楊氏曰 孔子言子路之才曰 千乘之國에 可使治其賦也라하시니 使其見(현)於施爲면 如是而已요 其於九(규)合諸侯하야 一正天下엔 固有所不逮也라 然則曾西 推尊子路如此하고 而羞比管仲者는 何哉오 譬之御者하면 子路는 則範我馳驅而不獲者也요 管仲之功은 詭遇而獲禽耳니 曾西는 仲尼之徒也라 故로 不道管仲之事하니라

맹자께서 증서와 혹자의 문답을 인용함이 이와 같다. 曾西는 증자의 손자이다. 蹵은 불안한 모양이다. 先子는 증자이다. 艴은 성난 기색이다. 曾이란 말은 곧 이다. 烈은 빛남과 같다. 桓公이 재상 직에 관중을 40여년 맡겼으니, 이처럼 오로지 하고 오래했지만, 관중이 왕도를 모르고 패도를 행했기 때문에 공이 낮음을 말한 것이다.

楊氏가 말하였다. "공자께서 자로의 재주가 '천승의 나라에서 군대를 다스리게 할 만하다'하셨으니, 그로 하여금 시행하게 하면 이 같을 뿐이고, 제후를 규합하여 천하를 한번 바로잡는 데에는 진실로 미치지 못할 점이 있다. 그렇다면 증서가 자로를 이와 같이 추존하고 관중과 비교함을 수치로 여긴 것은 어째서인가? 말을 모는 자에 비유하면, 자로는 정도로 말을 몰아서 짐승을 잡지 못한 자이고 관중의 공적은 속임수*로 짐승을 잡았을 뿐이다. 증서는 공자의 문도이다. 그러므로 관중의 일을 말하지 않은 것이다."

■ 孰 누구 숙　　　賢 나을 현　　　蹵 불안할 축　　　艴 발끈할 발
　曾 곧 증　　　　九 모을 규　　　範 본보기 범　　　詭 속일 궤
　道 말할 도

* 範我馳驅와 詭遇 : 「滕文公下」 1장 4절에 나온다. 맹자는 이를 왕도(範我馳驅)와 패도(詭遇)로 비유하고 있다. 範我馳驅는 법도대로 하는 것을 말하고, 詭遇는 속임수로 목적을 이루는 것을 말한다.

1-4. 曰 管仲은 曾西之所不爲也어늘 而子 爲我願之乎아

말씀하셨다. "관중의 일은 증서가 하지 않는 것이거늘 그대가 나에게 바라는가?"

曰은 孟子言也라 願은 望也라

曰은 맹자 말씀이다. 願은 바람이다.

1-5. 曰 管仲은 以其君霸하고 晏子는 以其君顯하니 管仲晏子는 猶不足爲與잇가

여쭈었다. "관중은 임금을 패자가 되게 하고 안자는 임금을 이름나게 했으니, 관중과 안자는 그래도 할 만하지 않습니까?"

　　顯은 顯名也라
　　顯은 이름남이다.

1-6. 曰 以齊로 王이 由反手也니라

말씀하셨다. "제나라로 왕 함이 손을 뒤집음과 같다."

　　反手는 言易(이)也라
　　反手는 쉽다는 말이다.

■ 王 왕할 왕　　　由 같을 유　　　反 뒤집을 반

1-7. 曰 若是則弟子之惑이 滋甚케이다 且以文王之德으로 百年而後崩하사대 猶未洽於天下어시늘 武王周公이 繼之然後에 大行하니 今言王若易(이)然하시니 則文王은 不足法與잇가

여쭈었다. "이와 같다면 제자의 의혹이 더욱 심합니다. 문왕의 덕으로 거의 100세에 돌아가셨으되 오히려 천하에는 미흡하셨거늘 무왕과 주공께서 계승하신 뒤에 크게 행하니, 지금 왕 함을 이처럼 쉽다고 말씀하시니, 문왕은 본받기에 부족합니까?"

　　滋는 益也라 文王이 九十七而崩하니 言百年은 擧成數也라 文王이 三分天下에 才有其二러니 武王이 克商하야 乃有天下하고 周公이 相成王하야

制禮作樂然後에 敎化大行하니라

滋는 더욱 이다. 문왕이 97세에 돌아가셨으니, 100세는 성수를 든 것이다. 문왕이 천하의 3분의 2를 차지하더니, 무왕이 상나라를 이기고서 천하를 소유하였고 주공이 성왕을 도와 예악을 제정한 뒤에 교화가 크게 행하였다.

■ 滋 더욱 자　　　才 겨우 재　　　相 도울 상

1-8. 曰 文王은 何可當也시리오* 由湯으로 至於武丁히 賢聖之君이 六七이 作하야 天下 歸殷이 久矣니 久則難變也라 武丁이 朝諸侯有天下호대 猶運之掌也하시니 紂之去武丁이 未久也라 其故家遺俗과 流風善政이 猶有存者하며 又有微子微仲王子比干箕子膠鬲이 皆賢人也라 相與輔相之故로 久而後에 失之也하니 尺地도 莫非其有也며 一民도 莫非其臣也어늘 然而文王이 猶方百里起하시니 是以難也니라

말씀하셨다. "문왕은 어찌 감당하실 수 있었겠는가? 탕임금부터 무정까지 어질고 성스러운 임금 6~7인이 흥기하여 천하가 은나라에 돌아간 지 오래니 오래면 변하기 어렵다. 무정이 제후를 조회하여 천하를 소유하되 손바닥에서 놀리듯 하셨으니, 紂가 무정과 시대가 오래지 않은지라 대대로 벼슬한 가문과 선정의 풍속이 아직도 남은 것이 있으며 게다가 미자·미중과 왕자인 비간·기자·교격이 다 현인이라 서로 보필하였으므로 오랜 뒤에 잃은 것이니, 한 자의 땅도 은나라의 소유 아닌 것이 없으며 한 백성도 그 신하가 아닌 이가 없거늘, 그럼에도 문왕이 사방 100리로 말미암아 흥기하시니, 이 때문에 어려웠다.

當은 猶敵也라 商自成湯으로 至于武丁히 中間에 太甲太戊祖乙盤庚은 皆賢聖之君이라 作은 起也라 自武丁至紂 凡七世라 故家는 舊臣之家也라

當은 감당함과 같다. 商나라가 성탕에서 무정까지 중간에 태갑·태무·조을·반경은 다 어질고 성스러운 임금이다. 作은 흥기함이다. 무정부터 紂까지 모두 7대이다. 故家는 예부터 대대로 벼슬한 가문이다.

- 當 감당할 당   扞 막을 격

* 文王은 何可當也시리오: 현토를 '시리오'로 달면 문왕이 은나라를 당해낼 수 없다는 뜻이고 현토를 '리오'로 달면 후인이 문왕을 당해낼 수 없다는 뜻이다. 우선 언해의 현토를 따라 번역하였다.

1-9. 齊人이 有言曰 雖有知慧나 不如乘勢며 雖有鎡基나 不如待時라 하니 今時則易(이)然也니라

제나라 사람이 하는 말에 '비록 지혜가 있어도 형세를 탐만 못하며, 비록 농기구가 있어도 때를 기다림만 못하다'하니, 지금의 때인즉 쉬우니라.

鎡基는 田器也라 時는 謂耕種之時라
鎡基는 농사 도구이다. 時는 갈고 파종하는 시기이다.

- 鎡 괭이 자   基 호미 기

1-10. 夏后殷周之盛에 地未有過千里者也하니 而齊 有其地矣며 雞鳴狗吠 相聞而達乎四境하니 而齊 有其民矣니 地不改辟矣며 民不改聚矣라도 行仁政而王이면 莫之能禦也라

하·은·주의 전성기에 영지가 천리를 넘는 자 없었으니 제나라가 그 만한 땅을 소유하며, 닭 울음과 개 짖는 소리가 서로 들려 사방의 국경까지 통하니 제나라가 그 만한 백성을 소유함이니, 땅은 넓힐 필요 없으며 백성은 모으지 않아도 仁政을 행하여 왕 하면, 능히 막을 이가 없을 것이다.

此는 言其勢之易(이)也라 三代盛時에 王畿不過千里어늘 今齊已有

之하니 異於文王之百里요 又雞犬之聲이 相聞하야 自國都로 以至于四境하니 言居民稠密也라

이는 그 형세의 쉬움을 말한 것이다. 3대의 전성기에 왕의 기내가 천리에 불과하였으나, 지금 제나라가 이미 소유했으니 문왕의 백리와는 다르고, 또 닭 우는소리와 개짓는 소리가 서로 들려 수도에서 사방의 국경에 이르니 백성이 많음을 말한 것이다.

■ 聞 들릴 문　　　稠 빽빽할 주

1-11. 且王者之不作이 未有疏於此時者也하며 民之憔悴於虐政이 未有甚於此時者也하니 飢者에 易(이)爲食이며 渴者에 易(이)爲飮이니라

또 王者가 일어나지 않음이 이때보다 뜸한 적이 없으며 백성이 학정에 초췌함이 이때보다 심한 적이 없었으니 굶주린 자는 먹게 함이 쉽고 목마른 자는 마시게 함이 쉽다.

此는 言其時之易(이)也라 自文武로 至此七百餘年하니 異於商之賢聖繼作이요 民苦虐政之甚하니 異於紂之猶有善政이라 易(이)爲飮食은 言飢渴之甚에 不待甘美也라

이는 그 때가 쉬움을 말한 것이다. 문왕·무왕부터 지금까지 700여 년이니 상나라에서 賢聖이 연이어 일어나던 때와 다르고, 백성이 학정에 고통당함이 심하니 紂의 아직 선정이 남아있던 때와도 다르다. 쉽게 음식을 함은 기갈이 심함에 맛좋은 음식을 기다리지 못함을 말한 것이다.

■ 憔 수척할 초　　　悴 파리할 췌

1-12. 孔子曰 德之流行이 速於置郵而傳命이라하시니

공자께서 '덕의 유행함이 역마로 명을 전함보다 빠르다.'하셨으니,

置는 驛也요 郵는 駰也니 所以傳命也라 孟子 引孔子之言如此하시니라

置는 역이요 郵는 역마이니, 명을 전하는 것이다. 맹자께서 공자의 말씀을 인용함이 이와 같으셨다.

■ 置 역 치   郵 역말 우   駰 역마 일

1-13. 當今之時하야 萬乘之國이 行仁政이면 民之悅之 猶解倒懸也리니 故로 事半古之人이요 功必倍之는 惟此時 爲然하니라

지금 시대를 맞아 만승의 나라가 仁政을 행하면 백성의 기뻐함이 마치 거꾸로 매달린 고통에서 벗어남과 같으리라. 그러므로 일은 옛사람보다 반만 해도 공은 배가 됨은 오직 이 시대가 그렇다."

倒懸은 諭困苦也라 所施之事 半於古人이로대 而功倍於古人은 由時勢易(이)而德行速也라

倒懸은 고통을 비유한 것이다. 시행한 일이 옛사람의 반이지만 공이 배가 됨은 시기와 형세가 쉽기 때문에 덕의 유행이 빠른 것이다.

■ 解 解의 속자   倒 거꾸로할 도   懸 매달 현

2-1. 公孫丑(추) 問曰 夫子 加齊之卿相하사 得行道焉하시면 雖由此霸王이라도 不異矣리니 如此則動心가 否乎잇가 孟子曰 否라 我는 四十이라 不動心호라

공손추가 여쭈었다. "부자께서 제나라 경상의 지위에서 도를 행하시면 비록 이로 인하여 패업을 이루며 왕업을 이루더라도 괴이하지 않을 것이니, 이와 같이 한즉 動心합니까? 않습니까?" 맹자께서 말씀하셨다. "아니다. 나는 40세라 動心하지 않노라."

此는 承上章하야 又設問孟子若得位而行道면 則雖由此而成霸王之業이라도 亦不足怪니 任大責重이 如此면 亦有所恐懼疑惑而動其心乎아 四十은 彊仕니 君子 道明德立之時라 孔子四十而不惑도 亦不動心之謂니라

이는 윗글을 이어서 '맹자께서 만약 지위를 얻어 도를 행하면 비록 이로 인해 패업을 이루며 왕업을 이룰지라도 역시 괴이할 것이 없으니, 책임의 중대함이 이와 같으면 혹 두려움과 의혹으로 동심하는 바가 있느냐?'고 가설하여 질문한 것이다. 40은 비로소 벼슬에 나아가는 나이이니, 군자가 도에 밝고 덕이 성립되는 시기이다. 공자께서 40에 의혹하지 않음도 부동심을 말한다.

■ 加 있을 가　　　彊 마흔살 강

2-2. 曰 若是則夫子 過孟賁이 遠矣샤소이다 曰 是 不難하니 告子도 先我不動心하니라

여쭈었다. "이와 같으시면 부자께서는 맹분보다 훨씬 뛰어나십니다." 말씀하셨다. "이는 어렵지 않으니 고자도 나보다 먼저 不動心을 하였다."

孟賁은 勇士라 告子의 名은 不害라 孟賁은 血氣之勇이니 丑(추) 蓋借之하야 以贊孟子不動心之難이라 孟子 言告子 未爲知道로대 乃能先我不動心하니 則此 未足爲難也니라

孟賁은 용맹한 무사이다. 告子의 이름은 不害이다. 맹분은 혈기의 용맹이니 공손추가 이를 빌려 맹자의 부동심의 어려움을 찬미한 것이다. 맹자께서 '고자가 아직 도를 모르나 능히 나보다 먼저 부동심을 하였으니 이는 어려울 것이 없음'을 말씀하신 것이다.

■ 過 지날 과　　　賁 클 분

2-3. 曰 不動心이 有道乎잇가 曰 有하니라

여쭈었다. "부동심이 방도가 있습니까?" 말씀하셨다. "있다.

> 程子曰 心有主면 則能不動矣니라
> 정자가 말하였다. "마음이 주체가 있으면 능히 동하지 않는다."

2-4. 北宮黝之養勇也는 不膚撓하며 不目逃하야 思以一毫나 挫於人이어든 若撻之於市朝하야 不受於褐寬博하며 亦不受於萬乘之君하야 視刺萬乘之君호대 若刺褐夫하야 無嚴諸侯하야 惡聲이 至커든 必反之하니라

북궁유가 용기를 기르는 방법은 살갗이 움직이지 않으며 눈이 피하지 않아서 조금이라도 남에게 수치를 당하면 저자나 조정에서 회초리 맞는 것처럼 여겨, 천한 자에게 당하지 않으며 만승의 임금에게도 당하지 않아 만승의 임금을 범부 죽이듯이 하여 무서운 제후가 없어서, 자기가 악하다는 소문이 들리면 반드시 보복하였다.

> 北宮은 姓이요 黝는 名이라 膚撓는 肌膚被刺而撓屈也라 目逃는 目被刺而轉睛逃避也라 挫는 猶辱也라 褐은 毛布라 寬博은 寬大之衣니 賤者之服也라 不受者는 不受其挫也라 刺는 殺也라 嚴은 畏憚也니 言無可畏憚之諸侯也라 黝는 蓋刺客之流로 以必勝爲主而不動心者也라
> 北宮은 성이고 黝는 이름이다. 膚撓는 피부가 찔림에 움츠려듦이다. 目逃는 눈이 찔림에 눈동자를 피함이다. 挫는 수치를 당함과 같다. 褐은 모포이다. 寬博은 헐렁한 옷이니 천한 자의 옷이다. 不受란 수모를 당하지 않음이다. 刺는 죽임이다. 嚴은 무서워함이니 무서워할 제후가 없음을 말한다. 북궁유는 자객의 무리로서 필승을 위주로 부동심을 한 자이다.

■ 黝 검을 유   撓 휠 뇨   挑 피할 도   挫 모욕당할 좌
  褐 털옷 갈   嚴 두려울 엄   流 무리 류

2-5. 孟施舍之所養勇也는 曰視不勝호대 猶勝也로니 量敵而後進하며 慮勝而後會하면 是는 畏三軍者也니 舍 豈能爲必勝哉리오 能無懼而已矣라하니라

맹사가 용기를 기른 방법은 '이기지 못할 사람을 보되 이길 것같이 하니, 적을 헤아린 뒤에 나아가며 승리를 꾀한 뒤에 싸우면 이는 三軍을 두려워하는 자이니, 내가 어찌 반드시 승리하겠는가? 두려워함이 없을 뿐이다' 하였다.

孟은 姓이요 施는 發語聲이요 舍는 名也라 會는 合戰也라 舍 自言其戰雖不勝이나 亦無所懼하니 若量敵慮勝而後에 進戰이면 則是 無勇而畏三軍矣라 舍는 蓋力戰之士로 以無懼爲主而不動心者也니라

孟은 성이요 施는 발어성이요 舍는 이름이다. 會는 싸움이다. 맹사가 '전쟁에서 비록 이기지 못해도 두려울 게 없으니, 만약 적을 헤아리고 승리를 꾀한 뒤에 나아가 싸우면, 이는 용기가 없어 三軍을 두려워함'이라고 스스로 말하였다. 맹사는 힘을 다하여 싸우는 병사로 두려워함이 없음을 위주로 부동심을 한 자이다.

■ 施 발어성 시

2-6. 孟施舍는 似曾子하고 北宮黝는 似子夏하니 夫二子之勇이 未知其孰賢이어니와 然而孟施舍는 守 約也니라

맹사는 증자와 유사하고 북궁유는 자하와 유사하니 두 사람의 용기가 누가 나은지는 모르겠지만, 맹사의 지킴이 더 요약적이다.

黝는 務敵人하고 舍는 專守己하며 子夏는 篤信聖人하고 曾子는 反求諸(저)己라 故로 二子之與曾子子夏로 雖非等倫이나 然論其氣象하면 則各有所似라 賢은 猶勝也라 約은 要也니 言論二子之勇하면 則未知誰

勝이나 論其所守하면 則舍比於黝에 爲得其要也라

북궁유는 남을 대적함에 힘쓰고 맹사는 자기를 지킴에 전일하며 자하는 성인을 독실히 믿고 증자는 돌이켜 자기에게서 구하였다. 그러므로 두 사람이 증자·자하와 같은 등급은 아니나 그들의 기상을 논하면 각기 유사한 점이 있다. 賢은 나음과 같다. 約은 요약함이니 두 사람의 용기를 논하면 누가 나은지 모르겠으나 그 지킨 바를 논하면 맹사가 북궁유에 비해 요약적임을 말한 것이다.

- 賢 나을 현   約 요약할 약   倫 같을 륜

2-7. 昔者에 曾子 謂子襄曰 子 好勇乎아 吾嘗聞大勇於夫子矣로니 自反而不縮이면 雖褐寬博이라도 吾不惴焉이어니와 自反而縮이면 雖千萬人이라도 吾往矣라하시니라

옛적에 증자께서 자양에게, '그대가 용기를 좋아하는가? 내가 일찍이 夫子께 大勇을 들었는데, 스스로 반성해서 곧지 못하면 비록 천한 자라도 내가 두렵게 못하거니와 스스로 반성해서 곧으면 비록 천만인이라도 내가 대적할 것이다.'하셨다.'

此는 言曾子之勇也라 子襄은 曾子의 弟子也라 夫子는 孔子也라 縮은 直也니 檀弓에 曰古者에 冠縮縫이러니 今也에 衡縫이라하고 又曰 棺束이 縮二衡三이라하니라 惴는 恐懼之也라 往은 往而敵之也라

이는 증자의 용기를 말한 것이다. 子襄은 증자의 제자이다. 夫子는 공자이다. 縮은 곧음이니 『禮記』『檀弓』에 '옛적에 冠은 세로로 꿰맸는데 지금은 가로로 꿰맨다.'하였고, 또 '관을 묶는 방법이 세로가 둘 가로가 셋이다.'하였다. 惴는 두렵게 함이다. 往은 가서 대적함이다.

- 襄 도울 양   縮 곧을 축   縮 세로 축   衡 가로 횡
  惴 두려울 췌

2-8. 孟施舍之守는 氣라 又不如曾子之守 約也니라

맹사의 지킴은 혈기라 증자의 지킴이 요약됨만 못하다."

言孟施舍 雖似曾子나 然其所守 乃一身之氣라 又不如曾子之反身循理하야 所守 尤得其要也라 孟子之不動心이 其原이 蓋出於此하니 下文에 詳之하니라

'맹사가 비록 증자와 비슷하나 그 지킴이 한 몸의 혈기라서, 증자의 자신의 몸에 돌이켜 이치를 따라 지킴이 요약을 얻음만 못함'을 말한 것이다. 맹자의 부동심은 그 근원이 여기서 나왔으니, 아랫글에 상세하다.

2-9. 曰 敢問夫子之不動心과 與告子之不動心을 可得聞與잇가 告子曰 不得於言이어든 勿求於心하며 不得於心이어든 勿求於氣라하니 不得於心이어든 勿求於氣는 可커니와 不得於言이어든 勿求於心은 不可하니 夫志는 氣之帥也요 氣는 體之充也니 夫志 至焉이요 氣 次焉이니 故로 曰 持其志오도 無暴(포)其氣라하니라

감히 여쭙겠습니다. "부자의 부동심과 고자의 부동심을 들을 수 있습니까?" 말씀하셨다. "고자가 '말에 잘못이 있으면 마음에서 구하지 말며 마음에 잘못이 있으면 氣에서 구하지 말라.'하니, 마음에 잘못이 있으면 氣에서 구하지 말라는 것은 괜찮지만, 말에 잘못이 있으면 마음에서 구하지 말라는 것은 옳지 못하다. 무릇 뜻은 氣의 장수요 氣는 몸에 충만하니, 대개 뜻이 지극한 것이고 氣가 다음이니, 그러므로 그 뜻을 지키고도 그 기운을 사납게 하지 말라는 것이다."

此一節은 公孫丑(추)之問이라 孟子 誦告子之言하고 又斷以己意而告之也라 告子 謂於言에 有所不達이어든 則當舍置其言이요 而不必反求其理於心하며 於心에 有所不安이어든 則當力制其心이요 而不必更

(갱)求其助於氣라하니 此는 所以固守其心而不動之速也라 孟子 旣誦 其言而斷之曰 彼謂不得於心이어든 而勿求諸(저)氣者는 急於本而緩 其末이니 猶之可也어니와 謂不得於言而不求諸(저)心하면 則旣失於外 而遂遺其內니 其不可也 必矣라 然이나 凡曰可者는 亦僅可而有所未 盡之辭耳니 若論其極하면 則志固心之所之而爲氣之將帥나 然氣亦 人之所以充滿於身而爲志之卒徒者也라 故로 志固爲至極이나 而氣 卽次之하니 人이 固當敬守其志나 然亦不可不致養其氣니 蓋其內外 本末이 交相培養이니 此則孟子之心이 所以未嘗必其不動而自然不 動之大略也라

　이 절은 공손추의 질문이니, 맹자께서 고자의 말을 외우고 자기 의견으로 단정하여 알려준 것이다. 고자가 말에 잘못된 것이 있으면 마땅히 그 말을 놓아둘 것이지 반성하여 마음에서 이치를 구할 필요가 없으며, 마음에 불안한 것이 있으면 마땅히 그 마음을 힘써 제재할 것이지 다시 기운에서 도움을 구할 필요가 없다고 하니, 이는 그 마음을 굳게 지켜서 부동심이 신속한 이유이다. 맹자가 먼저 그 말을 외우고 단정해서, 그가 마음에 잘못이 있으면 기운에서 구하지 말라고 한 것은 근본에 급하고 말단에 느슨한 것이니 그래도 괜찮지만, 말에 잘못이 있음에 마음에서 구하지 말라고 하면 이미 밖으로 실수하고 마침내 그 안을 버리는 것이니 절대적으로 옳지 못하다. 그러나 범칭 可라 한 것은 겨우 괜찮으나 미진하다는 말일 뿐이니, 그 극도를 논하면 志는 心이 가는 바로서 氣의 장수이나, 氣 역시 사람 몸에 충만하게 채워서 志의 졸병이 되는 것이다. 그러므로 뜻이 진실로 지극하고 기가 다음이니, 사람이 응당 공경하여 그 뜻을 지켜야하지만 또 그 기운을 기르지 않을 수 없으니 그 내외본말이 서로 배양해주는 것이니, 이것이 바로 맹자께서 不動을 기필한 적이 없었지만 자연히 不動하게 된 대략이다.

2-10. 旣曰 志 至焉이요 氣 次焉이라하시고 又曰 持其志오도 無暴(포)其氣者는 何也니잇고 曰 志壹則動氣하고 氣壹則動志也니 今夫蹶者趨者 是氣也而反動其心이니라

"'이미 뜻이 지극하고 기운이 다음이다.'하시고, 또 '뜻을 지키고도 그 기운을 사납게 말라.'하신 것은 어째서입니까?" 말씀하셨다. "뜻이 전일하면 氣를 움직이고 氣가 전일하면 뜻을 움직이니, 지금 넘어지고 내달리는 것이 氣이지만 도리어 그 마음을 움직인다."

公孫丑(추) 見孟子言志至而氣次故로 問如此則專持其志 可矣어늘 又言無暴(포)其氣는 何也잇고 壹은 專一也라 蹶은 顚躓(지)也라 趨는 走也라 孟子 言志之所向이 專一則氣固從之나 然氣之所在 專一則志亦反爲之動이니 如人이 顚躓(지)趨走에 則氣專在是而反動其心焉이니 所以旣持其志오도 而又必無暴(포)其氣也라 程子曰 志動氣者는 什에 九요 氣動志者는 什에 一이니라

공손추는 맹자께서 뜻이 지극하고 기운이 다음이라고 말씀하시는 것을 보았으므로, '그렇다면 오로지 그 뜻을 지킴이 可하거늘, 또 그 기운을 사납게 하지마라고 말씀하심은 무엇 때문이냐?'고 질문한 것이다. 壹은 전일함이다. 蹶은 넘어짐이다. 趨는 달림이다. 맹자께서 '뜻이 향하는 바가 전일하면 氣가 따르지만, 기의 소재가 전일하면 뜻이 또한 도리어 움직이게 되니, 예컨대 사람이 넘어지고 달림에 기가 오로지 이에 있어 도리어 그 마음을 움직이니, 먼저 그 뜻을 지키고도 또한 반드시 그 기운을 사납게 하지 말라는 것이다. 정자가 말하였다. "뜻이 기를 움직이는 경우는 열에 아홉이고 기가 뜻을 움직이는 경우는 열에 하나이다."

■ 蹶 넘어질 궤(궐)   躓 넘어질 지

2-11. 敢問夫子는 惡(오)乎長이시니잇고 曰 我는 知言하며 我는 善養吾의 浩然之氣하노라

"감히 여쭙겠습니다, 夫子께서는 무엇이 뛰어나십니까?" 말씀하셨다. "나는 말을 알며 나의 호연지기를 잘 기른다."

公孫丑(추) 復(부)問孟子之不動心이 所以異於告子 如此者는 有何所長而能然이니잇고 而孟子 又詳告之以其故也라 知言者는 盡心知性하야 於凡天下之言에 無不有以究極其理하야 而識其是非得失之所以然也라 浩然은 盛大流行之貌라 氣는 即所謂體之充者니 本自浩然이로대 失養故로 餒하나니 惟孟子 爲善養之하야 以復其初也라 蓋惟知言이면 則有以明夫道義하야 而於天下之事에 無所疑요 養氣면 則有以配夫道義하야 而於天下之事에 無所懼니 此其所以當大任而不動心也라 告子之學이 與此로 正相反하니 其不動心은 殆亦冥然無覺하고 悍然不顧而已爾라

공손추가 '맹자의 부동심이 이처럼 고자와 다른 것은 어떤 장점이 있어서 능히 그러하냐?'고 다시 묻자, 맹자께서 그 까닭을 자세히 알려주신 것이다. 知言이란 마음을 다하고 성을 알아서 천하의 모든 말에 그 이치를 궁구하지 않는 것이 없어 시비와 득실의 소이연을 아는 것이다. 浩然은 성대하게 유행하는 모양이다. 氣는 소위 몸에 충만한 것이니 본디 자체가 호연한 것이지만 기름을 잃었기 때문에 쭈그러지는 것이니 오직 맹자만이 잘 길러 처음 상태를 회복하였다. 대개 말을 알면 도의에 밝아서 천하의 일에 의심할 것이 없고 기운을 기르면 도의에 짝하여 천하의 일에 두려울 것이 없으니, 이것이 대임을 담당하여 부동심하는 이유이다. 고자의 학문이 이와 정반대이니, 그 부동심은 거의 어두워 깨달음이 없고 성급하게 돌아보지 않는 것뿐이다.

■ 悍 성급할 한

* 所以然: 그렇게 된 까닭이나 이유

2-12. 敢問何謂浩然之氣잇고 曰 難言也니라

"감히 여쭙겠습니다, 무엇을 호연지기라고 합니까?" 말씀하셨다. "말하기 어렵다.

　　孟子 先言知言而丑(추) 先問養氣者는 承上文 方論志氣而言也라 難言者는 蓋其心所獨得으로 而無形聲之驗하야 有未易(이)以言語形容者라 故로 程子曰 觀此一言則孟子之實有是氣를 可知矣라하시니라
　맹자께서 먼저 知言을 말씀하셨는데, 공손추가 먼저 養氣를 물은 것은 윗글에 방금 논한 志와 氣를 이어서 말한 것이다. 難言이란 그 마음에 홀로 터득한 것으로서 형체와 소리의 증험이 없어서 언어로 형용하기가 쉽지 않다. 그러므로 정자가 '이 한 말씀을 관찰하면 맹자께서 실제로 이 기운을 지니신 것을 알 수 있다.'고 한 것이다.

2-13. 其爲氣也 至大至剛하니 以直養而無害則塞于天地之間이니라

그 氣됨이 지극히 크며 지극히 굳세니 곧음으로 길러 해침이 없으면 천지간에 가득 찬다.

　　至大는 初無限量이요 至剛은 不可屈撓라 蓋天地之正氣로 而人得以生者니 其體段이 本如是也로대 惟其自反而縮이면 則得其所養이요 而又無所作爲以害之면 則其本體不虧而充塞無間矣라 程子曰 天人이 一也라 更(갱)不分別이니 浩然之氣는 乃吾氣也라 養而無害면 則塞于天地요 一爲私意所蔽면 則欿然*而餒하야 知其小也라 謝氏曰 浩然之氣는 須於心得其正時識取니라 又曰 浩然은 是無虧欠時라
　　至大는 애초 한량이 없음이요 至剛은 굽게 못함이다. 대개 천지의 正氣로서 사람이 얻어 태어나는 것이니 그 體段이 본디 이와 같지만, 오직 스스로

반성해서 곧으면 기르는 바를 얻고, 또 인위적으로 해침이 없으면 그 본체가 이지러지지 않고 꽉 차서 빈 틈 없을 것이다. 정자가 말하였다. "하늘과 사람이 하나라 분별이 없으니, 호연지기는 바로 나의 기운이라서 기르고 해침이 없으면 천지에 가득 차고, 하나라도 사사로운 뜻에 가려지면 쪼그라져 작아짐을 알 수 있다." 사씨가 말하였다. "호연지기는 모름지기 마음이 바름을 얻었을 때에 알아채야 한다." 또 말하였다. "호연은 이지러지고 모자람이 없는 때이다."

- 欲 부족할 감   欠 모자랄 흠

* 欿然 뜻에 차지 않는 모양

2-14. 其爲氣也 配義與道하니 無是면 餒也니라

그 氣됨이 義와 道를 짝하니 이것이 없으면 쪼그라든다.

配者는 合而有助之意라 義者는 人心之裁制요 道者는 天理之自然이라 餒는 飢乏而氣不充體也라 言人能養成此氣면 則其氣 合乎道義而爲之助하야 使其行之勇決하야 無所疑憚이요 若無此氣라도 則其一時所爲 雖未必不出於道義나 然其體有所不充이면 則亦不免於疑懼而不足以有爲矣라

配란 짝하여 돕는다는 뜻이다. 義란 人心의 재제이요 道란 천리의 자연이다. 餒는 주리고 부족하여 氣가 몸에 충만하지 못함이다. '사람이 능히 이 기를 기르면 그 기가 道義에 짝하고 도움을 받아 행함이 용맹·결단하여 의심하고 꺼릴 바가 없게 되고, 만약 이 기가 없더라도 한때 소행이 반드시 도의에서 나오지 않았다고는 못하나 그 體에 충만하지 못하면 역시 의구심을 떨쳐버릴 수 없어 행하기에 충분하지 못함'을 말한 것이다.

2-15. 是 集義所生者라 非義 襲而取之也니 行有不慊於心則餒矣니 我 故로 曰告子 未嘗知義라하노니 以其外之也일새니라

이는 集義로 생긴 것이지 의가 엄습하여 얻어진 것이 아니니, 행함에 마음에 快足하지 못함이 있으면 쪼그라지니, 내가 그래서 '告子가 아직 의를 모른다.'한 것이니, 의를 밖이라 함 때문이다.

集義는 猶言積善이니 蓋欲事事皆合於義也라 襲은 掩取也니 如齊侯襲莒之襲이라 言氣雖可以配乎道義나 而其養之始에 乃由事皆合義하야 自反常直이라 是以로 無所愧怍而此氣 自然發生於中이요 非由只行一事 偶合於義하야 便(변)可掩襲於外而得之也라 慊은 快也며 足也니 言所行이 一有不合於義而自反不直이면 則不足於心而其體 有所不充矣리니 然則義豈在外哉리오 告子 不知此理하고 乃曰仁內義外라하야 而不復(부)以義爲事하니 則必不能集義以生浩然之氣矣라 上文不得於言이어든 勿求於心이 卽外義之意니 詳見(현)告子上篇하니라

集義는 적선이란 말과 같으니, 대개 일마다 다 의에 부합하고자 함이다. 襲은 갑자기 취함이니 제나라 임금이 거나라를 掩襲한다는 襲과 같다. '氣가 비록 도의에 부합하나 그 기를 기르는 시초에, 일이 모두 의에 부합하여 스스로 반성해서 항상 곧음으로 말미암는 것이다. 이런 까닭으로 부끄러운 바가 없어서 이 기운이 자연히 마음에서 생기는 것이지, 단지 한 가지 일을 행한 것이 우연히 의에 합하여 문득 밖에서 엄습하여 얻어진 것이 아님을 말한 것이다. 慊은 상쾌함이며 만족함이니 소행이 하나라도 의에 부합하지 않는 점이 있어 스스로 반성해서 곧지 못하면 마음에 만족하지 못하고 그 몸에 차지 못한 바가 있을 것이니, 그런즉 의가 어찌 밖에 있는 것이냐?'고 말한 것이다. 告子가 이 이치를 모르고 '인은 內이고 의는 外라'하여 더 이상 의를 일삼지 않으니, 반드시 集義로 호연지기를 기르지 못할 것이다.

윗글 '말에 잘못이 있으면 마음에 구하지 말라'는 것이 곧 義를 외로 여기는 뜻이니 「告子上」편에 자세하다.

■ 慊 쾌족할 겸

2-16. 必有事焉而勿正하야 心勿忘하며 勿助長也하야 無若宋人然이어다 宋人이 有閔其苗之不長而揠(알)之者러니 芒芒然歸하야 謂其人曰 今日에 病矣와라 予 助苗長矣와라하야늘 其子 趨而往視之하니 苗則槁矣러라 天下之不助苗長者 寡矣니 以爲無益而舍之者는 不耘苗者也요 助之長者는 揠(알)苗者也니 非徒無益이라 而又害之니라

반드시 集義를 일삼아 하되 효과를 예기하지 말고 마음으로 잊지 말며, 조장하지 말고 宋人처럼 하지 말지어다. 宋人이 묘가 자라지 않음을 근심하여 묘를 뽑아 올리는 자가 있었는데, 멍청하게 돌아와서 집사람에게 '오늘은 피곤하구나. 내가 묘의 성장을 도와주었다.'하기에 그 아들이 달려가 보니 묘가 시들어버렸더라. 천하에 묘 자람을 돕지 않는 자가 적으니 무익하다고 버려두는 자는 묘를 김매지 않는 자이고, 자람을 돕는 자는 묘를 뽑아 올리는 자이니 무익할 뿐만이 아니라 해치는 것이다."

必有事焉而勿正은 趙氏程子 以七字爲句하고 近世에 或幷下文心字讀之者 亦通이라 必有事焉은 有所事也니 如有事於顓臾之有事라 正은 預期也니 春秋傳에 曰戰不正勝이 是也라 如作正心이라도 義亦同하니 此與大學之所謂正心者로 語意自不同也라 此는 言養氣者는 必以集義爲事요 而勿預期其效며 其或未充이면 則但當勿忘其所有事요 而不可作爲以助其長이니 乃集義養氣之節度也라 閔은 憂也라 揠(알)은 拔也라 芒芒은 無知之貌라 其人은 家人也라 病은 疲倦也라 舍之而不耘者는 忘其所有事요 揠而助之長者는 正之不得而妄有作爲者也라

然이나 不耘則失養而已요 揠則反以害之니 無是二者면 則氣得其養 而無所害矣라 如告子 不能集義하고 而欲彊制其心이면 則必不能免 於正助之病이니 其於所謂浩然者에 蓋不惟不善養이요 而又害之矣라

必有事焉而勿正은 조씨와 정자가 7字를 한 구라 하고 근세에 혹자가 아래 心字를 함께 읽은 것도 뜻이 통한다. 必有事焉은 일삼는 바가 있음이니, '전유에 일이 있다.'의 有事와 같다. 正은 예기함이니, 『春秋傳』에 '전쟁에 승리를 예기하지 않는다.'는 것이 이것이다. 만일 正心이라해도 뜻은 역시 같으니, 『大學』의 이른바 正心과는 말뜻 자체가 다르다. 이는 浩然之氣를 기르는 자는 반드시 集義를 일삼되 그 효과를 예기하지 말며, 혹여 충분하지 못하면 다만 마땅히 일삼을 바를 잊지 말 것이지 작위적으로 조장해서는 안 됨을 말한 것이니, 바로 集義하여 養氣하는 절도이다. 閔은 근심함이다. 揠은 뽑아 올림이다. 芒芒은 멍청한 모습이다. 其人은 집안사람이다. 病은 피곤함이다. 내버려두고 김매지 않는 자는 일삼을 바를 잊은 것이고, 뽑아 올려 조장한 자는 예기한 효과를 얻지 못하여 함부로 作爲하는 자이다. 그러나 김매지 않으면 기름을 잃을 뿐이지만 뽑아 올리면 도리어 해치는 것이니, 이 두 가지가 없으면 기운은 해칠 바가 없을 것이다. 고자같은 이가 집의를 하지 못하고 그 마음을 억지로 절제하고자 했으니, 반드시 예기와 조장의 병통을 면하지 못할 것이니, 그가 하는 일이 이른바 浩然之氣를 잘 기르지도 못할 뿐만 아니고 도리어 해치게 될 것이다.

■ 正 예기할 정   揠 뽑을 알

2-17. 何謂知言이니잇고 曰 詖辭에 知其所蔽하며 淫辭에 知其所陷하며 邪辭에 知其所離하며 遁辭에 知其所窮이니 生於其心하야 害於其政하며 發於其政하야 害於其事하나니 聖人이 復(부)起사도 必從吾言矣시리라

"무엇을 知言이라 합니까?" 말씀하셨다. "편파적인 말에 그의 가려진 바를

알며 방탕한 말에 그의 빠져든 바를 알며 간사한 말에 그의 도리에 어긋난 바를 알며 도피하는 말에 그의 곤궁한 바를 아는 것이다. 마음에서 생겨 국정을 해치며 정사에서 나타나 만사를 해치는 것이니, 성인께서 다시 나오셔도 반드시 내 말을 따르실 것이다."

此는 公孫丑(추) 復(부)問而孟子 答之也라 詖는 偏陂(파)也요 淫은 放蕩也요 邪는 邪僻也요 遁은 逃避也니 四者相因은 言之病也라 蔽는 遮隔也요 陷은 沈溺也요 離는 叛去也요 窮은 困屈也니 四者亦相因은 則心之失也라 人之有言이 皆出於心하니 其心이 明乎正理而無蔽然後에 其言이 平正通達而無病이니 苟爲不然이면 則必有是四者之病矣라 卽其言之病而知其心之失하고 又知其害於政事之決然而不可易者 如此하니 非心通於道而無疑於天下之理면 其孰能之리오 彼告子者 不得於言이어든 而不肯求之於心하야 至爲義外之說하니 則自不免於四者之病이라 其何以知天下之言而無所疑哉리오 程子曰 心通乎道然後에 能辨是非를 如持權衡以較輕重이니 孟子所謂知言이 是也라 又曰 孟子知言은 正如人在堂上이라야 方能辨堂下人曲直이니 若猶未免雜於堂下衆人之中이면 則不能辨決矣니라

이는 공손추가 다시 묻고 맹자께서 대답하신 것이다. 詖는 편파적임이요 淫은 방탕함이요 邪는 간사함이요 遁은 도피함이다. 네 가지가 서로 기인함은 말의 병통이다. 蔽는 가려짐이요 陷은 빠져듦이요 離는 이반함이요 窮은 곤궁함이니, 네 가지가 서로 기인함도 마음의 잘못이다. 사람의 말이 다 마음에서 나오니 그 마음이 正理에 밝고 가림이 없어야 그 말이 공정하고 통달하여 병통이 없다. 진실로 그렇지 못하면 반드시 이 네 가지 병통이 있다. 그 말의 병통에서 그 마음의 잘못을 알고, 또 정사를 해침이 명확하여 바꾸지 못할 것이 이와 같음을 아니, 마음이 도에 통하고 천하 이치에 의혹이 없는 자가 아니면 그 누가 능하겠는가? 저 고자가 말에 잘못이 있으면 마음에서

구하기를 즐겨하지 않아서 '義가 外'라는 말을 하니, 스스로 네 가지 병통을 모면하지 못하였다. 그가 어찌 천하의 말을 알아 의혹할 바가 없겠는가? 정자가 말하였다. "마음이 도에 통한 뒤에야 시비의 분변을 저울을 잡고 경중을 비교하듯 할 것이니, 맹자의 이른바 知言이 이것이다." 또 말하였다. "맹자의 知言은 사람이 대청위에 있어야 능히 대청아래 사람의 곡직을 변별할 수 있는 것과 같다. 만약 대청아래 대중 속에 섞여있다면 능히 변별하여 결정하지 못할 것이다."

2-18. 宰我子貢은 善爲說辭하고 冉牛閔子顔淵은 善言德行이러니 孔子 兼之하사대 曰我 於辭命則不能也로라하시니 然則夫子는 旣聖矣乎신져

"재아·자공은 말을 잘하고 염우·민자·안연은 덕행을 잘 말하더니, 공자께서는 겸하시되 '내가 말에는 능하지 못하다.' 하셨으니, 그렇다면 부자께서는 이미 성인이십니다."

此一節은 林氏 以爲皆公孫丑(추)之問이 是也라 說辭는 言語也라 德行은 得於心而見(현)於行事者也니 三子 善言德行者는 身有之故로 言之親切而有味也라 公孫丑(추) 言數子 各有所長而孔子兼之나 然 猶自謂不能於辭命이어시늘 今孟子乃自謂我能知言하고 又善養氣라하시니 則是兼言語德行而有之니 然則豈不旣聖矣乎아 此夫子는 指孟子也라

○程子曰 孔子 自謂不能於辭命者는 欲使學者로 務本而已시니라

이 절은 임씨가 다 공손추의 질문이라고 생각한 것이 옳다. 說辭는 말이다. 德行은 마음에 터득하여 행사에 드러난 것이다. 세 사람이 덕행을 잘 말한 것은 몸에 지녔기에 말이 친절하면서 맛이 있다. 공손추가, 몇 제자가 각기

장점을 지니고 공자께서는 겸하셨는데도 오히려 스스로 말에는 능하지 못하다고 하셨거늘, 지금 맹자께서는 스스로 능히 知言하고 또 浩然之氣를 잘 기른다 하시니, 이는 언어와 덕행을 겸하여 지닌 것이니, 그렇다면 어찌 이미 성인이 아니시냐고 말한 것이다. 여기 夫子는 맹자를 가리킨다.

○ 정자가 말하였다. "공자께서 말에는 능하지 못하다고 말씀하신 것은 학자로 하여금 근본에 힘쓰게 하신 것뿐이다."

2-19. 曰 惡(오)라 是何言也오 昔者에 子貢이 問於孔子曰 夫子는 聖矣乎신저 孔子曰 聖則吾不能이어니와 我는 學不厭而敎不倦也로라 子貢이 曰 學不厭은 智也요 敎不倦은 仁也니 仁且智하시니 夫子는 旣聖矣신져하니 夫聖은 孔子도 不居하시니 是何言也오

말씀하셨다. "허! 이 무슨 말이냐? 옛적에 자공이 공자께 '부자께서는 성인이십니다.' 묻자, 공자께서 '성인은 내가 능하지는 못하나 나는 배우기를 싫어하지 않으며 가르치기를 게을리 하지 않는다.' 하셨다. 자공이 '배우기를 싫어하지 않음은 智이고 가르치기를 게을리 하지 않음은 仁이니, 仁하고도 智하시니 부자께서는 이미 성인이십니다.' 하였으니, 무릇 성인은 공자께서도 자처하지 않으셨는데 이 무슨 말이냐?"

惡(오)는 驚歎辭也라 昔者以下는 孟子 不敢當丑(추)之言而引孔子子貢問答之辭하여 以告之也라 此夫子는 指孔子也라 學不厭者는 智之所以自明이요 敎不倦者는 仁之所以及物이라 再言是何言也하여 以深拒之시니라

惡는 놀라 탄식하는 말이다. 昔者 이하는 맹자께서 공손추의 말에 감당하지 못하시고 공자와 자공의 문답하는 말을 인용하여 알려준 것이다. 여기 夫子는 다 공자를 가리킨다. 學不厭은 智가 저절로 밝아지는 것이고, 敎不倦은 仁이 사람에 미치는 것이다. 재차 是何言也를 말하여 깊이 거부하셨다.

2-20. 昔者에 竊聞之호니 子夏子游子張은 皆有聖人之一體하고 冉牛閔子顔淵은 則具體而微라하니 敢問所安하노이다

"옛적에 외람되이 들으니, 자하·자유·자장은 다 성인의 몸체 한 부분을 지녔고, 염우·민자·안연은 성인의 몸체를 갖췄으되 작다고 하니, 감히 자처하실 바를 여쭙겠습니다."

此一節은 林氏 亦以爲皆公孫丑(추)之問이 是也라 一體는 猶一肢也라 具體而微는 謂有其全體로되 但未廣耳라 安은 處也라 公孫丑(추) 復(부)問孟子 旣不敢比孔子면 則於此數子에 欲何所處也오하니라

이 절은 임씨가 역시 다 공손추의 질문이라고 여긴 것이 옳다. 一體는 팔다리 한 부분이다. 具體而微는 온전한 몸체를 갖췄으되 아직 광대하지 못할 뿐임을 말한다. 安은 자처함이다. 공손추가, '이미 감히 공자께 비교할 수 없다면 이 몇 사람 중 어디에 자처하고자 하시냐?'고 다시 질문하였다.

■ 肢 팔다리 지

2-21. 曰 姑舍是하라

말씀하셨다. "아직은 이를 놔두라!"

孟子言且置是者는 不欲以數子所至者로 自處也라

맹자께서 아직은 이를 놔두라고 말씀하신 것은 몇 사람이 다다른 경지에 자처하고자 않으신 것이다.

2-22. 曰 伯夷伊尹은 何如하니잇고 曰 不同道하니 非其君不事하며 非其民不使하야 治則進하고 亂則退는 伯夷也요 何事非君이며 何使非民이리오하야 治亦進하며 亂亦進은 伊尹也요 可以仕則仕하며 可以止

則止하며 可以久則久하며 可以速則速은 孔子也시니 皆古聖人也라 吾未能有行焉이어니와 乃所願則學孔子也로라

여쭈었다. "백이와 이윤은 어떻습니까?" 말씀하셨다. "도가 같지 않으니, 그 임금이 아니면 섬기지 않으며 그 백성이 아니면 부리지 않아서 치세이면 나아가고 난세이면 물러난 이는 백이이고, 누구를 섬기면 임금이 아니며 누구를 부리면 백성이 아닌가? 하여 치세에도 나아가고 난세에도 나아간 이는 이윤이고, 벼슬할 만하면 벼슬하며 그만둘 만하면 그만두며 오래할 만하면 오래하고 빨리 할 만하면 빨리한 분은 공자이시니 다 옛 성인이다. 내 능히 행하지는 못하지만 소원은 공자를 배우는 것이다."

伯夷는 孤竹君之長子니 兄弟遜國하고 避紂隱居라가 聞文王之德而歸之러니 及武王이 伐紂에 去而餓死하니라 伊尹은 有莘之處士니 湯이 聘而用之하야 使之就桀호대 桀不能用이어늘 復歸於湯하야 如是者五에 乃相湯而伐桀也라 三聖人事는 詳見(현)此篇之末과 及萬章下篇하니라

백이는 孤竹나라 임금의 장자이니 형제가 나라를 사양하고 紂를 피하여 은거하다가 문왕의 성덕을 듣고 귀의하더니 무왕이 紂를 정벌함에 떠나가 굶어죽었다. 이윤은 유신나라의 처사이니 탕왕이 빙례로 등용하여 桀에게 보냈으나 桀이 등용하지 못하자 탕왕에게 돌아왔다. 이렇게 하기를 다섯 번에, 그제서 탕왕을 도와 桀을 정벌하였다. 세 성인의 일은 이 편의 끝과 「萬章下」편에 자세히 보였다.

2-23. 伯夷伊尹이 於孔子에 若是班乎잇가 曰 否라 自有生民以來로 未有孔子也시니라

"백이와 이윤이 공자에게 이렇듯이 같습니까?" 말씀하셨다. "아니다. 생민이 래로 공자 같은 분은 계시지 않았다."

班은 齊等之貌라 公孫丑(추) 問而孟子 答之以不同也시니라

班은 동등한 모양이다. 공손추가 질문하고 맹자께서 같지 않다고 대답하셨다.

■ 班 같을 반

2-24. 曰 然則有同與잇가 曰 有하니 得百里之地而君之면 皆能以朝諸侯有天下어니와 行一不義하며 殺一不辜而得天下는 皆不爲也리니 是則同하니라

여쭈었다. "그렇다면 같은 점이 있습니까?" 말씀하셨다. "있다. 100리 땅을 얻어서 임금을 시키면 다 제후를 조회 받고 천하를 소유하지만, 하나라도 의롭지 못한 일을 행하며 한 사람이라도 무고한 자를 죽여서 천하를 얻는 일은 다 하지 않을 것이니, 이런 점이 같다."

有는 言有同也라 以百里而王天下는 德之盛也요 行一不義하며 殺一不辜而得天下라도 有所不爲는 心之正也라 聖人之所以爲聖人이 其根本節目之大者 惟在於此하니 於此에 不同이면 則亦不足爲聖人矣라

有는 같은 점이 있다는 말이다. 100리로써 천하에 왕 함은 덕의 성대함이요, 하나라도 의롭지 못한 일을 행하며 한 사람이라도 무고한 자를 죽여 천하를 얻을지라도 하지 않음은 마음의 바름이다. 성인이 성인된 까닭은 근본 절목의 대체가 오직 여기에 있으니, 이 점에서 같지 않으면 또한 성인이 될 수 없다.

2-25. 曰 敢問其所以異하노이다 曰 宰我子貢有若은 智足以知聖人이니 汙(와)不至阿其所好니라

여쭈었다. "감히 그 차이점을 여쭙겠습니다." 말씀하셨다. "재아·자공·유약은

지혜가 족히 성인을 알았으니, 낮추더라도 그들이 좋아하는 분에게 아당하지는 않았다.

汙는 下也라 三子 智足以知夫子之道하니 假使汙下라도 必不阿私所好而空譽之니 明其言之可信也라

汙는 낮춤이다. 세 사람의 지혜가 족히 부자의 도를 알았으니, 가령 아래로 낮추더라도 반드시 사사로이 좋아하는 분에게 아당하여 헛되이 예찬하지는 않을 것이니, 그들의 말이 믿을 만함을 밝힌 것이다.

■ 汙 낮출 와　　　阿 아당할 아

2-26. 宰我曰 以予觀於夫子컨댄 賢於堯舜이 遠矣샷다

宰我가 '내가 夫子를 보건대 堯舜보다도 훨씬 나으시다.'하였고,

程子曰 語聖則不異나 事功則有異하니 夫子 賢於堯舜은 語事功也라 蓋堯舜은 治天下하고 夫子는 又推其道하야 以垂敎萬世하시니 堯舜之道 非得孔子면 則後世에 亦何所據哉리오

정자가 말하였다. "성인을 말하면 다르지 않으나 공로는 다르니, 夫子賢於 堯舜은 공로를 말한 것이다. 대개 요순은 천하를 다스리고 夫子는 요순의 도를 미루어 만대에 가르침을 끼치셨으니 요순의 도가 공자를 만나지 않았으면 후세에 누구에게 의거하겠는가?"

■ 賢 나을 현

2-27. 子貢이 曰見其禮而知其政하며 聞其樂而知其德이니 由百世之後하야 等百世之王컨대 莫之能違也니 自生民以來로 未有夫子也시니라

자공이 '그 예를 보고 그 정치를 알며 그 음악을 듣고 그 덕을 아니 백대

후에 백대의 왕을 차등하건대 능히 어길 이가 없으니, 생민이래로 부자만한 분은 없으시다.'하였고,

言大凡見人之禮면 則可以知其政이요 聞人之樂이면 則可以知其德이라 是以로 我從百世之後하야 差等百世之王컨대 無有能遁其情者하니 而見其皆莫若夫子之盛也라

'대체로 사람의 예를 보면 그 정치를 알 수 있고, 사람의 음악을 들으면 그 덕을 알 수 있다. 이런 까닭으로 내가 백대 이후에 백대의 왕을 차등하건대, 능히 그 실정을 도피할 자가 없으니 다 부자와 같이 성대한 분은 없음을 알 수 있다.'고 말한 것이다.

■ 遁 달아날 둔   情 정실 정

2-28. 有若이 曰豈惟民哉리오 麒麟之於走獸와 鳳凰之於飛鳥와 泰山之於丘垤과 河海之於行潦에 類也며 聖人之於民에 亦類也시니 出於其類하며 拔乎其萃나 自生民以來로 未有盛於孔子也시니라

유약이 '어찌 백성뿐이겠는가? 기린이 들짐승과, 봉황이 날짐승과, 태산이 작은 언덕과, 하해가 길에 고인 물과 같은 종류이며 성인이 사람과 역시 같은 종류이시다. 그 종류에서 특별히 뛰어나며 그 무리에서 우뚝한 것이나, 생민이래로 공자보다 성대한 분은 없으시다.'하였다."

麒麟은 毛蟲之長이요 鳳凰은 羽蟲之長이라 垤은 蟻封也라 行潦는 道上無源之水也라 出은 高出也요 拔은 特起也라 萃는 聚也라 言自古聖人이 固皆異於衆人이나 然未有如孔子之尤盛者也라

○程子曰 孟子此章이 擴前聖所未發하니 學者 所宜潛心而玩索也니라

麒麟은 털 있는 짐승의 으뜸이고 鳳凰은 날짐승의 으뜸이다. 垤은 개밋둑이

다. 行潦는 길 위의 근원 없는 물이다. 出은 뛰어남이고 拔은 빼어남이다. 萃는 무리이다. 예로부터 성인이 중인과는 다르나 공자같이 더욱 성대한 분은 없음을 말한 것이다.

○정자가 말하였다. "『孟子』 이 장이 이전 성인이 발명하지 않은 점을 확장했으니, 학자가 마땅히 마음을 침잠하여 깊이 완미해야 한다."

- 垤 개밋둑 질 　　　潦 길바닥물 료 　　　出 뛰어날 출 　　　蟻 개미 의
  封 흙더미쌓을 봉

3-1. 孟子曰 以力假仁者는 霸니 霸必有大國이요 以德行仁者는 王이니 王不待大라 湯이 以七十里하시고 文王이 以百里하시니라

맹자께서 말씀하셨다. "힘으로 仁을 가장함은 霸道이니 패도를 함에는 반드시 대국을 소유해야 하고 덕으로 仁을 행함은 王道이니 왕도를 함에는 굳이 대국이 필요 없다. 탕 임금께서 70리 지역으로 하시고 문왕께서 100리 지역으로 하셨다.

力은 謂土地甲兵之力이라 假仁者는 本無是心而借其事하야 以爲功者也라 霸는 若齊桓晉文이 是也라 以德行仁은 則自吾之得於心者로 推之니 無適而非仁也라

力은 토지와 군사의 힘을 이른다. 假仁者는 본래 이 마음이 없이 그 일을 가장하여 공적을 세우는 것이다. 霸는 제나라 환공·진나라 문공 같은 이들이다. 以德行仁은 내 마음에서 자득한 것을 미루어 가는 것이니 가는 곳마다 仁이 아님이 없다.

3-2. 以力服人者는 非心服也라 力不贍也요 以德服人者는 中心이 悅而誠服也니 如七十子之服孔子也라 詩云自西自東하며 自南自北이

無思不服이라하니 **此之謂也**니라

힘으로 복종시킴은 심복함이 아니라 힘이 부족해서이고 덕으로 복종시킴은 마음으로 기뻐하여 참으로 복종함이니, 70 제자가 공자에게 복종함과 같은 것이다. 『詩』에 '서쪽에서도 동쪽에서도 남쪽에서도 북쪽에서도 마음으로 복종하지 않는 이가 없다.' 하니, 이를 말한 것이다."

贍은 足也라 詩는 大雅文王有聲之篇이라 王覇之心이 誠僞不同故로 人所以應之者 其不同이 亦如此라

○鄒氏曰 以力服人者는 有意於服人而人不敢不服이요 以德服人者는 無意於服人而人不能不服하니 從古以來로 論王覇者 多矣나 未有若此章之深切而著明者也라

贍은 족함이다. 詩는 「大雅」<文王有聲>篇이다. 왕도·패도의 마음이 진위가 같지 않다. 그러므로 이를 호응함이 같지 않음도 이와 같다.

○추씨가 말하였다. "힘으로 복종시킴은 복종시키는 데에 마음을 두어 사람이 감히 복종하지 않을 수 없고, 덕으로 복종시킴은 복종시키는 데에 마음 두지 않으나 사람이 복종하지 않을 수 없으니, 예로부터 왕도·패도를 논한 것이 많지만 이 장처럼 절실하고 분명한 것은 없다."

■ 贍 족할 섬

4-1. 孟子曰 仁則榮하고 不仁則辱하나니 今에 惡(오)辱而居不仁이 是猶惡(오)濕而居下也니라

맹자께서 말씀하셨다. "仁하면 영화롭고 不仁하면 욕되니, 지금 욕됨을 싫어하면서도 不仁한 데 처함이 마치 습함을 싫어하면서 낮은 데 처함과 같다.

好榮惡(오)辱은 人之常情이나 然徒惡(오)之而不去其得之之道면 不能免也라

영화를 좋아하고 욕됨을 싫어함은 인지상정이나 한갓 욕됨을 싫어하기만 하고 욕된 도리를 버리지 않는다면 면할 수 없다.

4-2. 如惡(오)之인댄 莫如貴德而尊士니 賢者 在位하며 能者 在職하야 國家閒暇어든 及是時하야 明其政刑이면 雖大國이라도 必畏之矣리라

욕됨을 싫어할진댄 덕을 숭상하고 선비를 존숭함만 한 것이 없으니, 賢者가 자리에 있으며 能者가 직책을 맡아서 국가가 한가해지면, 이때에 그 정령과 형벌을 밝히면 비록 대국이라도 반드시 두려워할 것이다.

此는 因其惡(오)辱之情하야 而進之以彊仁之事也라 貴德은 猶尙德也라 士는 則指其人而言之라 賢은 有德者니 使之在位則足以正君而善俗이요 能은 有才者니 使之在職則足以修政而立事라 國家閒暇는 可以有爲之時也니 詳味及字하면 則惟日不足之意를 可見矣라

이는 욕됨을 싫어하는 정리로 인하여 仁을 힘쓰는 일로 나아가게 한 것이다. 貴德은 尙德과 같다. 士는 그 덕을 지닌 사람을 지칭하여 말한 것이다. 賢은 덕을 지닌 자이니 자리에 있게 하면 임금을 바루고 풍속을 선량하게 할 수 있고, 能은 재능을 지닌 자이니 직책을 맡게 하면 정사를 잘 처리하여 일을 이룰 수 있다. 國家閒暇는 일할 수 있는 때이니 及자를 자세히 음미하면 오직 날이 부족하다는 뜻을 알 수 있다.

4-3. 詩云 迨天之未陰雨하야 徹彼桑土(두)하야 綢繆牖戶면 今此下民이 或敢侮予아하야늘 孔子曰 爲此詩者 其知道乎인저 能治其國家면 誰敢侮之리오하시니라

『詩』에 '하늘이 궂은비 내리지 않을 적에 저 뽕나무 뿌리를 물어다가 둥지의 창문을 단단히 얽어매면, 저 아래 백성 어느 누가 감히 나를 업신여기랴?' 하거늘,

공자께서 '이 시를 지은 자가 도를 아는구나, 능히 자기 국가를 다스리면 누가 감히 업신여기랴.' 하셨다.

> 詩는 豳風鴟鴞之篇이니 周公之所作也라 迨는 及也요 徹은 取也라 桑土(두)는 桑根之皮也라 綢繆는 纏綿補葺也라 牖戶는 巢之通氣出入處也라 予는 鳥自謂也라 言我之備患이 詳密如此하면 今此在下之人이 或敢有侮予者乎아 周公이 以鳥之爲巢如此로 比君之爲國에 亦當思患而預防之하시니 孔子讀而贊之하야 以爲知道也시니라

> 詩는 「豳風」 <鴟鴞>편으로 주공의 작품이다. 迨는 미침이고 徹은 가져옴이다. 桑土는 뽕나무 뿌리껍질이다. 綢繆는 얽어맴이다. 牖戶는 둥지의 창문이다. 予는 새 자신을 말한 것이다. '내가 우환을 대비함이 이처럼 정밀하다면 아랫백성 어느 누가 감히 나를 업신여길 자가 있느냐?'는 말이다. 주공이, 새가 이처럼 둥지를 짓는 것으로써 임금이 나라를 다스림에 마땅히 우환을 생각하고 예방해야 함을 비유한 것이니, 공자께서 읽고 찬탄하여 도를 안 분이라고 여기신 것이다.

- 迨 미칠 태　　徹 취할 철　　土 뿌리 두　　綢 얽을 주
  繆 얽을 무　　牖 들창 유　　豳 나라이름 빈　　鴟 올빼미 치
  鴞 부엉이 효　　纏 얽을 전　　綿 얽을 면　　補 기울 보
  葺 기울 즙

4-4. 今國家閒暇어든 及是時하야 般樂(락)怠敖하나니 是는 自求禍也니라

이제 국가가 한가해지면 이때에 흠뻑 즐기며 게으르고 오만하니 이는 스스로 재앙을 구함이다.

> 言其縱欲偸安이 亦惟日不足也라

> 그 방종하고 안일을 도모함이 오직 날이 부족함을 말한 것이다.

- 般 즐길 반　　敖 거만할 오　　縱 방종할 종　　欲 욕심 욕
  偸 탐할 투

4-5. 禍福이 無不自己求之者니라

화복이 자기로부터 구하지 않는 자는 없다.

> 結上文之意라
>
> 윗글의 의의를 결론지은 것이다.

4-6. 詩云 永言配命이 自求多福이라하며 太甲에 曰天作孼은 猶可違어니와 自作孼은 不可活이라하니 此之謂也니라

『詩』에 '길이 생각하여 천명에 부합함이 스스로 많은 복을 구함이다.'하며, <太甲>에 '하늘이 내린 재앙은 피할 수 있지만, 스스로 지은 재앙은 살 수 없다.'하니 이를 말한 것이다."

> 詩는 大雅文王之篇이라 永은 長也라 言은 猶念也라 配는 合也라 命은 天命也라 此는 言福之自己求者라 太甲은 商書篇名이라 孼은 禍也라 違는 避也라 活은 生也니 書作逭하니 逭은 猶緩也라 此는 言禍之自己求者라
>
> 詩는 「大雅」<文王>편이다. 永은 길이이다. 言은 생각함과 같다. 配는 부합함이다. 命은 천명이다. 이는 복이 자기로부터 구함을 말한 것이다. <太甲>은 「商書」편명이다. 孼은 재앙이다. 違는 피함이다. 活은 생존함이니, 『書經』에 逭자로 지었으니, 逭은 늦춤과 같다. 이것은 재앙이 자기로부터 구함을 말한 것이다.

- 言 생각 언   孼 재앙 얼   活 살 활   違 피할 위
  逭 늦출 환

5-1. 孟子曰 尊賢使能하야 俊傑이 在位則天下之士 皆悅而願立於其朝矣리라

맹자께서 말씀하셨다. "賢者를 높이며 能者를 부려서 俊傑이 지위에 있으면

천하의 선비가 모두 기뻐하여 조정에 서기를 원할 것이다.

　　俊傑은 才德之異於衆者라
　　준걸은 재능과 덕이 출중한 자이다.

5-2. 市에 廛而不征하며 法而不廛則天下之商이 皆悅而願藏於其市矣리라

시장에서 가게의 자릿세만 받고 현물세는 받지 않으며 법으로 다스리기만 하고 자릿세를 받지 않으면 천하의 상인이 모두 기뻐하여 시장에 저장하기를 원할 것이다.

　　廛은 市宅也라 張子曰 或賦其市地之廛而不征其貨하고 或治以市官之法而不賦其廛이니 蓋逐末者 多則廛而抑之하고 少則不必廛也라
　　廛은 가게이다. 장자가 말하였다. "혹은 그 시장 가게의 자릿세를 받으면 현물세는 받지 않고 혹은 시관의 법으로 다스리기만 하고 가게의 자릿세를 받지 않는 것이니, 대개 상업에 종사하는 자가 많으면 가게의 자릿세를 받아 억제하고, 적으면 가게의 자릿세를 받을 필요도 없다."

　■ 廛 가게 전　　　　賦 매길 부, 거둘 부

5-3. 關에 譏而不征則天下之旅 皆悅而願出於其路矣리라

관문에서 기찰만하고 통행세를 받지 않으면 천하의 나그네가 모두 기뻐하여 그 길로 나아가기를 원할 것이다.

　　解見(현)前篇하니라
　　풀이가 전편에 보였다.

　■ 譏 조사할 기

5-4. 耕者를 助而不稅則天下之農이 皆悅而願耕於其野矣리라

농부를 공전을 조력하여 경작하게만 하고 私田의 세금을 받지 않으면 천하의 농부가 모두 기뻐하여 그 들에서 경작하기를 원할 것이다.

> 但使出力하야 以助耕公田하고 而不稅其私田也라

다만 노동력을 차출하여 公田을 조력하여 경작하게 하고* 私田을 과세하지 않는다.

* 일찍이 은나라 사람이 70묘에 助法을 썼으니 처음 정전제를 만들어 九區를 획정함에 가운데가 公田이요 그 외는 8家가 각기 1區를 받아 私田을 경작하였으니 公田은 협동 경작이다. 「滕文公上」편 참조

5-5. 廛無夫里之布則天下之民이 皆悅而願爲之氓矣리라

가게에 夫·里의 布를 부과함이 없으면 천하의 백성이 모두 기뻐하여 백성이 되기를 바랄 것이다.

> 周禮에 宅不毛者는 有里布하고 民無職事者는 出夫家之征이라하니 鄭氏謂宅不種桑麻者는 罰之하야 使出一里二十五家之布하고 民無常業者는 罰之하야 使出一夫百畝之稅와 一家力役之征也라 今戰國時에 一切取之하야 市宅之民이 已賦其廛하고 又令出此夫里之布하니 非先王之法也라 氓은 民也라

『周禮』에 '주택지에 뽕나무를 심지 않은 자는 里布를 부과하고 직업이 없는 자는 1夫의 세금을 낸다.'하니, 정씨가 '주택지에 뽕나무·삼을 심지 않은 자는 벌로 1里 25家의 布를 부과하고 일정한 직업이 없는 자는 벌로 장정 1夫 100묘의 세금과 1家의 부역세를 내게 하였다.'고 말하였다. 지금 전국시대에는 일체를 거둬 시장 주민이 이미 가게의 자릿세를 내고 또 이 夫·里의 布를 내게 하니 선왕의 법이 아니다. 氓은 백성이다.

5-6. 信能行此五者則鄰國之民이 仰之若父母矣리니 率其子弟하야 攻其父母는 自生民以來로 未有能濟者也이니 如此則無敵於天下하리니 無敵於天下者는 天吏也니 然而不王者 未之有也니라

진실로 능히 이 다섯 가지를 행하면 이웃 나라 백성이 부모처럼 우러러볼 것이니 그 자제를 거느리고서 그 부모를 공격함은 생민이래로 성공한 자가 없었다. 이와 같으면 천하에 적이 없을 것이니 천하에 적이 없는 자는 天吏이니 그렇게 하고도 왕 하지 못한 자는 없었다.

呂氏曰 奉行天命을 謂之天吏라 廢興存亡은 惟天所命이라 不敢不從이니 若湯武 是也라
○此章은 言能行王政이면 則寇戎이 爲父子요 不行王政이면 則赤子 爲仇讎라

여씨가 말하였다. "천명을 봉행함을 天吏라 한다. 존폐흥망은 오직 하늘이 명한 바라 감히 따르지 않을 수 없으니, 탕왕·무왕 같은 분이 이들이다."
○이 장은 왕도정치를 행하면 도적·오랑캐가 父子가 되고, 왕도정치를 행하지 않으면 갓난아이가 원수가 됨을 말한 것이다.

■ 信 진실로 신   率 거느릴 솔   仇 원수 구   讎 원수 수

6-1. 孟子曰 人皆有不忍人之心하니라

맹자께서 말씀하셨다. "사람은 다 사람에게 차마하지 못하는 마음을 지녔다.

天地는 以生物爲心하니 而所生之物이 因各得夫天地生物之心하야 以爲心이니 所以人皆有不忍人之心也니라

천지는 만물을 낳는 것으로 마음 삼으니 태어난 만물이 각기 천지가 만물을 낳는 마음을 얻어서 마음 삼았으니, 사람은 다 사람에게 차마하지 못하는

마음을 지닌 것이다.

6-2. 先王이 有不忍人之心하사 斯有不忍人之政矣시니 以不忍人之心으로 行不忍人之政이면 治天下는 可運之掌上이니라

선왕이 사람에게 차마하지 못하는 마음을 지니시어 이에 사람에게 차마하지 못하는 정사를 하셨으니, 차마하지 못하는 마음으로 차마하지 못하는 정사를 행하면 천하 다스림은 손바닥 위에서 운전할 수 있다.

言衆人은 雖有不忍人之心이나 然物欲이 害之하야 存焉者 寡故로 不能察識而推之政事之間이요 惟聖人은 全體此心하야 隨感而應故로 其所行이 無非不忍人之政也라

'衆人은 비록 사람에게 차마하지 못하는 마음을 지녔으나 물욕이 해쳐서 보존한 것이 적으므로 능히 자세히 살펴서 정사에 미루지 못하고, 聖人만은 이 마음을 온전히 체념하여 일에 따라 적응하므로 행한 일이 사람에게 차마하지 못하는 정사가 아님이 없음'을 말한 것이다.

■ 忍 차마 인

6-3. 所以謂人皆有不忍人之心者는 今人이 乍見孺子將入於井하고 皆有怵惕惻隱之心하나니 非所以內(납)交於孺子之父母也며 非所以要譽於鄕黨朋友也며 非惡(오)其聲而然也니라

人皆有不忍人之心이라 말함은, 이제 사람이 문득 어린 아이가 막 우물에 빠짐을 보고 다 깜짝 놀라 측은히 여기는 마음이 생기나니, 어린 아이의 부모와 교제를 맺으려함이 아니며 향당과 붕우에게 칭찬을 구함이 아니며 나쁜 놈이란 소문을 싫어해서 그러함도 아니다.

乍는 猶忽也라 怵惕은 驚動貌라 惻은 傷之切也요 隱은 痛之深也니

此는 卽所謂不忍人之心也라 內(납)은 結이요 要는 求요 聲은 名也라 言乍見之時에 便有此心이 隨見而發이요 非由此三者而然也라 程子曰 滿腔子 是惻隱之心이니라 謝氏曰 人이 須是識其眞心이니 方乍見孺子入井之時에 其心怵惕이 乃眞心也라 非思而得이요 非勉而中이니 天理之自然也라 內(납)交要譽惡其聲而然은 卽人欲之私矣라

乍는 문득과 같다. 怵惕은 놀라 흠칫하는 모양이다. 惻은 가여움이 간절한 것이고 隱은 아픔이 깊은 것이니, 이는 이른바 不忍人之心이다. 內은 맺음이요 要는 요구함이요 聲은 이름남이다. 문득 볼 때에 바로 이 마음이 따라서 발동한 것이지 이 세 가지로 말미암아 그러함이 아니라는 말이다. 정자가 말하였다. "마음속(腔子)에 가득한 것이 측은히 여기는 마음이다." 사씨가 말하였다. "사람은 모름지기 자기 진심을 알아야 하니, 바야흐로 문득 어린 아이가 우물에 빠지는 것을 보았을 때에 그 마음이 깜짝 놀람이 바로 眞心이다. 생각하여 얻어진 것도 아니고 힘써서 적중한 것도 아니니 天理의 자연이다. 교제를 맺음과 명예를 구함과 나쁜 소문을 싫어해서 그러함은 바로 人欲의 私이다.

- 乍 문득 사   孺 어릴 유   怵 두려워할 출   惕 두려울 척
  惻 슬퍼할 측   隱 가엾어할 은   內 드릴 납

6-4. 由是觀之컨대 無惻隱之心이면 非人也며 無羞惡(오)之心이면 非人也며 無辭讓之心이면 非人也며 無是非之心이면 非人也니라

이로 말미암아 살펴보면, 측은히 여기는 마음이 없으면 사람이 아니며 부끄러워하고 미워하는 마음이 없으면 사람이 아니며 사양하는 마음이 없으면 사람이 아니며 시비를 가리는 마음이 없으면 사람이 아니다.

羞는 恥己之不善也요 惡(오)는 憎人之不善也라 辭는 解使去己也요 讓은 推(퇴)以與人也라 是는 知其善而以爲是也요 非는 知其惡而以爲非也라 人之所以爲心이 不外乎是四者故로 因論惻隱而悉數之하니

言人若無此면 則不得謂之人이니 所以明其必有也시니라

羞는 자기의 不善을 부끄러워함이요 惡는 남의 不善을 미워함이다. 辭는 풀어 나를 떠나게 함이요 讓은 밀어서 남에게 줌이다. 是는 그의 선함을 알아 옳게 여김이요 非는 그의 악함을 알아 그르게 여김이다. 사람의 마음가짐이 이 네 가지를 벗어나지 않으므로 측은지심 논한 것을 따라 모두 헤아렸으니, 사람이 만일 이것이 없으면 사람이라고 할 수 없음을 말한 것이니, 반드시 소유함을 밝힌 것이다.

6-5. 惻隱之心은 仁之端也요 羞惡(오)之心은 義之端也요 辭讓之心은 禮之端也요 是非之心은 知之端也니라

측은히 여기는 마음은 仁의 단서요 부끄러워하고 미워하는 마음은 義의 단서요 사양하는 마음은 禮의 단서요 시비를 가리는 마음은 智의 단서이다.

惻隱羞惡(오)辭讓是非는 情也요 仁義禮知는 性也라 心은 統性情者也라 端은 緖也니 因其情之發하야 而性之本然을 可得而見이니 猶有物在中而緖見(현)於外也라

측은·수오·사양·시비는 情이요 仁·義·禮·智는 性이다. 心은 性·情을 통솔하는 것이다. 端은 실마리이니 情이 발로한 것으로 인하여 性의 본연을 알 수 있으니 마치 사물마다 속이 있어서 실마리가 겉으로 나타남과 같다.

6-6. 人之有是四端也 猶其有四體也니 有是四端而自謂不能者는 自賊者也요 謂其君不能者는 賊其君者也니라

사람이 이 사단을 지님이 그 四體를 지님과 같으니, 이 四端을 지니고도 스스로 능히 못한다고 말하는 자는 스스로 해치는 자요, 제 임금을 능히 못한다고

말하는 자는 제 임금을 해치는 자이다.

四體는 四肢이니 人之所必有者也라 自謂不能者는 物欲이 蔽之耳라

四體는 四肢이니 사람이 반드시 지닌 것이다. 自謂不能者는 물욕이 가렸을 뿐이다.

6-7. 凡有四端於我者를 知皆擴而充之矣면 若火之始然하며 泉之始達이니 苟能充之면 足以保四海요 苟不充之면 不足以事父母니라

무릇 나에게 四端이 있음을 알아서 다 확충하면, 비로소 불타듯하며 비로소 샘솟듯 할 것이니, 진실로 능히 채우면 사해를 보전할 수 있고 진실로 능히 채우지 못하면 족히 부모도 섬기지 못할 것이다.

擴은 推廣之意라 充은 滿也라 四端이 在我하야 隨處發見(현)하니 知皆即此推廣而充滿其本然之量이면 則其日新又新하야 將有不能自已者矣리니 能由此而遂充之면 則四海雖遠이라도 亦吾度內라 無難保者요 不能充之면 則雖事之至近이라도 而不能矣리라

○ 此章所論人之性情과 心之體用이 本然全具而各有條理如此하니 學者 於此에 反求默識而擴充之면 則天之所以與我者 可以無不盡矣리라

○ 程子曰 人皆有是心이로되 惟君子 爲能擴而充之하나니 不能然者는 皆自棄也라 然其充與不充이 亦在我而已矣라 又曰 四端에 不言信者는 既有誠心爲四端이면 則信在其中矣라 愚는 按四端之信이 猶五行之土하야 無定位하고 無成名하며 無專氣로되 而水火金木이 無不待是以生者故로 土於四行에 無不在하고 於四時에 則寄王焉하니 其理亦猶是也라

擴은 미루어 넓힌다는 뜻이다. 充은 채움이다. 四端이 나에게 있어서 상황에 따라 발현하니, 이를 알아서 다 미루어 넓혀나가 그 본연의 분량을 채우면,

날로 새롭고 또 날로 새로워져서 스스로 그만두지 못할 점이 있으리니, 능히 이로 말미암아 채우면, 사해가 비록 원대하더라도 또한 나의 법도 안이라 보전하기 어려울 게 없고, 능히 채우지 못하면 비록 지극히 가까운 일이라도 능치 못할 것이다.

○이 장에서 논한 사람의 性·情과 心의 體·用이 본래 온전히 갖추어져 각기 이 같은 조리가 있으니, 학자가 여기서 돌이켜 구하고 묵묵히 알아서 확충하면, 하늘이 나에게 부여한 것이 다하지 않음이 없을 것이다.

○정자가 말하였다. "사람이 다 이 마음을 가졌으되 오직 君子만이 능히 확충할 수 있으니, 그렇게 못하는 자는 모두 자신을 버리는 것이다. 그러나 확충하고 확충하지 못함은 또한 나에게 달렸을 뿐이다." 또 말하였다. "四端에 信을 말하지 않은 것은 이미 성심으로 四端을 행하면, 信은 그 안에 있다."

내가 생각하건대, 四端의 信은 오행의 土와 같으니 일정한 방위도 없고 명칭도 없으며 전담한 기운도 없지만, 水·火·金·木이 土 없이는 생겨날 수 없으므로 土는 四行에 없는 곳이 없고 四時에 土旺*을 붙이니 그 이치가 역시 이와 같다.

■ 苟 진실로 구　　寄 붙일 기

* 土旺 : 四立(입춘·입하·입추·입동)前 18일간을 土로 배당한다. 土旺之節의 첫날을 土王用事라 하는데, 민속에서는 흙일을 금한다.

7-1. 孟子曰 矢人이 豈不仁於函人哉리오마는 矢人은 惟恐不傷人하고 函人은 惟恐傷人하나니 巫匠도 亦然하니 故로 術不可不愼也니라

맹자께서 말씀하셨다. "화살 만드는 사람이 어찌 갑옷 만드는 사람보다 仁하지 않으리오마는 화살 만드는 사람은 오직 사람을 해치지 못함을 걱정하고 갑옷 만드는 사람은 오직 사람이 상함을 걱정하나니, 무당과 匠人도 역시 그러하니, 그러므로 術은 삼가지 않을 수 없다.

函은 甲也라 惻隱之心을 人皆有之하니 是는 矢人之心이 本非不如
函人之仁也라 巫者는 爲人祈祝하니 利人之生이요 匠者는 作爲棺槨하
니 利人之死라

函은 갑옷이다. 惻隱之心을 사람이 다 지녔으니, 이는 화살 만드는 사람의 마음이 본래 갑옷 만드는 사람의 仁보다 못한 것이 아니다. 무당은 사람을 위하여 축원하니 사람의 삶을 이롭게 여기고, 匠人은 관곽을 만드니 사람의 죽음을 이롭게 여긴다.

- 函 갑옷 함　　巫 무당 무　　匠 장인 장　　術 기술 술
  棺 널 관　　　槨 덧널 곽

7-2. 孔子曰 里仁이 爲美하니 擇不處仁이면 焉得智리오하시니 夫仁은 天之尊爵也며 人之安宅也어늘 莫之禦而不仁하니 是는 不智也니라

공자께서 '마을은 인후한 풍속이 아름다우니, 살 곳을 선택하되 仁한 마을에 처하지 않는다면 어찌 지혜롭다 하리요' 하셨으니, 仁은 하늘의 尊爵이며 사람의 安宅이거늘, 막는 이가 없는데도 仁하지 않으니, 이는 지혜롭지 못함이다.

里有仁厚之俗者 猶以爲美하니 人이 擇所以自處而不於仁이면 安
得爲智乎리오 此는 孔子之言也라 仁義禮智는 皆天所與之良貴로대 而
仁者는 天地生物之心으로 得之最先而兼統四者하니 所謂元者는 善之
長也라 故로 曰尊爵이라 在人則爲本心全體之德하야 有天理自然之安
하고 無人欲陷溺之危하니 人當常在其中하야 而不可須臾離者也라 故로
曰安宅이라 此又孟子 釋孔子之意하야 以爲仁道之大如此어늘 而自不
爲之하니 豈非不智之甚乎아

마을은 인후한 풍속이 있는 것이 오히려 아름다우니, 사람이 자신이 처할 곳을 선택하되 仁한 마을에 처하지 않으면 어찌 지혜롭다 하리요 이는 공자의

말씀이다. 仁義禮智는 모두 하늘이 준 참으로 귀한 것이지만 仁은 천지가 만물을 낳는 마음으로 가장 먼저 얻은 것으로서 네 가지를 모두 겸했으니, 이른바 元은 선의 으뜸이라는 것이다.* 그러므로 尊爵이라 한 것이다. 사람에게는 본심 전체의 덕이 되어 天理自然의 편안함만 있고 人欲이 빠지는 위태함이 없으니, 사람은 마땅히 항상 그 가운데에 존재하여 잠시도 떠나지 않아야 한다. 그러므로 安宅이라 한 것이다. 이는 또 맹자께서 공자의 뜻을 해석하여 仁道의 위대함이 이와 같거늘 스스로 하지 않으니 어찌 지혜롭지 못함이 심한 것이 아니냐고 하신 것이다.

- 莫 없을 막　　　禦 막을 어　　　須 잠깐 수　　　臾 잠깐 유

* 文言曰 元者는 善之長也요 亨者는 嘉之會也요 利者는 義之和也요 貞者는 事之幹也니라 『周易』《乾》

7-3. 不仁不智라 無禮無義면 人役也니 人役而恥爲役하논디 由弓人而恥爲弓하며 矢人而恥爲矢也니라

仁하지 않고 지혜롭지 않아서 예·의를 모르면 남이 부리니, 남이 부림에 부림당함을 부끄러워하는데, 마치 활 만드는 사람이 활 만듦을 부끄러워하며 화살 만드는 사람이 화살 만듦을 부끄러워함과 같다.

以不仁故로 不智하고 不智故로 不知禮義之所在라

仁하지 않기 때문에 지혜롭지 않고 지혜롭지 않기 때문에 예·의의 소재를 모르는 것이다.

7-4. 如恥之인댄 莫如爲仁이니라

만일 부끄러워할진대 仁을 함보다 나은 것이 없다.

此亦因人愧恥之心而引之하야 使志於仁也라 不言智禮義者는 仁

該全體하니 能爲仁이면 則三者 在其中矣라

이 또한 사람이 부끄러워하는 마음으로 인하여 이끌어서 仁에 뜻을 두게 한 것이다. 智·禮·義를 말하지 않은 것은 仁이 전체를 포괄하니, 능히 仁을 하면 세 가지는 그 안에 있다.

7-5. 仁者는 如射하니 射者는 正己而後에 發하야 發而不中이라도 不怨勝己者요 反求諸(저)己而已矣니라

仁이란 활쏘기와 같으니 활 쏘는 자는 몸을 바르게 한 뒤에 발사하여 쏴서 맞지 않더라도 자기를 이긴 자를 원망하지 않고 돌이켜 자신에게서 찾을 따름이다."

爲仁이 由己니 而由人乎哉아
인을 함이 자기로 말미암으니 남으로 말미암아 하겠는가?

8-1. 孟子曰 子路는 人이 告之以有過則喜하더라

맹자께서 말씀하셨다. "자로는 남이 허물 있는 것을 알려주면 기뻐하였다.

喜其得聞而改之하니 其勇於自脩 如此라 周子曰 仲由는 喜聞過라 令名이 無窮焉하더니 今人은 有過에 不喜人規하는지 如諱疾而忌醫하야 寧滅其身而無悟也하니 噫라 程子曰 子路는 人이 告之以有過則喜하니 亦可爲百世之師矣라

듣는 것을 기뻐하고 고치니, 그가 자기 수양에 용맹함이 이와 같다. 주자가 말하였다. "중유는 허물 듣는 것을 기뻐하여 令名이 끝이 없더니, 지금 사람은 허물에 남의 규계를 기뻐하지 않아 마치 질병을 숨기면서 치료를 기피하여 제 몸을 망쳐도 깨닫지 못하니, 슬프다." 정자가 말하였다. "자로는 남이

허물을 알려주면 기뻐하였으니, 또한 百世의 스승이라 할 만하다."

8-2. 禹는 聞善言則拜러시다

우임금은 착한 말을 들으면 절을 하셨다.

書에 曰禹拜昌言이라하니 蓋不待有過而能屈己以受天下之善也라
『書經』에 '우임금이 착한 말에 절하셨다.'하니, 대개 허물 있기 전에 능히 자기를 굽혀서 천하의 선을 수용한 것이다.

■ 昌 착할 창

8-3. 大舜은 有大焉하시니 善與人同하샤 舍己從人하시며 樂(락)取於人하야 以爲善이러시다

大舜은 더 위대함이 있으시니 선을 남과 함께 하시어 자기를 버리고 남을 따르며 남에게 취하여 선하기를 즐거워하셨다.

言舜之所爲 又有大於禹與子路者라 善與人同은 公天下之善而不爲私也라 己未善이면 則無所係吝而舍以從人하고 人有善이면 則不待勉强而取之於己하니 此는 善與人同之目也라

순임금이 하신 일이 우임금과 자로보다 위대한 점이 있음을 말한 것이다. 善與人同은 천하의 선을 공유하고 사유하지 않음이다. 자기가 선하지 않으면 아낌없이 버려서 남을 따르고 남이 선하면 선뜻 받아들였으니, 이는 선을 남과 함께 한 조목이다.

8-4. 自耕稼陶漁로 以至爲帝히 無非取於人者러시다

농사짓고 질그릇 굽고 고기 잡던 적부터 임금이 되기까지 남에게 취하지

않은 것이 없으셨다.

舜之側微에 耕于歷山하고 陶于河濱하고 漁于雷澤하시니라

순임금이 미천할 때 역산에서 농사짓고 하빈에서 질그릇 굽고 뇌택에서 고기를 잡으셨다.

- 陶 질그릇구을 도   漁 물고기잡을 어   側 천할 측   微 은미할 미

8-5. 取諸(저)人以爲善이 是與人爲善者也니 故로 君子는 莫大乎與人爲善이니라

남에게 취하여 선을 함이 남이 선행함을 돕는 것이니, 그러므로 군자는 남이 선행함을 돕는 것보다 더 큰 것이 없다."

與는 猶許也며 助也라 取彼之善而爲之於我면 則彼益勸於爲善矣리니 是는 我助其爲善也라 能使天下之人으로 皆勸於爲善이면 君子之善이 孰大於此리오

○此章은 言聖賢樂善之誠이 初無彼此之間故로 其在人者 有以裕於己하고 在己者 有以及於人이라

與는 허여함이며 도와줌과 같다. 저이의 선을 취하여 내가 하면 저이가 선을 함에 더욱 권장하리니, 이는 내가 그가 선행함을 돕는 것이다. 천하 사람으로 하여금 다 선함을 권장하면 군자의 선이 무엇이 이보다 크겠는가?

○이 장은, 성현이 선을 즐거워하는 정성이 애초 피차의 간격이 없다. 그러므로 남에게 있는 것이 나를 넉넉하게 하고, 나에게 있는 것이 남에게 미칠 수 있음을 말한 것이다.

- 與 도울 여

9-1. 孟子曰 伯夷는 非其君不事하며 非其友不友하며 不立於惡人之朝하야 不與惡人言하더니 立於惡人之朝하야 與惡人言호대 如以朝衣朝冠으로 坐於塗炭하며 推惡(오)惡之心하야 思與鄉人立에 其冠不正이어든 望望然去之하야 若將浼焉하니 是故로 諸侯 雖有善其辭命而至者라도 不受也하니 不受也者는 是亦不屑就已니라

맹자께서 말씀하셨다. "백이는 그 임금이 아니면 섬기지 않으며 그 벗이 아니면 벗하지 않으며 악인의 조정에 서지 아니하여 악인과 말하지 않더니, 악인의 조정에 서서 악인과 말하기를, 마치 조회 의관을 입고 도탄에 앉듯이 하였으며, 악을 미워하는 마음을 미루어 향인과 함께 섬에 그 관이 바르지 않거든 아랑곳하지 않고 떠나가서 더럽힐 듯이 생각하였다. 이런 까닭으로 제후가 비록 좋은 말로 초빙해도 받지 않았으니, 받지 않음은 벼슬에 나아감을 깨끗하게 여기지 않은 것이다.

塗는 泥也라 鄉人은 鄉里之常人也라 望望은 去而不顧之貌라 浼는 汙也라 屑은 趙氏曰 潔也라하고 說文에 曰動作切切也라하니 不屑就는 言不以就之爲潔而切切於是也라 已는 語助辭라

塗는 진흙이다. 鄉人은 향리의 보통사람이다. 望望은 떠남에 아랑곳하지 않는 모양이다. 浼는 더럽힘이다. 屑은 조씨는 깨끗함이라 하고, 『說文』에는 동작이 절절함이라 하니, 不屑就는 나아감을 깨끗하게 여겨 이에 절절하지 않음을 말한 것이다. 已는 어조사이다.

- 塗 진흙 도 炭 숯 탄 浼 더럽힐 매 屑 깨끗할 설
  已 어조사 이 汙 더럽힐 우 潔 깨끗할 결 切 간절할 절

9-2. 柳下惠는 不羞汙君하며 不卑小官하야 進不隱賢하야 必以其道하며 遺佚而不怨하며 阨窮而不憫하더니 故로 曰爾爲爾요 我爲我니 雖

袒裼裸裎於我側이나 爾焉能浼我哉리오하니 故로 由由然與之偕而不自失焉하야 援而止之而止하니 援而止之而止者는 是亦不屑去已니라

류하혜는 더러운 군주를 부끄러워하지 않으며 낮은 관직을 천시하지 않고 나아가 자신의 賢德을 숨기지 않아 반드시 그 道로써 하며 버림받아도 원망하지 않으며 액궁을 당해도 근심하지 않더니, 그러므로 '너는 너고 나는 나니, 비록 내 곁에서 웃통 벗고 알몸을 한들 네가 어찌 나를 더럽히랴?'하니, 그러므로 유유히 함께 하면서도 정도를 잃지 않아서 붙잡아 만류하면 그쳤으니, 만류함에 그친 것은 떠남을 깨끗하게 여기지 않은 것이다."

柳下惠는 魯大夫展禽이니 居柳下而諡惠也라 不隱賢은 不枉道也라 遺佚은 放棄也라 阨은 困也라 憫은 憂也라 爾爲爾로 至焉能浼我哉는 惠之言也라 袒裼은 露臂也요 裸裎은 露身也라 由由는 自得之貌라 偕는 並處也라 不自失은 不失其正也라 援而止之而止者는 言欲去而可留也라

柳下惠는 노나라 대부 전금이니, 柳下에 살고 시호가 惠이다. 不隱賢은 도를 굽히지 않음이다. 遺佚은 추방되어 버려짐이다. 阨은 곤궁함이다. 憫은 근심함이다. 爾爲爾에서 焉能浼我哉까지는 유하혜의 말이다. 袒裼은 웃통 벗음이요 裸裎은 알몸이다. 由由는 자득한 모양이다. 偕는 함께 거처함이다. 不自失은 바름을 잃지 않음이다. 援而止之而止는 떠나려다 머무름을 말한 것이다.

- 遺 버릴 유
  爾 너 이
  裎 발가벗을 정
  放 내칠 방
- 佚 버릴 일
  袒 웃통벗을 단
  偕 함께 해
  棄 버릴 기
- 阨 곤할 액
  裼 웃통벗을 석
  諡 시호 시
  露 드러낼 로
- 憫 번뇌할 민
  裸 발가벗을 라
  枉 굽힐 왕

9-3. 孟子曰 伯夷는 隘하고 柳下惠는 不恭하니 隘與不恭은 君子 不由也니라

맹자께서 말씀하셨다. "백이는 좁고 류하혜는 불공하니, 좁음과 불공함은 군자가 행하지 않는다."

隘는 狹窄也요 不恭은 簡慢也라 夷惠之行이 固皆造乎至極之地나 然旣有所偏이면 則不能無弊故로 不可由也라

隘는 좁음이요, 不恭은 깔보고 업신여김이다. 백이와 류하혜의 행실이 진실로 지극한 경지에 이르렀으나, 이미 한쪽으로 치우침이 있으면 폐단이 없을 수 없으므로 행하지 않는 것이다.

- 隘 좁을 애 狹 좁을 협 窄 좁을 착 簡 깔볼 간
  慢 업신여길 만 固 진실로 고 造 나아갈 조

公孫丑章句下

　　凡十四章이라 自第二章以下는 記孟子出處行實이 爲詳하니라

　　모두 14장이다. 제 2장부터 이하는 맹자의 출처와 행실을 기록한 것이 상세하다.

1-1. 孟子曰 天時 不如地利요 地利 不如人和니라

맹자께서 말씀하셨다. "천시가 지리만 못하고, 지리가 인화만 못하다.

　　天時는 謂時日支干孤虛王相之屬也라 地利는 險阻城池之固也라 人和는 得民心之和也라

　　天時는 四時·日辰, 干支, 孤·虛, 王·相 등을 말한다. 地利는 지형의 험준함과 성곽과 해자의 견고함이다. 人和는 민심의 화합을 얻음이다.

- ■ 支 지지 지　　干 천간 간　　屬 등속 속　　險 험할 험
  阻 막힐 조　　城 성곽 성　　池 해자 지

1-2. 三里之城과 七里之郭을 環而攻之而不勝하나니 夫環而攻之에 必有得天時者矣언마는 然而不勝者는 是 天時 不如地利也니라

3리의 내성과 7리의 외곽 성을 포위하여 공격하되 이기지 못하나니, 포위하여 공격함에 반드시 천시에 합당한 때가 있었지만 그런데도 이기지 못함은 바로

천시가 지리만 못해서이다.

　　　三里七里는 城郭之小者라 郭은 外城이라 環은 圍也니 言四面攻圍하야 曠日持久에 必有値天時之善者라

　　3리와 7리는 작은 성곽이다. 郭은 외성이다. 環은 포위함이니 사면을 포위 공격하여 여러 날을 지속함에 반드시 천시에 맞는 좋은 때가 있음을 말한 것이다.

■ 郭 외성 곽　　　　環 포위할 환　　　　曠 헛되이지낼 광　　　　値 만날 치

1-3. 城非不高也며 池非不深也며 兵革이 非不堅利也며 米粟이 非不多也로대 委而去之하나니 是 地利 不如人和也니라

성곽이 높지 않음도 아니며 해자가 깊지 않음도 아니며 병기와 갑옷이 견고하고 예리하지 않음도 아니며 양식이 많지 않음도 아닌데 버리고 떠나가나니, 이는 지리가 인화만 못해서이다.

　　革은 甲也라 粟은 穀也라 委는 棄也라 言不得民心이면 民不爲守也라
　　革은 갑옷이다. 粟은 곡식이다. 委는 버림이다. 민심을 얻지 못하면 백성이 지키지 않음을 말한 것이다.

■ 革 갑옷투구 혁　　　　委 버릴 위

1-4. 故로 曰域民호대 不以封疆之界하며 固國호대 不以山谿之險하며 威天下호대 不以兵革之利니 得道者는 多助하고 失道者는 寡助라 寡助之至에는 親戚이 畔之하고 多助之至에는 天下 順之니라

그러므로 '백성을 경계로 한정하되 봉토의 경계로 하지 않으며 나라를 굳게 지키되 산과 계곡의 험준함으로 하지 않으며 천하에 위엄을 세우되 兵革의

예리함으로 하지 않으니, 도를 얻은 자는 돕는 이가 많고 도를 잃은 자는 돕는 이가 적은지라, 돕는 이가 적은데 이르면 친척이 배반하고 돕는 이가 많은데 이르면 천하가 순종한다.

域은 界限也라

域은 경계로 한정함이다.

1-5. 以天下之所順으로 攻親戚之所畔이라 故로 君子 有不戰이언정 戰必勝矣니라

천하가 순종하는 바로써 친척이 배반하는 바를 치는지라, 그러므로 군자가 싸우지 않을지언정 싸우면 반드시 승리한다."

言不戰則已어니와 戰則必勝이라
○尹氏曰 言得天下者는 凡以得民心而已라

싸우지 않으면 그만이지만 싸우면 반드시 승리함을 말한 것이다.
○윤씨가 말하였다. "천하를 얻는다 함은 무릇 민심을 얻는 것뿐임을 말한 것이다."

2-1. 孟子 將朝王이러시니 王이 使人來曰 寡人이 如就見者也러니 有寒疾이라 不可以風일새 朝將視朝호리니 不識케이다 可使寡人으로 得見乎잇가 對曰 不幸而有疾이라 不能造朝로소이다

맹자께서 왕에게 조회가려 하시더니, 王이 사람을 보내 와서 말하였다. "과인이 찾아가 뵈려 했는데 감기 걸려 바람 쐴 수 없기 때문에 아침에 조회를 보려하니, 과인이 만나볼 수 있을지 모르겠습니다." 대답하여 말씀하셨다. "불행히 병이 나서 조회에 나갈 수 없습니다."

王은 齊王也라 孟子 本將朝王이러시니 王이 不知而託疾以召孟子故로

孟子 亦以疾辭也라

王은 제나라 왕이다. 맹자께서 본래 왕에게 조회가려 하시더니, 왕이 알지 못하고 병을 핑계로 맹자를 부르므로 맹자께서 또한 병으로 사절하신 것이다.

■ 風 바람쏘일 풍

2-2. 明日에 出吊於東郭氏러시니 公孫丑(추)曰 昔者에 辭以病하시고 今日吊 或者不可乎인져 曰 昔者疾이 今日愈어니 如之何不吊리오

다음날 동곽씨에게 가서 조문하셨는데, 공손추가 여쭈었다. "어제는 병으로 사절하시고 오늘은 조문함이 아마도 옳지 못한 듯합니다." 말씀하셨다. "어제 병이 오늘 나았는데 어찌 조문하지 않겠는가?"

東郭氏는 齊大夫家也라 昔者는 昨日也라 或者는 疑辭라 辭疾而出吊는 與孔子不見孺悲하시고 取瑟而歌로 同意라

東郭氏는 제나라 대부가이다. 昔者는 어제이다. 或者는 의혹하는 말이다. 병으로 사양하고 나가서 조문하신 것은 공자께서 유비를 만나지 않으시고 비파를 잡고 노래하신 것과 같은 뜻이다.

■ 明 새벽 명　　昔 어제 석　　昨 어제 작　　或 혹 혹

2-3. 王이 使人問疾하시고 醫來어늘 孟仲子 對曰 昔者에 有王命이어시늘 有采薪之憂라 不能造朝러시니 今病少愈어시늘 趨造於朝하더시니 我는 不識케라 能至否乎아하고 使數人으로 要於路曰 請必無歸而造於朝하소서

왕이 사람을 보내 문병하시고 의원이 오거늘, 맹중자가 대답하기를 "어제 왕명이 있으시거늘 병이 나서 조회에 나가지 못하시더니, 이제 병이 조금 나으시

거늘 조회에 급히 나가셨으니, 저는 잘 도착하셨는지 모르겠습니다."하고, 몇 사람으로 길목을 지키다가 "청컨대 반드시 귀가하시지 말고 조회에 나가십시오."라고 요구하였다.

孟仲子는 趙氏以爲孟子之從昆弟로 學於孟子者也라 采薪之憂는 言病不能采薪이니 謙辭也라 仲子 權辭以對하고 又使人要孟子하야 令勿歸而造朝하야 以實己言이라

孟仲子는 조씨가 맹자의 종형제로 맹자께 배운 자라 하였다. 采薪之憂는 병이 나서 나무하지 못함을 말한 것이니, 겸사이다. 중자가 임시변통으로 둘러대고, 사람을 시켜 맹자에게 돌아오지 말고 조정으로 나가도록 요청하여 자기 말을 실증하려 한 것이다.

- 薪 섶 신   要 요구할 요

2-4. 不得已而之景丑(추)氏하야 宿焉이러시니 景子曰 內則父子요 外則君臣이 人之大倫也니 父子는 主恩하고 君臣은 主敬하니 丑(추) 見王之敬子也요 未見所以敬王也케이다 曰 惡(오)라 是何言也오 齊人이 無以仁義與王言者는 豈以仁義로 爲不美也리오 其心에 曰是何足與言仁義也云爾則不敬이 莫大乎是하니 我는 非堯舜之道어든 不敢以陳於王前하노니 故로 齊人이 莫如我敬王也니라

부득이 경추씨에게 가서 묵으시더니, 경자가 말하였다. "집안에선 父子요 집밖에선 君臣이 사람의 큰 윤리이니, 父子는 은의를 주로 하고 군신은 공경을 주로 하니, 저는 왕이 선생을 공경함을 보았고 왕을 공경함을 보지 못하였습니다." 말씀하셨다. "허, 이 무슨 말인가? 제나라 사람이 仁義로써 왕에게 말하지 않음은 어찌 仁義를 아름답지 않다고 여겨서이겠는가? 마음으로 '어찌 왕과 仁義를 말할 수 있겠느냐?'고 생각한다면 불경함이 이보다 큰 것이 없다. 나는

堯舜의 도가 아니면 감히 왕 앞에서 말하지 않으니, 그러므로 齊人이 내가 왕을 공경하는 것만 못하다."

景丑(추)氏는 齊大夫家也라 景子는 景丑(추)也라 惡(오)는 歎辭也라 景丑(추)所言은 敬之小者也요 孟子所言은 敬之大者也라

경추씨는 제나라 대부가이다. 景子는 경추이다. 惡는 감탄사이다. 경추의 말은 공경의 작은 것이요 맹자의 말씀은 공경의 큰 것이다.

■ 惡 감탄사 오

2-5. 景子曰 否라 非此之謂也라 禮에 曰父召어시든 無諾하며 君이 命召어시든 不俟駕라하니 固將朝也라가 聞王命而遂不果하시니 宜與夫禮로 若不相似然하이다

경자가 말하였다. "아닙니다. 이를 말하는 것이 아닙니다.『禮』에 '아버지께서 부르시면 승낙을 구하지 말며, 임금이 명하여 부르시면 수레를 기다리지 말라.'하니, 진실로 조회에 나가시려다가 왕명을 듣고 드디어 행하지 않으시니, 마땅히 저 예와 서로 같지 않은 듯합니다."

禮에 曰父 命呼어시든 唯而不諾이라하고 又曰 君이 命召어시든 在官에 不俟屨하고 在外에 不俟車라하니 言孟子本欲朝王이라가 而聞命中止하시니 似與此禮之意로 不同也라

『禮記』에 '아버지께서 명하여 부르시거든 빨리 대답하고 승낙을 구하지 말라.'하고, 또 '임금이 명하여 부르시거든 관부에서는 신을 기다리지 말고 밖에서는 수레를 기다리지 말라.'하였으니, 맹자께서 본래 왕에게 조회 가시려다가 왕명을 듣고 중지하셨으니, 마치 이 예의 뜻과 다르다는 말이다.

■ 諾 승낙할 낙   俟 기다릴 사   駕 수레 가

2-6. 曰 豈謂是與리오 曾子曰 晉楚之富는 不可及也나 彼以其富어든 我以吾仁이요 彼以其爵이어든 我以吾義니 吾何慊乎哉리오하시니 夫豈不義를 而曾子 言之시리오 是或一道也니라 天下에 有達尊이 三이니 爵一齒一德一이니 朝廷엔 莫如爵이요 鄕黨엔 莫如齒요 輔世長民엔 莫如德이니 惡(오)得有其一하야 以慢其二哉리오

말씀하셨다. "어찌 이를 이르는 것인가? 증자께서 '진나라·초나라의 부는 미치지 못하나, 저들이 富로써 하면 나는 仁으로써 하고, 저들이 官爵으로써 하면 나는 義로써 하니, 내 어찌 부족하랴?' 하셨으니, 어찌 不義를 증자께서 말씀하시겠는가? 이것도 일종의 도리이다. 천하에 達尊이 셋이 있으니, 관작·연치·덕이다. 조정에선 관작만한 것이 없고 향당에선 연치만한 것이 없고 세상 다스림을 보필하며 백성을 생장함에는 덕만한 것이 없으니, 어찌 그중 하나를 가지고서 둘 가진 이를 업신여기겠는가?"

慊은 恨也며 少也라 或作嗛하니 字書에 以爲口銜物也라하니 然則慊은 亦但爲心有所銜之義니 其爲快爲足爲恨爲少는 則因其事而所銜이 有不同耳라 孟子 言我之意는 非如景子之所言者라하시고 因引曾子之言而云하사대 夫此豈是不義를 而曾子 肯以爲言이시리오 是或別有一種道理也라하시니라 達은 通也니 蓋通天下之所尊이 有此三者하니 曾子之說은 蓋以德言之也라 今齊王은 但有爵耳니 安得以此로 慢於齒德乎리오

慊은 유감으로 여김이며 작게 여김이다. 혹은 嗛자를 썼으니, 字典에서는 입에 음식물을 머금는 것이라 하였다. 그렇다면 慊은 다만 마음에 머금은 것이 있다는 뜻이니, 快·足·恨·少는 그 사안에 따라서 머금은 것이 다르기 때문이다. 맹자께서, 나의 뜻은 경자가 말한 것과 같은 것이 아니다 하시고, 이어서 증자의 말씀을 인용하여 '어찌 不義를 증자께서 즐겨 말씀하시겠는가? 이도 별도로 일종의 도리가 있다.' 하셨다. 達은 통함이니, 대개 천하에 통하는

존숭할 바가 이 세 가지가 있으니, 증자의 말씀은 덕으로 말하신 것이다. 지금 제나라 왕은 단지 관작을 지녔을 뿐이니, 어찌 이것만으로 연치와 덕을 지닌 분을 업신여길 수 있겠는가?

■ 慊 부족할 겸　　　惡 어찌 오　　　慢 업신여길 만　　　銜 머금을 함
　肯 즐길 긍

2-7. 故로 將大有爲之君은 必有所不召之臣이라 欲有謀焉則就之하나니 其尊德樂(락)道 不如是면 不足與有爲也니라

그러므로 장차 큰일을 할 군주는 반드시 부르지 못할 신하가 있어서, 일을 도모하려면 그에게 나아가니, 덕을 존중하며 도를 즐거워함이 이와 같지 않으면 함께 일할 수 없다.

　　大有爲之君은 大有作爲非常之君也라 程子曰 古之人이 所以必待人君致敬盡禮而後에 往者는 非欲自爲尊大也라 爲是故耳니라
　　大有爲之君은 큰일을 할 비상한 임금이다. 정자가 말하였다. "옛 사람이 반드시 임금이 공경과 예를 극진히 한 뒤에 나아감은 스스로 尊大하고자 함이 아니고 이런 연고 때문이다."

2-8. 故로 湯之於伊尹에 學焉而後에 臣之故로 不勞而王하시고 桓公之於管仲에 學焉而後에 臣之故로 不勞而霸하니라

그러므로 탕왕이 이윤에게 배운 뒤에 신하 삼았기 때문에 힘들이지 않고 王하시고, 환공이 관중에게 배운 뒤에 신하 삼았기 때문에 힘들이지 않고 霸하였다.

　　先從受學은 師之也요 後以爲臣은 任之也라
　　먼저 쫓아가 배움은 스승 삼음이요, 뒤에 신하 삼음은 임용함이다.

2-9. 今天下가 地醜德齊하야 莫能相尙은 無他라 好臣其所敎而不好臣其所受敎니라

이제 천하가 영토도 비슷하고 덕도 비슷하여 서로 뛰어난 이가 없음은, 다름이 아니라 그가 가르칠 신하를 좋아하고 가르침 받을 신하를 좋아하지 않아서이다.

醜는 類也라 尙은 過也라 所敎는 謂聽從於己하야 可役使者也요 所受敎는 謂己之所從學者也라

醜는 비슷함이다. 尙은 뛰어남이다. 所敎는 자기 말을 듣고 따라서 부릴만한 자를 이르고, 所受敎는 자기가 쫓아 배울 자를 이른다.

■ 醜 비슷할 추   齊 같을 제   莫 없을 막   尙 뛰어날 상

2-10. 湯之於伊尹과 桓公之於管仲에 則不敢召하니 管仲도 且猶不可召은 而況不爲管仲者乎아

탕왕이 이윤에게와 환공이 관중에게 감히 부르지 못하였으니, 관중도 오히려 부르지 못하였는데, 하물며 관중을 하지 않는 자이랴!"

不爲管仲은 孟子自謂也라 范氏曰 孟子之於齊에 處賓師之位하야 非當仕有官職者故로 其言이 如此시니라

○此章에 見賓師는 不以趨走承順으로 爲恭이요 而以責難陳善으로 爲敬이며 人君은 不以崇高富貴로 爲重이요 而以貴德尊士로 爲賢이면 則上下交而德業成矣라

不爲管仲은 맹자 자신을 이른 것이다. 범씨가 말하였다. "맹자께서 제나라에서 賓師의 지위에 있어서 벼슬하여 관직이 있는 자가 아니므로 그 말씀이 이와 같으셨다."

○이 장에서는, 賓師는 追從(趨走)과 承順을 공경이라 하지 않고 責難과

陳善을 공경이라 하며 임금은 崇高와 富貴를 중시하지 않고 貴德과 尊士를 훌륭하게 여기면 상하가 교제하여 덕업이 이루어질 수 있음을 알 수 있다.

3-1. 陳臻이 問曰 前日於齊에 王이 餽兼金一百而不受하시고 於宋에 餽七十鎰而受하시고 於薛에 餽五十鎰而受하시니 前日之不受 是則今日之受 非也요 今日之受 是則前日之不受 非也니 夫子 必居一於此矣시리이다

진진이 여쭈었다. "전에 제나라에서 왕이 좋은 금 100鎰을 보내오자 받지 않으시고 송나라에서 70鎰을 보내오자 받으시고 설나라에서 50鎰을 보내오자 받으셨으니, 전에 받지 않으심이 옳으면 오늘 받으심이 잘못이고, 오늘 받으심이 옳으면 전에 받지 않으심이 잘못이니, 부자께서는 반드시 이 중에 어느 한 가지에 처하셔야 할 것입니다."

陳臻은 孟子의 弟子라 兼金은 好金也니 其價 兼倍於常者라 一百은 百鎰也라

陳臻은 맹자의 제자이다. 兼金은 좋은 금으로 그 값이 보통 금보다 두 배이다. 一百은 100鎰이다.

■ 臻 이를 진　　　餽 보낼 궤　　　鎰 중량이름 일

* 鎰 : 중량의 단위로 20냥이다

3-2. 孟子曰 皆是也니라

맹자께서 말씀하셨다. "다 옳다.

皆適於義也라
다 의에 맞음이다.

3-3. 當在宋也하야 予將有遠行러니 行者는 必以贐이라 辭曰餽贐이어니 予何爲不受리오

송나라에서는 내가 遠行하려 하는데, 행자에게는 반드시 전별금을 주는지라 '전별금으로 보낸다.'말하니 내가 어찌 받지 않으랴.

> 贐은 送行者之禮也라
> 贐은 행자를 전송하는 예이다.

■ 贐 전별할 신   餽 보낼 궤

3-4. 當在薛也하야 予有戒心이러니 辭曰聞戒故로 爲兵餽之어니 予何爲不受리오

설나라에서는 내가 경계할 일이 있었는데, '경계함을 들었으므로 병사를 위해 보낸다.'말하니 내가 어찌 받지 않으랴.

> 時人이 有欲害孟子者일새 孟子 設兵以戒備之하시니 薛君이 以金饋孟子하야 爲兵備하고 辭曰聞子之有戒心也라
> 당시 사람이 맹자를 해치려는 자가 있어서, 맹자께서 호위병으로 경계하고 대비하시니, 설나라 임금이 맹자께 금을 보내어 호위병 비용을 삼게 하고 '선생이 경계하심을 들었다.'말한 것이다.

3-5. 若於齊則未有處也호니 無處而餽之는 是 貨之也니 焉有君子而可以貨取乎리오

제나라에서는 처한 일이 없으니, 처한 일 없이 보냄은 재물로 매수함이니, 어찌 군자를 재물로 부를 수 있겠는가?"

> 無遠行戒心之事면 是는 未有所處也라 取는 猶致也라

○尹氏曰 言君子之辭受取予 唯當於理而已니라

원행과 경계할 일이 없으면 이는 처한 일이 없는 것이다. 取는 부름과 같다.

○윤씨가 말하였다. "군자가 사양함과 받음, 취함과 줌이 오직 이치에 합당할 뿐임을 말한 것이다."

■ 致 부를 치

4-1. 孟子 之平陸하사 謂其大夫曰 子之持戟之士 一日而三失伍則去之아 否乎아 曰不待三이니이다

맹자께서 평륙에 가서서 그 대부에게 말씀하셨다. "그대의 창 잡은 군사가 하루에 세 번 대열을 잃으면 죽이겠는가? 않겠는가?" 대답하였다. "세 번을 기다리지 않습니다."

平陸은 齊下邑也라 大夫는 邑宰也라 戟은 有枝兵也라 士는 戰士也라 伍는 行(항)列也라 去之는 殺之也라

平陸은 제나라 지방 읍이다. 大夫는 읍의 수령이다. 戟은 끝이 갈라진 병기이다. 士는 전사이다. 伍는 항렬이다. 去之는 죽임이다.

■ 戟 창극   伍 항오 오

4-2. 然則子之失伍也 亦多矣로다 凶年饑歲에 子之民이 老羸는 轉於溝壑하고 壯者는 散而之四方者 幾千人矣오 曰此非距心之所得爲也니이다

"그렇다면 그대가 대열을 잃음이 또한 많도다. 흉년과 기근에 그대의 백성이 노약자는 도랑과 골짜기에 버려지고, 건장한 자는 흩어져 사방으로 떠도는

자가 몇 천 명인가?" 대답하였다. "이는 거심이 할 수 있는 일이 아닙니다."

子之失伍는 言其失職이 猶士之失伍也라 距心은 大夫名이라 對言 此乃王之失政使然이요 非我所得專爲也라

子之失伍는 직분을 잃음이 군사가 대열을 잃음과 같음을 말한 것이다. 距心은 대부의 이름이다. 이는 바로 왕의 실정이 그렇게 한 것이지 내가 마음대로 할 바가 아니라고 대답한 것이다.

■ 贏 파리할 리

4-3. 曰 今有受人之牛羊而爲之牧之者則必爲之求牧與芻矣리니 求牧與芻而不得則反諸(저)其人乎아 抑亦立而視其死與아 曰此則距心之罪也로소이다

말씀하셨다. "이제 남의 소와 양을 받아서 그 대신 길러주는 자가 되면 반드시 그 대신 목장과 꼴을 구할 것이니, 목장과 꼴을 구해도 얻지 못하면 그에게 돌려주겠는가? 아니면 또한 서서 죽어가는 것을 보겠는가?" 대답하였다. "이는 거심의 죄입니다."

牧之는 養之也라 牧은 牧地也라 芻는 草也라 孟子 言若不得自專이면 何不致其事而去오하시니라

牧之는 기름이다. 牧은 목장이다. 芻는 꼴이다. 맹자께서 '만일 자기 마음대로 할 수 없다면 어찌 맡은 그 일을 내놓고 떠나지 않느냐?'고 말씀하신 것이다.

■ 致 내놓을 치

4-4. 他日에 見(현)於王曰 王之爲都者를 臣知五人焉이로니 知其罪者는 惟孔距心이러이다하고 爲王誦之하신대 王曰 此則寡人之罪也로소이다

다른 날 왕을 알현하여 "왕의 도읍을 다스리는 자를 臣이 5인 아는데, 자기

죄를 아는 자는 오직 공거심뿐이었습니다."하시고, 왕에게 그 일을 외우시자, 왕이 말하였다. "이는 곧 과인의 죄입니다."

爲都는 治邑也라 邑有先君之廟曰都라 孔은 大夫 姓也라 爲王誦其語는 所以風曉王也시니라

○陳氏曰 孟子一言而齊之君臣이 擧知其罪하니 固足以興邦矣로대 然而齊卒不得爲善國者는 豈非說(열)而不繹하고 從而不改故邪아

爲都는 읍을 다스림이다. 邑에 선군의 廟가 있는 곳을 都라 한다. 孔은 대부의 성이다. 왕에게 그 말을 함은 풍자하여 왕을 깨우치려 한 것이다.

○진씨가 말하였다. "맹자의 한 마디 말씀에 제나라 군신이 다 자신의 죄를 알았으니, 진실로 나라를 흥기하기에 충분하였으나 제나라가 끝내 훌륭한 나라가 되지 못한 것은, 어찌 기뻐하되 연역하지 않고 따르되 고치지 않았기 때문이 아니겠는가?"

- 擧 모두 거　　卒 마침내 졸　　說 기쁠 열　　繹 연역할 역
  邪 어조사 야

5-1. 孟子 謂蚳鼃曰 子之辭靈丘而請士師 似也는 爲其可以言也니 今旣數月矣로대 未可以言與아

맹자께서 지와에게 말씀하셨다. "그대가 령구읍을 사양하고 士師를 청함이 그럴 듯한 것은 간언하기 위해서이니, 이제 이미 몇 개월이 지났는데 아직도 간언하지 못하겠는가?"

蚳鼃는 齊大夫也라 靈丘는 齊下邑이라 似也는 言所爲 近似有理라 可以言은 謂士師 近王하야 得以諫刑罰之不中者라

蚳鼃는 제나라 대부이다. 靈丘는 제나라 지방 읍이다. 似也는 소행이 이치에 그럴 듯함을 말한다. 可以言은 士師가 왕 가까이서 형벌이 맞지

않는 것을 간할 수 있음을 말한다.

- 蚳 개미 지　　　　鼃 개구리 와　　　　辭 사양할 사

5-2. 蚳鼃 諫於王而不用이어늘 致爲臣而去한대

蚳鼃가 왕께 간하였으나 遵用하지 않거늘, 사직하고 떠나자,

　　致는 猶還也라
　　致는 돌려보냄과 같다.

- 致 그만둘 치　　　還 돌려보낼 환

5-3. 齊人이 曰所以爲蚳鼃則善矣어니와 所以自爲則吾不知也케라

齊나라 사람이 말하였다. "지와를 위해 한 일은 잘했지만 자신을 위해 한 일은 내 모르겠다."

　　譏孟子道不行而不能去也라
　　맹자께서 도가 행해지지 않는데도 떠나가지 않음을 기롱한 것이다.

5-4. 公都子 以告한대

公都子가 아뢰자,

　　公都子는 孟子弟子也라
　　公都子는 맹자 제자이다.

5-5. 曰 吾 聞之也호니 有官守者 不得其職則去하고 有言責者 不得其言則去라하니 我無官守하며 我無言責也則吾進退 豈不綽綽然

有餘裕哉리오

말씀하셨다. "내 들으니, '관직을 맡은 자가 그 직책을 할 수 없으면 떠나고 言責을 맡은 자가 그 간언을 들어주지 않으면 떠난다.'하니, 나는 관직이 없으며 나는 言責을 맡지 않았으니, 나의 진퇴가 어찌 느긋하고 여유롭지 않겠는가?"

官守는 以官爲守者요 言責은 以言爲責者라 綽綽은 寬貌요 裕는 寬意也라 孟子 居賓師之位하야 未嘗受祿이라 故로 其進退之際에 寬裕如此하시니라 尹氏曰 進退久速이 當於理而已라

官守는 관직으로 책임을 맡은 자요 言責은 간언으로 책임을 맡은 자이다. 綽綽은 느긋한 모양이요 裕는 너그러운 마음이다. 孟子께서는 賓師의 지위에 있어서 일찍이 녹봉을 받은 적이 없었다. 그러므로 진퇴의 즈음에 느긋하고 여유로움이 이와 같으셨다. 윤씨가 말하였다. "나가고 물러남과 오래고 신속함이 이치에 합당할 뿐이다."

■ 綽 너그러울 작

6-1. 孟子 爲卿於齊하사 出吊於滕하실새 王이 使蓋(합)大夫王驩으로 爲輔行이러시니 王驩이 朝暮見(현)이어늘 反齊滕之路토록 未嘗與之言行事也하시다

맹자께서 제나라에서 객경이 되시어 등나라로 조문가실 적에 王이 합읍 대부 왕환을 부사로 삼게 하셨는데, 왕환이 조석으로 뵙거늘 등나라를 갔다 오도록 그와 행사를 말씀하지 않으셨다.

蓋(합)은 齊下邑也라 王驩은 王의 嬖臣也라 輔行은 副使也라 反은 往而還也라 行事는 使(시)事也라

蓋은 제나라 지방 읍이다. 王驩은 왕의 총애하는 신하이다. 輔行은 부사이

다. 反은 가서 돌아옴이다. 行事는 사신의 일이다.

■ 蓋 지명 합   驩 기뻐할 환

6-2. 公孫丑(추)曰 齊卿之位 不爲小矣며 齊滕之路 不爲近矣로대 反之而未嘗與言行事는 何也잇고 曰夫旣或治之어니 予何言哉리오

공손추가 말하였다. "제나라 경의 지위가 낮지 않으며 제와 등의 길이 가깝지 않은데, 돌아오도록 행사를 말씀하지 않으심은 어째서입니까?" 말씀하셨다. "이미 유사가 바르게 처리하였는데, 내가 무슨 말을 하랴."

王驩이 蓋攝卿以行故로 曰齊卿이라 夫旣或治之는 言有司 已治之矣라 孟子之待小人에 不惡而嚴*이 如此하시니라

왕환이 경을 대신하여 갔으므로 齊卿이라 한 것이다. 夫旣或治之는 유사가 이미 처리했음을 말한 것이다. 맹자께서 소인에게 악하게 하지 않고 엄함이 이와 같으셨다.

*『周易』<遯卦> 象曰 天下有山이 遯이니 君子 以하야 遠小人호대 不惡而嚴하나니라

7-1. 孟子 自齊葬於魯하시고 反於齊하실새 止於嬴이러시니 充虞 請曰 前日에 不知虞之不肖하사 使虞敦匠事어시늘 嚴하야 虞 不敢請호니 今願竊有請也하노니 木若以美然하더이다

맹자께서 제나라에서 노나라로 돌아가 장사지내시고 제나라로 돌아가실 적에 영읍에 머무르셨는데, 충우가 여쭈었다. "전날에 저의 불초함을 모르시고 제게 관곽 만드는 일을 맡기시거늘, 급해서 제가 감히 여쭙지 못했습니다. 지금 가만히 여쭙고자 하오니, 관의 재목이 지나치게 아름다운 듯합니다."

孟子 仕於齊라가 喪母하시고 歸葬於魯하시니라 嬴은 齊南邑이라 充虞는

孟子의 弟子이니 嘗董治作棺之事者也라 嚴은 急也라 木은 棺木也라 以는 已로 通하니 以美는 太美也라

맹자께서 제나라에서 벼슬하실 적에 모친을 여의시고 노나라로 돌아가서 장사지내셨다. 嬴은 제나라 남쪽의 읍이다. 充虞는 맹자 제자이니, 일찍이 관 만드는 일을 감독한 자이다. 嚴은 급함이다. 木은 관의 재목이다. 以는 已와 통하니, 以美는 지나치게 아름다움이다.

- 嬴 찰 영   虞 헤아릴 우   肖 닮을 초   敦 맡을 돈
  嚴 급할 엄   竊 가만히 절   以 너무 이   太 지나칠 태

7-2. 曰 古者에 棺槨이 無度하더니 中古에 棺이 七寸이요 槨을 稱之하야 自天子達於庶人하니 非直爲觀美也라 然後에 盡於人心이니라

말씀하셨다. "옛적에 관과 덧관이 법도가 없더니, 中古에 관이 7촌이요, 덧관을 이에 맞추어 천자에서 서인까지 통용하였으니, 다만 보기 좋게 할 뿐만 아니라 그런 뒤에 사람의 마음이 흡족하기 때문이다.

度는 厚薄尺寸也라 中古는 周公制禮時也라 槨을 稱之는 與棺相稱也니 欲其堅厚久遠이요 非特爲人觀視之美而已라

度는 두께의 치수이다. 中古는 주공이 예를 제정한 때이다. 槨稱之는 관과 서로 알맞음이니, 튼튼하여 오래고자 함이지, 다만 사람이 보기 좋게 할 뿐만이 아니다.

- 度 법도 도   稱 맞출 칭   直 다만 직   特 다만 특

7-3. 不得이란 不可以爲悅이며 無財란 不可以爲悅이니 得之爲有財하야는 古之人이 皆用之하니 吾何爲獨不然이리오

법으로 할 수 없으면 기쁘지 못할 것이며, 재물이 없으면 기쁘지 못할 것이니,

법으로 할 수 있고 재물이 있으면 옛 사람이 다 썼으니, 내 어찌 홀로 그리하지 않겠는가?

不得은 謂法制所不當得이라 得之爲有財는 言得之而又爲有財也라 或曰 爲는 當作而라하니라

不得은 법제상 할 수 없음을 이른다. 得之爲有財는 법으로 할 수 있고 또 재물도 있음을 말한다. 혹자가 말하였다. "爲는 마땅히 而자로 써야 한다."

7-4. 且比化者하야 無使土親膚면 於人心에 獨無恔乎아

또 죽은 이를 위하여 흙이 살갗에 닿지 않게 하면 사람 마음에 다만 快足함이 없겠는가?

比는 猶爲也라 化者는 死者也라 恔는 快也라 言爲死者하야 不使土親近其肌膚면 於人子之心에 豈不快然無所恨乎아

比는 위함과 같다. 化者는 죽은 자이다. 恔는 쾌족함이다. 죽은 이를 위하여 흙이 살갗에 닿지 않게 하면 자식의 마음에 어찌 여한 없이 쾌족하지 않겠느냐고 말한 것이다.

- 比 위할 비   恔 쾌할 호(교)

7-5. 吾는 聞之也호니 君子는 不以天下儉其親이니라

나는 들으니, '君子가 天下를 위하여 그 어버이께 검소하게 하지 않는다.'하였다."

送終之禮 所當得爲而不自盡이면 是는 爲天下愛惜此物而薄於吾親也니라

장사지내는 예에, 당연히 할 수 있는데도 스스로 다하지 않으면, 이는

천하를 위해 이 물건을 아끼어 내 어버이께 박하게 하는 것이다.

8-1. 沈同이 以其私問曰 燕可伐與잇가 孟子曰 可하니라 子噲도 不得與人燕이며 子之도 不得受燕於子噲니 有仕於此어든 而子 悅之하야 不告於王而私與之吾子之祿爵이어든 夫士也 亦無王命而私受之於子則可乎아 何以異於是리오

심동이 사적으로 여쭈었다. "연나라를 칠 만합니까?" 맹자께서 말씀하셨다. "可하다. 자쾌도 남에게 연나라를 주지 못할 것이며 자지도 연나라를 자쾌한테 받지 못할 것이다. 여기 벼슬할 이 있거든, 그대가 그를 기뻐하여 왕께 아뢰지 않고 사적으로 그대의 작록을 줄 경우, 무릇 士 또한 왕명 없이 사적으로 그대에게 받으면 可하겠느냐? 어찌 이와 다르랴."

沈同은 齊臣이라 以私問은 非王命也라 子噲子之는 事見(현)前篇하니라 諸侯의 土地人民은 受之天子하고 傳之先君하니 私以與人이면 則與者受者 皆有罪也라 仕는 爲官也요 士는 卽從仕之人也라

심동은 제나라 신하이다. 以私問은 왕명이 아니다. 자쾌·자지는 사실이 앞 편에 보였다. 제후의 토지와 인민은 천자께 받고 선군께 전해 받으니, 사적으로 남에게 주면 준 자와 받은 자가 다 죄가 있다. 仕는 벼슬함이다. 士는 벼슬하는 사람이다.

■ 噲 목구멍 쾌

8-2. 齊人이 伐燕이어늘 或이 問曰 勸齊伐燕이라하니 有諸(저)잇가 曰 未也라 沈同이 問燕可伐與아하야늘 吾 應之曰 可라호니 彼然而伐之也로다 彼如曰 孰可以伐之오하면 則將應之曰 爲天吏則可以伐之라호리라 今有殺人者어든 或이 問之曰 人可殺與아하면 則將應之曰 可라호리니

彼如曰 孰可以殺之오하면 則將應之曰 爲士師則可以殺之라호리라 今에 以燕伐燕이어니 何爲勸之哉리오

제나라 사람이 연나라를 치거늘 혹자가 여쭈었다. "제에 연나라 칠 것을 권했다고 하니, 그렇습니까?" 말씀하셨다. "아니다. 심동이 연나라를 칠 수 있냐고 묻기에, 내가 可하다고 응답하니, 저들이 그리 여겨 쳤도다! 저이가 만일 누가 칠 수 있냐고 물으면, 天吏가 되면 칠 수 있다고 응답했을 것이다. 여기 살인자가 있거든 혹자가 죽일 수 있냐고 물으면, 可하다고 응답할 것이다. 저이가 만일 누가 죽일 수 있냐고 물으면, 士師가 되면 죽일 수 있다고 응답할 것이다. 이제 연나라로 연나라를 치는 격이니, 어찌 권하겠는가?"

天吏는 解見(현)上篇하니라 言齊無道하야 與燕無異하니 如以燕伐燕也라 史記에 亦謂孟子勸齊伐燕이라하니 蓋傳聞此說之誤라

○楊氏曰 燕固可伐矣라 故로 孟子曰 可라하시니 使齊王으로 能誅其君弔其民이면 何不可之有리오 乃殺其父兄하고 虜其子弟而後에 燕人이 畔之어늘 乃以是로 歸咎孟子之言이면 則誤矣라

天吏는 해설이 상편에 보였다. 제나라가 무도하여 연나라와 다름없으니 연나라로 연나라를 치는 것과 같다는 말이다. 『史記』에도 '맹자가 제나라에 연나라 칠 것을 권했다.'하니 이 그릇된 말을 전해들은 듯하다.

○양씨가 말하였다. "연나라는 진실로 칠 수 있다. 그러므로 맹자께서 '可하다.'하셨으니, 제나라 왕으로 하여금 그 임금을 죽이고 그 백성을 위로하게 할 수 있다면, 어찌 不可함이 있겠는가? 그 부형을 죽이고 자제를 포로로 잡은 뒤에 연나라 사람이 배반하거늘, 이 때문에 맹자 말씀을 탓하면 잘못이다."

■ 畔 배반할 반

9-1. 燕人이 畔이어늘 王曰 吾 甚慙於孟子하노라

연나라 사람이 배반하거늘 왕이 말하였다. "내가 맹자께 심히 부끄럽구나."

齊破燕後二年에 燕人이 共立太子平하야 爲王하니라

제가 연을 격파한 후 2년에 연나라 사람이 함께 태자 평을 옹립하여 왕을 삼았다.

9-2. 陳賈曰 王無患焉하소서 王이 自以爲與周公孰仁且智잇고 王曰 惡(오)라 是何言也오 曰周公이 使管叔監殷이어시늘 管叔이 以殷畔하니 知而使之면 是不仁也요 不知而使之면 是不智也니 仁智는 周公도 未之盡也시니 而況於王乎잇가 賈 請見而解之호리이다

진가가 말하였다. "왕께서는 근심하지 마소서. 왕께서는 주공과 누가 더 仁하고 지혜롭다고 생각하십니까?" 王이 말하였다. "허, 이 무슨 말이냐?" 말하였다. "주공이 관숙에게 은을 감독시키셨는데, 관숙이 殷으로써 배반하였으니, 알고도 시켰다면 이는 仁하지 못함이요 모르고 시켰다면 이는 지혜롭지 못함이니, 仁·智는 주공도 미진하시니, 하물며 왕께서 하시겠습니까? 제가 청컨대 만나서 해결하겠습니다."

陳賈는 齊大夫也라 管叔의 名은 鮮이니 武王弟요 周公兄也라 武王이 勝商殺紂하사 立紂子武庚하시고 而使管叔與弟蔡叔霍叔으로 監其國이러니 武王이 崩하시고 成王이 幼하야 周公이 攝政하시니 管叔이 與武庚畔이어늘 周公이 討而誅之하시니라

陳賈는 제나라 대부이다. 管叔의 이름은 선이니 무왕의 아우이며 주공의 형이다. 무왕이 상을 이기고 紂를 죽이시어 紂의 아들 무경을 세우시고 관숙과 아우 채숙·곽숙으로 그 나라를 감독시켰는데, 무왕이 붕어하시고 성왕이

어려서 주공이 섭정하시니, 관숙이 무경과 배반하거늘 주공이 토벌하고 죽이셨다.

- 霍 빠를 곽　　攝 대신할 섭

9-3. 見孟子問曰 周公은 何人也잇고 曰 古聖人也시니라 曰 使管叔監殷이어시늘 管叔이 以殷畔也라하니 有諸(저)잇가 曰 然하다 曰 周公이 知其將畔而使之與잇가 曰 不知也시니라 然則 聖人도 且有過與잇가 曰周公은 弟也요 管叔은 兄也니 周公之過 不亦宜乎아

맹자를 만나 여쭈었다. "주공은 어떤 분입니까?" 말씀하셨다. "옛 성인이시다." 여쭈었다. "관숙으로 殷을 감독시키셨는데 관숙이 은으로써 배반했다고 하니, 그렇습니까?" 말씀하셨다. "그렇다." 여쭈었다. "주공이 장차 배반할 줄 알고 시켰습니까?" 말씀하셨다. "모르셨다." "그렇다면 성인도 역시 잘못함이 있습니까?" 말씀하셨다. "주공은 아우요 관숙은 형이니, 주공의 잘못이 또한 마땅하지 않은가?"

　　言周公은 乃管叔之弟요 管叔은 乃周公之兄이니 然則周公이 不知管叔之將畔而使之하시니 其過 有所不免矣라 或曰 周公之處管叔이 不如舜之處象은 何也오 游氏曰 象之惡은 已著而其志 不過富貴而已라 故로 舜이 得以是而全之어니와 若管叔之惡은 則未著而其志其才 皆非象比也니 周公이 詎忍逆探其兄之惡而棄之邪아 周公愛兄이 宜無不盡者니 管叔之事는 聖人之不幸也라 舜은 誠信而喜象하시고 周公은 誠信而任管叔하시니 此는 天理人倫之至니 其用心은 一也니라

　　주공은 바로 관숙의 아우요 관숙은 주공의 형이니, 그렇다면 주공이 관숙이 장차 배반할 줄 모르고 시켰으니, 그 잘못이 면하지 못할 바가 있음을 말한 것이다. 혹자가 말하였다. "주공의 관숙을 처리함이 舜임금의 象을 처리함만

못함은 어째서인가?" 유씨가 말하였다. "상의 악은 이미 드러났고 그의 뜻이 불과 부귀일 뿐이다. 그러므로 순임금이 이로써 온전히 할 수 있었지만, 관숙의 악은 아직 드러나지 않았고 그의 뜻과 재주가 다 상에 견줄 것이 아니니, 주공이 어찌 차마 자기 형의 악을 미리 탐지하여 버리시겠는가? 주공이 형을 사랑함이 마땅히 극진하지 않음이 없으니, 관숙의 일은 성인의 불행이다. 순임금은 진실한 믿음으로 상을 기뻐하시고 주공은 진실한 믿음으로 관숙을 임용하셨으니, 이는 天理와 人倫의 지극함이니 그 마음 씀은 한가지이다."

- 詎 어찌 거　　忍 차마 인　　逆 미리 역　　探 더듬을 탐
  邪 어조사 야

9-4. 且古之君子는 過則改之러니 今之君子는 過則順之로다 古之君子는 其過也 如日月之食이라 民皆見之하고 及其更(경)也하야 民皆仰之러니 今之君子는 豈徒順之리오 又從而爲之辭로다

"또 옛 군자는 잘못하면 고치더니, 지금 군자는 잘못하면 그대로 하는구나! 옛 군자는 그 잘못이 일식·월식과 같아서 백성이 다 보고, 그가 고치면 백성이 다 우러르더니, 지금 군자는 어찌 한갓 그대로만 할 뿐이리오! 또 이어서 변명을 하는구나."

順은 猶遂也라 更은 改也라 辭는 辯也라 更之則無損於明故로 民仰之하고 順而爲之辭면 則其過愈深矣니 責賈不能勉其君以遷善改過하고 而敎之以遂非文過也시니라

○林氏曰 齊王이 慙於孟子하니 蓋羞惡(오)之心이 有不能自已者라 使其臣으로 有能因是心而將順之면 則義不可勝用矣어늘 而陳賈는 鄙夫라 方且爲之曲爲辭說하야 而沮其遷善改過之心하고 長其飾非拒諫之惡故로 孟子 深責之나 然此書 記事散出하야 而無先後之次故로 其說을 必參考而後에 通이니 若以第二篇十章十一章으로 置之前章之後

此章之前하면 則孟子之意는 不待論說而自明矣라

順은 이루어줌과 같다. 更은 고침이다. 辭는 변명이다. 고치면 밝음에 손상이 없으므로 백성이 우러르고, 그대로하고 변명을 하면 그 잘못이 더욱 깊어지니, 진가가 능히 제 임금을 개과천선에 힘쓰게 하지 못하고 그릇됨을 이루며 잘못을 꾸미게 가르침을 책망하신 것이다.

○임씨가 말하였다. "제나라 왕이 맹자께 부끄러워하니, 대개 羞惡之心이 스스로 그치지 못함이 있는 것이다. 그 신하로 하여금 능히 이런 마음을 따라 장차 이루게 하면 義를 이루 다 쓰지 못할 것이거늘, 진가는 비부라서 바야흐로 임금을 위해 곡진히 변명을 하여 개과천선하려는 마음을 막고 잘못을 꾸미고 간언을 거부하는 악을 키우므로 맹자께서 깊이 나무라신 것이다. 그러나 이 책의 기사가 散出하여 선후의 차서가 없으므로 그 말을 반드시 참고한 뒤에 통하니, 예컨대 제2편 10장과 11장을 앞장과 이장 사이에 놓으면 맹자의 뜻은 논설할 필요 없이 自明할 것이다.

■ 更 고칠 경　　　辭 변명할 사

10-1. 孟子 致爲臣而歸하실새

맹자께서 사직하고 돌아오실 적에

孟子 久於齊而道不行故로 去也시니라

맹자께서 제나라에 오래 계셨는데도 도가 행해지지 않으므로 떠나신 것이다.

10-2. 王이 就見孟子曰 前日에 願見而不可得이라가 得侍하야는 同朝甚喜러니 今又棄寡人而歸하시니 不識케이다 可以繼此而得見乎잇가 對曰 不敢請耳언정 固所願也니이다

왕이 맹자께 찾아가 만나서 말하였다. "전에 뵈려 해도 뵙지 못하다가 모심에는 조정에 함께 함이 몹시 기쁘더니, 이제 또 과인을 버리고 돌아가시니, 차후로 계속해서 만나 뵐 수 있을지 모르겠습니다." 대답하여 말씀하셨다. "감히 청하지 못할지언정 진실로 원하는 바입니다."

10-3. 他日에 王이 謂時子曰 我欲中國而授孟子室하고 養弟子以萬鍾하야 使諸大夫國人으로 皆有所矜式하노니 子盍爲我言之리오

어느 날 왕이 시자에게 말하였다. "내가 국중에 맹자께 집을 주고 만종으로써 제자를 기르게 하여, 모든 대부와 국인에게 다 공경하여 본받게 하고자 하니, 그대가 어찌 나를 위해 말하지 않는가?"

時子는 齊臣也라 中國은 當國之中也라 萬鍾은 穀祿之數也라 鍾은 量名이니 受六斛四斗라 矜은 敬也요 式은 法也라 盍은 何不也라

時子는 제나라 신하이다. 中國은 나라의 중앙에 해당한다. 萬鍾은 곡록의 수이다. 鍾은 용량의 명칭이니, 6斛 4斗이다. 矜은 공경함이요 式은 본받음이다. 盍은 어찌 아니함이다.

■ 鍾 중량이름 종　　矜 공경할 긍　　式 법 식　　盍 어찌아니할 합

10-4. 時子 因陳子而以告孟子어늘 陳子 以時子之言으로 告孟子한대

시자가 진자를 통하여 맹자께 아뢰게 하거늘, 진자가 시자의 말을 맹자께 아뢰자,

陳子는 卽陳臻也라

陳子는 곧 진진이다.

10-5. 孟子曰 然하다 夫時子 惡(오)知其不可也리오 如使予欲富인댄 辭

十萬而受萬이 是爲欲富乎아

맹자께서 말씀하셨다. "그렇다. 시자가 어찌 不可함을 알겠는가? 만일 내가 부유하고자 할진댄, 10만을 사양하고 1만을 받음이 부유하고자 해서인가?

孟子 旣以道不行而去하시니 則其義 不可以復(부)留어늘 而時子 不知하니 則又有難顯言者故로 但言設使我欲富인댄 則我前日爲卿에 嘗辭十萬之祿이어늘 今乃受此萬鍾之饋면 是는 我雖欲富나 亦不爲此也라

맹자께서 이미 도가 행해지지 않기 때문에 떠나시니, 그 義가 더 머물지 못할 것이거늘 시자가 모르니, 드러내 말하기 곤란한 점이 있으므로 단지 가설적으로 내가 부유하고자 했다면, 전에 卿이 되었을 적에 10만의 녹봉을 사양했으니, 이제 만종을 받으면, 이는 내가 비록 부유하고자 하나 역시 이를 할 수 없음을 말한 것이다.

■ 惡 어찌 오   辭 사양할 사

10-6. 季孫이 曰異哉라 子叔疑여 使己爲政호대 不用則亦已矣어늘 又使其子弟爲卿하니 人亦孰不欲富貴리오마는 而獨於富貴之中에 有私龍(농)斷焉이라하니라

계손이 '괴이하다, 자숙의여! 자기에게 정사를 하게 하되 쓰지 않으면 또한 그만둘 것인데, 또 그의 자제를 卿 삼게 하니, 사람이 누가 부귀하고자 않으리오 혼자 부귀를 사적으로 농단한다.' 하였다.

此는 孟子 引季孫之語也라 季孫子叔疑는 不知何時人이라 龍(농)斷은 岡壟之斷而高也니 義見(현)下文하니라 蓋子叔疑者 嘗不用이어늘 而使其子弟로 爲卿하니 季孫이 譏其旣不得於此하고 而又欲求得於彼를 如

下文賤丈夫登龍(농)斷者之所爲也라 孟子 引此하야 以明道旣不行하고 復(부)受其祿이면 則無以異此矣니라

이는 맹자께서 계손의 말을 인용한 것이다. 계손과 자숙의는 어느 때 사람인지 알 수 없다. 龍斷은 언덕이 깎아지른 듯 높은 곳이니, 뜻이 아랫글에 보인다. 자숙의란 자가 일찍이 써주지 않거늘 그 자제로 卿을 삼게 하니, 계손이 이미 여기서 얻지 못하고 또 저기서 얻으려 함을, 마치 아랫글에 천한 장부가 농단에 올라 행한 바와 같다고 기롱한 것이다. 맹자께서 이를 인용하여 도가 이미 행해지지 않고 다시 그 녹을 받으면 이와 다름이 없음을 밝히신 것이다.

■ 異 괴이할 이   岡 산등성이 강   壟 언덕 롱

10-7. 古之爲市者 以其所有로 易其所無者어든 有司者 治之耳러니 有賤丈夫焉하니 必求龍(농)斷而登之하야 以左右望而罔市利어늘 人皆以爲賤故로 從而征之하니 征商이 自此賤丈夫始矣니라

옛날 장보는 자가 그의 물건으로 그가 없는 것을 교역하거든, 유사가 다스릴 뿐이더니, 천한 장부가 반드시 농단을 찾아 올라가 좌우를 둘러보고 시장의 이득을 독차지하거늘 사람들이 다 천하게 여기므로 세금을 부과하였으니, 상인에게 세금을 부과함이 이로부터 비롯되었다.

孟子 釋龍(농)斷之說이 如此라 治之는 謂治其爭訟이라 左右望者는 欲得此而又取彼也라 罔은 謂罔羅取之也라 從而征之는 謂人惡(오)其專利故로 就征其稅하니 後世緣此하야 遂征商人也라

○程子曰 齊王所以處孟子者 未爲不可요 孟子 亦非不肯爲國人 矜式者로대 但齊王이 實非欲尊孟子라 乃欲以利誘之故로 孟子 拒而不受하시니라

맹자께서 농단을 풀이한 말이 이와 같다. 治之는 쟁송을 다스림이다. 左右望은 이것도 얻고 저것도 얻고자 함이다. 罔은 망라하여 차지함을 이른다. 從而征之는 사람들이 그가 이득을 독차지함을 미워하므로 그에게 세금을 부과함을 말한 것이니, 후세에 이로 인하여 드디어 상인에게 세금을 부과했다는 말이다.

○ 정자가 말하였다. "제나라 왕이 맹자를 처우함이 不可하지 않고 맹자께서도 국인이 공경하고 본받음을 기꺼워하지 않음은 아니지만, 단지 제나라 왕이 진실로 맹자를 존중한 것이 아니라 이득으로 유인하려 했기 때문에 맹자께서 거절하고 받지 않으셨다."

■ 罔 그물 망 　　羅 그물 라

11-1. 孟子 去齊하실새 宿於晝러시니

맹자께서 제나라를 떠나실 적에 주읍에 묵으셨더니,

　　晝는 齊西南近邑也라
　　晝는 제나라 서남쪽의 가까운 읍이다.

11-2. 有欲爲王留行者 坐而言이어늘 不應하시고 隱几而臥하신대

왕을 위해 행차를 만류하려는 자가 앉아서 말하거늘, 응대하지 않으시고 안석에 기대 누우시자,

　　隱은 憑也라 客坐而言이어늘 孟子 不應而臥也시니라
　　隱은 기댐이다. 객이 앉아서 말하거늘 맹자께서 응대하지 않으시고 누우셨다.

■ 隱 기댈 은 　　几 안석 궤

11-3. 客이 不悅曰 弟子 齊(재)宿而後敢言이어늘 夫子 臥而不聽하시니 請勿復(부)敢見矣로이다 曰 坐하라 我明語子호리라 昔者에 魯繆公이 無人乎子思之側則不能安子思하고 泄柳申詳이 無人乎繆公之側則不能安其身이러니라

객이 기뻐하지 않으면서 말하였다. "제자가 재계하고 하룻밤 지낸 뒤에 감히 말씀드리거늘, 부자께서 누워 듣지 않으시니 청컨대 다시는 감히 찾아뵙지 않겠습니다." 말씀하셨다. "앉아라. 그대에게 분명하게 말해주겠다. 옛적에 魯나라 목공이 자사의 곁에 모시는 자를 두지 않은즉 능히 자사를 편안케 못하고, 설류와 신상이 목공의 곁에 현자를 두지 않은즉 능히 그 자신을 편안히 못하였다.

齊(재)宿은 齊(재)戒越宿也라 繆(목)公이 尊禮子思하야 常使人候伺하야 道達誠意於其側이라야 乃能安而留之也하니라 泄柳는 魯人이라 申詳은 子張之子也라 繆公이 尊之不如子思나 然二子 義不苟容하야 非有賢者 在其君之左右하야 維持調護之면 則亦不能安其身矣라

齊宿은 재계하고 밤을 지냄이다. 목공이 자사를 존중하고 예대하여 항상 사람을 시켜 모시고 동정을 살피게 하여 곁에서 성의를 통하게 해야만 능히 편안히 머물게 한다고 여겼다. 설류는 노나라 사람이다. 신상은 자장의 아들이다. 목공이 존대함이 자사만 못했지만, 두 사람이 의를 구차히 용납하지 않아 현자가 임금의 좌우에 있으면서 돕고 보호하지 않으면, 또한 그 자신을 편안히 못하였다.

■ 齊 재계할 재   繆 나쁜시호 목   泄 샐 설

11-4. 子爲長者慮而不及子思하니 子絶長者乎아 長者絶子乎아

그대가 어른을 위하여 배려하되 자사에게 미치지 못하니, 그대가 장자를 거절함인가? 장자가 그대를 거절함인가?"

長者는 孟子自稱也라 言齊王이 不使子來어늘 而子自欲爲王留我하니 是는 所以爲我謀者 不及繆公留子思之事而先絶我也라 我之臥而不應이 豈爲先絶子乎아

長者는 맹자 자신을 일컬음이다. '제나라 왕이 그대를 보내온 것이 아니거늘, 그대가 스스로 왕을 위해 나를 만류하고자 한 것이니, 이는 나를 위해 도모한 것이 목공이 자사를 머무르게 한 일에 미치지 못한 것이니, 먼저 나를 거절한 것이다. 내가 누워 응대하지 않음이 어찌 먼저 그대를 거절한 것이냐?' 말한 것이다.

12-1. 孟子 去齊하실새 尹士 語人曰 不識王之不可以爲湯武則是不明也요 識其不可요 然且至則是 干澤也니 千里而見王하야 不遇故로 去호대 三宿而後出晝하니 是何濡滯也오 士則玆不悅하노라

맹자께서 제나라를 떠나실 적에 윤사가 사람에게 말하였다. "왕이 탕임금·무왕이 되지 못할 줄 알지 못한즉 이는 밝지 못함이요, 불가한 줄 알고도 왔다면 이는 은택을 구함이니, 천리를 와서 왕을 만나 뜻이 맞지 않으므로 떠나되 사흘 밤 잔 뒤에 주읍을 출발하니, 이 어찌 지체하는가? 나는 이것이 못마땅하다."

尹士는 齊人也라 干은 求也라 澤은 恩澤也라 濡滯는 遲留也라

尹士는 제나라 사람이다. 干은 구함이다. 澤은 은택이다. 濡滯는 지체하여 머무름이다.

■ 濡 젖을 유　　濡 막힐 체　　玆 이 자

12-2. 高子 以告한대

고자가 이를 아뢰자

高子는 亦齊人이니 孟子의 弟子也라

고자 또한 제나라 사람으로 맹자의 제자이다.

12-3. 曰 夫尹士惡(오)知予哉리오 千里而見王은 是予所欲也니 不遇故로 去 豈予所欲哉리오 予不得已也로라

말씀하셨다. "윤사가 어찌 나를 알리오! 천리를 와서 왕을 만남은 내가 하고자 한 바이니, 뜻이 맞지 않아 떠남이 어찌 내가 바라는 바이겠는가? 내가 마지못해서이다.

見王은 欲以行道也어늘 今道不行故로 不得已而去요 非本欲如此也라

왕을 만남은 도를 행하고자 함이거늘, 지금 도가 행해질 수 없기 때문에 부득이 떠남이지 본래 이같이 하고자 함이 아니다.

12-4. 予 三宿而出晝호대 於予心에 猶以爲速하노니 王庶幾改之니 王如改諸(저)시면 則必反予시리라

내가 사흘 밤 자고 주읍을 출발하되 내 마음엔 오히려 빠르다 생각되니, 왕께서 거의 고치실 것이다. 왕께서 만일 고치시면, 반드시 나를 돌아오게 하실 것이다.

所改는 必指一事而言이나 然今不可考矣로다

고칠 바는 반드시 한 가지 사실을 지칭하여 말한 것이나 지금 고찰할 수 없다.

12-5. 夫出晝而王不予追也하실새 予然後浩然有歸志호니 予雖然이나 豈舍王哉리오 王由足用爲善하시리니 王如用予시면 則豈徒齊民安이

리오 **天下之民**이 **擧安**하리니 **王庶幾改之**를 **予日望之**하노라

주읍을 출발하되 왕께서 나를 쫓아오지 않으시기 때문에, 내가 그런 뒤에 호연히 돌아갈 뜻을 지녔으니, 내가 비록 그렇지만 어찌 왕을 버리겠는가? 왕께서 오히려 선을 하실 수 있으시니, 왕께서 만일에 나를 등용하시면, 어찌 다만 齊民만 편안하겠는가? 천하 백성이 모두 편안할 것이니 王이 거의 고치기를 내 날마다 바라노라.

浩然은 如水之流 不可止也라 楊氏曰 齊王이 天資朴實하야 如好勇好貨好色好世俗之樂에 皆以直告而不隱於孟子故로 足以爲善이니 若乃其心不然하고 而謬爲大言以欺人이면 是人은 終不可與入堯舜之道矣니 何善之能爲리오

浩然은 물 흐름이 그치지 못함과 같다. 양씨가 말하였다. "제나라 왕이 타고난 자품이 순박하고 진실하여 好勇·好貨·好色·好世俗之樂 등에 다 솔직히 고백하여 맹자께 숨기지 않으므로 善을 행할 수 있으니, 만일 그 마음이 그렇지 못하고 그릇되게 말을 과장하여 남을 속인다면, 이런 사람은 끝내 堯舜의 도에 함께 들어갈 수 없으니, 어찌 선을 능히 하겠는가?"

12-6. 予豈若是小丈夫然哉라 諫於其君而不受則怒하야 悻悻然見(현)於其面하야 去則窮日之力而後에 宿哉리오

내가 어찌 이 졸장부 같이 해서 임금에게 간하여 수용하지 않으면 발끈 안면에 노기를 드러내고 떠나감에 온종일 힘을 다한 뒤에 묵겠는가?"

悻悻은 怒意也라 窮은 盡也라

悻悻은 성난 마음이다. 窮은 다함이다.

■ 悻 성낼 행

12-7. 尹士 聞之曰 士는 誠小人也로다

윤사가 듣고 말하였다. "저는 진실로 小人입니다."

此章에 見聖賢行道濟時汲汲之本心과 愛君澤民惓惓之餘意라 李氏曰 於此에 見君子 憂則違之之情이요 而荷蕢者 所以爲果也라

이 장에서, 성현이 도를 행하고 시대를 구제하려는 급급한 본심과 임금을 사랑하고 백성에게 은택을 주려는 간절한 마음을 볼 수 있다. 이씨가 말하였다. "여기서 군자가 근심한즉 떠나는 마음과 삼태기 맨 자(은둔자)가 과감함이 되는 이유를 알 수 있다."

- 惓 정성스러울 권   違 갈 위   荷 멜 하   蕢 삼태기 궤
  果 결단할 과

13-1. 孟子 去齊하실새 充虞 路問曰 夫子 若有不豫色然하니이다 前日에 虞 聞諸(저)夫子호니 曰君子는 不怨天하며 不尤人이라호이다

맹자께서 제나라를 떠나실 적에 충우가 노상에서 여쭈었다. "부자께서는 기쁘지 않은 기색 같습니다. 전에 제가 부자께 들으니, '군자는 하늘을 원망하지 않으며 사람을 탓하지 않는다.' 하셨습니다."

路問은 於路中問也라 豫는 悅也라 尤는 過也라 此二句는 實孔子之言이니 蓋孟子 嘗稱之以敎人耳시니라

路問은 길에서 여쭘이다. 豫는 기뻐함이다. 尤는 탓함이다. 이 2구는 실제 공자의 말씀이니 맹자께서 일찍이 일컬어서 사람을 가르치신 듯하다.

- 豫 기쁠 예   尤 허물 우

13-2. 曰 彼一時며 此一時也니라

말씀하셨다. "전날도 한 때이고 오늘도 한 때이다."

彼는 前日이요 此는 今日이라

彼는 전날이고 此는 오늘이다.

13-3. 五百年에 必有王者興하나니 其間에 必有名世者니라

5백 년에 반드시 왕 할 자가 흥기하니, 그 간에 반드시 세상에 이름난 자가 있다.

自堯舜至湯하고 自湯至文武히 皆五百餘年에 而聖人出이라 名世는 謂其人의 德業聞望이 可名於一世者 爲之補佐니 若皐陶(요)稷契(설)伊尹萊朱太公望散宜生之屬이라

요임금·순임금에서 탕왕과 탕왕에서 문왕·무왕까지 다 500여년에 성인이 나왔다. 名世는 그 사람의 덕업과 명망이 당세에 이름을 떨친 자가 보좌함을 이르니, 예컨대 고요·직·설·이윤·래주·태공망·산의생 등이다.

■ 皐 언덕 고   陶 사람이름 요   稷 기장 직   契 사람이름 설
  萊 명아주 래

13-4. 由周而來로 七百有餘世矣니 以其數則過矣요 以其時考之則可矣니라

周나라 이래로 700여년이니, 햇수로는 지났고 시대로 상고하면 가능하다.

周는 謂文武之間이라 數는 謂五百年之期라 時는 謂亂極思治하야 可以有爲之日이니 於是而不得一有所爲하니 此는 孟子所以不能無不豫也시니라

周는 문왕·무왕의 즈음을 이른다. 數는 500년 주기를 이른다. 時는 혼란이 극도에 달하면 다스림을 생각하여 도모할 수 있는 날을 이르니, 이에 한 번 도모할 바를 얻지 못하니, 이는 맹자께서 기쁘지 않을 수밖에 없는

이유이다.

13-5. 夫天이 未欲平治天下也시니 如欲平治天下인댄 當今之世하야 舍我요 其誰也리오 吾何爲不豫哉리오

무릇 하늘이 천하를 平治코자 아니하시니, 만일 천하를 平治코자 할진대 지금 당세에 나를 놔두고 그 누가 하겠는가? 내 어찌 기쁘지 않겠는가?"

言當此之時하야 而使我不遇於齊하니 是는 天未欲平治天下也라 然 天意를 未可知요 而其具 又在我하니 我何爲不豫哉리오 然則孟子 雖 若有不豫然者나 而實未嘗不豫也라 蓋聖人憂世之志와 樂(락)天之誠이 有並行而不悖者를 於此에 見矣로다

'이런 시대에 나로 하여금 제나라에서 뜻을 얻지 못하게 하니, 이는 하늘이 천하를 平治코자 아니함이다. 그러나 하늘의 뜻을 알 수 없고 그 도구가 내게 있으니, 내 어찌 기쁘지 않겠느냐?'는 말이다. 그렇다면 맹자께서 비록 기쁘지 않으신듯하지만 실상 일찍이 기쁘지 않은 적이 없으셨다. 성인께서 세상을 우려하는 마음과 천리를 즐거워하는 정성이 병행하여 어긋나지 않음을 여기에서 볼 수 있다.

■ 悖 어그러질 패

14-1. 孟子 去齊居休러시니 公孫丑(추) 問曰 仕而不受祿이 古之道乎잇가

맹자께서 제나라를 떠나 휴 지역에 거처하셨는데, 공손추가 여쭈었다. "벼슬하고 녹봉을 받지 않음이 옛 도입니까?"

休는 地名이라

休는 지명이다.

14-2. 曰 非也라 於崇에 吾 得見王하고 退而有去志호니 不欲變故로 不受也호라

말씀하셨다. "아니다. 숭 지역에서 내가 왕을 만나보고 물러나서 떠날 뜻을 지녔으니, 바꾸고 싶지 않았기 때문에 받지 않았다.

崇은 亦地名이라 孟子 始見齊王하고 必有所不合故로 有去志라 變은 謂變其去志라

崇 역시 지명이다. 맹자께서 처음 제나라 왕을 만나보고 반드시 맞지 않는 것이 있었기 때문에 떠날 뜻을 지니신 것이다. 變은 떠날 뜻을 바꿈을 이른다.

14-3. 繼而有師命이라 不可以請이언정 久於齊는 非我志也니라

계속해서 군대의 명령이 있는지라 청할 수 없었던 것이지 제나라에 오래 함은 내 뜻이 아니다."

師命은 師旅之命也라 國旣被兵에 難請去也라

○孔氏曰 仕而受祿은 禮也요 不受齊祿은 義也니 義之所在에 禮有時而變이어늘 公孫丑(추) 欲以一端裁之하니 不亦誤乎아

師命은 군대의 명령이다. 나라가 이미 병화가 발생함에 떠나기를 청하기가 어려운 것이다.

○ 공씨가 말하였다. "벼슬하고 녹을 받음은 예요, 제나라 녹을 받지 않음은 의이니, 의의 소재에 따라 예는 때로 변할 수 있거늘 공손추가 한 부분으로 재단하고자 하니, 또한 잘못이 아닌가?"

藤文公章句上

凡五章이라
모두 5장이다.

1-1. 藤文公이 爲世子에 將之楚할새 過宋而見孟子하신대

등나라 문공이 세자일 적에 장차 초나라에 갈 때 송나라를 지나다가 맹자를 찾아보셨는데,

世子는 太子也라
世子는 태자이다.

1-2. 孟子 道性善하사대 言必稱堯舜이러시다

맹자께서 性善을 말씀하시되 말씀마다 반드시 요·순을 일컬으셨다.

道는 言也라 性者는 人所稟於天以生之理也니 渾然至善하야 未嘗有惡하니 人與堯舜이 初無少異로대 但衆人은 汨於私欲而失之하고 堯舜은 則無私欲之蔽하야 而能充其性爾라 故로 孟子 與世子言에 每道性善而必稱堯舜以實之하야 欲其知仁義不假外求요 聖人을 可學而至하야 而不懈於用力也라 門人이 不能悉記其辭하고 而撮其大旨 如此하니라

程子曰 性은 卽理也니 天下之理 原其所自하면 未有不善하니 喜怒哀樂(락)이 未發에 何嘗不善이리오 發而中節이면 卽無往而不善이니 發不中節然後에 爲不善故로 凡言善惡에 皆先善而後惡하고 言吉凶에 皆先吉而後凶하고 言是非에 皆先是而後非라

道는 말함이다. 性이란 사람이 하늘에서 받아 살아가는 理이니, 온통 至善하여 일찍이 악함이 없었으니, 사람과 요·순이 애초에 조금도 차이가 없다. 단지 뭇사람은 사욕에 빠져 잃고, 요·순은 곧 사욕에 가림이 없어서 능히 그 본성을 확충할 뿐이다. 그러므로 맹자께서 세자와 말씀하실 적에 번번이 性善을 말함에 반드시 요·순을 들어 실증하여 그로 하여금 仁·義는 밖에서 구할 것이 아니고 聖人을 배워 이를 수 있음을 알아서 노력함에 게으르지 않게 하고자 하셨다. 문인이 그 말씀을 다 기록하지 못하고 그 大旨를 이와 같이 요약하였다.

정자가 말하였다. "性이 곧 理이니, 천하의 理가 그 근원을 추구하면 善하지 않은 것이 없으니, 희·노·애·락이 발로되지 않았을 적에 어찌 일찍이 不善하겠는가? 발로하여 절도에 맞으면 곧 가는 곳마다 不善함이 없으니, 발로하여 절도에 맞지 않은 뒤에야 不善하므로, 무릇 善惡을 말함에 모두 善을 앞세우고 惡을 뒤에 하며 吉凶을 말할 적에 모두 吉을 먼저하고 凶을 뒤에 하며 是非를 말함에 모두 是를 앞세우고 非를 뒤에 하는 것이다."

- 道 말할 도 渾 온통 혼 汨 빠질 골 蔽 가릴 폐
  懈 게으를 해 撮 모을 촬 原 찾을 원 自 부터 자

1-3. 世子 自楚反하야 復(부)見孟子하신대 孟子曰 世子는 疑吾言乎잇가 夫道는 一而已矣니이다

세자가 초나라에서 돌아와 다시 맹자를 찾으셨는데, 맹자께서 말씀하셨다. "세자는 내 말을 의심하십니까? 道는 하나일 따름입니다.

時人이 不知性之本善하고 而以聖賢爲不可企及故로 世子 於孟子之言에 不能無疑而復(부)來求見하니 蓋恐別有卑近易(이)行之說也라 孟子 知之故로 但告之如此하야 以明古今聖愚 本同一性은 前言에 已盡하니 無復(부)有他說也라

당시 사람이 性이 본래 善함을 모르고 성현을 노력하여 이룰 수 없다고 여겼기 때문에, 세자가 맹자 말씀에 능히 의심이 없을 수 없어서 다시 찾아뵌 것이니, 대개 별도로 쉽게 행할 수 있는 말씀이 있다고 생각한 것이다. 맹자께서 이를 아셨기 때문에, 다만 이와 같이 말하여 고금의 성인과 우자가 본디 똑같이 하나의 性임은 지난번에 이미 다 말했으니 더 다른 말이 있을 수 없음을 밝힌 것이다.

■ 企 발돋움할 기

1-4. 成覵이 謂齊景公曰 彼丈夫也며 我丈夫也니 吾何畏彼哉리오하며 顔淵이 曰舜何人也며 予何人也오 有爲者 亦若是라하며 公明儀曰 文王은 我師也라하시니 周公이 豈欺我哉시리오하니이다

성간이 제나라 경공께 '저 분도 장부이며 나도 장부이니, 내 어찌 저분을 두려워하겠습니까?'하며, 안연이 '순임금은 어떤 사람이며 나는 어떤 사람인가? 행하는 자가 또한 이와 같이 될 수 있다.'하며, 공명의가 '문왕은 내 스승이라고 하셨으니 주공께서 어찌 나를 속이시겠느냐?'하였습니다.

成覵은 人姓名이라 彼는 謂聖賢也라 有爲者亦若是는 言人能有爲면 則皆如舜也라 公明은 姓이요 儀는 名이니 魯賢人也라 文王我師也는 蓋周公之言이니 公明儀 亦以文王爲必可師故로 誦周公之言而歎其不我欺也라 孟子 旣告世子以道無二致하시고 而復(부)引此三言以明之하야 欲世子로 篤信力行하야 以師聖賢하고 不當復(부)求他說也시니라

成覵은 사람의 성명이다. 彼는 성현을 이른다. 有爲者亦若是는 사람이 능히 행하면 다 순임금 같이 됨을 말한 것이다. 公明은 성이요 儀는 이름이니 魯나라 현인이다. 文王我師也는 대개 주공의 말씀이니, 공명의도 역시 문왕을 반드시 스승 삼을 만하다 여겼기 때문에, 주공의 말씀을 외워 그분이 자기를 속이지 않음을 탄미한 것이다. 맹자께서 이미 세자에게 도는 두 이치가 없음을 일러주시고 다시 이 세 사람의 말을 인용하여 증명하고 세자로 하여금 독실이 믿고 힘써 행하여 성현을 스승삼고 마땅히 다시는 다른 말을 구하지 않도록 하신 것이다.

■ 覵 엿볼 간(한)　　齊 나라이름 제　　欺 속일 기　　致 뜻 치

1-5. 今滕을 絶長補短이면 將五十里也나 猶可以爲善國이니 書에 曰 若藥이 不瞑眩이면 厥疾이 不瘳라하니이다

지금 등나라를 긴 쪽을 잘라 짧은 쪽을 채우면 50리 정도이지만 그래도 좋은 나라를 만들 수 있으니, 『書』에 '약이 명현 현상이 일어나지 않으면 그 병이 낫지 않는다.' 하였습니다.

絶은 猶截也라 書는 商書說(열)命篇이라 瞑眩은 憒亂이라 言滕國이 雖小나 猶足爲治로되 但恐安於卑近하야 不能自克이면 則不足以去惡而爲善也라

○ 愚는 按孟子之言性善이 始見(현)於此하고 而詳具於告子之篇이나 然默識而旁通之면 則七篇之中에 無非此理니 其所以擴前聖之未發而有功於聖人之門이니 程子之言이 信矣로다

絶은 자름과 같다. 書는 『商書』 「說命」편이다. 瞑眩은 아찔하고 어지러움이다. '등 나라가 비록 작으나 오히려 충분히 다스릴 수 있으되, 다만 비근한 것에 안주하여 능히 극복하지 못하면 惡을 제거하고 善을 할 수 없음이

염려스럽다.'말씀하신 것이다.

○내가 살피건대, 孟子께서 性善을 말씀하신 것이 여기에 처음 나오고, 「告子」편에 상세하다. 그러나 묵묵히 알고 널리 통하면 7편 가운데 이 이치가 아닌 것이 없으니, 前聖이 발명하지 못한 것을 확충한 것으로 聖人의 문하에 공을 세운 것이니, 정자의 말이 진실하도다.

■ 將 문득 장　　瞑 어지러울 명　　眩 아찔할 현　　瘳 나을 추
　說 사람이름 열　　憒 심란할 궤　　去 버릴 거

2-1. 滕定公이 薨커늘 世子 謂然友曰 昔者에 孟子 嘗與我言於宋이어시늘 於心終不忘이라니 今也不幸하야 至於大故호니 吾欲使子로 問於孟子然後에 行事하노라

등나라 정공이 돌아가시자 世子가 然友더러 말하였다. "예전에 孟子께서 일찍이 나와 송나라에서 말씀하셨거늘 마음에 끝내 잊지 못하였더니, 이제 불행하여 대고에 이르니, 내가 그대로 하여금 맹자께 여쭈어본 뒤에 喪事를 행하고자 하노라."

定公은 文公父也라 然友는 世子之傅也라 大故는 大喪也라 事는 謂喪禮라

定公은 문공의 아버지이다. 然友는 세자의 스승이다. 大故는 대상이다. 事는 상례를 이른다.

2-2. 然友 之鄒하야 問於孟子한대 孟子曰 不亦善乎아 親喪은 固所自盡也니 曾子曰 生事之以禮하며 死葬之以禮하며 祭之以禮면 可謂孝矣라하시니 諸侯之禮는 吾未之學也어니와 雖然이나 吾嘗聞之矣로니 三年之喪에 齊(자)疏之服과 飦粥之食은 自天子達於庶人하야 三代

共之하니라

연우가 추나라에 가서 맹자께 여쭙자, 맹자께서 말씀하셨다. "또한 착하지 않은가! 친상은 진실로 스스로 마음을 다할 일이다. 曾子께서 '살아계신 분 섬기기를 禮로써 하며 장사지내기를 禮로써 하며 제사지내기를 禮로써 하면 효라 이를 것이다.'하셨으니, 제후의 禮는 내가 배우지 못하였지만, 비록 그러나 내가 일찍이 들으니 '3년 상에 자소의 상복과 미음의 음식은 천자부터 서인까지 공통이어서 三代가 같다.'하였다."

當時諸侯 莫能行古喪禮어늘 而文公이 獨能以此爲問故로 孟子 善之하시니라 又言父母之喪은 固人子之心의 所自盡者니 蓋悲哀之情과 痛疾之意 非自外至니 宜乎文公이 於此에 有所不能自已也라 但所引 曾子之言은 本孔子告樊遲者니 豈曾子 嘗誦之하야 以告其門人歟아 三年之喪者는 子生三年然後에 免於父母之懷故로 父母之喪을 必以三年也라 齊(자)는 衣下縫也니 不緝曰 斬衰(최)요 緝之曰 齊(자)衰(최)라 䟽는 麤也니 麤布也라 飦은 糜也라 喪禮에 三日에 始食粥하고 旣葬에 乃䟽食(사)하니 此는 古今貴賤通行之禮也라

당시 제후가 능히 옛 상례를 행하지 못하거늘 文公이 유독 이를 질문하였기 때문에 맹자께서 善하게 여기신 것이다. 또 '부모상은 진실로 자식의 마음이 저절로 극진히 할 일이니, 대개 슬픈 정리와 몹시 아픈 마음이 외부에서 이르는 것이 아니니, 마땅히 문공이 이일에 능히 스스로 그만두지 못할 바가 있음'을 말한 것이다. 다만 인용한 증자의 말씀은 본래 공자께서 번지에게 일러주신 것이니, 아마도 증자께서 일찍이 이 말씀을 외워 문인에게 일러주셨는가 보다. 三年喪이란 자식이 나서 3년이 된 후에 부모 품에서 벗어나기 때문에 부모상은 반드시 3년을 하는 것이다. 齊는 옷의 아랫단을 꿰맴이니, 꿰매지 않은 것이 참최요 꿰맨 것이 자최이다. 䟽는 거침이니, 발이 굵고 거친 삼베이다. 飦은 죽이다. 喪禮에 '사흘 만에 비로소 죽을 먹고 장사지냄에

거친 밥을 먹는다.'하니, 이는 고금에 귀천에 관계없이 공통으로 행한 예절이다.

- 鄒 나라이름 추   齊 상복 자(재)   疏 거칠 소   飦 된죽 전
  粥 미음 죽   樊 울 번   遲 더딜 지   緝 꿰맬 집
  斬 상복 참   衰 상복 최   麤 거칠 추   糜 미음 미

* 喪禮 : 『禮記』 제22편 「喪大記」의 君之喪, 大夫之喪에 나오는 말로, 3일을 밥을 먹지 않고 나서 죽을 먹으며, 장사지낸 후 거친 밥에 물을 마시되(疏食水飮) 채소, 과일은 먹지 않으며, 소상(練) 지내고 채소, 과일을 먹고, 대상 지내고 고기를 먹는다.

2-3. 然友 反命하야 定爲三年之喪한대 父兄百官이 皆不欲曰 吾宗國 魯先君도 莫之行하시고 吾先君도 亦莫之行也하시니 至於子之身而反之 不可하이다 且志에 曰喪祭는 從先祖라하니 曰吾有所受之也니이다

연우가 복명하여 三年喪을 정하여 행하려는데, 부형과 백관이 다 하고 싶지 않아 말하였다. "우리 종국인 魯나라 선군도 행하지 않으시고 우리 선군 역시 행하지 않으셨으니, 세자 당신에 이르러 이를 뒤엎음은 불가합니다. 또 기록에 '상례와 제례는 선조를 따른다.'하니, 우리가 물려받은 바가 있습니다."

父兄은 同姓老臣也라 滕與魯 俱文王之後而魯祖周公이 爲長하야 兄弟宗之故로 滕謂魯爲宗國也라 然이나 謂二國이 不行三年之喪者는 乃其後世之失이요 非周公之法이 本然也라 志는 記也니 引志之言而釋其意하야 以爲所以如此者는 蓋爲上世以來로 有所傳受니 雖或不同이나 不可改也라 然이나 志所言은 本謂先王之世舊俗所傳禮文小異而可以通行者耳요 不謂後世失禮之甚者也니라

父兄은 동성의 노신이다. 滕나라와 魯나라가 같이 문왕의 후손으로 魯나라 시조인 주공이 어른이어서 형제가 종주 삼으므로 滕나라에서 魯나라가 宗國이라고 말한 것이다. 그러나 두 나라가 3년 상을 행하지 않은 것은 후세의 잘못이지 주공의 법도가 본래 그러한 것이 아니다. 志는 기록이니, 志의

말을 인용하여 그 뜻을 풀이하여 '이와 같이 하는 까닭은 윗대 이래로 물려받은 바가 있기 때문이니, 비록 혹여 다를지라도 고칠 수 없다.'고 생각한 것이다. 그러나 志에서 말한 것은 본래 先王 시대 옛 풍속으로 전한 禮文이 조금 다르지만 통행할 수 있음을 말한 것뿐이지, 후세에 심하게 예를 잃은 것을 말한 것은 아니다.

2-4. 謂然友曰 吾 他日에 未嘗學問이요 好馳馬試劍하다니 今也에 父兄百官이 不我足也하니 恐其不能盡於大事하노니 子 爲我問孟子하라 然友 復(부)之鄒하야 問孟子한대 孟子曰 然하다 不可以他求者也라 孔子曰 君薨커시든 聽於冢宰하니 歠粥하고 面深墨하야 即位而哭이어든 百官有司 莫敢不哀는 先之也라 上有好者면 下必有甚焉者矣니 君子之德은 風也요 小人之德은 草也니 草尚之風이면 必偃이라하시니 是在世子하니라

연우에게 일러 말하였다. "내가 지난날 일찍이 학문하지 않고 말 타고 검술 익히기를 좋아하더니, 이제 부형과 백관이 나를 만족스럽게 여기지 않으니, 大事에 극진하지 못할까 걱정이다. 그대가 나를 위해 맹자께 여쭈어라." 연우가 다시 추나라에 가서 맹자께 여쭙자, 맹자께서 말씀하셨다. "그렇다. 남한테 구하지 못할 것이다. 공자께서 '임금이 돌아가시면 총재에게 정사를 들으니, 죽을 먹고 얼굴이 짙은 검은 빛으로 哭位에 나아가 곡하면 백관과 유사가 감히 슬퍼하지 않는 이가 없음은 솔선하기 때문이다. 위에서 좋아하는 것이 있으면 아래에서 반드시 더 심한 자가 있으니, 君子의 덕은 바람이요 小人의 덕은 풀이니, 풀에 바람이 불면 반드시 쏠린다.' 하셨으니, 이것은 세자께서 하시기에 달렸습니다."

不我足은 謂不以我滿足其意也라 然者는 然其不我足之言이라 不可他求者는 言當責之於己라 冢宰는 六卿之長也라 歠은 飮也라 深墨은

甚黑色也라 卽은 就也라 尙은 加也니 論語에 作上하니 古字通也라 偃은 伏也라 孟子 言但在世子 自盡其哀而已라하시니라

不我足은 내가 그들 뜻에 만족스럽지 않음을 이른다. 然은 그들이 나를 만족스럽게 여기지 않는다는 말이 옳다는 말이다. 不可他求란 마땅히 자기가 책임져야함을 말한다. 冢宰는 6경의 우두머리이다. 歠은 마심이다. 深墨은 매우 어두운 기색이다. 卽은 나아감이다. 尙은 더함이니, 『論語』에 上자로 썼으니 古字에 통용하였다. 偃은 쓰러짐이다. 맹자께서 '다만 세자가 스스로 그의 애통함을 다함에 있을 뿐임'을 말씀하신 것이다.

- ■ 馳 달릴 치   饘 죽을 홍   冢 클 총   歠 마실 철
  尙 더할 상   偃 쓰러질 언

2-5. 然友 反命한대 世子曰 然하다 是誠在我라하시고 五月居廬하야 未有命戒어시늘 百官族人이 可謂曰知라하며 及至葬하야 四方이 來觀之하더니 顔色之戚과 哭泣之哀에 吊者 大悅하더라

연우가 복명하자, 세자가 "그렇다. 이는 진실로 내게 달려있다."하시고, 5개월을 여사에서 지내어 명령과 교계가 없으시거늘 백관과 족인이 모두 '예를 안다.' 하며, 장례 날 사방에서 와보더니 안색의 가득한 슬픔과 哭泣의 애통함에 조문하는 자가 크게 기뻐하더라."

諸侯는 五月而葬하니 未葬에 居倚廬於中門之外라 居喪不言故로 未有命令敎戒也라 可謂曰知는 疑有闕誤니 或曰 皆謂世子之知禮也라
○林氏曰 孟子之時에 喪禮旣壞나 然三年之喪에 惻隱之心과 痛疾之意는 出於人心之所固有者라 初未嘗亡也로대 惟其溺於流俗之弊라 是以로 喪其良心而不自知耳라 文公이 見孟子而聞性善堯舜之說하니 則固有以啓發其良心矣라 是以로 至此而哀痛之誠心이 發焉하고 及

其父兄百官이 皆不欲行하야는 則亦反躬自責하야 悼其前行之不足以取信하고 而不敢有非其父兄百官之心하니 雖其資質이 有過人者나 而學問之力을 亦不可誣也라 及其斷然行之而遠近見聞이 無不悅服하니 則以人心之所同然者로 自我發之에 而彼之心悅誠服이 亦有所不期然而然者하니 人性之善을 豈不信哉리오

諸侯는 5개월에 장사지내니, 장사지내기 전에는 중문 밖 여사에 거처한다. 상중에 말하지 않으므로 명령과 교계가 없다. 可謂曰知는 궐오가 있는 듯하니, 혹자는 '다 세자가 예를 앎을 이른다.'하였다.

○임씨가 말하였다. "맹자 당시에 喪禮가 이미 무너졌으나 三年喪에 측은한 마음과 몹시 아픈 정리는 본디 지닌 人心에서 나오는 것이라서 애초 없었던 적이 없으되, 오직 세속의 폐단에 빠졌기 때문에 그 양심을 상실하고 스스로 모를 뿐이다. 문공이 맹자를 만나 性善과 堯·舜의 말씀을 들으니, 진실로 자기 양심을 계발할 수 있었다. 이 때문에 이 일을 당하여 애통한 誠心이 발동하였고, 그의 부형과 백관이 다 행하려하지 않는데 미쳐서는 또한 반성하고 자책하여 이전의 행실이 신뢰받기에 부족함을 안타까워하고 감히 부형과 백관의 마음을 비난하지 않으니, 비록 그의 자질이 출중하더라도 학문의 힘을 역시 속일 수 없다. 그가 결단하여 행함에 원근에서 보고 들은 이가 기뻐하지 않는 이가 없었으니, 곧 인심의 같은 것으로써 자기로부터 발동하여 저들이 마음으로 기뻐하고 진심으로 복종함이 역시 기약하지 않아도 그러한 바가 있으니, 人性의 善함을 어찌 믿지 않으리오."

■ 葬 장사지낼 장   倚 기댈 의   廬 오두막집 려   教 교령 교
　戒 알릴 계   可 다 가   悼 슬퍼할 도

3-1. 滕文公이 問爲國하신대

등나라 문공이 나라 다스림을 물으시자,

文公이 以禮聘孟子故로 孟子 至滕而文公이 問之하니라

문공이 예를 갖추어 맹자를 빙문했기 때문에 맹자께서 등 나라에 이르시자 문공이 여쭌 것이다.

- 聘 찾아갈 빙

3-2. 孟子曰 民事는 不可緩也니 詩云 晝爾于茅요 宵爾索綯하야 亟其乘屋이오사 其始播百穀이라하니이다

맹자께서 말씀하셨다. "백성의 일은 늦추지 못할 것이니, 『詩』에 '낮엔 가서 띠를 베어오고 밤엔 새끼 꼬아, 서둘러 지붕에 올리고서야 봄에 비로소 온갖 곡식을 뿌리리라.' 하였습니다.

民事는 謂農事라 詩는 豳風七月之篇이라 于는 徃取也라 綯는 絞也라 亟은 急也라 乘은 升也라 播는 布也라 言農事至重하야 人君이 不可以爲緩而忽之故로 引詩言治屋之急이 如此者는 蓋以來春에 將復(부)始播百穀而不暇爲此也라

民事는 농사를 이른다. 『詩』는 「빈풍」<7월>편이다. 于는 가서 취함이다. 綯는 새끼를 꼼이다. 亟은 서두름이다. 乘은 올림이다. 播는 뿌림이다. '농사가 지중하여 군주가 늦추어 소홀히 하지 못할 것이므로, 인용한 『詩』에 지붕해이는 서두름이 이와 같다고 말한 것은 대개 내년 봄에 다시 백곡을 파종하렴에 이 일을 할 겨를이 없다.'는 말이다.

- 緩 늦출 완   于 가서취할 우   茅 띠 모   宵 밤 소
  索 노끈 삭   綯 꼴 도   亟 빠를 극   乘 오를 승
  播 뿌릴 파   豳 나라이름 빈   絞 새끼꼴 교 暇 겨를 가

3-3. 民之爲道也 有恒産者는 有恒心이요 無恒産者는 無恒心이니 苟無恒心이면 放辟邪侈를 無不爲已니 及陷乎罪然後에 從而刑之면

是는 罔民也니 焉有仁人이 在位하야 罔民을 而可爲也리오 是故로 賢君이 必恭儉하야 禮下하며 取於民이 有制니이다

백성이 사는 방도가 떳떳한 생업이 있는 자는 떳떳한 마음이 있고 떳떳한 생업이 없는 자는 떳떳한 마음이 없으니, 진실로 떳떳한 마음이 없으면 방탕·편벽·사악·사치를 하지 않음이 없나니, 죄에 빠진 뒤에 처형하면 이는 백성을 그물질하는 것이니, 어찌 어진 사람이 존위에서 백성 그물질하는 짓을 할 수 있습니까? 이런 까닭으로 현군이 반드시 공손하며 검소하여 아랫사람을 예우하며 백성에게 취함이 제도가 있습니다.

恭則能以禮接下하고 儉則能取民以制라

공손하면 예로써 아랫사람을 대하고 검소하면 백성에게 취함을 제도로써 한다.

- 恒 항상할 항   放 방탕할 방   辟 편벽될 벽(僻)   邪 간사할 사
  罔 그물질할 망

3-4. 陽虎曰 爲富면 不仁矣요 爲仁이면 不富矣라하니이다

양호가 '부를 추구하면 仁하지 못하고, 仁을 하면 부유하지 못하다.'하였습니다.

陽虎는 陽貨니 魯季氏家臣也라 天理人欲이 不容並立하니 虎之言此는 恐爲仁之害於富也요 孟子 引之는 恐爲富之害於仁也니 君子小人이 每相反而已矣니라

양호는 양화이니, 魯나라 계씨의 가신이다. 天理와 人慾이 병립할 수 없으니, 양호가 이 말을 한 것은 仁을 함이 富에 해가 됨을 염려한 것이요, 맹자께서 인용하신 것은 부를 추구함이 仁에 해가 됨을 염려한 것이니, 군자와 소인이 매양 상반될 뿐이다.

3-5. 夏后氏는 五十而貢하고 殷人은 七十而助하고 周人은 百畝而徹하니 其實은 皆什一也니 徹者는 徹也요 助者는 藉(자)也니이다

하후씨는 50묘에 공법을 쓰고, 은나라 사람은 70묘에 조법을 쓰고, 주나라 사람은 100묘에 철법을 썼으니 그 실제는 모두 10분의 1이니, 徹은 힘을 통함이요 助는 힘을 빌림입니다.

此以下는 乃言制民常産과 與其取之之制也라 夏時에 一夫 受田五十畝하고 而每夫 計其五畝之入하야 以爲貢이러니 商人이 始爲井田之制하야 以六百三十畝之地로 畫(획)爲九區하니 區七十畝라 中爲公田이요 其外는 八家 各授一區하야 但借其力以助耕公田하고 而不復(부)稅其私田하며 周時엔 一夫 受田百畝하야 鄕遂*에 用貢法하야 十夫有溝하고 都鄙*에 用助法하야 八家同井하야 耕則通力而作하고 收則計畝而分故로 謂之徹이라 其實皆什一者는 貢法은 固以十分之一로 爲常數하고 惟助法은 乃是九一이나 而商制는 不可考요 周制는 則公田百畝中에 以二十畝로 爲廬舍하야 一夫所耕公田은 實計十畝니 通私田百畝하면 爲十一分而取其一이니 蓋又輕於十一矣라 竊料商制도 亦當似此하야 而以十四畝로 爲廬舍하야 一夫 實耕公田七畝하니 是亦不過十一也라 徹은 通也며 均也요 藉(자)는 借也라

이 이하는 백성에게 떳떳한 생업을 제정해줌과 세금을 취하는 제도를 말한 것이다. 夏나라 때에는 一夫가 밭 50묘를 받고 夫마다 5묘의 수입을 계산하여 貢稅로 삼았다. 商나라 사람은 처음으로 井田制를 만들어 630묘의 농지를 아홉 구역으로 만드니 1구역이 70묘이다. 중앙이 公田이요 그 바깥은 8家가 각각 1구역을 받아 다만 그 노동력만 빌려 公田을 함께 경작하고 다시 私田에는 과세하지 않았다. 周나라 때는 一夫가 100묘를 받아 鄕과 遂*에는 貢法을 써서 10夫마다 溝가 있고 都와 鄙*에는 助法을 써서 8家가 井田을 함께하여

경작은 힘을 합쳐하고 수확은 이랑 수를 계산하여 분배했기 때문에 徹이라 한 것이다. 其實皆什一이란 貢法은 진실로 10분의 1을 상수로 하고 助法만은 9분의 1이나 商代 田制는 상고할 수 없고, 周代 田制는 公田 100묘 중에 20묘에 농막을 지어 一夫가 경작하는 公田은 실제 10묘이니 私田 100묘와 통산하면 11분의 1을 취하니 10분의 1보다 더 가볍다. 가만히 생각하건대, 商代 田制 또한 이와 유사하여 14묘에 농막을 지어 一夫가 실제 公田 7묘를 경작하니, 이 역시 10분의 1에 지나지 않는다. 徹은 통함이며 고르게 함이요, 藉는 빌림이다.

- 貢 조세 공　　助 조세 조　　徹 조세 철　　藉 빌 자
  常 떳떳 상　　畫 그을 획　　鄕 시골 향　　遂 시골 수
  夫 백묘밭 부　　溝 봇도랑 구　　鄙 시골 비　　廬 농막 려

* 鄕遂·溝 : 周制에 도성 밖 50~100리가 鄕이며 100~200리가 遂요, 井田(900묘)에 넓이·깊이 각 4尺의 봇도랑인 溝를 설치하였는데 정전을 시행하지 못하는 곳엔 1,000묘(十夫)에 설치하였음.

* 都鄙 : 『논어』「공야장」 15장 강설 참조.

3-6. 龍子曰 治地는 莫善於助요 莫不善於貢이니 貢者는 校數歲之中하야 以爲常하나니 樂(락)歲에 粒米狼戾하야 多取之而不爲虐이라도 則寡取之하고 凶年에 糞其田而不足이어늘 則必取盈焉하나니 爲民父母라 使民으로 盻盻然將終歲勤動하야 不得以養其父母하고 又稱貸而益之하야 使老稚로 轉乎溝壑이면 惡(오)在其爲民父母也리오하니이다

용자가 '토지를 다스림은 助法보다 좋은 것이 없고 貢法보다 나쁜 것이 없으니, 貢法은 몇 해의 중간치를 계산하여 기준을 삼으니, 풍년에는 곡물이 낭자하여 많이 거두어도 포학하지 않은데도 적게 취하고, 흉년에는 그 토지에 거름주기도 부족하거늘 반드시 기준을 채워 받으니, 백성의 부모가 되어서 백성으로 하여금

눈을 흘기며 1년 내내 부지런히 일하여 제 부모를 봉양할 수 없고 또 빚을 얻어 세금을 채우게 하여 늙은이와 어린애를 굶주려 죽어 도랑과 골짜기에 나뒹굴게 하면, 어디에 백성의 부모다움이 있겠는가?' 하였습니다.

龍子는 古賢人이라 狼戾는 猶狼藉(자)니 言多也라 糞은 壅也라 盈은 滿也라 盻은 恨視也라 勤動은 勞苦也라 稱은 擧也요 貸는 借也니 取物於人하야 而出息以償之也라 盆之는 以足取盈之數也라 稚는 幼子也라
龍子는 옛 현인이다. 狼戾는 낭자함와 같으니 많음을 말한다. 糞은 북돋움이다. 盈은 채움이다. 盻는 원망스럽게 흘겨봄이다. 勤動은 수고하고 애씀이다. 稱은 듦이요 貸는 빌림이니, 남에게 재물을 빌려 이자를 내어 갚음이다. 盆之는 기준치를 채워 취하기에 충족시킴이다. 稚는 어린애이다.

- 校 셀 교   狼 어지러울 랑   戾 어그러질 려   糞 거름 분
  盻 흘길 혜(예)   稱 들 칭   貸 빌릴 대   壑 골짜기 학
  壅 북돋울 옹   息 이자 식   償 갚을 상

3-7. 夫世祿은 滕이 固行之矣니이다

세록은 등 나라가 본디 행하고 있습니다.

孟子 嘗言文王治岐에 耕者를 九一하며 仕者를 世祿이라하시니 二者는 王政之本也라 今世祿은 滕이 已行之요 惟助法이 未行故로 取於民者無制耳라 蓋世祿者는 授之土田하야 使之食其公田之入하니 實與助法으로 相爲表裏하니 所以使君子小人으로 各有定業而上下相安者也라 故로 下文에 遂言助法하시니라
맹자께서 일찍이 '문왕께서 기를 다스릴 적에 경작자를 9분의 1로 취하며 벼슬하는 자를 세습하여 녹 먹게 하였다.' 하셨으니, 두 가지는 왕정의 근본이다. 지금 세록은 등 나라가 이미 시행하고 조법만 시행하지 않았으므로, 백성에게 취하는 것이 제도가 없을 뿐이다. 대개 世祿이란 토지와 밭을 주어 그

公田의 수입을 먹게 하는 것이니 실제로 助法과 서로 표리가 되니, 君子와 小人으로 하여금 각기 일정한 생업을 갖게 하여 상하가 서로 안정할 수 있는 것이다. 그러므로 하문에서 드디어 助法을 말씀하셨다.

3-8. 詩云 雨我公田하야 遂及我私라하니 惟助에 爲有公田하니 由此觀之컨댄 雖周나 亦助也로소이다

『詩』에 '우리 공전에 비가 내려 드디어 우리 사전에 이른다.'하니 오직 조법에 공전이 있으니, 이로 보건대 비록 주나라이나 또한 조법을 썼습니다.

詩는 小雅大田之篇이라 雨는 降雨也라 言願天은 雨於公田而遂及私田이라하니 先公而後私也라 當時助法이 盡廢하야 典籍이 不存하고 惟有此詩하야 可見周亦用助故로 引之也라

詩는「소아」<대전>편이다. 雨는 비가 내림이다. '하늘은 공전에 비 내려 드디어 사전에 미치게 해달라고 소원한 것이니, 선공후사함'을 말한 것이다. 당시 조법이 다 폐지되어 전적이 남아있지 않고, 오직 이 시만 남아 주나라 또한 조법을 썼음을 알 수 있으므로 인용한 것이다.

3-9. 設爲庠序學校하야 以敎之하니 庠者는 養也요 校者는 敎也요 序者는 射也라 夏曰校요 殷曰序요 周曰庠이요 學則三代共之하니 皆所以明人倫也라 人倫이 明於上이면 小民이 親於下니이다

庠·序·學·校를 설치하여 백성을 가르치니, 庠은 기름이요 校는 가르침이요 序는 활쏨이다. 夏나라는 校라하고 殷나라는 序라하고 周나라는 庠이라하고 學은 곧 三代가 같으니, 다 인륜을 밝히는 곳이다. 인륜이 위에서 밝으면 서민이 아래에서 친해집니다.

庠은 以養老爲義요 校는 以敎民爲義요 序는 以習射爲義니 皆鄕學也라 學은 國學也라 共之는 無異名也라 倫은 序也니 父子有親하며 君臣有義하며 夫婦有別하며 長幼有序하며 朋友有信이니 此는 人之大倫也라 庠序學校는 皆以明此而已라

庠은 노인 봉양을 의의로 삼고 校는 백성 가르침을 의의로 삼고 序는 활쏘기 익힘을 의의로 삼으니, 모두 향학이다. 學은 국학이다. 共之는 다른 명칭이 없음이다. 倫은 차례이니, 父子有親·君臣有義·夫婦有別·長幼有序·朋友有信으로 이는 사람의 큰 윤리이다. 庠·序·學·校는 다 이를 밝힐 따름이다.

3-10. 有王者 起면 必來取法하리니 是爲王者師也니이다

왕 할 자가 흥기하면 반드시 와서 모범을 삼으리니, 이는 왕 할 자의 스승이 되는 것입니다.

滕國이 褊小하야 雖行仁政이나 未必能興王業이라 然이나 爲王者師면 則雖不有天下라도 而其澤이 亦足以及天下矣리니 聖賢至公無我之心을 於此에 可見이라

등 나라가 협소하여 비록 인정을 행하여도 반드시 王業을 일으킨다고 못할 것이다. 그러나 王 할 자의 스승이 되면 비록 천하를 소유하지는 못해도 그 은택이 충분히 천하에 미치리니, 성현의 지공무사한 마음을 여기에서 볼 수 있다.

3-11. 詩云 周雖舊邦이나 其命維新이라하니 文王之謂也니 子 力行之하시면 亦以新子之國하시리이다

『詩』에 '주나라가 비록 오래된 나라이나 그 명이 새롭다.'하니, 문왕을 이른

것입니다. 임금(子)께서 힘써 행하시면 또한 임금의 나라를 새롭게 하실 것입니다."

詩는 大雅文王之篇이라 言周雖后稷以來로 舊爲諸侯나 其受天命而有天下는 則自文王始也라 子는 指文公이니 諸侯未踰年之稱也라

詩는 「대아」<문왕>편이다. '주나라가 비록 후직 이래로 오랫동안 제후였으나, 천명을 받아 천하를 소유함은 문왕에서 시작하였음'을 말한 것이다. 子는 문공을 가리키니, 제후가 친상을 당하여 한 해를 넘지 않았을 때의 호칭이다.

3-12. 使畢戰으로 問井地하신대 孟子曰 子之君이 將行仁政하야 選擇而使子하시니 子必勉之어다 夫仁政은 必自經界始니 經界 不正이면 井地 不均하며 穀祿이 不平하리니 是故로 暴君汙吏는 必慢其經界하나니 經界 旣正이면 分田制祿은 可坐而定也니라

필전을 시켜 井田을 물으시자, 맹자께서 말씀하셨다. "그대의 임금이 장차 인정을 행하려고 발탁하여 그대를 시키시니, 그대가 반드시 힘쓸지어다. 인정은 반드시 경계를 정함에서 시작하니, 경계가 바르지 않으면 정전이 고르지 않으며 곡록이 공평하지 못할 것이니, 이런 까닭으로 폭군과 오리는 반드시 그 경계를 소홀히 하나니, 경계가 이미 바르면 田土 분배와 곡록 제정은 앉아서 정할 수 있다.

畢戰은 滕臣이라 文公이 因孟子之言하야 而使畢戰으로 主爲井地之事故로 又使之來問其詳也라 井地는 卽井田也라 經界는 謂治地分田하야 經畫(획)其溝塗封植之界也라 此法이 不脩면 則田無定分하야 而豪强이 得以兼幷故로 井地有不均이요 賦無定法하야 而貪暴 得以多取故로 穀祿이 有不平이니 此는 欲行仁政者之所以必從此始요 而暴君

汙吏는 則必欲慢而廢之也니 有以正之면 則分田制祿을 可不勞而定 矣라

畢戰은 등 나라 신하이다. 문공이 맹자 말씀으로 인하여 필전으로 하여금 井田의 일을 주관하게 하였으므로, 다시 그를 보내 상세한 것을 묻게 한 것이다. 井地는 곧 정전이다. 經界는 땅을 다스려 토지를 분배하여 그 도랑(溝 塗)과 두렁(封植)의 경계*를 정함을 이른다. 이 법이 정비되지 않으면 전토에 일정한 경계가 없어 세력이 강한 자가 다 차지할 수 있으므로 井田이 균등하지 못하고 세금이 일정한 법이 없어서 탐포한 자가 많이 취하므로 곡록이 공평하지 못하니, 이는 인정을 행하려는 자가 반드시 이로부터 시작하고 폭군과 오리는 반드시 소홀히 하여 폐지하고자 하는 것이니, 이를 바르게 하면 전토 분배와 곡록 제정은 힘들이지 않아도 정할 수 있다.

- 經 경영할 경   均 고를 균   穀 녹 곡   汙 더러울 오
  慢 게으를 만   畫 그을 획   溝 도랑 구   塗 진창 도
  封 경계 봉   植 경계 식   兼 아우를 겸

* 經畫其溝塗封植之界 : 두렁과 수로를 구획하여 농토의 경계를 바르게 정하는 것이니, 溝塗는 토지의 경계를 이루는 수로이며 封植은 흙을 쌓아 경계를 만든 두렁이요, 經界는 경계를 동서남북으로 구획함이다.

3-13. 夫滕이 壤地 褊小하나 將爲君子焉이며 將爲野人焉이니 無君子면 莫治野人이요 無野人이면 莫養君子니라

등 나라가 땅이 협소하나 장차 군자가 되며 야인이 될 것이니, 군자가 없으면 야인을 다스리지 못하고 야인이 없으면 군자를 봉양하지 못할 것이다.

言滕이 地雖小나 然其間에 亦必有爲君子而仕者하고 亦必有爲野 人而耕者라 是以로 分田制祿之法을 不可偏廢也니라

'滕나라가 영토가 비록 작으나 그 안에는 또한 반드시 군자가 되어 벼슬하는

자가 있고 야인이 되어 경작하는 자가 있다. 이 때문에, 전토 분배와 곡록 제정의 법을 한쪽도 폐할 수 없음'을 말한 것이다.

- 壤 흙 양   褊 좁을 편   偏 한쪽 편

3-14. 請野에 九一而助하고 國中에 什一하야 使自賦하라

청컨대 들녘에는 9분의 1의 조법을 행하고 國中(도읍)에는 10분의 1을 스스로 납세하게 하라.

此는 分田制祿之常法이니 所以治野人하야 使養君子也라 野는 郊外都鄙之地也라 九一而助는 爲公田而行助法也라 國中은 郊門之內鄕遂之地也니 田不井授하고 但爲溝洫하야 使什而自賦其一이니 蓋用貢法也라 周所謂徹法者 蓋如此하니 以此推之하면 當時에 非惟助法不行이라 其貢이 亦不止什一矣라

이는 전토 분배와 곡록 제정의 상법이니, 야인을 다스려 군자를 봉양하게 하는 것이다. 野는 교외의 都·鄙 지역이다. 九一而助는 공전을 만들어 조법을 행하는 것이다. 國中은 교문 안에 있는 鄕·遂 지역이니, 밭을 정전으로 주지 못하고 다만 溝·洫을 만들어 10분의 1을 스스로 납세하게 한 것이니, 공법을 쓰는 것이다. 주나라의 이른바 徹法이 대개 이와 같으니, 이로 미루어보면 당시에 오직 助法이 시행되지 못한 것만이 아니라, 貢法 또한 10분의 1에 그치지 않았다.

- 助 조세 조   什 열 십   賦 조세 부   鄙 시골 비
  遂 시골 수   溝 봇도랑 구   洫 봇도랑 혁   貢 조세 공
  徹 조세 철

3-15. 卿以下는 必有圭田하니 圭田은 五十畝니라

경 이하는 반드시 규전이 있으니 규전은 50묘이다.

此는 世祿常制之外에 又有圭田하니 所以厚君子也라 圭는 潔也니 所以奉祭祀也라 不言世祿者는 滕已行之로되 但此未備耳라

이는 세록의 상제 외에 또 규전이 있으니, 군자를 후대하는 것이다. 圭는 깨끗함이니, 규전으로 제사를 받드는 것이다. 世祿을 말하지 않은 것은 등나라가 이미 시행하고 있으되 이것만 미비했기 때문이다.

3-16. 餘夫는 二十五畝니라

餘夫는 25묘이다.

程子曰 一夫 上父母下妻子하야 以五口八口로 爲率(률)하야 受田百畝하니 如有弟면 是는 餘夫也라 年十六에 別受田二十五畝라가 俟其壯而有室然後에 更受百畝之田이라 愚는 按此는 百畝常制之外에 又有餘夫之田하니 以厚野人也라

정자가 말하였다. "一夫가 위로 부모와 아래로 처자가 있어서 5~8식구를 비율로 삼아 밭 100묘를 받으니, 만일 아우가 있으면 이는 餘夫이다. 16세에 따로 밭 25묘를 받았다가 장성하여 아내를 둔 연후에 다시 100묘를 받는다. 내가 생각건대, 이는 100묘의 常制 외에 餘夫의 밭을 주어 야인을 후대한 것이다.

■ 室 아내 실

3-17. 死徙에 無出鄕이니 鄕田同井이 出入에 相友하며 守望에 相助하며 疾病에 相扶持하면 則百姓이 親睦하리라

장례지내며 이사함에 鄕을 벗어나지 못하니, 鄕에서 井田을 함께 하는 8家가 출입에 서로 짝하며 도적을 방비함에 서로 협조하며 질병에 서로 도우면 곧

백성이 친목할 것이다.

死는 謂葬也라 徙는 謂徙其居也라 同井者는 八家也라 友는 猶伴也라 守望은 防寇盜也라

死는 장례를 이른다. 徙는 거처를 옮김을 이른다. 同井은 8家이다. 友는 짝함과 같다. 守望은 도적을 방비함이다.

- 徙 옮길 사　　鄕 행정구획 향(2,500家)　　友 짝할 우　　伴 짝 반
  寇 도적 구

3-18. 方里而井이니 井이 九百畝니 其中이 爲公田이라 八家 皆私百畝하야 同養公田하야 公事를 畢然後에 敢治私事니 所以別野人也니라

사방 1리가 1정이니 1정이 900묘이니 그 중앙이 公田이다. 8집이 다 100묘를 사유하며 공전을 함께 농사지어 공사를 마친 뒤에 감히 사사를 하니, 야인을 분별하는 것이다.

此는 詳言井田形體之制하니 乃周之助法也라 公田으로 以爲君子之祿하고 而私田은 野人之所受니 先公後私는 所以別君子野人之分也라 不言君子는 據野人而言이니 省(생)文耳라 上言野及國中二法하고 此獨詳於治野者는 國中貢法은 當世已行이로되 但取之를 過於什一爾니라

이는 상세히 井田의 형체를 상세히 말한 것이니, 바로 주나라 조법이다. 공전으로 군자의 녹을 삼고 사전은 야인이 받은 것이니, 선공후사함은 군자와 야인의 분수를 구별하는 것이다. 군자를 말하지 않음은 야인을 들어 말한 것이니 글을 줄인 것뿐이다. 위에서 전야와 국도의 두 세법을 말하고, 여기서 유독 전야를 다스림에 상세한 것은 국도의 공법은 당시에 이미 시행하고 있으되 단지 세금이 10분의 1보다 지나쳤기 때문이다.

3-19. 此其大略也니 若夫潤澤之則在君與子矣니라

이것이 그 대략이니, 만일 윤택하게 함인즉 임금과 그대에게 달려 있다."

井地之法을 諸侯 皆去其籍하고 此特其大略而已라 潤澤은 謂因時制宜하야 使合於人情하고 宜於土俗而不失乎先王之意也라

○呂氏曰 子張子 慨然有意三代之治하야 論治人先務에 未始不以經界로 爲急하야 講求法制하야 粲然備具하니 要之컨대 可以行於今이니 如有用我者면 擧而措之耳라 嘗曰 仁政은 必自經界始니 貧富不均하며 敎養無法이면 雖欲言治나 皆苟而已라 世之病難行者 未始不以亟奪富人之田으로 爲辭나 然이나 玆法之行에 悅之者 衆하니 苟處之有術하야 期以數年이면 不刑一人而可復이로되 所病者는 特上之未行耳라 乃言曰 縱不能行之天下나 猶可驗之一鄕이라하야 方與學者로 議古之法하야 買田一方하야 畫(획)爲數井하야 上不失公家之賦役하고 退以其私로 正經界하며 分宅里하고 立斂(렴)法하며 廣儲蓄하고 興學校하며 成禮俗하고 救菑恤患하며 厚本抑末하야 足以推先王之遺法하고 明當今之可行이러니 有志未就而卒하니라

○愚는 按喪禮經界兩章에 見孟子之學이 識其大者라 是以로 雖當禮法廢壞之後하야 制度節文을 不可復(부)考나 而能因略以致詳하고 推舊而爲新하야 不屑屑於旣往之迹하고 而能合乎先王之意하니 眞可謂命世亞聖之才矣로다

정전법을 제후가 다 그 전적을 없애버렸고, 이것은 단지 그 대략일 뿐이다. 潤澤은 때에 따라 마땅하게 하여 인정에 합치되고 토속에 알맞게 하여 선왕의 뜻을 잃지 않게 함을 이른다.

呂氏가 말하였다. "張子(橫渠)가 개연히 三代의 정치에 뜻을 두어 治人의 급선무를 논함에 애초부터 경계를 급선무로 삼아 법제를 강구하여 훌륭하게

(粲然) 갖추지 않음이 없었으니, 요컨대 금세에도 행할 수 있으니 만일 나를 등용할 자가 있으면 이를 들어 시행할 뿐이다. 일찍이 '仁政은 반드시 경계를 정함에서 시작하니, 빈부가 균등하지 못하며 교화와 양육이 법도가 없으면 비록 정치를 말하고자 하나 다 구차할 뿐이다. 세상에서 시행하기 어려움을 근심하는 자가 애초부터 부자의 전토를 빨리 빼앗는 것으로 말하지 않는 이가 없으나, 이 법이 시행됨에 기뻐하는 자가 많으니, 진실로 처리할 방도를 마련하여 몇 년을 기약하면 한 사람을 처벌하지 않아도 회복할 수 있으되, 병통은 단지 위에서 시행하지 않을 뿐이다.'하였다. 이에 '비록 능히 천하에 행하지는 못하나 그래도 한 고을에서 증험할 수 있다.'하여, 한창 학자와 古法을 논의하여 밭 한 지역을 사서 몇 개의 井田을 구획하여 위로 나라(公家)의 부역을 잃지 않고 사적으로 경계를 바로잡으며 주거(宅里)를 분배하고 세법을 세우며 저축을 확대하고 학교를 일으키며 예속을 이루고 재앙을 구제하고 환난을 구휼하며 농업(本)을 후하게 하고 상업(末)을 억제하여 충분히 선왕의 유법을 미루어 금세에 행할 수 있음을 밝히더니, 뜻을 성취하지 못하고 졸하였다."

○내가 살피건대, 喪禮와 經界 두 장에서 맹자의 학문이 그 대체를 알았음을 볼 수 있다. 이 때문에 비록 禮法이 무너진 후세에 制度와 節文을 다시 상고할 수 없으나, 능히 소략한 것을 토대로 상세히 하고 옛것을 미루어 새롭게 만들어 이미 지나간 자취에 얽매이지 않고 능히 先王의 뜻에 부합하니, 진실로 세상을 가르칠 亞聖의 자품(才)이라 하겠다.

- 潤 꾸밀 윤
  亟 빠를 극
  儲 쌓을 저
  屑 잗달 설
  才 바탕 재
- 慨 슬퍼할 개
  特 다만 특
  蓄 쌓을 축
  迹 자취 적
- 粲 빛날 찬(=燦)
  縱 비록 종
  菑 재앙 재
  命 가르칠 명
- 措 둘 조
  斂 거둘 렴
  恤 구휼할 휼
  亞 버금 아

4-1. 有爲神農之言者許行이 自楚之滕하야 踵門而告文公曰 遠方之人이 聞君의 行仁政하고 願受一廛而爲氓하노이다 文公이 與之處하시니 其徒數十人이 皆衣褐하고 捆屨織席하야 以爲食하더라

신농의 말을 하는 자 허행이 초나라에서 등 나라에 가서 대궐문에 이르러 문공께 고하였다. "먼 곳 사람이 임금께서 仁政 행함을 듣고, 집터를 받아 백성이 되기를 원합니다." 문공이 거처를 주시니, 그 무리 수십 명이 다 털옷 입고 짚신 삼으며 자리 짜서 팔아다 음식을 장만하였다.

神農은 炎帝神農氏니 始爲耒耜하야 敎民稼穡者也라 爲其言者는 史遷所謂農家者流也라 許는 姓이요 行은 名也라 踵門은 足至門也라 仁政은 上章所言井地之法也라 廛은 民所居也라 氓은 野人之稱이라 褐은 毛布니 賤者之服也라 捆은 扣椓(탁)之하야 欲其堅也라 以爲食은 賣以供食也라

程子曰 許行所謂神農之言은 乃後世稱述上古之事호되 失其義理者耳니 猶陰陽醫方이 稱黃帝之說也라

神農은 염제 신농씨이니, 처음으로 쟁기자루와 보습을 만들어 백성에게 농사를 가르친 분이다. 그의 말을 한다는 자는 사마천이 이른바 農家라는 유파이다. 許는 성이요 行은 이름이다. 踵門은 발이 궐문에 이름이다. 仁政은 윗장에서 말한 정전법이다. 廛은 백성이 사는 곳이다. 氓은 야인의 칭호이다. 褐은 털옷이니 천한 자의 의복이다. 捆은 두드리고 다져 튼튼하게 함이다. 以爲食은 팔아서 음식을 장만함이다.

程子가 말하였다. "許行이 이른바 神農의 말은 바로 후세에 상고의 일을 칭송하여 말할 적에 그 의리를 잃은 자 일뿐이니, 음양가와 의방에서 황제의 말을 칭송함과 같다."

■ 踵 발꿈치 종　　廛 집터 전　　氓 백성 맹　　褐 털옷 갈

| 捆 두드릴 곤 | 屨 신 구 | 耜 보습 사 | 稼 심을 가 |
| 穡 거둘 색 | 扣 두드릴 구 | 琢 두드릴 탁 | |

4-2. 陳良之徒陳相이 與其弟辛으로 負耒耜而自宋之滕하야 曰聞君의 行聖人之政호니 是亦聖人也시니 願爲聖人氓하노이다

 진량의 제자 진상이 그의 아우 신과 함께 쟁기자루와 보습을 짊어지고 宋나라에서 등나라에 가서 말하였다. "임금께서 聖人의 정치 행함을 들었으니, 이 또한 聖人이십니다. 聖人의 백성 되기를 원합니다."

  陳良은 楚之儒者라 耜는 所以起土요 耒는 其柄也라
  陳良은 楚나라 유자이다. 耜는 땅을 일구는 것이요, 耒는 그 자루이다.

4-3. 陳相이 見許行而大悅하야 盡棄其學而學焉이러니 陳相이 見孟子하야 道許行之言曰 滕君則誠賢君也어니와 雖然이나 未聞道也로다 賢者는 與民並耕而食하며 饔飧而治하나니 今也에 滕有倉廩府庫하니 則是厲民而以自養也니 惡(오)得賢이리오

 진상이 허행을 보고 크게 기뻐하여 그가 배웠던 것을 다 버리고 배우더니, 진상이 孟子를 뵙고 허행의 가르침을 말하였다. "등 나라 임금은 진실로 현군이지만, 비록 그러나 아직 도를 듣지 못하였습니다. 현자는 백성과 함께 경작하여 먹으며 조석 밥을 지어먹고 다스리나니, 지금 등 나라가 곡식창고와 재물창고를 두었으니, 곧 이는 백성을 괴롭혀서 자신을 봉양함이니, 어찌 현명할 수 있습니까?"

  饔飧은 熟食也니 朝曰饔이요 夕曰飧이라 言當自炊爨하야 以爲食하고 而兼治民事也라 厲는 病也라 許行此言은 蓋欲陰壞孟子分別君子小人之法이라
  饔·飧은 밥을 지음이니, 아침을 饔이라 하고 저녁을 飧이라 한다. 마땅히

스스로 불을 때어 밥을 지어먹고 백성 다스리는 일을 겸함을 말한 것이다. 厲는 괴롭힘이다. 許行의 이 말은 대개 맹자께서 君子·小人을 분별하신 법을 은근히 무너뜨리려 한 것이다.

- 饔 아침밥 옹　　飱 저녁밥 손　　廩 곳집 름　　府 곳집 부
　厲 괴롭힐 려　　炊 불땔 취　　爨 밥지을 찬

4-4. 孟子曰 許子는 必種粟而後에 食乎아 曰 然하다 許子는 必織布而後에 衣乎아 曰 否라 許子는 衣褐이니라 許子는 冠乎아 曰 冠이니라 曰 奚冠고 曰 冠素니라 曰 自織之與아 曰 否라 以粟易之니라 曰 許子는 奚爲不自織고 曰 害於耕이니라 曰 許子는 以釜甑爨하며 以鐵耕乎아 曰 然하다 自爲之與아 曰 否라 以粟易之니라

맹자께서 말씀하셨다. "허자는 반드시 곡식을 심어 먹는가?" 대답하였다. "그렇습니다." "허자는 반드시 베를 짜서 입는가?" 대답하였다. "아닙니다. 허자는 털옷을 입습니다." "허자는 관을 쓰는가?" 대답하였다. "관을 씁니다." 말씀하셨다. "무슨 관인가?" 대답하였다. "흰 명주 관을 씁니다." 말씀하셨다. "스스로 짜는가?" 대답하였다. "아닙니다. 곡식으로 바꿉니다." 말씀하셨다. "허자는 어찌 스스로 짜지 않는가?" 대답하였다. "농사에 방해되기 때문입니다." 말씀하셨다. "허자는 솥과 시루로 밥 지으며 쇠붙이로 밭 가는가?" 대답하였다. "그렇습니다." "스스로 만드는가?" 대답하였다. "아닙니다. 곡식으로 바꿉니다."

釜는 所以煮요 甑은 所以炊라 爨은 然火也라 鐵은 耜屬也라 此語八反은 皆孟子問而陳相對也라

釜는 삶는 것이요, 甑은 밥 짓는 것이다. 爨은 불 땜이다. 鐵은 보습 등속이다. 여기 여덟 번 반복한 말은 다 맹자께서 묻고 진상이 대답한 것이다.

- 素 흰명주 소　　釜 가마솥 부　　甑 시루 증　　爨 불땔 찬
　煮 삶을 자　　炊 밥지을 취　　然 불사를 연

4-5. 以粟易械器者 不爲厲陶冶니 陶冶 亦以其械器易粟者 豈爲厲農夫哉리오 且許子는 何不爲陶冶하야 舍皆取諸(저)其宮中而用之하고 何爲紛紛然與百工交易고 何許子之不憚煩고 曰 百工之事는 固不可耕且爲也니라

"곡식으로 농구와 집기를 교역함이 도공과 야공을 괴롭히지 않으니, 도공과 야공 역시 농기구와 기물로 곡식을 교역함이 어찌 농부를 괴롭히겠는가? 또 허자는 어찌 물레질과 담금질을 하여 다만 다 자기 집안에서 만들어 쓰지 않고, 어찌하여 어수선하게 백공과 교역하는가? 어찌 허자는 교역의 번거로움을 싫어하지 않는가?" 대답하였다. "백공의 일은 진실로 밭 갈면서 하지 못할 것입니다."

此는 孟子言而陳相對也라 械器는 釜甑之屬也라 陶는 爲甑者요 冶는 爲釜鐵者라 舍는 止也라 或讀厲(촉)上句하니 舍는 謂作陶冶之處也라

이는 맹자께서 말씀하시고 진상이 대답한 것이다. 械器는 가마솥·시루 등속이다. 陶는 시루 만드는 자요 冶는 가마솥·쇠붙이를 만드는 자이다. 舍는 다만 이다. 혹자가 위 句에 붙여 읽으니, 舍는 질그릇 굽고 담금질하는 곳을 이른다.

- 厲 몹시굴 려　　陶 옹기장이 도　　冶 대장장이 야　　舍 다만 사
  憚 꺼릴 탄　　　煩 번거로울 번　　厲 이을 촉

4-6. 然則治天下는 獨可耕且爲與아 有大人之事하며 有小人之事하니 且一人之身而百工之所爲 備하니 如必自爲而後에 用之면 是는 率天下而路也니라 故로 曰或勞心하며 或勞力이니 勞心者는 治人하고 勞力者는 治於人이라하니 治於人者는 食(사)人하고 治人者는 食於人이 天下之通義也니라

그러면 천하 다스림은 유독 밭 갈면서도 할 수 있는가? 大人의 일이 있으며

小人의 일이 있으니, 또 한 사람의 몸에 百工이 만든 것이 필요하니, 만일에 반드시 스스로 만든 뒤에 쓴다면 이는 천하 사람을 인솔하여 도로에서 분주하게 하는 것이다. 그러므로 '혹자는 마음을 수고롭게 하며 혹자는 근력을 수고롭게 하니, 마음을 수고롭게 하는 자는 남을 다스리고 근력을 수고롭게 하는 자는 남에게 다스려진다.'하니, 남에게 다스려지는 자는 남을 먹이고, 남을 다스리는 자는 남에게 먹는 것이 천하의 通義이다.

此以下는 皆孟子言也라 路는 謂奔走道路하야 無時休息也라 治於人者는 見治於人也라 食(사)人者는 出賦稅以給公上也이요 食於人者는 見食於人也라 此四句는 皆古語而孟子 引之也라 君子 無小人則飢하고 小人이 無君子則亂이니 以此相易이 正猶農夫陶冶 以粟與械器相易하니 乃所以相濟요 而非所以相病也라 治天下者 豈必耕且爲哉리오

이 이하는 다 맹자 말씀이다. 路는 도로에서 분주하여 쉴 때가 없음을 이른다. 治於人은 남에게 다스려짐이다. 食人은 세금을 내어 임금(公上)에게 공급함이요, 食於人은 남에게 먹음이다. 이 4구는 다 고어로 맹자께서 인용하신 것이다. 君子가 小人이 없으면 굶주리고 小人이 君子가 없으면 어지러우니 이것으로 교역함이 바로 農夫와 陶工·冶工이 곡식으로 농구와 집기 교역함과 같으니, 서로 구제하는 것이지 서로 괴롭히는 것이 아니다. 天下를 다스리는 자가 어찌 반드시 밭 갈면서 할 수 있겠는가?

■ 獨 다만 독　　　勞 힘쓸 로　　　食 먹일 사　　　奔 달릴 분
　 病 해칠 병

4-7. 當堯之時하야 天下 猶未平하야 洪水 橫流하야 氾濫於天下하야 草木暢茂하며 禽獸繁殖이라 五穀不登하며 禽獸偪人하야 獸蹄鳥跡之道 交於中國이어늘 堯獨憂之하사 擧舜而敷治焉이어시늘 舜이 使益掌火하신대 益이 烈山澤而焚之하니 禽獸逃匿이어늘 禹 疏九河하며 瀹濟漯而注諸(저)海하시며 決汝漢하며 排淮泗而注之江하시니 然後에 中國이 可

得而食也하니 當是時也하야 禹 八年於外에 三過其門而不入하시니 雖欲耕이나 得乎아

堯임금 시대에 천하가 오히려 평정되지 못하여 홍수가 넘쳐 천하에 범람하여 초목이 번창하여 무성하며 짐승이 번성하니, 오곡이 영글지 못하며 짐승이 사람을 핍박하여 짐승과 새의 발길이 國中에 교차하였다. 堯임금이 홀로 근심하사 舜을 등용하여 다스림을 펼치게 하시거늘, 舜이 益에게 불을 담당시키자, 益이 산과 늪을 불태우니 짐승이 도망쳐 숨거늘, 禹가 아홉 河水를 소통시키며 제수와 탑수를 소통시켜 바다에 유입시키며 여수와 한수를 터놓고 회수와 사수에 소통시켜 장강에 유입시키니, 그런 뒤에 中國이 곡식을 먹을 수 있었다. 이런 때에 禹가 집밖에 8년을 있으면서 세 번 자기 집 대문을 지났으되 들어가지 못하셨으니, 비록 밭 갈고자 한들 할 수 있겠는가?

天下猶未平者는 洪荒之世에 生民之害 多矣러니 聖人이 迭興하야 漸次除治호대 至此에 尙未盡平也라 洪은 大也라 橫流는 不由其道而散溢妄行也라 氾濫은 橫流之貌라 暢茂는 長盛也라 繁殖은 衆多也라 五穀은 稻黍稷麥菽也라 登은 成熟也라 道는 路也라 獸蹄鳥跡交於中國은 言禽獸多也라 敷는 布也라 益은 舜臣의 名이라 烈은 熾也라 禽獸逃匿然後에 禹 得施治水之功이라 疏는 通也며 分也라 九河는 曰徒駭曰太史曰馬頰曰覆釜曰胡蘇曰簡曰潔曰鉤盤曰鬲津이라 瀹은 亦疏通之意라 濟漯은 二水名이라 決排는 皆去其壅塞也라 汝漢淮泗는 亦皆水名也니 據禹貢及今水路하면 惟漢水入江耳요 汝泗則入淮而淮自入海하니 此謂四水皆入于江은 記者之誤也라

天下猶未平이란 원시(洪荒) 시대에 백성 피해가 많더니, 성인이 번갈아 나와 점차 제거하여 다스려졌으되 이때에도 아직 다 평정하지 못함이다. 洪은 큼이다. 橫流는 제 물길로 흐르지 않고 넘쳐 멋대로 흘러감이다. 氾濫은

멋대로 흐르는 모양이다. 暢茂는 자라서 무성함이다. 繁殖은 무리가 많아짐이다. 五穀은 벼·기장·피·보리·콩이다. 登은 영글어 익음이다. 道는 길이다. 獸蹄鳥跡 交於中國은 짐승이 많음을 말한다. 敷는 펼침이다. 益은 舜의 신하 이름이다. 烈은 불을 피움이다. 짐승이 도망쳐 숨은 뒤에 禹가 治水의 일을 행한 것이다. 疏는 소통시킴이며 갈라놓음이다. 九河는 도해·태사·마협·복부·호소·간·결·구반·격진이다. 瀹도 소통한다는 뜻이다. 濟·漯은 두 강물 이름이다. 決·排는 다 막힌 것을 제거함이다. 汝·漢·淮·泗도 다 강물 이름이니, 「우공」편과 지금의 물길에 의거하면 漢水만이 長江에 유입하고 汝水·泗水는 淮水에 유입하고 淮水가 스스로 바다에 유입하니, 여기에서 네 강물이 다 長江에 유입한다 말함은 기록자의 오류이다.

■ 氾 넘칠 범   濫 퍼질 람   暢 펼 창   殖 번성할 식
登 익을 등   偪 다가올 핍   蹄 발굽 제   敷 펼 부
掌 맡을 장   烈 불피울 렬   焚 불사를 분 逃 달아날 도
匿 숨을 익   疏 통할 소   瀹 소통할 약 濟 물이름 제
漯 물이름 탑 注 물댈 주   決 터놓을 결 汝 물이름 여
漢 물이름 한 排 물리칠 배 淮 물이름 회 泗 물이름 사
江 물이름 강 荒 거칠 황   迭 갈마들 질 稻 벼 도
黍 기장 서   駭 놀랄 해   頰 뺨 협   鉤 갈고리 구
鬲 막을 격

4-8. 后稷이 敎民稼穡하야 樹藝五穀한대 五穀이 熟而民人이 育하니 人之有道也에 飽食煖衣하야 逸居而無敎면 則近於禽獸일새 聖人이 有憂之하사 使契(설)로 爲司徒하야 敎以人倫하시니 父子有親이며 君臣有義며 夫婦有別이며 長幼有序며 朋友有信이니라 放勳이 曰勞之來之하며 匡之直之하며 輔之翼之하야 使自得之하고 又從而振德之라하시니 聖人之憂民이 如此하시니 而暇耕乎아

후직이 백성에게 농사를 가르쳐 오곡을 심게 했는데, 오곡이 익어 백성을

양육하니, 사람의 도리에 배불리 먹고 따듯하게 입으면서 편안히 살고 가르침이 없으면 곧 짐승에 가깝기 때문에 성인이 근심하시어 설을 사도로 삼아 人倫으로써 가르치시니, 부모와 자식은 친함이 있으며 임금과 신하는 의가 있으며 남편과 아내는 분별이 있으며 어른과 젊은이는 차례가 있으며 벗과 벗은 믿음이 있음이다. 방훈이 '위로하며 오게 하며 바로잡으며 곧게 해주며 도우며 보호하여 자신의 삶을 얻게 하고, 또 이어서 진작시키고 은덕을 베푼다.'하시니, 성인이 백성을 근심하심이 이와 같으시니, 밭갈 겨를이 있겠는가?

　　言水土平然後에 得以敎稼穡이요 衣食足然後에 得以施敎化라 后稷은 官名이니 棄爲之나 然이나 言敎民則亦非並耕矣라 樹는 亦種也라 藝는 殖也라 契(설)은 亦舜臣의 名也라 司徒는 官名也라 人之有道는 言其皆有秉彛之性也라 然이나 無敎則亦放逸怠惰而失之故로 聖人이 設官而敎以人倫하니 亦因其固有者而道之耳라 書에 曰天叙有典하니 勑我五典하야 五를 惇哉라하니 此之謂也라 放勳은 本史臣이 贊堯之辭니 孟子 因以爲堯號也라 德은 猶惠也라 堯言勞者를 勞之하고 來者를 來之하고 邪者를 正之하고 枉者를 直之하고 輔以立之하고 翼以行之하야 使自得其性矣요 又從而提撕警覺以加惠焉하야 不使其放逸怠惰而或失之하니 蓋命契(설)之辭也라

　　홍수와 토지를 다스린 후에 농사(稼穡)를 가르칠 수 있고 의식이 풍족한 후에 교화를 행할 수 있음을 말한 것이다. 后稷은 벼슬 이름이니 棄가 이 벼슬을 하였다. 그러나 백성을 교화한다 말했으니, 역시 밭갈이를 겸한 것이 아니다. 樹 또한 심음이다. 藝는 가꿈이다. 契 또한 순의 신하 이름이다. 司徒는 벼슬 이름이다. 人之有道는 모두 秉彛의 본성을 지녔음을 말한 것이다. 그러나 가르침이 없으면 또한 안일하고 태만하여 잃으므로 聖人이 관직을 설치하여 인륜으로써 가르치시니, 또한 백성이 본디 지닌 性으로 인하여 인도할 따름이다. 『書經』에 '하늘이 인륜을 펼쳐 법(典)을 주셨으니 나의 五典(오륜)을 바르게 하여 五典을 독실하게 한다.'하니 이를 말한 것이다.

放勳은 본래 사관이 요임금을 찬미한 말이니, 맹자께서 이어서 요임금의 칭호로 삼으셨다. 德은 은혜와 같다. 堯임금께서 '수고한 자를 위로하고 오는 자를 오게 하고 마음이 사악한 자를 바루고 행실이 굽은 자를 곧게 하여 도와 세우고 보호하여 행하게 하여 자신의 제 삶을 얻게 하고, 또 이어서 진작시키고 깨우쳐서 은혜를 베풀어 그들로 하여금 방탕하며 게을러 혹시라도 본성을 잃지 않게 하라.'하시니, 설에게 명하신 말씀이다.

- 平 다스릴 평   樹 심을 수   藝 자랄 예   契 사람이름 설
- 勞 위로할 로   翼 도울 익   殖 자랄 식   彝 떳떳할 이
- 道 이끌 도   叙 차례 서   典 법 전   勅 바로잡을 칙
- 惇 도타울 돈   提 끌 제   撕 일깨울 시

4-9. 堯 以不得舜으로 爲己憂하시고 舜이 以不得禹皐陶(요)로 爲己憂하시니 夫以百畝之不易(이)로 爲己憂者는 農夫也니라

요임금이 순을 얻지 못함을 자기 근심으로 삼으시고 순임금이 우와 고요를 얻지 못함을 자기 근심으로 삼으시니, 100묘를 다스리지 못함을 자기 근심으로 삼는 자는 농부이다.

易(이)는 治也라 堯舜之憂民은 非事事而憂之也라 急先務而已니 所以憂民者 其大如此則不惟不暇耕이라 而亦不必耕矣라

易는 다스림이다. 요·순이 백성을 근심하심은 일마다 근심하신 것이 아니라 먼저 할 일을 급급히 했을 따름이니, 백성 근심함이 이와 같이 크면 밭갈 겨를이 없을 뿐만 아니라 또한 밭갈 필요도 없다.

4-10. 分人以財를 謂之惠요 敎人以善을 謂之忠이요 爲天下得人者를 謂之仁이니 是故로 以天下與人은 易(이)하고 爲天下得人은 難하니라

남에게 재물로 나눠줌을 惠라 하고 남에게 善으로 가르침을 忠이라 하고

천하를 위하여 현인을 얻음을 仁이라 하니, 이러므로 천하를 남에게 주기는 쉽고 천하를 위하여 현인을 얻기는 어려운 것이다.

分人以財는 小惠而已요 敎人以善은 雖有愛民之實이나 然이나 其所及이 亦有限而難久니 惟若堯之得舜하고 舜之得禹皐陶(요)라야 乃所謂 爲天下得人者而其恩惠廣大하고 敎化無窮矣리니 此所以爲仁也라

재물을 나눠줌은 작은 은혜일뿐이요, 善을 가르침은 비록 백성을 사랑하는 실상이 있으나 미치는 바가 또한 한계가 있고 지속되기 어려우니, 오직 요임금이 순을 얻고 순임금이 우와 고요를 얻음과 같이 해야 곧 이른바 천하를 위하여 현인을 얻는다는 것이니, 그 은혜가 광대하고 교화가 무궁하리니, 이것이 仁이 되는 이유이다.

■ 與 줄 여   易 쉬울 이   禹 하우씨 우   皐 언덕 고
陶 즐거울 요

4-11. 孔子曰 大哉라 堯之爲君이여 惟天이 惟大어시늘 惟堯 則(칙)之하시니 蕩蕩乎民無能名焉이로다 君哉라 舜也여 巍巍乎有天下而不與焉이라 하시니 堯舜之治天下 豈無所用心哉시리오마는 亦不用於耕耳시니라

孔子께서 '위대하도다, 요의 임금노릇 하심이여! 오직 하늘이 위대하시거늘 홀로 요께서 본받으시니, 넓고도 크도다! 백성이 능히 무어라 이름 지을 수 없구나! 임금답도다, 순이시여! 높고도 크도다! 천하를 소유하시되 관여하지 않으셨다.'하시니, 요와 순께서 天下를 다스리심이 어찌 마음 쓰실 곳이 없겠는가마는, 또한 밭갈이에는 마음 쓰지 않으셨다.

則(칙)은 法也라 蕩蕩은 廣大之貌라 君哉는 言盡君道也라 巍巍는 高大之貌라 不與는 猶言不相關이니 言其不以位爲樂(락)也라

則은 본받음이다. 蕩蕩은 넓고 큰 모양이다. 君哉는 임금의 도리를 다함을 말한다. 巍巍는 높고 큰 모양이다. 不與는 관여하지 않는다는 말과 같으니,

존위로 즐거움을 삼지 않음을 말한다.

- 則 본받을 칙   蕩 넓을 탕   巍 높을 외   與 참여할 여
  法 본받을 법   關 관여할 관

4-12. 吾聞用夏變夷者요 未聞變於夷者也케라 陳良은 楚産也니 悅周公仲尼之道하야 北學於中國이어늘 北方之學者 未能或之先也하니 彼所謂豪傑之士也라 子之兄弟 事之數十年이라가 師死而遂倍之온여

내가 중화의 예의로 오랑캐를 변화시켰다고 들었지 오랑캐에게 변화되었다고는 들지 못하였다. 진량은 초나라 출생으로 주공과 중니의 도를 기뻐하여 북쪽으로 유학하여 중국에서 배웠는데, 북방의 학자가 혹 그를 앞서지 못하니, 저 이른바 호걸의 선비다. 그대 형제가 수십 년 섬기다가 스승이 죽자 드디어 배반하는구나.

此以下는 責陳相倍師而學許行也라 夏는 諸夏禮義之教也라 變夷는 變化蠻夷之人也라 變於夷는 反見變化於蠻夷之人也라 産은 生也니 陳良이 生於楚하야 在中國之南故로 北遊而學於中國也라 先은 過也라 豪傑은 才德出衆之稱이니 言其能自拔於流俗也라 倍는 與背로 同하니 言陳良은 用夏變夷하고 陳相은 變於夷也라

이 이하는 진상이 스승을 배반하고 허행에게 배움을 나무라신 것이다. 夏는 중화 禮義의 가르침이다. 變夷는 오랑캐를 변화시킴이요 變於夷는 도리어 오랑캐에게 변화됨이다. 産은 출생함이다. 진량이 초나라에서 출생하여 중국의 남쪽이므로 북쪽으로 유학하여 중국에서 배웠다. 先은 뛰어남이다. 豪傑은 재주와 덕이 출중한 사람의 칭호이니, 그가 세상 사람보다 뛰어남을 말한다. 倍는 背자와 같으니, 진량은 중화의 예의로 오랑캐를 변화시키고 진상은 오랑캐에게 변화됨을 말한 것이다.

- 夏 중국 하   豪 호걸 호   倍 배반할 배   蠻 오랑캐 만

過 뛰어날 과   拔 빼어날 발

4-13. 昔者에 孔子 沒커시늘 三年之外에 門人이 治任將歸할새 入揖於 子貢하고 相嚮而哭하야 皆失聲然後에 歸어늘 子貢은 反築室於場하야 獨居三年然後에 歸하니라 他日에 子夏子張子游 以有若似聖人이라하야 欲以所事孔子로 事之하야 彊曾子한대 曾子曰 不可하니 江漢以濯之며 秋陽以暴(폭)之라 皜皜乎不可尙已라하시니라

옛적에 공자께서 돌아가시자 3년 심상을 한 뒤에 문인이 봇짐을 꾸려 돌아갈 적에 들어가 자공에게 읍하고 서로 마주하고 곡하여 다 목이 쉰 뒤에 돌아가거늘, 자공은 도로 제단(場)에 여막을 짓고 홀로 3년을 거처한 뒤에 돌아갔다. 훗날 자하·자장·자유가 유약을 성인과 닮았다 하여 공자를 섬기던 예로 섬기고자 증자께 강요하자, 曾子께서 말씀하셨다. "불가하다. 베를 강수와 한수로 씻은 듯하며 가을볕을 쪼여 말린 것처럼 새하얘서 더할 수 없다."

三年은 古者에 爲師心喪三年하니 若喪父而無服也라 任은 擔也라 場은 冢上之壇場也라 有若似聖人은 蓋其言行氣象이 有似之者니 如檀弓所記子游謂有子之言이 似夫子之類 是也라 所事孔子는 所以事夫子之禮也라 江漢은 水多하니 言濯之潔也요 秋日은 燥烈하니 言暴(폭)之乾(간)也라 皜皜는 潔白貌라 尙은 加也니 言夫子道德이 明著하고 光輝潔白하야 非有若所能彷彿也라 或曰 此三語者는 孟子 贊美曾子之辭也라

三年은 옛적에 스승을 위해 心喪 3년을 하니, 부모상처럼 하되 상복이 없다. 任은 봇짐이다. 場은 무덤의 제단이다. 有若似聖人은 그의 언행과 기상이 닮은 점이 있으니, 예를 들면 「단궁」편에 기록된 자유가 有子의 말이 부자와 비슷하다고 말한 종류가 이러한 것이다. 所事孔子는 夫子를 섬기던

禮이다. 江·漢은 물이 많음이니 씻어서 깨끗함을 말한 것이요, 秋日은 건조하고 따가우니 쬐어 말림을 말한 것이다. 皜皜는 새하얀 모양이다. 尙은 더함이니, 夫子의 道德이 밝게 드러나 빛나며 새하얘서 有若이 능히 방불할 바가 아님을 말한 것이다. 혹자가 말하였다. "이 세 마디 말씀은 孟子께서 曾子를 찬미하신 말씀이다."

- 任 보따리 임
- 濯 씻을 탁
- 擔 짐 담
- 燥 마를 조
- 彿 비슷할 불
- 揖 읍할 읍
- 暴 쬘 폭
- 冢 무덤 총
- 乾 마를 간
- 嚮 향할 향
- 皜 흴 호
- 壇 단 단
- 輝 빛날 휘
- 彊 억지로시킬 강
- 尙 더할 상
- 檀 박달 단
- 彷 비슷할 방

4-14. 今也에 南蠻鴃舌之人이 非先王之道어늘 子 倍子之師而學之하니 亦異於曾子矣로다

지금 남만의 때까치같이 지껄이는 사람이 선왕의 도가 아니거늘, 그대가 스승을 배반하고 배우니, 또한 曾子와 다르도다.

鴃은 博勞也니 惡聲之鳥라 南蠻之聲이 似之하니 指許行也라

鴃은 때까치이니, 우는 소리가 나쁜 새이다. 남만의 말이 이와 유사하니, 許行을 가리킨다.

- 蠻 오랑캐 만
- 鴃 때까치 격
- 倍 배반할 배

4-15. 吾聞出於幽谷하야 遷于喬木者요 未聞下喬木而入於幽谷者케라

나는 깊은 골짜기에서 나와 높은 나무로 옮겨간다는 말은 들었어도 높은 나무에서 내려와 깊은 계곡으로 들어간다는 말은 듣지 못하였다.

小雅伐木之詩에 云伐木丁丁이어늘 鳥鳴嚶嚶하니 出自幽谷하야 遷

于喬木이라하니라

「小雅」<벌목>편 시구에 '벌목 소리 정정하거늘 새소리 앵앵하나니, 깊은 골짜기에서 나와 높은 나무로 옮겨가네.'하였다.

■ 幽 그윽할 유   喬 높을 교   丁 벌목소리 정   嚶 새소리 앵

4-16. 魯頌에 曰戎狄是膺하니 荊舒是懲이라하니 周公이 方且膺之어시늘 子是之學하니 亦爲不善變矣로다

「노송」에 '융적을 치니 荊舒가 이에 다스려졌네.'하니, 주공이 바야흐로 이를 치셨거늘, 그대가 배우니, 또한 잘 변하지 못함이로다."

魯頌은 閟宮之篇也라 膺은 擊也라 荊은 楚本號也라 舒는 國名이니 近楚者也라 懲은 艾(예)也라 今按此詩 爲僖公之頌이어늘 而孟子 以周公言之하시니 亦斷章取義也시니라

「노송」은 <비궁>편이다. 膺은 공격함이다. 荊은 초나라 본래 칭호이다. 舒는 국명이니 초나라에 가깝다. 懲은 다스림이다. 지금 살피건대, 이 詩가 희공의 頌인데 맹자께서 주공이라 말씀하시니, 또한 斷章取義하신 것이다.

* 斷章取義 : 문장을 끊어 뜻만 취한다는 뜻으로, 남이 쓴 문장의 일부를 끊어 본뜻이나 전체적인 뜻과 관계없이 자기 생각대로 사용하는 일.

■ 戎 오랑캐 융   狄 오랑캐 적   頌 기릴 송   膺 징계할 응
荊 나라이름 형   舒 나라이름 서   懲 다스릴 징   閟 문닫을 비
艾 다스릴 예   僖 기쁠 희

4-17. 從許子之道則市賈(가)不貳하야 國中이 無僞하야 雖使五尺之童으로 適市라도 莫之或欺니 布帛長短이 同則賈(가)相若하며 麻縷絲絮輕重이 同則賈(가)相若하며 五穀多寡 同則賈(가)相若하며 屨大小 同

則賈(가)相若이니라

"허자의 도를 따르면 시장 물가가 한결 같아 나라 안에 속임이 없어서 비록 5척 동자를 시장에 보내도 혹여 속일 수 없으니, 베와 명주의 길이가 같으면 값이 서로 같으며, 삼과 실과 명주와 솜이 무게가 같으면 값이 서로 같으며, 오곡이 수량이 같으면 값이 서로 같으며, 신발이 크기가 같으면 값이 서로 같습니다."

陳相이 又言許子之道如此라 蓋神農이 始爲市井故로 許行이 又託於神農而有是說也라 五尺之童은 言幼小無知也라 許行이 欲使市中所粥(육)之物로 皆不論精粗美惡하고 但以長短輕重多寡大小로 爲價也라

진상이 또 허자의 도가 이와 같음을 말한 것이다. 신농이 처음 시장을 만들었기 때문에, 허행이 또 신농에 의탁하여 이 말을 한 것이다. 五尺之童은 어려서 무지함을 말한다. 허행이 시중에서 파는 물건 모두를 精粗와 美惡을 따지지 않고 다만 길이·무게·수량·크기만으로 값을 매기고자 한 것이다.

- 賈 값 가   縷 실올 루   絮 솜 서   屨 신 구
  託 맡길 탁   粥 팔 육   粗 거칠 조

4-18. 曰 夫物之不齊는 物之情也니 或相倍蓰하며 或相什伯하며 或相千萬이어늘 子 比而同之하니 是는 亂天下也로다 巨屨小屨 同賈면 人豈爲之哉리오 從許子之道면 相率而爲僞者也니 惡(오)能治國家리오

말씀하셨다. "만물이 똑같지 않음은 물건의 실정이니, 혹은 서로 두 배 다섯 배 차이가 나며 혹은 서로 열 배 백배 차이가 나며 혹은 서로 천 배 만 배나 되거늘, 그대가 차례로 똑같이 취급하니 이는 천하를 혼란케 함이다. 큰 신과

작은 신의 값이 같으면 사람이 어찌 큰 것을 만들겠는가? 허자의 도를 따르면 서로 인솔하여 거짓을 할 것이니, 어찌 능히 국가를 다스리겠는가?"

倍는 一倍也요 蓰는 五倍也라 什伯千萬은 皆倍數也라 比는 次也라 孟子 言物之不齊는 乃其自然之理니 其有精粗 猶其有大小也라 若 大屨小屨 同價면 則人豈肯爲其大者哉리오 今에 不論精粗하고 使之 同價하면 是는 使天下之人으로 皆不肯爲其精者하고 而競爲濫惡之物 하야 以相欺耳라

倍는 1배요 蓰는 5배이다. 什·伯·千·萬은 모두 배수이다. 比는 차례를 정함이다. 맹자께서 '만물이 같지 않음은 바로 자연의 이치이니, 만물에 精粗가 있음은 大小가 있음과 같다. 만일 큰 신과 작은 신의 값이 같다면 사람이 어찌 즐거이 큰 신을 만들겠는가? 이제 精粗를 논하지 않고 값을 같게 하면 이는 천하 사람이 모두 정밀한 것을 만들지 않고 다투어 거친 물건을 만들어 서로 속이게 할 뿐이다.' 말씀하신 것이다.

■ 情 실정 정   蓰 다섯곱 사   比 차례 비   粗 거칠 조
  濫 넘칠 람

5-1. 墨者夷之 因徐辟而求見孟子한대 孟子曰 吾 固願見이러니 今吾 尙病이라 病愈어든 我且往見호리니 夷子는 不來니라

묵적의 도를 익힌(墨者) 이지가 서벽을 통하여 맹자 뵙기를 요청하자 맹자께서 말씀하셨다. "내가 진실로 만나기를 원하였는데, 지금 내가 아직 병중이다. 병이 낫거든 내가 장차 가서 만나겠으니, 이자는 오지 말라."

墨者는 治墨翟之道者라 夷는 姓이요 之는 名이라 徐辟은 孟子弟子라 孟子 稱疾은 疑亦託辭하야 以觀其意之誠否라

墨者는 묵적의 도를 익힌 자이다. 夷는 姓이요 之는 이름이다. 徐辟은

맹자 제자이다. 맹자께서 병을 칭탁하신 것은 아마 또한 핑계를 대어 그 마음의 정성 여부를 살피신 듯하다.

■ 尙 오히려 상　　治 익힐 치　　愈 병나을 유

5-2. 他日에 又求見孟子한대 孟子曰 吾 今則可以見矣어니와 不直則道不見(현)하나니 我且直之호리라 吾聞夷子는 墨者라호니 墨之治喪也는 以薄爲其道也라 夷子 思以易天下하나니 豈以爲非是而不貴也리오 然而夷子 葬其親이 厚하니 則是以所賤事親也로다

다른 날에 또 맹자 뵙기를 요청하자 맹자께서 말씀하셨다. "내 이제는 만날 수 있지만 곧지 않으면 도가 드러나지 않으니, 내가 먼저 곧게 말하리라. 내가 들으니 이자는 묵적의 도를 배운 자라 하니, 묵적의 도가 초상 치름에는 박함을 도로 삼는지라, 이자가 이로써 천하의 풍속을 바꾸려고 생각하니, 어찌 옳지 않다고 여겨 귀하게 여기지 않겠는가? 그런데 이자가 자기 어버이를 장사지냄이 후하니, 곧 이는 천하게 여기는 것으로써 어버이를 섬김이로다."

又求見則其意已誠矣라 故로 因徐辟以質之如此라 直은 盡言以相正也라 莊子曰 墨子는 生不歌하고 死無服하고 桐棺을 三寸而無椁이라하니 是는 墨之治喪이 以薄爲道也라 易天下는 謂移易天下之風俗也라 夷子 學於墨氏而不從其敎하니 其心이 必有所不安者故로 孟子 因以詰之하시니라

또 뵙기를 요청한즉 그 뜻이 이미 정성스럽다. 그러므로 서벽을 통하여 이와 같이 질정하신 것이다. 直은 말을 다하여 서로 바로잡음이다. 莊子가 '묵자는 살아서는 노래하지 않고 죽어서는 상복이 없고 오동나무 관을 3치로 하되 덧관이 없다.'하니, 이는 묵적의 초상 치름에 박함을 도로 삼은 것이다. 易天下는 천하의 풍속을 바꿈을 이른다. 이자가 묵씨에게 배우고 그의 가르침

을 따르지 않으니, 그의 마음이 반드시 불안한 점이 있으므로 맹자께서 이로 인하여 따져 물으셨다.

■ 椁 덧널 곽

5-3. 徐子 以告夷子_{한대} 夷子曰 儒者之道_에 古之人_이 若保赤子_{라하니} 此言_은 何謂也_오 之則以爲愛無差等_{이요} 施由親始_{라하노라} 徐子 以告孟子_{한대} 孟子曰 夫夷子_는 信以爲人之親其兄之子 爲若親其鄰之赤子乎_아 彼有取爾也_니 赤子匍匐將入井_이 非赤子之罪也_라 且天之生物也 使之一本_{이어늘} 而夷子_는 二本故也_{로다}

서자가 이자에게 알리자 이자가 말하였다. "儒者의 도에 옛사람이 갓난애를 보호하듯 한다 하니, 이 말은 무엇을 이르는가? 나는 사랑함에는 차등이 없고 사랑을 베풂은 어버이로 말미암아 시작하는 것이라고 생각한다." 서자가 맹자께 아뢰자 맹자께서 말씀하셨다. "이자는 진실로 사람이 형의 자식을 친애함이 이웃 어린애를 친애함과 같이 한다고 생각하는가? 저 말은 취한 점이 있으니, 어린애가 기어서 막 우물에 빠지려 함이 갓난애의 죄가 아니라는 것이다. 또 하늘이 만물을 낳음이 하나의 근본이거늘, 이자는 근본을 둘로 하기 때문이로다."

若保赤子_는 周書康誥篇文_{이라} 此_는 儒者之言也_니 夷子 引之_는 蓋欲援儒而入於墨_{하야} 以拒孟子之非己_라 又曰 愛無差等_{이요} 施由親始_{라하니} 則推(퇴)墨而附於儒_{하야} 以釋己所以厚葬其親之意_니 皆所謂 遁辭也_라 孟子 言人之愛其兄子與鄰之子_로 本有差等_{하니} 書之取譬_는 本爲小民_이 無知而犯法_{이니} 如赤子 無知而入井耳_라 且人物之生_이 必各本於父母而無二_는 乃自然之理_니 若天使之然也_라 故_로 其愛由此立而推以及人_이 自有差等_{하니} 今如夷子之言_{이면} 則是視其父母_를

本無異於路人이요 但其施之之序 姑自此始耳니 非二本而何哉오 然이나 於先後之間에 猶知所擇하니 則又本心之明이 有終不得而息者라 此其所以卒能受命而自覺其非也니라

若保赤子는 「주서」<강고>편 글이다. 이는 유자의 말이니, 이자가 이 말을 인용함은 유자의 말을 끌어다 묵적의 도에 부합시켜 맹자의 자기 비난을 막으려 한 것이다. 또 '사랑함에는 차등이 없고 사랑을 베풂은 어버이로 말미암아 시작한다.'하니, 묵적의 말을 물리치고 유자에 붙어 자신이 어버이를 후하게 장사지낸 뜻을 해석한 것이니, 모두 이른바 遁辭이다. 孟子께서 '사람이 형의 자식을 사랑함이 이웃사람의 자식과 본디 차등이 있으니, 「서경」의 비유는 본래 서민이 무지하여 법을 범하기를, 마치 어린애가 무지하여 우물에 빠짐과 같다는 것이다. 또 사람의 태어남은 반드시 각각 부모에 근본하여 두 갈래 없음은 바로 자연의 이치이니, 마치 하늘이 시켜서 그러함과 같다. 그러므로 사랑이 이로 말미암아 성립하고 미루어 남에게 미침이 자연히 차등이 있다. 지금 이자의 말과 같다면 이는 자기의 부모 보기를 본래 행인과 다름이 없고, 다만 베푸는 차례가 우선 이로부터 시작할 뿐이니, 두 개의 근본이 아니고 무엇이냐?'고 말씀하신 것이다. 그러나 선후의 즈음에서는 그나마 선택할 줄 알아 또한 본심의 밝음이 끝내 사라지지 않는 것이 있는지라. 이것이 마침내 가르침을 받고 자기의 잘못을 자각한 까닭이다.

■ 鄰 이웃 린   匍 길 포   匐 길 복   援 취할 원
推 밀어젖힐 퇴(堆)

5-4. 蓋上世에 嘗有不葬其親者러니 其親이 死커늘 則擧而委之於壑하고 他日過之할새 狐狸 食之하며 蠅蚋 姑嘬之어늘 其顙有泚하야 睨而不視하니 夫泚也는 非爲人泚라 中心이 達於面目이니 蓋歸하야 反虆梩而掩之하니 掩之 誠是也면 則孝子仁人之掩其親이 亦必有道矣니라

태고에 일찍이 부모를 장사지내지 않은 자가 있었는데, 부모가 죽거늘 들어다

골짜기에 버리고 다른 날 그곳을 지날 때 여우와 살쾡이가 뜯어먹으며 파리와 모기가 빨아먹거늘 그의 이마에 진땀이 나 흘겨보고 똑바로 보지 못하니, 진땀은 남 때문에 나는 것이 아니라 마음이 얼굴에 나타난 것이다. 집에 가서 삼태기와 들것을 가지고 돌아가 덮어주니, 덮어줌이 진실로 옳다면 곧 孝子와 仁人이 자기 부모를 덮어줌이 반드시 방도가 있다.

因夷子厚葬其親而言此하야 以深明一本之意하니라 上世는 謂太古也라 委는 棄也라 壑은 山水所趨也라 蚋는 蚊屬이라 姑는 語助聲이니 或曰 螻蛄也라 嘬는 攢共食之也라 顙은 額也라 泚는 泚然汗出之貌라 睨는 邪視也요 視는 正視也니 不能不視하고 而又不忍正視는 哀痛迫切하야 不能爲心之甚也라 非爲人泚는 言非爲他人見之而然也라 所謂一本者를 於此見之 尤爲親切하니 蓋惟至親故로 如此니 在他人則雖有不忍之心이나 而其哀痛迫切이 不至若此之甚矣라 反은 覆也라 虆는 土籠也요 梩는 土轝也니 於是에 歸而掩覆其親之尸하니 此는 葬埋之禮所由起也라 此掩其親者 若所當然이면 則孝子仁人所以掩其親者 必有其道而不以薄爲貴矣리라

이자가 자기 부모를 후장했기 때문에 이 말씀을 하여 一本의 뜻을 깊이 밝히셨다. 上世는 태고를 이른다. 委는 버림이다. 壑은 산골 물이 흐르는 곳이다. 蚋는 모기 따위이다. 姑는 어조사이니, 혹자는 땅강아지라 한다. 嘬는 모여들어 함께 먹음이다. 顙은 이마이다. 泚는 송글송글 땀이 나는 모양이다. 睨는 흘겨봄이요 視는 똑바로 봄이니, 보지 않을 수 없고 또 차마 똑바로 보지도 못함은 애통함이 절박하여 마음을 가누지 못함이 심한 것이다. 非爲人泚는 남이 보기 때문에 그런 것이 아님을 말한 것이다. 이른바 一本이란 것을 여기에서 보면 더욱 친절하니, 오직 부모(至親)이므로 이와 같고, 남에게는 비록 不忍之心은 있으나 애통·박절함이 이렇게 심하지는 않을 것이다. 反은 덮음이다. 虆는 삼태기요 梩는 들것이니, 이에 돌아와서 그의

부모 시신을 가리고 덮으니, 이로부터 매장하는 禮가 생겨난 것이다. 자기 부모의 시신을 덮음이 만일 당연한 일이면 孝子와 仁人이 자기 부모의 시신을 가리는 일에는 반드시 그 방도가 있기 때문에 박함을 귀하게 여기지는 못할 것이다.

- 委 버릴 위　　壑 골짜기 학　　蠅 파리 승　　蚋 모기 예
  姑 어조사 고　　沬 물 최　　顙 이마 상　　泚 땀흥건할 자
  睨 흘겨볼 예　　反 뒤덮을 반　　蕢 들것 류　　梩 들것 리
  趨 달릴 추　　螻 땅강아지 루　　蛄 땅강아지 고　　攢 모일 찬

5-5. 徐子 以告夷子한대 夷子 憮然爲間曰 命之矣샷다

서자가 이자에게 알리자, 이자가 멍하니 잠시 있다가 말하였다. "나를 가르치셨다."

憮然은 茫然自失之貌라 爲間者는 有頃之間也라 命은 猶教也니 言 孟子已教我矣라 蓋因其本心之明하야 以攻其所學之蔽라 是以로 吾之言이 易(이)入하고 而彼之惑이 易(이)解也라

憮然는 망연자실한 모양이다. 爲間이란 잠시 사이를 둠이다. 命은 가르침과 같으니, 맹자께서 이미 자기를 가르치셨음을 말한 것이다. 대개 그 본심의 밝음을 토대로 그가 배운 폐단을 다스렸기 때문에, 나의 말이 들어가기 쉽고 저이의 의혹이 풀리기 쉬운 것이다.

- 憮 실심할 무　　頃 잠깐 경　　蔽 폐단 폐

藤文公章句下

凡十章이라

모두 10장이다.

1-1. 陳代曰 不見諸侯 宜若小然하이다 今一見之하시면 大則以王이요 小則以霸니 且志에 曰枉尺而直尋이라하니 宜若可爲也로소이다

진대가 말하였다. "제후를 만나지 않으심이 마땅히 작은 절개인 듯합니다. 지금 한 번 만나시면 크게는 왕도를 하고 작게는 패도를 할 수 있고 또 志에 '한 자를 굽혀 여덟 자를 펼친다.'하니, 마땅히 해봄직 합니다."

陳代는 孟子의 弟子也라 小는 謂小節也라 枉은 屈이요 直은 伸也라 八尺曰尋이니 枉尺直尋은 猶屈己一見諸侯而可以致王霸니 所屈者 小하고 所伸者 大也라

陳代는 맹자의 제자이다. 小는 사소한 절개를 이른다. 枉은 굽힘이요 直은 펼침이다. 8자를 尋이라 하니, 枉尺直尋은 자기를 굽혀 한 번 제후를 만남에 王道나 霸道를 이룰 수 있으니 굽힘이 적고 펼침이 큼과 같다.

■ 霸 으뜸 패　　志 기록 지　　直 펼 직　　尋 여덟자 심

1-2. 孟子曰 昔에 齊景公이 田할새 招虞人以旌한대 不至어늘 將殺之러니 志士는 不忘在溝壑이요 勇士는 不忘喪其元이라하시니 孔子는 奚取焉고

取非其招不往也시니 **如不待其招而往**엔 **何哉**오

맹자께서 말씀하셨다. "옛날 齊나라 경공이 사냥할 때 우인을 정기로 부르자 오지 않거늘 죽이려 하였다. 이에 대해 '志士는 죽어서 도랑에 버려질 것을 잊지 않고, 勇士는 싸우다 머리 잃어버릴 것을 잊지 않는다.'하시니, 공자께서 무엇을 취하셨는가? 정당한 부름이 아니면 가지 않음을 취하신 것이니, 만일 정당한 부름을 기다리지 않고 감은 어떻겠는가?

田은 獵也라 虞人은 守苑囿之吏也라 招大夫以旌하고 招虞人以皮冠이라 元은 首也라 志士는 固窮하니 常念死無棺椁하야 棄溝壑而不恨하고 勇士는 輕生하니 常念戰鬪而死하야 喪其首而不顧也라 此二句는 乃孔子歎美虞人之言이라 夫虞人이 招之不以其物에 尚守死而不往이온 況君子 豈可不待其招而自往見之邪아 此以上은 告之以不可往見之意니라

田은 사냥함이다. 虞人은 나라의 동산을 지키는 벼슬아치이다. 대부는 旌으로 부르고 우인은 피관으로 부르는 것이다. 元은 머리이다. 志士는 곤궁함을 굳게 지키니 항상 죽어서 관 없이 도랑에 버려져도 한하지 않을 것을 유념하고, 勇士는 목숨을 가벼이 여기니 항상 전사하여 자기 머리를 잃어버려도 돌아보지 않을 것을 유념한다. 이 두 구는 바로 공자께서 우인을 탄미하신 말씀이다. 저 우인이 자기에 알맞은 깃발(其物)로 부르지 않음에 오히려 죽음을 각오하고 가지 않거늘, 하물며 군자가 어찌 정당한 부름을 기다리지 않고 스스로 가서 만나보겠는가? 이 이상은 가서 만날 수 없는 의의를 일러주신 것이다.

- 田 사냥할 전 虞 벼슬이름 우 旌 기 정 溝 봇도랑 구
  壑 골짜기 학 元 머리 원 奚 어찌 해 獵 사냥할 렵
  棺 널 관 椁 덧널 곽

1-3. 且夫枉尺而直尋者는 以利言也니 如以利則枉尋直尺而利라도 亦可爲與아

또 한 자를 굽혀 여덟 자를 편다 함은 利로 말한 것이니, 만일 利라면 여덟 자를 굽혀 한 자를 펴서 이롭더라도 역시 하겠느냐?

　　此以下는 正其所稱枉尺直尋之非라 夫所謂枉小而所伸者 大則爲之者는 計其利耳니 一有計利之心이면 則雖枉多伸少而有利라도 亦將爲之邪아하시니 甚言其不可也시니라

　　이 이하는 바로 그가 일컬은 枉尺直尋이 잘못임을 바로잡은 것이다. '이른바 굽힌 것이 작고 펼친 것이 크면 행한다 함은 그 利를 따질 따름이니, 한번 利를 따지는 마음을 가지면 비록 굽힌 것이 많고 펼친 것이 적으나 이롭더라도 역시 하겠느냐?'하시니, 불가함을 심하게 말씀하신 것이다.

1-4. 昔者에 趙簡子 使王良으로 與嬖奚乘한대 終日而不獲一禽하고 嬖奚 反命曰 天下之賤工也러이다 或이 以告王良한대 良이 曰請復(부)之호리라 彊而後可라하야늘 一朝而獲十禽하고 嬖奚 反命曰 天下之良工也러이다 簡子曰 我 使掌與女乘호리라하고 謂王良한대 良이 不可曰 吾 爲之範我馳驅호니 終日不獲一하고 爲之詭遇호니 一朝而獲十하니 詩云 不失其馳어늘 舍矢如破라하니 我는 不貫與小人乘호니 請辭라하니라

옛적에 조간자가 왕량에게 폐해의 수레를 몰게 하였는데 온종일 짐승 한 마리도 잡지 못하고, 폐해가 '천하의 천한 마부'라고 복명하였다. 혹자가 왕량한테 알리자 왕량이 말하였다. "다시 몰기를 청합니다." 억지를 부린 뒤에 승낙하거늘, 식전에 짐승 열 마리를 잡고 폐해가 '천하의 훌륭한 마부'라

고 복명하였다. 간자가 '내가 네 수레 모는 일을 맡게 하리라.'하고 왕량에게 말하자, 王良이 불가함을 말하였다. "제가 그를 위해 법도대로 몰았더니 온종일 한 마리도 잡지 못하고, 그를 위해 속임수로 몰았더니 식전에 열 마리를 잡으니, 『詩』에 '수레 모는 법도를 잃지 않거늘 화살을 쏨에 부술 듯이 적중한다.'하였으니, 저는 소인의 수레 모는 일을 익히지 못했으니, 청컨대 사양하겠습니다."

趙簡子는 晉大夫趙鞅也라 王良은 善御者也라 嬖奚는 簡子幸臣이라 與之乘은 爲之御也라 復(부)之는 再乘也라 彊而後可는 嬖奚不肯하야 彊之而後肯也라 一朝는 自晨至食時也라 掌은 專主也라 範은 法度也라 詭遇는 不正而與禽遇也라 言奚不善射하야 以法馳驅면 則不獲하고 廢法詭遇而後에 中也라 詩는 小雅車攻之篇이라 言御者 不失其馳驅之法하고 而射者 發矢에 皆中而力하나니 今嬖奚 不能也라 貫은 習也라

趙簡子는 晉나라 대부 조앙이다. 王良은 수레를 잘 모는 자이다. 嬖奚는 간자가 총애하는 신하이다. 與之乘은 그를 위해 수레를 몲이다. 復之는 다시 몲이다. 彊而後可는 폐해가 수긍하지 않아 억지를 부린 후에 수긍함이다. 一朝는 새벽부터 식전까지의 시간이다. 掌은 전임함이다. 範은 法度이다. 詭遇는 부정한 방법으로 짐승과 만남이다. '폐해가 활을 잘 쏘지 못하여 법도대로 몰면 잡지 못하고 법도를 버리고 속임수를 써 맞춤'을 말한 것이다. 詩는 「소아」<거공>편이다. '마부가 수레 모는 법도를 잃지 않고 쏘는 자가 화살을 쏨에 다 맞고 힘차야 하는데, 지금 폐해가 능하지 못함'을 말한 것이다. 貫은 익힘이다.

■ 嬖 사랑할 폐   彊 억지로 강   反 대답할 반   馳 달릴 치
驅 몰 구   詭 속일 궤   遇 만날 우   舍 놓을 사
貫 익힐 관   鞅 가슴걸이 앙   幸 임금사랑 행

1-5. 御者 且羞與射者比하야 比而得禽獸 雖若丘陵이라도 弗爲也하니 如枉道而從彼엔 何也오 且子 過矣로다 枉己者 未有能直人者也니라

마부도 활 쏘는 자에게 아첨함을 싫어하여 아첨해서 잡은 짐승이 비록 산더미 같더라도 하지 않으니, 도를 굽혀 저들을 따름은 어떻겠는가? 뿐만 아니라 자네가 잘못이로다. 자기를 굽힌 자가 남을 곧게 할 자는 없다.

比는 阿黨也라 若丘陵은 言多也라

○或曰 居今之世하야 出處去就를 不必一一中節이니 欲其一一中節이면 則道不得行矣라한대 楊氏曰 何其不自重也오 枉己면 其能直人乎아 古之人이 寧道之不行이언정 而不輕其去就라 是以로 孔孟이 雖在春秋戰國之時나 而進必以正하사 以至終不得行而死也하시니 使不恤其去就而可以行道면 孔孟이 當先爲之矣시리라 孔孟이 豈不欲道之行哉시리오

比는 아첨함이다. 若丘陵은 많음을 말한다.

○혹자가 '지금 세상에 출처와 거취를 반드시 일일이 예절에 맞추지는 못할 것이니, 만일 일일이 예절에 맞추려고 한다면 道가 행해질 수 없다.'하자, 양씨가 말하였다. "어찌 그리 자중하지 않는가? 자기를 굽히면 어찌 능히 남을 곧게 하겠는가? 옛사람이 차라리 도를 행하지 못할지언정 자기 거취를 가벼이 하지 않았다. 이 때문에 공자·맹자께서 비록 춘추전국시대에 계셨으나 반드시 正道로 나아가시어 끝내 행하지 못하고 돌아가셨으니, 가령 거취를 근심하지 않고 도를 행할 수 있다면 孔子·孟子께서 마땅히 먼저 하셨으리라. 공자·맹자께서 어찌 도를 행하고 싶지 않으시겠는가?"

■ 比 아첨할 비   阿 아첨할 아   黨 아첨할 당   恤 돌아볼 휼

2-1. 景春이 曰公孫衍張儀는 豈不誠大丈夫哉리오 一怒而諸侯 懼하고 安居而天下 熄하니라

경춘이 말하였다. "공손연·장의는 어찌 진실로 대장부가 아닌가? 한번 노함에 제후가 두려워하고 편안히 있음에 천하가 잠잠하였다."

景春은 人姓名이라 公孫衍張儀는 皆魏人이니 怒則說(세)諸侯하야 使相攻伐故로 諸侯 懼也라

景春은 사람의 성명이다. 공손연·장의는 다 魏나라 사람이니, 노하면 제후를 달래어 서로 공격하게 하였으므로 제후가 두려워한 것이다.

■ 衍 넘칠 연　　熄 꺼질 식　　說 달랠 세

2-2. 孟子曰 是焉得爲大丈夫乎리오 子 未學禮乎아 丈夫之冠也에 父 命之하고 女子之嫁也에 母 命之하나니 往送之門할새 戒之曰 往之女(여)家하야 必敬必戒하야 無違夫子라하나니 以順爲正者는 妾婦之道也니라

孟子께서 말씀하셨다. "이들이 어찌 대장부가 되겠는가? 그대는 예를 배우지 않았는가? 장부가 관례 함에 아버지가 훈계하고, 여자가 시집감에 어머니가 훈계하는데, 문에서 전송할 적에 훈계하기를 '너의 시집에 가서 반드시 공경하며 반드시 조심하여 남편을 어기지 말라.'하니, 순종을 正道로 삼는 것은 첩부의 도이다.

加冠於首曰冠이라 女(여)家는 夫家也니 婦人은 內夫家하야 以嫁爲歸也라 夫子는 夫也라 女子 從人에 以順爲正道也라 蓋言二子 阿諛苟容하야 竊取權勢하니 乃妾婦順從之道耳요 非丈夫之事也라

갓을 머리에 씌움을 冠이라 한다. 女家는 남편의 집이니, 부인이 남편

집에 들어가기에 시집감을 歸라 한다. 夫子는 남편이다. 여자가 남편을 따름에 순종을 정도로 삼는다. 대개 '두 사람이 아첨하고 비위맞춰 권세를 훔쳤으니 바로 첩부의 순종하는 도일뿐이지 丈夫의 일이 아님'을 말한 것이다.

2-3. 居天下之廣居하며 立天下之正位하며 行天下之大道하야 得志하얀 與民由之하고 不得志하얀 獨行其道하야 富貴 不能淫하며 貧賤이 不能移하며 威武 不能屈이 此之謂大丈夫니라

천하의 廣居에 거처하며 천하의 正位에 서며 천하의 大道를 행하여 뜻을 얻으면 백성과 함께 행하고 뜻을 얻지 못하면 홀로 도를 행하여, 부귀가 방탕하게 못하며 빈천이 바꾸지 못하며 위세와 무력으로도 꺾지 못하는, 이런 사람을 大丈夫라 한다."

廣居는 仁也요 正位는 禮也요 大道는 義也라 與民由之는 推其所得於人也라 獨行其道는 守其所得於己也라 淫은 蕩其心也요 移는 變其節也요 屈은 挫其志也라

○何叔京이 曰戰國之時에 聖賢道否(비)하야 天下 不復(부)見其德業之盛하고 但見姦巧之徒 得志橫行하야 氣焰可畏하고 遂以爲大丈夫하니 不知由君子觀之면 是乃妾婦之道耳라 何足道哉리오

廣居는 仁이요 正位는 禮요 大道는 義이다. 與民由之는 남에게 미루어감이요, 獨行其道는 내가 얻은 인·의·예를 지킴이다. 淫은 그 마음을 방탕하게 함이요, 移는 그 절개를 바꿈이요, 屈은 그 지조를 꺾음이다.

○하숙경이 말하였다. "전국시대에 성현의 도가 막혀 천하가 다시 그 덕업의 성대함을 보지 못하고, 단지 간교한 무리가 뜻을 얻어 멋대로 행하여 대단한 기세가 두려워할 만함을 보고서 드디어 大丈夫라 여기니, 군자의

관점에서 보면 이는 곧 첩부의 도임을 모른 것이다. 어찌 말거리가 되겠는가?"

- 蕩 방탕할 탕　　挫 꺾을 좌　　否 막을 비　　焰 불꽃 염
  道 말할 도

3-1. 周霄 問曰 古之君子 仕乎잇가 孟子曰 仕니라 傳에 曰孔子 三月無君則皇皇如也하사 出疆에 必載質(지)라하고 公明儀曰 古之人이 三月無君則吊라하니라

주소가 여쭈었다. "옛날에 군자가 벼슬했습니까?" 맹자께서 말씀하셨다. "벼슬하였다. 책에 '공자께서 석 달 임금이 없으면 안절부절못하시어 국경을 나설 적에 반드시 폐백을 실으셨다.'하고, 공명의가 '옛사람이 석 달 임금이 없으면 조문한다.'하였다."

周霄는 魏人이라 無君은 謂不得仕而事君也라 皇皇은 如有求而不得之意라 出疆은 謂失位而去國也라 質(지)는 所執以見人者니 如士則執雉也라 出疆載之者는 將以見所適國之君而事之也라

周霄는 魏나라 사람이다. 無君은 벼슬하여 임금을 섬기지 못함을 이른다. 皇皇은 구하여도 얻지 못할 듯한 마음이다. 出疆은 벼슬을 잃고 나라를 떠남을 이른다. 質는 잡고서 사람을 찾아보는 예물이니, 예컨대 士는 꿩을 잡는다. 出疆載之는 장차 찾아가는 나라의 임금을 만나보고 섬기려는 것이다.

- 霄 하늘 소　　傳 책 전　　　　皇 허둥거릴 황(遑)　疆 지경 강
  質 폐백 지　　吊 불쌍히여길 조　魏 나라이름 위　　雉 꿩 치

3-2. 三月無君則吊 不以急乎잇가

"석 달을 임금이 없으면 조문함이 너무 급하지 않습니까?"

周霄 問也라 以는 已로 通하니 太也라 後章도 放此하니라

周霄가 여쭌 것이다. 以는 已자와 통용하니 너무 이다. 후장도 이와 같다.

3-3. 曰士之失位也 猶諸侯之失國家也니 禮에 曰諸侯 耕助하야 以供粢盛하고 夫人이 蠶繅하야 以爲衣服이라하니 犧牲이 不成하며 粢盛이 不潔하며 衣服이 不備하면 不敢以祭하고 惟士 無田則亦不祭하나니 牲殺器皿衣服이 不備하야 不敢以祭則不敢以宴이니 亦不足弔乎아

말씀하셨다. "士가 벼슬을 잃음이 제후가 국가를 잃음과 같으니, 『禮』에 '제후가 적전을 부침에 백성이 도와 자성을 바치고, 夫人이 누에치고 고치켜서 의복을 만든다.'하니, 희생이 자라지 못하며 자성이 정결하지 못하며 의복이 구비되지 못하면 감히 제사지내지 못하고, 士가 제전이 없으면 또한 제사지내지 못하는 법이다. 희생과 제기와 의복이 갖추어지지 못하여 감히 제사지내지 못하면 감히 잔치도 못하리니, 또한 위로할 만하지 않은가?"

禮에 曰諸侯 爲藉(적)百畝하야 冕而靑紘하고 躬秉耒以耕이어든 而庶人이 助以終畝하야 收而藏之御廩하야 以供宗廟之粢盛하고 使世婦로 蠶于公桑蠶室하야 奉繭以示于君하고 遂獻于夫人이어든 夫人이 副褘(휘)受之하야 繅三盆手하고 遂布于三宮世婦하야 使繅以爲黼黻文章하야 而服以祀先王先公이라 又曰 士 有田則祭하고 無田則薦이라하니라 黍稷曰粢요 在器曰盛이라 牲殺은 牲必特殺也라 皿은 所以覆(부)器者라

『禮記』에 '제후가 적전 100묘를 만들어 면류관에 푸른 갓끈을 매고 몸소 쟁기를 잡고 밭 갈면 서민이 도와 밭일을 끝내어 수확하여 왕실 창고에 보관하여 종묘의 자성으로 바치고, 世婦로 하여금 왕실의 잠실에서 누에치게 하여 고치를 받들어 군주에게 보이고, 마침내 夫人(妃)에게 바치면 夫人이 하얀

예복을 입고 받아 고치를 켬에 세 번 손을 동이에 담그고, 마침내 三宮의 世婦 중 길한 자에게 분배하여 고치를 켜서 예복에 보·불·문·장의 수를 놓게 하여 임금이 이를 입고 선왕과 선공께 제사지낸다.' 하였다. 또 '士가 제전이 있으면 제사지내고 제전이 없으면 천신한다.' 하였다. 기장과 피를 粢라 하고 제기에 담은 것을 盛이라 한다. 牲殺은 희생은 반드시 수컷을 잡음이다. 皿은 그릇을 덮는 것이다.

- 粢 기장 자 　　盛 담을 성 　　繅 고치켤 소 　　冕 면류관 면
　紘 갓끈 굉 　　蠶 누에 잠 　　繭 고치 견 　　藉 밭갈 적(籍)
　廩 곳집 름 　　褘 후비제복 휘 　　繰 고치켤 소 　　黼 수 보
　黻 수 불 　　覆 덮을 부

* 籍田 : 임금이 몸소 밭을 갈아 시범을 보이며 宗廟·社稷의 제사에 쓸 곡식을 장만하기 위하여 직접 농민을 두고 농사짓던 祭田.
* 世婦 : 천자를 모시는 27명의 女官.
* 副褘 : 王后의 하얀 예복.
* 黼黻文章 : 「冬官」<考工記>에 예복 치맛자락에 亞자 모양의 수를 놓되 청색과 적색은 文, 적색과 백색은 章, 백색과 흑색은 黼, 흑색과 청색은 黻, 오색은 繡라 함.

3-4. 出疆에 必載質(지)는 何也잇고

"국경을 나섬에 반드시 폐백을 싣고 감은 어째서입니까?"

周霄 問也라

주소가 여쭌 것이다.

3-5. 曰 士之仕也 猶農夫之耕也니 農夫 豈爲出疆하야 舍其耒耜哉리오 曰 晉國이 亦仕國也로되 未嘗聞仕 如此其急호니 仕 如此其急也인댄 君子之難仕는 何也잇고 曰 丈夫 生而願爲之有室하며 女子 生而願爲之有家는 父母之心이라 人皆有之언마는 不待父母之命과

媒妁之言하고 鑽穴隙相窺하며 踰牆相從하면 則父母國人이 皆賤之하나니 古之人이 未嘗不欲仕也언마는 又惡(오)不由其道하니 不由其道而往者는 與鑽穴隙之類也니라

말씀하셨다. "士가 벼슬함이 농부가 경작함과 같으니 농부가 어찌 국경을 나가며 쟁기를 버리겠는가?" 여쭈었다. "진국이 또한 벼슬할 만한 나라인데 벼슬함이 이처럼 급함을 일찍이 듣지 못하였으니, 벼슬이 이처럼 급할진댄 군자가 벼슬을 어렵게 여김은 어째서입니까?" 말씀하셨다. "사내가 태어남에 아내 두기를 원하며 여자가 태어남에 남편(家) 두기를 원함은 부모의 마음이라서 사람마다 다 지녔건마는, 부모의 명과 중매의 말을 기다리지 않고 구멍을 뚫고 서로 엿보며 담장을 넘어 서로 만나면 곧 부모와 나라 사람이 모두 천하게 여기나니, 옛사람이 일찍이 벼슬하고자 않은 적이 없었지만 또한 도로 말미암지 않음을 미워한 것이니, 도로 말미암아 가지 않는 자는 구멍 뚫고 만나는 부류와 같다."

晉國은 解見(현)首篇하니라 仕國은 謂君子遊宦之國이라 霄 意以孟子不見諸侯로 爲難仕故로 先問古之君子仕否然後에 言此以風切之也라 男은 以女爲室하고 女는 以男爲家라 妁은 亦媒也라 言爲父母者 非不願其男女之有室家로되 而亦惡(오)其不由道하니 蓋君子 雖不潔身以亂倫이나 而亦不徇利而忘義也니라

晉國은 풀이가 첫 편에 보인다. 仕國은 군자가 유세하고 벼슬하는 나라를 말한다. 주소가 맹자께서 제후를 만나보지 않음을 벼슬을 어렵게 여긴다고 생각하였으므로, 먼저 옛 군자의 벼슬 여부를 물은 후에 이 말로 풍자한 것이다. 남자는 아내를 室이라 하고 여자는 남편을 家라 한다. 妁은 또한 중매이다. '부모 된 이가 제 아들딸의 室·家를 원치 않는 것은 아니지만, 또한 도로 말미암지 않음을 미워함'을 말한 것이니, 대개 군자가 비록 제 몸만 결백하게 하여 인륜을 어지럽히지*도 않거니와 역시 利를 쫓아 義를

망각하지도 않는다.

* 潔身以亂倫 : 자기 자신을 결백하게 하려고 인륜을 저버리는 행위를 말한다.

- 舍 버릴 사   妁 중매 작   鑽 뚫을 찬   隙 틈 극
  窺 엿볼 규   踰 넘을 류   牆 담 장   風 풍자할 풍
  切 나무랄 절

4-1. 彭更(경)이 問曰 後車數十乘과 從者數百人으로 以傳食於諸侯 不以泰乎잇가 孟子曰 非其道則一簞食(사)라도 不可受於人이어니와 如其道則舜이 受堯之天下하사대 不以爲泰하시니 子以爲泰乎아

팽경이 여쭈었다. "따르는 수레 수십 대와 종자 수백 명을 거느리고 제후에게 전전하며 녹을 먹음이 너무 사치스럽지 않습니까?" 맹자께서 말씀하셨다. "도에 맞지 않으면 한 그릇의 밥도 남에게 받지 못하겠지만 만일 도에 맞으면 순임금이 요임금의 천하를 받으시되 사치스럽게 여기지 않으셨으니, 자네가 사치스럽다고 여기느냐?"

　　彭更(경)은 孟子의 弟子也라 泰는 侈也라
　　彭更은 맹자의 제자이다. 泰는 사치함이다.

- 彭 성씨 팽   以 심히 이   泰 사치할 태   簞 대그릇 단

4-2. 曰 否라 士無事而食이 不可也니이다

말하였다. "아닙니다. 士가 일 없이 먹는 것이 옳지 못하다는 것입니다."

　　言不以舜爲泰요 但謂今之士 無功而食人之食(사)則不可也라
　　舜임금을 사치스럽게 여긴다는 말이 아니고, 다만 지금의 士가 일도 없이 남의 밥을 먹음이 불가하다는 말이다.

4-3. 曰 子 不通功易事하야 以羨(연)補不足이면 則農有餘粟하며 女有餘布어니와 子如通之면 則梓匠輪輿 皆得食於子하리니 於此有人焉하니 入則孝하고 出則悌하야 守先王之道하야 以待後之學者호대 而不得食於子하나니 子 何尊梓匠輪輿而輕爲仁義者哉오

말씀하셨다. "자네가 백성이 만든 물건(功)을 통용하며 일을 교역하여 여유분으로 부족분을 보충하지 않으면 농부는 곡식이 남고 여자는 베가 남겠지만, 자네가 만일 통용하면 목공과 거공이 다 자네에게 음식을 얻을 것이다. 여기에 한 사람이 있으니, 들어가면 효도하고 나오면 공경하여 선왕의 도를 지켜 후세 학자를 대비해 주되, 자네에게 음식을 얻을 수 없으니, 자네가 어찌 목공과 거공을 존중하고 仁·義 행하는 자를 가벼이 여기느냐?"

通功易事는 謂通人之功而交易其事라 羨은 餘也라 有餘는 言無所貿易而積於無用也라 梓人匠人은 木工也요 輪人輿人은 車工也라

通功易事는 사람이 만든 물건을 통용하고 그 일을 교역함을 이른다. 羨은 남음이다. 有餘는 교역할 곳이 없어 쓸데없이 쌓아둠을 말한다. 梓人과 匠人은 목공이요 輪人과 輿人은 거공이다.

■ 羨 남을 연   梓 목수 재   輪 바퀴장인 륜   輿 차상장인 여

4-4. 曰 梓匠輪輿는 其志 將以求食也어니와 君子之爲道也도 其志 亦將以求食與잇가 曰 子 何以其志爲哉오 其有功於子에 可食(사)而食(사)之矣니 且子는 食(사)志乎아 食(사)功乎아 曰 食(사)志니이다

여쭈었다. "목공과 거공은 그 뜻이 음식을 구하려는 것이지만, 군자가 도를 행함도 그 뜻이 또한 음식을 구하려는 것입니까?" 말씀하셨다. "자네가 어찌 그 뜻으로써 말하느냐? 그가 자네에게 공이 있음에 먹일만하면 먹이니, 또 자네는 뜻을 먹이는가, 功을 먹이는가?" 대답하였다. "뜻을 먹입니다."

孟子 言自我而言이면 固不求食이어니와 自彼而言이면 凡有功者則當食(사)之라

맹자께서 '자기 관점에서 말하면 진실로 음식을 구함이 아니지만, 저쪽 관점에서 말하면 무릇 공이 있으면 마땅히 먹여야 함'을 말씀하신 것이다.

4-5. 曰 有人於此하니 毁瓦畫(획)墁이요 其志 將以求食也則子 食(사)之乎아 曰 否라 曰 然則子 非食(사)志也라 食(사)功也로다

말씀하셨다. "여기 한 사람이 있으니, 기와를 부수며 회칠한 담장을 그어놓고 그 뜻이 음식을 구하려고 하면 자네가 먹이겠는가?" 말하였다. "아닙니다." 말씀하셨다. "그러면 자네가 뜻을 먹여줌이 아니라 공을 먹여줌이로다."

墁은 牆壁之飾也라 毁瓦畫(획)墁은 言無功而有害也라 旣曰食(사)功則以士爲無事而食者는 眞尊梓匠輪輿而輕爲仁義者矣라

墁은 담 벽을 회칠로 장식한 것이다. 毁瓦畫墁은 공은 없고 해만 있음을 말한 것이다. 이미 功을 먹인다고 말한즉 士를 일 없이 먹는 자라 여김은 진실로 목공과 거공을 존중하고 仁·義 행하는 자를 경시하는 것이다.

■ 毁 헐 훼   畫 그을 획   墁 담벽회칠장식 만

5-1. 萬章이 問曰 宋은 小國也라 今에 將行王政하나니 齊楚 惡(오)而伐之則如之何니잇고

만장이 여쭈었다. "송은 작은 나라입니다. 이제 王政을 행하려 하니, 제나라·초나라가 미워하여 쳐들어오면 어찌해야합니까?"

萬章은 孟子의 弟子라 宋王偃이 嘗滅滕伐薛하고 敗齊楚魏之兵하야 欲覇天下하니 疑卽此時也라

萬章은 맹자 제자이다. 宋나라 임금 언이 일찍이 등 나라를 멸하며 설 나라를 치고 齊·楚·魏의 군대를 패퇴시켜 천하에 패자가 되고자 하였으니, 아마 바로 이때인가보다.

■ 偃 쓰러질 언   兵 싸움(전쟁) 병

5-2. 孟子曰 湯이 居亳하실새 與葛爲鄰이러시니 葛伯이 放而不祀어늘 湯이 使人問之曰 何爲不祀오 曰 無以供犧牲也로이다 湯이 使遺之牛羊하신대 葛伯이 食之하고 又不以祀어늘 湯이 又使人問之曰 何爲不祀오 曰 無以供粢盛也로이다 湯이 使亳衆으로 往爲之耕이어시늘 老弱이 饋食(사)러니 葛伯이 帥(솔)其民하야 要其有酒食(사)黍稻者하야 奪之호대 不授者를 殺之하더니 有童子 以黍肉餉이어늘 殺而奪之하니 書에 曰 葛伯이 仇餉이라하니 此之謂也니라

맹자께서 말씀하셨다. "탕 임금이 박읍에 계실 때 갈 나라와 인접하였는데, 갈 나라 임금이 무도하여 제사지내지 않거늘 탕 임금이 사람을 시켜 물었다. '어찌 제사지내지 않느냐?' 대답하였다. '희생을 바칠 것이 없습니다.' 탕 임금이 소와 양을 보내주자 갈 나라 임금이 잡아먹고 또 제사지내지 않거늘, 탕 임금이 다시 사람을 보내 물었다. '어찌 제사지내지 않느냐?' 대답하였다. '자성을 바칠 것이 없습니다.' 탕 임금이 박읍의 백성을 보내 농사짓게 하시거늘, 노약자가 밥을 내다 먹이니, 갈 나라 임금이 자기 백성을 거느리고 와서 술과 밥과 기장과 쌀을 가진 자를 탈취하는데 주지 않는 자를 죽였다. 한 동자가 기장밥과 고기를 나르거늘 죽이고 탈취하니, 『書』에 '갈 나라 임금이 밥 나르는 자와 원수가 되었다.'하니, 이를 이른 것이다."

葛은 國名이요 伯은 爵也라 放而不祀는 放縱無道하야 不祀先祖也라 亳衆은 湯之民이라 其民은 葛民也라 授는 與也라 餉은 亦饋也라 書는 商書仲虺之誥也라 仇餉은 言與餉者爲仇也라

葛은 국명이고 伯은 작위이다. 放而不祀는 방종하고 무도하여 선조께 제사지내지 않음이다. 毫衆은 탕 임금의 백성이다. 其民은 갈 나라 백성이다. 授는 줌이다. 餉은 역시 먹임이다. 書는 『상서』「중훼지고」이다. 仇餉은 밥 나르는 자와 원수가 됨을 말한다.

- 毫 땅이름 박
- 葛 나라이름 갈
- 鄰 이웃 린
- 伯 작위 백
- 供 이바지할 공
- 犧 희생 희
- 牲 희생 생
- 遺 보낼 유
- 粢 기장 자
- 盛 담을 성
- 饋 먹일 궤
- 帥 거느릴 솔
- 黍 기장 서
- 稻 벼 도
- 餉 보낼 향
- 仇 원수 구
- 縱 방종할 종
- 虺 살모사 훼
- 誥 가르칠 고

5-3. 爲其殺是童子而征之하신대 四海之內 皆曰 非富天下也라 爲匹夫匹婦하야 復讐也라하니라

그가 이 동자를 살해했기 때문에 정벌하시자, 사해 안이 다 말하기를 '천하를 부로 여긴 것이 아니라, 필부필부를 위하여 복수하셨다.'하였다.

非富天下는 言湯之心이 非以天下로 爲富而欲得之也라

非富天下는 탕 임금 마음이 천하를 부로 여겨 차지하려는 것이 아니라는 말이다.

5-4. 湯이 始征을 自葛로 載하사 十一征而無敵於天下하니 東面而征에 西夷怨하며 南面而征에 北狄이 怨하야 曰奚爲後我오하야 民之望之 若大旱之望雨也하야 歸市者 弗止하며 芸者 不變이어늘 誅其君弔其民하신대 如時雨降이라 民이 大悅하니 書에 曰徯我后하노소니 后來하시면 其無罰아하니라

탕 임금이 처음 정벌을 갈 나라부터 시작하시어 11국을 정벌함에도 천하에 대적하는 나라가 없었으니, 동쪽을 정벌함에 서쪽 오랑캐가 원망하며 남쪽을 정벌함에 북쪽 오랑캐가 원망하면서 '어찌 우리를 나중에 하는가?' 하여 백성의 갈망함이 큰 가뭄에 단비를 소망하듯이 하여, 시장에 가는 자가 끊이지 않으며 김매는 자가 변하지 않거늘, 그 임금을 죽이고 그 백성을 위로하시자 단비가 내리듯이 백성이 크게 기뻐하니, 『書』에 '우리 임금을 기다리노니, 임금께서 오시면 어찌 폭군을 벌함이 없겠는가?' 하였다.

載는 亦始也라 十一征은 所征이 十一國也라 餘는 已見(현)前篇하니라
載는 또한 시작함이다. 十一征은 정벌한 곳이 11국이다. 나머지는 이미 전편에 보인다.

- 葛 나라이름 갈　　載 비롯할 재　　敵 맞설 적　　狄 북방오랑캐 적
　奚 어찌 해　　芸 김맬 운　　弔 불쌍히여길 조　　徯 기다릴 혜
　后 임금 후

5-5. 有攸不爲臣이어늘 東征하사 綏厥士女하신대 匪厥玄黃하야 紹我周王見休하야 惟臣附于大邑周하니 其君子는 實玄黃于匪하야 以迎其君子하고 其小人은 簞食(사)壺漿으로 以迎其小人하니 救民於水火之中하야 取其殘而已矣니라

신하되지 않는 곳이 있거늘 동쪽으로 정벌하시어 그 남녀(士女)를 편안하게 하자, 폐백을 광주리에 담아 周나라 王을 섬겨 아름다운 은덕을 보고 위대한 도읍 周나라에 신하로 따르니, 군자는 폐백을 광주리에 담아 군자를 맞이하고 서민은 대그릇 밥과 음료수로 서민을 맞이하니, 백성을 도탄(水火)에서 구원하여 그 잔학한 자를 잡아들일 따름이었다.

按周書武成篇에 載武王之言하니 孟子 約其文如此하시니라 然이나 其辭 時(特)與今書文으로 不類하니 今姑依此文解之하노라

有所不爲臣은 謂助紂爲惡而不爲周臣者라 匪는 與篚로 同이라 玄黃은 幣也라 紹는 繼也니 猶言事也라 言其士女 以匪로 盛玄黃之幣하야 迎武王而事之也라 商人而曰 我周王은 猶商書所謂我后也라 休는 美也니 言武王이 能順天休命하야 而事之者 皆見休也라 臣附는 歸服也라 孟子 又釋其意하야 言商人이 聞周師之來하고 各以其類相迎者는 以武王이 能救民於水火之中하야 取其殘民者하야 誅之하고 而不爲暴虐耳라 君子는 謂在位之人이요 小人은 謂細民也라

살펴보면, 「주서」<무성>편에 무왕의 말씀을 기록하였으니, 맹자께서 이와 같이 그 글을 요약하셨다. 그러나 그 말이 때로 지금 『서경』 글과 유사하지 않으니, 이제 우선 이 글에 의거하여 풀이한다.

有所不爲臣은 紂를 도와 악행을 자행하고 周의 신하가 되지 않은 자를 이른다. 匪는 광주리와 같다. 玄黃*은 폐백이다. 紹는 이음이니, 섬긴다는 말과 같다. 그곳 남녀가 광주리에 폐백을 담아 무왕을 맞이하여 섬김을 말한 것이다. 商나라 사람으로서 我周王이라 함은 「商書」에 이른바 我后와 같다. 休는 아름다움이니, 무왕이 능히 아름다운 천명을 따르셔서 섬기는 자가 모두 아름다운 은덕을 입었음을 말한 것이다. 臣附는 귀의하여 복종함이다. 맹자께서 또 그 뜻을 풀이하여 '商나라 사람이 周나라 軍師가 온다는 말을 듣고 각자 그 부류에 따라 서로 맞이한 것은 武王이 백성을 도탄에서 구제하여 백성을 해친 자를 잡아 죽이고 포학한 일을 하지 않았기 때문임'을 말씀하신 것이다. 君子는 지위에 있는 사람을 이르고 小人은 서민을 이른다.

- 攸 바 유　　　綏 편안할 수(유)　　匪 대상자 비　　紹 이을 소
  附 따를 부　　實 채울 실　　　　簞 대그릇 단　　食 밥 사
  壺 항아리 호　　漿 음료 장　　　殘 해칠 잔　　　類 같을 유
  姑 우선 고　　　篚 대광주리 비　幣 예물 폐　　　服 따를 복

* 玄黃 : 古禮에 선비가 현자를 찾아볼 때 갖춘 예물로서, 곧 적흑 비단 셋과 분홍 비단 둘(玄三纁二)의 폐백이다.

5-6. 太誓에 曰我武를 惟揚하야 侵于之疆하야 則取于殘하야 殺伐用張하니 于湯에 有光이라하니라

<태서>에 '나의 무용을 드날리어 그의 강역으로 들어가 잔학한 자를 잡아 죽이고 정벌하니, 탕왕보다 빛난다.' 하였다.

太誓는 周書也니 今書文이 亦小異하니라 言武王이 威武奮揚하야 侵彼紂之疆界하야 取其殘賊而殺伐之功이 因以張大하야 比於湯之伐桀에 又有光焉이라 引此以證上文取其殘之義하니라

<태서>는 「주서」의 편명이니, 지금 『서경』의 글과 조금 다르다. '무왕이 무용을 드날려 저 주의 국경으로 들어가 잔적을 붙잡아 죽이고 정벌한 공이 크게 베풀어지니, 탕왕이 걸을 정벌함에 비해 더욱 빛남'*을 말한 것이니, 이를 인용하여 윗글 그 잔학한 자를 잡아들였다는 뜻을 증명한 것이다.

■ 武 무덕 무   侵 차츰나아갈 침   張 크게할 장   紂 주임금 주
  桀 하왕이름 걸

* 于湯有光 : 이에 대한 해석이 주자와 채침이 조금 다르니, 朱子는 여기서 '成湯이 夏桀을 친 것에 비해 더 빛난다.'했는데 채침은 書集傳에서 '商紂를 정벌한 일이 의당 成湯께도 영광이다(伐商之擧豈不於湯爲有光也哉).' 하였다.

5-7. 不行王政云爾언정 苟行王政이면 四海之內 皆擧首而望之하야 欲以爲君하리니 齊楚 雖大나 何畏焉이리오

王政을 행하지 않는다고 이를지언정 진실로 王政을 행하면 사해 안이 다 고개 들고 바라보아 임금을 삼고자 하리니, 齊·楚가 비록 대국이나 어찌 두려워하겠는가?"

宋이 實不能行王政이러니 後에 果爲齊所滅하야 王偃이 走死하니라
○尹氏曰 爲國者 能自治而得民心이면 則天下 皆將歸往之하야 恨

其征伐之不早也리니 尙何彊國之足畏哉리오 苟不自治하고 而以彊弱之勢로 言之면 是는 可畏而已矣라

宋나라가 실제 王政을 행하지 못하더니, 뒤에 과연 齊나라에 멸망하여 임금 언이 패주하다 죽었다.

○윤씨가 말하였다. "나라 다스리는 자가 능히 자치하여 민심을 얻으면 천하가 다 그에게 돌아와 정벌이 늦음을 한탄하리니, 어찌 강국 따위를 두려워하겠는가? 진실로 自治하지 못하고 강약의 형세로 말하면, 이는 두려울 뿐이다."

6-1. 孟子 謂戴不勝曰 子欲子之王之善與아 我 明告子호리라 有楚大夫於此하니 欲其子之齊語也則使齊人傳諸(저)아 使楚人傳諸(저)아 曰 使齊人傳之니라 曰 一齊人이 傳之어든 衆楚人이 咻之면 雖日撻而求其齊也라도 不可得矣어니와 引而置之莊嶽之間數年이면 雖日撻而求其楚라도 亦不可得矣리라

맹자께서 대불승에게 말씀하셨다. "그대는 그대의 王이 善해지기를 바라는가? 내가 분명하게 그대에게 일러주리라. 여기 한 楚나라 대부가 있으니, 그 아들이 齊나라 말을 하기 바라면 齊나라 사람으로 가르치게 하겠는가? 楚나라 사람으로 가르치게 하겠는가?" 대답하였다. "齊나라 사람으로 가르치게 할 것입니다." 말씀하셨다. "한 齊나라 사람이 가르치거든 많은 楚나라 사람이 떠들면, 비록 날마다 종아리 치면서 齊나라 말을 요구해도 못하겠지만, 데려다가 齊나라 번화가(莊嶽)에 두어해 살게 하면 비록 날마다 종아리 치면서 楚나라 말을 요구해도 역시 못할 것이다.

戴不勝은 宋臣也라 齊語는 齊人語也라 傳는 敎也라 咻는 讙也라 齊는 齊語也라 莊嶽은 齊街里名也라 楚는 楚語也라 此는 先設譬以曉之

也시니라

戴不勝은 宋나라 신하이다. 齊語는 齊나라 사람의 말이다. 傅는 가르침이다. 咻는 떠들썩함이다. 齊는 齊나라 말이다. 莊嶽은 齊나라 번화가의 이름이다. 楚는 楚나라 말이다. 이는 먼저 비유하여 깨우치신 것이다.

- 戴 머리일 대　　傅 가르칠 부　　咻 떠들 휴　　撻 매질할 달
  讙 시끄러울 환

6-2. 子 謂薛居州를 善士也라하야 使之居於王所하나니 在於王所者 長幼卑尊이 皆薛居州也면 王誰與爲不善이며 在王所者 長幼卑尊이 皆非薛居州也면 王誰與爲善이리오 一薛居州 獨如宋王에 何리오

그대가 설거주를 善한 선비라 하여 그를 왕의 처소에 있게 하였으니, 왕의 처소에 있는 어른과 젊은이와 높고 낮은 이가 다 설거주라면 왕이 누구와 不善을 하며, 왕의 처소에 있는 어른과 젊은이와 높고 낮은 이가 다 설거주가 아니라면 왕이 누구와 더불어 善을 하겠는가? 설거주 홀로 宋나라 왕을 어찌하겠는가?"

居州는 亦宋臣이라 言小人이 衆而君子 獨이면 無以成正君之功이라

居州는 역시 宋나라 신하이다. 小人이 많고 君子가 혼자이면 임금을 바로잡는 공을 이룰 수 없음을 말한 것이다.

7-1. 公孫丑 問曰 不見諸侯 何義잇고 孟子曰 古者에 不爲臣하야는 不見하더니라

공손추가 여쭈었다. "제후를 만나지 않으심이 어떤 義理입니까?" 맹자께서 말씀하셨다. "옛적에 신하가 되지 않으면 만나지 않았다.

不爲臣은 謂未仕於其國者也라 此는 不見諸侯之義也라

不爲臣은 아직 그 나라에서 벼슬하지 않음을 이른다. 이는 제후를 만나지 않는 義理이다.

7-2. 段干木은 踰垣而辟(피)之하고 泄柳는 閉門而不內(납)하니 是皆已甚하니 迫이어든 斯可以見矣니라

단간목은 담을 넘어 피하고 설류는 대문을 닫고 들이지 않았으니, 이는 다 너무 심하니, 절박하면 만날 수 있다.

段干木은 魏文侯時人이라 泄柳는 魯繆(목)公時人이라 文侯繆公이 欲見此二人이로되 而二人이 不肯見之하니 蓋未爲臣也라 已甚은 過甚也라 迫은 謂求見之切也라

段干木은 魏나라 문후 때 사람이다. 泄柳는 魯나라 목공 때 사람이다. 문후와 목공이 이 두 사람을 만나고자 했으되 두 사람이 기꺼이 만나주지 않았으니, 신하가 되지 않아서이다. 已甚은 너무 심함이다. 迫은 만나고자 함이 절박함을 이른다.

- 段 구분 단　　　踰 넘을 유　　　垣 담 원　　　辟 피할 피
  泄 샐 설　　　　內 들일 납　　　迫 닥칠 박　　繆 나쁜시호 목
  過 심할 과

7-3. 陽貨 欲見(현)孔子而惡(오)無禮하야 大夫 有賜於士어든 不得受於其家면 則往拜其門일새 陽貨 瞰孔子之亡(무)也而饋孔子蒸豚한대 孔子 亦瞰其亡(무)也而往拜之하시니 當是時하야 陽貨 先이면 豈得不見이시리오

양화가 공자를 만나러오게 하고자 하되 무례하다 함을 싫어하여, 大夫가 士에게 하사하면 자기 집에서 받지 못하면 그 대문에 찾아가 절하는 것이

禮이기 때문에, 양화가 공자께서 안 계신 틈을 엿보아 찐 돼지를 보내자, 공자께서 역시 그가 없는 틈을 엿보아 가서 절하셨다. 이 당시에 양화가 먼저 만나러 가면 어찌 만나지 않으시겠는가?

此又引孔子之事하야 以明可見之節也라 欲見(현)孔子는 欲召孔子하야 來見己也라 惡(오)無禮는 畏人以己爲無禮也라 受於其家는 對使(시)人拜受於家也라 其門은 大夫之門也라 矙은 窺也라 陽貨 於魯에 爲大夫하고 孔子 爲士故로 以此物로 及其不在而饋之하야 欲其來拜而見之也라 先은 謂先來加禮也라

이 또한 孔子의 일을 인용하여 만나는 예를 밝힌 것이다. 欲見孔子는 공자를 불러 자기를 와서 보게 하려는 것이다. 惡無禮는 남이 자기를 無禮하다 여김을 두려워함이다. 受於其家는 심부름하는 사람을 마주하여 집에서 절하고 받음이다. 其門은 大夫의 대문이다. 矙은 엿봄이다. 魯나라에서 陽貨는 大夫이고 孔子는 士이므로, 찐 돼지를 부재 시에 보내 찾아와서 절하고 만나게 하려 한 것이다. 先은 먼저 와서 예를 갖춤을 이른다.

- 矙 엿볼 감　　亡 없을 무　　饋 먹일 궤　　蒸 찔 증
  使 심부름할 시　　窺 엿볼 규

7-4. 曾子曰 脅肩諂笑 病于夏畦라하며 子路曰 未同而言을 觀其色컨댄 赧赧然이라 非由之所知也라하니 由是觀之則君子之所養을 可知已矣니라

曾子께서 '어깨를 으쓱거리고 억지로 웃음이 한 여름철 밭일보다 고달프다.' 하시며, 子路가 '뜻이 같지 않은데 억지로 말하는 자의 안색을 보면 빨개진지라, 나의 알 바 아니다.'하니, 이로 보면 君子의 수양하는 바를 알 수 있다."

脅肩은 竦體요 諂笑는 彊笑니 皆小人側媚之態也라 病은 勞也라 夏畦는 夏月治畦之人也라 言爲此者 其勞過於夏畦之人也라 未同而言은

與人未合而彊與之言也라 赧赧은 慙而面赤之貌라 由는 子路의 名이니 言非己所知는 甚惡(오)之之辭也라 孟子 言由此二言觀之하면 則二子 之所養을 可知니 必不肯不俟其禮之至而輒徃見之也라

○此章은 言聖人禮義之中正을 過之者는 傷於迫切而不洪하고 不 及者는 淪於汚賤而不恥니라

脅肩은 몸을 곧추세움이요 諂笑는 억지로 웃음이니, 다 소인이 아첨하는 작태이다. 病은 고달픔이다. 夏畦는 한여름 밭 매는 사람이다. '이 짓을 하는 자가 그 고달픔이 한여름에 밭 매는 사람보다 더함'을 말한 것이다. 未同而言 은 남과 뜻이 맞지 않는데도 억지로 말함이다. 赧赧은 겸연쩍어 낯이 빨개진 모양이다. 由는 자로의 이름이니, 나의 알 바 아니다 말함은 심히 미워하는 말씨이다. 맹자께서 '이 두 말로 보면 두 사람이 수양한 바를 알만하니, 반드시 그 禮의 이르기를 기다리지 않고 가서 만남을 기꺼이 하지 않을 것임'을 말씀하신 것이다.

○이 장은 '聖人이 禮·義의 中正하심을 지나친 자는 박절한데 상실하여 관대하지 못하고, 미치지 못하는 자는 천한데 빠져서 부끄러워하지 않음'을 말한 것이다.

- 脅 움츠릴 협　　諂 아첨할 첨　　畦 밭두둑 휴　　赧 얼굴붉힐 난
　竦 쫑긋세울 송　　彊 억지로 강　　媚 아첨할 미　　淪 빠질 륜

* 而不恥 : 一本에 '而可恥'로 되어 있음.
* 側媚 : 側身媚人의 준말. 몸을 궁상맞게 움츠리며 남에게 아양 떪.

8-1. 戴盈之曰 什一과 去關市之征을 今茲未能이란대 請輕之하야 以 待來年然後에 已호되 何如하니잇고

대영지가 말하였다. "10분의 1의 田稅와 관문·시장의 세금 철폐를 금년에는 불가능하니, 청컨대 경감하여 내년까지 기다린 후에 그만두려 하는데, 어떠합

니까?"

盈之는 亦宋大夫也라 什一은 井田之法也라 關市之征은 商賈(고)之稅也라 已는 止也라

영지 또한 宋나라 대부이다. 什一은 井田의 세법이다. 關市之征은 상인의 세금이다. 已는 그만둠이다.

- 盈 찰 영   關 관문 관   征 조세 정   已 그칠 이
  賈 장사 고

8-2. 孟子曰 今有人이 日攘其鄰之雞者어든 或이 告之曰 是 非君子之道라한대 曰請損之하야 月攘一雞하야 以待來年然後에 已로다

맹자께서 말씀하셨다. "지금 어떤 사람이 날마다 자기 집에 들어온 이웃집 닭을 훔치는 자가 있을 경우, 혹자가 '이는 군자의 道가 아니다.'하자, '바라건대 줄여서 다달이 한 마리씩 훔치다가 내년을 기다린 후에 그만두겠다.'는 것이로다.

攘은 物自來而取之也라 損은 減也라

攘은 동물이 제 발로 온 것을 차지함이다. 損은 줄임이다.

- 攘 훔칠 양   雞 닭 계   損 줄일 손

8-3. 如知其非義인댄 斯速已矣니 何待來年이리오

만일 그것이 의리가 아닌 줄 알았으면 곧 속히 그만둘 것이지, 어찌 내년까지 기다리겠는가?"

知義理之不可而不能速改면 與月攘一雞로 何以異哉리오

義理에 不可함을 알고 빨리 고치지 않으면 다달이 닭 한 마리 훔치는 것과 어찌 다르겠는가?

9-1. 公都子曰 外人이 皆稱夫子好辯하나니 敢問何也잇고 孟子曰 予 豈好辯哉리오 予 不得已也로라 天下之生이 久矣라 一治一亂이니라

공도자가 말하였다. "외부인이 다들 夫子께서 변론을 좋아하신다고 일컬으니, 감히 무엇 때문인지 여쭙겠습니다." 맹자께서 말씀하셨다. "내 어찌 변론을 좋아하리오. 내가 부득이해서이다. 天下에 인류가 오래인데 一治一亂으로 내려왔다.

生은 謂生民也라 一治一亂은 氣化盛衰와 人事得失이 反覆相尋하니 理之常也라

生은 生民을 이른다. 一治·一亂은 기화의 성쇠와 인사의 득실이 반복하여 서로 찾아드는 것이니, 이치의 떳떳함이다.

9-2. 當堯之時하야 水 逆行하야 氾濫於中國하야 蛇龍이 居之하니 民無所定하야 下者는 爲巢하고 上者는 爲營窟하니 書에 曰洚(강)水 警余라하니 洚(강)水者는 洪水也니라

요임금 때에 물이 역류하여 나라 안에 범람하여 뱀과 용이 사니, 백성이 정착할 곳이 없어 저지대에서 새집을 짓고 고지대에서는 동굴을 만들었으니, 『書』에 '강수가 나를 경계한다.'하니, 강수는 홍수이다.

水逆行은 下流壅塞故로 水倒流而旁溢也라 下는 下地요 上은 高地也라 營窟은 穴處也라 書는 虞書大禹謨也라 洚(강)水는 洚(홍)洞無涯之水也라 警은 戒也라 此는 一亂也라

水逆行은 하류가 막혀 물이 거꾸로 흘러 사방으로 넘침이다. 下는 낮은 지대요 上은 높은 지대이다. 營窟은 동굴살이이다. 書는 「우서」<대우모>편이다. 洚水는 끝없이 넓고 많은 물이다. 警은 경계함이다. 이는 一亂이다.

■ 氾 넘칠 범   濫 넘칠 람   巢 둥지 소   窟 굴 굴

洚 물가없을 강(홍)　　雍 막힐 옹　　　塞 막힐 색　　　旁 두루 방
謨 계책 모　　　　　　涯 물가 애

9-3. 使禹治之어시늘 禹 掘地而注之海하시고 驅蛇龍而放之菹하신대 水由地中行하니 江淮河漢이 是也라 險阻 旣遠하며 鳥獸之害人者 消然後에 人得平土而居之하니라

우에게 다스리게 하시거늘, 우가 땅을 파서 바다로 흐르게 하시고 뱀과 용을 몰아 늪지로 내쫓자 물이 물길(地中)을 따라 흐르니 강수·회수·하수·한수가 이것이다. 범람 위험이 이미 제거되며 짐승의 사람 해침이 사라진 후에 사람이 평지를 얻어 살게 되었다.

掘地는 掘去壅塞也라 菹는 澤生草者也라 地中은 兩涯之間也라 險阻는 謂水之氾濫也라 遠은 去也라 消는 除也라 此는 一治也라

掘地는 막힌 곳을 파냄이다. 菹는 수초가 우거진 늪이다. 地中은 양쪽 제방 사이이다. 險阻는 물의 범람을 이른다. 遠은 제거함이다. 消는 사라짐이다. 이는 一治이다.

■ 掘 팔 굴　　　　注 물댈 주　　　菹 연못 저　　　阻 험할 조

9-4. 堯舜이 旣沒하시니 聖人之道 衰하야 暴君이 代作하야 壞宮室以爲汙池하야 民無所安息하며 棄田以爲園囿하야 使民不得衣食하고 邪說暴(포)行이 又作하야 園囿汙池沛澤이 多而禽獸 至하니 及紂之身하야 天下 又大亂하니라

요·순께서 이미 돌아가시니 성인의 도가 쇠하여 포악한 군주가 번갈아 나와 민가를 헐어 연못을 만들어 백성이 편히 쉴 곳이 없으며, 밭을 없애 동산을 만들어 백성이 입고 먹지 못하게 하고, 사악한 학설과 포악한 짓이 또 일어나

동산과 연못과 늪지가 많아지고 짐승이 모여드니, 紂에 이르러 천하가 다시 크게 어지러웠다.

暴君은 謂夏太康孔甲履癸와 商武乙之類也라 宮室은 民居也라 沛는 草木之所生也라 澤은 水所鍾也라 自堯舜沒至此히 治亂이 非一이나 及紂而又一大亂也라

暴君은 夏나라 태강·공갑·리계와 商나라 무을 등을 이른다. 宮室은 백성의 집이다. 沛는 초목이 자라는 곳이다. 澤은 물이 모이는 곳이다. 堯·舜께서 돌아가신 때부터 이때까지 治亂이 한 번이 아니었으나, 紂에 이르러 더욱 크게 어지러웠다.

■ 代 번갈 대   汙 웅덩이 오   棄 폐할 기   囿 동산 유
  沛 늪 패   鍾 모일 종   居 집 거

9-5. 周公이 相武王하사 誅紂하시고 伐奄三年에 討其君하시고 驅飛廉於海隅而戮之하시니 滅國者 五十이요 驅虎豹犀象而遠之하신대 天下大悅하니 書에 曰丕顯哉라 文王謨여 丕承哉라 武王烈이여 佑啓我後人하사대 咸以正無缺이라하니라

주공이 무왕을 도와 주를 죽이시고 엄나라를 정벌한 지 3년에 그 임금을 죽이시고 비렴을 바닷가로 몰아 죽이시니 나라를 멸한 것이 50국이요, 범·표범·코뿔소·코끼리를 몰아 멀리 내쫓자 천하가 크게 기뻐하니, 『서』에 '크게 드러났도다, 文王의 계책이여! 크게 계승하셨도다, 武王의 功烈이여! 우리 후대 사람을 도와 인도하시기를 다 正道로써 하시어 결함이 없으셨다.' 하였다.

奄은 東方之國이니 助紂爲虐者也라 飛廉은 紂의 幸臣也라 五十國은 皆紂黨虐民者也라 書는 周書君牙之篇이라 丕는 大也요 顯은 明也라 謨는 謀也라 承은 繼也라 烈은 光也라 佑는 助也라 啓는 開也라 缺은 壞

也라 此는 一治也라

奄은 동방의 나라이니, 紂를 도와 학정을 한 자이다. 飛廉은 紂가 총애한 신하이다. 50국이 모두 紂의 잔당으로 백성을 학대한 자들이다. 書는 「주서」 <군아>이다. 丕는 큼이요 顯은 드러남이다. 謨는 계책이다. 承은 계승함이다. 烈은 공적이 빛남이다. 佑는 도움이다. 啓는 열어줌이다. 缺은 이지러짐이다. 이는 一治이다.

- 奄 나라이름 엄   戮 죽일 륙   豹 표범 표   犀 무소 서
  丕 클 비   謨 꾀 모   缺 이지러질 결

9-6. 世衰道微하야 邪說暴(포)行이 有作하야 臣弑其君者 有之하며 子弑其父者 有之하니라

세상이 쇠퇴하며 도의가 미미하여 사악한 학설과 포악한 짓이 또 일어나서 신하로서 임금을 시해하는 자가 있으며 자식으로서 아비를 시해하는 자가 있었다.

此는 周室東遷之後에 又一亂也라
이는 周 왕실이 동쪽으로 천도한 후에 또 一亂함이다.

9-7. 孔子 懼하사 作春秋하시니 春秋는 天子之事也라 是故로 孔子曰 知我者도 其惟春秋乎며 罪我者도 其惟春秋乎인저하시니라

공자께서 걱정하시어 『春秋』를 지으시니 『春秋』는 천자의 일이다. 이런 까닭에 공자께서 '나를 알아줄 것도 그 오직 『춘추』뿐이며, 나를 죄줄 것도 오직 『春秋』뿐일 것이다.' 하셨다.

胡氏曰 仲尼 作春秋하야 以寓王法하시니 厚典庸禮와 命德討罪 其大要 皆天子之事也라 知孔子者는 謂此書之作이 遏人欲於橫流하고

存天理於旣滅하야 爲後世慮 至深遠也요 罪孔子者는 以謂無其位而託二百四十二年南面之權하야 使亂臣賊子로 禁其欲而不得肆하니 則慼矣라

愚는 謂孔子 作春秋하야 以討亂賊하시니 則致治之法이 垂於萬世하니 是亦一治也라

호씨가 말하였다. "중니께서 『春秋』를 지어 王法을 붙이셨으니, 五倫(典)을 돈독히 함과 五禮를 씀과 德者를 임명함과 죄인을 토벌함이 그 대요가 다 천자의 일이다. 공자를 아는 자는 이 책을 지은 것이 방자하게 흐르는 인욕을 막고 이미 멸한 天理를 보존하여 후세를 위한 우려가 지극히 심원하다 말할 것이요, 공자를 죄주는 자는 지위도 없이 242년간 천자(南面)의 권한을 빌려 난신·적자로 하여금 그 욕심을 금하여 방자하지 못하게 하신 것이 곧 안쓰럽다고 말할 것이다."

내 생각에는 공자께서 『춘추』를 지어 난신·적자를 토벌하셨으니, 다스림을 이루는 법이 만세에 드리워진 것이니, 이 역시 一治이다.

- 寓 붙일 우   庸 쓸 용   遏 막을 알   慮 근심할 려
  肆 방자할 사   慼 슬퍼할 척

9-8. 聖王이 不作하야 諸侯 放恣하며 處士 橫議하야 楊朱墨翟之言이 盈天下하야 天下之言이 不歸楊則歸墨하니 楊氏는 爲我하니 是는 無君也요 墨氏는 兼愛하니 是는 無父也니 無父無君은 是禽獸也니라 公明儀曰 庖有肥肉하며 廏有肥馬어든 民有飢色하며 野有餓莩면 此는 率獸而食人也라하니 楊墨之道 不息하면 孔子之道 不著하리니 是는 邪說이 誣民하야 充塞仁義也니 仁義充塞則率獸食人하다가 人將相食하리라

聖王이 일어나지 않아 제후가 방자하며 처사가 멋대로 의논하여 양주와

묵적의 말이 천하에 가득하여 천하의 말이 양주 아니면 묵적이니, 양씨는 爲我 (이기주의)이니 이는 임금이 없고 묵씨는 兼愛(박애주의)이니 이는 아비가 없는 것이니, 애비도 없고 임금도 없는 것은 바로 짐승이다. 공명의가 '푸줏간에 살진 고기가 있으며 마구간에 살찐 말이 있는데도 백성은 굶주린 기색이 있으며 들녘에 굶어죽는 송장이 있다면, 이는 짐승을 몰아 사람을 잡아먹은 것이다.' 하니, 양주·묵적의 도가 사라지지 않으면 공자의 도가 드러나지 못하리니, 이는 사악한 학설이 백성을 속여 仁·義를 꽉 막은 것이니, 仁·義가 꽉 막히면 짐승을 몰아 사람을 잡아먹다가 사람이 장차 서로 잡아먹을 것이다.

楊朱는 但知愛身而不復(부)知有致身之義故로 無君이요 墨子는 愛無差等而視其至親을 無異衆人故로 無父니 無父無君이면 則人道滅絶이니 是亦禽獸而已라 公明儀之言은 義見(현)首篇하니라 充塞仁義는 謂邪說이 徧滿하야 妨於仁義也라 孟子 引儀之言하사 以明楊墨道行이면 則人皆無父無君하야 以陷於禽獸而大亂이 將起하리니 是亦率獸食人이라가 而人又相食也니 此又一亂也라

양주는 단지 자신만 사랑할 줄 알고 더 이상 몸을 바칠 의리가 있음을 몰랐기 때문에 임금이 없고, 묵자는 사랑에 차등이 없어서 부모(至親) 보기를 뭇사람과 다름이 없으므로 부모가 없으니, 부모도 없고 임금도 없으면 人道가 멸망한 것이니 이 또한 짐승일 따름이다. 公明儀의 말은 첫 편에 보였다. 充塞仁義는 사악한 학설이 두루 퍼져 仁·義를 방해함을 이른다. 맹자께서 공명의의 말을 인용하시어, '양주와 묵적의 도가 행하면 사람이 다 부모도 없고 임금도 없어서 짐승으로 타락하여 大亂이 장차 일어나리니, 이 또한 짐승을 몰아 사람을 잡아먹다가 사람 또한 서로 잡아먹게 됨'을 밝히신 것이니, 이 또한 一亂이다.

■ 恣 방자할 자　　翟 꿩 적　　庖 푸줏간 포　　廐 마굿간 구
莩 굶어죽을 표

9-9. 吾 爲此懼하야 閑先聖之道하야 距楊墨하며 放淫辭하야 邪說者 不得作케하노니 作於其心하야 害於其事하며 作於其事하야 害於其政하나니 聖人이 復(부)起사도 不易吾言矣시리라

내가 이 때문에 걱정하여 선성의 도를 지켜 양주·묵적을 막으며 방탕한 말을 추방하여 사악한 학설이 일어나지 못하게 하려는 것이다. 마음에서 일어나 일을 해치며 일에서 일어나 국정을 해치나니, 聖人이 다시 나오셔도 내 말을 바꾸지 않으시리라.

閑은 衛也라 放은 驅而遠之也라 作은 起也라 事는 所行이요 政은 大體也라 孟子 雖不得志於時나 然楊墨之害 自是滅息하야 而君臣父子之道 賴以不墜하니 是亦一治也라

程子曰 楊墨之害 甚於申韓하고 佛老之害 甚於楊墨하니 蓋楊氏는 爲我하니 疑於義요 墨氏는 兼愛하니 疑於仁이요 申韓則淺陋易(이)見故로 孟子 止闢楊墨하시니 爲其惑世之甚也라 佛氏之言은 近理하니 又非楊墨之比라 所以爲害 尤甚이니라

閑은 지킴이다. 放은 내몰아 멀리함이다. 作은 일어남이다. 事는 행할 바요 政은 大體이다. 맹자께서 비록 당시에 뜻을 얻지 못하셨으나, 양주·묵적의 폐해가 이로부터 사라져서 군신·부자의 도가 이에 힘입어 떨어지지 않았으니, 이 또한 一治이다.

정자가 말하였다. "양주·묵적의 폐해가 신불해·한비자보다 심하고, 불교·노자의 폐해가 양주·묵적보다 심하다. 대개 양씨는 爲我(이기주의)이니 義인 듯하고 墨氏는 兼愛(박애주의)이니 仁인 듯하며, 신불해·한비자는 천박하고 비루하여 알기 쉬우므로, 맹자께서 단지 양주·묵적을 물리치신 것이니, 세상을 현혹시킴이 심했기 때문이다. 불씨의 말은 이치에 근사하니, 또 양주·묵적에 비할 것이 아니기 때문에 폐해가 더욱 심하다."

- 閑 지킬 한   距 막을 거   放 내칠 방   作 일어날 작
  賴 힘입을 뢰   疑 견줄 의   闢 물리칠 벽

9-10. 昔者에 禹 抑洪水而天下 平하고 周公이 兼夷狄驅猛獸而百姓이 寧하고 孔子 成春秋而亂臣賊子 懼하니라

옛날 우임금이 홍수를 막으심에 천하가 태평하고, 주공이 이적을 아우르며 맹수를 몰아내심에 백성이 편안하고, 공자께서 『春秋』를 지으심에 난신·적자가 두려워하였다.

抑은 止也라 兼은 幷之也라 總結上文也라

抑은 막음이다. 兼은 아우름이다. 윗글을 총괄하여 결론지은 것이다.

- 抑 막을 억   兼 아우를 겸   驅 몰 구   幷 아우를 병

9-11. 詩云 戎狄是膺하니 荊舒是懲하야 則莫我敢承이라하니 無父無君은 是周公所膺也니라

『詩』에 '융·적을 치니 형·서가 다스려져서 나를 감히 당해내지 못한다.'하니, 애비도 없고 임금도 없는 이는 주공께서 공격하신 바이다.

說見(현)上篇하니라 承은 當也라

설명이 위편에 보였다. 承은 대적함이다.

- 膺 칠 응   荊 오랑캐 형   舒 오랑캐 서   懲 다스릴 징
  承 대적할 승   當 대적할 당

9-12. 我 亦欲正人心하야 息邪說하며 距詖行하며 放淫辭하야 以承三聖者로니 豈好辯哉리오 予 不得已也니라

내 또한 인심을 바로잡아 부정한 학설을 종식시키며 편파적 행실을 막으며 방탕한 말을 추방하여 세 분 성인을 계승하고자 하니, 어찌 변론을 좋아하겠는가? 내가 마지못해서이다.

誠淫은 解見(현)前篇하니라 辭者는 說之詳也라 承은 繼也라 三聖은 禹周公孔子也라 蓋邪說橫流하야 壞人心術이 甚於洪水猛獸之災하며 慘於夷狄簒弒之禍故로 孟子 深懼而力救之하시니라 再言豈好辯哉리오 予 不得已也라하시니 所以深致意焉이라 然이나 非知道之君子면 孰能眞知其所以不得已之故哉리오

誠行·淫辭는 해설이 전편에 보였다. 辭는 말이 자상함이다. 承은 이음이다. 三聖은 우왕·주공·공자이다. 대개 邪說이 멋대로 유행하여 사람의 마음(心術)을 파괴함이 홍수와 맹수의 재난보다 심하며 오랑캐 및 찬탈·시해의 재앙보다 참혹하므로, 맹자께서 깊이 걱정하고 힘써 구원하신 것이니, 거듭하여 '어찌 변론을 좋아하겠는가? 내가 마지못해서이다' 하시니, 깊이 자신의 뜻을 전하려 한 것이다. 그러나 道를 아는 君子가 아니면 누가 부득이한 때문인 것을 진정으로 알겠는가?

- 息 그칠 식(熄)　　邪 사악할 사　　距 막을 거　　詖 치우칠 피
  承 이을 승　　　　壞 무너뜨릴 괴　　慘 참혹할 참　　簒 빼앗을 찬

9-13. 能言距楊墨者는 聖人之徒也니라

양주·묵적을 막아야한다 말하는 자는 聖人의 무리이다."

言苟有能爲此距楊墨之說者면 則其所趨 正矣니 雖未必知道나 是亦聖人之徒也라 孟子 旣答公都子之問而意有未盡故로 復(부)言此하시니라 蓋邪說害正은 人人得而攻之요 不必聖賢이니 如春秋之法에 亂臣賊子는 人人得而誅之요 不必士師也라 聖人救世立法之意 其切이

如此하니 若以此意로 推之하면 則不能攻討하고 而又唱爲不必攻討之 說者는 其爲邪詖之徒와 亂賊之黨을 可知矣라

○尹氏曰 學者 於是非之原에 毫釐有差면 則害流於生民하고 禍及 於後世故로 孟子 辯邪說을 如是之嚴하시고 而自以爲承三聖之功也어늘 當是時하야 方且以好辯目之하니 是는 以常人之心으로 而度(탁)聖賢之 心也라

'진실로 이 양주·묵적을 막는 말을 하는 자가 있으면 곧 그의 추향이 올바르니, 비록 반드시 도를 아는 자가 아니라도 이 또한 성인의 무리임'을 말씀하신 것이다. 맹자께서 이미 공도자의 물음에 답하시고 뜻에 미진함이 있으므로 다시 이를 말씀하신 것이다. 대개 사설이 정도를 해치는 것은 사람마다 공격할 것이지 꼭 성현일 필요가 없으니, 예컨대 『春秋』의 법에 난신·적자는 사람마다 잡아 죽일 것이지 꼭 재판관(士師)일 필요가 없다는 것과 같다. 성인이 세상을 구원하며 정법을 세우신 뜻이 그 절실함이 이와 같으니, 만일 이 뜻으로 미루어보면 곧 공격하며 성토하지도 못하고 게다가 공격하고 성토할 필요가 없다는 말을 주창하는 자는 사설·피행의 무리와 난신·적자의 도당임을 알 수 있다.

○윤씨가 말하였다. "배우는 자가 옳고 그름의 근원에 털끝만한 차이가 있으면 폐해가 백성에게 퍼지고 재앙이 후세에 미치므로, 맹자께서 사설 변론을 이렇듯이 준엄하게 하시고, 스스로 三聖의 공을 계승한다고 하셨거늘, 이 당시에 한창 변론을 좋아한다고 지목하니, 이는 보통 사람의 마음으로 성현의 마음을 헤아린 것이다."

■ 距 막을 거　　趨 향해갈 추　　誅 벨 주　　毫 조금(수량이름) 호(10釐)
　釐 조금(수량이름) 리(1000尺)　　度 헤아릴 탁

10-1. 匡章이 曰陳仲子는 豈不誠廉士哉리오 居於(오)陵할새 三日不食

하야 耳無聞하며 目無見也러니 井上有李 螬食實者 過半矣어늘 匍匐
往將食之하야 三咽(연)然後에야 耳有聞하며 目有見하니라

광장이 말하였다. "진중자는 어찌 진실로 청렴한 선비가 아니리요? 오릉에 살 때 사흘을 먹지 못하여 귀가 들리지 않고 눈이 보이지 않더니, 우물가에 굼벵이가 절반 넘게 먹은 자두가 있거늘 기어가서 주워 먹어 세 번 삼킨 뒤에야 귀가 들리고 눈이 보였습니다."

匡章陳仲子는 皆齊人이라 廉은 有分辨하야 不苟取也라 於(오)陵은 地名이라 螬는 蠐螬蟲也라 匍匐은 言無力不能行也라 咽(연)은 吞也라

匡章과 陳仲子는 다 齊나라 사람이다. 廉은 분변이 있어서 구차하게 취하지 않음이다. 於陵은 지명이다. 螬는 굼벵이이다. 匍匐은 힘이 없어 걷지 못함을 말한다. 咽은 삼킴이다.

- 廉 청렴할 렴　　於 땅이름 오　　螬 굼벵이 조　　匍 길 포
  匐 길 복　　將 가질 장　　咽 삼킬 연　　蠐 굼벵이 제

10-2. 孟子曰 於齊國之士에 吾必以仲子로 爲巨擘焉이어니와 雖然이나 仲子는 惡(오)能廉이리오 充仲子之操면 則蚓而後可者也니라

맹자께서 말씀하셨다. "제나라 선비 중에 내가 반드시 중자로써 엄지(巨擘)로 꼽을 것이다. 비록 그러나 중자가 어찌 청렴할 수 있겠는가? 중자의 지조를 채우면 지렁이나 된 뒤에야 가능하다.

巨擘은 大指也니 言齊人中에 有仲子 如衆小指中에 有大指也라 充은 推而滿之也라 操는 所守也라 蚓은 丘蚓也라 言仲子未得爲廉也니 必若滿其所守之志면 則惟丘蚓之無求於世然後에 可以爲廉耳라

巨擘은 엄지이니, 齊나라 사람 중에 중자가 여러 손가락 중에 엄지와 같음을 말한다. 充은 미루어 가득 채움이다. 操는 지키는 바이다. 蚓은 지렁이

이다. '중자가 청렴하지 못하니, 반드시 그의 지조를 채우려면 오직 지렁이처럼 세상에 구할 것 없은 뒤에야 청렴할 수 있음'을 말한 것이다.

■ 擘 엄지손가락 벽　　　操 절개 조　　　蚓 지렁이 인

10-3. 夫蚓은 上食槁壤하고 下飮黃泉하나니 仲子所居之室은 伯夷之所築與아 抑亦盜跖之所築與아 所食之粟은 伯夷之所樹與아 抑亦盜跖之所樹與아 是未可知也로다

지렁이는 위로 마른 흙을 먹고 아래로 흙탕물을 마시나니, 중자가 사는 집은 백이가 지은 것인가, 아니면 도척이 지은 것인가? 먹는 곡식은 백이가 심은 것인가, 아니면 도척이 지은 것인가? 이를 모르겠도다."

槁壤는 乾(간)土也라 黃泉은 濁水也라 抑은 發語辭也라 言蚓無求於人而自足이어늘 而仲子 不免居室食粟하니 若所從來 或有非義면 則是未能如蚓之廉也니라

槁壤는 마른 흙이다. 黃泉은 흙탕물이다. 抑은 발어사이다. '지렁이가 사람에게 구할 것도 없이 자족하지만, 仲子가 집에 거처하며 곡식 먹기를 면치 못하니, 만일 그 내력이 혹시 의리가 아닌 것이 있으면, 이는 지렁이의 청렴만도 못하다'고 말한 것이다.

■ 槁 마를 고　　　壤 흙 양　　　跖 도적이름 척　　　乾 마를 간
　樹 심을 수

10-4. 曰 是何傷哉리오 彼身織屨하고 妻辟(벽)纑하야 以易之也니라

대답하였다. "이 어찌 해롭겠습니까? 그가 몸소 신을 삼고 아내가 삼베 짜서 곡식을 바꿉니다."

辟은 績也요 纑는 練麻也라

辟은 길쌈함이다. 繡는 삼을 누임이다.

■ 履 신 구　　　辟 길쌈할 벽　　　繡 삼누일 로　　　績 길쌈할 적
　練 누일 련

10-5. 曰 仲子는 齊之世家也라 兄戴 蓋(합)祿이 萬鍾이러니 以兄之祿으로 爲不義之祿而不食也하며 以兄之室로 爲不義之室而不居也하고 辟(피)兄離母하야 處於於(오)陵이러니 他日에 歸則有饋其兄生鵝者어늘 己 頻顣曰 惡(오)用是鶂(얼)鶂(얼)者爲哉리오 他日에 其母 殺是鵝也하야 與之食之러니 其兄이 自外至曰 是鶂(얼)鶂(얼)之肉也라한대 出而哇(와)之하니라

말씀하셨다. "중자는 제나라 세가인지라 형 대가 합읍의 녹이 만 종이었는데, 형의 녹을 의롭지 못한 녹이라 여겨 먹지 않으며 형의 집을 의롭지 못한 집이라 하여 살지 않고 형을 피하며 어머니를 떠나서 오릉에 살았다. 다른 날 돌아가 보니 그의 형에게 산 거위를 보내는 자가 있거늘, 자기가 이맛살을 찌푸리며 '어찌 이 꽥꽥대는 놈을 쓰는가?' 하였다. 다른 날 그의 어머니가 이 거위를 잡아 중자와 먹는데, 형이 밖에서 돌아와 '이것이 꽥꽥하던 고기이다.' 하자, 나가서 토해버렸다.

世家는 世卿之家라 兄名戴 食采(채)於蓋(합)하야 其入이 萬鍾也라 歸는 自於(오)陵歸也라 己는 仲子也라 鶂(얼)鶂(얼)은 鵝聲也라 頻顣而言은 以其兄受饋로 爲不義也라 哇(와)는 吐之也라

世家는 대대로 벼슬한 가문이다. 형의 이름 戴가 합에서 채지를 받아 그 수입이 만 종이다. 歸는 오릉에서 돌아옴이다. 己는 중자이다. 鶂鶂은 거위 소리이다. 이맛살을 찌푸리며 말한 것은 그의 형이 받은 것을 의롭지 못하다고 여김이다. 哇는 토함이다.

■ 戴 머리일 대　　蓋 땅이름 합　　辟 피할 피　　饋 보낼 궤
　鵝 거위 아　　　頻 찡그릴 빈　　顣 찌푸릴 축　　惡 어찌 오
　鶂 거위소리 예(얼)　哇 토할 왜(와)

10-6. 以母則不食하고 以妻則食之하며 以兄之室則弗居하고 以於(오)陵則居之하니 是尚爲能充其類也乎아 若仲子者는 蚓而後充其操者也니라

어머니가 해주면 먹지 않고 아내가 해주면 먹으며 형의 집이면 살지 않고 오릉이면 사니, 이것이 어찌 그의 지조를 채울 수 있겠는가? 仲子 같은 자는 지렁이나 된 뒤에야 그 지조를 채워나갈 수 있는 것이다."

　　言仲子 以母之食兄之室로 爲不義하야 而不食不居하니 其操守如此로되 至於妻所易之粟과 於(오)陵所居之室엔 旣未必伯夷之所爲면 則亦不義之類耳어늘 今仲子 於此則不食不居하고 於彼則食之居之하니 豈爲能充滿其操守之類者乎아 必其無求自足을 如丘蚓然이라야 乃爲能滿其志而得爲廉耳라 然이나 豈人之所可爲哉리오
　　○范氏曰 天之所生과 地之所養에 惟人이 爲大하니 人之所以爲大者는 以其有人倫也어늘 仲子 避兄離母하야 無親戚君臣上下하니 是는 無人倫也라 豈有無人倫而可以爲廉哉리오

　'仲子가 모친의 음식과 형의 집을 의롭지 못하다고 여겨 먹지 않고 살지 않으니 그의 지조 지킴이 이와 같지만, 아내가 바꾼 곡식과 오릉에 사는 집은 반드시 이미 백이가 지은 것이라 기필할 수 없다면 역시 의롭지 못한 종류일 뿐이거늘, 지금 중자가 여기서는 먹지 않으며 살지 않고 저기서는 먹으며 사니, 어찌 그가 지키는 지조 종류를 채울 수 있겠는가? 반드시 그가 구함 없이 자족하는 지렁이 같아야 능히 그의 뜻을 채우고 청렴할 수 있을 뿐이다. 그러나 어찌 사람이 할 수 있는 바이겠는가?'를 말한 것이다.

○범씨가 말하였다. "하늘이 낳고 땅이 기르는 것 중에 오직 사람이 위대하니, 사람이 위대한 까닭은 인륜이 있기 때문이거늘, 仲子가 형을 피하며 어머니를 떠나 친척·군신의 상하가 없으니, 이는 인륜이 없는 것이다. 어찌 인륜이 없는데 청렴하다 할 수 있겠는가."

- 蚓 지렁이 인   操 절개 조

離婁章句上

凡二十八章

모두 28장이다.

1-1. 孟子曰 離婁之明과 公輸子之巧로도 不以規矩면 不能成方員이요 師曠之聰으로도 不以六律이면 不能正五音이요 堯舜之道로도 不以仁政이면 不能平治天下니라

맹자께서 말씀하셨다. "이루의 눈썰미와 공수자의 솜씨로도 곱자와 그림쇠를 사용하지 않으면 능히 모와 원을 만들지 못하고, 사광의 밝은 귀로도 6률을 이용하지 않으면 5음을 바루지 못하고, 요순의 도로도 인정으로써 하지 않으면 천하를 화평하게 다스리지 못한다.

離婁는 古之明目者라 公輸子의 名은 班이니 魯之巧人也라 規는 所以 爲員之器也요 矩는 所以爲方之器也라 師曠은 晉之樂師니 知音者也라 六律은 截竹爲筩하야 陰陽各六하야 以節五音之上下하니 黃鐘大(태)簇 (주)姑洗蕤賓夷則(칙)無射(역)은 爲陽이요 大呂夾鐘仲呂林鐘南呂應鐘은 爲陰也라 五音은 宮商角徵(치)羽也라 范氏曰 此는 言治天下에 不可無 法度니 仁政者는 治天下之法度也라

離婁는 옛적에 눈썰미가 뛰어난 자이다. 公輸子의 이름은 반이니 노나라의

솜씨 좋은 사람이다. 規는 원을 만드는 기구요 矩는 모를 만드는 기구이다. 師曠은 진나라의 악관이니 음률을 안 자이다. 六律은 대나무를 잘라 통을 만들어 음양 각각 6개로써 5음의 상하를 조절하니, 황종·태주·고선·유빈·이칙·무역은 양률이요, 대려·협종·중려·임종·남려·응종은 음률이다. 五音은 궁·상·각·치·우이다. 범씨가 말하였다. "이것은 천하를 다스림에 법도가 없을 수 없으니 인정이란 천하를 다스리는 법도임을 말한 것이다."

■ 明 눈썰미 명   巧 솜씨 교   規 곱자 규   矩 그림쇠 구
　方 모 방   員 동그라미 원

1-2. 今有仁心仁聞而民不被其澤하야 不可法於後世者는 不行先王之道也일새니라

지금 어진 마음과 어진 소문이 있으되 백성이 그 은택을 입지 못하여 후세에 본보기가 되지 못함은 선왕의 도를 행하지 않았기 때문이다.

　　仁心은 愛人之心也라 仁聞者는 有愛人之聲이 聞於人也라 先王之道는 仁政이 是也라 范氏曰 齊宣王은 不忍一牛之死하야 以羊易之하니 可謂有仁心이요 梁武帝는 終日一食蔬素하고 宗廟에 以麪爲犧牲하며 斷死刑에 必爲之涕泣하야 天下 知其慈仁하니 可謂有仁聞이라 然而宣王之時에 齊國이 不治하고 武帝之末에 江南이 大亂하니 其故는 何哉오 有仁心仁聞而不行先王之道故也라

　　仁心은 사람을 사랑하는 마음이다. 仁聞이란 사람을 사랑한다는 소문이 남에게 알려짐이다. 先王之道는 바로 仁政이다. 범씨가 말하였다. "제나라 선왕은 차마 소 한 마리의 죽음을 보지 못하여 양으로 바꾸었으니, 어진 마음을 지녔다 할 수 있고, 양나라 무제는 하루 한 끼는 푸성귀에 밥을 먹고 종묘 제사에 밀가루로 희생을 만들며 사형을 결단함에 반드시 그를 위해 눈물을 흘려 천하가 다 그의 인자함을 알았으니 어진 소문이 있다고 할 만하다.

그런데도 선왕 때에 제나라가 다스려지지 않았고 무제 말년에는 강남 지역이 크게 혼란하였으니, 그 까닭은 무엇인가? 어진 마음과 어질다는 소문은 있으되 선왕의 도를 행하지 않았기 때문이다."

1-3. 故로 曰徒善이 不足以爲政이요 徒法이 不能以自行이라하니라

그러므로 한갓 선만으로는 정치를 하지 못하고 한갓 법만으로는 스스로 행하지 못한다고 하는 것이다.

徒는 猶空也라 有其心無其政을 是謂徒善이요 有其政無其心을 是謂徒法이라 程子 嘗言爲政에 須要有綱紀文章이니 謹權審量讀法平價를 皆不可闕이라하고 而又曰 必有關雎麟趾之意然後에 可以行周官之法度라하니 正謂此也라

徒는 헛됨과 같다. 그 마음만 있고 그 정치가 없는 것을 徒善이라 이르고 그 정치만 있고 그 마음이 없는 것을 徒法이라 한다. 정자가 일찍이 '정치를 함에 모름지기 강기와 전장제도를 갖추어야 할 것이니, 저울·말·독법·물가조절 등을 다 빼놓을 수 없다.'하고 또 '반드시 『詩經』 <關雎> <麟趾>의 마음을 지닌 뒤에 周官의 제도를 행할 수 있다.'하였으니, 바로 이를 말한 것이다.

- 徒 한갓 도   空 헛되이 공

1-4. 詩云 不愆不忘은 率由舊章이라하니 遵先王之法而過者 未之有也니라

『詩』에 '잘못하지 않으며 잊어버리지 않음은 옛 법제를 따르기 때문이다.'하니, 선왕의 법제를 따르고 잘못할 자는 없다.

詩는 大雅假樂(락)之篇이라 愆은 過也라 率은 循也라 章은 典法也라

所行이 不過差하고 不遺忘者는 以其循用舊典故也라

詩는 「대아」<가락>편이다. 愆은 잘못함이다. 率은 따름이다. 章은 법제이다. 소행이 어긋나지 않고 잊어버리지 않는 것은 그 옛 법제를 따르기 때문이다.

1-5. 聖人이 旣竭目力焉하시고 繼之以規矩準繩하시니 以爲方員平直에 不可勝用也며 旣竭耳力焉하시고 繼之以六律하시니 正五音에 不可勝用也며 旣竭心思焉하시고 繼之以不忍人之政하시니 而仁覆(부)天下矣시니라

성인이 이미 시력을 다하시고 이어서 곱자·그림쇠·수평기·먹줄을 만드시니 모·원·수평·직선을 만드는데 이루 다 쓰지 못하며, 이미 청력을 다하시고 이어서 6률을 만드시니 5음을 바룸에 이루 다 쓰지 못하며, 이미 마음을 다하시고 이어서 사람을 차마 못하는 정치를 하시니 인후함이 천하를 뒤덮으셨다.

準은 所以爲平이요 繩은 所以爲直이라 覆는 被也라 此는 言古之聖人이 旣竭耳目心思之力이나 然이나 猶以爲未足以徧天下及後世故로 制爲法度하야 以繼續之하니 則其用이 不窮하야 而仁之所被者 廣矣라

準은 수평을 만드는 것이요, 繩은 직선을 만드는 것이다. 覆는 입힘이다. 이것은 '옛 성인이 이미 귀·눈·마음의 힘을 다했으나 아직도 천하와 후세에 두루 하기에 부족하다고 여겼기 때문에 법제를 만들어 계속한 것이니, 그 용도가 끝이 없어 인의 혜택이 넓음'을 말한 것이다.

1-6. 故로 曰爲高호대 必因丘陵하며 爲下호대 必因川澤이라하니 爲政호대 不因先王之道면 可謂智乎아

그러므로 '높은 곳을 만들되 반드시 구릉을 기초로 하며 낮은 것을 만들되

반드시 천택을 기초로 한다.'하니 정치를 하되 선왕의 도를 기초로 하지 않으면 지혜롭다 하겠는가?

丘陵은 本高하고 川澤은 本下하니 爲高下者 因之면 則用力少而成功多矣라 鄒氏曰 自章首로 至此는 論以仁心仁聞으로 行先王之道하니라

구릉은 본래 높고 천택은 본래 낮으니 높고 낮은 곳을 만드는 자가 이를 기초로 하면 힘씀이 적고 성공이 많다. 추씨가 말하였다. "이 장 첫머리부터 여기까지는 어진 마음과 어질다는 소문으로 선왕의 도를 행함을 논하였다."

1-7. 是以로 惟仁者야 宜在高位니 不仁而在高位면 是는 播其惡於衆也니라

이러한 까닭으로 오직 어진 자만이 높은 지위가 마땅하니 어질지 못하고서 높은 지위에 있으면 이는 그의 악을 대중에 전파함이다.

仁者는 有仁心仁聞而能擴而充之하야 以行先王之道者也라 播惡於衆은 謂貽患於下也라

仁者는 어진 마음과 어진 소문이 있고 능히 이를 확충하여 선왕의 도를 행하는 자이다. 播惡於衆은 아래에 근심을 끼침을 말한다.

1-8. 上無道揆也하며 下無法守也하야 朝不信道하며 工不信度하야 君子 犯義요 小人이 犯刑이면 國之所存者 幸也니라

위에서 도로 헤아림이 없으며 아래에서 법으로 지킴이 없어서 조정이 도를 믿지 않으며 백관(工)이 법도를 믿지 않아 군자는 의를 범하고 소인이 법을 범하면 나라가 보존됨이 요행이다.

此는 言不仁而在高位之禍也라 道는 義理也요 揆는 度(탁)也라 法은 制度也라 道揆는 謂以義理로 度(탁)量事物而制其宜요 法守는 謂以法

度自守라 工은 官也라 度는 卽法也라 君子小人은 以位而言也라 由上無道揆故로 下無法守니 無道揆則朝不信道而君子 犯義하고 無法守則工不信度而小人이 犯刑이니 有此六者면 其國必亡이니 其不亡者는 僥倖而已라

이것은 어질지 못한 사람이 높은 지위에 있는 재앙을 말한 것이다. 道는 의리요 揆는 헤아림이다. 法은 제도이다. 道揆는 의리로써 일을 헤아려 마땅하게 함을 말하고 法守는 법도로써 자신을 지킴을 말한다. 工은 백관이다. 度는 곧 법이다. 君子·小人은 지위로 말한 것이다. 위에서 도로 헤아림이 없기 때문에 아래에서 법으로 지킴이 없으니, 도로 헤아림이 없으면 조정이 도를 믿지 않아서 군자는 의를 범하고 법도를 지킴이 없으면 백관이 법도를 믿지 않아서 소인은 법을 범하니, 이 6가지가 있으면 그 나라는 반드시 망하니 망하지 않는 것은 요행일 뿐이다.

1-9. 故로 曰城郭不完하며 兵甲不多 非國之災也며 田野不辟하며 貨財不聚 非國之害也라 上無禮하며 下無學이면 賊民이 興하야 喪無日矣라하니라

그러므로 '성곽이 완전하지 않으며 무기(兵甲)가 많지 않음이 나라의 재앙이 아니며 전야가 개간되지 않으며 재물이 풍족하지 않음이 나라의 해가 아니라, 위에서 예가 없으며 아래에서 배움이 없으면 배반하는 백성이 일어나 불원간 망할 것이다.'하였다.

上不知禮면 則無以敎民이요 下不知學이면 則易(이)與爲亂이라 鄒氏曰 自是以惟仁者로 至此는 所以責其君이라

위에서 예를 모르면 백성을 교화할 수 없고 아래에서 배울 줄 모르면 쉽게 난리를 일으킨다. 추씨가 말하였다. "是以惟仁者부터 여기까지는 그

임금을 책망한 것이다."

1-10. 詩曰 天之方蹶(궤)시니 無然泄(예)泄(예)라하니

『詩』에 '하늘이 바야흐로 전복시키려 하시니 그처럼 꾸물대지 말라.' 하니,

> 詩는 大雅板之篇이라 蹶는 顚覆之意라 泄泄는 怠緩悅從之貌라 言天欲顚覆周室하니 群臣은 無得泄泄然不急救正之라

> 시는 「대아」<판>편이다. 蹶는 전복시킨다는 뜻이다. 泄泄는 게으르고 느려터지며 기뻐하고 따르는 모양이다. '하늘이 주나라를 전복시키려 하니 여러 신하는 꾸물대어 급히 구제하고 바로잡지 않지를 말라.'고 말한 것이다.

■ 蹶 거꾸러질 궤   顚 거꾸러질 전   覆 엎을 복   泄 꾸물거릴 예

1-11. 泄泄는 猶沓沓也니라

泄泄는 沓沓이라 함과 같다.

> 沓沓은 卽泄泄之意니 蓋孟子時人語 如此라

> 沓沓은 곧 꾸물댄다는 뜻이니, 대개 맹자 당시 사람의 말이 이와 같았나 보다.

■ 沓 꾸물거릴 답

1-12. 事君無義하며 進退無禮하고 言則非先王之道者 猶沓沓也니라

임금을 섬김에 의가 없으며 나가며 물러남에 예가 없고 말만 하면 선왕의 도를 비방하는 자가 답답함과 같다.

> 非는 詆毁也라

> 非는 헐뜯음이다.

1-13. 故로 曰 責難於君을 謂之恭이요 陳善閉邪를 謂之敬이요 吾君不能을 謂之賊이라하니라

그러므로 '어려운 일로 임금께 책임 지음을 공이라 하고 선을 개진하여 사악함을 막음을 경이라 하고 우리 임금이 무능하다 함을 적이라 한다.' 하였다."

范氏曰 人臣이 以難事責於君하야 使其君으로 爲堯舜之君者는 尊君之大也요 開陳善道하야 以禁閉君之邪心하야 唯恐其君이 或陷於有過之地者는 敬君之至也요 謂其君不能行善道而不以告者는 賊害其君之甚也라 鄒氏曰 自詩云天之方蹶로 至此는 所以責其臣이라

○鄒氏曰 此章은 言爲治者는 當有仁心仁聞하야 以行先王之政이요 而君臣이 又當各任其責也니라

범씨가 말하였다. "신하가 어려운 일로 임금께 책임 지워 그 임금으로 하여금 요순의 임금이 되게 하는 자는 임금 존경이 큼이요, 선한 도를 개진하여 임금의 사악한 마음을 막아 오직 그의 임금이 혹 잘못하는데 빠질까 걱정하는 자는 임금 공경이 지극하고 그의 임금이 선한 도를 행할 수 없다고 하여 아뢰지 않는 자는 그 임금을 해침이 심한 것이다." 추씨가 말하였다. "詩云天之方蹶부터 여기까지는 신하를 책망한 것이다."

○추씨가 말하였다. "이 장은 정치를 하는 자는 어진 마음과 어질다는 소문을 지니고 선왕의 정치를 행할 것이요, 군신이 또한 각자 그 책임을 담당해야 함을 말한 것이다."

2-1. 孟子曰 規矩는 方圓之至也요 聖人은 人倫之至也니라

맹자께서 말씀하셨다. "곱자와 그림쇠는 네모와 원의 표준이요, 성인은 인륜의 표준이다.

至는 極也라 人倫은 說見(현)前篇하니라 規矩로 盡所以爲方員之理 猶

聖人이 盡所以爲人之道니라

至는 표준이다. 人倫은 설명이 전편에 보였다. 곱자와 그림쇠로 네모와 원을 만드는 이치를 다함이 마치 성인이 사람됨의 도리를 다함과 같다.

2-2. 欲爲君인댄 盡君道요 欲爲臣인댄 盡臣道니 二者를 皆法堯舜而已矣니 不以舜之所以事堯로 事君이면 不敬其君者也요 不以堯之所以治民으로 治民이면 賊其民者也니라

임금이 되고자 할진대 임금의 도를 다하고 신하가 되고자 할진대 신하의 도를 다해야 할 것이니 두 가지를 다 요순을 본받을 따름이니, 순이 요를 섬기던 방법으로 임금을 섬기지 않으면 그 임금을 공경하지 않는 것이요 요가 백성을 다스리던 방법으로 백성을 다스리지 않으면 그 백성을 해치는 것이다.

法堯舜以盡君臣之道 猶用規矩以盡方員之極이니 此는 孟子所以道性善而稱堯舜也시니라

요순을 본받아 군신의 도리를 다함이 마치 곱자와 그림쇠를 이용하여 네모와 원의 표준을 다함과 같으니, 이것은 맹자께서 성선을 말씀하실 적마다 요순을 일컬으신 까닭이시다.

2-3. 孔子曰 道 二니 仁與不仁而已矣라하시니라

공자께서 '도는 두 가지이니 인과 불인일 따름이다.' 하셨다.

法堯舜則盡君臣之道而仁矣요 不法堯舜이면 則慢君賊民而不仁矣니 二端之外에 更無他道하니 出乎此면 則入乎彼矣라 可不謹哉아

요순을 본받으면 군신의 도를 다하여 인할 것이요, 요순을 본받지 않으면 임금을 업신여기고 백성을 해쳐서 불인할 것이니, 두 가지 단서 외에 다른

도가 없으니 여기서 벗어나면 곧 저기로 들어간다. 어찌 삼가지 않겠는가?

2-4. 暴(포)其民이 甚則身弑國亡하고 不甚則身危國削하나니 名之曰幽厲면 雖孝子慈孫이라도 百世에 不能改之니라

그 백성에게 포악함이 심하면 자신은 시해당하며 나라가 망하고 심하지 않으면 자신은 위태하며 나라가 삭감 되니 幽·厲라는 나쁜 시호로 이름 붙이면 비록 효도하는 자손이 있더라도 영원히(百世) 고치지 못한다.

　　幽는 暗이요 厲는 虐이니 皆惡諡也라 苟得其實이면 則雖有孝子慈孫이 愛其祖考之甚者라도 亦不得廢公義而改之니 言不仁之禍 必至於此니 可懼之甚也라

　　幽는 어둑함이요 厲는 잔학함이니, 다 나쁜 시호이다. 진실로 그 실제에 부합하면 비록 효도하는 자손이 그의 조상을 심히 사랑하는 자가 있더라도 역시 공적인 의리를 폐지하고 고치지 못할 것이니, '불인의 재앙이 반드시 이 지경에 이름'을 말한 것이니 매우 두려워할 만하다.

2-5. 詩云 殷鑒不遠이라 在夏后之世라하니 此之謂也니라

『詩』에 '은나라 교훈이 멀지 않다. 하나라 걸왕의 세대에 있다.'하니 이를 말한 것이다."

　　詩는 大雅蕩之篇이라 言商紂之所當鑒者 近在夏桀之世하니 而孟子 引之하야 又欲後人으로 以幽厲爲鑒也시니라

　　시는 「大雅」<蕩>편이다. '상나라 주왕이 마땅히 거울삼을 바가 가까이 하나라 걸왕의 세대에 있음'을 말한 것이니, 맹자께서 인용하여 다시 후인으로 하여금 유왕과 려왕을 교훈으로 삼게 하고자 하신 것이다.

3-1. **孟子曰 三代之得天下也**는 **以仁**이요 **其失天下也**는 **以不仁**이니라

맹자께서 말씀하셨다. "삼대가 천하를 얻음은 인함 때문이요, 그 천하를 잃음은 불인함 때문이다.

> 三代는 謂夏商周也라 禹湯文武는 以仁得之하고 桀紂幽厲는 以不仁失之라

三代는 하·은·주를 말한다. 우·탕·문무는 인함으로써 얻고 걸·주·유·려는 불인함으로써 잃었다.

3-2. **國之所以廢興存亡者 亦然**하니라

나라의 흥폐와 존망의 원인 역시 그러하다.

> 國은 謂諸侯之國이라

國은 제후국을 말한다.

3-3. **天子 不仁**이면 **不保四海**하고 **諸侯 不仁**이면 **不保社稷**하고 **卿大夫 不仁**이면 **不保宗廟**하고 **士庶人**이 **不仁**이면 **不保四體**니라

천자가 불인하면 사해를 보전하지 못하고 제후가 불인하면 사직을 보전하지 못하고 경대부가 불인하면 종묘를 보전하지 못하고 사서인이 불인하면 사지를 보전하지 못한다.

> 言必死亡이라

반드시 사망함을 말한 것이다.

3-4. **今**에 **惡**(오)**死亡而樂**(락)**不仁**하나니 **是猶惡**(오)**醉而强酒**니라

지금 사망을 싫어하면서 불인한 짓을 즐거워하니 이는 취하기를 싫어하면서

술 마시기를 힘씀과 같다."

此는 承上章之意而推言之也라

이것은 윗글의 뜻을 이어서 미루어 말한 것이다.

4-1. 孟子曰 愛人不親이어든 反其仁하고 治人不治어든 反其智하고 禮人不答이어든 反其敬이니라

맹자께서 말씀하셨다. "남을 사랑하되 친애하지 않으면 자신의 인을 반성하고 남을 다스리되 다스려지지 않으면 자신의 지혜를 반성하고 남을 예우하되 답례하지 않으면 자신의 공경을 반성해야 한다.

我愛人而人不親我면 則反求諸(제)己하야 恐我之仁이 未至也니 智敬도 放此라

내가 남을 사랑하는데 남이 나를 친애하지 않으면 자신에게 돌이켜 구하여 나의 인이 지극하지 않은가 걱정해야 할 것이니, 지혜와 공경도 이와 같다.

■ 放 같을 방

4-2. 行有不得者어든 皆反求諸(제)己니 其身이 正而天下 歸之니라

행함에 잘못된 점이 있으면 다 자기에게 돌이켜 구할 것이니, 자신이 바름에 천하가 돌아간다.

不得은 謂不得其所欲이니 如不親不治不答이 是也라 反求諸(제)己는 謂反其仁反其智反其敬也니 如此則自治益詳而身無不正矣라 天下歸之는 極言其效也라

不得은 자신이 원하는 바를 얻지 못함을 말하니, 예를 들면 친애하지 않음·다스려지지 않음·답례하지 않음 등이 이것이다. 反求諸己는 자신의 仁·智·敬

을 반성함을 이르니 이와 같이 하면 자신을 다스림이 더욱 상세하여 바르지 않음이 없다. 天下歸之는 그 효과를 극도로 말한 것이다.

4-3 詩云 永言配命이 自求多福이라하니라

『詩』에 '길이 생각하여 천명에 짝함이 스스로 많은 복을 구함이다.' 하였다."

解見(현)前篇하니라
○亦承上章而言이라

풀이가 전편에 보였다.
○역시 윗글을 이어서 말한 것이다.

5-1. 孟子曰 人有恒言호대 皆曰天下國家라하나니 天下之本은 在國하고 國之本은 在家하고 家之本은 在身하니라

맹자께서 말씀하셨다. "사람이 항상 말하되 다들 천하의 정세는 어떻고 국가의 정치는 어떻다고 말하는데, 천하의 근본은 나라에 있고 나라의 근본은 가정에 있고 가정의 근본은 자신에 있다."

恒은 常也니 雖常言之나 而未必知其言之有序也라 故로 推言之하고 而又以家로 本乎身也라 此亦承上章而推言之하니 大學所謂自天子至於庶人히 壹是皆以修身爲本이 爲是故也라

恒은 항상이니, 비록 항상 말하나 그 말이 차서가 있음을 반드시 알지는 못한 것이다. 그러므로 미루어 말하고 또 가정이 자신에 근본 함을 말한 것이다. 이 역시 윗글을 이어서 미루어 말한 것이니, 『大學』에 이른바 '천자부터 서인까지 일체가 다 수신을 근본으로 삼는다.'는 것이 이러한 연유 때문이다.

6-1. 孟子曰 爲政이 不難하니 不得罪於巨室이니 巨室之所慕를 一國이 慕之하고 一國之所慕를 天下 慕之하나니 故로 沛然德敎 溢乎四海하나니라

맹자께서 말씀하셨다. "정치를 함이 어렵지 않으니 대대로 벼슬하는 大家에 죄짓지 않아야 할 것이니, 대가가 흠모하는 것을 온 나라가 흠모하고 온 나라가 흠모하는 것을 천하가 흠모하나니, 그러므로 성대한 도덕 교화가 사해에 넘쳐난다."

巨室은 世臣大家也라 得罪는 謂身不正而取怨怒也라 麥丘邑人이 祝齊桓公曰 願主君은 無得罪於群臣百姓하소서하니 意蓋如此라 慕는 向也니 心悅誠服之謂也라 沛然은 盛大流行之貌라 溢은 充滿也라 蓋 巨室之心을 難以力服이요 而國人이 素所取信이니 今旣悅服이면 則國人皆服而吾德敎之所施 可以無遠而不至矣라 此亦承上章而言하니 蓋君子 不患人心之不服이요 而患吾身之不脩니 吾身이 旣脩면 則人心之難服者 先服而無一人之不服矣라

○林氏曰 戰國之世에 諸侯 失德하고 巨室이 擅權하니 爲患이 甚矣라 然이나 或者不脩其本而遽欲勝之면 則未必能勝而適以取禍故로 孟子 推本而言惟務脩德하야 以服其心이니 彼旣悅服이면 則吾之德敎 無所留礙하야 可以及乎天下矣라 裴度所謂韓洪이 輿疾討賊하고 承宗이 斂(렴)手削地하니 非朝廷之力이 能制其死命이라 特以處置得宜하야 能服其心故爾라하니 政此類也라

巨室은 대대로 벼슬하는 大家이다. 得罪는 자신이 바르지 않아 원망과 노여움을 사는 것을 말한다. 맥구읍 사람이 제나라 환공에게 축원하기를 '원컨대 주군께서는 모든 신하와 백성에게 죄짓지 마소서.'하니, 뜻이 대체로 이와 같다. 慕는 향함이니, 마음으로 기뻐하고 진심으로 복종함을 말한다.

沛然은 성대하게 유행하는 모양이다. 溢은 충만함이다. 대개 대가(巨室)의 마음을 힘으로 복종시키기 어렵고 나라 사람이 본디 신임하는 바이니, 지금 이미 기뻐하고 복종하면 나라 사람이 다 복종하여 나의 도덕 교화의 시행이 멀리 이르지 않는 곳이 없을 것이다. 이 역시 윗글을 이어서 말한 것이니 대개 군자는 인심이 복종하지 않음을 근심하지 않고 내 몸이 닦이지 않음을 걱정하니, 나의 몸이 이미 닦아지면 인심이 복종시키기 어려운 자가 먼저 복종하여 한 사람도 복종하지 않는 자가 없을 것이다.

○임씨가 말하였다. "전국시대에 제후가 덕을 잃고 대가가 정권을 휘둘러 근심이 심대하다. 그러나 혹시라도 근본을 닦지 않고 성급하게 이기고자 하면 반드시 이기는 것도 아니요 마침 화만 취할 수 있으므로 맹자께서 근본을 미루어 오직 힘써 덕을 닦아 마음을 복종시키는데 힘쓸 것을 말씀하신 것이니, 저들이 이미 기뻐하고 복종하면 나의 도덕 교화가 막힐 곳이 없어 천하에 미칠 수 있다. 배도가 이른바 '한홍이 병든 몸으로 수레에 올라 적을 토벌하고 승종이 두 손을 단정히 하고 토지를 삭감 당하였으니, 조정의 힘이 그들의 운명을 제어한 것이 아니라 단지 처리함이 합당하여 그들의 마음을 복종시켰기 때문이다.'하니, 바로 이런 종류이다.

■ 擅 멋대로 천   礙 거리낄 애   斂 거둘 렴   政 바로 정

7-1. 孟子曰 天下 有道엔 小德이 役大德하며 小賢이 役大賢하고 天下 無道엔 小役大하며 弱役強하나니 斯二者는 天也니 順天者는 存하고 逆天者는 亡하나니라

맹자께서 말씀하셨다. "천하가 도 있을 적에는 소덕이 대덕에게 부려지며 소현이 대현에게 부려지고, 천하가 도가 없을 적에는 소국이 대국에게 부려지며 약국이 강국에게 부려지나니 이 두 가지는 자연의 이치(天)이니 이치에 순응하

는 자는 생존하고 이치를 거역하는 자는 망한다.

有道之世에 人皆脩德而位必稱其德之大小하며 天下無道하야 人不脩德이면 則但以力相役而已라 天者는 理勢之當然也라

도가 있는 세상에는 사람이 다 덕을 닦아 지위가 반드시 그 덕의 크기에 알맞으며 천하가 도가 없어 사람이 덕을 닦지 않으면 단지 힘만으로 서로 부릴 따름이다. 天이란 이치와 형세의 당연함이다.

7-2. 齊景公이 曰旣不能令하고 又不受命이면 是는 絶物也라하고 涕出而女於吳하니라

제나라 경공이 '이미 명령하지 못하고 또 명령을 받지 않으면 이는 사람(物)을 끊음이다.'하고, 눈물을 흘리며 오나라에 딸을 시집보냈다.

引此以言小役大弱役强之事也라 令은 出令以使人也라 受命은 聽命於人也라 物은 猶人也라 女는 以女與人也라 吳는 蠻夷之國也라 景公이 羞與爲昏호대 而畏其强故로 涕泣而以女與之하니라

이를 인용하여 小役大·弱役强의 사실을 말하였다. 令은 명령하여 남을 부림이다. 受命은 남에게 명령을 받음이다. 物은 사람과 같다. 女는 딸을 남에게 시집보냄이다. 吳는 오랑캐 나라이다. 경공이 혼인을 부끄러워하였으되 그 강함을 두려워했기 때문에 눈물 흘리며 딸을 시집보냈다.

7-3. 今也에 小國이 師大國而恥受命焉하나니 是猶弟子而恥受命於先師也니라

지금 소국이 대국을 본받되 명령받음을 부끄러워하나니, 이는 제자로서 스승에게 가르침 받음을 부끄러워함과 같다.

言小國이 不脩德以自强하고 其般樂(락)怠敖 皆若效大國之所爲者

而獨恥受其敎命하니 不可得也라

'소국이 덕을 닦아 스스로 강하게 못하고 즐겁게 놀며 게으르고 오만함이다 대국의 소행을 본받으면서 유독 명령받음을 부끄러워하니 이룰 수 없음'을 말한 것이다.

7-4. 如恥之인댄 莫若師文王이니 師文王이면 大國은 五年이요 小國은 七年에 必爲政於天下矣리라

만일 부끄러워한다면 문왕을 본받음만 한 것이 없으니 문왕을 본받으면 대국은 5년이요 소국은 7년에 반드시 정치를 천하에 행하리라.

此는 因其愧恥之心而勉以脩德也라 文王之政이 布在方策하니 擧而行之면 所謂師文王也라 五年七年은 以其所乘之勢不同으로 爲差라 蓋天下 雖無道나 然脩德之至면 則道自我行而大國이 反爲吾役矣라 程子曰 五年七年은 聖人이 度(탁)其時則可矣라 然이나 凡此類를 學者皆當思其作爲如何라야 乃有益耳니라

이것은 그의 부끄러워하는 마음을 따라서 힘써 덕을 닦게 한 것이다. 문왕의 정치가 책(方策)에 있으니 거행하면 이른바 師文王하는 것이다. 5년·7년은 그 처한 형세로 차등한 것이다. 대개 천하가 비록 도가 없으나 덕을 닦음이 지극하면 도가 나로부터 행해져 대국이 도리어 나에게 부려질 것이다. 정자가 말하였다. "5년·7년은 성인이 그 시대를 헤아린즉 가능하다. 그러나 모든 이런 종류를 학자가 다 마땅히 일을 어떻게 할 것인가를 생각해야 유익하다."

7-5. 詩云 商之孫子 其麗不億이언마는 上帝旣命이라 侯于周服이로다 侯服于周하니 天命靡常이라 殷士膚敏이 祼將于京이라하야늘 孔子曰

仁不可爲衆也니 夫國君이 好仁이면 天下無敵이라하시니라

『詩』에 '상나라의 자손이 그 수가 10만뿐이 아니건마는 상제께서 이미 명하신지라 오직 주나라에 복종하도다. 오직 주나라에 복종하니 천명이 일정하지 않은지라 은나라의 훌륭한 선비가 주나라 서울에 와서 제사를 돕는다.'하였거늘, 공자께서 '어진 이는 무리로 당해낼 수 없으니 무릇 임금이 인을 좋아하면 천하에 대적할 이가 없다.'하셨다.

詩는 大雅文王之篇이라 孟子 引此詩及孔子之言하야 以言文王之事하시니라 麗는 數也라 十萬曰億이라 侯는 維也라 商士는 商孫子之臣也라 膚는 大也요 敏은 達也라 祼은 宗廟之祭에 以鬱鬯之酒로 灌地而降神也라 將은 助也라 言商之孫子 衆多하야 其數 不但十萬而已언마는 上帝旣命周以天下에 則凡此商之孫子 皆臣服于周矣니 所以然者는 以天命不常하야 歸于有德故也라 是以로 商士之膚大而敏達者 皆執祼獻之禮하야 助王祭事于周之京師也라 孔子 因讀此詩而言有仁者면 則雖有十萬之衆이라도 不能當之라 故로 國君이 好仁이면 則必無敵於天下也라 不可爲衆은 猶所謂難爲兄難爲弟云爾라

시는 「大雅」<文王>편이다. 맹자께서 이 시와 공자의 말씀을 인용하여 문왕의 일을 말씀하셨다. 麗는 수이다. 10만을 億이라 한다. 侯는 오직이다. 商士는 상나라 자손의 신하이다. 膚는 큼이요 敏은 통달함이다. 祼은 종묘 제사에 울창주를 땅에 부어 강신함이다. 將은 도움이다. '상나라 자손이 많아서 그 수가 단지 10만일뿐이 아니건마는 상제께서 이미 천하를 주나라에 명하심에 모든 이 상나라 자손이 다 주나라에 신하로 복종하니 그러한 이유는 천명이 일정하지 않아 덕 있는 이에게 돌아가기 때문이다. 이러한 까닭으로 상나라의 훌륭하고 통달한 선비가 다 강신과 헌작의 예를 봉행하여 주나라의 서울에서 왕의 제사를 돕는다.'고 말한 것이다. 공자께서 이 시를 읽으시고

'인자가 있으면 비록 10만의 무리가 있더라도 능히 당해낼 수 없으므로 임금이 인을 좋아하면 반드시 천하에 대적할 이가 없다.'고 하셨다. 不可爲衆은 難爲兄難爲弟라 이른 것과 같다.

- 麗 수 려　　　　侯 오직 후　　　　膚 클 부　　　　敏 통달할 민
  祼 강신제 관

7-6. 今也에 欲無敵於天下而不以仁하나니 是猶執熱而不以濯也니 詩云 誰能執熱하야 逝不以濯이리오하니라

지금은 천하에 대적할 이가 없고자 하면서 인으로써 하지 않으니, 이는 뜨거운 것을 만지고 찬물로 씻지 않음과 같다. 『詩』에 '누가 뜨거운 것을 만지고 찬물로 씻지 않을 수 있는가?' 하였다."

恥受命於大國은 是欲無敵於天下也요 乃師大國而不師文王은 是不以仁也라 詩는 大雅桑柔之篇이라 逝는 語辭也라 言誰能執持熱物하야 而不以水自濯其手乎아

○此章은 言不能自强이면 則聽天所命이요 脩德行仁이면 則天命在我라

대국에 명령 받음을 부끄러워함은 이는 천하에 대적할 이가 없고자 함이요, 대국을 본받으면서 문왕을 본받지 않음은 이는 인으로 하지 않음이다. 시는 「대아」<상유>편이다. 逝는 어조사이다. '누가 뜨거운 것을 만지고서 제 손을 찬물로 씻지 않겠느냐?'고 말한 것이다.

○이 장은 '스스로 강하지 않으면 하늘이 명한 바를 받들 것이요, 덕을 닦아 인을 행하면 천명이 나에게 있음'을 말한 것이다.

8-1. 孟子曰 不仁者는 可與言哉아 安其危而利其菑하야 樂(락)其所

以亡者하나니 不仁而可與言이면 則何亡國敗家之有리오

맹자께서 말씀하셨다. "불인한 자는 같이 말할 수 있는가? 그 위태한 것을 편안히 여기고 그 재앙 될 것을 이롭게 여겨 그 망할 짓을 즐거워하니, 불인한 이와 같이 말할 수 있다면 어찌 나라를 망치며 집안을 망치는 일이 있겠는가?

安其危利其菑者는 不知其爲危菑而反以爲安利也라 所以亡者는 謂荒暴(포)淫虐이 所以致亡之道也라 不仁之人은 私欲固蔽하야 失其本心故로 其顚倒錯亂이 至於如此하니 所以不可告以忠言而卒至於敗亡也라

安其危·利其菑는 그것이 위태함과 재앙이 될 줄을 모르고 도리어 편안하고 편리하게 여김이다. 所以亡은 포학함이 패망에 이르는 길임을 이른다. 불인한 사람은 사욕이 굳게 가려 그 본심을 잃었으므로 본말이 뒤바뀌고 혼란함이 이 지경에 이르니 충언으로 알려줄 수 없기 때문에 끝내 패망에 이르는 것이다.

8-2. 有孺子 歌曰 滄浪之水 清兮어든 可以濯我纓이요 滄浪之水 濁兮어든 可以濯我足이라하야늘

한 아이가 '창랑의 물이 맑으면 내 갓끈을 빨고 창랑의 물이 흐리면 내 발을 씻는다.' 노래하거늘,

滄浪은 水名이라 纓은 冠系也라
滄浪은 물 이름이다. 纓은 갓끈이다.

8-3. 孔子曰 小子아 聽之하라 清斯濯纓이요 濁斯濯足矣로소니 自取之也라하시니라

공자께서 '제자들아, 들어라. 맑으면 갓끈을 빨고 흐리면 발을 씻으니 스스로 취하는 것이다.' 하셨다.

言水之淸濁이 有以自取之也라 聖人이 聲入心通하야 無非至理를 此類에 可見이라

'물의 청탁이 스스로 취한 것임'을 말한 것이다. 성인이 소리를 들으면 마음으로 통하여 지극한 이치 아닌 것이 없음을 이런 종류에서 알 수 있다.

8-4. 夫人必自侮然後에 人이 侮之하며 家必自毁而後에 人이 毁之하며 國必自伐而後에 人이 伐之하나니라

사람이 반드시 스스로 업신여긴 뒤에 남이 업신여기며 집안이 반드시 스스로 헐뜯은 뒤에 남이 헐뜯으며 나라가 반드시 스스로 정벌한 뒤에 남이 정벌한다.

所謂自取之者라

이른바 스스로 취한다는 것이다.

8-5. 太甲에 曰天作孼은 猶可違어니와 自作孼은 不可活이라하니 此之謂也니라

「太甲」에 '하늘이 지은 재앙은 오히려 피할 수 있지만 스스로 지은 재앙은 살 수 없다.'하니, 이를 말한 것이다."

解見(현)前篇하니라
○此章은 言心存則有以審夫得失之幾요 不存則無以辨於存亡之著니 禍福之來 皆其自取니라

해석이 전편에 보였다.
○이 장은 '마음이 보존되면 저 득실의 기미를 살필 수 있고 보존되지 않으면 존망의 실상이 드러난 것을 변별할 수 없으니 화복이 다 그 스스로 취한 것임'을 말한 것이다.

9-1. 孟子曰 桀紂之失天下也는 失其民也니 失其民者는 失其心也라 得天下 有道하니 得其民이면 斯得天下矣리라 得其民이 有道하니 得其心이면 斯得民矣리라 得其心이 有道하니 所欲을 與之聚之요 所惡(오)를 勿施爾也니라

맹자께서 말씀하셨다. "걸왕과 주왕이 천하를 잃은 것은 그 백성을 잃음이니, 그 백성을 잃음은 그의 마음을 잃었기 때문이다. 천하를 얻음이 도가 있으니, 그 백성을 얻으면 이에 천하를 얻으리라. 그 백성을 얻음이 도가 있으니, 그의 마음을 얻으면 백성을 얻으리라. 그의 마음을 얻음이 도가 있으니, 하고자 하는 것을 함께 취하고 싫어하는 것을 베풀지 말아야 한다.

民之所欲을 皆爲致之를 如聚斂然하고 民之所惡(오)는 則勿施於民이라 鼂錯所謂人情이 莫不欲壽어늘 三王은 生之而不傷하고 人情이 莫不欲富어늘 三王은 厚之而不困하고 人情이 莫不欲安이어늘 三王은 扶之而不危하고 人情이 莫不欲逸이어늘 三王은 節其力而不盡이 此類之謂也라

백성이 하고자 하는 것을 다 성취해주기를 세금을 거두어들이듯이 하고, 백성이 싫어하는 것은 백성에게 베풀지 말라. 조조가 이른바 '인정이 장수하고 싶지 않는 이가 없거늘 삼왕은 살게 하여 해치지 않고, 인정이 부유하고 싶지 않는 이가 없거늘 삼왕은 후하게 하여 곤궁하게 않고, 인정이 안정하고 싶지 않는 이가 없거늘 삼왕은 부축하여 위태하게 않고, 인정이 편안하고 싶지 않는 이가 없거늘 삼왕은 그 힘을 절제하여 다하지 않았다.'는 것이 이런 종류를 말한 것이다.

9-2. 民之歸仁也 猶水之就下며 獸之走壙也니라

백성이 인에 돌아감이 물이 아래로 흐르며 짐승이 광야를 달림과 같다.

壙은 廣野也라 言民之所以歸乎此는 以其所欲之在乎此也라

壙은 광야이다. '백성이 이로 돌아가는 이유는 그들이 하고 싶은 것이 여기에 있기 때문임'을 말한 것이다.

9-3. 故로 爲淵敺魚者는 獺也요 爲叢敺爵者는 鸇也요 爲湯武敺民者는 桀與紂也니라

깊은 연못으로 물고기를 몰아주는 놈은 수달이요, 숲으로 새를 몰아주는 놈은 새매요, 탕왕·무왕에게 백성을 몰아주는 놈은 걸왕과 주왕이다.

淵은 深水也라 獺은 食魚者也라 叢은 茂林也라 鸇은 食雀者也라 言民之所以去此는 以其所欲이 在彼而所畏 在此也라

淵은 깊은 물이다. 獺은 물고기를 잡아먹는 놈이다. 叢은 무성한 숲이다. 鸇은 참새를 잡아먹는 놈이다. '백성이 이곳을 떠나는 이유는 그들이 하고자하는 바가 저곳에 있고 두려워하는 바가 이곳에 있음'을 말한 것이다.

9-4. 今天下之君이 有好仁者면 則諸侯 皆爲之敺矣리니 雖欲無王이나 不可得已니라

지금 천하의 임금이 인을 좋아하는 자가 있으면 제후가 다 그를 위해 백성을 몰아 줄 것이니, 비록 왕을 말고자 하나 할 수 없을 따름이다.

9-5. 今之欲王者는 猶七年之病에 求三年之艾也니 苟爲不畜이면 終身不得하리니 苟不志於仁이면 終身憂辱하야 以陷於死亡하리라

지금 왕을 하려는 자는 7년 병에 3년 묵은 쑥을 구함과 같으니 진실로 비축하지 않으면 평생 얻지 못하리라. (왕을 하려는 자도) 진실로 인에 뜻을 두지 않으면 평생 근심하며 욕을 당하여 사망하고 말리라.

艾는 草名이니 所以灸(구)者는 乾(간)久益善이라 夫病已深而欲救乾(간)久之艾인댄 固難卒辦이나 然이나 自今畜之면 則猶或可及이어니와 不然이면 則病日益深하고 死日益迫而艾終不可得矣리라

艾는 풀이름이니, 뜸뜨려는 것은 말린지 오랜 것일수록 좋다. 병이 이미 깊어 오래 말린 쑥을 구하려면 진실로 갑자기 갖추기는 어렵다. 그러나 지금부터 비축하면 그래도 혹 미칠 수 있지만 그렇지 않으면 병은 날로 더욱 깊어지고 죽을 날이 더욱 임박해도 쑥은 끝내 얻지 못할 것이다.

- 艾 쑥 애　　灸 뜸 구　　乾 말릴 간　　善 좋을 선
　辦 갖출 판

9-6. 詩云 其何能淑이리오 載胥及溺이라하니 此之謂也니라

『詩』에 '그 어찌 선할 수 있겠는가? 곧 서로 망하고 말리라.'하니, 이를 말한 것이다."

詩는 大雅桑柔之篇이라 淑은 善也라 載는 則也라 胥는 相也라 言今之所爲 其何能善이리오 則相引以陷於亂亡而已라

시는 「대아」<상유>편이다. 淑은 선함이다. 載는 곧이다. 胥는 서로이다. '지금 하는 짓이 그 어찌 선할 수 있겠는가? 곧 서로 당겨 어지러우며 망하는 데 빠지고 말 뿐임'을 말한 것이다.

- 載 곧 재　　胥 서로 서

10-1. 孟子曰 自暴(포)者는 不可與有言也요 自棄者는 不可與有爲也니 言非禮義를 謂之自暴(포)也요 吾身不能居仁由義를 謂之自棄也니라

맹자께서 말씀하셨다. "自暴하는 자는 함께 말하지 못할 것이요 自棄하는 자는 함께 행하지 못할 것이니, 말함에 예·의를 헐뜯음을 자포라 하고 내 몸이

인에 처하며 의로 말미암지 못한다 함을 자기라 한다.

暴(포)는 猶害也라 非는 猶毁也라 自害其身者는 不知禮義之爲美而非毁之하니 雖與之言이라도 必不見信也요 自棄其身者는 猶知仁義之爲美로대 但溺於怠惰하야 自謂必不能行하니 與之有爲라도 必不能勉也라

程子曰 人苟以善自治면 則無不可移者라 雖昏愚之至라도 皆可漸磨而進也로대 惟自暴者는 拒之以不信하고 自棄者는 絶之以不爲하니 雖聖人與居라도 不能化而入也니 此所謂下愚之不移也라

暴는 해침과 같다. 非는 헐뜯음과 같다. 스스로 자신을 해치는 자는 예의가 아름다운 줄 모르고 헐뜯으니 비록 그와 말해도 반드시 믿지 않을 것이요, 스스로 자신을 저버리는 자는 그래도 인·의가 아름다운 줄을 알지만 단지 게을러 빠져서 반드시 능히 행할 수 없다고 말할 것이니 그와 함께 행하더라도 반드시 힘쓰지 않을 것이다.

정자가 말하였다. "사람이 진실로 선으로 자신을 다스리면 옮기지 못할 자는 없다. 비록 지극히 어둑하고 어리석은 사람이라도 다 점진적으로 연마하여 진보할 수 있지만 자포하는 자는 거부하여 믿지 않고 자기하는 자는 끊어 하지 않으니 비록 성인이 함께 있어도 능히 감화하여 들일 수 없으니, 이것이 이른바 下愚不移라는 것이다."

10-2. 仁은 人之安宅也요 義는 人之正路也라

인은 사람의 편안한 집이요 의는 사람의 바른 길이다.

仁宅은 已見(현)前篇하니라 義者는 宜也니 乃天理之當行이요 無人欲之邪曲故로 曰正路라

仁宅은 이미 전편에 보였다. 義라는 것은 마땅함이니, 바로 천리의 마땅히 행함이요 인욕의 사악함이 없으므로 正路라 한 것이다.

10-3. 曠安宅而弗居하며 舍正路而不由하나니 哀哉라

"편안한 집을 비워놓고 살지 않으며 바른 길을 버려두고 가지 않으니, 애처롭다."

曠은 空也라 由는 行也라
○此章은 言道本固有로되 而人自絶之하니 是可哀也라 此는 聖賢之深戒니 學者 所當猛省也니라

曠은 비움이다. 由는 행함이다.
○이 장은 '도는 본디 지닌 것이로되 사람이 스스로 끊으니, 이것이 애처롭다.'고 말한 것이다. 이것은 성현의 깊은 경계이니 학자가 마땅히 엄히 반성해야 할 바이다.

11-1. 孟子曰 道在爾而求諸(저)遠하며 事在易(이)而求諸(저)難하나니 人人이 親其親하며 長其長이면 而天下 平하리라

맹자께서 말씀하셨다. "도가 가까운 데 있거늘 먼 데서 구하며 일이 쉬운 데 있거늘 어려운 데서 구하나니, 사람마다 자기 부모를 친애하며 자기 어른을 어른 대우하면 천하가 화평할 것이다."

親長은 在人에 爲甚爾요 親之長之는 在人에 爲甚易(이)하니 而道初不外是也라 舍此而他求면 則遠且難而反失之하나니 但人人이 各親其親하고 各長其長이면 則天下 自平矣리라

부모와 어른은 사람에게 매우 가깝고 친히 함과 어른 대우함은 매우 쉬우니, 도가 애초에 이를 벗어나지 않는다. 이를 버려두고 다른 것을 구하면 멀고 또 어려워서 도리어 잃나니, 단지 사람마다 각기 자기 부모를 친애하고 각기 자기 어른을 어른 대우하면 천하가 저절로 화평해질 것이다.

12-1. 孟子曰 居下位而不獲於上이면 民不可得而治也라라 獲於上이 有道하니 不信於友면 弗獲於上矣라라 信於友 有道하니 事親弗悅이면 弗信於友矣라라 悅親이 有道하니 反身不誠이면 不悅於親矣라라 誠身이 有道하니 不明乎善이면 不誠其身矣라라

맹자께서 말씀하셨다. "아래 지위에서 윗사람의 신임을 얻지 못하면 백성을 다스리지 못하리라. 윗사람에게 신임을 얻음이 도가 있으니, 벗에게 신임을 얻지 못하면 윗사람에게 신임을 얻지 못할 것이다. 벗에게 신임을 얻음이 도가 있으니, 부모를 섬김에 기쁘게 못하면 벗에게 신임을 얻지 못할 것이다. 부모를 기쁘게 함이 도가 있으니, 자신을 반성하여 진실하지 못하면 부모님을 기쁘게 못할 것이다. 몸을 진실하게 함이 도가 있으니, 선에 밝지 못하면 자신을 진실하게 못할 것이다.

獲於上은 得其上之信任也라 誠은 實也라 反身不誠은 反求諸(저)身而其所以爲善之心이 有不實也라 不明乎善은 不能卽事窮理하야 無以眞知善之所在也라 游氏曰 欲誠其意인댄 先致其知니 不明乎善이면 不誠乎身矣라 學至於誠身이면 則安往而不致其極哉리오 以內則順乎親이요 以外則信乎友하고 以上則可以得君이요 以下則可以得民矣라

獲於上은 윗사람의 신임을 얻음이다. 誠은 진실함이다. 反身不誠은 돌이켜 자신에게 구함에 그가 선을 하려는 마음이 진실하지 못함이 있는 것이다. 不明乎善은 실제 일에 나가 이치를 궁구하지 못하여 선의 소재를 진짜 알지 못함이다. 유씨가 말하였다. "그 뜻을 진실하고자 하면 먼저 그 앎을 이루어야 하니 선에 밝지 못하면 몸에 진실할 수 없다. 학문이 성신에 이르면 어디를 간들 그 극치를 이루지 못하겠는가? 안에서는 부모님께 순종하고 밖에서는 벗에게 신임을 얻고 위로는 임금의 신임을 얻을 수 있고 아래로는 백성의 신뢰를 얻을 수 있을 것이다."

12-2. 是故로 誠者는 天之道也요 思誠者는 人之道也니라

이런 까닭으로 성은 하늘의 도요 성을 생각함은 사람의 도이다.

誠者는 理之在我者 皆實而無僞니 天道之本然也요 思誠者는 欲此理之在我者 皆實而無僞니 人道之當然也라

誠이란 내게 있는 이치가 다 진실하여 거짓이 없음이니 천도의 본연이요, 思誠이란 내게 있는 이 이치가 다 진실하여 거짓이 없고자 함이니 인도의 당연이다.

12-3. 至誠而不動者 未之有也니 不誠이면 未有能動者也니라

지극히 진실하고 감동주지 못할 자 없으니, 진실하지 못하면 능히 감동 줄 자 없다.

至는 極也라 楊氏曰 動은 便是驗處니 若獲乎上信乎友悅於親之類 是也라

○此章은 術中庸孔子之言하니 見思誠이 爲脩身之本이요 而明善이 又爲思誠之本이니 乃子思 所聞於曾子요 而孟子 所受乎子思者라 亦與大學으로 相表裏하니 學者 宜潛心焉이니라

至는 지극함이다. 양씨가 말하였다. "감동은 바로 증험처이니, 윗사람에게 신임을 얻음과 벗에게 신용을 얻음과 부모님을 기쁘게 하는 종류가 이런 예이다.

○이 장은 『中庸』의 공자 말씀을 기술한 것이니, 思誠이 수신의 근본이요 明善이 또 思誠의 근본임을 알 수 있으니, 바로 자사께서 증자께 들은 바요 맹자께서 자사께 전수받은 것이다. 또한 『大學』과 서로 표리가 되니 학자가 마땅히 잠심해야 한다.

13-1. 孟子曰 伯夷 辟(피)紂하야 居北海之濱이러니 聞文王作興하고 曰
盍歸乎來리오 吾聞西伯은 善養老者라하고 太公이 辟(피)紂하야 居東
海之濱이러니 聞文王作興하고 曰盍歸乎來리오 吾聞西伯은 善養老
者라하니라

맹자께서 말씀하셨다. "백이가 주왕을 피하여 북해의 물가에 살더니 문왕이 일어났다는 말을 듣고 '어찌 돌아가지 않겠는가? 서백은 노인을 잘 봉양하는 자라 들었다.'하고, 태공이 주나라를 피하여 동해의 물가에 살더니 문왕이 일어났다는 말을 듣고 '어찌 돌아가지 않겠는가? 서백은 노인을 잘 봉양하는 자라 들었다.'하였다.

作興은 皆起也라 盍은 何不也라 西伯은 卽文王也니 紂命爲西方諸侯之長하야 得專征伐故로 稱西伯이라 太公은 姜姓呂氏니 名은 尙이라 文王이 發政에 必先鰥寡孤獨하시고 庶人之老 皆無凍餒故로 伯夷太公이 來就其養이요 非求仕也라

作·興은 다 일어남이다. 盍은 어찌 아니함이다. 西伯은 곧 문왕이니 주왕이 명하여 서방 제후의 우두머리로 삼아 정벌을 오로지 하게 하였으므로 서백이라 칭한 것이다. 太公은 姜姓呂氏이니 이름은 상이다. 문왕이 정치를 시행함에 반드시 홀아비·과부·고아·독거노인을 우선하시고 서민의 노인이 다 얼고 굶주린 이가 없으므로 백이와 태공이 그 봉양에 나간 것이지 벼슬을 구한 것이 아니다.

■ 辟 피할 피

13-2. 二老者는 天下之大老也而歸之하니 是는 天下之父 歸之也라
天下之父 歸之어니 其子 焉往이리오

두 분 노인은 천하에 가장 훌륭한 노인이로되 돌아가니, 이는 천하의 아버지

같은 분이 돌아감이다. 천하의 아버지가 돌아갔으니, 그의 자식들이 어디로 가겠는가?

二老는 伯夷太公也라 大老는 言非常人之老者라 天下之父는 言齒德이 皆尊하야 如衆父然이라 旣得其心則天下之心이 不能外矣라 蕭何所謂養民致賢하야 以圖天下者 其意暗如此合이로대 但其意는 則有公私之辨하니 學者 又不可不察也니라

二老는 백이와 태공이다. 大老는 범상한 노인이 아님을 말한 것이다. 天下之父는 나이와 덕이 다 높아서 대중의 아버지 같음을 말한 것이다. 이미 그들의 마음을 얻으면 천하의 마음이 외면할 수 없다. 소하가 이른바 '백성을 기르고 현인을 초빙하여 천하를 도모한다.'는 것이 그 뜻이 암암리에 이와 합치한다. 다만 그 뜻은 공과 사의 분별에 있으니, 학자가 또한 살펴야 할 것이다.

13-3. 諸侯 有行文王之政者면 七年之內에 必爲政於天下矣리라

제후가 문왕의 정치를 행할 자가 있으면 7년 안에 반드시 천하에 정치를 하리라."

七年은 以小國而言也니 大國五年은 在其中矣라

7년은 소국으로 말한 것이니, 대국 5년은 그 안에 있다.

14-1. 孟子曰 求也 爲季氏宰하야 無能改於其德이요 而賦粟이 倍他日한대 孔子曰 求는 非我徒也로소니 小子아 鳴鼓而攻之 可也라하시니라

맹자께서 말씀하셨다. "염구가 계씨의 가신이 되어 능히 그의 덕을 고치게 함은 없고 세금(粟)을 거둠이 다른 날보다 두 배였는데, 공자께서 '구는 나의

제자(徒)가 아니니 제자들아, 북을 울려 성토함이 가하다.'하셨다.

求는 孔子의 弟子冉求라 季氏는 魯卿이라 宰는 家臣이라 賦는 猶取也니 取民之粟이 倍於他日也라 小子는 弟子也라 鳴鼓而攻之는 聲其罪而責之也라

求는 공자의 제자 염구이다. 季氏는 노나라 경이다. 宰는 가신이다. 賦는 거둠과 같으니, 백성의 세금(粟)을 거둔 것이 다른 날 보다 두 배이다. 小子는 제자이다. 鳴鼓而攻之는 그의 죄를 소리쳐 꾸짖음이다.

14-2. 由此觀之컨대 君不行仁政而富之면 皆棄於孔子者也니 況於爲之强戰하야 爭地以戰에 殺人盈野하며 爭城以戰에 殺人盈城이따녀 此 所謂率土地而食人肉이라 罪不容於死니라

이로 말미암아 보건대, 임금이 인정을 행하지 않는데 부유하게 하면 다 공자께 버림받을 자이니, 하물며 그를 위해 힘써 싸우게 하여 땅을 다투어 전투함에 사람을 죽여 들판에 가득하며 성을 다투어 전투함에 사람을 죽여 성에 가득함이랴! 이것이 이른바 토지 때문에 사람을 잡아먹는다는 것이다. 죄가 죽음으로도 용서받지 못한다.

林氏曰 富其君者는 奪民之財耳로대 而夫子 猶惡(오)之어시든 況爲土地之故而殺人하야 使其肝腦塗地면 則是 率土地而食人之肉이니 其罪之大 雖至於死라도 猶不足以容之也라

임씨가 말하였다. "그 임금을 부유하게 하는 자는 백성의 재물을 뺏을 뿐이로되 부자께서 오히려 미워하셨거늘, 하물며 토지 때문에 사람을 죽여 그들의 간과 뇌를 쏟아 땅에 맥질하게 하면, 이는 토지 때문에 사람을 잡아먹는 것이니, 그 죄의 막대함이 비록 죽음에 이르더라도 오히려 용서받기에 부족하다."

14-3. 故로 善戰者는 服上刑하고 連諸侯者 次之하고 辟草萊任土地
者 次之니라

그러므로 잘 싸우는 자는 극형에 처하고 제후를 연합하는 자는 다음 형벌에 처하고 초지를 개간하며 토지의 경작을 백성에게 책임지운 자는 그 다음 형벌에 처한다."

善戰은 如孫臏吳起之徒요 連結諸侯는 如蘇秦張儀之類라 辟은 開墾也라 任土地는 謂分土授民하야 使任耕稼之責이니 如李悝盡地力과 商鞅開阡陌之類也라

善戰은 손빈·오기와 같은 무리요, 連結諸侯는 소진·장의와 같은 무리이다. 辟은 개간함이다. 任土地는 토지를 백성에게 나누어 주어 농사의 책임을 지움을 말하니, 이회의 지력을 다 이용함과 상앙의 천맥을 개간함*과 같은 종류이다.

■ 辟 개간할 벽

* 李悝盡地力과 商鞅開阡陌 : 이회의 지력을 다 이용함과 상앙의 천맥을 개간함.

15-1. 孟子曰 存乎人者 莫良於眸子하니 眸子 不能掩其惡하나니 胸中이 正則眸子 瞭焉하고 胸中이 不正則眸子 眊焉이니라

맹자께서 말씀하셨다. "사람이 간직한 것 가운데 눈동자보다 착한 것이 없으니 눈동자가 그 악을 가리지 못하니, 가슴 속이 바르면 눈동자가 맑고 가슴 속이 바르지 않으면 눈동자가 흐리다.

良은 善也라 眸子는 目瞳子也라 瞭는 明也라 眊者는 蒙蒙目不明之貌라 蓋人與物接之時에 其神在目故로 胸中이 正則神精而明하고 不正則神散而昏이라

良은 착함이다. 眸子는 눈동자이다. 瞭는 맑음이다. 眊者는 흐려서 눈빛이 맑지 않은 모양이다. 대개 사람이 사물과 접할 때 정기가 눈에 있으므로 가슴이 바르면 정기가 순수하여 맑고 바르지 않으면 정기가 흩어져 어둡다.

15-2. 聽其言也요 觀其眸子면 人焉廋哉리오

그의 말을 듣고 그의 눈동자를 관찰하면 사람이 어찌 숨길 수 있겠는가?"

廋는 匿也라 言은 亦心之所發故로 幷此以觀이면 則人之邪正을 不可匿矣라 然이나 言猶可以僞爲어니와 眸子則有不容僞者라

廋는 숨김이다. 말 또한 마음이 발로한 바이므로 이것을 아울러 관찰하면 사람의 邪와 正을 숨길 수 없다. 그러나 말은 오히려 거짓으로 할 수 있겠지만 눈동자는 거짓으로 할 수 없다.

16-1. 孟子曰 恭者는 不侮人하고 儉者는 不奪人하나니 侮奪人之君은 惟恐不順焉이어니 惡(오)得爲恭儉이리오 恭儉은 豈可以聲音笑貌爲哉리오

맹자께서 말씀하셨다. "공손한 자는 남을 업신여기지 않고 검소한 자는 남의 것을 빼앗지 않나니, 남을 업신여기며 빼앗는 임금은 오직 순종하지 않을까 걱정할 뿐이거니 어찌 공손하고 검소할 수 있겠는가? 공손함과 검소함은 어찌 말소리와 웃는 모습으로 할 수 있겠는가?"

惟恐不順은 言恐人之不順己라 聲暗笑貌는 僞爲於外也라

惟恐不順은 남이 자기에게 순종하지 않을까 걱정함을 말한 것이다. 聲暗笑貌는 거짓을 겉으로 함이다.

17-1. 淳于髡이 曰男女 授受不親이 禮與잇가 孟子曰 禮也니라 曰 嫂溺則援之以手乎잇가 曰 嫂溺不援이면 是는 豺狼也니 男女 授受不親은 禮也요 嫂溺이어든 援之以手者는 權也니라

순우곤이 여쭈었다. "남녀가 친히 주고받지 않음이 예입니까?" 맹자께서 말씀하셨다. "예이다." 여쭈었다. "형수가 물에 빠지면 손으로 잡아서 구원합니까?" 말씀하셨다. "형수가 빠졌을 경우 구하지 않으면 승냥이이니, 남녀가 주고받기를 직접 하지 않음은 상례요 형수가 빠졌을 경우 손으로 구원함은 권도이다."

淳于는 姓이요 髡은 名이니 齊之辯士라 授는 與也요 受는 取也라 古禮에 男女 不親授受하니 以遠別也라 援은 救之也라 權은 稱錘也니 稱物輕重而往來以取中者也니 權而得中이 是乃禮也라

淳于는 성이요 髡은 이름이니, 제나라의 변사이다. 授는 줌이요 受는 받음이다. 古禮에 남녀가 직접 주고받지 않았으니 멀리함으로 구별한 것이다. 援은 구원함이다. 權은 저울추이니 물건의 경중을 저울질함에 추가 왕래하여 알맞음을 취하는 것이니 저울질하여 알맞음을 얻음이, 바로 예이다.

17-2. 曰 今天下 溺矣어늘 夫子之不援은 何也잇고

여쭈었다. "지금 천하가 물에 빠졌거늘 부자께서 구원하지 않으심은 어째서입니까?"

言今天下大亂하야 民遭陷溺하니 亦當從權以援之요 不可守先王之正道也라

'지금 천하가 크게 혼란하여 백성이 함정에 떨어지고 물에 빠짐을 당하니, 마땅히 권도로써 구원해야지 선왕의 정도로는 불가함'을 말한 것이다.

17-3. 曰 天下 溺이어든 援之以道요 嫂溺이어든 援之以手니 子欲手援天下乎아

말씀하셨다. "천하가 물에 빠졌을 경우 구원하기를 도로써 하고 형수가 물에 빠졌을 경우 손으로써 구원하는 것이니, 그대는 손으로 천하를 구원하려 하는가?"

言天下溺엔 惟道可以捄之요 非若嫂溺可手援也라 今子欲援天下호대 乃欲使我로 枉道求合하니 則先失其所以援之之具矣니 是는 欲使我로 以手援天下乎아

○ 此章은 言直己守道는 所以濟時요 枉道徇人은 徒爲失己라

'천하가 물에 빠졌을 경우엔 도만이 구원할 수 있지 형수가 물에 빠졌을 경우 손으로 구원할 수 있는 것과 같지 않다. 지금 그대가 천하를 구원하려 하되 나로 하여금 도를 굽혀 영합하게 하고자 하니, 즉 먼저 그 구원하는 도구를 잃은 것이니, 이는 나로 하여금 손으로 천하를 구원하게 하려는 것이냐?'고 말한 것이다.

○ 이 상은 '자기를 곧게 하여 도를 지킴은 한 시대를 구하는 것이요, 도를 굽혀 남을 따름은 한갓 자기를 잃게 됨'을 말한 것이다.

18-1. 公孫丑(추)曰 君子之不教子는 何也잇고

공손추가 여쭈었다. "군자가 자식을 가르치지 않음은 어째서입니까?"

不親教也라

친히 가르치지 않음이다.

18-2. 孟子曰 勢不行也니라 教者는 必以正이니 以正不行이어든 繼之以怒하고 繼之以怒則反夷矣니 夫子 教我以正하사대 夫子도 未出於

正也라하면 則是父子相夷也니 父子相夷則惡矣니라

맹자께서 말씀하셨다. "형세가 가르침을 행하지 못해서이다. 가르침은 반드시 정도로 하는 것이니, 정도로 가르치되 행하지 않으면 이어서 화내고 화내면 도리어 상심하니, '아버지가 나를 정도로 가르치시되 아버지도 정도대로 행하지 못한다.' 하면, 이는 부자간에 서로 상심하는 것이니, 부자간에 서로 상심하면 나쁘다.

夷는 傷也라 敎子者는 本爲愛其子也라 繼之以怒則反傷其子矣라 父旣傷其子하고 子之心이 又責其父曰 夫子 敎我以正道하사대 而夫子之身도 未必自行正道라하면 則是 子又傷其父也라

夷는 상함이다. 자식을 가르침은 본래 그 자식을 사랑하기 때문이다. 이어서 화내면 도리어 그 자식에게 감정을 상한다. 아버지가 먼저 그 자식에게 감정을 상하게 하고 자식의 마음이 또 그 아비를 책망하여 '아버지가 바른 도리로 가르치시되 아버지도 반드시 바른 도리를 행하지는 못한다.' 하면 이는 자식이 또 그 아비에게 감정을 상하게 하는 것이다.

18-3. 古者에 易子而敎之하니라

옛적에 자식을 바꿔서 가르쳤다.

易子而敎는 所以全父子之恩而亦不失其爲敎라

易子而敎는 부자의 은의를 온전히 하고 또한 그 가르침을 잃지 않으려 한 것이다.

18-4. 父子之間은 不責善이니 責善則離하나니 離則不祥이 莫大焉이니라

부자지간은 선으로 책망하지 않는 것이니 선으로 책망하면 정떨어지니 정떨어지면 상서롭지 못함이 이보다 큰 것이 없다."

責善은 朋友之道也라

○王氏曰 父有爭子는 何也오 所謂爭者는 非責善也라 當不義則爭之而已矣라 父之於子也에 如何오 曰 當不義則亦戒之而已矣니라

責善은 붕우 간에 하는 방도이다.

○왕씨가 말하였다. "아비에게 간쟁하는 자식이 있다 함은 무엇인가? 이른바 간쟁이라 함은 선으로 책망함이 아니다. 의롭지 못한 일을 당해서만 간쟁할 따름이다. 아비가 자식에게 어찌해야 하는가? 의롭지 못한 일을 당하면 또한 경계할 따름이다."

19-1. 孟子曰 事孰爲大오 事親이 爲大하니라 守孰爲大오 守身이 爲大하니라 不失其身而能事其親者를 吾聞之矣요 失其身而能事其親者를 吾未之聞也로라

맹자께서 말씀하셨다. "섬김이 무엇이 막대한가? 어버이 섬김이 막대하다. 지킴이 무엇이 막대한가? 몸을 지킴이 막대하다. 자기 몸을 잃지 않고 능히 어버이 섬기는 이를 내 들었고 자기 몸을 잃고 능히 어버이 섬기는 이를 내 듣지 못했노라.

守身은 持守其身하야 使不陷於不義也라 一失其身이면 則虧體辱親하리니 雖日用三牲之養이라도 亦不足以爲孝矣라

守身은 자기 몸을 굳게 지켜 불의에 빠지지 않게 함이다. 한번 그 몸을 잃으면 몸을 망가뜨리고 부모를 욕되게 하리니, 비록 날마다 三牲으로 봉양하더라도 또한 효라 하기에 부족하다.

19-2. 孰不爲事리오마는 事親이 事之本也요 孰不爲守리오마는 守身이 守之本也니라

무엇이 섬김이 아니리요마는 어버이 섬김이 섬김의 근본이요, 무엇이 지킴이

아니리요마는 몸을 지킴이 지킴의 근본이다.

事親孝則忠可移於君이요 順可移於長이며 身正則家齊國治而天下平이라

어버이 섬김을 효로써 한즉 충성을 임금에 옮길 수 있고 순종을 어른에 옮길 수 있으며 몸이 바른즉 집이 가지런해지고 나라가 다스려져서 천하가 화평해진다.

19-3. 曾子 養曾晳호대 必有酒肉이러시니 將徹할새 必請所與하시며 問有餘어든 必曰有라하더시다 曾晳이 死커늘 曾元이 養曾子호대 必有酒肉하더니 將徹할새 不請所與하며 問有餘어시든 曰亡(무)矣라하니 將以復(부)進也라 此 所謂養口體者也니 若曾子則可謂養志也니라

증자가 증석을 봉양하되 반드시 술과 고기를 갖추시더니 상을 물리려 할 적에 반드시 줄 곳을 여쭈시며 남은 것이 있느냐고 묻거든 반드시 있다고 하시더라. 증석이 죽거늘 증원이 증자를 봉양하되 반드시 술과 고기를 갖추더니 상을 물리려 할 적에 주실 분을 여쭙지 않으며 남은 것이 있냐고 물으시면 없다고 하였으니, 다시 진상하려 한 것이다. 이것이 이른바 口體를 봉양한다는 것이니, 증자와 같이 하면 養志라 말할 수 있다.

此는 承上文事親言之라 曾晳의 名은 點이니 曾子父也라 曾元은 曾子子也라 曾子 養其父호대 每食에 必有酒肉하고 食畢將撤去할새 必請於父曰 此餘者를 與誰잇고 或父問此物尙有餘否아하면 必曰有라하니 恐親意更欲與人也라 曾元은 不請所與하고 雖有나 言無하니 其意 將以復(부)進於親하야 不欲其與人也라 此但能養父母之口體而已요 曾子則能承順父母之志하야 而不忍傷之也라

이것은 윗글 어버이 섬김을 이어서 말한 것이다. 증석의 이름은 점으로

증자의 아버지이다. 증원은 증자의 아들이다. 증자가 아버지를 봉양하되 매번 식사에 반드시 술과 고기를 갖추고 식사를 마치고 상을 물리려 할 적에 반드시 아버지에게 '이 남은 음식을 누구에게 주시겠습니까?' 여쭙고, 혹은 아버지가 '이 음식이 아직 남은 것이 있느냐?' 물으면 반드시 '있습니다.' 하였으니, 아버지 뜻이 다시 남에게 주시고 싶은 것을 염려해서였다. 증원은 줄 분을 여쭙지 않고 비록 있어도 없다고 말하였으니, 그 마음은 아버지께 다시 올리고 남에게 주고 싶지 않아서였다. 이는 단지 부모의 口體만을 봉양했을 뿐이요, 증자는 부모의 뜻을 받들어 순종하여 차마 상하게 못한 것이다.

19-4. 事親을 若曾子者 可也니라

어버이 섬김을 증자와 같이 하는 것이 괜찮다."

言當如曾子之養志요 不可如曾元의 但養口體니라 程子曰 子之身所能爲者는 皆所當爲요 無過分之事也라 故로 事親을 若曾子면 可謂至矣어늘 而孟子 止曰可也라하시니 豈以曾子之孝로 爲有餘哉리오

'마땅히 증자의 養志처럼 해야지 증원의 口體만을 봉양함이 불가함'을 말한 것이다. 정자가 말하였다. "자식의 몸으로 능히 할 수 있는 것은 다 마땅히 해야 할 바이지 과분한 일은 없다. 그러므로 어버이 섬김을 증자같이 하면 지극하다 할 수 있거늘, 맹자께서 단지 가하다 하신 것이니, 어찌 증자의 효를 여유 있다 하겠는가?"

20. 孟子曰 人不足與適也며 政不足(與)間也라 惟大人이야 爲能格君心之非니 君仁이면 莫不仁이요 君義면 莫不義요 君正이면 莫不正이니 一正君而國이 定矣니라

맹자께서 말씀하셨다. "인사를 더불어 탓하지 않을 것이며 행정을 더불어

비방하지 않을 것이다. 오직 대인만이 능히 임금 마음의 그릇된 것을 바로잡으니, 임금이 인하면 인하지 않을 이가 없고 임금이 의로우면 의롭지 않을 이가 없고 임금이 바르면 바르지 않을 이가 없으니, 한번 임금을 바로잡음에 나라가 안정된다."

趙氏曰 適은 過也라 間은 非也라 格은 正也니 徐氏曰 格者는 物之所取正也라하고 書에 曰格其非心이라하니라

愚는 謂間字上에 亦當有與字라 言人君用人之非를 不足過諭이요 行政之失을 不足非間이라 惟有大人之德이면 則能格君心之不正하야 以歸于正而國無不治矣라 大人者는 大德之人이니 正己而物正者也라

○程子曰 天下之治亂은 繫乎人君之仁與不仁耳니 心之非는 卽害於政이요 不待乎發之於外也라 昔者에 孟子 三見齊王而不言事하신대 門人이 疑之어늘 孟子曰 我先攻其邪心이라하시니 心旣正而後에 天下之事를 可從而理也라 夫政事之失과 用人之非는 知者 能更(경)之하고 直者 能諫之나 然이나 非心存焉이면 則事事而更(경)之라도 後復(부)有其事하야 將不勝其更(경)矣요 人人而去之라도 後復(부)用其人하야 將不勝其去矣라 是以로 輔相之職은 必在乎格君心之非이니 然後에 無所不正이요 而欲格君心之非者는 非有大人之德이면 則亦莫之能也라

조씨가 말하였다. "適은 탓함이다. 間은 비방함이다. 格은 바로잡음이니, 서씨는 '格이란 일의 바름을 취하는 바이다.'하고 『書經』에는 '그 그릇된 마음을 바로잡는다.'하였다."

내가 생각건대, 間字 위에도 마땅히 與字가 있어야 한다. '임금의 인재 등용의 잘못을 탓하지 않을 것이요 행정의 실수를 비방하지 않을 것이다. 오직 대인의 덕을 지닌 자가 있으면 능히 임금 마음의 부정한 것을 바로잡아 정도로 돌아감에 나라가 다스려지지 않음이 없음'을 말한 것이다. 대인이란 대덕을 지닌 사람이니, 자기를 바룸에 남이 바루어지는 자이다.

○정자가 말하였다. "천하의 치란은 임금의 인과 불인에 달렸을 뿐이니, 마음의 그릇됨은 즉시 정사에 해쳐 겉으로 드러나기를 기다릴 것도 없다. 옛적에 맹자께서 세 번 제나라 선왕을 보시면서도 정사를 말씀하지 않으시자, 문인이 의아해하거늘, 맹자께서 '나는 먼저 임금의 邪心을 다스린다.'하셨으니, 마음이 먼저 바른 뒤에 천하의 일을 이어서 다스릴 수 있는 것이다. 저 정사의 실수와 인사의 그릇됨은 지혜로운 자가 고칠 수 있고 곧은 자가 간언할 수 있다. 그러나 그릇된 마음이 있으면 일마다 고쳐도 뒤에 또 그런 일이 있어서 이루다 고치지 못할 것이요, 사람마다 몰아내도 뒤에 다시 그런 사람을 등용해서 장차 이루다 몰아낼 수 없을 것이다. 이러한 까닭으로 정승의 직책은 반드시 임금 마음의 그릇됨을 바로잡는 데 있으니, 그러한 뒤에 바루지 못할 것이 없을 것이요, 임금 마음의 그릇됨을 바로잡고자 하는 자는 대인의 덕을 지닌 이가 아니면 또한 능히 할 수 없다."

■ 適 탓할 적　　　間은 비방할 간　　　格 바로잡을 격　　　誚 꾸짖을 격

21. 孟子曰 有不虞之譽하며 有求全之毀하니라

맹자께서 말씀하셨다. "생각지도 않은 칭찬이 있으며 완전함을 추구하는 비방이 있다."

虞는 度(탁)也라 呂氏曰 行不足以致譽而偶得譽를 是謂不虞之譽요 求免於毀而反致毀를 是謂求全之毀라 言毀譽之言이 未必皆實하니 脩己者 不可以是遽爲憂喜요 觀人者 不可以是輕爲進退라

虞는 생각함이다. 여씨가 말하였다. "행실이 칭찬받기에 부족한데도 우연히 칭찬받는 것을 不虞之譽라 하고, 비방을 면하려 하는데도 도리어 비방 받음을 求全之毀라 한다." '비방하고 칭찬하는 말이 반드시 다 진실한 것은 아니니, 수기하는 자가 이로써 성급히 근심하거나 기뻐해서는 안 되고 사람을 관찰하는 자가 이로써 경솔하게 진퇴의 기준으로 삼아서도 안 됨'을 말한 것이다.

22. 孟子曰 人之易(이)其言也는 無責耳矣니라

맹자께서 말씀하셨다. "사람이 그 말을 쉽게 함은 책망이 없었기 때문이다."

人之所以輕易(이)其言者는 以其未遭失言之責故耳라 蓋常人之情이 無所懲於前이면 則無所警於後니 非以爲君子之學이 必俟有責而後에 不敢易(이)其言也라 然이나 此豈亦有爲而言之與아

사람이 그 말을 경솔하게 하는 까닭은 실언의 책망을 당하지 않았기 때문이다. 대개 보통 사람의 정이 앞에서 징계 받은 바가 없으면 뒤에 경계하는 바가 없으니, 군자의 학문이 반드시 책망을 받은 뒤에 감히 그 말을 쉽게 하지 않는다고 한 것은 아니다. 그러나 이것은 아마도 그런 일이 있어서 말씀하신 것인가?

23. 孟子曰 人之患이 在好爲人師니라

맹자께서 말씀하셨다. "사람의 병통이 남의 스승 되기를 좋아함에 있다."

王勉이 曰學問有餘하야 人資於己에 不得已而應之는 可也어니와 若好爲人師면 則自足而不復(부)有進矣니 此는 人之大患也라

왕면이 말하였다. "학문이 넉넉하여 남이 자기에게 의뢰함에 부득이 응함은 괜찮지만 만일 남의 스승 되기를 좋아하면 스스로 만족하여 더 이상 진보할 수 없으니, 이는 사람의 큰 병통이다."

24-1. 樂正子 從於子敖하야 之齊러니

악정자가 자오를 따라 제나라에 가더니,

> 子敖는 王驩의 字라
> 子敖는 왕환의 자이다.

24-2. 樂正子 見(현)孟子한대 孟子曰 子 亦來見我乎아 曰 先生은 何 爲出此言也시니잇고 曰 子 來幾日矣오 曰 昔者니이다 曰 昔者則我出此言也 不亦宜乎아 曰 舍館을 未定이러이다 曰 子 聞之也아 舍館을 定然後에 求見長者乎아

악정자가 맹자를 뵙자 맹자께서 말씀하셨다. "그대도 나를 보러 오는가?" 여쭈었다. "선생님께서는 어찌 이런 말씀을 하십니까?" 말씀하셨다. "그대가 온지 몇일인가?" 대답하였다. "어제입니다." 말씀하셨다. "어제라면 내가 이 말을 함이 또한 마땅하지 않은가?" 대답하였다. "사관을 정하지 못했었습니다." 말씀하셨다. "그대가 들어보았는가? 사관을 정한 뒤에 장자를 찾아보는가?"

昔者는 前日也라 館은 客舍也라 王驩은 孟子所不與言者니 則其人을 可知矣어늘 樂正子 乃從之行하니 其失身之罪 大矣요 又不早見長者하니 則其罪 又有甚者焉故로 孟子 姑以此責之하시니라

昔者는 어제이다. 館은 객사이다. 王驩은 맹자께서 함께 말하지 않은 자이니 그 사람을 알 만하거늘, 악정자가 그를 따라갔으니 그 몸을 잃은 죄가 크고 또 일찍 장자를 찾아보지 않았으니, 즉 그의 죄가 더 심하므로 맹자께서 우선 이 말씀으로 꾸짖으신 것이다.

24-3. 曰 克이 有罪호이다

대답하였다. "제(克)가 잘못했습니다."

陳氏曰 樂正子 固不能無罪矣나 然其勇於受責이 如此하니 非好善而篤信之면 其能若是乎아 世有强辯飾非하야 聞諫愈甚者는 又樂正子之罪人也라

진씨가 말하였다. "악정자가 진실로 죄 없지 않으나 그가 꾸짖음을 받아들

임에 용맹함이 이와 같으니, 선을 좋아하고 독실이 믿는 자가 아니라면 어찌 능히 이와 같겠는가? 세상에 힘써 변명하며 잘못을 꾸며대어 간하는 말을 듣고 더 심하게 하는 자는 또한 악정자의 죄인이다."

25. 孟子 謂樂正子曰 子之從於子敖來는 徒餔啜也로다 我 不意子 學古之道而以餔啜也호라

맹자께서 악정자에게 말씀하셨다. "그대가 자오를 따라 온 것은 다만 음식을 구하려는 것이로다. 나는 그대가 옛 도를 배우고서 음식을 구함을 할 줄 생각 못했다."

徒는 但也라 餔는 食也요 啜은 飮也라 言其不擇所從하고 但求食耳니 此乃正其罪而切責之하시니라

徒는 다만이다. 餔는 먹음이요 啜은 마심이다. '그 따를 바를 가리지 않고 다만 음식만 구할 뿐임'을 말한 것이니, 이는 바로 그의 죄를 꼭 꼬집어 절실히 책망하신 것이다.

■ 徒 다만 도　　　餔 먹을 포　　　啜 마실 철

26-1. 孟子曰 不孝有三하니 無後爲大하니라

맹자께서 말씀하셨다 "불효가 3가지 있으니 후사 없음이 가장 크다.

趙氏曰 於禮에 有不孝者 三事하니 謂阿意曲從하야 陷親不義 一也요 家貧親老호대 不爲祿仕 二也요 不娶無子하야 絶先祖祀 三也니 三者 之中에 無後爲大하니라

조씨가 말하였다. "『禮記』에 불효함이 3가지 일이 있으니 부모의 뜻에 아부하고 비위를 맞추어 부모를 불의에 빠트림이 첫째요, 집이 가난하고 부모가 늙었으되 벼슬하지 않음이 둘째요, 장가들지 않아 아들이 없어 조상의

제사를 끊음이 셋째이니, 3가지 중에 후손 없음이 가장 크다."

26-2. 舜이 不告而娶는 爲無後也시니 君子 以爲猶告也라하니라

순임금이 부모에게 고하지 않고 장가드심은 후사 없음을 위함이시니 군자가 고한 것과 같다고 하였다."

　　舜이 告焉則不得娶而終於無後矣라 告者는 禮也요 不告者는 權也라 猶告는 言與告同也니 盖權而得中이면 則不離於正矣라

　　○ 范氏曰 天下之道 有正有權하니 正者는 萬世之常이요 權者는 一時之用이니 常道는 人皆可守요 權은 非體道者면 不能用也라 蓋權은 出於不得已者也니 若父非瞽瞍며 子非大舜이요 而欲不告而娶면 則天下之罪人也니라

　　순임금이 부모에게 고하면 장가들지 못하여 끝내 후사가 없었을 것이다. 고함은 예요, 고하지 않음은 권도이다. 猶告는 고함과 같음을 말하니, 대개 저울질하여 알맞음을 얻으면 정도에서 벗어나지 않는다.

　　○ 범씨가 말하였다. "천하의 도가 정도와 권도가 있으니, 정도는 만대의 상도요 권도는 한 때의 용도이니, 상도는 사람마다 지켜야 하고, 권도는 도를 체득한 자가 아니라면 능히 쓸 수 없다. 대개 도를 저울질함은 부득이함에서 나오는 것이니, 만일 아비가 고수가 아니며 자식이 순임금이 아닌데도 고하지 않고 장가들면, 이는 곧 천하의 죄인이다."

27-1. 孟子曰 仁之實은 事親이 是也요 義之實은 從兄이 是也니라

맹자께서 말씀하셨다. "인의 실제는 어버이 섬기는 일이요, 의의 실제는 형을 따르는 일이다.

　　仁主於愛而愛莫切於事親이요 義主於敬而敬莫先於從兄이라 故로

仁義之道 其用은 至廣而其實은 不越於事親從兄之間하니 蓋良心之發이 最爲切近而精實者라 有子 以孝弟로 爲爲仁之本하니 其意亦猶此也라

인은 사랑을 주로 하여 사랑이 어버이 섬김보다 절실한 것이 없고, 의는 공경을 주로 하여 공경이 형을 따름보다 앞선 것이 없다. 그러므로 仁義의 도가 그 용도는 지극히 광범위하되 그 실제는 어버이 섬기며 형을 따르는 것을 넘어가지 않으니, 양심의 발로가 가장 절실하고 가까우면서도 정밀하고 실질적인 것이다. 유자가 효·제로서 인을 행하는 근본이라 여겼으니, 그 뜻이 또한 이와 같다.

27-2. 智之實은 知斯二者하야 弗去 是也요 禮之實은 節文斯二者 是也요 樂之實은 樂(락)斯二者니 樂(락)則生矣니 生則惡(오)可已也리오 惡(오)可已則不知足之蹈之하며 手之舞之니라

지의 실제는 이 두 가지를 알아서 떠나지 않는 일이요, 예의 실제는 이 두 가지를 절도에 맞게 하는 일이요, 악의 실제는 이 두 가지를 즐거워함이니 즐거우면 생기가 나는 것이니 생기가 나면 어찌 그칠 수 있겠는가? 그칠 수 없게 되면 자신도 모르게 발로 뛰고 손으로 춤출 것이다."

斯二者는 指事親從兄而言이라 知而弗去則見之明而守之固矣라 節文은 謂品節文章이라 樂(락)則生矣는 謂和順從容하야 無所勉强호대 事親從兄之意 油然自生이 如草木之有生意也니 旣有生意면 則其暢茂條達이 自有不可遏者니 所謂惡(오)可已也라 其又盛則至於手舞足蹈而不自知矣라

○ 此章은 言事親從兄은 良心眞切이니 天下之道 皆原於此나 然이나 必知之明而守之固하니 然後에 節之密而樂(락)之深也라

斯二者는 事親과 從兄을 가리켜 말한 것이다. 알아서 떠나지 않으면 견해가 밝고 지킴이 굳어질 것이다. 節文은 절도에 알맞게 함을 말한 것이다. 樂(락)則生矣는 온순하고 조용하며 힘쓸 바가 없으되 어버이를 섬기며 형을 따르는 마음이 성대히 저절로 생겨남이 초목이 생기 있는 것과 같음을 말한 것이다. 이미 생기가 있으면 그 잎과 줄기로 뻗어나가 무성해짐이 자연 막지 못할 점이 있으니, 이른바 어찌 그칠 수 있느냐는 말이다. 그것이 더 성대하면 손으로 춤추고 발로 춤추면서도 자신은 모르는 데 이를 것이다.

○ 이 장은 '어버이 섬김과 형을 따름은 참되고 절실한 양심이니 천하의 도가 다 여기에 근원하나, 반드시 지혜가 밝고 지킴이 굳어야 하니 그런 뒤에 절도가 엄밀하고 즐거움이 깊어질 수 있음'을 말한 것이다.

28-1. 孟子曰 天下 大悅而將歸己어든 視天下悅而歸己호대 猶草芥也는 惟舜이 爲然하시니 不得乎親이란 不可以爲人이요 不順乎親이란 不可以爲子러시다

맹자께서 말씀하셨다. "천하가 크게 기뻐하여 장차 자기에게 돌아오거든, 천하가 기뻐하여 자기에게 돌아오는 것 보기를 초개처럼 하신 분은 오직 순임금만이 그리 하셨으니, 어버이에게 기쁨을 얻지 못해서는 사람이 될 수 없고 어버이에게 효도하지 못해서는 사람의 자식이 될 수 없다고 여기셨다.

言舜이 視天下之歸己를 如草芥而惟欲得其親而順之也라 得者는 曲爲承順하야 以得其心之悅而已요 順則有以諭之於道하야 心與之一 而未始有違니 尤人所難也라 爲人은 蓋泛言之요 爲子則愈密矣라

'순임금이 천하가 자기에게 돌아옴을 초개처럼 하찮게 여기고 오직 어버이에게 사랑을 얻어 순종하고자 하심'을 말한 것이다. 得이란 곡진하게 받들고 순종하여 부모 마음의 기쁨을 얻을 뿐이요, 順은 도로 깨우쳐서 마음이 부모와 일치되어 애초에 어긋남이 없는 것이니, 더욱 사람에게 어려운 바이다. 爲人은

대개 범범하게 말한 것이요, 爲子는 더욱 친밀하게 말한 것이다.

28-2. 舜이 盡事親之道而瞽瞍底(지)豫하니 瞽瞍底(지)豫而天下化하며 瞽瞍底(지)豫而天下之爲父子者 定하니 此之謂大孝니라

순임금이 어버이 섬기는 도를 다하심에 고수가 즐거워함에 이르니, 고수가 즐거워함에 이르자 천하가 감화하며 고수가 즐거워함에 이르자 천하의 부자 된 자가 안정하니, 이를 대효라 이른다."

瞽瞍는 舜父名이라 底(지)는 致也요 豫는 樂(락)也라 瞽瞍至頑하야 嘗欲殺舜이라가 至是而底(지)豫焉하니 書所謂不格姦亦允若이 是也라 蓋舜이 至此而有以順乎親矣라 是以로 天下之爲子者 知天下에 無不可事之親하니 顧吾所以事之者 未若舜耳라하야 於是에 莫不勉而爲孝하고 至於其親이 亦底(지)豫焉하니 則天下之爲父者 亦莫不慈니 所謂化也라 子孝父慈하야 各止其所而無不安其位之意하니 所謂定也라 爲法於天下하야 可傳於後世요 非止一身一家之孝而已니 此所以爲大孝也라

○李氏曰 舜之所以能使瞽瞍底(지)豫者는 盡事親之道하야 共爲子職하고 不見父母之非而已라 昔에 羅仲素 語此에 云只爲天下에 無不是底父母라하야늘 了翁이 聞而善之曰 唯如此而後에야 天下之爲父子者 定이니 彼臣弑其君하며 子弑其父者는 常始於見其有不是處耳니라

瞽瞍는 순임금 아버지 이름이다. 底는 이름이요 豫는 즐거워함이다. 고수가 지극히 완악하여 일찍이 순을 죽이고자 했다가 이에 이르러 즐거워하니 『書經』에 이른바 간사한 데 이르지 않고 또한 믿고 순종해졌다는 것이 이것이다. 대개 순임금이 이때에 이르러 어버이에게 효도할 수 있었다. 이러한 까닭으로 천하의 자식 된 자가 천하에 섬기지 못할 어버이가 없음을 알았으니, 돌아보면 나의 어버이 섬김이 순임금만 못하다 하여 이에 힘써 효도하지

않는 이가 없고 그 어버이 또한 즐거워하는 데 이르니 천하의 아비 된 자 또한 사랑하지 않는 이가 없으니, 이른바 교화이다. 자식은 효도하고 아비는 사랑하여 각기 제 도리를 다하여 자기 지위에 불안한 뜻이 없으니, 이른바 안정이다. 천하의 모범이 되어 후대에 전할 수 있고 단지 한 사람 한 집안의 효에 그칠 뿐만이 아니니, 이것이 대효가 되는 까닭이다.

○ 이씨가 말하였다. "순임금이 고수로 하여금 능히 즐거움에 이르게 할 수 있었던 것은 어버이 섬기는 도를 다하여 공손히 자식의 직분을 다하고 부모의 그릇됨을 보지 않았기 때문이다. 옛적에 나중소가 이를 말함에 '다만 천하에 옳지 못한 부모가 없기 때문이다.'하거늘, 요옹이 듣고서 착하게 여기기를 '오직 이와 같이 한 뒤에야 천하의 부자 된 자가 안정하니 저 신하로서 제 임금을 시해하며 자식으로서 제 아비를 시해하는 자는 항상 그 옳지 못한 부분을 본 데서 비롯될 뿐이다.'하였다.

■ 底 이를 지　　　豫 즐거울 낙　　　格 이를 격　　　允 믿을 윤
　若 순할 약

離婁章句下

凡三十三章이라

모두 33장이다.

1-1. 孟子曰 舜은 生於諸(저)馮하사 遷於負夏하사 卒於鳴條하시니 東夷之人也시니라

맹자께서 말씀하셨다. "순임금은 저풍에서 태어나시어 부하로 옮기셨다가 명조에서 돌아가시니 동이 사람이시다.

諸(저)馮負夏鳴條는 皆地名이니 在東方夷服之地라

저풍·부하·명조는 다 지명이니, 동방의 이복의 지역에 있다.

* 夷服 : 九服의 일곱 번째 지역이다. 구복은 주(周)나라 주공 때 수도를 중심으로 그 바깥을 아홉으로 나눈 지방행정구역. 왕성(王城)을 중심으로 천리 사방을 王畿라 하고 그 바깥 오백리 사방을 侯服, 또 그 바깥 오백리를 甸服이라 하여 차례로 男服, 采服, 衛服, 蠻服, 夷服, 鎭服, 藩服이라 한다. 여기서 服은 왕을 복종하여 섬긴다는 뜻이고 夷는 이적의 지역이라 하여 붙여진 것이다.

1-2. 文王은 生於岐周하사 卒於畢郢하시니 西夷之人也시니라

문왕은 기주에서 태어나시어 필영에서 돌아가시니 서이 사람이시다.

岐周는 岐山下周舊邑이니 近畎夷하니라 畢郢은 近豊鎬하니 今有文王

墓하니라

기주는 기산 아래 주나라의 옛 도읍이니, 견이에 가깝다. 필영은 풍·호에 가까우니, 지금 문왕의 묘가 있다.

1-3. 地之相去也 千有餘里며 世之相後也 千有餘歲로대 得志行乎中國하산 若合符節하니라

지역이 서로 떨어짐이 천여리이며 세대의 차이가 천여 년이로되 뜻을 얻어 중국에 행하심에는 부절을 합한 것과 같았다.

得志行乎中國은 謂舜爲天子하고 文王爲方伯하야 得行其道於天下也라 符節은 以玉爲之하야 篆刻文字而中分之하야 彼此各藏其半이라가 有故어든 則左右相合以爲信也니 若合符節은 言其同也라

得志行乎中國은 순이 천자가 되고 문왕이 방백이 되어 그 도를 천하에 행함을 말한다. 符節은 옥으로 만들어 문자를 전각하고 중간을 나누어 피차가 각기 그 반쪽을 소장했다가 연고가 있을 경우 좌우를 서로 맞추어 신표를 삼는 것이니 若合符節은 그 똑같음을 말한 것이다.

1-4. 先聖後聖이 其揆一也니라

선성과 후성이 그 헤아림은 한 가지였다.

揆는 度(탁)也니 其揆一者는 言度(탁)之而其道無不同也라
○范氏曰 言聖人之生이 雖有先後遠近之不同이나 然이나 其道則一也라

揆는 헤아림이니 其揆一이라는 것은 헤아림에 그 도가 같지 않음이 없음을 말한 것이다.

○범씨가 말하였다. "성인께서 사신 것이 비록 시대의 선후와 지역의 원근은 같지 않으나, 그 도인즉 한 가지 임을 말한 것이다."

2-1. 子産이 聽鄭國之政할새 以其乘輿로 濟人於溱洧한대

자산이 정나라의 정사를 다스릴 적에 그의 수레로 사람을 진수와 유수에서 건너 주었는데,

子産은 鄭大夫公孫僑也라 溱洧는 二水名也라 子産이 見人有徒涉此水者하고 以其所乘之車로 載而渡之하니라

자산은 정나라 대부 공손교이다. 진·유는 두 물 이름이다. 자산이 어떤 사람이 이 물을 맨발로 건너는 것을 보고 그가 탄 수레로 태워 건너 주었다.

2-2. 孟子曰 惠而不知爲政이로다

맹자께서 말씀하셨다. "은혜롭기는 하나 정치할 줄은 모른다.

惠는 謂私恩小利라 政則有公平正大之體와 綱紀法度之施焉이라

惠는 사적인 은혜와 작은 이익을 이른다. 政은 공평하고 정대한 체통과 기강과 법도의 시행이 있는 것이다.

2-3. 歲十一月에 徒杠이 成하며 十二月에 輿梁이 成하면 民未病涉也니라

매해 11월에 도보로 건너는 다리가 완성되며 12월에 수레가 다니는 다리가 완성되면 백성이 건넘을 걱정하지 않는다.

杠은 方橋也니 徒杠은 可通徒行者라 梁은 亦橋也니 輿梁은 可通車輿者라 周十一月은 夏九月也요 周十二月은 夏十月也라 夏令에 曰十月成梁이라하니 蓋農功已畢에 可用民力이요 又時將寒沍하니 水有橋梁

이면 則民不患於徒涉이니 亦王政之一事也라

杠은 뗏목으로 만든 다리이니 徒杠은 도보로 통행할 수 있는 것이다. 梁도 역시 다리이니 輿梁은 수레가 통행할 수 있는 것이다. 주나라 11월은 하나라 9월이요 주나라 12월은 하나라 10월이다. 하령에 '10월에 수레가 통행하는 다리(梁)를 완성한다.'하니, 대개 농사일이 이미 끝남에 민력을 이용할 수 있고 또 계절이 추워 얼음이 얼려 하니, 물에 교량이 있으면 백성이 도보로 건넘을 걱정하지 않을 것이니, 이 또한 왕정의 한 가지 일이다.

- 徒 걸어다닐 도   杠 다리 강   梁 다리 량   方 뗏목 방
  橋 다리 교   沍 얼 호

2-4. 君子 平其政이면 行辟人이 可也니 焉得人人而濟之리오

군자가 정치를 공평하게 하면 출행함에 벽제를 함이 가하니 어찌 사람마다 건너 줄 수 있겠는가?

辟은 辟除也니 如周禮閽人이 爲之辟之辟이라 言能平其政이면 則出行之際에 辟除行人하야 使之避己라도 亦不爲過온 況國中之水는 當涉者 衆하니 豈能悉以乘輿로 濟之哉리오

辟은 벽제함이니, 『周禮』에 문지기가 그를 위해 벽제한다는 벽자와 같다. '능히 정치를 공평하게 하면 출행하는 동안 행인을 벽제하여 자기를 피하게 하더라도 또한 지나치지 않은데, 하물며 도읍 안의 강물은 건너는 자가 많으니, 어찌 다 수레로 건너 줄 수 있느냐?'고 말씀하신 것이다.

- 辟 물리칠 벽

2-5. 故로 爲政者 每人而悅之면 日亦不足矣리라

그러므로 위정자가 사람마다 기쁘게 하려면 날 또한 부족할 것이다."

言每人에 皆欲致私恩하야 以悅其意면 則人多日少하야 亦不足於用矣라 諸葛武侯 嘗言治世以大德이요 不以小惠라하니 得孟子之意矣로다

'사람마다 다 사적인 은혜를 다하여 그들의 마음을 기쁘게 하려면 사람은 많고 날은 부족하여 시행하기에 부족함'을 말한 것이다. 제갈무후가 일찍이 '세상을 다스림은 대덕으로 하는 것이지 작은 은혜로 하지 않는다.' 하였으니, 맹자의 뜻과 합치한다.

3-1. 孟子 告齊宣王曰 君之視臣이 如手足則臣視君을 如腹心하고 君之視臣이 如犬馬則臣視君을 如國人하고 君之視臣이 如土芥則臣視君을 如寇讐니이다

맹자께서 제나라 선왕께 고하셨다. "임금이 신하를 봄이 수족같이 하면 신하가 임금 봄을 배와 심장같이 하고, 임금이 신하 봄이 개나 말같이 하면 신하가 임금 봄을 나라 사람같이 하고, 임금이 신하 봄이 흙이나 풀잎파리같이 하면 신하가 임금 봄을 원수 같이 합니다."

孔氏曰 宣王之遇臣下에 恩禮衰薄하야 至於昔者所進을 今日에 不知其亡하니 則其於群臣에 可謂邈然無敬矣라 故로 孟子 告之以此하시니라 手足腹心은 相待一體니 恩義之至也요 如犬馬則輕賤之나 然猶有豢養之恩焉이라 國人은 猶言路人이니 言無怨無德也라 土芥則踐踏之而已矣요 斬艾之而已矣니 其賤惡(오)之 又甚矣라 寇讐之報 不亦宜乎아

공씨가 말하였다. "선왕이 신하를 대우함에 은혜와 예의가 쇠하고 박하여 어제 등용한 사람을 오늘 도망한 줄을 모르니, 그가 여러 신하에게 아득하여 공경함이 없다고 말할 수 있다. 그러므로 맹자께서 이 말씀으로 고하신 것이다." 손·발과 배·심장은 서로 한 몸으로 대우하니 은의가 지극한 것이요,

개와 말같이 하면 업신여겨 천시하는 것이나 그래도 길러주는 은혜가 있다. 國人은 행인이라 말함과 같으니, 원망도 덕도 없음을 말한 것이다. 흙과 풀은 짓밟고 벨뿐이니, 그 천시하고 미워함이 더 심하다. 원수로 갚아줌이 또한 마땅하지 않은가?

3-2. 王曰禮에 爲舊君有服하니 何如라야 斯可爲服矣니잇고

왕이 여쭈었다. "『禮記』에 '옛 임금을 위해 상복을 입는다.'하니, 어떠해야 위하여 복을 입습니까?"

儀禮에 曰以道去君而未絶者는 服齊(자)衰(최)三月이라하니라 王이 疑孟子之言이 太甚故로 以此禮爲問이라

「儀禮」에 '도 때문에 임금을 떠났으되 아직 끊지 않은 자는 자최복을 3개월 입는다.' 하였다. 왕이 맹자의 말씀이 몹시 심하다고 여겼기 때문에 이 예로 질문한 것이다.

3-3. 曰 諫行言聽하야 膏澤이 下於民이요 有故而去則君이 使人導之出疆하고 又先於其所往하며 去三年不反然後에 收其田里하나니 此之謂三有禮焉이니 如此則爲之服矣니이다

말씀하셨다. "간함에 행하며 말함에 들어주어 은택이 백성에게 내리고, 연고가 있어서 떠나면 임금이 사람을 시켜 국경까지 인도하고 그가 가는 나라에 먼저 사람을 보내 소개하며, 떠난 지 3년 동안 돌아오지 않은 연후에 그의 전답(田)과 주택(里)을 거두어들이니, 이것을 3가지 예가 있다 이르는 것이니 이와 같으면 그를 위해 복을 입습니다.

導之出疆은 防剽掠也라 先於其所往은 稱道其賢하야 欲其收用之也라 三年而後에 收其田祿里居는 前此에 猶望其歸也라

導之出疆은 노략질을 방비함이다. 先於其所往은 그의 어짊을 말하여 그를 거두어 등용하게 하려는 것이다. 3년 뒤에 그의 전답으로 준 녹봉과 마을의 주택을 거두어들임은 이에 앞서 오히려 돌아오기를 바란 것이다.

3-4. 今也엔 爲臣이라 諫則不行하며 言則不聽하야 膏澤이 不下於民이요 有故而去則君이 搏執之하고 又極之於其所往하며 去之日에 遂收其田里하나니 此之謂寇讐니 寇讐에 何服之有리오

지금에는 신하인지라 간하면 행하지 않으며 말하면 들어주지 않아 은택이 백성에게 내리지 못하고, 연고가 있어서 떠나면 구속하고 또 그가 가는 나라에서 곤궁하게 하며, 떠나는 날 드디어 그의 전답과 주택을 거두어들이나니, 이를 원수라 이르니 원수에게 무슨 복이 있겠는가?"

極은 窮也니 窮之於其所往之國은 如晉錮欒盈也라

○潘興嗣曰 孟子 告齊王之言이 猶孔子 對定公之意也로대 而其言이 有迹하야 不若孔子之渾然也니 蓋聖賢之別이 如此라 楊氏曰 君臣은 以義合者也라 故로 孟子 爲齊王하야 深言報施之道하야 使知爲君者 不可不以禮遇其臣耳니 若君子之自處는 則豈處其薄乎아 孟子曰 王庶幾改之를 予日望之라하시니 君子之言이 蓋如此하니라

極은 곤궁하게 함이니, 그가 가는 나라에 곤궁하게 함은 진나라가 난영을 가둔 사실 같은 것이다.

○반흥사가 말하였다. "맹자께서 제나라 왕에게 고하신 말씀이 공자께서 정공께 대답하신 뜻과 같지만, 그 말이 자취(원수같이 본다.)가 있어 공자의 결점 없이 원만한 것만 못하니, 아마 성인과 현인의 구별이 이와 같을 것이다." 양씨가 말하였다. "군신은 의로 합한 자이다. 그러므로 맹자께서 제나라 왕을 위하여 깊이 은혜에 보답하는 도리를 말씀하여 임금 된 자가 신하에게 예우하지 않아서는 안 됨을 알게 하셨을 뿐이시니, 군자가 자처함인즉 어찌 박한

데 처하겠는가? 맹자께서 '왕께서 부디 고치시기를 내 날마다 바란다.'하셨으니 군자의 말씀이 대개 이와 같다."

■ 渾 둥글 혼　　　施 은혜 시

4. 孟子曰 無罪而殺士則大夫 可以去요 無罪而戮民則士 可以徙니라

맹자께서 말씀하셨다. "죄 없이 선비를 죽이면 대부가 떠날 것이요 죄 없이 백성을 죽이면 士가 옮겨 갈 수 있다."

言君子 當見幾而作이니 禍已迫이면 則不能去矣라

'군자가 마땅히 기미를 보고 일어날 것이니 화가 이미 박두하면 떠날 수 없음'을 말한 것이다.

5. 孟子曰 君仁이면 莫不仁이요 君義면 莫不義니라

맹자께서 말씀하셨다. "임금이 인하면 인하지 않은 이가 없고 임금이 의로우면 의롭지 않은 이가 없다."

張氏曰 此章이 重出이나 然上篇은 主言人臣이 當以正君爲急이요 此章은 直戒人君하니 義亦小異耳라

장씨가 말하였다. "이 장이 거듭 나왔으나 상편은 주로 신하가 임금 바로잡음을 급선무로 삼아야 함을 말한 것이요, 이 장은 직접 임금을 경계한 것이니 의의가 또한 조금 다를 뿐이다."

6. 孟子曰 非禮之禮와 非義之義를 大人이 弗爲니라

맹자께서 말씀하셨다. "예 아닌 예와 의 아닌 의를 대인이 하지 않는다."

察理不精故로 有二者之蔽라 大人則隨事而順理하고 因時而處宜하

니 豈爲是哉리오

이치를 살핌이 정밀하지 않으므로 두 가지 폐단이 있다. 대인은 일에 따라 이치에 순응하고 때에 따라 마땅함에 처하니, 어찌 이것을 하겠는가?

7. **孟子曰 中也 養不中**하며 **才也 養不才**라 **故**로 **人樂**(락)**有賢父兄也**니 **如中也 棄不中**하며 **才也 棄不才**면 **則賢不肖之相去 其間**이 **不能 以寸**이니라

맹자께서 말씀하셨다. "중도에 맞는 자가 중도에 맞지 않는 자를 기르며 재주 있는 자가 재주 없는 자를 기르는지라, 그러므로 사람이 어진 부형 있음을 즐거워하니, 만일 중도에 맞는 자가 중도에 맞지 않는 자를 버리며 재주 있는 자가 재주 없는 자를 버리면 현·불초의 차이는 그 간격이 한 치도 못된다."

無過不及之謂中이요 足以有爲之謂才라 養은 謂涵育薰陶하야 俟其自化也라 賢은 謂中而才者也라 樂(락)有賢父兄者는 樂(락)其終能成己也라 爲父兄者 若以子弟之不賢으로 遂遽絶之而不能敎면 則吾亦過中而不才矣니 其相去之間이 能幾何哉아

지나침도 미치지 못함도 없음을 中이라 하고 충분히 행할 수 있음을 才라 한다. 養은 차차 몸에 배도록 양성하고 덕의로 교화하여 그 스스로 변화하기를 기다림을 이른다. 賢은 중도에 맞고 재주 있는 자를 이른다. 樂有賢父兄은 그가 끝내 자기를 성공하게 함을 즐거워함이다. 부형된 자가, 만일 자제가 不賢함 때문에 갑자기 끊고 가르치지 않으면 나 역시 중도에 지나쳐 재주가 없는 것이니, 그 차이의 간격이 얼마쯤이겠는가?

8. **孟子曰 人有不爲也而後**에 **可以有爲**니라

맹자께서 말씀하셨다. "사람이 하지 않는 일이 있은 뒤에 하는 일이 있을

수 있다."

程子曰 有不爲는 知所擇也니 惟能有不爲라 是以可以有爲니 無所不爲者는 安能有所爲耶아

정자가 말하였다. "有不爲는 가릴 바를 앎이니, 오직 능히 하지 않음이 있는지라 이 때문에 하는 일이 있는 것이니, 하지 않는 일이 없는 자는 어찌 능히 하는 일이 있겠는가?"

9. 孟子曰 言人之不善하다가 當如後患에 何오

맹자께서 말씀하셨다. "남의 불선을 말하다가 후환을 당함에 어찌 할꼬?"

此亦有爲而言이라

이 역시 이유가 있어서 말한 것이다.

10. 孟子曰 仲尼는 不爲已甚者러시다

맹자께서 말씀하셨다. "중니께서는 너무 심한 것을 하지 않으셨다."

已는 猶太也라 楊氏曰 言聖人所爲 本分之外에 不加毫末이니 非孟子 眞知孔子면 不能以是稱之시리라

已는 너무와 같다. 양씨가 말하였다. "성인께서 하신 일이 본분 이외에 터럭 끝만큼도 더하지 않았다고 말씀하셨으니, 맹자께서 진짜 공자를 안 분이 아니라면 능히 이런 말로 칭술하지 못하실 것이다."

11. 孟子曰 大人者는 言不必信이며 行不必果요 惟義所在니라

맹자께서 말씀하셨다. "대인은 말은 신용을 기필하지 않으며 행실은 과감함을 기필하지 않고 오직 의의 소재에 따른다."

必은 猶期也라 大人은 言行을 不先期於信果요 但義之所在에 則必從之하나니 卒亦未嘗不信果也라

○尹氏曰 主於義면 則信果在其中矣요 主於信果면 則未必合義라 王勉이 曰若不合於義而不信不果면 則妄人爾라

必은 기필함과 같다. 대인은 언행을 신용과 과감함을 앞서 기필하지 않고 단지 의가 있는 바에 반드시 따르나니 끝내는 또한 일찍이 신용과 결단성이 없던 적이 없었다.

○윤씨가 말하였다. "의리를 주장하면 신용과 결단이 그 가운데 있고 신용과 결단을 주장하면 다 의리에 맞는다고 할 수 없다." 왕면이 말하였다. "만일 의리에 맞지도 않고 신용과 결단성도 없다면 곧 망령든 사람일 뿐이다."

12. 孟子曰 大人者는 不失其赤子之心者也니라

맹자께서 말씀하셨다. "대인은 그 갓난애의 마음을 잃지 않은 자이다."

大人之心은 通達萬變하고 赤子之心은 則純一無僞而已라 然大人之所以爲大人은 正以其不爲物誘而有以全其純一無僞之本然이라 是以로 擴而充之면 則無所不知하고 無所不能而極其大也라

대인의 마음은 모든 변화에 통달하고 갓난애의 마음은 순일하여 거짓이 없을 뿐이다. 그러나 대인이 대인인 까닭은 바로 외물에 유혹되지 않아 그 순일하여 거짓 없는 본연을 온전히 함이기 때문이다. 이런 까닭으로 확충하면 모르는 바가 없고 능하지 못한 바가 없어서 그 위대함을 다하는 것이다.

13. 孟子曰 養生者 不足以當大事요 惟送死야 可以當大事니라

맹자께서 말씀하셨다. "살아계신 분을 봉양함이 큰일에 해당하지 못하고 오직 돌아가신 분을 보냄이라야 큰일에 해당할 수 있다."

事生이 固當愛敬이나 然亦人道之常耳요 至於送死하야 則人道之大 變이니 孝子之事親이 舍是면 無以用其力矣라 故로 尤以爲大事而必 誠必信하야 不使少有後日之悔也니라

살아계신 분을 섬김이 진실로 마땅히 사랑하고 공경해야 할 것이나 또한 인도의 떳떳함일 뿐이요, 돌아가신 분을 보냄에 이르러는 인도의 큰 변고이니, 효자가 어버이 섬김이 이를 놓치면 그의 힘을 쓸 곳이 없다. 그러므로 더욱 큰일로 삼아 반드시 정성으로 하며 반드시 신실하게 하여 조금도 뒷날의 후회가 있게 해서는 안 된다.

14. 孟子曰 君子 深造之以道는 欲其自得之也니 自得之則居之安하고 居之安則資之深하고 資之深則取之左右에 逢其原이니 故로 君子는 欲其自得之也니라

맹자께서 말씀하셨다. "군자가 깊이 나아가기를 도로써 함은 자득하고자 함이니, 자득하면 처한 마음이 편안하고 처한 마음이 편안하면 자뢰함이 깊고 자뢰함이 깊으면 좌우에서 취함에 그 본원을 만날 것이니, 그러므로 군자는 자득하고자 한다."

造는 詣也니 深造之者는 進而不已之意라 道는 則其進爲之方也라 資는 猶藉也라 左右는 身之兩旁이니 言至近而非一處也라 逢은 猶値 也라 原은 本也니 水之來處也라 言君子 務於深造而必以其道者는 欲 其有所持循하야 以俟夫黙識心通하야 自然而得之於己也니 自得於己면 則所以處之者 安固而不搖하고 處之安固면 則所藉者 深遠而無盡하고 所藉者 深이면 則日用之間에 取之至近하야 無所徃而不値其所資之 本也라

○程子曰 學不言而自得者 乃自得也니 有安排布置者는 皆非自

得也라 然이나 必潛心積慮하야 優遊厭飫於其間然後에 可以有得이니 若急迫求之면 則是私己而已니 終不足以得之也라

造는 나아감이니 深造之는 나아가 그치지 않는다는 뜻이다. 道는 나아가는 방법이다. 資는 자뢰함과 같다. 左右는 몸의 양쪽이니, '지극히 가까우면서도 한 곳이 아님'을 말한 것이다. 逢은 만남과 같다. 原은 본원이니 물이 흘러나오는 곳이다. '군자가 깊이 나아감에 힘쓰되 반드시 그 도로써 함은, 그 본래 지키고 따르는 바가 있어 묵묵히 알고 마음으로 통하여 자연히 자기에게 터득하기를 기다리니, 자기에게 자득하면 처한 바가 편안하고 견고하여 동요하지 않고 처함이 편안하고 견고하면 자뢰한 바가 깊고 원대하여 다함이 없고 자뢰한 바가 깊으면 날마다 이용하는 즈음에 취함이 지극히 가까워서 가는 곳마다 자뢰한 바의 본원을 만나지 않음이 없음'을 말한 것이다.

○정자가 말하였다. "학문은 말하지 않고 자연히 터득한 것이 바로 자득이니, 안배하여 펴놓는 것은 자득이 아니다. 그러나 반드시 잠심하여 오랫동안 생각하여 여유 있게 배우고 그 사이에 흡족하게 음미한 연후에 터득할 수 있으니, 만일 조급하게 구하면 사적인 욕심(己)일 뿐이니, 끝내 자득할 수 없다."

■ 造 나아갈 조   厭 만족할 염   飫 배부를 어

15. 孟子曰 博學而詳說之는 將以反說約也니라

맹자께서 말씀하셨다. "널리 배우고 자세히 설명함은 장차 돌이켜 요약을 말하려 함이다."

言所以博學於文而詳說其理者는 非欲以誇多而鬪靡也라 欲其融會貫通하야 有以反而說到至約之地耳니라 蓋承上章之意而言學非欲其徒博이요 而亦不可以徑約也니라

'글을 널리 배우고 그 이치를 자세히 설명하는 까닭은 많은 지식과 화려한 말솜씨를 자랑하고 다투려함이 아니라, 소상히 이해하고 두루 통달하여 돌이켜 매우 요약된 경지에 설명하고자 할 뿐임'을 말한 것이다. 대체로 윗장의 뜻을 이어서 '학문은 한갓 박식하고자 함이 아니요, 또한 빨리 요약하려고 해서도 안 됨'을 말한 것이다.

■ 誇 자랑할 과　　　靡 화려할 미　　　融 통할 융　　　徑 빨리 경

16. 孟子曰 以善服人者는 未有能服人者也니 以善養人然後에 能服天下하나니 天下 不心服而王者 未之有也니라

맹자께서 말씀하셨다. "선으로 남을 복종시키는 자는 능히 복종시킨 자가 없으니, 선으로 남을 기른 연후에 능히 천하를 복종시킬 수 있으니, 천하가 심복하지 않고 왕한 자는 없다."

服人者는 欲以取勝於人이요 養人者는 欲其同歸於善이니 盖心之公私 小異而人之向背 頓殊하니 學者 於此에 不可以不審也니라

服人은 남을 이기려 함이요 養人은 함께 선을 하고자 함이니, 대개 마음의 공과 사가 조금 다른데도 사람의 향배가 크게 다르니 학자가 이 점에 대하여 살피지 않을 수 없다.

■ 頓 클 돈

17. 孟子曰 言無實不祥하니 不祥之實은 蔽賢者 當之니라

맹자께서 말씀하셨다. "말이 실제 상서롭지 않은 것이 없으니 상서롭지 않은 실상은 현인을 가리는 말이 해당한다."

或曰 天下之言이 無有實不詳者하니 惟蔽賢이 爲不詳之實이라하고 或曰 言而無實者不詳이라 故로 蔽賢이 爲不祥之實이라하니 二說이 不

同하니 未知孰是라 疑或有闕文焉이니라

혹자는 '천하의 말이 실제 상서롭지 못한 것이 없으니, 오직 현인을 가리는 말만이 상서롭지 못한 실상이다.' 하고, 혹자는 '말함에 실상이 없는 것이 상서롭지 못하다. 그러므로 어짊을 가림이 상서롭지 못한 실상이 된다.' 하니, 두 말이 어느 것이 옳은지 모르겠다. 아마도 궐문이 있는 듯하다.

18-1. 徐子曰 仲尼 亟(기)稱於水曰 水哉水哉여하시니 何取於水也시니잇고

서자가 말하였다. "중니께서 자주 물을 칭송하여 '물이여, 물이여!' 하셨으니, 무엇을 물에서 취하셨습니까?"

亟(기)는 數(삭)也라 水哉水哉는 歎美之辭라
亟는 자주이다. 水哉水哉는 탄미하는 말이다.

■ 亟 자주 기

18-2. 孟子曰 原泉이 混混하야 不舍晝夜하야 盈科而後에 進하야 放乎四海하나니 有本者 如是라 是之取爾시니라

맹자께서 말씀하셨다. "원천의 물이 용솟음쳐 밤낮 그치지 않아서 웅덩이에 찬 뒤에 흘러 사해에 이르나니 본원이 있는 것이 이와 같은지라, 이를 취하셨다.

原泉은 有原之水也라 混混은 涌出之貌라 不舍晝夜는 言常出不竭也라 盈은 滿也요 科는 坎也니 言其進以漸也라 放은 至也라 言水有原本하야 不已而漸進하야 以至于海하니 如人有實行이면 則亦不已而漸進하야 以至于極也니라

原泉은 근원이 있는 물이다. 混混은 용솟음치는 모양이다. 不舍晝夜는

항상 솟아 마르지 않음을 말한 것이다. 盈은 참이요 科는 웅덩이이니 그 흘러감이 점진적임을 말한 것이다. 放은 이름이다. '물이 근원이 있어서 그치지 않고 점진적으로 나아가 바다에 이르는 것이니, 사람이 참된 행실이 있으면 역시 그치지 않고 점진적으로 진보하여 극도에 이름'을 말한 것이다.

■ 混 흐를 혼　　　盈 찰 영　　　科 웅덩이 과　　　放 이를 방
　竭 마를 갈

18-3. 苟爲無本이면 七八月之間에 雨集하야 溝澮 皆盈이나 其涸也는 可立而待也니 故로 聲聞過情을 君子 恥之니라

진실로 본원이 없으면 7~8월 사이에 빗물이 모여 도랑이 다 가득하나 그 마름은 서서 기다릴 것이니, 그러므로 명예가 사실보다 지나침을 군자가 부끄러워한다."

集은 聚也라 澮는 田間水道也라 涸은 乾(간)也라 如人無實行而暴(포)得虛譽면 不能長久也라 聲聞은 名譽也라 情은 實也라 恥者는 恥其無實而將不繼也라 林氏曰 徐子之爲人이 必有躐等干譽之病이라 故로 孟子 以是答之하시니라

○鄒氏曰 孔子之稱水는 其旨微矣어늘 孟子 獨取此者는 自徐子之所急者로 言之也시니라 孔子 嘗以聞達로 告子張矣시니 達者는 有本之謂也요 聞은 則無本之謂也라 然則學者 其可以不務本乎아

集은 모임이다. 澮는 밭 사이의 물길이다. 涸은 마름이다. 만일 사람이 참된 행실이 없이 갑자기 헛된 명예를 얻으면 능히 오래지 못한다. 聲聞은 명예이다. 情은 사실이다. 恥란 실상이 없어서 장차 이어지지 못함을 부끄러워하는 것이다. 임씨가 말하였다. "서자의 사람됨이 반드시 등급을 뛰어넘어 명예를 구하는 병통이 있다. 그러므로 맹자께서 이 말로 대답하신 것이다."

○추씨가 말하였다. "공자께서 물을 칭송하심은 그 뜻이 은미하거늘, 맹자

께서 유독 이것만 취한 것은 서자가 급히 할 바로 말씀하신 것이다. 공자께서 일찍이 聞과 達로써 자장에게 알려주셨으니, 達이란 근본이 있음을 이른 것이요 聞이란 근본이 없음을 이른 것이다. 그렇다면 학자가 어찌 근본에 힘쓰지 않겠는가?"

- 溝 도랑 구   澮 도랑 회   涸 마를 학   躐 넘을 렵
  干 구할 간

19-1. 孟子曰 人之所以異於禽獸者 幾希하니 庶民은 去之하고 君子는 存之니라

맹자께서 말씀하셨다. "사람이 금수와 다른 것이 거의 적으니 서민은 그것을 버리고 군자는 그것을 보존한다.

幾希는 少也라 庶는 衆也라 人物之生이 同得天地之理하야 以爲性하고 同得天地之氣하야 以爲形하니 其不同者는 獨人於其間에 得形氣之正하야 而能有以全其性이 爲少異耳니 雖曰少異나 然人物之所以分이 實在於此하니 衆人은 不知此而去之면 則名雖爲人이나 而實無以異於禽獸요 君子는 知此而存之라 是以로 戰兢惕厲하야 而卒能有以全其所受之正也라

幾希는 적음이다. 庶는 무리이다. 사람과 동물이 태어남이 똑같이 천지의 이치를 얻어 본성을 삼고 똑같이 천지의 기운을 얻어 형체를 삼으니, 그 다른 것은 유독 사람만이 그 사이에서 형기의 바름을 얻어서 능히 그 본성을 온전히 할 수 있음이 조금 다를 뿐이다. 비록 조금 다르다고 하나, 사람과 동물의 구분이 실제 여기에 있으니 대중은 이를 모르고 버리면 명색이 비록 사람이라 하나 실제 금수와 다를 것이 없고, 군자는 이를 알아서 보존하는지라, 이런 까닭으로 전전긍긍하며 더 힘써 수양하여 마침내 그가 부여받은 본심의 바름을 온전히 할 수 있다.

19-2. 舜은 明於庶物하시며 察於人倫하시니 由仁義行이라 非行仁義也시니라

순임금은 모든 사물에 밝으시며 인륜을 살피시니, 인의로 말미암아 행하셨지 인의를 좋게 여겨 행한 것이 아니다."

物은 事物也라 明은 則有以識其理也라 人倫은 說見(현)前篇하니라 察은 則有以盡其理之詳也라 物理固非度外로대 而人倫이 尤切於身故로 其知之有詳略之異하니 在舜則皆生而知之也라 由仁義行이요 非行仁義는 則仁義已根於心하야 而所行이 皆從此出이요 非以仁義爲美而後에 勉强行之니 所謂安而行之也라 此則聖人之事니 不待存之而無不存矣라

○尹氏曰 存之者는 君子也요 存者는 聖人也니 君子所存은 存天理也니 由仁義行은 存者 能之니라

物은 사물이다. 明은 곧 그 이치를 앎이다. 人倫은 설명이 전편에 보였다. 察은 그 이치의 상세함을 다함이다. 사물의 이치가 진실로 법도를 벗어난 것이 아니지만 인륜이 더욱 몸에 절실하므로 그 앎이 상세함과 소략함의 차이가 있는 것이니, 순임금에게는 다 태어나면서 아신 것이다. 由仁義行이요 非行仁義는 곧 인의가 이미 마음에 뿌리내려 행한 바가 다 이로부터 나온 것이지 인의를 아름답게 여긴 뒤에 힘써 행한 것이 아니니, 이른바 安而行之라는 것이다. 이는 곧 성인의 일이니, 굳이 보존하지 않아도 마음에 보존되지 않음이 없는 것이다.

○윤씨가 말하였다. "보존하려는 자는 군자요 보존한 자는 성인이니, 군자가 보존하는 것은 천리를 보존하려는 것이니, 인의로 말미암아 그대로 행함은 보존한 자만이 능하다."

20-1. 孟子曰 禹는 惡(오)旨酒而好善言이러시다

맹자께서 말씀하셨다. "우임금은 맛있는 술을 싫어하시고 착한 말을 좋아하셨다.

戰國策에 曰儀狄이 作酒어늘 禹 飮而甘之曰 後世에 必有以酒亡其國者라하고 遂疏儀狄而絶旨酒라하니라 書에 曰禹拜昌言이라하니라

『戰國策』에 '의적이 술을 만들거늘 우임금이 마시고 맛있게 여기면서, 후대에 반드시 술로 나라를 망칠 자 있을 것이다 하시고 드디어 의적을 멀리하고 맛있는 술을 끊으셨다.' 하였다. 『書經』에 '우임금이 좋은 말에 절하셨다.' 하였다.

■ 旨 맛 지

20-2. 湯은 執中하시며 立賢無方이러시다

탕왕은 중도를 잡으시며 현인을 등용함에 부류를 따지지 않으셨다.

執은 謂守而不失이라 中者는 無過不及之名이라 方은 猶類也니 立賢無方은 惟賢則立之於位하고 不問其類也라

執은 지켜 잃지 않음을 이른다. 中이란 지나침도 미치지 못함도 없는 것의 명칭이다. 方은 부류와 같으니, 立賢無方은 오직 현인이면 벼슬에 세우고 그 부류를 따지지 않음이다.

■ 方 부류 방

20-3. 文王은 視民如傷하시며 望道而未之見이러시다

문왕은 백성 보기를 상처 있는 듯이 하시며 도 바라보기를 보지 못한 듯이 하셨다.

民已安矣로대 而視之 猶若有傷하고 道已至矣로대 而望之 猶若未見하니 聖人之愛民深而求道切이 如此하야 不自滿足하니 終日乾乾之心也라

백성이 이미 편안하되 보심이 오히려 상처 있는 듯이 하고 도가 이미 지극하되 바라보심이 오히려 보지 못한 듯이 하니, 성인께서 백성을 사랑하심이 깊고 도를 구하는 간절함이 이와 같아서 스스로 만족하지 못하니 종일 부지런히 힘쓰는 마음이다.

■ 而 같을 이   乾 부지런할 건

20-4. 武王은 不泄邇하시며 不忘遠이러시다

무왕은 가까운 이를 친압하지 않으시며 먼 이를 잊지 않으셨다.

泄은 狎也라 邇者는 人所易(이)狎而不泄하고 遠者는 人所易(이)忘而不忘하니 德之盛이요 仁之至也라

泄은 친압함이다. 가까운 이는 사람이 쉽게 친압할 바인데도 친압하지 않고 먼 이는 사람이 쉽게 잊을 바인데도 잊지 않으니, 덕이 성대함이고 인이 지극함이다.

■ 泄 친압할 설   狎 친압할 압

20-5. 周公은 思兼三王하사 以施四事하사대 其有不合者어든 仰而思之하사 夜以繼日하니 幸而得之어시든 坐以待旦이러시다

주공은 三王이 하신 일을 겸할 것을 생각하시어 4가지 일을 베푸시되 합치하지 않는 것이 있을 경우 우러러 생각하여 밤을 지새우셨으니, 다행히 터득하시면 앉아서 아침을 기다리셨다."

三王은 禹也湯也文武也라 四事는 上四條之事也라 時異勢殊故로

其事 或有所不合이로대 思而得之면 則其理 初不異矣라 坐以待旦은 急於行也라

○此는 承上章言舜하야 因歷叙羣聖以繼之하고 而各擧其一事하야 而見(현)其憂勤惕厲之意하니 蓋天理之所以常存이오 而人心之所以不死也라 程子曰 孟子所稱은 各因其一事而言이니 非謂武王이 不能執中立賢이요 湯은 却泄邇忘遠也라 人謂各擧其盛이라하니 亦非也라 聖人은 亦無不盛하니라

三王은 우임금과 탕왕과 문왕·무왕이다. 四事는 위 네 조목의 일이다. 시대와 형세가 다르기 때문에 그 일이 혹 합치하지 않는 것이 있지만 생각하여 터득하면 곧 그 이치는 애초에 다르지 않다. 坐以待旦은 행함을 급히 여긴 것이다.

○이것은 윗장에서 순임금이 말한 것을 이어 여러 성인의 일을 낱낱이 서술하여 잇고 각각 그 한 가지 일을 들어서 근심하고 삼가 힘쓴 마음을 나타낸 것이니, 대개 천리가 항상 존재하는 까닭이요 인심이 죽지 않는 까닭이다. 정자가 말하였다. "맹자께서 칭술하신 바는 각각 그 한 가지 일로 말한 것이니, 무왕이 執中立賢하지 못하고 탕왕이 도리어 泄邇忘遠함을 이른 것이 아니다. 사람이 각기 그 성대한 것을 들었다고 말하니, 또한 잘못이다. 성인은 성대하지 않은 것이 없다."

21-1. 孟子曰 王者之跡이 熄而詩亡하니 詩亡然後에 春秋 作하니라

맹자께서 말씀하셨다. "왕권의 위엄이 소멸됨에 시가 없어졌으니, 시가 없어진 뒤에 『春秋』가 지어졌다.

王者之跡熄은 謂平王東遷에 而政敎號令이 不及於天下也라 詩亡은 謂黍離降爲國風而雅亡也라 春秋는 魯史記之名이니 孔子 因而筆削之하시니라 始於魯隱公之元年하니 實平王之四十九年也라

王者之跡熄은 평왕이 동쪽으로 천도함에 정교와 호령이 천하에 미치지 못함을 이른다. 詩亡은 <黍離>편이 강등되어 국풍이 됨에 雅가 없어진 것*을 이른다. 『春秋』는 노나라 역사 기록의 명칭으로 공자께서 가필하고 산삭하신 것이다. 노나라 은공 원년에 시작하였으니, 실상은 평왕 49년이다.

* 雅亡 ; '왕은 雅만 있고 風은 없다(王者有雅而無風).'하였으니 雅亡이라함은 왕의 권한이 위축되어 제후 지위로 떨어졌음을 말한다.

21-2. 晉之乘과 楚之檮杌과 魯之春秋 一也니라

진나라의 승과 초나라의 도올과 노나라의 춘추가 한 가지이다.

乘은 義未詳이니 趙氏 以爲興於田賦乘馬之事라하고 或曰 取記載當時行事而名之也라하니라 檮杌은 惡獸名이니 古者에 因以爲凶人之號하니 取記惡垂戒之義也라 春秋者는 記事者 必表年以首事하니 年有四時故로 錯擧以爲所記之名也라 古者에 列國이 皆有史官하야 掌記時事하니 此三者는 皆其所記冊書之名也라

乘은 뜻이 자세하지 않으니, 조씨는 田賦와 乘馬의 일에서 나온 것이라 하고, 혹자는 당시 행사를 기재한다는 의미를 취하여 이름 지은 것이라고 하였다. 檮杌은 악한 짐승 이름이니, 옛적에 그것으로 흉악한 사람의 호칭을 삼았으니 악을 기록하여 경계를 주는 뜻을 취한 것이다. 春秋란 일을 기록하는 자가 년도를 표기하여 일을 시작했으니, 한 해에 사계절이 있으므로 섞어 들어 기록한 역사의 이름을 삼은 것이다. 옛적에 열국이 다 사관이 있어 시사 기록을 맡았으니, 이 세 가지는 다 기록한 책이름이다.

21-3. 其事則齊桓晉文이요 其文則史니 孔子曰 其義則丘竊取之矣로라하시니라

그 일은 곧 제나라 환공과 진나라 문공의 일이요, 그 글은 곧 사관이 기록한

것이니, 공자께서 '그 단정 의리는 내가 가만히 취택하여 붙였다.'하셨다."

春秋之時에 五覇迭興而桓文爲盛하니라 史는 史官也라 竊取者는 謙辭也라 公羊傳에 作其辭則丘有罪焉爾라하니 意亦如此라 蓋言斷之在己하니 所謂筆則筆削則削하야 游夏 不能贊一辭者也라 尹氏曰 言孔子 作春秋 亦以史之文으로 載當時之事也로대 而其義는 則定天下之邪正하야 爲百王之大法이라

○ 此는 又承上章歷叙羣聖하야 因以孔子之事로 繼之하니 而孔子之事는 莫大於春秋故로 特言之하시니라

춘추 시대에 5패가 번갈아 일어났으되 환공과 문공의 사적이 가장 성대하다. 史는 사관이다. 竊取는 검사이다.『公羊傳』에 '그 말인즉 나에게 죄가 있다.'하니, 뜻이 역시 이와 같다. 대개 단정이 자기에게 있음을 말한 것이니 이른바 가필할 만하면 가필하고 산삭할 만하면 산삭하여 자유와 자하가 한 마디 말도 돕지 못했다는 것이다. 윤씨가 말하였다. "공자께서『春秋』를 지으신 것 또한 사관이 기록한 글로써 당시의 사실을 기록한 것이지만 그 의리는 천하의 正·邪를 단정하여 후대 모든 왕의 큰 표준(大法)이 됨을 말한 것이다."

○ 이것은 또한 윗글 여러 성인의 일을 낱낱이 서술한 것을 이어 공자의 일로써 이었으니, 공자의 일은『春秋』보다 위대한 것이 없으므로 특별히 말씀하신 것이다.

22-1. 孟子曰 君子之澤도 五世而斬이요 小人之澤도 五世而斬이니라

맹자께서 말씀하셨다. "군자의 혜택도 5세대에 끊어지고 소인의 혜택도 5세대에 끊어진다.

澤은 猶言流風餘韻也라 父子相繼爲一世요 三十年이 亦爲一世라

斬은 絶也니 大約君子小人之澤이 五世而絶也라 楊氏曰 四世而緦는 服之窮也요 五世袒免(문)은 殺(쇄)同姓也요 六世에 親屬竭矣니 服窮則 遺澤寖微라 故로 五世而斬이라

澤은 선대부터 내려온 미풍여운이라 말함과 같다. 부자가 서로 계승함이 한 대요, 30년이 또한 한 대이다. 斬은 끊김이니, 대략 군자와 소인의 혜택이 5대에 끊긴다. 양씨가 말하였다. "4대에 시마복을 입음은 복이 다한 것이요, 5대에 단문을 함은 동성으로 강등된 것이요, 6대에 친속이 다한 것이니 복이 다하면 끼친 은택도 차츰 쇠미하다. 그러므로 5대에 끊긴다."

■ 斬 끊길 참　　　　緦 시마복 시　　　　袒 벗을 단　　　　免 상복 문
　殺 감쇄할 쇄

22-2. 予未得爲孔子徒也나 予는 私淑諸(저)人也로라

내가 공자의 문도가 되지는 못했으나 나는 자사의 문도(人)에게 배워 그윽이 선을 하였다."

私는 猶竊也라 淑은 善也니 李氏 以爲方言이 是也라 人은 謂子思之 徒也라 自孔子卒로 至孟子游梁時에 方百四十餘年而孟子已老하시니 然則孟子之生이 去孔子 未百年也라 故로 孟子 言予 雖未得親受業 於孔子之門이나 然聖人之澤이 尙存하야 猶有能傳其學者故로 我得聞 孔子之道於人而私竊以善其身이라하시니 蓋推尊孔子而自謙之辭也라
○ 此는 又承上三章歷叙舜禹하야 至於周孔而以是終之하니 其辭 雖 謙이나 然其所以自任之重은 亦有不得而辭者矣라

私는 그윽이와 같다. 淑은 선함이니, 이씨가 방언이라 한 것이 옳다. 人은 자사의 문도를 말한다. 공자가 돌아가셨을 때부터 맹자가 양나라에 외유하실 때까지 140여년인데 맹자가 이미 늙으셨으니, 그런즉 맹자의 탄생이 공자와

백년이 안 된다. 그러므로 맹자께서 '내가 비록 공자의 문하에서 친히 수업받지는 못했으나, 성인의 은택이 아직도 보존되어 오히려 그 학문을 전하는 자가 있으므로, 내가 공자의 도를 자사의 문도(人)에게 들어서 그윽이 내 몸을 선하게 하였다.' 말씀하셨으니, 대개 공자를 추존하고 자신을 겸손해 하신 말씀이다.

○ 이는 또 위 3장에서 순임금과 우임금부터 주공과 공자까지 차례로 서술한 것을 이어서 이 말씀으로 결론지었으니, 그 말씀이 비록 겸손하나 그 자임한 중책은 또한 사양하지 못할 점이 있다.

23. 孟子曰 可以取며 可以無取에 取면 傷廉이요 可以與며 可以無與에 與면 傷惠요 可以死며 可以無死에 死면 傷勇이니라

맹자께서 말씀하셨다. "취할 만하며 취하지 않을 만할 적에 취하면 청렴을 해치고, 줄 만하며 주지 않을 만할 적에 주면 은혜를 해치고, 죽을 만하며 죽지 않을 만할 적에 죽으면 용기를 해친다."

先言可以者는 略見而自許之辭也요 後言可以無者는 深察而自疑之辭也라 過取 固害於廉이나 然過與 亦反害其惠요 過死 亦反害其勇이니 蓋過猶不及之意也라 林氏曰 公西華 受五秉之粟은 是 傷廉也요 冉子 與之 是傷惠也요 子路之死於衛는 是傷勇也라

먼저 可以라 말한 것은 대충 보고 스스로 허락한 말이요, 뒤에 可以無라 말한 것은 깊이 살피고 스스로 의심한 말이다. 지나치게 취함이 진실로 청렴에 해로우나 지나치게 줌도 역시 도리어 그 은혜를 해치고 지나친 죽음 역시 그 용기를 해치니, 대체로 지나침이 미치지 못함과 같다는 뜻이다. 임씨가 말하였다. "공서화가 5병의 곡식을 받음은 바로 청렴을 해침이요, 염자가 준 것은 바로 은혜를 해침이요, 자로가 위나라에서 죽은 것은 바로 용기를 해침이다."

24-1. 逢蒙이 學射於羿하야 盡羿之道하고 思天下에 惟羿 爲愈己라하야 於是에 殺羿한대 孟子曰 是亦羿 有罪焉이니라 公明儀曰 宜若無罪焉하이다 曰薄乎云爾언정 惡(오)得無罪리오

방몽이 활쏘기를 예에게 배워 예의 기술(道)을 다 익히고 천하에 예만이 자기보다 낫다고 생각하여 이에 예를 죽였는데, 맹자께서 말씀하셨다. "이 또한 예에게 잘못이 있다." 공명의가 여쭈었다. "아마도 죄가 없는 것 같습니다." 말씀하셨다. "적다고 할 뿐이언정 어찌 잘못이 없겠는가?

羿는 有窮后羿也라 逢蒙은 羿之家衆也라 羿 善射하야 篡夏自立이러니 後爲家衆所殺하니라 愈는 猶勝也라 薄은 言其罪差(치)薄耳라

羿는 유궁나라 임금 예이다. 逢蒙은 예의 家衆이다. 예가 활쏘기를 잘하여 하나라를 찬탈하고 스스로 즉위하더니 뒤에 家衆에게 죽임을 당하였다. 愈는 나음과 같다. 薄은 그의 죄가 조금 작음을 말한 것이다.

- 逢 성 방   羿 이름 예   愈 나을 유   薄 적을 박
  差 조금 치

24-2. 鄭人이 使子濯孺子로 侵衛어늘 衛 使庾公之斯로 追之러니 子濯孺子曰 今日에 我 疾作이라 不可以執弓이로소니 吾 死矣夫인져하고 問其僕曰 追我者는 誰也오 其僕이 曰庾公之斯也로소이다 曰吾生矣로다 其僕이 曰庾公之斯는 衛之善射者也어늘 夫子曰 吾生은 何謂也잇고 曰 庾公之斯는 學射於尹公之他하고 尹公之他는 學射於我하니 夫尹公之他는 端人也라 其取友 必端矣라 庾公之斯 至曰 夫子는 何爲不執弓고 曰 今日에 我 疾作이라 不可以執弓이로다 曰 小人은 學射於尹公之他하고 尹公之他는 學射於夫子하니 我 不忍以

夫子之道로 反害夫子하노라 雖然이나 今日之事는 君事也라 我 不敢廢라하고 抽矢扣輪하야 去其金하고 發乘矢而後에 反하니라

정나라 사람이 자탁유자를 시켜 위나라를 침입하거늘 위나라에서 유공사로 하여금 추격하게 하였다. 자탁유자가 '오늘 내가 병이 나서 활을 잡지 못하니 내가 죽겠구나.'하고 그의 마부에게 물었다. '나를 추격하는 자는 누구냐?' 그의 마부가 대답하였다. '유공사입니다.' 말하였다. '내가 살겠다.' 그의 마부가 말하였다. '유공사는 위나라에서 활쏘기를 잘하는 자이거늘 부자께서 내 살겠다함은 무슨 말씀입니까?' 대답하였다. '유공사는 활쏘기를 윤공타에게 배우고 윤공타는 활쏘기를 나에게 배웠으니, 윤공타는 바른 사람이라서 제자로 취택한 사람이 반드시 단정할 것이다.' 유공사가 이르러 말하였다. '부자께서는 어째서 활을 잡지 않으십니까?' 대답하였다. '오늘 내가 병이 나서 활을 잡지 못한다.' 말하였다. '소인은 활쏘기를 윤공타에게 배우고 윤공타는 활쏘기를 부자께 배웠으니, 내가 차마 부자의 기술(道)로 도리어 부자를 해치지 못하겠습니다. 비록 그러나 오늘 일은 임금의 일이라 내가 감히 폐지할 수 없습니다.'하고 화살을 뽑아 활 테를 두들겨 활촉을 제거하고 네 대의 화살을 쏜 뒤에 돌아갔다."

之는 語助也라 僕은 御也라 尹公他는 亦衛人也라 端은 正也라 孺子 以尹公正人으로 知其取友必正故로 度(탁)庚公이 必不害己라 小人은 庚公이 自稱也라 金은 鏃也니 扣輪出鏃하야 令不害人하고 乃以射也라 乘矢는 四矢也라 孟子 言使羿로 如子濯孺子 得尹公他而敎之면 則必無逢蒙之禍나 然夷羿는 簒弑之賊이요 蒙乃逆傳며 庚斯는 雖全私恩이나 亦廢公義하니 其事 皆無足論者라 孟子 蓋特以取友而言耳시니라

之는 어조사이다. 僕은 수레를 모는 사람이다. 尹公他 역시 위나라 사람이다. 端은 바름이다. 유자가 윤공이 바른 사람이기 때문에 제자(友)를 취택함이 반드시 바를 줄 알았으므로 유공이 반드시 자기를 해치지 않을 것이라 헤아린

것이다. 小人은 유공이 스스로 일컬은 것이다. 金은 화살촉이다. 활 테를 두들겨 화살촉을 빼내어 사람을 해치지 않게 하고서 쏜 것이다. 乘矢는 4대의 화살이다. 맹자께서 '가령 예가 자탁유자가 윤공타를 얻어 가르치듯이 했다면 반드시 방몽의 화는 없다.'고 말씀하신 것이다. 그러나 오랑캐 예는 찬탈하고 시해한 역적이요 몽도 역적의 무리이며 유사는 비록 사적인 은혜는 온전히 했으나 또한 공적인 의리를 폐했으니, 그 일이 다 의논할 거리가 못된다. 맹자께서는 단지 제자를 취택하는 것만으로 말씀하셨을 뿐이시다.

- 庚 곳집 유 　　僕 마부 복 　　鏃 살촉 족 　　乘 넷 승
　儔 무리 주

25-1. 孟子曰 西子 蒙不潔則人皆掩鼻而過之니라

맹자께서 말씀하셨다. "서자가 더러운 것을 뒤집어쓰면 사람이 다 코를 막고 지나갈 것이다.

　　西子는 美婦人이라 蒙은 猶冒也라 不潔은 汙穢之物也라 掩鼻는 惡(오)其臭也라

　　西子는 아름다운 부인이다. 蒙은 무릅씀과 같다. 不潔은 더러운 물건이다. 掩鼻는 그 악취를 싫어함이다.

- 汙 더러울 오 　　穢 더러울 예 　　冒 무릅쓸 모

25-2. 雖有惡人이나 齊(재)戒沐浴則可以祀上帝니라

비록 추악하게 생긴 사람이지만 재계하고 목욕하면 상제께 제사할 수 있다."

　　惡人은 醜貌者也라
　　○尹氏曰 此章은 戒人之喪善而勉人以自新也라
　　惡人은 추악하게 생긴 자이다.

○윤씨가 말하였다. "이 장은 사람이 선을 상실함을 경계하여 自新할 것을 권면한 것이다."

■ 喪 잃을 상

26-1. 孟子曰 天下之言性也는 則故而已矣니 故者는 以利爲本이니라

맹자께서 말씀하셨다. "천하 사람이 성이라 말하는 것은 곧 이미 그러한 자취를 가지고 말하는 것뿐이니, 故는 순리를 근본으로 삼은 것이다.

性者는 人物所得以生之理也라 故者는 其已然之跡이니 若所謂天下之故者也라 利는 猶順也니 語其自然之勢也라 言事物之理 雖若無形而難知나 然其發見(현)之已然은 則必有跡而易(이)見故로 天下之言性者 但言其故而理自明이니 猶所謂善言天者는 必有驗於人也라 然其所謂故者는 又必本其自然之勢를 如人之善水之下요 非有所矯揉造作而然者也니 若人之爲惡과 水之在山은 則非自然之故矣라

性은 사람과 만물이 얻어 태어난 이치이다. 故는 그 이미 그러한 자취이니 『역』계사에 이른바 天下之故*라 한 것과 같다. 利는 순리와 같으니 그 자연의 형세를 말한 것이다. '사물의 이치가 비록 형체가 없어서 알기 어려운 듯하지만 그것이 나타나 이미 그러함은 반드시 자취가 있어서 쉽게 볼 수 있으므로 천하 사람이 성을 말한 것이 단지 이미 그러한 자취(故)를 말함에 이치가 저절로 분명하니, 『순자』성악편에 이른바 하늘을 잘 말한 것*은 반드시 사람에게 징험할만한 것이 있다는 것이다. 그러나 이른바 고(故)는 또한 반드시 그 자연의 형세를 근본하기를 사람이 선을 함과 물이 아래로 흘러감과 같은 것이지 바로잡고 조작함이 있어서 그러한 것이 아니니, 예를 들어 사람이 악을 함과 물이 산 위에 있는 것은 곧 자연의 자취(故)가 아니다.

■ 故 이미그러할 고

* 天下之故 : 易繫辭에 易은 無思也하며 無爲也하며 寂然不動이라가 感而遂通天下之故하나니
* 善言天者 : 荀子性惡篇에 云善言天者는 必有徵於人이라 董仲舒曰 善言天者는 必有徵於人하니 天道는 無形而難知하고 人事는 有跡而易(이)見이라

26-2. 所惡(오)於智者는 爲其鑿也니 如智者 若禹之行水也면 則無惡(오)於智矣리라 禹之行水也는 行其所無事也시니 如智者 亦行其所無事면 則智亦大矣리라

지혜로운 자에게 미워할 부분은 그 천착하기 때문이니 만일 지혜로운 자가 우임금이 물을 흘러가게 하듯이 하면 지혜에 미워할 것이 없을 것이다. 우임금이 물을 흘러가게 하신 것은 그 순리(所無事)에 따라 행하신 것이니, 만일 지혜로운 자가 또한 순리에 따라 행하면 곧 지혜가 또한 위대할 것이다.

天下之理는 本皆利順이어늘 小智之人은 務爲穿鑿하니 所以失之니라 禹之行水는 則因其自然之勢而導之요 未嘗以私智로 穿鑿而有所事라 是以로 水得其潤下之性而不爲害也라

천하의 이치는 본래 다 이롭고 순하거늘 작은 지혜를 지닌 사람은 천착하기를 힘쓰기 때문에 잃는 것이다. 禹之行水는 곧 그 자연의 형세에 따라서 인도한 것이지 일찍이 사적인 지혜로 천착하여 일삼아 하지 않으셨다. 이런 까닭으로 물이 적시며 내려가는 본성을 얻어 해롭지 않은 것이다.

26-3. 天之高也와 星辰之遠也나 苟求其故면 千歲之日至를 可坐而致也니라

하늘의 높고 별이 멀지라도 진실로 그 이미 그러한 자취를 탐구하면 천 년간 동지를 앉아서 터득할 수 있다."

天雖高하고 星辰이 雖遠이나 然이나 求其已然之跡이면 則其運有常하야 雖千歲之久라도 其日至之度를 可坐而得이온 況於事物之近에 若因其故而求之면 豈有不得其理者리오 而何以穿鑿爲哉아 必言日至者는 造歷者 以上古十一月甲子朔夜半冬至로 爲曆元也라

○程子曰 此章은 專爲智而發이라

愚는 謂事物之理 莫非自然이니 順而循之면 則爲大智요 若用小智而鑿以自私면 則害於性而反爲不智니 程子之言이 可謂深得此章之旨矣로다

하늘이 비록 높고 별이 비록 멀리 있지만, 그러나 그 이미 그러한 형적을 탐구하면 곧 그 운행이 상도가 있어서 비록 천년의 오랜 세월일지라도 그 동지의 도수를 앉아서 터득할 수 있거늘, 하물며 사물의 가까운 것에 대하여 만일 그 이미 그러한 형적을 따라서 탐구하면 어찌 그 이치를 터득하지 못하겠는가? 무엇 때문에 천착하는가? 반드시 日至라 말한 것은 책력을 만드는 자가 상고시대 11월 갑자 초하루 한 밤중 동지 날을 책력의 기원으로 삼은 것이다.

○정자가 말하였다. "이 장은 오로지 지혜만 쓰는 자를 위해서 말씀하신 것이다."

내가 생각건대, 사물의 이치가 자연 아님이 없으니 순응하여 따르면 大智가 되고 만일 小智를 써서 천착하여 스스로 사사로이 하면 본성을 해쳐서 도리어 지혜롭지 못하게 되니, 정자의 말씀이 깊이 이 글의 뜻을 터득했다고 말할 수 있다.

27-1. 公行子 有子之喪이어늘 右師 往吊할새 入門커늘 有進而與右師言者하며 有就右師之位而與右師言者러니

공행자가 아들 상을 당했는데, 우사가 조문 갔을 때 문을 들어오자 그에게

나가 우사와 말하는 자도 있으며 우사의 자리에 나아가 우사와 말하는 자도 있더니,

> 公行子는 齊大夫라 右師는 王驩也라
> 公行子는 제나라 대부이다. 右師는 왕환이다.

27-2. 孟子 不與右師言하신대 右師 不悅曰 諸君子 皆與驩言이어늘 孟子獨不與驩言하시니 是는 簡驩也로다

맹자께서 우사와 말씀하지 않으시자, 우사가 기뻐하지 않으면서 말하였다. "여러 군자가 다 나와 말하거늘 맹자만 유독 나와 말하지 않으시니 이는 나를 업신여김이로다."

> 簡은 略也라
> 簡은 간략히 함이다.

27-3. 孟子 聞之하시고 曰禮에 朝廷에 不歷位而相與言하며 不踰階而相揖也하나니 我欲行禮어늘 子敎 以我爲簡하니 不亦異乎아

맹자께서 들으시고 말씀하셨다. "『周禮』에 '조정에서는 남의 자리를 지나며 서로 말하지 않으며 품계를 넘어가서 서로 읍하지 않는다.' 하였으니, 나는 예를 행하고자 한 것이거늘 자오가 나를 업신여김으로 생각하니 또한 이상하지 않은가?"

> 是時에 齊卿大夫 以君命吊에 各有位次하니 若周禮에 凡有爵者之喪禮에 則職喪이 涖其禁令하고 序其事故로 云朝廷也라 歷은 更(경)涉也라 位는 他人之位也라 右師未就位而進與之言이면 則右師歷己之位矣요 右師已就位而就與之言이면 則己歷右師之位矣니 孟子右師

之位 又不同階하니 孟子 不敢失此禮故로 不與右師言也시니라

이때에 제나라 경과 대부가 임금의 명령으로 조문함에 각기 위차가 있으니, 『周禮』에 모든 작위가 있는 자의 喪禮에 장례위원장(職喪)이 그 금령을 맡고 그 일을 차례대로 하므로 조정이라 한 것이다. 歷은 지나감이다. 位는 남의 자리이다. 우사가 자리에 가기 전에 나아가 그와 말하면 우사가 자기의 자리를 지날 것이요, 우사가 이미 자리에 나갔는데 나아가 그와 말하면 자기가 우사의 자리를 지날 것이니, 맹자와 우사의 자리가 또한 품계가 같지 않으니, 맹자께서 감히 이 예를 잃지 않으셨으므로 우사와 말하지 않으신 것이다.

28-1. 孟子曰 君子所以異於人者는 以其存心也니 君子는 以仁存心하며 以禮存心이니라

맹자께서 말씀하셨다. "군자가 남과 다른 것은 그 마음에 간직한 것 때문이니, 군자는 인을 마음에 간직하며 예를 마음에 간직한다.

以仁禮로 存心은 言以是存於心而不忘也라

인과 예를 마음에 간직함은 이를 마음에 간직하여 잊지 않음을 말한 것이다.

28-2. 仁者는 愛人하고 有禮者는 敬人하나니

인한 자는 남을 사랑하고 예 있는 자는 남을 공경하나니,

此는 仁禮之施라

이것은 인과 예의 시행이다.

28-3. 愛人者는 人恒愛之하고 敬人者는 人恒敬之니라

남을 사랑하는 자는 남이 항상 사랑하고 남을 공경하는 자는 남이 항상 공경한다.

此는 仁禮之驗이라
이것은 인과 예의 증험이다.

28-4. 有人於此하니 其待我以橫逆則君子 必自反也하야 我必不仁也며 必無禮也로다 此物이 奚宜至哉오하나니라

여기에 한 사람이 있으니, 그가 나를 횡역으로 대우하면 군자가 반드시 스스로 돌이켜 '내 반드시 불인하며 반드시 무례함이로다. 이런 일이 어찌 일어나겠는가?' 한다.

横逆은 謂强暴(포)不順理也라 物은 事也라
横逆은 사납고 포악하여 순리에 맞지 않음을 말한다. 物은 일이다.

28-5. 其自反而仁矣며 自反而有禮矣로대 其橫逆이 由是也어든 君子 必自反也하야 我必不忠이로다하나니라

그 스스로 돌이켜 인하며 스스로 돌이켜 예 있으되, 그 횡역이 여전할 경우 군자가 '반드시 스스로 돌이켜 내 반드시 충실하지 못함이로다.' 한다.

忠者는 盡己之謂라 我必不忠은 恐所以愛敬人者 有所不盡其心也라
충이란 자기를 다함을 이른다. 我必不忠은 남을 사랑하고 공경할 바가 마음을 다하지 못한 바 있을까 함이다.

■ 由 같을 유

28-6. 自反而忠矣로대 其橫逆이 由是也어든 君子曰 此亦妄人也已矣로다하나니 如此則與禽獸奚擇哉리오 於禽獸에 又何難焉이리오

스스로 돌이켜 충실하되 그 횡역이 여전할 경우 군자가 '이는 망령든 사람

일뿐이다.'하나니, 이와 같으면 금수와 무엇이 다른가? 금수에게 무슨 힐난을 하겠는가?

奚擇은 何異也라 又何難焉은 言不足與之校也라

奚擇은 무엇이 다른가? 이다. 又何難焉은 그와 계교할 것이 없음을 말한 것이다.

■ 擇 다를 택　　　校 계교할 교

28-7. 是故로 君子 有終身之憂요 無一朝之患也니 乃若所憂則有之하니 舜도 人也며 我亦人也로대 舜은 爲法於天下하사 可傳於後世어시늘 我는 由未免爲鄕人也하니 是則可憂也라 憂之如何오 如舜而已矣니라 若夫君子所患則亡(무)矣니라 非仁無爲也며 非禮無行也니 如有一朝之患이라도 則君子 不患矣니라

이런 까닭으로 군자가 평생의 근심은 있어도 하루아침의 근심은 없으니, 근심하는 바는 있으니, 순임금도 사람이며 나 또한 사람이로되 순임금은 천하에 모범이 되시어 후세에 전하시거늘 나는 오히려 향인을 면하지 못하니, 이것인즉 근심할 만하다. 근심하되 어찌 할꼬? 순임금과 같이 할 따름이다. 군자가 근심하는 바는 없으니, 인이 아니면 하지 않으며 예가 아니면 행하지 않으니, 만일 하루아침의 근심이 있을지라도 군자가 근심하지 않는다."

鄕人은 鄕里之常人也라 君子 存心不苟故로 無後憂라

鄕人은 향리의 보통 사람이다. 군자가 마음을 간직함에 구차하지 않으므로 뒤의 근심은 없다.

■ 由 오히려 유

29-1. 禹稷이 當平世하야 三過其門而不入하신대 孔子 賢之하시니라

　우임금과 후직이 다스려진 세상을 만나 세 번 그의 문을 지나면서도 들어가지 않으셨는데 공자께서 어질게 여기셨다.

　　事見(현)前篇하니라
　　일이 전편에 보였다.

29-2. 顔子 當亂世하야 居於陋巷하사 一簞食(사)와 一瓢飮을 人不堪其憂어늘 顔子 不改其樂(락)하신대 孔子 賢之하시니라

　안자가 혼란한 세상을 만나 누추한 거리에 살며 하나의 대그릇 밥과 하나의 표주박 물 마심을 사람이 그 근심을 견디기 어렵거늘 안자가 그의 즐거움을 고치지 않으셨는데 공자께서 어질게 여기셨다.

29-3. 孟子曰 禹稷顔回 同道하니라

　맹자께서 말씀하셨다. "우임금과 후직과 안회가 도는 같다.

　　聖賢之道 進則救民하고 退則脩己하니 其心은 一而已矣라
　　성현의 도가 나아가면 백성을 구제하고 물러나면 수기하니, 그 마음은 하나일 뿐이다.

29-4. 禹는 思天下有溺者어든 由己溺之也하시며 稷은 思天下有饑者어든 由己饑之也하니 是以로 如是其急也시니라

　우임금은 천하에 물에 빠진 자가 있을 경우 자기가 빠트린 것같이 생각하시며, 후직은 천하에 굶주린 자가 있을 경우 자기가 굶주리게 한 것같이 생각하니,

이런 까닭으로 이처럼 급히 여기셨다.

> 禹稷은 身任其職故로 以爲己責而救之急也라

우임금과 후직은 그 직책을 맡았으므로 자기의 책임으로 삼아 급히 구제한 것이다.

■ 由 같을 유

29-5. 禹稷顔子 易地則皆然이리라

우임금과 후직과 안자가 처지를 바꾸면 다 그러하리라.

> 聖賢之心이 無所偏倚하야 隨感而應하야 各盡其道故로 使禹稷으로 居顔子之地면 則亦能樂(락)顔子之樂(락)이요 使顔子로 居禹稷之任이면 亦能憂禹稷之憂也라

성현의 마음이 치우치고 의지한 것이 없어서 감촉에 따라 응하여 각기 그 도를 다하므로 우임금과 후직을 안자의 처지에 있게 하면 곧 또한 능히 안자의 즐거움을 즐거워하고 안자를 우임금과 후직의 책임을 맡게 하면 능히 우임금과 후직의 근심을 근심할 수 있다.

29-6. 今有同室之人이 鬪者어든 救之호대 雖被髮纓冠而救之라도 可也니라

지금 한 집안 사람이 싸울 경우, 말리되 비록 흐트러진 머리에 갓끈매고 말리더라도 괜찮다.

> 不暇束髮하고 而結纓往救하니 言急也니 以喩禹稷하니라

머리 묶을 겨를이 없어 갓끈만 매고 가서 말리니, 급함을 말한 것이니, 우임금과 후직을 비유한 것이다.

29-7. 鄕鄰에 有鬪者어든 被髮纓冠而往救之則惑也니 雖閉戶라도 可也니라

향리 이웃에 싸우는 자가 있을 경우, 흐트러진 머리에 갓끈매고 말리면 미혹이니, 비록 문을 닫더라도 괜찮다."

喩顔子也라

○此章은 言聖賢이 心無不同호대 事則所遭 或異나 然處之各當其理하니 是乃所以爲同也라 尹氏曰 當其可之謂時니 前聖後聖이 其心은 一也라 故로 所遇 皆盡善하니라

안자를 비유한 것이다.

○이 장은 성현이 마음은 똑같되 일인즉 만난 바가 혹 다르다. 그러나 처리함이 각기 그 이치에 합당하니, 이것이 바로 똑같은 이유이다. 윤씨가 말하였다. "그 가함을 합당하게 함을 때라 이르니, 앞 성인과 뒤 성인이 그 마음은 한 가지이다. 그러므로 하신 일이 다 진선진미하다.

30-1. 公都子曰 匡章을 通國이 皆稱不孝焉이어늘 夫子 與之遊하시고 又從而禮貌之하시니 敢問何也잇고

공도자가 여쭈었다. "광장을 온 국민이 다 불효라 일컫거늘 부자께서 그와 교유하시고 또 게다가 예우하시니, 감히 여쭙겠습니다. 어째서입니까?"

匡章은 齊人이라 通國은 盡一國之人也라 禮貌는 敬之也라

匡章은 제나라 사람이다. 通國은 한 나라 사람 전부이다. 禮貌는 공경함이다.

30-2. 孟子曰 世俗所謂不孝者 五니 惰其四肢하야 不顧父母之養이 一不孝也요 博奕好飲酒하야 不顧父母之養이 二不孝也요 好貨財하며 私妻子하야 不顧父母之養이 三不孝也요 從耳目之欲하야 以爲父母戮이 四不孝也요 好勇鬪狠하야 以危父母 五不孝也니 章子 有一於是乎아

맹자께서 말씀하셨다. "세속에서 이른바 불효라는 것이 5가지이니, 사지를 게을리 하여 부모 봉양함을 돌보지 않음이 첫째 불효요, 장기나 바둑을 두며 음주를 좋아하여 부모 봉양함을 돌보지 않음이 둘째 불효요, 재화를 좋아하며 처자식을 사랑하여 부모 봉양함을 돌보지 않음이 셋째 불효요, 이목의 욕망을 추구하여 부모를 욕되게 함이 넷째 불효요, 용맹을 좋아하여 싸움질하여 부모를 위태롭게 함이 다섯째 불효이니, 장자가 여기에 한 가지라도 있느냐?

戮은 羞辱也라 狠은 忿戾也라
戮은 부끄럽고 욕됨이다. 狠은 분내고 어긋나게 함이다.

30-3. 夫章子는 子父 責善而不相遇也니라

장자는 부자가 선으로 책망하다가 서로 뜻이 맞지 않은 것이다.

遇는 合也니 相責以善而不相合故로 爲父母所逐也라
遇는 합함이니, 서로 선으로 책망하다 합하지 않으므로 부모에게 쫓겨나게 된 것이다.

30-4. 責善은 朋友之道也니 父子責善은 賊恩之大者니라

선으로 책망함은 붕우의 도이니, 부자가 선으로 책망함은 은혜를 해치는 것 중 큰 것이다.

賊은 害也라 朋友는 當相責以善이니 父子 行之則害天性之恩也라
賊은 해침이다. 붕우는 마땅히 선으로 책망하는 것이니 부자가 이를 행하면 천성의 은혜를 해친다.

30-5. 夫章子는 豈不欲有夫妻子母之屬哉리오마는 爲得罪於父하야 不得近이라 出妻屛子하야 終身不養焉하니 其設心에 以爲不若是면 是則罪之大者라하니 是則章子已矣니라

장자는 어찌 부부와 자모의 살붙이를 두고 싶지 않겠는가마는 아버지에게 죄를 지어 가까이 못하는지라 처를 내치고 자식을 물리쳐 평생 봉양을 못하니, 그의 먹은 마음에 이와 같이 않으면 이는 큰 죄라 여겼으니, 이것이 곧 장자일 따름이다."

言章子 非不欲身有夫妻之配하고 子有子母之屬이로대 但爲身不得近於父故로 不敢受妻子之養하야 以自責罰하니 其心에 以爲不如此면 則其罪 益大也라
○此章之旨는 於衆所惡(오)而必察焉하니 可以見聖賢至公至仁之心矣로다 楊氏曰 章子之行을 孟子 非取之也라 特哀其志而不與之絶耳시니라

장자가 자신은 부부의 짝을 두고 자식으로서는 자모의 살붙이를 두고 싶지 않은 것은 아니지만 다만 자신이 아버지를 가까이할 수 없기 때문에 감히 처자식의 봉양을 받지 않음으로써 스스로 책벌한 것이니, 그의 마음에 이와 같이 않으면 곧 그의 죄가 더욱 커진다고 여겼다는 말이다.

○이 장의 뜻은 대중이 미워하는 바에 대해서 반드시 살펴야 한다는 것이니, 성현의 지극히 공정하고 지극히 인한 마음을 볼 수 있다. 양씨가 말하였다. "장자의 행실을 맹자께서 취한 것이 아니라 단지 그의 뜻을 애처롭게 여겨서

그와 절교하지 않으셨을 뿐이다."

31-1. 曾子 居武城하실새 有越寇러니 或曰 寇至하나니 盍去諸(저)리오 曰 無寓人於我室하야 毁傷其薪木하라 寇退則曰 脩我牆屋하라 我將反호리라 寇退커늘 曾子 反하신대 左右曰 待先生이 如此之忠且敬也어늘 寇至則先去하야 以爲民望하시고 寇退則反하시니 殆於不可로소이다 沈猶行이 曰 是는 非汝所知也라 昔에 沈猶 有負芻之禍어늘 從先生者七十人이 未有與焉이라

증자께서 무성에 거처하실 적에 월나라의 도적이 있었는데, 혹자가 말하였다. "도적놈이 오는데 어찌 떠나지 않으십니까?" 말씀하셨다. "나의 집에 사람을 붙여 두어 땔나무를 훼상하지 않게 하라." 도적이 물러가자 곧 말씀하셨다. "나의 담장을 수리하라. 내가 돌아가리라." 도적이 물러가거늘 증자께서 돌아오시자 좌우에서 말하였다. "선생을 대우함이 이와 같이 충성하고 또 공경하거늘 도적이 오면 먼저 떠나 백성이 바라보게 하시고 도적이 물러가면 돌아오시니 거의 옳지 못한 것 같습니다." 심유행이 말하였다. "이는 네가 알 바가 아니다. 옛적에 심유씨가 부추의 재앙을 당했거늘 선생을 따르는 자 70인이 참여한 자가 없었다."

武城은 魯邑名이라 盍은 何不也라 左右는 曾子之門人也라 忠敬은 言武城之大夫 事曾子를 忠誠恭敬也라 爲民望은 言使民望而效之라 沈猶行은 弟子의 姓名也라 言曾子 嘗舍於沈猶氏하실새 時有負芻者 作亂하야 來攻沈猶氏어늘 曾子 率其弟子去之하야 不與其難하니 言師賓이 不與臣同이라

武城은 노나라 읍 명칭이다. 盍은 어찌 아니함이다. 左右는 증자의 문인이다. 忠敬은 무성의 대부가 증자 섬기기를 충성과 공경으로 함을 말한 것이다. 爲民

望은 바라보고 본받게 함을 말한 것이다. 沈猶行은 제자의 성명이다. 증자께서 일찍이 심유씨의 집에 머무르실 적에 당시 부추라는 자가 난을 일으켜 심유씨를 공격해 오거늘, 증자께서 그의 제자를 거느리고 떠나 그 재난에 관여하지 않았음을 말한 것이니, 사와 빈이 신하와 같지 않음을 말한 것이다.

■ 盍 어찌아니할 합

31-2. 子思 居於衛하실새 有齊寇러니 或曰寇至하나니 盍去諸(저)리오 子思曰 如伋이 去면 君誰與守리오하시니라

자사께서 위나라에 거처하실 적에 제나라의 도적이 있었는데, 혹자가 "도적놈이 오는데 어찌 떠나지 않으십니까?" 자사께서 말씀하셨다. "만일 내가 떠나면 임금이 누구와 지키겠는가?"

言所以不去之意如此하니라
떠나지 못하는 뜻이 이와 같음을 말한 것이다

31-3. 孟子曰 曾子子思 同道하니 曾子는 師也며 父兄也요 子思는 臣也며 微也니 曾子子思 易地則皆然이리라

맹자께서 말씀하셨다. "증자와 자사가 도가 같으니, 증자는 스승이며 부형이고 자사는 신하이며 미천하니, 증자와 자사가 처지를 바꾸면 다 그러하리라."

微는 猶賤也라 尹氏曰 或遠害하며 或死難하야 其事不同者는 所處之地 不同也라 君子之心이 不繫於利害하고 惟其是而已라 故로 易地則皆能爲之라

○孔氏曰 古之聖賢이 言行이 不同하고 事業이 亦異로대 而其道는 未始不同也니 學者 知此면 則因所遇而應之를 若權衡之稱物하야 低昂

屢變而不害其爲同也라

微는 천함과 같다. 윤씨가 말하였다. "혹은 해를 멀리하며 혹은 재난에 죽어서 그 일이 같지 않은 것은 처지가 같지 않아서이다. 군자의 마음이 이해에 얽매이지 않고 오로지 이치의 당연함(是) 뿐이다. 그러므로 처지가 바뀌면 다 능히 할 수 있다."

○공씨가 말하였다. "옛 성현이 언행이 같지 않고 사업 역시 다르지만 그 도는 같지 않음이 없으니, 학자가 이를 알면 처한 바에 따라 대응하기를 저울추가 물건에 맞추어 오르내리며 자주 변하지만 똑같이 되는데 해롭지 않다."

■ 微 천할 미

32. 儲子曰 王이 使人瞯夫子하시나니 果有異於人乎잇가 孟子曰 何以異於人哉리오 堯舜도 與人同耳시니라

저자가 여쭈었다. "왕이 사람을 시켜 부자를 엿보게 하시는데 과연 남과 다른 점이 있습니까?" 맹자께서 말씀하셨다. "어찌 남과 다르겠는가? 요임금과 순임금도 남과 같으셨다."

儲子는 齊人也라 瞯은 竊視也라 聖人도 亦人耳니 豈有異於人哉리오

儲子는 제나라 사람이다. 瞯은 몰래 봄이다. 성인도 사람일 뿐이니 어찌 남과 다름이 있겠는가?

■ 瞯 엿볼 간 곁눈질 (한)

33-1. 齊人이 有一妻一妾而處室者러니 其良人이 出則必饜酒肉而後에 反이어늘 其妻 問所與飮食者則盡富貴也라 其妻 告其妾曰 良人이 出則必饜酒肉而後에 反할새 問其與飮食者호니 盡富貴也로대 而未

當有顯者來하니 吾將瞯良人之所之也호리라하고 蚤起하야 施(이)從良人之所之하니 徧國中호대 無與立談者러니 卒之東郭墦間之祭者하야 乞其餘하고 不足이어든 又顧而之他하니 此其爲饜足之道也러라 其妻 歸告其妾曰 良人者는 所仰望而終身也여늘 今若此라하고 與其妾으로 訕其良人而相泣於中庭이어늘 而良人이 未之知也하야 施施從外來하야 驕其妻妾하더라

(맹자께서 말씀하셨다.) "제나라 사람이 한 처와 한 첩을 두고 사는 자가 있었는데, 남편이 나가면 반드시 술과 고기를 실컷 먹은 뒤에 돌아오거늘 그의 처가 먹고 마신 자를 물으면 다 부귀한 자였다. 그의 처가 첩에게 '남편(良人)이 나가면 반드시 술과 고기를 실컷 먹은 뒤에 돌아오기 때문에 함께 먹고 마신 자를 물으면 다 부귀한 사람이었지만 일찍이 부귀한 자가 찾아 온 적이 없었으니 내가 남편이 가는 곳을 엿보겠다.' 말하고, 일찍 일어나 남편이 가는 곳을 미행하니 도성 안을 두루 지나가되 서서 이야기하는 사람조차 없더니 갑자기 동쪽 성곽 무덤 사이의 제사지내는 자에게 가서 남은 것을 구걸하고 부족할 경우 또 둘러보고 다른 곳으로 가니, 이것이 그가 실컷 배부르게 먹는 방법이었다. 그의 처가 돌아와 첩에게 고하면서 '남편은 우러러 바라보며 몸을 마치는 바이거늘 지금 이와 같다.' 하고 첩과 함께 남편을 나무라면서 서로 뜰 가운데서 울거늘, 남편이 그것도 모르고 으쓱거리며 밖에서 돌아와 그의 처와 첩에게 교만을 떨더라.

章首에 當有孟子曰字니 闕文也라 良人은 夫也라 饜은 飽也라 顯者는 富貴人也라 施(이)는 邪施(이)而行하야 不使良人知也라 墦은 冢也라 顧는 望也라 訕은 怨罵也라 施施는 喜悅自得之貌라

글장 머리에 마땅히 孟子曰 글자가 있어야 하니 궐문이다. 良人은 남편이다. 饜은 배부름이다. 顯者는 부귀한 사람이다. 施는 미행하여 남편 모르게

함이다. 墦은 무덤이다. 顧는 둘러봄이다. 訕은 원망하며 나무람이다. 施施는 기뻐하고 자득한 모양이다.

- 饜 배부를 염   瞯 엿볼 간   墦 무덤 번   施 둘러갈 이 잘난체할 시

33-2. 由君子觀之컨댄 則人之所以求富貴利達者 其妻妾이 不羞也而不相泣者 幾希矣니라

군자의 입장에서 보건대, 사람이 부귀와 영달을 구하는 방법이 그의 처와 첩이 부끄러워하지 않고 서로 울지 않을 자가 거의 드물다."

孟子 言自君子而觀今之求富貴者하면 皆若此人耳니 使其妻妾으로 見之하면 不羞而泣者 少矣라하시니 言可羞之甚也라

○趙氏曰 言今之求富貴者 皆以枉曲之道로 昏夜乞哀以求之하고 而以驕人於白日하니 與斯人으로 以何異哉리오

맹자께서 '군자의 입장에서 지금 부귀를 구하는 자를 보면 다 이와 같은 사람일 뿐이니 그의 처와 첩으로 하여금 보게 하면 부끄러워 울지 않을 자가 적다.' 말씀하신 것이니, 매우 부끄러움을 말한 것이다.

○조씨가 말하였다. "지금 부귀를 구하는 자가 다 부정한(枉曲) 방도로써 어두운 밤에 애걸하여 구하고 한 낮에 남에게 교만 떠는 것이니, 이 사람과 무엇이 다르겠는가?"

萬章章句上

凡九章이라

모두 9장이다.

1-1. 萬章이 問曰 舜이 往于田하사 號泣于旻天하시니 何爲其號泣也잇고 孟子曰 怨慕也시니라

만장이 여쭈었다. "순임금이 밭에 가시어 하늘에 울부짖으셨는데 무엇 때문에 울부짖으셨습니까." 맹자께서 말씀하셨다. "원망하면서 사모하신 것이다."

舜往于田은 耕歷山時也라 仁覆閔下를 謂之旻天이라 號泣于旻天은 呼天而泣也라 事見(현)虞書大禹謨篇하니라 怨慕는 怨己之不得其親而思慕也라

舜往于田은 역산에서 농사지을 때이다. 인으로 감싸고 아랫사람을 가엾게 여김을 旻天이라 한다. 號泣于旻天은 하늘을 부르며 우는 것이다. 사실이 『書經』「虞書」<大禹謨>편에 보인다. 怨慕는 자신이 부모의 사랑을 얻지 못함을 원망하면서 사모함이다.

1-2. 萬章이 曰父母 愛之어시든 喜而不忘하고 父母 惡(오)之어시든 勞而不怨이니 然則舜은 怨乎잇가 曰 長息이 問於公明高曰 舜이 往于田

則吾旣得聞命矣어니와 號泣于旻天과 于父母則吾不知也로이다 公明高曰 是는 非爾所知也라하니 夫公明高는 以孝子之心이 爲不若是恝이라 我는 竭力耕田하야 共爲子職而已矣니 父母之不我愛는 於我何哉오하니라

만장이 여쭈었다. "부모께서 사랑하시거든 기뻐하되 잊지 말고 부모께서 미워하시거든 수고롭되 원망하지 말 것이니 그런즉 순임금은 원망하신 것입니까?" 말씀하셨다. "장식이 공명고에게 '순임금이 농사일을 하신 것은 제가 가르침을 받았지만 하늘에 울부짖은 일과 부모에 대한 일은 제가 모르겠습니다.' 하자 공명고가 '이것은 네가 알 바가 아니다.' 하였으니, 공명고는 효자의 마음이 이렇듯 무관심하지 않을 것이라고 생각한 것이다. 나는 힘껏 농사지어 자식의 직분을 다할 뿐이니, 부모께서 사랑하지 않으심은 내게 무슨 잘못이냐고 한 것이다.

長息은 公明高弟子라 公明高는 曾子弟子라 于父母는 亦書辭니 言呼父母而泣也라 恝은 無愁之貌라 於我何哉는 自責不知己有何罪耳요 非怨父母也라 楊氏曰 非孟子深知舜之心이면 不能爲此言이라 蓋舜이 惟恐不順於父母하고 未嘗自以爲孝也니 若自以爲孝면 則非孝矣라

長息은 공명고의 제자이다. 公明高는 증자의 제자이다. 于父母는 또한 『書經』의 말로 부모를 부르며 울부짖음을 말한 것이다. 恝은 근심이 없는 모양이다. 於我何哉는 자신이 무슨 잘못이 있는지 모름을 자책한 것뿐이지 부모를 원망한 것은 아니다. 양씨가 말하였다. "맹자께서 순임금의 마음을 깊이 안 것이 아니라면 이 말씀을 하지 못했을 것이다. 대개 순임금이 오직 부모님께 효도하지 못함을 걱정하고 스스로 효도한다고 생각한 적이 없으셨으니, 만일 자신이 효도한다고 여겼다면 효가 아니다."

■ 恝 근심없을 괄

1-3. 帝 使其子九男二女로 百官牛羊倉廩을 備하야 以事舜於畎畝
之中하시니 天下之士 多就之者어늘 帝 將胥天下而遷之焉이러시니
爲不順於父母라 如窮人無所歸러시다

요임금이 9남 2녀로 하여금 백관과 우양과 창고를 갖추어 농사중인 순임금을 섬기게 하셨으니, 천하의 선비들이 대부분 순임금에게 나가거늘 요임금이 천하를 살펴서 그에게 주려하셨는데도 부모님께 효도하지 못함 때문에 가난한 사람이 돌아갈 곳 없는 것처럼 하셨다.

帝는 堯也라 史記에 云 二女로 妻之하야 以觀其內하고 九男으로 事之하야 以觀其外라하고 又言一年에 所居成聚하고 二年에 成邑하고 三年에 成都라하니 是는 天下之士 就之也라 胥는 相視也라 遷之는 移以與之也라 如窮人之無所歸는 言其怨慕迫切之甚也라

帝는 요임금이다. 『史記』에 '2녀로 아내삼아 안의 일을 살피고 9남으로 순임금을 섬겨 밖의 일을 살폈다.'하고 또 '한 해에 사는 곳이 마을을 이루고 2년에 읍을 이루고 3년에 도읍을 이루었다.'고 하였으니, 이는 천하의 선비가 그에게 나간 것이다. 胥는 살핌이다. 遷之는 그에게 옮겨 줌이다. 如窮人之無所歸는 원망하고 사모함이 매우 절박함을 말한 것이다.

■ 胥 살필 서

1-4. 天下之士 悅之는 人之所欲也어늘 而不足以解憂하시며 好色은
人之所欲이어늘 妻帝之二女하사대 而不足以解憂하시며 富는 人之所
欲이어늘 富有天下하사대 而不足以解憂하시니 貴는 人之所欲이어늘 貴
爲天子하사대 而不足以解憂하시며 人悅之와 好色과 富貴에 無足以
解憂者요 惟順於父母라야 可以解憂러시다

천하의 선비가 기뻐함은 사람의 소망인데도 근심을 풀지 못하시며 예쁜 미인

은 사람의 소망인데도 요임금의 두 딸을 아내 삼으셨으나 근심이 풀리지 않으시며, 부는 모든 사람의 소망인데도 천하를 소유하셨으나 근심이 풀리지 않으시며, 귀는 모든 사람의 소망인데도 천자가 되셨으나 근심이 풀리지 않으시며, 기뻐함과 예쁜 미인과 부귀에도 근심이 풀리지 않고 오직 부모님께 효도해야 근심이 풀리셨다.

孟子 推舜之心如此하야 以解上文之意하시니라 極天下之欲호대 不足以解憂요 而惟順於父母라야 可以解憂라하시니 孟子 眞知舜之心哉인져

맹자께서 순임금의 마음이 이와 같음을 추론하여 윗글의 의미를 해석하셨다. 천하의 욕망을 다하셨으나 근심이 풀리지 않고 오직 부모님께 효도해야 근심이 풀린다 하셨으니, 맹자께서 순임금의 마음을 진실로 아신 것이다.

1-5. 人이 少則慕父母하다가 知好色則慕少艾하고 有妻子則慕妻子하고 仕則慕君하고 不得於君則熱中이니 大孝는 終身慕父母하나니 五十而慕者를 予於大舜에 見之矣로라

사람이 어려서는 부모를 사랑하다가 호색을 알면 젊고 아리따운 계집을 사랑하고 처자식이 생기면 처자식을 사랑하고 벼슬하면 임금을 사랑하고 임금에게 뜻을 얻지 못하면 애태우니, 큰 효는 평생 부모님을 사랑하나니, 50에도 사랑한 자를 내가 순임금에게서 보았노라."

言常人之情은 因物有遷이로대 惟聖人은 爲能不失其本心也라 艾는 美好也니 楚詞戰國策所謂幼艾 義與此同하니라 不得은 失意也라 熱中은 躁急心熱也라 言五十者는 舜攝政時年五十也니 五十而慕則其終身慕를 可知矣라

○ 此章은 言舜이 不以得衆人之所欲으로 爲己樂(락)하고 而以不順乎親之心으로 爲己憂하니 非聖人之盡性이면 其孰能之리오

보통 사람의 정은 외물에 따라 움직이지만 성인만은 그의 본심을 잃지 않음을 말한 것이다. 艾는 아름답고 예쁨이니, 『楚詞』・『戰國策』에 이른바 幼艾가 이와 같은 뜻이다. 不得은 뜻을 상실함이다. 熱中은 조급하여 마음에 열이 남이다. 50이라 말한 것은 순임금이 섭정할 때 나이가 50이니 50에도 사랑한즉 평생 사랑함을 알 수 있다.

○ 이 장은 '순임금이 대중의 소망을 얻었다 하여 즐거움으로 삼지 않고 부모님께 효도하지 못함을 자신의 근심으로 삼았으니, 성인으로서 본성을 다한 분이 아니라면 그 누가 능하겠느냐.'는 말이다.

2-1. 萬章이 問曰 詩云娶妻如之何오 必告父母라하니 信斯言也인댄 宜莫如舜이어시니 舜之不告而娶는 何也잇고 孟子曰 告則不得娶하시리니 男女居室은 人之大倫也니 如告則廢人之大倫하야 以懟父母라 是以不告也시니라

만장이 여쭈었다. "『詩經』에 '아내삼음을 어찌할꼬. 반드시 부모님께 아뢴다.'하니, 진실로 이 말과 같을진댄 의당 순임금 같은 경우는 없어야 할 것이니, 순임금께서 아뢰지 않고 아내삼음은 무엇 때문입니까?" 맹자께서 말씀하셨다. "아뢰면 아내를 얻지 못하실 것이니, 남녀의 결혼은 사람의 큰 윤리이니 아뢰면 큰 윤리를 폐지하여 부모를 원망할 것이다. 이 때문에 아뢰지 않으셨다."

詩는 齊國風南山之篇也라 信은 誠也니 誠如此詩之言也라 懟는 讎怨也라 舜이 父頑母嚚하야 常欲害舜하니 告則不聽其娶하리니 是는 廢人之大倫하야 以讎怨於父母也라

시는 제나라 「國風」<南山>편이다. 信은 진실로 이니 진실로 이 시의 말과 같다는 것이다. 懟는 원망함이다. 순임금이 아버지는 완고하고 어머니는 어리석어 항상 순임금을 해치고자 했으니 아뢰면 아내삼음을 들어주지 않을

것이다. 이는 사람의 큰 인륜을 폐하여 부모님을 원망할 것이다.

■ 懟 원망할 대   讎 원수삼을 수   嚚 어리석을 은

2-2. 萬章이 曰舜之不告而娶則吾 旣得聞命矣어니와 帝之妻舜而不告는 何也잇고 曰 帝 亦知告焉則不得妻也시니라

만장이 여쭈었다. "순임금이 아뢰지 않고 아내를 얻음은 제가 가르침을 받았지만, 요임금이 순임금을 사위 삼으면서 알리지 않음은 무엇 때문입니까?" 말씀하셨다. "요임금도 알리면 사위삼지 못할 것을 아신 것이다."

以女爲人妻曰妻라 程子曰 堯 妻舜而不告者는 以君治之而已니 如今之官府 治民之私者 亦多라

딸을 남의 아내로 삼아 줌을 妻라 한다. 정자가 말하였다. "요임금이 순임금을 사위 삼으면서 알리지 않은 것은 임금으로서 통치함일 뿐이니, 예를 들면 지금 관청에서 백성의 사적인 것을 다스림이 대부분 이러한 것이다."

2-3. 萬章이 曰父母 使舜으로 完廩捐階하고 瞽瞍 焚廩하며 使浚井하야 出커시늘 從而揜之하고 象이 曰謨蓋都君은 咸我績이니 牛羊父母요 倉廩父母요 干戈朕이요 琴朕이요 弤朕이요 二嫂란 使治朕棲호리라하고 象이 往入舜宮한대 舜이 在牀琴이어시늘 象이 曰鬱陶思君爾라하고 忸(뉵)怩한대 舜이 曰惟茲臣庶를 汝其于予治라하시니 不識케이다 舜이 不知象之將殺己與잇가 曰奚而不知也시리오 象憂亦憂하시고 象喜亦喜하시니라

만장이 여쭈었다. "부모가 순에게 곳간을 수리하라 하고 사다리를 치우고 고수가 곳간에 불 지르며, 우물을 파라 하야 숨긴 구멍으로 나오거늘 이어서

흙을 내려 우물을 메우고, 상이 '도군을 흙으로 덮은 계획은 다 나의 공적이니 소와 양은 부모님 것이요, 창고와 곳간은 부모님 것이요, 방패와 창은 나의 것이요, 거문고는 나의 것이요, 활은 나의 것이요, 두 형수는 나의 침상을 돌보게 하겠다.'하고 상이 순의 궁전에 가자, 순이 평상에서 거문고를 타거늘, 상이 '도군 생각에 울적했을 뿐이다.'하고 쑥스러워하자, 순이 '네가 이 신하들을 내게 와서 다스려라.'하셨으니, 모르겠습니다만 순임금께서 상이 자신을 죽이려 함을 몰랐습니까?" 말씀하셨다. "어찌 모르셨으리요. 상이 근심하면 근심하시고 상이 기뻐하면 또한 기뻐하신 것이다."

完은 治也라 捐은 去也라 階는 梯也라 搶은 蓋也라 按史記에 曰使舜으로 上塗廩하고 瞽瞍從下하야 縱火焚廩이어늘 舜이 乃以兩笠으로 自捍而下去하야 得不死하고 後又使舜으로 穿井이어늘 舜이 穿井에 爲匿空旁出이러니 舜이 旣入深에 瞽瞍與象으로 共下土實井이어늘 舜이 從匿空中出去라하니 卽其事也라 象은 舜의 異母弟也라 謨는 謀也라 蓋는 蓋井也라 舜所居三年成都故로 謂之都君이라 咸은 皆也라 績은 功也니 舜旣入井에 象이 不知舜已出하고 欲以殺舜으로 爲己功也라 干은 盾也요 戈는 戟也라 琴은 舜所彈五弦琴也라 弤는 琱弓也라 象이 欲以舜之牛羊倉廩으로 與父母하고 而自取此物也라 二嫂는 堯二女也라 棲는 牀也니 象이 欲使爲己妻也라 象이 往舜宮하야 欲分取所有라가 見舜이 生在牀彈琴하니 蓋旣出에 卽潛歸其宮也라 鬱陶는 思之甚而氣不得伸也라 象이 言己思君之甚故로 來見爾라 忸怩는 慙色也라 臣庶는 謂其百官也라 象이 素憎舜하야 不至其宮故로 舜이 見其來而喜하야 使之治其臣庶也라 孟子言舜非不知其將殺己로대 但見其憂則憂하고 見其喜則喜하니 兄弟之情이 自有所不能已耳라 萬章所言이 其有無는 不可知나 然舜之心은 則孟子有以知之矣니 他亦不足辨也라 程子曰 象憂亦憂하고 象喜亦喜하니 人情天理 於是爲至라

完은 수리함이다. 捐은 제거함이다. 階는 사다리이다. 揜은 덮음이다. 살펴보면, 『史記』에 '순에게 올라가 곳간을 고치게 하고 고수가 내려와서 불질러 곳간을 태우거늘 순이 삿갓 두 개로 자신을 호위하여 내려와 죽지 않았고, 뒤에 또 순에게 우물을 파라하거늘 순이 우물을 팔 적에 숨긴 구멍을 만들어 곁으로 나올 수 있게 하더니 순이 깊이 들어감에 고수와 상이 함께 흙을 내려 우물을 메우거늘 순이 숨긴 구멍을 따라 나왔다.'고 하니 바로 그 일이다. 象은 순의 이복동생이다. 謨는 계획이다. 蓋는 우물을 덮음이다. 순임금이 거주한지 3년 만에 도읍이 이루어졌기 때문에 都君이라 한 것이다. 咸은 모두이다. 績은 공적이니, 순임금이 우물 속으로 들어갔기 때문에, 상은 순이 이미 빠져 나온 것을 모르고 순 죽인 것을 자신의 공적으로 여긴 것이다. 干은 방패요, 戈는 창이다. 琴은 舜이 타던 五弦琴이다. 弤는 붉은색 활이다. 상이 순의 우양과 창름을 부모님께 주고 자신은 이 물건을 차지하려 한 것이다. 二嫂는 요임금의 두 딸이다. 棲는 평상이니 상이 자기 아내로 삼으려 한 것이다. 상이 순의 궁에 가서 소유물을 나누어 가지려다가 순이 평상에서 거문고 타고 있는 것을 보았으니, 대개 우물에서 빠져 나와 몰래 그의 궁으로 돌아간 것이다. 鬱陶는 생각이 깊어 기운이 펴지지 못함이다. 象이 자신이 도군을 생각함이 깊어 뵈러 왔을 뿐임을 말한 것이다. 忸怩는 부끄러운 기색이다. 臣庶는 백관을 이른다. 상이 평소 순을 미워하여 궁에 오지 않았기 때문에, 순이 그가 온 것을 기뻐하여 백관을 다스리게 한 것이다. 맹자께서는 '순이 그가 자신을 죽이려함을 모른 것은 아니지만 단지 그가 근심하면 근심하고 그가 기뻐하면 기뻐했으니, 형제의 정이 저절로 그치지 못할 점이 있었을 뿐임'을 말씀하신 것이다. 만장이 말한 내용의 유무는 모르겠으나 순임금의 마음은 맹자께서 아셨으니 다른 것은 변론할 것도 없다. 정자가 말하였다. "상이 근심하면 근심하고 상이 기뻐하면 기뻐하니 인정과 천리의 지극함이다."

■ 捐 치울 연　　　階 사다리 계　　　浚 깊게팔 준　　　揜 덮을 엄
　弤 활 저　　　　忸 부끄러워할 뉵　 怩 부끄러워할 니　彫 아로새길 조
　梯 사다리 제

2-4. 曰 然則舜은 僞喜者與잇가 曰 否라 昔者에 有饋生魚於鄭子産이어늘 子産이 使校人으로 畜(흑)之池한대 校人이 烹之하고 反命曰 始舍之하니 圉圉焉이러니 少則洋洋焉하야 攸然而逝하더이다 子産이 曰 得其所哉인져 得其所哉인져하야늘 校人이 出曰 孰謂子産을 智오 予旣烹而食之호니 曰得其所哉인져 得其所哉인져코녀하니 故로 君子는 可欺以其方이어니와 難罔以非其道니 彼以愛兄之道로 來故로 誠信而喜之시니 奚僞焉이시리오

여쭈었다. "그렇다면 순임금은 거짓으로 기뻐한 자입니까?" 말씀하셨다. "아니다. 옛적에 정나라 자산에게 산물고기를 주거늘 자산이 연못 관리인에게 연못에다 기르라 하자 관리인이 삶아 먹고 '처음에 놓아주니 어리어리하더니 조금 후에 생생해져 멀리 갔다.'고 복명하였다. 자산이 '제 곳을 얻었구나, 제 곳을 얻었구나!'하자, 관리인이 나와서 '누가 자산을 지혜롭다 했는고? 내가 이미 삶아서 먹었는데 제 곳을 얻었구나, 제 곳을 얻었구나 하는구려.'하니, 그러므로 군자는 이치에 닿는 방법으로 속일 수 있지만 이치에 닿지 않는 방법으로 속이기는 어렵다. 그가 형을 사랑하는 도로 왔기 때문에 진실로 믿고 기뻐하신 것이니 어찌 거짓이시리요."

校人은 主池沼小吏也라 圉圉는 困而未紓之貌라 洋洋則稍縱矣라 攸然而逝者는 自得而遠去也라 方은 亦道也라 罔은 蒙蔽也라 欺以其方은 謂誑之以理之所有요 罔以非其道는 謂昧之以理之所無라 象이 以愛兄之道로 來하니 所謂欺之以其方也라 舜本不知其僞故로 實喜之시니 何僞之有리오

○此章은 又言舜遭人倫之變호대 而不失天理之常也라

校人은 연못을 담당하는 하급 관리이다. 圉圉는 지쳐서 생기나지 않는 모양이다. 洋洋은 차츰 생기나는 모양이다. 攸然而逝는 생기를 얻어 멀리

감이다. 方은 방도이다. 罔은 가려짐이다. 欺以其方은 이치에 닿는 것으로 속임을 말한다. 罔以非其道는 이치에 닿지 않는 것으로 어둑하게 함을 말한다. 상이 형을 사랑하는 방도로 왔으니 이치에 닿는 방도로 속인 것이다. 순임금이 본래 그의 거짓됨을 몰랐기 때문에 진실로 기뻐하셨으니 어찌 거짓이 있으리오.

○ 이 장은 또 순임금께서 인륜의 변고를 당했지만 천리의 떳떳함을 잃지 않았음을 말한 것이다.

3-1. 萬章이 問曰 象이 日以殺舜爲事어늘 立爲天子則放之는 何也잇고 孟子曰 封之也어시늘 或曰放焉이라하니라

만장이 여쭈었다. "상이 날마다 순임금 살해를 일삼았거늘 천자가 되어 방치함은 무엇 때문입니까?" 맹자께서 말씀하셨다. "봉하신 것인데 혹자가 가두었다 한다."

放은 猶置也니 置之於此하야 使不得去也라 萬章이 疑舜이 何不誅之시니잇고 孟子言舜實封之어늘 而或者 誤以爲放也라하시니라

放은 가둠과 같으니 여기에 가두어 떠나지 못하게 함이다. 만장이 '순임금이 무엇 때문에 죽이지 않았느냐'고 의심한 것이다. 맹자께서 '순임금께서는 실제 봉하셨거늘 혹자가 가둔 것으로 오해했다.'고 말씀하셨다.

■ 放 가둘 방   置 가둘 치

3-2. 萬章이 曰舜이 流共工于幽州하시고 放驩兜于崇山하시고 殺三苗于三危하시고 殛鯀于羽山하사 四罪하신대 而天下咸服은 誅不仁也니 象이 至不仁이어늘 封之有庳하시니 有庳之人은 奚罪焉고 仁人도 固如是乎잇가 在他人則誅之하고 在弟則封之온여 曰 仁人之於弟也에

不藏怒焉하며 不宿怨焉이요 親愛之而已矣니 親之란 欲其貴也요 愛之란 欲其富也니 封之有庳는 富貴之也시니 身爲天子요 弟爲匹夫면 可謂親愛之乎아

만장이 여쭈었다. "순임금이 공공을 유주로 유배 보내고 환도를 숭산에 가두고 삼묘를 삼위에서 죽이고 곤을 우산에서 처형하여 4인을 처벌하시자, 천하가 복종함은 불인한 이를 처형했기 때문이다. 상이 지극히 불인한데도 유비에 봉하셨으니, 유비 지역민은 무슨 죄가 있습니까? 진실로 어진 사람도 이같이 하는 겁니까? 타인은 처벌하고 아우는 봉해주었구려." 말씀하셨다. "어진 사람이 아우에게 화를 간직하지 않으며 원망을 쌓아두지 않고 親愛할 뿐이니, 친히 함이란 그를 귀하게 하려는 것이요 사랑함이란 그를 부유하게 하려는 것이니, 유비에 봉해줌은 부귀하게 함이시니 자신은 천자이고 아우가 필부라면 친애한다고 말할 수 있겠는가?"

流는 徙也라 共工은 官名이라 驩兜는 人名이니 二人이 比周하야 相與爲黨이라 三苗는 國名이니 負固不服이라 殺은 殺其君也라 殛은 誅也라 鯀은 禹父名이니 方命圮族하고 治水無功하니 皆不仁之人也라 幽州崇山三危羽山有庳는 皆地名也니 或曰 今道州鼻亭이 卽有庳之地也라 하니 未知是否라 萬章이 疑舜이 不當封象이니 使彼有庳之民으로 無罪而遭象之虐은 非仁人之心也라 藏怒는 謂藏匿其怒요 宿怨은 謂留蓄其怨이라

流는 귀양 보냄이다. 共工은 벼슬 이름이요 驩兜는 이름이니, 2인이 서로 친하여 함께 당을 만들었다. 三苗는 國名이니 견고함을 믿고 복종하지 않았다. 殺은 그의 임금을 죽임이다. 殛은 죽임이다. 鯀은 禹임금 아버지 이름이다. 명령을 거역하여 종족을 무너뜨리고 治水에 공로가 없었다고 하니 모두 불인한 사람이다. 유주·숭산·삼위·우산·유비는 모두 지명이다. 혹자는 '지금 도주 비정이 바로 유비 지역'이라 하니 옳은지 모르겠다. 만장이 순이 상을

봉함은 부당하니 저 유비 백성으로 하여금 죄 없이 상의 학정을 당하게 함은 어진 사람의 마음이 아니라고 생각한 것이다. 藏怒는 노여움을 마음에 감춰 숨김이요, 宿怨은 원망을 마음에 쌓아 둠을 이른다.

■ 徙 귀양보낼 사 　　比 친할 비 　　周 미쁠 주 　　方 거스를 방

3-3. 敢問 或曰放者는 何謂也잇고 曰 象이 不得有爲於其國하고 天子 使吏로 治其國而納其貢稅焉하니 故로 謂之放이니 豈得暴(포)彼民哉리오 雖然이나 欲常常而見之故로 源源而來하니 不及貢하야 以政接于有庳라하니 此之謂也니라

감히 여쭙겠습니다. "혹이 가두었다 함은 무슨 말입니까?" 말씀하셨다. "상이 그 나라를 다스리지 못하고 천자가 관리를 파견하여 다스리고 貢과 稅를 거두었다. 그래서 가두었다 한 것이니, 어찌 저 백성에게 포학할 수 있겠는가? 비록 그러하나 항상 만나고 싶었기 때문에 끊임없이 뵈러 왔으니 공물을 바칠 때에 이르지 않아 유비의 제후와 정사로 만났다고 하니 이를 말한 것이다."

孟子言象雖封爲有庳之君이나 然不得治其國하고 天子 使吏代之治而納其所收之貢稅於象하니 有似於放故로 或者 以爲放也라 蓋象이 至不仁하니 處之如此면 則旣不失吾親愛之心이요 而彼亦不得虐有庳之民也라 源源은 若水之相繼也라 來는 謂來朝覲也라 不及貢以政接于有庳는 謂不待及諸侯朝貢之期하야 而以政事로 接見有庳之君이니 蓋古書之辭어늘 而孟子 引以證源源而來之意하시니 見(현)其親愛之無已如此也시니라

○ 吳氏曰 言聖人은 不以公義로 廢私恩하고 亦不以私恩으로 害公義니 舜之於象에 仁之至요 義之盡也라

맹자께서 '상이 비록 유비의 임금에 봉해졌으나 그 나라를 다스리지 못하고

천자가 관리로 하여금 대신 다스려 거둔 세금을 상에게 납입하게 했으니 가둠과 비슷한 점이 있어서 혹자가 가둔 것으로 간주했다.'고 말씀하신 것이다. 대개 상이 지극히 불인했으니 이처럼 처리하면 내가 친애하는 마음을 잃지 않고 상 또한 유비의 백성에게 포학할 수 없다. 源源은 물이 이어짐과 같다. 來는 조회에 와서 뵙는 것을 말한다. 不及貢以政接于有庳는 제후가 조공하는 시기를 기다리지 않고 정사로 유비의 제후를 접견함을 말한다. 대개 옛 글의 말인데 맹자께서 인용하여 源源而來의 의미를 증명하셨으니 친애함이 이처럼 끝없음을 나타내신 것이다.

○오씨가 말하였다. "성인은 공적인 의리로 사적인 은정을 폐하지 않고 또한 사적인 은혜로 공적인 의리를 해치지 않으니 순임금이 상에게 하신 일은 인의 지극함이고 의리의 극진함을 말한 것이다."

4-1. 咸丘蒙이 問曰 語에 云盛德之士는 君不得而臣하며 父不得而子라 舜이 南面而立이어시늘 堯 帥諸侯하야 北面而朝之하시고 瞽瞍亦北面而朝之어늘 舜이 見瞽瞍하시고 其容이 有蹙이라하야늘 孔子曰 於斯時也에 天下 殆哉岌岌乎인저하시니 不識케이다 此語 誠然乎哉잇가 孟子曰 否라 此非君子之言이라 齊東野人之語也라 堯 老而舜이 攝也러시니 堯典에 曰二十有八載에 放勳이 乃徂落커시늘 百姓은 如喪考妣三年하고 四海는 遏密八音이라하며 孔子曰 天無二日이요 民無二王이라하시니 舜이 旣爲天子矣요 又帥天下諸侯하야 以爲堯三年喪이면 是는 二天子矣니라

함구몽이 여쭈었다. "옛말에 '덕을 이룬 선비는 임금이 신하로 삼지 못하며 아비가 자식으로 삼지 못하는 지라서, 순임금이 임금의 자리에 계시거늘 요임금이 제후를 거느리고 순임금께 조회 드리고 고수도 순임금께 조회 드리거늘

순 임금이 고수를 보시고 그 용모가 찌푸려졌다.'고 하거늘 공자께서 '이 때에 천하가 위태롭고 불안하다.'하셨으니 모르겠습니다. 이 말이 진실로 그러합니까?" 맹자께서 말씀하셨다. "아니다. 이는 군자의 말이 아니라 제나라 동쪽 촌사람의 말이다. 요임금이 늙어 순이 섭정 하시더니 <堯典>에 '28년 만에 방훈이 돌아가시자 백성은 부모상 3년을 치르듯이 하고 사해는 음악 연주 소리가 그쳤다.'하며 공자께서 '하늘에 두 해가 없고 백성은 두 임금이 없다.'하셨으니, 순임금이 먼저 천자가 되고 천하의 제후를 거느리고서 요임금의 3년 상을 치렀다면 이는 천자가 둘이다."

咸丘蒙은 孟子弟子也라 語者는 古語也라 蹙은 顰蹙不自安也라 岌岌은 不安之貌也니 言人倫이 乖亂하야 天下 將危也라 齊東은 齊國之東鄙也라 孟子 言堯但老不治事하야 而舜攝天子之事耳요 堯在時에 舜未嘗卽天子位하니 堯 何由北面而朝乎아 又引書及孔子之言하야 以明之하시니라 堯典은 虞書篇名이라 今此文이 乃見(현)於舜典하니 蓋古書에 二篇이 或合爲一耳라 言舜이 攝位二十八年而堯 死也라 徂는 升也요 落은 降也니 人死則魂升而魄降故로 古者에 謂死爲徂落이라 遏은 止也요 密은 靜也라 八音은 金石絲竹匏土革木이니 樂器之音也라

咸丘蒙은 맹자의 제자이다. 語는 옛말이다. 蹙은 찌푸려 편안치 못함이다. 岌岌은 불안한 모습이니, 인륜이 무너져 천하가 장차 위태함을 말한 것이다. 齊東은 제나라 동쪽 시골이다. 맹자께서 '요임금이 단지 늙어 정사를 다스리지 못하여 순이 천자의 일을 대신한 것뿐이지 요임금이 살아 계실 적에 순이 천자의 자리에 나간 적이 없으니, 요임금이 무슨 이유로 북면하여 조회하겠느냐?'고 말씀하신 것이다. 또 『書經』과 공자의 말씀을 인용하여 증명하셨다. <堯典>은 「虞書」편명이다. 지금 이 글이 <舜典>에 나오니 대개 古書에 두 편이 합쳐 한 편이 된듯하다. 순임금이 섭정 28년에 요임금이 돌아가심을 말한다. 徂는 올라감이요 落은 내려감이니, 사람이 죽으면 혼은 올라가고

백은 내려가므로 옛적에 죽음을 徂落이라 하였다. 遏은 그침이요 密은 고요함이다. 八音은 쇠·돌·실·대나무·박·흙·가죽·나무이니 악기의 소리이다.

4-2. 咸丘蒙이 曰舜之不臣堯則吾旣得聞命矣어니와 詩云 普天之下 莫非王土며 率土之濱이 莫非王臣이라하니 而舜이 旣爲天子矣시니 敢問 瞽瞍之非臣은 如何잇고 曰是詩也는 非是之謂也라 勞於王事而不得養父母也하야 曰 此 莫非王事어늘 我獨賢勞也라하니 故로 說詩者 不以文害辭하며 不以辭害志요 以意逆志라야 是爲得之니 如以辭而已矣인댄 雲漢之詩에 曰周餘黎民이 靡有孑遺라하니 信斯言也인댄 是는 周無遺民也니라

함구몽이 여쭈었다. "순임금이 요임금을 신하삼지 못함은 제가 이미 가르침을 들었지만 『詩經』에 '드넓은 천하가 왕의 영토 아닌 곳이 없으며 땅 끝 바다까지 왕의 신하 아닌 이가 없다.'하니, 순임금께서 이미 천자가 되셨으니 감히 여쭙겠습니다. 고수가 신하 아님은 무엇 때문입니까?" 말씀하셨다. "이 시는 이를 말한 것이 아니다. 왕의 일로 수고로워 부모를 봉양하지 못하여, '이것이 왕의 일이 아님이 없거늘 나 홀로 잘나 수고롭다.' 한 것이다. 그러므로 시를 평하는 자가 글자로 말뜻을 해치지 않으며 말로 작자의 뜻을 해치지 않고 자신의 뜻으로 작자의 뜻을 맞이해야 옳다. 만일 말대로만 한다면 <雲漢>의 시에 '주나라 남은 백성이 한 사람도 없다.'하니, 이 말을 믿을진댄, 이는 주나라에 백성이 없는 것이다.

不臣堯는 不以堯爲臣하야 使北面而朝也라 詩는 小雅北山之篇也라 普는 徧也요 率은 循也라 此詩는 今毛氏序에 云役使不均하야 已勞於王事而不得養其父母焉이라하고 其詩下文에 亦云大夫不均이라 我從事獨賢이라하니 乃作詩者 自言天下 皆王臣이니 何爲獨使我로 以賢才而

勞苦乎아하니 非謂天子 可臣其父也라 文은 字也요 辭는 語也라 逆은 迎也라 雲漢은 大雅篇名也라 孑은 獨立之貌라 遺는 脫也라 言說詩之法은 不可以一字而害一句之義요 不可以一句而害說辭之志요 當以己意로 迎取作者之志라야 乃可得之니 若但以其辭而已인댄 則如雲漢所言이면 是는 周之民이 眞無遺種矣니 惟以意逆之면 則知作詩者之志 在於憂旱이요 而非眞無遺民也라

不臣堯는 요임금을 신하로 삼아 북면하고 조회 드리게 못함이다. 시는 「小雅」<北山>편이다. 普는 보편이요, 率은 따름이다. 이 시는 모씨의 서문에 '일이 고르지 못하여 자기만 왕의 일에 수고로워 부모를 봉양하지 못한다.' 하고, 그 시 아래에 또 '대부 일이 고르지 못하여 나만 홀로 수고롭다.'하니 작자가 '천하가 모두 왕의 신하인데 어찌 유독 나만 賢才라 하여 수고롭게 하느냐?'고 말한 것이니, 천자가 아비를 신하 삼을 수 있음을 말한 것이 아니다. 文은 글자요 辭는 말이다. 逆은 맞이함이다. <雲漢>은 「大雅」 편명이다. 孑은 홀로 선 모양이다. 遺는 남음이다. 시를 해설하는 방법은 한 자로 한 귀의 뜻을 해치지 말고 한 귀로 말한 뜻을 해치지 말고 자기의 뜻으로 작자의 뜻을 맞이해야 옳음을 말한 것이니, 만일 단지 말로만 할 뿐일진대, 즉 <雲漢>에 말한 대로라면 이는 주나라 백성이 진짜 종자도 없는 셈이니 자신의 뜻으로 헤아리면 작자의 뜻이 가뭄 걱정에 있지 진짜 백성이 없는 게 아님을 알 수 있다.

4-3. 孝子之至는 莫大乎尊親이요 尊親之至는 莫大乎以天下養이니 爲天子父하니 尊之至也요 以天下養하시니 養之至也라 詩曰 永言孝思라 孝思維則이라하니 此之謂也니라

효자의 지극함은 존친보다 큰 것이 없고 존친의 지극함은 천하로써 봉양함보다 큰 것이 없으니 천자의 아버지 되었으니 존친의 지극함이요, 천하로써 봉양했

으니 양친의 지극함이다. 『詩經』에 '길이 효하며 생각하는지라 효와 생각을 본받을 만하다.'하니 이를 말한 것이다.

言瞽瞍 旣爲天子之父하니 則當享天下之養이니 此는 舜之所以爲尊親養親之至也라 豈有使之北面而朝之理乎아 詩는 大雅下武之篇이라 言人能長言孝思而不忘이면 則可以爲天下法則(칙)也라

고수가 이미 천자의 아버지 되었으니 천하의 봉양을 누린 것이다. 이는 순임금의 존친과 양친이 지극함을 말한 것이다. 어찌 북면하여 조회 드릴 이치가 있겠는가? 시는 「大雅」<下武>편이다. 사람이 길이 효하며 생각하여 잊지 않으면 천하의 법칙이 될 만함을 말한 것이다.

4-4. 書에 曰祗載見(현)瞽瞍하사대 夔夔齊(재)栗하신대 瞽瞍 亦允若이라하니 是爲父不得而子也니라

『書經』에 '자식의 도리로 공경하여 고수를 뵙되 공경하고 삼가며 두려워하신대 고수 또한 신실하여 순히 했다.'하니 아비가 자식으로 대처하지 못함이다.

書는 大禹謨篇也라 祗는 敬也요 載는 事也라 夔夔齊(재)栗은 敬謹恐懼之貌라 允은 信也요 若은 順也라 言舜이 敬事瞽瞍하여 往而見之에 敬謹如此하니 瞽瞍 亦信而順之也라 孟子 引此而言瞽瞍 不能以不善으로 及其子하고 而反見化於其子하니 則是所謂父不得而子者요 而非如咸丘蒙之說也라

書는 「大禹謨」편이다. 祗는 공경이요 載는 일이다. 夔夔齊栗은 공경하고 삼가며 두려워하는 모양이다. 允은 신실함이다. 若은 순히 함이다. 순이 공경으로 고수를 섬겨, 가서 뵐 적에 공경과 삼감이 이 같으니 고수도 신실하여 순히 함을 말한 것이다. 맹자께서 이를 인용하여 고수가 불선함을 자식에게 끼치지 못하고 도리어 자식에게 감화되었으니, 이른바 아비가 자식으로 대처

하지 못한 것이지 함구몽의 말과 같은 것은 아니다.

5-1. 萬章이 曰堯 以天下與舜이라하니 有諸(저)잇가 孟子曰 否라 天子不能以天下與人이니라

만장이 여쭈었다. "요임금이 천하를 순임금에게 주었다 하니 그렇습니까?" 맹자께서 말씀하셨다. "아니다. 천자가 천하를 사람에게 주지 못한다."

天下者는 天下之天下요 非一人之私有故也라
天下는 천하인의 천하이지 한 사람의 사유가 아니기 때문이다.

5-2. 然則舜有天下也는 孰與之잇고 曰 天이 與之시니라

"그렇다면 순임금께서 천하를 소유하심은 누가 주었습니까?" 말씀하셨다. "하늘이 주신 것이다."

萬章이 問而孟子 答也라
만장이 묻고 맹자께서 대답하신 것이다.

5-3. 天이 與之者는 諄諄然命之乎잇가

"하늘이 주심은 상세한 말로 명하십니까?"

萬章이 問也라 諄諄은 詳語之貌라
만장이 질문한 것이다. 諄諄은 상세히 말하는 모양이다.

■ 諄 상세할 순

5-4. 曰 否라 天이 不言이라 以行與事로 示之而已矣시니라

말씀하셨다. "아니다. 하늘이 말이 없는지라 행실과 일로써 보여줄 뿐이다."

行之於身을 謂之行이요 措諸(저)天下를 謂之事니 言但因舜之行事 而示以與之之意耳라

몸으로 행하는 것을 行이라 이르고 천하에 펼치는 것을 事라 이르니, 다만 순임금의 行·事로 인하여 줄 뜻을 보여줄 뿐임을 말한다.

5-5. 曰 以行與事로 示之者는 如之何잇고 曰 天子 能薦人於天이언정 不能使天으로 與之天下며 諸侯 能薦人於天子이언정 不能使天子로 與之諸侯며 大夫 能薦人於諸侯이언정 不能使諸侯로 與之大夫니 昔者에 堯 薦舜於天而天이 受之하시고 暴(폭)之於民而民이 受之하니 故로 曰 天이 不言이라 以行與事로 示之而已矣라하노라

여쭈었다. "行·事로 보여준다는 것은 어떻게 하는 것입니까?" 말씀하셨다. "천자가 하늘에 천거할지언정 하늘로 하여금 천하를 주게는 못하며 제후가 천자에게 천거할지언정 천자로 하여금 제후를 주게는 못하며 대부가 제후에게 천거할지언정 제후로 하여금 대부를 주게는 못하니 옛적에 요임금이 하늘에 순을 천거함에 하늘이 받으시고 백성에 보임에 백성이 받았다. 그러므로 하늘이 말이 없는지라 行·事로 보여줄 뿐이라고 말하노라."

暴(폭)은 顯也라 言下能薦人於上이언정 不能令上으로 必用之니 舜爲 天人所受하니 是는 因舜之行與事而示之以與之之意也라

暴는 드러냄이다. 아래에서 윗분에게 사람을 천거할지언정 윗분으로 하여금 반드시 등용하게는 못하니, 순임금을 하늘과 사람이 받아들인 것이니, 이는 순임금의 행사로 인하여 줄 뜻을 보여줌을 말한 것이다.

5-6. 曰 敢問薦之於天而天이 受之하시고 暴(폭)之於民而民이 受之는 如何잇고 曰 使之主祭而百神이 享之하니 是는 天이 受之요 使之主

事而事治하야 百姓이 安之하니 是는 民이 受之也라 天이 與之하며 人이 與之故로 曰天子 不能以天下與人이라하노라 舜이 相堯二十有八載하시니 非人之所能爲也라 天也라 堯 崩커시늘 三年之喪을 畢하고 舜이 避堯之子於南河之南이어시늘 天下諸侯 朝覲者 不之堯之子而之舜하며 訟獄者 不之堯之子而之舜하며 謳歌者 不謳歌堯之子而謳歌舜하니 故로 曰天也라 夫然後에 之中國하사 踐天子位焉하시니 而居堯之宮하야 逼堯之子면 是는 簒也라 非天與也니라

"감히 여쭙겠습니다. 하늘에 천거함에 하늘이 받으시고 백성에 보여줌에 백성이 받으심은 어떠한 것입니까?" 말씀하셨다. "제사를 주관케 함에 모든 신이 흠향하시니 이는 하늘이 받은 것이요, 일을 주관케 함에 다스려져 백성이 편안하니 이는 백성이 받은 것이다. 하늘이 주며 사람이 주었으므로 천자가 천하를 사람에게 주지 못한다고 하노라. 순이 요임금을 28년 도우셨으니 사람이 능히 할 바가 아니라 하늘이다. 요임금이 돌아가시거늘 3년 상을 마치고 순이 요임금의 아들을 하수 남쪽으로 가 피하시거늘 천하의 제후들이 조회 드리는 자가 요임금의 아들에게 가지 않고 순에게 가며 송사를 하는 자가 요임금의 아들에게 가지 않고 순에게 가며 노래하는 자가 요임금의 아들을 노래하지 않고 순을 노래했으므로 하늘이라 하는 것이다. 그런 연후에 중국으로 가시어 천자의 지위에 오르셨으니 요임금의 궁전에 거주하여 요임금의 아들을 핍박한다면 이는 찬탈이지 하늘이 준 것이 아니다.

南河는 在冀州之南하니 其南은 卽豫州也라 訟獄은 謂獄不決而訟之也라

南河는 기주의 남쪽에 있으니, 그 남쪽은 곧 예주이다. 訟獄은 옥사를 결정하지 못하고 송사함을 이른다.

5-7. 太誓에 曰天視 自我民視며 天聽이 自我民聽이라하니 此之謂也니라

<太誓>에 '하늘이 봄이 우리 백성으로부터 보며 하늘이 들음이 우리 백성으로부터 듣는다.'하니 이를 말한 것이다."

自는 從也라 天無形하야 其視聽이 皆從於民之視聽하니 民之歸舜이 如此하니 則天與之를 可知矣라

自는 부터이다. 하늘이 형체가 없어서 보고 들음이 다 백성의 보고 들음으로부터 하니, 백성이 순임금에게 돌아감이 이와 같으니 하늘이 준 것을 알 수 있다.

* 太誓는 『書經』「周書」의 太誓를 말한다.

6-1. 萬章이 問曰 人이 有言호대 至於禹而德衰하야 不傳於賢而傳於子라하니 有諸(저)잇가 孟子曰 否라 不然也라 天이 與賢則與賢하고 天이 與子則與子니라 昔者에 舜이 薦禹於天十有七年에 舜이 崩커시늘 三年之喪을 畢하고 禹 避舜之子於陽城이러시니 天下之民이 從之를 若堯崩之後에 不從堯之子而從舜也하니라 禹 薦益於天七年에 禹 崩커시늘 三年之喪을 畢하고 益이 避禹之子於箕山之陰이러니 朝覲訟獄者 不之益而之啓曰 吾君之子也라하며 謳歌者 不謳歌益而謳歌啓曰 吾君之子也라하니라

만장이 여쭈었다. "사람들 말에 우임금에 이르러 덕이 쇠하여 현인에게 전하지 않고 아들에게 전했다 하니 그렇습니까?" 맹자께서 말씀하셨다. "아니다. 그렇지 않다. 하늘이 현인에게 주면 현인에게 주고 하늘이 자식에게 주면 자식에게 준다. 옛적에 순임금이 우를 하늘에 천거한지 17년에 순임금이 돌아가시거늘 3년 상을 마치고 우가 양성으로 가 순임금의 아들을 피하시니, 천하의 백성이 따르기를, 요임금이 돌아가신 뒤에 요임금의 아들을 따르지 않고 순임금을

따르듯이 하였다. 우임금이 익을 하늘에 천거한지 7년 만에 우임금이 돌아가시거늘 3년 상을 마치고 익이 기산의 북쪽으로 가 우임금의 아들을 피했는데 조회하고 옥사를 판결하는 자가 익에게 가지 않고 계에게 가면서 우리 임금의 아들이라 하며 노래하는 자가 익을 노래하지 않고 계를 노래하면서 우리 임금의 아들이라 하였다.

陽城箕山之陰은 皆嵩山下深谷中可藏處라 啓는 禹之子也라 楊氏曰 此語는 孟子必有所受나 然不可考矣요 但云天이 與賢則與賢하고 天이 與子則與子라하시니 可以見堯舜禹之心이 皆無一毫私意也라

陽城箕山之陰은 다 숭산 아래 깊은 계곡으로서 숨을 만한 곳이다. 啓는 우임금의 아들이다. 양씨가 말하였다. "이 말은 맹자께서 반드시 가르침을 받은 것이나 상고할 수 없다. 다만 하늘이 현인에게 주면 현인에게 주고 하늘이 자식에게 주면 자식에게 준다 하시니, 堯·舜·禹의 마음이 다 조금도 사심이 없음을 알 수 있다."

6-2. 丹朱之不肖에 舜之子 亦不肖하며 舜之相堯와 禹之相舜也는 歷年이 多하야 施澤於民이 久하고 啓는 賢하야 能敬承繼禹之道하며 益之相禹也는 歷年이 少하야 施澤於民이 未久하니 舜禹益相去久遠과 其子之賢不肖 皆天也라 非人之所能爲也니 莫之爲而爲者는 天也요 莫之致而至者는 命也니라

단주가 불초한데다 순임금의 자식 또한 불초했으며 순임금이 요임금을 도우심과 우임금이 순임금을 도우심은 햇수가 많아서 백성에게 은택을 베풂이 오래고, 계는 어질어 공경으로 받들어 우임금의 도를 이었으며 익이 우임금을 도움은 햇수가 적어서 백성에게 은택을 베풂이 오래지 않으니, 舜·禹·益의 도움의 구원함과 그 자식의 어짊과 불초함이 다 天이라서 사람이 할 수 있는 일이 아니니 하려 하지 않아도 하는 것은 天이요 이루려 하지 않아도 이르는 것은

命이다.

堯舜之子 皆不肖하고 而舜禹之爲相久하니 此는 堯舜之子 所以不有天下하고 而舜禹有天下也라 禹之子 賢而益이 相不久하니 此는 啓 所以有天下하고 而益이 不有天下也라 然此 皆非人力所爲而自爲요 非人力所致而自至者니 蓋以理言之하면 謂之天이요 自人言之하면 謂之命이니 其實은 則一而已라

堯·舜의 자식이 다 불초하고 舜·禹의 도우심이 오래니, 이는 堯·舜의 자식이 천하를 소유하지 못하고 舜·禹가 천하를 소유한 것이다. 우임금의 아들이 어질고 익이 도움이 오래지 않으니, 이는 계가 천하를 소유하고 익이 천하를 소유하지 못한 것이다. 그러나 이것이 다 인력으로 한 것이 아니고 저절로 된 것이요 인력으로 이룬 것이 아니고 저절로 이른 것이니, 대개 이치로 말하면 하늘이라 하고 사람으로 말하면 명이라 하니, 그 실상은 하나일 뿐이다.

6-3. 匹夫而有天下者는 德必若舜禹而又有天子 薦之者라 故로 仲尼 不有天下하시니라

필부로서 천하를 소유한 자는 덕이 반드시 舜·禹와 같고 또 천자의 천거가 있는 자이다. 그러므로 중니께서 천하를 소유하지 못하셨다.

孟子 因禹益之事하야 歷擧此下兩條以推明之하시니라 言仲尼之德이 雖無愧於舜禹나 而無天子薦之者故로 不有天下하시니라

맹자께서 禹·益의 일로 인하여 이 아래 두 조목을 들어 추론하여 밝히셨다. 중니의 덕이 비록 舜·禹보다 부끄럽지 않으나 천자의 천거가 없었기 때문에 천하를 소유하지 못함을 말씀하신 것이다.

■ 愧 부끄러울 괴

6-4. 繼世以有天下에 天之所廢는 必若桀紂者也니 故로 益伊尹周公이 不有天下하시니라

대를 이어 천하를 소유함에 하늘이 폐할 대상은 반드시 桀·紂와 같은 자이다. 그러므로 益·伊尹·周公이 천하를 소유하지 못하셨다.

繼世而有天下者는 其先世 皆有大功德於民故로 必有大惡如桀紂면 則天乃廢之니 如啓及太甲成王이 雖不及益伊尹周公之賢聖이나 但能嗣守先業이면 則天亦不廢之라 故로 益伊尹周公이 雖有舜禹之德이나 而亦不有天下하니라

繼世而有天下는 선대가 백성에게 큰 공덕이 있으므로, 반드시 桀·紂와 같은 큰 악이 있으면 하늘이 이에 폐하니, 만일 啓·太甲·成王이 비록 益·伊尹·周公의 賢聖에는 미치지 못하나 다만 선대의 왕업을 이어 지키면 하늘 또한 폐하지 않는다. 그러므로 益·伊尹·周公이 비록 舜·禹의 덕을 지녔으나 또한 천하를 소유하지 못한 것이다.

6-5. 伊尹이 相湯하야 以王於天下러니 湯이 崩커시늘 太丁은 未立하고 外丙은 二年이요 仲壬은 四年이러니 太甲이 顚覆湯之典刑이어늘 伊尹이 放之於桐三年한대 太甲이 悔過하야 自怨自艾하야 於桐에 處仁遷義 三年하야 以聽伊尹之訓己也하야 復(부)歸于亳하니라

이윤이 탕임금을 도와 왕천하를 하더니 탕임금이 돌아가시거늘 太丁은 즉위하지 못하고 外丙은 재위 2년하고 仲壬은 재위 4년이었다. 太甲이 탕왕의 전형을 전복시키거늘, 이윤이 동에 3년 가두자, 태갑이 잘못을 뉘우쳐 스스로 원망하고 스스로 다스려 동에서 3년 동안 인의를 행하여 이윤의 가르침을 받고서 다시 박으로 돌아왔다.

此는 承上文言伊尹不有天下之事하니라 趙氏曰 太丁은 湯之太子니 未立而死하고 外丙은 立二年하고 仲壬은 立四年하니 皆太丁弟也라 太甲은 太丁子也라 程子曰 古人이 謂歲爲年하니 湯崩時에 外丙은 方二歲요 仲壬은 方四歲요 惟太甲이 差長故로 立之也라하니 二說이 未知孰是라 顚覆은 壞亂也라 典刑은 常法也라 桐은 湯墓所在라 艾는 治也니 說文에 云艾草也라하니 蓋斬絶自新之意라 亳은 商所都也라

이것은 윗글을 이어 이윤이 천하를 소유하지 못한 사실을 말하였다. 조씨는 '태정은 탕왕의 태자로 즉위 전에 죽고 외병은 재위 2년 하고 중임은 재위 4년이니 다 태정의 동생이다. 태갑은 태정의 아들이다.'하고, 정자는 '옛 사람이 歲를 年이라 했으니 탕임금이 돌아가셨을 때 외병은 갓 2살이고 중임은 4살이고 태갑만이 조금 어른이기 때문에 세운 것이다."하니, 두 주장이 누가 옳은지 모르겠다. 顚覆은 무너뜨려 어지럽힘이다. 典刑은 상법이다. 桐은 湯임금의 묘 소재지이다. 艾는 다스림이니 『說文』에 '풀을 벰이다.'하니 대개 베고 끊어 스스로 새롭게 한다는 뜻이다. 亳은 상나라가 도읍한 곳이다.

6-6. 周公之不有天下는 猶益之於夏와 伊尹之於殷也니라

주공이 천하를 소유하지 못함은 하나라에서 익과 은나라에서 이윤이 소유하지 못한 것과 같다.

此는 復(부)言周公所以不有天下之意하니라
이는 다시 주공이 천하를 소유하지 못한 뜻을 말씀하셨다.

6-7. 孔子曰 唐虞는 禪하고 夏后殷周는 繼하니 其義 一也라하시니라

공자께서 '唐·虞는 선위하고 夏后·殷·周는 계승했으니 그 의의는 한 가지이

다.'하셨다."

禪은 受也라 或禪或繼는 皆天命也니 聖人이 豈有私意於其間哉리오
○尹氏曰 孔子曰 唐虞는 禪하고 夏后殷周는 繼하니 其義 一也라하시고 孟子曰 天이 與賢則與賢하고 天이 與子則與子라하시니 知前聖之心者는 無如孔子요 繼孔子者는 孟子而已矣라

禪은 받음이다. 혹 선위하고 혹 계승함은 다 천명이니 성인이 어찌 사사의 뜻이 있겠는가?

○윤씨가 말했다. "공자께서 '唐·虞는 선위하고 夏后·殷·周는 계승했으니 그 의의는 한 가지이다.'하시고, 맹자께서 '하늘이 현인에게 주면 현인에게 주고 하늘이 아들에게 주면 아들에게 준다.'하시니, 앞 성인의 마음을 아신 분은 공자만한 이가 없고 공자를 계승한 분은 맹자뿐이다."

7-1. 萬章이 問曰 人이 有言호대 伊尹이 以割烹要湯이라하니 有諸(저)잇가

만장이 여쭈었다. "사람들 말이 '이윤이 맛있는 요리(割烹)로써 탕임금에게 요구했다.'하니 그런 일이 있습니까?"

要는 求也라 按史記에 伊尹이 欲行道以致君而無由하야 乃爲有莘氏之媵臣하야 負鼎俎하고 以滋味로 說(세)湯하야 致於王道라하니 蓋戰國時에 有爲此說者라

要는 요구함이다. 살펴보면, '史記'에 이윤이 도를 행하여 임금다운 임금을 만들고자 하되 길이 없어 유신씨의 잉신이 되어 솥과 도마를 짊어지고 가서 맛있는 요리로 탕임금을 달래 왕도를 이루었다.'하니, 대개 전국시대에 이 말을 하는 자가 있었다.

■ 割 나눌 할 烹 삶을 팽 媵 보낼 잉 鼎 솥 정
　 俎 도마 조 滋 더욱 자

7-2. 孟子曰 否라 不然하니라 伊尹이 耕於有莘之野而樂(락)堯舜之道焉하야 非其義也며 非其道也어든 祿之以天下라도 弗顧也하며 繫馬千駟라도 弗視也하고 非其義也며 非其道也어든 一介를 不以與人하며 一介를 不以取諸(저)人하니라

맹자께서 말씀하셨다. "아니다. 그렇지 않다. 이윤이 유신의 들에서 농사를 지으며 요순의 도를 즐거워하여, 그 의가 아니며 그 도가 아닐 경우 천하를 봉록으로 주더라도 돌아보지 않으며 4,000필의 말을 매어놓더라도 보지 않았고, 그 의가 아니며 그 도가 아닐 경우 한 개를 남에게 주지 않으며 남의 것 한 개를 차지하지 않았다.

　　莘은 國名이라 樂(락)堯舜之道者는 誦其詩讀其書하야 而欣慕愛樂(락)之也라 駟는 四匹也라 介는 與草芥之芥로 同하니 言其辭受取與 無大無細히 一以道義而不苟也라

　　莘은 나라 이름이다. 樂堯舜之道는 그의 시를 외우고 그의 글을 읽으며 흠모하여 사랑하며 즐거워함이다. 駟는 4필이다. 介는 草芥의 芥자와 같으니 사양하고 받음과, 취하고 주기를 크고 작은 구별 없이 한 결같이 도의로써 하고 구차히 하지 않음을 말한 것이다.

7-3. 湯이 使人以幣聘之하신대 囂囂然曰 我何以湯之聘幣爲哉리오 我豈若處畎畝之中하야 由是以樂(락)堯舜之道哉리오

탕임금이 사람을 시켜 폐백을 가지고 빙문하시자 아랑곳하지 않고 '내 어찌 탕임금이 빙문한 폐백으로써 하겠는가? 내 어찌 농촌에 살면서 요순의 도를 즐거워하는 것만 하겠는가?' 하였다.

　　囂囂는 無欲自得之貌라

囂囂는 욕심 없이 자득하여 아랑곳하지 않는 모양이다.

- 囂 만족할 효

7-4. 湯이 三使往聘之하신대 旣而요 幡然改曰 與我 處畎畝之中하야 由是以樂(락)堯舜之道론 吾豈若使是君으로 爲堯舜之君哉며 吾豈若使是民으로 爲堯舜之民哉며 吾豈若於吾身에 親見之哉리오

탕임금이 세 번 빙문하시자 이윽고 태도를 고치면서 '내가 농사 지으면서 요순의 도를 즐기기보다는 내 어찌 이 임금으로 하여금 요순이 되게 하며, 내 어찌 이 백성으로 요순의 백성이 되게 하며, 내 어찌 내 자신이 이를 친히 보는 것만 하겠는가?

幡然은 變動之貌라 於吾身親見之는 言於我之身에 親見其道之行이요 不徒誦說向慕之而已也라

幡然은 행동을 바꾸는 모양이다. 於吾身親見之는 내 몸소 친히 그 도가 행해짐을 보는 것이지 단지 외우고 말하면서 사모할 뿐만이 아님을 말한 것이다.

- 幡 뒤집을 번

7-5. 天之生此民也는 使先知로 覺後知하며 使先覺으로 覺後覺也시니 予는 天民之先覺者也로니 予將以斯道로 覺斯民也니 非予 覺之요 而誰也리오

하늘이 이 백성을 냄은 선지자로 후지자를 깨우치게 하며 선각자로 후각자를 깨우치게 하신 것이니, 나는 天民의 선각자이니 내 장차 이 도로써 이 백성을 깨우치려 하니, 내가 깨우치지 않고 누가 하겠는가?'하였다.

此 亦伊尹之言也라 知는 謂識其事之所當然이요 覺은 謂悟其理之

所以然이라 覺後知後覺은 如呼寐者而使之寤也라 言天使者는 天理
當然이 若使之也라 程子曰 予 天民之先覺은 謂我 乃天生此民中에
盡得民道而先覺者也니 旣爲先覺之民이면 豈可不覺其未覺者리오 及
彼之覺에 亦非分我所有以予之也라 皆彼自有此理하니 我 但能覺之
而已라

이 또한 이윤의 말이다. 知는 일의 당연한 바를 아는 것이요 覺은 이치의 그러한 이유를 깨침을 말한다. 覺後知後覺은 잠든 자를 불러서 깨게 하는 것과 같다. 하늘이 시켰다고 말하는 것은 천리의 당연함이 시켰다는 것과 같다. 정자가 말하였다. "내가 天民의 先覺이라 함은 내가 하늘이 낸 이 백성 가운데 백성의 도를 다 얻어 먼저 깨친 자임을 말하니, 이미 먼저 깨친 백성이 되었다면 어찌 깨치지 못한 자를 깨우치지 않겠는가? 저들이 깨침에 내가 지닌 것을 주는 것이 아니라 저들도 다 이 이치를 지녔으니 내가 다만 깨치게 할 뿐이다.

7-6. 思天下之民이 匹夫匹婦 有不被堯舜之澤者어든 若己推(퇴)而內(납)之溝中하니 其自任以天下之重이 如此라 故로 就湯而說(세)之하야 以伐夏救民하니라

천하의 백성이 필부필부가 요순의 은택을 입지 못한 자가 있을 경우, 자신이 도랑 속으로 밀어 넣은 것처럼 생각했으니, 그 자신이 천하를 책임짐이 이와 같았다. 그러므로 탕임금에게 나아가 달래서 하나라를 쳐서 백성을 구제하였다.

書에 曰昔先正保衡이 作我先王曰 予弗克俾厥后로 爲堯舜이면 其
心愧恥 若撻于市하며 一夫不獲이면 則曰時 予之辜라하니 孟子之言이
蓋取諸(저)此하니라 是時에 夏桀이 無道하야 暴虐其民故로 欲使湯伐夏
以救之라 徐氏曰 伊尹이 樂(락)堯舜之道하니 堯舜揖遜이어늘 而伊尹이

說(세)湯以伐夏者는 時之不同이요 義則一也라

『書經』에 '옛 先哲 보형이 우리 선왕(탕왕)을 진작시키면서 내 우리 임금을 요순이 되게 하지 못하면 마음이 저자거리에서 회초리 맞듯이 부끄러우며 한 사람이라도 제자리를 얻지 못하면 이는 나의 잘못이라 했다.' 하니, 맹자의 말씀이 여기서 취한 것이다. 이때에 하나라 걸왕이 무도하여 백성에게 포학했기 때문에 탕임금으로 하여금 하나라를 쳐서 구제하게 한 것이다. 서씨가 말했다. "이윤이 요순의 도를 즐거워했으니, 요순은 사양하며 겸손하셨는데 이윤이 탕임금을 달래 하나라를 치게 한 것은 시대가 다르고 의의는 한가지이기 때문이다."

■ 作 진작할 작

7-7. 吾 未聞枉己而正人者也로니 況辱己以正天下者乎아 聖人之行이 不同也라 或遠或近하며 或去或不去나 歸는 潔其身而已矣니라

내가 자신을 굽혀 남을 바로 잡은 자를 듣지 못했으니 하물며 자기를 욕되게 하여 천하를 바로 잡은 자가 있겠는가? 성인의 행실이 같지 않은지라 혹 멀리하고 혹 가까이 하며 혹 떠나고 혹 떠나지 않으나 귀결은 자신을 깨끗이 할 뿐이다.

辱己 甚於枉己하고 正天下 難於正人하니 若伊尹이 以割烹要湯이면 辱己 甚矣니 何以正天下乎리오 遠은 謂隱遁也요 近은 謂仕近君也라 言聖人之行이 雖不必同이나 然其要歸는 在潔其身而已니 伊尹이 豈肯以割烹要湯哉리오

辱己가 枉己보다 심하고 正天下가 正人보다 어려우니, 만일 이윤이 맛있는 요리로 탕임금에게 요구하면 욕됨이 심하니 어떻게 천하를 바로잡겠는가? 遠은 은둔함이요 近은 벼슬하여 임금을 가까이 함을 말한다. 성인의 행실이

비록 반드시 같지는 않으나 중요한 귀결은 자신을 깨끗이 함에 있을 뿐이니, 이윤이 어찌 맛있는 요리로 탕임금에게 요구했겠느냐는 말이다.

7-8. 吾는 聞其以堯舜之道로 要湯이요 未聞以割烹也케라

나는 그가 요순의 도로 탕임금에게 요구했다고 들었지 맛있는 요리로 했다고 듣지 못했다.

　　林氏曰 以堯舜之道로 要湯者는 非實以是要之也라 道在此而湯之聘이 自來耳니 猶子貢이 言夫子之求之는 異乎人之求之也라
　　愚는 謂此語 亦猶前章所論父不得而子之意라

　　임씨가 말했다. "以堯舜之道로 要湯者는 실제 이것으로 요구한 것이 아니라 도가 이 사람에게 있어서 탕임금이 스스로 빙문해 온 것뿐이니 자공이 부자께서 구하심은 남이 구한 것과 다르다고 말한 것과 같다."
　　내가 생각건대, 이 말씀 또한 앞 장에서 논한 父不得而子의 뜻과 같다.

7-9. 伊訓에 曰天誅造攻을 自牧宮은 朕載自亳이라하니라

이훈에 '하늘의 벰이 공격 시작을 목궁부터 함은 실상 짐이 박에서부터 시작한 것이다.' 하였다."

　　伊訓은 商書篇名이니 孟子 引以證伐夏救民之事也라 今書에 牧宮은 作鳴條하니라 造載는 皆始也라 伊尹이 言始攻桀無道는 由我始其事於亳也라

　　<伊訓>은 『書經』「商書」편명이니, 맹자께서 인용하여 하나라를 쳐서 백성을 구제한 일을 증명한 것이다. 지금 『書經』에 牧宮은 鳴條라 했다. 造와 載는 다 시작함이다. 이윤이 '처음 걸왕의 무도함을 공격함은 내가

박에서 그 일을 시작함으로 연유함'을 말한 것이다.

8-1. 萬章이 問曰 或이 謂孔子 於衛에 主癰疽하시고 於齊에 主侍人瘠環이라하니 有諸(저)乎잇가 孟子曰 否라 不然也라 好事者 爲之也니라

만장이 여쭈었다. "혹자가 '공자께서 위나라에서 옹저를 주인으로 하시고 제나라에서 환관 척환을 주인으로 하셨다.'하니 그렇습니까?" 맹자께서 말씀하셨다. "아니다. 그렇지 않다. 일 만들기 좋아하는 자가 만든 것이다."

主는 謂舍於其家하야 以之爲主人也라 癰疽는 瘍醫也라 侍人은 奄人也라 瘠은 姓이요 環은 名이니 皆時君所近狎之人也라 好事는 謂喜造言生事之人也라

主는 그 집에 머물러 그를 주인으로 삼음을 말한다. 癰疽는 종기를 치료하는 의관이다. 侍人은 내시이다. 瘠은 성이고 環은 이름이니 다 당시 임금이 가까이서 허물없이 지내는 사람이다. 好事는 말이나 일 만들기 좋아하는 사람을 이른다.

- 癰 악창 옹　　　疽 악창 저　　　瘍 종기 양　　　瘠 파리할 척
  狎 친압할 압

* 瘍醫 : 주나라 때 지금의 외과의에 해당하는 일을 맡은 벼슬.

8-2. 於衛에 主顔讐由러시니 彌子之妻 與子路之妻로 兄弟也라 彌子 謂子路曰 孔子 主我하시면 衛卿을 可得也라하야늘 子路 以告한대 孔子曰 有命이라하시니 孔子 進以禮하시며 退以義하사 得之不得에 曰有命이라하시니 而主癰疽與侍人瘠環이시면 是는 無義無命也니라

위나라에서 안수유를 주인하시더니 미자의 처가 자로의 처와 형제인지라, 미자가 자로에게 '공자께서 나를 주인하시면 위나라 경 벼슬을 얻을 수 있다.'하

거늘, 자로가 이 말을 아뢰자, 공자께서 '운명이 있다.'하시니, 공자께서 진퇴를 예·의에 맞게 하시어 얻고 얻지 못함은 운명이 있다 하시니, 의관인 옹저와 내시 척환을 주인하시면 이는 의도 없고 명도 없는 것이다.

顔讐由는 衛之賢大夫也니 史記에 作顔濁鄒하니라 彌子는 衛靈公幸臣彌子瑕也라 徐氏曰 禮 主於辭遜故로 進以禮하고 義主於斷制故로 退以義하니 難進而易(이)退者也라 在我者 有禮義而已니 得之不得은 則有命存焉이라

顔讐由는 위나라 현대부이다. 『史記』에는 顔濁鄒라 했다. 彌子는 위나라 영공이 총애하는 신하 미자하이다. 서씨가 말하였다. "禮는 사양과 겸손이 주이므로 예로써 나아가고 義는 단정과 제재가 주이므로 의로써 물러나는 것이니, 나가기는 어렵고 물러나기는 쉽다. 나에게 예·의가 있을 뿐이니 얻고 못 얻음은 운명에 달린 것이다."

8-3. 孔子 不悅於魯衛하사 遭宋桓司馬 將要而殺之하야 微服而過宋하시니 是時에 孔子 當阨하사대 主司城貞子 爲陳侯周臣하시니라

공자께서 노나라와 위나라에 거처함을 기뻐하지 않아 송나라 사마 상퇴가 장차 살해하려는 일을 당하여 변복을 하고 송나라를 지나시니, 이 때 공자께서 곤액을 당하시되 사성이던 정자가 진후 주의 신하가 된 분을 주인 삼으셨다.

不悅은 不樂(락)居其國也라 桓司馬는 宋大夫向(상)魋也라 司城貞子는 亦宋大夫之賢者也라 陳侯의 名은 周라 按史記에 孔子 爲魯司寇러시니 齊人이 饋女樂以間之어늘 孔子 遂行適衛라가 月餘에 去衛適宋이러시니 司馬魋 欲殺孔子어늘 孔子 去至陳하사 主於司城貞子하시니라 孟子 言 孔子 雖當阨難이나 然猶擇所主은 況在齊衛無事之時하야 豈有主癰疽侍人之事乎리오

不悅은 그 나라에 거처함을 즐거워하지 않음이다. 桓司馬는 宋나라 대부 向魋이다. 司城貞子 또한 宋나라 대부 중 어진자이다. 陳侯의 이름은 주이다. 살펴보면, 『史記』에 '공자께서 노나라 사구가 되셨는데 제나라에서 여악을 보내 이간질하거늘, 공자께서 위나라로 가셨다가 한 달여 만에 위나라를 떠나 송나라로 가셨는데 사마 상퇴가 공자를 죽이려 하거늘, 공자께서 떠나 진나라에 가시어 사성인 정자를 주인 삼으셨다.' 맹자는 '공자께서 비록 환란을 당하셨으나 오히려 주인을 가리셨는데 하물며 제나라 위나라에서 아무 일도 없을 때 어찌 옹저와 환관을 주인 삼으시겠는가?'라고 말씀하신 것이다.

8-4. 吾聞觀近臣호대 以其所爲主요 觀遠臣호대 以其所主라하니 若孔子 主癰疽與侍人瘠環이시면 何以爲孔子리오

"나는 '가까운 신하를 살피되 그를 주인 삼은 이를 보고 먼 신하를 살피되 그가 주인 한 이로써 본다.'고 들었으니, 만일 공자께서 옹저와 환관 척환을 주인하시면 무엇으로써 공자가 되시겠는가?"

近臣은 在朝之臣이라 遠臣은 遠方來仕者라 君子小人이 各從其類故로 觀其所爲主와 與其所主者而其人을 可知라

近臣은 조정의 신하이다. 遠臣은 먼 지방에서 와 벼슬한 자이다. 군자와 소인이 각기 유유상종하므로 그 주인 된 것과 그 주인 삼은 자를 관찰하여 그 사람됨을 알 수 있다.

9-1. 萬章이 問曰 或曰百里奚 自鬻於秦養牲者하야 五羊之皮로 食(사)牛하야 以要秦穆公이라하니 信乎잇가 孟子曰 否라 不然하니라 好事者 爲之也니라

만장이 여쭈었다. "혹이 '백리해가 자신을 진나라 희생을 기르는 자에게 팔아

다섯 마리 양가죽을 삯으로 받고 소를 길러 진목공에게 등용을 요구했다.'하니 참말입니까?" 맹자께서 말씀하셨다. "아니다. 그렇지 않다. 일 만들기 좋아하는 자가 만들어 낸 말이다.

百里奚는 虞之賢臣이라 人言其自賣於秦養牲者之家하야 得五羊之皮而爲之食(사)牛하야 因以干秦穆公也라

百里奚는 우나라의 어진 신하이다. 자신을 진나라 희생을 기르는 집에 팔아 다섯 마리 양가죽을 받고서 소를 길러 진나라 목공에게 요구했다는 말이다.

9-2. 百里奚는 虞人也니 晉人이 以垂棘之璧과 與屈産之乘으로 假道於虞하야 以伐虢이어늘 宮之奇는 諫하고 百里奚는 不諫하니라

백리해는 우나라 사람이다. 진나라 사람이 수극 지방의 구슬과 굴 지방의 말 네 필로 우나라의 도로를 빌려 괵나라를 치고자 하거늘 궁지기는 간하고 백리해는 간하지 않았다.

虞虢은 皆國名이라 垂棘之璧은 垂棘之地所出之璧也요 屈産之乘은 屈地所生之良馬也라 乘은 四匹也라 晉欲伐虢에 道經於虞故로 以此物로 借道하니 其實은 欲幷取虞라 宮之奇는 亦虞之賢臣이니 諫虞公하야 令勿許러니 虞公이 不用이라가 遂爲晉所滅이라 百里奚 知其不可諫故로 不諫而去之秦하니라

虞와 虢은 다 나라 이름이다. 垂棘之璧은 수극에서 나오는 구슬이요 屈産之乘은 굴에서 난 좋은 말이다. 乘은 4필이다. 진이 괵을 치고자 함에 우나라를 경유해야 하므로 말과 구슬로 도로를 빌렸으니, 그 실제는 우나라를 아울러 취하고자 한 것이다. 궁지기 또한 우나라의 어진 신하이니 우공에게 허락하지 말 것을 간하였는데 우공이 듣지 않다가 드디어 진나라에 멸망하였다. 백리해

가 간하지 못할 것을 알았으므로 간하지 않고 떠나 진나라로 갔다.

9-3. 知虞公之不可諫而去之秦하니 年已七十矣라 曾不知以食(사)牛로 干秦穆公之爲汚也면 可謂智乎아 不可諫而不諫하니 可謂不智乎아 知虞公之將亡而先去之하니 不可謂不智也니라 時擧於秦하야 知穆公之可與有行也而相之하니 可謂不智乎아 相秦而顯其君於天下하야 可傳於後世하니 不賢而能之乎아 自鬻以成其君을 鄕黨自好者도 不爲온 而謂賢者 爲之乎아

"우공이 간하지 못할 사람임을 알아 떠나 진나라로 갔으니 나이 이미 70세였다. 일찍이 소를 길러 진나라 목공에게 요구함이 오욕임을 몰랐다면 지혜롭다 하겠는가? 간하지 못할 것이라서 간하지 않았으니 지혜롭지 못하다 하겠는가? 우공이 장차 망할 줄 알고 먼저 떠났으니 지혜롭지 못하다 말할 수 없다. 당시에 진나라에 벼슬하여 목공이 함께 일할 만함을 알아 도왔으니 지혜롭지 못하다 하겠는가? 진나라를 도와 그 임금을 천하에 드러내어 후세에 전했으니 어질지 않고서 가능하겠는가? 자신을 팔아 그 임금을 이루게 함은 향당에서 자신을 아끼는 자도 하지 않거늘 현자가 한다고 하겠는가?"

自好는 自愛其身之人也라 孟子 言百里奚之智 如此하니 必知食(사)牛以干主之爲汚요 其賢이 又如此하니 必不肯自鬻以成其君也라 然이나 此事當孟子時하야 已無所據하니 孟子 直以事理로 反覆推之하야 而知其必不然耳시니라

○范氏曰 古之聖賢이 未遇之時에 鄙賤之事를 不恥爲之하니 如百里奚爲人養牛는 無足怪也로대 惟是人君이 不致敬盡禮면 則不可得而見하니 豈有先自汚辱하야 以要其君哉리오 莊周曰 百里奚의 爵祿이 不入於心故로 飯牛而牛肥하야 使穆公으로 忘其賤而與之政이라하니 亦

可謂知百里奚矣로다 伊尹百里奚之事는 皆聖賢出處之大節故로 孟子 不得不辨이시니라 尹氏曰 當時好事者之論이 大率類此하니 蓋以其不正之心으로 度(탁)聖賢也라

自好는 스스로 제 몸을 사랑하는 자이다. 맹자께서 '백리해의 지혜가 이와 같으니 반드시 소를 길러 임금에게 요구함이 오욕임을 알았고, 그의 어짊이 또 이 같으니 반드시 자신을 팔아 그 임금을 이루는 짓은 하지 않았음'을 말씀하신 것이다. 그러나 이 일이 맹자 당시에 이미 근거가 없었으니, 맹자께서 다만 사리로써 반복 추론하여 그가 반드시 그렇지 않았음을 아신 것이다.

○범씨가 말하였다. "옛 성현이 시대를 만나지 못했을 적에 비루하고 천한 일을 부끄러워하지 않았으니, 예를 들면 백리해가 남의 소 기르는 일은 괴이할 것이 없다. 오직 임금이 공경을 다하고 예를 다하지 않으면 만날 수 없으니, 어찌 먼저 자신을 욕되게 하여 그 임금께 요구하겠는가? 장주가 '백리해는 벼슬과 녹봉을 마음에 두지 않았기 때문에, 소를 기름에 살쪄서 목공으로 하여금 그의 천함을 잊고 정치를 주었다'하니, 또한 백리해를 알았다 하겠다. 이윤 백리해의 일은 다 성현 출처의 큰 절목이므로 맹자께서 분변하지 않을 수 없으셨다." 윤씨가 말하였다. "당시에 일 만들기 좋아하는 자들의 의론이 대략 이와 같으니, 대개 그 부정한 마음으로 성현을 헤아리신 것이다."

萬章章句下

凡九章이라
모두 9장이다.

1-1. 孟子曰 伯夷는 目不視惡色하며 耳不聽惡聲하고 非其君不事하며 非其民不使하야 治則進하고 亂則退하야 橫政之所出과 橫民之所止에 不忍居也하며 思與鄕人處호대 如以朝衣朝冠으로 坐於塗炭也러니 當紂之時하야 居北海之濱하야 以待天下之淸也하니 故로 聞伯夷之風者는 頑夫 廉하며 懦夫 有立志하니라

맹자께서 말씀하셨다. "백이는 눈으로 악한 색을 보지 않으며 귀로 악한 소리를 듣지 않으며 그 임금이 아니면 섬기지 않으며 그 백성이 아니면 부리지 않아, 다스려지면 나아가고 혼란하면 물러나 법도를 따르지 않는 정사가 나오는 곳과 법도를 따르지 않는 백성이 머무는 곳에 차마 거주하지 않으며 향리 사람과 거처하되 조회하는 의관을 입고 진흙과 숯 위에 앉은 듯이 생각했으니, 주왕의 시대를 만나 북해의 물가에 살며 천하가 맑기를 기다렸다. 그러므로 백이의 풍도를 들은 자는 몰지각한 사람이 분별이 있으며 유약한 사람이 세울 뜻을 갖는다.

橫은 謂不循法度라 頑者는 無知覺이요 廉者는 有分辨이라 懦는 柔弱也라 餘는 並見(현)前篇하니라

橫은 법도를 따르지 않음을 이른다. 頑은 몰지각함이요, 廉은 분별 있음이다. 懦는 유약함이다. 나머지는 아울러 전편에 보였다.

1-2. 伊尹이 曰何事非君이며 何使非民이리오하야(원문에 使는 事) 治亦進하며 亂亦進하야 曰天之生斯民也는 使先知로 覺後知하며 使先覺으로 覺後覺이시니 予는 天民之先覺者也로니 予將以此道로 覺此民也라하며 思天下之民이 匹夫匹婦 有不與被堯舜之澤者어든 若己推(퇴)而內(납)之溝中하니 其自任以天下之重也니라

이윤이 '누구를 섬긴들 임금이 아니며 누구를 부린들 백성이 아닌가?' 하여, 치세에도 나아가며 난세에도 나아가 '하늘이 이 백성을 냄은 선지자로 후지자를 깨우치게 하며 선각자로 후각자를 깨우치게 하신 것이니, 나는 天民의 선각자로서, 내 장차 이 도로써 이 백성을 깨우칠 것이다.'하며, 천하 백성이 필부필부가 요순의 혜택을 입지 못한 자가 있을 경우 자신이 밀어 도랑 속에 넣은 것처럼 생각했으니, 그 자신이 천하를 책임진 것이다.

何事非君은 言所事卽君이요 何使非民은 言所使卽民이니 無不可事之君하고 無不可使之民也라 餘見(현)前篇하니라

何事非君은 섬기는 사람이 바로 임금임을 말한 것이요, 何使非民은 부리는 사람이 바로 백성임을 말한 것이니, 섬기지 못할 임금이 없고 부리지 못할 백성이 없다는 것이다. 나머지는 전편에 보였다.

1-3. 柳下惠는 不羞汙君하며 不辭小官하며 進不隱賢하야 必以其道하며 遺佚而不怨하며 阨窮而不憫하며 與鄉人處호대 由由然不忍去也하야 爾爲爾요 我爲我니 雖袒裼裸裎於我側인들 爾焉能浼我哉리오하니 故로 聞柳下惠之風者는 鄙夫 寬하며 薄夫 敦하니라

유하혜는 더러운 임금을 부끄러워하지 않으며 작은 관직을 사양하지 않으며 벼슬에 나가 자신의 포부를(賢) 숨기지 않아 반드시 그 도로써 하며 버려져도 원망하지 않으며 액궁을 당해도 고민하지 않으며 향리 사람과 거처하되 유유히 차마 떠나지 못하여, '너는 너 나는 나니 비록 내 곁에서 옷을 벗은들 네가 어찌 나를 더럽히겠는가?' 하였다. 그러므로 유하혜의 풍도를 들은 자는 속 좁은 사람이 너그러워지며 각박한 사람이 돈독해진다.

鄙는 狹陋也라 敦은 厚也라 餘見(현)前篇하니라

鄙는 속이 좁고 비루한 사람이다. 敦은 돈후함이다. 나머지는 전편에 보였다.

■ 汙 더러울 오

1-4. 孔子之去齊에 接淅而行하시고 去魯에 曰遲遲라 吾行也여하시니 去父母國之道也라 可以速而速하며 可以久而久하며 可以處而處하며 可以仕而仕는 孔子也시니라

공자께서 제나라를 떠날 적에 담근 쌀을 건져 바쳐 들고 가시고, 노나라를 떠날 적에 '더디고 더디구나, 나의 행차여!' 하시니, 모국을 떠나는 도이다. 속히 할 만하면 속히 하며 오래할 만하면 오래하며 처할 만하면 처하며 벼슬할 만하면 벼슬한 분은 공자이시다."

接은 猶承也라 淅은 漬米水也니 漬米將炊라가 而欲去之速故로 以手承水取米而行하야 不及炊也라 擧此一端하야 以見(현)其久速仕止各當其可也 或曰 孔子去魯에 不稅(탈)冕而行하시니 豈得爲遲리오 楊氏曰 孔子 欲去之意久矣로대 不欲苟去故로 遲遲其行也라가 膰肉不至에 則得以微罪行矣라 故로 不稅(탈)冕而行이요 非速也라

接은 바쳐 듦과 같다. 淅은 쌀을 물에 담금이니 쌀을 담가 불 때려다가 속히 떠나고자 하므로 손으로 담근 쌀을 건져 들고 행하여 불을 지피지 않음이

다. 이 한 가지 일로써 久·速·仕·止가 각기 합당함을 나타낸 것이다. 혹자가 말하였다. "공자께서 노나라를 떠날 적에 면류관을 벗지 않고 떠나셨으니 어찌 더디다 하겠는가?" 양씨가 말하였다. "공자께서 떠나려는 뜻은 오래 되었으나 구차히 떠나고 싶지 않았기 때문에 행차를 더디게 했다가 번육을 나눠주지 않음에 작은 잘못으로 떠난 것이다. 그러므로 면류관을 벗지 않고 떠난 것이지 속히 한 것이 아니다."

1-5. 孟子曰 伯夷는 聖之淸者也요 伊尹은 聖之任者也요 柳下惠는 聖之和者也요 孔子는 聖之時者也시니라

맹자께서 말씀하셨다. "백이는 청한 성인이요 이윤은 자임한 성인이요 유하혜는 화한 성인이요 공자는 시중의 성인이시다.

張子曰 無所雜者는 淸之極이요 無所異者는 和之極이니 勉而淸은 非聖人之淸이요 勉而和는 非聖人之和니 所謂聖者는 不勉不思而至焉者也라 孔氏曰 任者는 以天下爲己責也라

愚는 謂孔子仕止久速이 各當其可하시니 蓋兼三子之所以聖者而時出之요 非如三子之可以一德名也라 或疑伊尹出處 合乎孔子어늘 而不得爲聖之時는 何也오 程子曰 終是任底意思在니라

장자가 말하였다. "잡됨이 없는 것은 청의 지극함이요 상이함이 없는 것은 화의 지극함이니 애써 청함은 성인의 청이 아니고 애써 화함은 성인의 화가 아니니, 이른바 성이란 애쓰지 않고 생각하지 않아도 지극한 것이다." 공씨가 말하였다. "任은 천하를 자신의 책임으로 삼음이다."

내 생각으로는, 공자의 仕·止·久·速이 각기 합당하셨으니, 대개 세 분의 성의 분야를 겸하여 때에 맞게 하심이지 세 분처럼 한 가지 덕으로 명명할 수 있는 것이 아니다. 혹이 '이윤의 출처가 공자와 부합하는데도 時中의 聖이 되지 못함은 무엇 때문입니까?' 의심하거늘, 정자가 말하였다. "끝내

책임지려는 의사가 있기 때문이다."

1-6. 孔子之謂集大成이시니 集大成也者는 金聲而玉振之也라 金聲也者는 始條理也요 玉振之也者는 終條理也니 始條理者는 智之事也요 終條理者는 聖之事也니라

공자께서는 집대성한 분이시니 집대성이란 종으로 소리 내어 경쇠로 거두어들이는 것이다. 종으로 소리 낸다는 것은 시작하는 것이요 경쇠로 거두어들인다는 것은 마무리하는 것이니, 시작함은 지혜의 일이고 마무리함은 성의 일이다.

此는 言孔子 集三聖之事而爲一大聖之事니 猶作樂者 集衆音之小成而爲一大成也라 成者는 樂之一終이니 書所謂簫韶九成이 是也라 金은 鐘屬이라 聲은 宣也니 如聲罪致討之聲이라 玉은 磬也라 振은 收也니 如振河海而不洩之振이라 始는 始之也요 終은 終之也라 條理는 猶言脉絡이니 指衆音而言也라 智者는 知之所及이요 聖者는 德之所就也라 蓋樂有八音하니 金石絲竹匏土革木이니 若獨奏一音하면 則其一音이 自爲始終而爲一小成이니 猶三子之所知偏於一하야 而其所就 亦偏於一也라 八音之中에 金石이 爲重故로 特爲衆音之綱紀하고 又金始震而玉終詘然也라 故로 並奏八音하면 則於其未作에 而先擊鎛鐘하야 以宣其聲하고 俟其旣闋而後擊特磬하야 以收其韻하니 宣以始之하고 收以終之하야 二者之間에 脉絡通貫하야 無所不備하면 則合衆小成而爲一大成이 猶孔子之知無不盡而德無不全也라 金聲玉振始終條理는 疑古樂經之言故로 兒(예)寬이 云唯天子 建中和之極하야 兼總條貫하야 金聲而玉振之라하니 亦此意也라

이것은 공자께서 三聖의 일을 모아서 하나의 큰 聖의 일을 하신 것이니, 작곡자가 많은 음율의 작은 악장을 모아서 하나의 큰 악장을 완성함과 같음을

말한 것이다. 成은 악의 마무리이니,『書經』에 이른바 簫韶九成이라는 말이 이것이다. 金은 종의 등속이다. 聲은 소리 냄이니 聲罪致討의 聲자와 같다. 玉은 경쇠이다. 振은 거두어들임이니 振河海而不洩의 振자와 같다. 始는 시작함이요, 終은 마무리함이다. 條理는 가락과 같으니 많은 음률을 가리켜 말한 것이다. 智는 앎이 미치는 바요, 聖은 덕이 성취한 바이다. 대개 음악에 8음 즉 金·石·絲·竹·匏·土·革·木이니, 만일 한 악기만 연주하면 그 한 음이 시작과 끝이 되어 하나의 작은 악장이 되니, 세 분의 지혜가 한 편에 치우쳐서 그 성취함 또한 한 분야에 치우친 것과 같다. 8음 가운데 金石이 중요하므로 많은 음의 강기가 되고 또 시작할 때 종을 울리고 경쇠로 마무리하는 것이다. 그러므로 8음을 함께 연주하면 시작에 앞서 먼저 쇠북을 쳐서 울리고 마무리를 기다려 경쇠를 쳐서 거두어들이니, 소리 냄으로 시작하고 거두어들임으로 마무리 하여 양자 사이에 맥락이 관통하여 구비하지 않음이 없으면, 많은 작은 악장을 합하여 하나의 큰 악장을 이룸이, 공자께서 지혜가 극진하지 않음이 없어서 덕이 온전하지 않음이 없는 것과 같다. 金聲·玉振·始終條理는 옛『樂經』의 말인 듯하다. 그러므로 예관이 '오직 천자만이 중화의 표준을 세워 조리를 다 총괄하여 종을 울려 시작하고 경쇠로 마무리 한다.'고 하니, 또한 이 뜻이다.

1-7. 智를 譬則巧也요 聖을 譬則力也니 由射於百步之外也하니 其至는 爾力也어니와 其中은 非爾力也니라

지혜를 비유하면 목표물을 조준하는 재주요 성을 비유하면 목표물을 도달하는 힘이니, 100보 밖에서 활 쏘는 것과 같으니, 도달함은 힘이지만 목표물을 맞춤은 힘이 아니다."

此는 復(부)以射之巧力으로 發明聖智二字之義하니 見孔子는 巧力俱全하야 而聖智兼備하고 三子는 則力有餘而巧不足이라 是以로 一節이

雖至於聖이나 而智不足以及乎時中也라

○此章은 言三子之行은 各極其一偏하고 孔子之道는 兼全於衆理하니 所以偏者는 由其蔽於始라 是以缺於終이요 所以全者는 由其知之至라 是以行之盡이니 三子는 猶春夏秋冬之各一其時요 孔子는 則太和元氣之流行於四時也라

이는 다시 활쏘기의 목표물을 조준하는 재주(巧)와 도달하는 힘(力)으로 성과 지혜의 의의를 밝힌 것이니, 공자께서는 목표물을 조준하는 재주와 도달하는 힘이 다 온전하여 성과 지혜를 겸비하고, 세 분은 도달하는 힘은 남으나 목표물을 조준하는 재주가 부족하다. 이 때문에 한 분야가 비록 성에 이르렀으나 지혜가 때에 알맞게 함에는 미칠 수 없음을 알 수 있다.

○이 장은 세 분의 행실은 각기 한 분야의 극도에 이르고 공자의 도는 모든 이치를 온전히 겸하니, 한 분야에 치우친 까닭은 시초에 가려진 것이 있기 때문에 마무리에 결함이 있는 것이요 온전한 까닭은 지혜가 지극하기 때문에 다 행하는 것이니, 세 분은 춘하추동 각 한 계절이요 공자는 태화원기가 사계절에 유행함과 같다.

2-1. 北宮錡 問曰 周室班爵祿也는 如之何잇고

북궁의가 여쭈었다. "주나라의 직급(爵)과 봉록(祿)을 반열함은 어떠합니까?"

北宮은 姓이요 錡는 名이니 衛人이라 班은 列也라

북궁은 성이고 의는 이름이니 위나라 사람이다. 班은 반열이다.

2-2. 孟子曰 其詳은 不可得而聞也로다 諸侯 惡(오)其害己也而皆去其籍이어니와 然而軻也 嘗聞其略也로라

맹자께서 말씀하셨다. "그 자세한 것은 듣지 못했다. 제후가 자신에 해됨을

싫어하여 그 전적을 다 버렸지만 내가 일찍이 그 대략만은 들었다.

當時諸侯 兼幷僭竊故로 惡(오)周制 妨害己之所爲也라

당시의 제후가 토지를 겸병하고 분수에 넘치게 작록을 도적질했으므로 주나라 제도가 자신이 하는 짓을 방해함을 미워한 것이다.

2-3. 天子 一位요 公이 一位요 侯 一位요 伯이 一位요 子男이 同一位니 凡五等也라 君이 一位요 卿이 一位요 大夫 一位요 上士 一位요 中士 一位요 下士 一位니 凡六等이라

천자가 一位요, 공이 一位요, 후가 一位요, 백이 一位요, 자와 남이 똑같이 一位니, 모두 5등급이다. 군이 一位요, 경이 一位요, 대부가 一位요, 상사가 一位요, 중사가 一位요, 하사가 一位니, 모두 6등급이다.

此는 班爵之制也라 五等은 通於天下요 六等은 施於國中이라

이것은 직급을 배열하는 제도이다. 5등급은 천하에 통용하고 6등급은 나라 안에서 시행한다.

2-4. 天子之制는 地方千里요 公侯는 皆方百里요 伯은 七十里요 子男은 五十里니 凡四等이라 不能五十里는 不達於天子하야 附於諸侯하나니 曰附庸이니라

천자의 제도는 땅이 사방 1000리요, 공과 후는 다 땅이 사방 100리요, 백은 70리요, 자와 남은 50리이니, 모두 4등급이다. 50리가 되지 못하는 나라는 천자와 통하지 못하여 제후에 붙여지니 부용국이라 한다.

此以下는 班祿之制也라 不能은 猶不足也라 小國之地 不足五十里 者는 不能自達於天子하고 因大國以姓名通하니 謂之附庸이니 若春秋

邾儀父(보)之類 是也라

이 이하는 봉급을 배열하는 제도이다. 不能은 부족함과 같다. 작은 나라의 지방이 50리가 되지 않는 나라는 스스로 천자와 통하지 못하고 대국에 의지하여 성명을 통하니 부용국이라 한다. 춘추시대 주나라 의보와 같은 부류가 이것이다.

2-5. 天子之卿은 受地視侯하고 大夫는 受地視伯하고 元士는 受地視子男이니라

천자의 경은 채지가 제후에 비견하고 대부는 백에 비견하고 원사는 자와 남에 비견한다.

> 視는 比也라 徐氏曰 王畿之內에 亦制都鄙受地也라 元士는 上士也라
> 視는 비견함이다. 서씨가 말하였다. "왕이 통치하는 지역 안(畿內)에 또한 도비를 제도화하여 토지를 받는다." 元士는 상사이다.

■ 視 비견할 시

2-6. 大國은 地方百里니 君은 十卿祿이요 卿祿은 四大夫요 大夫는 倍上士요 上士는 倍中士요 中士는 倍下士요 下士與庶人在官者는 同祿하니 祿足以代其耕也니라

대국은 땅이 사방 100리니 임금은 경 봉록의 10배요, 경의 봉록은 대부의 4배요, 대부는 상사의 2배요, 상사는 중사의 2배요, 중사는 하사의 2배요, 하사와 서인으로 관직에 있는 자는 봉록이 같으니, 봉록이 자신의 경작지를 대신하기에 충분하다.

> 十은 十倍之也요 四는 四倍之也요 倍는 加一倍也라 徐氏曰 大國은

君田이 三萬二千畝니 其入이 可食(사)二千八百八十人이요 卿田은 三千二百畝니 可食(사)二百八十八人이요 大夫田은 八百畝니 可食(사)七十二人이요 上士田은 四百畝니 可食(사)三十六人이요 中士田은 二百畝니 可食(사)十八人이요 下士與庶人在官者田은 百畝니 可食(사)九人至五人이라 庶人在官은 府史胥徒也라

愚는 按君以下所食之祿은 皆助法之公田이니 藉(자)農夫之力以耕하야 而收其租하고 士之無田과 與庶人在官者는 則但受祿於官을 如田之入而已라

十은 10배요, 四는 4배요, 倍는 1배를 더한 것이다. 서씨가 말하였다. "대국은 임금의 전답이 32,000묘이니 그 수입이 2,880인을 먹일 수 있고, 경의 전답은 3,200묘이니 288인을 먹일 수 있고, 대부의 전답은 800묘이니 72인을 먹일 수 있고, 상사의 전답은 400묘이니 36인을 먹일 수 있고, 중사의 전답은 200묘이니 18인을 먹일 수 있고, 하사와 서인으로 관직에 있는 자의 전답은 100묘이니 9인에서 5인을 먹일 수 있다." 庶人在官은 府·史·胥·徒이다. 나는 살피건대, 임금이하 식록은 다 조법의 공전이니 농부의 힘을 빌려 농사지어 그 세금을 거두고 士로 전답이 없는 자와 서인으로 관직이 있는 서인은 다만 관청에서 받는 봉록을 전답의 수입과 같게 할 뿐이다.

2-7. 次國은 地方七十里니 君은 十卿祿이요 卿祿은 三大夫요 大夫는 倍上士요 上士는 倍中士요 中士는 倍下士요 下士與庶人在官者는 同祿하니 祿足以代其耕也니라

대국 다음 나라는 땅이 사방 70리니 임금은 경 봉록의 10배요, 경의 봉록은 대부의 3배요, 대부는 상사의 2배요, 상사는 중사의 2배요, 중사는 하사의 2배요, 하사와 관직이 있는 서인은 봉록이 같으니, 봉록이 경작을 충분히 대신할 수 있다.

三은 謂三倍之也라 徐氏曰 次國은 君田이 二萬四千畝니 可食(사)二千一百六十人이요 卿田은 二千四百畝니 可食(사)二百十六人이라

三은 3배를 이른다. 서씨가 말하였다. "다음 나라는 임금의 전답이 24,000묘이니 2,160인을 먹일 수 있고, 경의 전답은 2,400묘이니 216인을 먹일 수 있다."

2-8. 小國은 地方五十里니 君은 十卿祿이요 卿祿은 二大夫요 大夫는 倍上士요 上士는 倍中士요 中士는 倍下士요 下士與庶人在官者는 同祿하니 祿足以代其耕也니라

소국은 지방이 50리이니 임금은 경록의 10배요, 경의 봉록은 대부의 2배요, 대부는 상사의 2배, 상사는 중사의 2배, 중사는 하사의 2배요, 하사와 관직이 있는 서인은 봉록이 같으니 봉록이 경작을 충분히 대신할 수 있다.

二는 卽倍也라 徐氏曰 小國은 君田이 一萬六千畝니 可食(사)千四百四十人이요 卿田이 一千六百畝니 可食(사)百四十四人이라

二는 배이다. 서씨가 말하였다. "소국은 임금의 전답이 16,000묘이니 1,440인을 먹일 수 있고, 경의 전답이 1,600묘이니 144인을 먹일 수 있다."

2-9. 耕者之所獲은 一夫 百畝니 百畝之糞에 上農夫는 食(사)九人하고 上次는 食(사)八人하고 中은 食(사)七人하고 中次는 食(사)六人하고 下는 食(사)五人이니 庶人在官者 其祿이 以是爲差니라

경작자의 수확은 一夫가 100묘이니, 100묘를 농사지음에 상농부는 9인을 먹이고 상차는 8인을 먹이고 중은 7인을 먹이고 중차는 6인을 먹이고 하는 5인을 먹이니, 관직이 있는 서인은 봉록이 이를 등급으로 한다."

獲은 得也라 一夫一婦 佃田百畝하야 加之以糞하야 糞多而力勤者

爲上農이니 其所收 可供九人이요 其次는 用力不齊故로 有此五等이라 庶人在官者 其受祿不同이 亦有此五等也라

○愚는 按此章之說이 與周禮王制로 不同하니 蓋不可考라 闕之 可也니라 程子曰 孟子之時에 去先王未遠하야 載籍이 未經秦火나 然而班爵祿之制를 已不聞其詳하니 今之禮書 皆掇拾於煨燼之餘하고 而多出於漢儒一時之傅會하니 奈何欲盡信而句爲之解乎아 然則其事를 固不可一二追復矣라

獲은 소득이다. 한 부부가 전답 100묘를 경작하여 거름을 주어 거름을 많이 하고 부지런한 자가 상농이니 그 수확이 9인을 먹일 수 있고, 그 다음은 힘씀이 같지 않으므로 이 5등급이 있다. 관직이 있는 서인은 그 봉급 차이가 또한 이 5등급이 있다.

○나는 살피건대, 이 장 설명이 『周禮』「王制」와 다르니 대체로 상고할 수 없는지라 제쳐놓는 것이 옳다. 정자가 말하였다. "맹자 때에 선왕의 시대와 멀지 않고 기록한 문서가 진대의 분서(焚書)를 지나지 않았으나 직위·봉록을 배열하는 제도에 대한 것을 자세히 들을 수 없었으니, 지금의 禮書가 다 진시황의 분서를 겪은 뒤의 나머지를 모은 것이고 대부분 한유들이 한 때 견강부회한 것에서 나왔으니, 어찌 다 믿어서 구절을 풀이하겠는가? 그런즉 그 일을 하나하나 복원하지 못할 것이다.

3-1. 萬章이 問曰 敢問友하노이다 孟子曰 不挾長하며 不挾貴하며 不挾兄弟而友니 友也者는 友其德也니 不可以有挾也니라

만장이 여쭈었다. "감히 벗함을 여쭙겠습니다." 맹자께서 말씀하셨다. "나이를 끼지 않으며 귀한 신분을 끼지 않으며 형제를 끼지 않고서 사귀니, 벗함이란 그의 덕을 벗하는 것이니 끼고 믿는 것으로 해서는 안 된다.

挾者는 兼有而恃之之稱이라

挾은 지니고 뽐냄을 겸한 말이다.

3-2. 孟獻子는 百乘之家也라 有友五人焉하더니 樂正裘와 牧仲이요 其三人則予忘之矣로라 獻子之與此五人者로 友也에 無獻子之家者也니 此五人者 亦有獻子之家면 則不與之友矣리라

맹헌자는 백승의 가문이다. 벗 5인이 있었는데 악정구와 목중이고 3인은 내가 잊었다. 헌자가 이 5인과 사귐에 헌자의 집안은 마음에 없었으니 이 5인 또한 헌자의 집안을 마음에 두었다면 벗하지 않았을 것이다.

孟獻子는 魯之賢大夫仲孫蔑也라 張子曰 獻子는 忘其勢하고 五人者는 忘人之勢하니 不資其勢而利其有然後에 能忘人之勢하나니 若五人者 有獻子之家면 則反爲獻子之所賤矣리라

孟獻子는 노나라의 어진 대부 중손멸이다. 장자가 말하였다. "헌자는 그의 가세를 잊고 5인은 남의 권세를 잊었으니, 그의 권세를 의뢰하지 않고 그의 소유를 이롭게 여기지 않은 뒤에 남의 권세를 잊을 수 있으니, 만일 5인이 헌자의 집안을 마음에 두었다면 도리어 헌자에게 천시 당했을 것이다.

3-3. 非惟百乘之家 爲然也라 雖小國之君이라도 亦有之하니 費惠公이 曰吾 於子思則師之矣요 吾 於顔般則友之矣요 王順長息則事我者也라하니라

백승의 가문만이 그러한 것이 아니다. 비록 소국의 임금이라도 그러하니 비읍의 혜공이 '내가 자사는 스승으로 모시고 안반은 벗으로 삼고 왕순과 장식은 나를 섬기는 자이다.'하였다.

惠公은 費邑之君也라 師는 所尊也라 友는 所敬也라 事我者는 所使

也라

惠公은 비읍의 임금이다. 師는 존경하는 대상이다. 友는 공경하는 대상이다. 事我者는 부리는 대상이다.

3-4. **非惟小國之君**이 **爲然也**라 **雖大國之君**이라도 **亦有之**하니 **晉平公之於亥唐也**에 **入云則入**하며 **坐云則坐**하며 **食云則食**하야 **雖疏食**(사)**菜羹**이라도 **未嘗不飽**하니 **蓋不敢不飽也**라 **然**이나 **終於此而已矣**요 **弗與共天位也**하며 **弗與治天職也**하며 **弗與食天祿也**하니 **士之尊賢者也**라 **非王公之尊賢也**니라

소국의 임금만이 그러한 것이 아니다. 비록 대국의 임금이라도 또한 그러하니 진나라 평공이 해당에게 들어오라 하면 들어가며 앉으라 하면 앉으며 먹으라 하면 먹어서, 비록 거친 밥과 나물국이라도 일찍이 배부르게 먹지 않은 적이 없었으니, 대개 감히 배부르지 않을 수 없었기 때문이다. 그러나 끝까지 이러할 뿐이지 직분을 함께 다스리지 않으며 봉록을 함께 하지 않았으니, 선비가 현자를 존경함이지 왕공이 현자를 존경함이 아니다.

亥唐은 晉賢人也라 平公이 造之에 唐이 言入이라야 公乃入하고 言坐라야 乃坐하고 言食이라야 乃食也라 疏食(사)는 糲飯也라 不敢不飽는 敬賢者之命也라

○范氏曰 位曰天位요 職曰天職이요 祿曰天祿은 言天所以待賢人하야 使治天民이요 非人君所得專者也라

亥唐은 진나라 현인이다. 평공이 갔을 적에 해당이 들어오라 해야 공이 들어가고 앉어라 해야 앉고 먹어라 해야 먹었다. 疏食(사)는 현미밥이다. 不敢不飽는 현자의 명을 공경함이다.

○범씨가 말하였다. "지위를 천위라 하고 직책을 천직이라 하고 봉록을

천록이라 함은 하늘이 현인을 대우하여 天民을 다스리게 한 것이지 임금이 제멋대로 할 것이 아님을 말한 것이다."

■ 蔬 거칠 소　　　食 밥 사　　　糲 현미 려　　　飯 밥 반

3-5. 舜이 尚見帝어시늘 帝 館甥于貳室하시고 亦饗舜하사 迭爲賓主하시니 是는 天子而友匹夫也니라

순이 올라가 요임금을 뵙거늘 요임금께서 사위를 이궁에 거처하게 하시고 또 순에게 연향을 베풀어 번갈아 손님과 주인이 되시니, 이는 천자로서 필부를 벗 삼음이다.

　　尚은 上也니 舜이 上而見於帝堯也라 館은 舍也라 禮에 妻父曰外舅요 謂我舅者를 吾謂之甥이라하니 堯以女妻舜故로 謂之甥이라 貳室은 副宮 也니 堯 舍舜於副宮而就饗其食하시니라

　　尚은 올라감이니 순이 올라가 요임금을 만남이다. 館은 머무름이다. 『禮記』에 처의 아비를 외구라 하고 나를 구라 하는 자를 내가 생이라 하니, 요임금이 딸을 순임금에게 시집보냈으므로 생이라 한 것이다. 貳室은 부궁이니 요임금이 순을 부궁에 머물게 하고 그의 음식을 드신 것이다.

■ 尚 오를 상　　　館 머무를 관　　　甥 사위 생　　　饗 잔치 향
　 迭 번갈아 질

3-6. 用下敬上을 謂之貴貴요 用上敬下를 謂之尊賢이니 貴貴尊賢이 其義 一也니라

아래에서 위를 공경함을 귀한 분을 귀히 여긴다 하고 위에서 아래를 공경함을 어진 분을 존경한다 하니 귀한 분을 귀히 여김과 어진 분을 존경함이 그 의의가 같다."

貴貴尊賢은 皆事之宜者라 然이나 當時에 但知貴貴而不知尊賢故로 孟子曰 其義 一也라하시니라

○此는 言朋友는 人倫之一이니 所以輔仁故로 以天子로 友匹夫而不爲詘이요 以匹夫로 友天子而不爲僭이니 此는 堯舜所以爲人倫之至而孟子 言必稱之也시니라

貴貴尊賢은 다 일의 마땅함이다. 그러나 당시에 다만 귀한 분을 귀히 여길 줄만 알고 어진 분을 존경할 줄 모르므로 맹자께서 '그 의의가 같다.' 하셨다.

○이는 벗은 인륜의 한 가지로 인을 돕는 것이므로, 천자로서 필부를 벗함에 굽힘이 되지 않고 필부로서 천자를 벗해도 참람함이 되지 않으니, 이는 요순이 인륜의 지극함이 되는 까닭으로서 맹자께서 말씀하심에 반드시 일컬으신 것이다.

4-1. 萬章이 問曰 敢問交際는 何心也잇고 孟子曰 恭也니라

만장이 여쭈었다. "감히 여쭙겠습니다. 교제는 어떤 마음으로 합니까?" 맹자께서 말씀하셨다. "공손함이다."

際는 接也니 交際는 謂人이 以禮儀幣帛으로 相交接也라

際는 대접함이니 交際는 사람이 공경하는 예의와 폐백으로 서로 사귀면서 대접함을 말한다.

4-2. 曰 卻之卻之 爲不恭은 何哉잇고 曰 尊者 賜之어든 曰 其所取之者 義乎아 不義乎아 而後受之라 以是爲不恭이니 故로 弗卻也니라

여쭈었다. "물리침이 공손하지 않다 함은 무엇입니까?" 말씀하셨다. "존자가 줄 경우 그가 취득한 방법이 의로우냐 의롭지 못하냐를 따진 후에 받는지라

공손하지 않다 하는 것이니 그러므로 물리치지 않는다."

卻은 不受而還之也라 再言之는 未詳이라 萬章이 疑交際之間에 有所卻者를 人便(변)以爲不恭은 何哉잇고 孟子 言尊者之賜를 而心竊計其所以得此物者 未知合義與否아하야 必其合義然後에 可受요 不然則卻之矣니 所以卻之爲不恭也시니라

卻은 받지 않고 돌려보냄이다. 두 번 말한 이유는 자세하지 않다. 만장이 교제함에 물리치는 것을 사람들이 공손하지 않다 여김은 무엇 때문이냐고 의심하였다. 맹자께서 '존자가 주는 것을 마음속으로 가만히 이 물건을 얻은 이유가 의에 부합하는지 여부를 모르겠다고 하여 반드시 의에 부합한 뒤에 받고 그렇지 않으면 물리치니, 물리침이 공손하지 않다.'고 말씀하신 것이다.

■ 卻 물리칠 각

4-3. 曰 請無以辭卻之요 以心卻之曰 其取諸(저)民之不義也而以他辭로 無受 不可乎잇가 曰 其交也 以道요 其接也 以禮면 斯는 孔子도 受之矣시니라

여쭈었다. "청컨대 말로써 물리치지 않고 마음으로 물리치며 백성에게 취한 것이 의롭지 못하다 하고서 다른 말로 받지 않는 것이 옳지 못합니까?" 말씀하셨다. "사귐이 도에 맞고 대접함이 예에 맞으면 이는 공자께서도 받으셨다."

萬章이 以爲彼旣得之不義면 則其餽를 不可受나 但無以言辭로 間而卻之하고 直以心度(탁)其不義하야 而託於他辭以卻之니 如此면 可否邪(야)잇가 交以道는 如餽賻問戒周其飢餓之類요 接以禮는 謂辭命恭敬之節이라 孔子受之는 如受陽貨蒸豚之類也라

만장이 '저 사람이 얻음이 의롭지 못하면 주는 것을 받을 수 없지만, 말로 가로막아 물리치지 않고 다만 마음속으로 그 의롭지 못함을 헤아려 다른

말로 핑계대고 물리치니 이 같이 하면 어떠냐.'고 한 것이다. 交以道는 노자 돈, 호위병 비용, 굶주림 구휼 등과 같은 것이고 接以禮는 사명과 공경의 절차를 말한다. 孔子受之는 양화의 찐 돼지를 받은 것과 같은 종류이다.

■ 饋 보낼 궤   賻 노자 신   周 구휼할 주   蒸 찔 증

4-4. 萬章이 曰今有禦人於國門之外者 其交也 以道요 其餽也 以禮면 斯可受禦與잇가 曰 不可하니 康誥에 曰殺越人于貨하야 閔不畏死를 凡民이 罔不譈라하니 是는 不待教而誅者也니 殷受夏 周受殷 所不辭也 於今爲烈 如之何其受之리오

만장이 여쭈었다. "도성 밖에서 지나는 사람을 가로막고 재물을 뺏은 자가 교제를 도에 맞게 하고 주기를 예에 맞게 하면 받을 수 있습니까?" 말씀하셨다. "옳지 못하다. <康誥>에 '사람을 재물 때문에 죽여 쓰러뜨리고 무표정하게 죽음을 두려워 않는 이를 모든 백성이 원망하지 않는 이가 없다.'하니, 이는 가르칠 필요 없이 죽일 자이니 어찌 그것을 받겠는가?"

禦는 止也니 止人而殺之하고 且奪其貨也라 國門之外는 無人之處也라 萬章이 以爲苟不問其物之所從來하고 而但觀其交接之禮면 則設有禦人者 用其禦得之貨하야 以禮餽我면 則可受之乎잇가 康誥는 周書篇名이라 越은 顚越也라 今書에 閔作暋하고 無凡民二字하니라 譈는 怨也라 言殺人而顚越之하고 因取其貨하야 閔然不知畏死를 凡民이 無不怨之라하니 孟子 言此乃不待教戒而當即誅者也니 如何而可受之乎아 商受至爲烈十四字는 語意不倫하니 李氏以爲此必有斷簡或闕文者 近之요 而愚意는 其直爲衍字耳라 然不可考니 姑闕之 可也니라

禦는 가로막음이니, 사람을 가로막아 죽이고 또 그의 재화를 빼앗음이다. 國門之外는 사람이 없는 곳이다. 만장이 '진실로 그 재물의 유래를 묻지

않고 다만 그 교제의 예만 본다면, 가령 사람을 가로막은 자가 그가 강탈한 재물을 나에게 예에 맞게 주면 받을 수 있느냐.'고 한 것이다. <康誥>는 「周書」 편명이다. 越은 쓰러뜨림이다. 지금 『書經』에는 閔자를 暋자로 쓰고 凡民 2자가 없다. 譈는 원망함이다. 사람을 죽여 쓰러뜨리고 그의 재물을 탈취하여 무표정하게 죽음을 두려워할 줄 모르는 자를 모든 백성이 원망하지 않는 이가 없음을 말한 것이니, 맹자께서 '이는 가르칠 필요도 없이 당장 죽일 자이니 어찌 그것을 받겠느냐.'고 말씀하신 것이다. 商受에서 爲烈까지 14자는 말뜻이 맞지 않으니, 이씨가 여기는 반드시 죽간이 끊어졌거나 궐문이 있다고 여긴 것이 이치에 가깝고, 내 생각으로는 글자가 불어난 것일 뿐이다. 그러나 상고할 수 없으니 우선 제쳐놓는 것이 옳다.

- 禦 막을 어　　　餽 보낼 궤　　　越 쓰러뜨릴 월　　　閔 완강할 민
  譈 원망할 대

4-5. 曰 今之諸侯 取之於民也 猶禦也어늘 苟善其禮際矣면 斯는 君子도 受之라하시니 敢問何說也니잇고 曰 子 以爲有王者作인댄 將比今之諸侯而誅之乎아 其敎之不改而後에 誅之乎아 夫謂非其有而取之者를 盜也는 充類至義之盡也라 孔子之仕於魯也에 魯人이 獵較(각)이어늘 孔子 亦獵較(각)하시니 獵較(각)도 猶可온 而況受其賜乎따녀

여쭈었다. "지금의 제후들이 백성에게 취하는 것이 가로막고 강탈함과 같거늘 진실로 예로 교제함만 잘하면 이는 군자도 받는다 하시니 무슨 말씀이신지 감히 여쭙겠습니다." 말씀하셨다. "그대는 왕도 정치를 하는 자가 나오면 지금의 제후를 함께 묶어 죽일 것이라고 생각하는가? 가르쳐 고치지 않은 뒤에 죽인다고 생각하는가? 대저 자신의 소유가 아닌데도 취하는 자를 도적이라 함은 비슷한 종류를 한데 묶어서 義의 극진 처를 논한 것이다. 공자께서 노나라에 벼슬하실 적에 노나라 사람이 엽각을 하거늘 공자께서도 엽각을 하셨으니 엽각도 할

수 있거늘 하물며 주는 것을 받는 것이랴."

比는 連也라 言今諸侯之取於民이 固多不義나 然有王者 起면 必不連合而盡誅之요 必敎之不改而後에 誅之니 則其與禦人之盜 不待敎而誅者로 不同矣라 夫禦人於國門之外와 與非其有而取之 二者 固皆不義之類나 然必禦人이라야 乃爲眞盜니 其謂非有而取를 爲盜者는 乃推其類하야 至於義之至精至密之處而極言之耳요 非便(변)以爲眞盜也라 然則今之諸侯 雖曰取非其有나 而豈可遽以同於禦人之盜也哉아 又引孔子之事하야 以明世俗所尙도 猶或可從이온 況受其賜 何爲不可乎리오 獵較(각)은 未詳이니 趙氏以爲田獵相較(각)하야 奪禽獸以祭니 孔子不違는 所以小同於俗也라하고 張氏以爲獵而較(각)所獲之多少也라하니 二說이 未知孰是라

比는 연결함이다. 지금 제후가 백성에게 취함이 진실로 대부분 의롭지 못하나 왕도 정치를 하는 자가 나오면 반드시 한데 묶어서 다 죽이지는 않을 것이요, 반드시 가르쳐 고치지 않은 뒤에 죽일 것이니, 그것이 사람을 가로막고 강탈하는 도적 즉 가르칠 필요도 없이 죽일 자와 같지 않다. 무릇 도성 밖에서 사람을 가로막고 강탈함과 자신의 소유가 아닌데도 취함이 둘 다 진실로 의롭지 못한 종류이나, 반드시 남을 가로막고 강탈해야 진짜 도적이니, 그 자신의 것이 아닌데도 취함을 도적이라 이른 것은 그 종류를 미루어 의리의 지극히 정밀한 곳을 극도로 말한 것뿐이지 바로 진짜 도적이라 한 것은 아니다. 그렇다면 지금의 제후가 비록 그의 소유가 아닌 것을 취한다고는 하나 어찌 갑자기 도적과 같다 하겠는가? 또 공자의 일을 인용하여 세속에서 숭상하는 것도 혹 따를 수 있거늘, 하물며 주는 것을 받는 것이 어찌 옳지 못하다 하겠느냐를 밝히신 것이다. 獵較(각)은 의미가 자세하지 않으니, 조씨는 '사냥한 것을 서로 경쟁하여 짐승을 빼앗아 제사하는 것이니 공자께서 어기지 않으심은 풍속을 따른 것이다.' 하고, 장씨는 '사냥하여 잡은 것을 비교하는

430·孟子集註

것이다.'하니, 두 말이 누가 옳은지 모르겠다.

■ 比 연결할 비   較 경쟁할 각, 비교할 교

4-6. 曰 然則孔子之仕也는 非事道與잇가 曰事道也시니라 事道어시니 奚獵較(각)也잇고 曰 孔子 先簿正祭器하사 不以四方之食으로 供簿正하시니라 曰 奚不去也시니잇고 曰 爲之兆也시니 兆 足以行矣而不行而後에 去하시니 是以로 未嘗有所終三年淹也시니라

여쭈었다. "그렇다면 공자의 벼슬은 도를 행함을 일삼은 것이 아닙니까?" 말씀하셨다. "도 행함을 일삼으셨다." 여쭈었다. "도를 섬기셨는데 어째서 엽각을 하셨습니까?" 말씀하셨다. "공자께서 먼저 장부로 제기의 품류를 바로잡아 사방의 음식으로 장부의 품류를 공급하지 않으셨다." 여쭈었다. "어찌하여 떠나지 않으셨습니까?" 말씀하셨다. "조짐 때문이시니 조짐이 충분히 행할 만한데도 행하지 않은 뒤에 떠나셨으니, 이런 까닭으로 일찍이 3년을 머무른 적은 없으셨다.

此는 因孔子事而反覆辯論也라 事道者는 以行道爲事也라 事道奚獵較(각)也는 萬章問也라 先簿正祭器는 未詳이니 徐氏曰 先以簿書로 正其祭器하야 使有定數하야 而不以四方難繼之物로 實之니 夫器有常數하고 實有常品이면 則其本이 正矣라 彼獵較(각)者 將久而自廢矣라하니 未知是否也라 兆는 猶卜之兆니 蓋事之端也라 孔子所以不去者는 亦欲小試行道之端하야 以示於人하야 使知吾道之果可行也니 若其端이 旣可行이로대 而人不能遂行之然後에 不得已而必去之니 蓋其去雖不輕이나 而亦未嘗不決이라 是以로 未嘗終三年留於一國也시니라

이는 공자의 일로 반복하여 변론한 것이다. 事道란 도를 행함을 일삼음이다. 事道奚獵較也는 만장의 질문이다. 先簿正祭器는 자세하지 않으니, 서씨가

'먼저 장부로 제기를 바로잡아서 정수를 정하여 사방에서 공급하기 어려운 물품으로 채우지 않게 하는 것이니 그릇은 정해진 수가 있고 정해진 품류가 있으면 그 근본이 바르게 되어 저 엽각같은 것은 시간이 흐르면 저절로 폐지될 것이다.'하니 옳은지 모르겠다. 兆는 점의 조짐과 같으니, 대개 일의 단서이다. 공자께서 떠나지 않으신 것은 도를 행할 단서를 시험하여 남에게 보여주어 우리 도가 행할 만함을 알게 하고자 한 것이다. 그 단서가 행할 만한데도 능히 행하지 못한 연후에 어쩔 수 없이 떠나신 것이니, 대개 그 떠남을 가벼이 하지는 않으셨으나 일찍이 결연하지 않으신 적이 없으셨다. 이런 까닭으로 한 나라에 3년을 머무른 적이 없으셨다.

4-7. 孔子 有見行可之仕하시며 **有際可之仕**하시며 **有公養之仕**하시니 **於季桓子**엔 **見行可之仕也**요 **於衛靈公**엔 **際可之仕也**요 **於衛孝公**엔 **公養之仕也**니라

공자께서 행할 만함을 보고 하신 벼슬이 있으며 교제할 만해서 하신 벼슬이 있으며 봉양을 받을 만해서 하신 벼슬이 있으니, 계환자에게 행할 만함을 보신 벼슬이요, 위나라 영공에겐 교제할 만해서 하신 벼슬이요, 위나라 효공에겐 공양을 받을 만해서 하신 벼슬이다."

見行可는 見其道之可行也라 際可는 接遇以禮也라 公養은 國君養賢之禮也라 季桓子는 魯卿季孫斯也라 衛靈公은 衛侯元也라 孝公은 春秋史記에 皆無之하니 疑出公輒也라 因孔子仕魯而言其仕 有此三者故로 於魯엔 則兆足以行矣而不行然後에 去하시고 而於衛之事엔 則又受其交際問餽而不卻之 一驗也라

○尹氏曰 不聞孟子之義면 則自好者는 爲於(오)陵仲子而已니 聖賢辭受進退 惟義所在라

愚는 按此章文義 多不可曉하니 不必强爲之說이라

見行可는 그 도가 행해질 만함을 봄이다. 際可는 예로써 대우함이다. 公養은 임금이 현인을 봉양하는 예이다. 季桓子는 노나라 경으로 계손사이다. 衛靈公은 위나라 임금 원이다. 孝公은 『春秋』와 『史記』에 모두 없으니 출공 첩인 듯하다. 공자께서 노나라에 벼슬한 사실을 근거로 '그 벼슬이 이 세 가지가 있으므로 노나라에서는 조짐이 행할 만한데도 행하지 않은 뒤에 떠나시고, 위나라에서는 그 교제, 방문, 드림을 받으시고 물리치지 않은 것이 하나의 증거'임을 말씀하신 것이다.

○윤씨가 말하였다. "맹자의 의를 듣지 않으면 자기 마음 내키는 대로 하는 자는 오릉의 진중자가 될 뿐이니, 성현의 사양하고 받음, 나가고 물러남이 오직 의에 있을 뿐이다."

내가 살피건대, 이 장 글 뜻이 대부분 분명하지 않으니 억지로 설명할 필요가 없다.

5-1. 孟子曰 仕 非爲貧也而有時乎爲貧하며 娶妻 非爲養也而有時乎爲養이니라

맹자께서 말씀하셨다. "벼슬이 가난을 위한 것은 아니지만 때로 가난을 위한 것도 있으며 혼인이 봉양을 위한 것은 아니지만 때로 봉양을 위한 것도 있다.

仕는 本爲行道로대 而亦有家貧親老어나 或道與時違而但爲祿仕者하니 如娶妻 本爲繼嗣로대 而亦有爲不能親操井臼而欲資其饌養者라

벼슬은 본래 도를 행하기 위한 것이지만 집이 가난하고 부모가 늙었거나 혹 도가 시대와 어긋나지만 단지 녹봉을 받기 위해 벼슬하는 것도 있으니 예를 들면, 혼인이 본래 대를 잇기 위해 하는 것이지만 자신이 물 긷고 절구질 할 수 없어 봉양을 자뢰하려고 하는 것과 같다.

5-2. 爲貧者는 辭尊居卑하며 辭富居貧이니라

가난 때문에 벼슬하는 자는 높은 자리를 사양하고 낮은 자리를 차지하며 봉록이 많은 자리를 사양하고 박봉의 자리를 차지한다.

貧富는 謂祿之厚薄이라 蓋仕不爲道면 已非出處之正故로 其所居 但當如此니라

貧富는 녹봉의 많고 적음을 이른다. 대개 벼슬이 도를 위한 것이 아니라면 이미 출처의 정도가 아니기 때문에 처할 곳이 마땅히 이와 같아야 한다.

5-3. 辭尊居卑하며 辭富居貧은 惡(오)乎宜乎오 抱關擊柝이니라

높은 자리를 사양하고 낮은 자리를 차지하며 봉록이 많은 자리를 사양하고 박봉의 자리를 차지함은 어떠한 자리가 마땅한가? 문지기와 순라꾼일 것이다.

柝은 夜行所擊木也라 蓋爲貧者 雖不主於行道나 而亦不可以苟祿故로 惟抱關擊柝之吏 位卑祿薄하야 其職이 易(이)稱하니 爲所宜居也라 李氏曰 道不行矣요 爲貧而仕者는 此其律令也니 若不能然이면 則是 貪位慕祿而已矣라

柝은 야간 순행에 치는 나무이다. 대개 가난으로 벼슬하는 자가 비록 도의 실행을 주장하지 않으나 봉록에 연연하지 않으므로 문지기와 목탁을 치는 관리가 지위도 낮고 봉록도 박하여 직책이 알맞으니 마땅한 자리가 된다. 이씨가 말하였다. "도가 행해지지 않고 가난으로 벼슬하는 자는 이러한 자리가 전형이니, 만일 그렇지 못하다면 지위를 탐하고 녹봉을 흠모하는 것일 뿐이다."

5-4. 孔子 嘗爲委吏矣샤 曰 會計를 當而已矣라하시고 嘗爲乘田矣샤 曰 牛羊을 茁壯長而已矣라하시니라

공자께서 일찍이 창고지기가 되시어 '회계를 합당하게 할뿐이다.' 하시고, 일찍이 목장의 관리가 되시어 '소와 양을 살찌고 튼튼하게 키울 뿐이다.' 하셨다.

此는 孔子之爲貧而仕者也라 委吏는 主委積(자)之吏也라 乘田은 主苑囿芻牧之吏也라 苗은 肥貌라 言以孔子大聖으로 而嘗爲賤官하시대 不以爲辱者는 所謂爲貧而仕하니 官卑祿薄而職易(이)稱也라

이는 공자께서 가난 때문에 벼슬한 것이다. 委吏는 창고에 곡식 비축을 맡은 관리이다. 乘田은 원유에서 사육을 맡은 관리이다. 苗은 살찐 모양이다. 공자와 같은 대성으로서도 일찍이 천한 관리가 되셨으나 치욕으로 여기지 않은 것은, 이른바 가난 때문에 벼슬한 것이니 관직이 낮고 봉급이 박함으로 직책이 아주 걸맞음을 말한 것이다.

■ 苗 살찔 줄   委 쌓을 위   積 쌓을 자

5-5. 位卑而言高 罪也요 立乎人之本朝而道不行이 恥也니라

지위가 낮으면서도 말이 높음이 죄요, 자신이 사는 나라의 조정에 근무하면서 도가 행해지지 못함이 부끄러움이다."

以出位爲罪면 則無行道之責이요 以廢道爲恥면 則非竊祿之官이니 此爲貧者之所以必辭尊富而寧處貧賤也라

○尹氏曰 言爲貧者는 不可以居尊이니 居尊者는 必欲以行道라

지위에 벗어난 말을 죄로 여기면 도를 행할 책임이 없고 도를 폐한 것을 부끄럽게 여기면 봉록만 타먹는 관리가 아니니, 이것이 가난을 위하여 벼슬하는 자가 반드시 높은 지위와 많은 봉록을 사양하는 이유로서, 차라리 지위가 낮고 봉급이 작은 자리에 처하는 것이다.

○윤씨가 말하였다. "가난 때문에 벼슬하는 자는 높은 지위를 차지해서는

안 되니 높은 자리에 처하는 자는 반드시 도를 행하고자 하는 것이다."

6-1. 萬章이 曰士之不託諸侯는 何也잇고 孟子曰 不敢也니라 諸侯失國而後에 託於諸侯는 禮也요 士之託於諸侯는 非禮也니라

만장이 여쭈었다. "선비가 제후에게 의탁하지 못함은 무엇 때문입니까?" 맹자께서 말씀하셨다. "감히 하지 못하는 것이다. 제후가 나라를 잃은 뒤에 다른 제후에게 의탁함은 예이고 선비가 제후에게 의탁함은 예가 아니다."

託은 寄也니 謂不仕而食其祿也라 古者에 諸侯出奔他國하야 食其廩餼를 謂之寄公이라 士는 無爵土하야 不得比諸侯니 不仕而食祿이면 則非禮也라

託은 의탁함이니, 벼슬하지 않고 봉록만 타는 것을 말한다. 옛적에 제후가 다른 나라로 망명하여 그 나라의 록 먹는 것을 기공이라 한다. 선비는 작위와 영토가 없어서 제후와 비교할 수 없으니 벼슬하지 않고 봉급을 받으면 예가 아니다.

■ 廩 곳집 름   餼 봉록 희

6-2. 萬章이 曰君이 餽之粟則受之乎잇가 曰 受之니라 受之는 何義也잇고 曰 君之於氓也에 固周之니라

만장이 여쭈었다. "임금이 곡식을 보내면 받습니까?" 말씀하셨다. "받는다." 여쭈었다. "받음은 어떤 의리입니까?" 말씀하셨다. "임금이 진실로 백성을 구휼하는 것이다."

周는 救也니 視其空乏則周邮之를 無常數니 君待民之禮也라

周는 구휼함이니, 그 궁핍함을 보면 구휼함이 정해진 횟수가 없으니 임금이

백성을 대우하는 예이다.

- 周 구휼할 주

6-3. 曰 周之則受하고 賜之則不受는 何也잇고 曰 不敢也니라 曰 敢問其不敢은 何也잇고 曰 抱關擊柝者 皆有常職하여 以食於上하나니 無常職而賜於上者를 以爲不恭也니라

여쭈었다. "구휼하면 받고 주면 녹을 받지 않음은 무엇 때문입니까?" 말씀하셨다. "감히 못하는 것이다." 여쭈었다. "감히 여쭙겠습니다. 감히 하지 않음은 무엇 때문입니까?" 말씀하셨다. "문지기와 순라꾼이 다 정해진 직책이 있어서 녹봉을 받는 것이니, 직책이 없는데도 받음을 공손하지 못하다 하는 것이다."

賜는 謂予之祿이니 有常數하니 君所以待臣之禮也라

賜는 주는 녹봉을 말하니 정해진 액수가 있으니 임금이 신하를 대우하는 예이다.

6-4. 曰 君이 餽之則受之라하시니 不識케이다 可常繼乎잇가 曰 繆公之於子思也에 亟(기)問하시고 亟(기)餽鼎肉이어시늘 子思 不悅하사 於卒也에 摽使者하야 出諸(저)大門之外하시고 北面稽首再拜而不受曰 今而後에 知君之犬馬畜(혹)伋이라하시니 蓋自是로 臺無餽也하니 悅賢不能擧요 又不能養也면 可謂悅賢乎아

여쭈었다. "임금이 보내주면 받는다 하시니 모르겠습니다만, 일정하게 계속합니까?" 말씀하셨다. "목공이 자사에게 자주 문안하시고 자주 찐 고기를 보내시거늘 자사께서 기뻐하지 않으시어 끝내 심부름꾼에게 손을 내저어 대문 밖으로 보내시고 임금이 계신 곳을 향해 머리를 조아려 재배하시고 받지 않으시면서

'지금에서야 임금이 나를 개나 말 기르듯이 함을 알았다.' 하시니, 대개 이로부터 관리를 시켜 보내옴이 없었으니 현인을 기뻐하되 천거하지 못하고 게다가 봉양하지도 못한다면 현인을 기뻐한다 할 수 있겠는가?"

亟(기)는 數(삭)也라 鼎肉은 熟肉也라 卒은 末也요 摽는 麾也니 數(삭)以君命來餽에 當拜受之니 非養賢之禮故로 不悅而於其末後復(부)來餽時에 麾使者出하고 拜而辭之하시니라 犬馬畜(훅)伋은 言不以人禮로 待己也라 臺는 賤官이니 主使令者라 蓋繆公愧悟하야 自此로 不復(부)令臺來致餽也라 擧는 用也니 能養者 未必能用이온 況又不能養乎아

亟(기)는 자주이다. 鼎肉은 삶은 고기이다. 卒은 끝이요 摽는 손을 내저음이니, 자주 임금의 명령으로 보내옴에 절하고 받아야 하니 현인을 봉양하는 예가 아니므로 기뻐하지 않다가, 마침내 또 보내왔을 적에 심부름꾼에게 손을 내저어 내보내고 절하고 사양하셨다. 犬馬畜伋은 사람의 예로 대우하지 않음을 말한다. 臺는 천한 관리로 사령을 담당하는 자이다. 대개 목공이 부끄럽게 여기고 깨달아 이로부터 다시 관리에게 명하여 보내드리지 않았다. 擧는 등용함이다. 능히 봉양하는 자도 반드시 등용하지는 못하거늘 하물며 능히 봉양하지도 못하는 자랴.

- 亟 자주 기   餽 보낼 궤   摽 내저을 표   畜 기를 훅
  臺 하인 대   擧 등용할 거   致 보낼 치

6-5. 曰 敢問國君이 欲養君子인댄 如何라야 斯可謂養矣니잇고 曰 以君命將之어든 再拜稽首而受하나니 其後에 廩人이 繼粟하고 庖人이 繼肉하야 不以君命將之하나니 子思 以爲鼎肉이 使己僕僕爾亟(기)拜也라 非養君子之道也라하시니라

여쭈었다. "감히 여쭙겠습니다. 임금이 군자를 봉양하고자 할진댄 어떻게 해야 봉양한다고 할 수 있습니까?" 말씀하셨다. "임금의 명령으로 받들어 오거

든 재배하고 머리를 조아려 받는 것이니, 그 뒤에는 창고지기가 곡식을 대주고 푸줏간 담당자가 고기를 대주어 임금의 명령으로 받들지 않아야 하는 것이니, 자사께서 찐 고기를 보내는 것이 자신을 대근하게 자주 절하게 할뿐이지, 군자를 봉양하는 도리가 아니라고 여기신 것이다.

初以君命來餽면 則當拜受요 其後에 有司 各以其職으로 繼續所無하고 不以君命來餽하야 不使賢者로 有亟(기)拜之勞也라 僕僕은 煩猥貌라

처음 임금의 명령으로 와서 주면 마땅히 절하여 받고 그 뒤에 유사가 각기 직분에 따라 없는 것을 이어주고 임금의 명령으로 와서 주지 않아 현자로 하여금 자주 절하는 수고를 하지 않게 하는 것이다. 僕僕은 번거로운 모양이다.

■ 僕 번거로울 복

6-6. 堯之於舜也에 使其子九男으로 事之하시고 二女로 女焉하시고 百官牛羊倉廩을 備하야 以養舜於畎畝之中이러시니 後에 擧而加諸(저)上位하시니 故로 曰王公之尊賢者也니라

요임금이 순에게 그의 아들 9남으로 섬기게 하시고 두 딸을 시집보내시고 百官·牛羊·倉廩을 갖추어 순을 시골 가운데서 봉양케 하시더니 뒤에 천거하여 높은 지위에 있게 해 주셨으니, 그래서 왕공이 현자를 존경한 것이라 한다."

能養能擧는 悅賢之至也니 唯堯舜이 爲能盡之요 而後世之所當法也니라

能養能擧는 현자를 기뻐함이 지극한 것이니, 요임금과 순임금만이 능히 다한 것이고 후세에 마땅히 본받을 바이다.

7-1. 萬章이 曰敢問不見諸侯는 何義也잇고 孟子曰 在國曰市井之臣이요 在野曰草莽之臣이라 皆謂庶人이니 庶人이 不傳質(지)爲臣하야는

不敢見於諸侯 禮也니라

만장이 여쭈었다. "감히 여쭙겠습니다. 제후를 만나지 않음은 무슨 의리입니까?" 맹자께서 말씀하셨다. "나라 도읍에 사는 이를 시정의 신하라 하고 들에 사는 이를 초망의 신하라 한다. 다 서인을 이름이니 서인이 폐백을 잡고 서로 통하여 신하가 되지 않아서는 감히 제후를 만나지 않는 것이 예이다."

傳은 通也라 質(지)者는 士는 執雉하고 庶人은 執鶩하니 相見以自通者也라 國內莫非君臣이로대 但未仕者는 與執贄在位之臣으로 不同故로 不敢見也라

傳은 서로 통함이다. 質는 士는 꿩을 잡고 서인은 따오기를 잡는 것이니, 서로 보여 통하는 것이다. 나라 안의 모든 사람이 임금의 신하가 아닌 이가 없지만 다만 아직 벼슬하지 않은 자는 폐백을 잡고 지위에 있는 신하와 같지 않으므로 감히 만나지 못하는 것이다.

■ 莽 풀 망   傳 통할 전   質 폐백 지   鶩 따오기 목

7-2. 萬章이 曰庶人이 召之役則往役하고 君이 欲見之하야 召之則不往見之는 何也잇고 曰 往役은 義也요 往見은 不義也니라

만장이 여쭈었다. "서인이 부역으로 부르면 가서 일하고 임금이 만나고자 부르면 만나러 가지 않음은 무엇 때문입니까?" 말씀하셨다. "가서 부역을 함은 의요 가서 만남은 의가 아니다."

往役者는 庶人之職이요 不往見者는 士之禮라
往役은 서인의 직분이요 不往見은 士의 예이다.

7-3. 且君之欲見之也는 何爲也哉오 曰 爲其多聞也며 爲其賢也니이다 曰 爲其多聞也則天子도 不召師온 而況諸侯乎아 爲其賢也則吾

未聞欲見賢而召之也케라 繆公이 亟(기)見於子思曰 古에 千乘之國이 以友士하니 何如하니잇고 子思 不悅曰 古之人이 有言曰 事之云乎언정 豈曰友之云乎리오하시니 子思之不悅也는 豈不曰以位則子는 君也요 我는 臣也니 何敢與君友也며 以德則子는 事我者也니 奚可以與我 友리오 千乘之君이 求與之友而不可得也온 而況可召與아

말씀하셨다. "또 임금이 만나고자 함은 무엇 때문인가?" 대답하였다. "그가 들은 것이 많기 때문이며 그가 현자이기 때문입니다." 말씀하셨다. "그가 들은 것이 많다면 천자도 불러 스승삼지 못하거늘 하물며 제후이랴. 그가 현자라면 나는 현자를 만나고자 불렀다는 말은 듣지 못했다. 목공이 자주 자사를 만나 '옛적에 천승의 임금이 선비를 벗했다.' 하니 어떻습니까? 자사께서 기뻐하지 않으시면서 '옛 사람이 섬긴다고 했을지언정 어찌 벗한다고 했으리오.' 하셨으니, 자사께서 기뻐하지 않으심은, '아마도, 지위인즉 그대는 임금이요 나는 신하이니 어찌 감히 임금과 벗하며, 덕인즉 그대는 나를 섬길 자이니 어찌 나와 더불어 벗할 수 있겠느냐.' 말씀하신 것이 아니리오. 천승의 임금이 벗하기를 요구할 수 없거늘 하물며 부를 수 있겠는가?

孟子 引子思之言而釋之하사 以明不可召之意하시니라

맹자께서 자사의 말씀을 인용하고 해석하여 부르지 못하는 뜻을 밝히셨다.

7-4. 齊景公이 田할새 招虞人以旌한대 不至어늘 將殺之러니 志士는 不忘在溝壑이요 勇士는 不忘喪其元이라하시니 孔子는 奚取焉고 取非其招不往也시니라

제나라 경공이 사냥할 적에 우인을 旌으로 부르자 오지 않거늘 죽이려했는데, 공자께서는 '지사는 구렁텅이에 떨어져 죽을 것을 잊지 않고 용사는 머리를 잃을 것을 잊지 않는다.' 하셨으니, 공자께서는 무엇을 취하셨는가? 그에게 맞는

부름이 아니면 가지 않음을 취하신 것이다."

說見(현)前篇하니라

설명이 전편에 보였다.

7-5. 曰 敢問招虞人何以니잇고 曰 以皮冠이니 庶人은 以旃이요 士는 以旂요 大夫는 以旌이니라

여쭈었다. "감히 여쭙겠습니다. 우인은 무엇으로 부릅니까?" 말씀하셨다. "피관을 쓰니 서인은 전을 쓰고 선비는 기를 쓰고 대부는 정을 쓴다.

皮冠은 田獵之冠也니 事見(현)春秋傳하니 然則皮冠者는 虞人之所有事也라 故로 以是招之라 庶人은 未仕之臣이라 通帛曰旃이라 士는 謂已仕者라 交龍이 爲旂요 析羽而注於旂干之首曰旌이라

皮冠은 사냥에 쓰는 관이다. 사실이 『春秋傳』에 보이니, 그런즉 피관은 우인에게 일이 있는 것이다. 그러므로 이것으로 부른다. 庶人은 벼슬하지 않은 신하이다. 무늬 없는 비단으로만 만든 것을 旃이라 한다. 士는 벼슬한 자를 말한다. 용을 교차하여 그린 것이 旂요, 깃털을 갈라 깃대 끝에 장식한 것을 旌이라 한다.

■ 旃 기 전   旂 기 기   旌 기 정

7-6. 以大夫之招로 招虞人이어늘 虞人이 死不敢往하니 以士之招로 招庶人이면 庶人이 豈敢往哉리오 況乎以不賢人之招로 招賢人乎아

대부를 부르는 것으로 우인을 부르거늘 우인이 죽어도 감히 가지 못하니, 선비를 부르는 것으로 서인을 부르면 어찌 감히 가겠는가? 하물며 어질지 못한 자를 부르는 것으로 현인을 부름에랴.

欲見而召之면 是는 不賢人之招也라 以士之招로 招庶人에 則不敢
往이요 以不賢人之招로 招賢人이면 則不可往矣라

만나고자 부르면 이는 어질지 못한 자를 부르는 것이다. 선비를 부르는
것으로 서인을 부름에 감히 가지 않고 어질지 못한 자를 부르는 것으로 현인을
부르면 갈 수 없는 것이다.

7-7. 欲見賢人而不以其道면 猶欲其入而閉之門也니라 夫義는 路也요
禮는 門也니 惟君子 能由是路하며 出入是門也니 詩云 周道如底
(지)하니 其直如矢로다 君子所履요 小人所視라하니라

현인을 만나려 하면서 올바른 방법으로 하지 않으면 들이고자하면서 문을
닫는 것과 같다. 대저 의는 길이요 예는 문이니, 군자만이 능히 이 길로 말미암으
며 이 문으로 출입할 수 있으니,『詩經』에 '큰 길이 숫돌같이 평평하니 곧음이
화살 같도다. 군자가 걸어감에 소인이 바라본다.' 하였다."

詩는 小雅大東之篇이라 底(지)는 與砥로 同하니 礪石也니 言其平也라
矢는 言其直也라 視는 視以爲法也라 引此以證上文能由是路之義하시
니라

시는「小雅」<大東>편이다. 底는 砥자와 같으니 숫돌이니 평평함을 말한
다. 矢는 곧음을 말한다. 視는 본보기로 삼음이다. 이를 인용하여 윗글 능히
이 길로 말미암는다는 뜻을 증명하셨다.

■ 底 숫돌 지　　　　砥 숫돌 지　　　　礪 숫돌 려

7-8. 萬章이 曰孔子는 君이 命召어시든 不俟駕而行하시니 然則孔子 非
與잇가 曰孔子는 當仕有官職而以其官으로 召之也니라

만장이 여쭈었다. "공자는 임금이 부르시거든 말 멍에를 기다리지 않고 행하셨

으니 그렇다면 공자께서 잘못한 것입니까?" 말씀하셨다. "공자는 벼슬하여 관직이 있었으므로 관직으로 부른 것이다."

孔子 方仕而任職에 君이 以其官名召之故로 不俟駕而行하시니라 徐氏曰 孔子孟子 易地則皆然이시리라

○此章은 言不見諸侯之義 最爲詳悉하니 更(갱)合陳代公孫丑(추)所問者而觀之면 其說이 乃盡이니라

공자께서 막 벼슬에 나가 관직을 맡으셨기에 임금이 그 관직으로 부르심에 말 멍에를 기다리지 않고 떠나신 것이다. 서씨가 말하였다. "공자 맹자께서 처지가 바뀌었다면 다 그렇게 하셨을 것이다."

○이 장은 제후를 만나지 않는 의리를 말씀하신 것이 가장 자세하니 진대와 공손추가 물은 것과 합쳐 보아야 그 설명이 완전하다.

8-1. 孟子 謂萬章曰 一鄕之善士야 斯友一鄕之善士하고 一國之善士야 斯友一國之善士하고 天下之善士야 斯友天下之善士니라

맹자께서 만장에게 말씀하셨다. "한 고을의 선사라야 이에 한 고을의 선사를 벗하고, 한 나라의 선사라야 이에 한 나라의 선사를 벗하고, 천하의 선사라야 이에 천하의 선사를 벗한다.

言己之善이 蓋於一鄕然後에 能盡友一鄕之善士니 推而至於一國天下에 皆然하니 隨其高下하야 以爲廣狹也니라

자신의 선이 한 고을을 뒤덮은 뒤에 능히 한 고을의 선사를 다 벗 삼을 수 있으니, 미루어 한 나라와 천하에도 다 그러하니, 그 인품의 고하에 따라 지역의 광협을 삼은 것이다.

8-2. 以友天下之善士로 爲未足하야 又尙論古之人하나니 頌其詩하며 讀其書호대 不知其人이 可乎아 是以로 論其世也니 是尙友也니라

천하의 선사 벗하는 것을 부족하다 여겨 더 시대를 거슬러 올라가 옛사람을 논하나니, 그의 시를 외우며 그의 글을 읽되 그 사람됨을 모르는 것이 가하겠는가? 이런 까닭으로 그가 살던 세상을 논하는 것이니, 이것이 시대를 거슬러 올라가 벗하는 것이다."

尙은 上同하니 言進而上也라 頌은 誦으로 通이라 論其世는 論其當世行事之迹也라 言旣觀其言이면 則不可以不知其爲人之實이라 是以로 又考其行也라 夫能友天下之善士면 其所友 衆矣로대 猶以爲未足하야 又進而取於古人하니 是能進其取友之道요 而非止爲一世之士矣라

尙은 上자와 같으니 거슬러 올라감을 말한다. 頌은 誦자와 통한다. 論其世는 당대 행사의 자취를 논하는 것이다. 이미 그의 말을 관찰하면 그의 사람됨의 실상을 모를 수 없다. 이런 까닭으로 그의 행실을 상고하는 것이다. 대저 천하의 선비를 벗하면 많은 사람을 벗하는 것이지만 오히려 부족하다 여겨 더 거슬러 올라가 옛사람에게서 취하니 벗을 취하는 도리를 다함이고 다만 한 세대의 선비에 그치지 않는 것이다.

9-1. 齊宣王이 問卿한대 孟子曰 王은 何卿之問也시니잇고 王曰 卿이 不同乎잇가 曰 不同하니 有貴戚之卿하며 有異姓之卿하니이다 王曰 請問貴戚之卿하노이다 曰 君이 有大過則諫하고 反覆之而不聽則易位니이다

제나라 선왕이 경을 묻자 맹자께서 말씀하셨다. "왕은 어떤 경을 물으십니까?" 왕이 말했다. "경이 같지 않습니까?" 말씀하셨다. "같지 않으니 귀척의 경이 있으며 이성의 경이 있습니다." 왕이 말했다. "청컨대 귀척의 경을 여쭙겠습니

다." 말씀하셨다. "임금이 큰 잘못이 있으면 간하고 반복해도 듣지 않으면 왕위를 바꿉니다."

大過는 謂足以亡其國者라 易位는 易君之位하고 更(갱)立親戚之賢者라 蓋與君有親親之恩하야 無可去之義하니 以宗廟爲重하야 不忍坐視其亡故로 不得已而至於此也라

大過는 나라를 망칠만한 것을 이른다. 易位는 임금의 자리를 바꾸고 친척 중에 어진 자를 세우는 것이다. 대개 임금과 친척의 은혜가 있어 떠날 수 있는 의리가 없으니 종묘의 보존을 중히 여겨 차마 망국을 좌시할 수 없으므로 부득이 해서 이렇게 하는 것이다.

9-2. 王이 勃然變乎色하신대

왕이 안색이 확 변하신대,

勃然은 變色貌라
勃然은 안색이 변하는 모습이다.

- 勃 안색변할 발

9-3. 曰 王은 勿異也하소서 王이 問臣하실새 臣이 不敢不以正對호이다

말씀하셨다. "왕께서는 괴이하게 여기지 마소서. 왕께서 신에게 물으셨기 때문에 신이 감히 바르게 대답하지 않을 수 없었습니다."

孟子言也라
맹자께서 말씀하신 것이다.

9-4. 王이 色定然後에 請問異姓之卿하신대 曰 君이 有過則諫하고 反覆之而不聽則去니이다

왕께서 안색이 안정된 뒤에 이성의 경을 여쭙자, 말씀하셨다. "임금이 잘못이 있으면 간하고 반복해도 듣지 않으면 떠납니다."

> 君臣은 義合하니 不合則去라
> ○此章은 言大臣之義 親疎不同하고 守經行權이 各有其分하니 貴戚之卿은 小過를 非不諫也로대 但必大過而不聽이라야 乃可易位요 異姓之卿은 大過를 非不諫也로대 雖小過而不聽이라도 已可去矣라 然이나 三仁은 貴戚이로대 不能行之於紂하고 而霍光은 異姓이로대 乃能行之於昌邑하니 此又委任權力之不同이니 不可以執一論也니라

임금과 신하는 의로 합하니 합치하지 않으면 떠나는 것이다.
○이 장은 대신의 의리가 친소가 같지 않고 상도를 지키고 권도를 행함이 각기 분수가 있으니, 귀척의 경은 작은 잘못을 간하지 않는 것은 아니지만 반드시 큰 잘못에 들지 않아야 왕위를 바꿀 수 있고, 이성의 경은 큰 잘못을 간하지 않는 것은 아니지만 비록 작은 잘못에 들지 않더라도 떠날 수 있다. 그러나 세 분 인자는 귀척이지만 주왕에게 이를 행하지 못했고 곽광은 이성이지만 漢나라 창읍왕에게 이를 행했으니, 이 또한 권력의 위임이 같지 않음이니 한 가지 의논을 고집할 수 없다.

■ 霍 빠를 곽

* 창읍왕 : 漢나라 武帝의 孫子이며 哀帝의 子로 이름은 賀이다. 昭帝가 후사 없이 죽자 대장군 곽광 등 중신의 추대로 즉위하였는데 음란무도하고 간언을 받아들이지 않자, 곽광이 태후의 윤허를 받아 창읍왕으로 폐출하였다.

告子章句上

凡二十章

모두 20장이다.

* 물헌 웅씨는 「告子上」은 性(1~6장)과 心(7~19장)과 學(20장)을 논했다고 하였다.

1-1. 告子曰 性은 猶杞柳也요 義는 猶桮棬也니 以人性爲仁義 猶以杞柳爲桮棬이니라

고자가 말하였다. "性은 버드나무와 같고 義는 술잔과 같으니, 人性으로 仁·義를 함이 버드나무로 술잔을 만듦과 같다."

性者는 人生所禀之天理也라 杞柳는 柜柳라 桮棬은 屈木所爲니 若卮匜之屬이라 告子 言人性이 本無仁義하야 必待矯揉而後에 成이니 如荀子性惡之說也라

性이란 사람이 타고난 天理이다. 杞柳는 버드나무이다. 桮棬은 나무를 구부려 만든 것이니, 술잔과 같은 종류이다. 고자가 '人性이 본래 仁·義가 없어서 반드시 조작한 뒤에 됨'을 말한 것이니, 순자의 性惡說*과 같다.

■ 杞 나무이름 기   桮 술잔 배   棬 나무그릇 권   柜 고리버들 거
　 卮 술잔 치   匜 술그릇 이   矯 바로잡을 교   揉 바로잡을 유

* 순자의 性惡說 : 『荀子』「性惡」편에서 사람의 性은 惡하나, 사람이 善을 행함은 인위적인 행위인 僞라고 하였다.

1-2. 孟子曰 子 能順杞柳之性而以爲桮棬乎아 將戕賊杞柳而後에 以爲桮棬也니 如將戕賊杞柳而以爲桮棬이면 則亦將戕賊人하야 以爲仁義與아 率天下之人而禍仁義者는 必子之言夫인저

맹자께서 말씀하셨다. "그대가 버드나무의 本性을 이용해서 술잔을 만든다고 여기는가? 버드나무의 本性을 해친 뒤 술잔을 만든다고 여길 것이니, 만일 버드나무의 本性을 해쳐서 술잔을 만든다고 여기면 또한 人性을 해쳐서 仁·義를 한다고 여기는가? 천하의 사람을 거느려서 仁·義를 해롭게 여길 자는, 반드시 그대의 말일 것이다."

言如此則天下之人이 皆以仁義爲害性而不肯爲하리니 是는 因子之言而爲仁義之禍也라

'이와 같다면, 천하 사람이 다 仁·義가 本性을 해친다고 여겨 기꺼이 하지 않을 것이니, 이는 그대의 말로 인하여 인의가 해로운 것이 된다.'고 말한 것이다.

■ 戕 해칠 장

2-1. 告子曰 性은 猶湍水也라 決諸(저)東方則東流하고 決諸(저)西方則西流하나니 人性之無分於善不善也 猶水之無分於東西也니라

고자가 말하였다. "性은 여울물과 같아서 동쪽을 트면 동으로 흐르고 서쪽을 트면 서로 흐르니, 人性이 善과 不善의 구분이 없음이 물이 동서의 구분이 없음과 같다."

湍은 波流濴回之貌也라 告子 因前說而小變之하니 近於揚子善惡混之說하니라

湍은 물살이 소용돌이치는 모양이다. 고자가 앞 말을 조금 바꿨으니, 양자의

선악혼재설*에 가깝다.

- 湍 소용돌이칠 단   瀠 돌 형

* 양자의 선악혼재설에 가깝다. : 주자는 고자와 양자를 다음과 같이 평가하였다. "告子는 '사람의 性에는 善惡이 없는데 사람에게 善惡이 있는 것은 다 습관에서 생겨났다.' 하였고, 揚子는 '사람의 성에는 善惡이 공존해 있는데, 수양하기에 따라서 善惡이 완성된다.' 하였다. 그러므로 조금 다르기 때문에 '가깝다.'고 하였다."

2-2. 孟子曰 水 信無分於東西어니와 無分於上下乎아 人性之善也 猶水之就下也니 人無有不善하며 水無有不下니라

맹자께서 말씀하셨다. "물이 진실로 동서를 구분함이 없지만 상하를 구분함이 없는가? 人性이 선함이 물이 아래로 흐름과 같으니, 사람은 不善함이 없으며 물은 아래로 흐르지 않음이 없다.

言水 誠不分東西矣나 然이나 豈不分上下乎아 性은 卽天理니 未有不善者也라

'물이 진실로 동서를 구분하지 않으나, 그러나 어찌 상·하를 구분하지 않겠는가! 性은 곧 天理이니 不善이 없다.'는 말이다.

- 信 진실로 신   誠 진실로 성

2-3. 今夫水를 搏而躍之면 可使過顙이며 激而行之면 可使在山이어니와 是豈水之性哉리오 其勢則然也니 人之可使爲不善이 其性이 亦猶是也니라

이제 물을 쳐서 뛰게 하면 이마를 지나게 할 수 있으며, 물을 격동시켜 흐르게 하면 산에 있게 할 수 있지만, 이 어찌 물의 本性이겠는가? 그 형세가 그렇게 한 것이니, 사람이 不善을 함이 그 이치가 또한 이와 같다."

搏은 擊也요 躍은 跳也라 顙은 額也라 水之過額在山은 皆不就下也라 然其本性은 未嘗不就下로대 但爲搏擊所使而逆其性耳라

○ 此章은 言性本善故로 順之而無不善하고 本無惡故로 反之而後에 爲惡이요 非本無定體而可以無所不爲也라

搏은 침이요 躍은 뛰게 함이다. 顙은 이마이다. 물이 이마를 지나고 산에 있음은 다 아래로 흐른 것이 아니다. 그러나 그 본성은 아래로 흐르지 않음이 없지만, 단지 격동시킴에 그 본성을 역행할 뿐이다.

○이 장은, '性이 본래 善하므로 순응하면 不善함이 없고 본래 惡이 없으므로 반대로 한 뒤 惡을 함이지, 본래의 정해진 체통이 없어서 제멋대로 하는 것이 아님'을 말한 것이다.

- 搏 칠 박　　擊 칠 격　　躍 뛸 약　　跳 뛸 도
  顙 이마 상　　額 이마 액

3-1. 告子曰 生之謂性이니라

고자가 말하였다. "삶을 性이라 한다."

生은 指人物之所以知覺運動者而言이라 告子論性前後四章이 語雖不同이나 然其大指 不外乎此니 與近世佛氏所謂作用是性者로 略相似라

生은 人·物이 지각 운동하는 것을 가리켜 말한 것이다. 고자가 性을 논한 전후 4장이, 말은 비록 다르나 큰 뜻은 이를 벗어나지 않으니, 근세 불씨의 이른바 작용이 성*이라는 것과 거의 유사하다.

* 작용이 성 : 作用是性이란 일상의 모든 행위(작용)를 차별 없이 성으로 인정한다는 것으로, 朱子에 의하여 作用의 근거를 세우지 못했다고 비판받았다. 즉 도덕의 근거를 부정하였다고 비판받은 것이다. 주자는 작용은 氣, 작용의 근거는 理로 구분하였다.

3-2. 孟子曰 生之謂性也는 猶白之謂白與아 曰 然하다 白羽之白也 猶白雪之白이며 白雪之白이 猶白玉之白與아 曰 然하다

맹자께서 말씀하셨다. "삶을 性이라 함은, 흰 것을 희다고 함과 같은가?" 대답하였다. "그렇다." 말씀하셨다. "흰 깃의 흰 것이 흰 눈의 흰 것과 같으며, 흰 눈의 흰 것이 백옥의 흰 것과 같은가?" 대답하였다. "그렇다."

白之謂白은 猶言凡物之白者를 同謂之白이요 更(갱)無差別也라 白 羽以下는 孟子 再問而告子曰然하니 則是謂凡有生者 同是一性矣라

白之謂白은 만물의 흰 것을 똑같이 희다 하고 다른 차별이 없다고 말한 것과 같다. 白羽 이하는 맹자께서 재차 묻고 고자가 그렇다고 했으니, 이는 모든 사는 것이 똑같이 하나의 性이라 한 것이다.

3-3. 然則犬之性이 猶牛之性이며 牛之性이 猶人之性與아

"그러면 개의 性이 소의 性과 같으며, 소의 性이 사람의 性과 같은가?"

孟子 又言若果如此則犬牛與人이 皆有知覺하고 皆能運動하니 其 性이 皆無以異矣라 於是에 告子 自知其說之非而不能對也라

○愚는 按性者는 人之所得於天之理也요 生者는 人之所得於天之 氣也니 性은 形而上者也요 氣는 形而下者也라 人物之生이 莫不有是 性하고 亦莫不有是氣나 然이나 以氣言之하면 則知覺運動은 人與物이 若不異也로대 以理言之하면 則仁義禮智之稟은 豈物之所得而全哉아 此는 人之性이 所以無不善而爲萬物之靈也라 告子 不知性之爲理하고 而以所謂氣者로 當之라 是以로 杞柳湍水之喩와 食色無善無不善之 說이 縱橫繆戾하고 紛紜舛錯하니 而此章之誤는 乃其本根所以然者니 蓋徒知知覺運動之蠢然者 人與物同하고 而不知仁義禮智之粹然者

人與物異也라 孟子 以是折之하시니 其義 精矣로다

맹자께서 과연 이와 같다면, 개와 소와 사람이 지각이 있고 운동하니 그 性이 다 다름이 없다고 말씀하신 것이다. 이에 고자가 자신의 말이 잘못임을 알고 대답하지 못하였다.

○나는 생각건대, 性이란 사람이 天에서 얻은 理요 生이란 사람이 天에서 얻은 氣이니, 性*은 형이상이요 氣는 형이하이다. 人·物의 삶이 性이 없을 수 없고 氣 또한 없을 수 없다. 그러나 氣로 말하면 지각·운동은 人·物이 다르지 않지만, 理로 말하면 仁·義·禮·智의 품성은 어찌 사물이 얻어 온전히 하겠는가? 이는 사람의 性이 불선함이 없고 만물의 영장이 되는 까닭이다. 고자가 性이 理임을 모르고 이른바 氣로 취급하였다. 이 때문에 杞柳·湍水의 비유와 食色·無善無不善이라는 말이, 종횡으로 어그러지고 어지럽게 뒤섞이니, 이 장의 잘못은 바로 근본의 所以然이니, 대개 지각·운동의 움직임이 人·物이 같음만을 알고 仁·義·禮·智의 순수함이 人·物이 다름을 모른 것이다. 맹자께서 이로써 결단하셨으니, 그 義가 정밀하다.

■ 繆 어긋날 무   紛 어지러울 분   紜 어지러울 운   舛 어그러질 천
　 蠢 꿈틀거릴 준   折 결단할 절

* 性이란 사람이 天에서 얻은 理요 生이란 사람이 天에서 얻은 氣이니 : 理가 같고 氣가 다르다고 하는 것은 사람과 사물이 생겨나기 전의 상태를 기준으로 말한 것이고, 氣가 같고 理가 다르다고 하는 것은 사람과 사물이 생겨난 이후의 상태를 기준으로 말한 것이다.

4-1. 告子曰 食色이 性也니 仁은 內也라 非外也요 義는 外也라 非內也니라

고자가 말하였다. "食·色이 性이니, 仁은 內이지 外가 아니요 義는 外이지 內가 아니다."

告子 以人之知覺運動者로 爲性故로 言人之甘食悅色者 卽其性이라

故로 仁愛之心은 生於內하고 而事物之宜는 由乎外하니 學者 但當用力於仁이요 而不必求合於義也라

告子가 사람의 지각과 운동을 性이라 여겼기 때문에, '사람의 甘食·悅色이 곧 性이다. 그러므로 사랑은 內에서 생기고 사물의 마땅함은 外로 말미암으니, 학자가 마땅히 인에 힘쓸 것이요 의에 합치하기를 구할 필요가 없다.'고 말한 것이다.

4-2. 孟子曰 何以謂仁內義外也오 曰 彼長而我長之라 非有長於我也니 猶彼白而我白之라 從其白於外也라 故로 謂之外也라하노라

맹자께서 말씀하셨다. "어찌하여 仁은 內的이고 義는 外的이라고 하는가?" 대답하였다. "저 이가 어른이면 내가 어른 대우함이라 나에게 어른 대우함이 있지 않으니, 저 것이 희면 내가 희다 함이라 그 흰 것을 밖에서 취함과 같다. 그러므로 外的이라 하였소."

我長之는 我以彼爲長也요 我白之는 我以彼爲白也라

我長之는 내가 저 사람을 어른으로 대우함이요, 我白之는 내가 저것을 희다고 여김이다.

4-3. 曰 異於白馬之白也는 無以異於白人之白也어니와 不識케라 長馬之長也 無以異於長人之長與아 且謂長者 義乎아 長之者 義乎아

말씀하셨다. "말의 흰 것을 희다 함은 사람의 흰 것을 희다 함과 다름이 없지만, 모르겠구려! 말의 어른을 어른 대우함이 사람의 어른을 어른 대우함과 다름이 없는가? 또 어른을 義라 하는가, 어른 대우함을 義라 하는가?"

張氏曰 上異於二字는 宜衍이라 李氏曰 或有闕文焉하니라
愚는 按白馬白人은 所謂彼白而我白之也요 長馬長人은 所謂彼長

而我長之也니 白馬白人은 不異로대 而長馬長人은 不同하니 是乃所謂 義也라 義不在彼之長而在我長之之心하니 則義之非外 明矣라

장씨가 말하였다. "위의 異於 2字는 衍文이다." 이씨가 말하였다. "혹 闕文이 있는 듯하다."

내가 생각건대, 白馬·白人은 이른바 저것이 희면 내가 희다 함이요, 長馬·長人은 이른바 저것이 어른이면 내가 어른 대우함이니, 白馬·白人은 차이가 없지만 長馬·長人은 같지 않으니, 이것이 곧 義이다. 義는 저가 어른인데 있지 않고 내가 어른 대우하는 마음에 있으니, 義가 外 아님이 분명하다.

4-4. 曰 吾弟則愛之하고 秦人之弟則不愛也하나니 是는 以我爲悅者也라 故로 謂之內요 長楚人之長하며 亦長吾之長하나니 是는 以長爲悅者也라 故로 謂之外也라하노라

말하였다. "내 아우면 사랑하고 진나라 사람 아우면 사랑하지 않으니, 이는 나를 좋아하기 때문이다. 그러므로 內라 하고, 초나라 사람의 어른을 어른으로 대우하며 또 나의 어른을 어른으로 대우하니, 이는 어른임을 좋아하기 때문이다. 그러므로 外라 한다."

言愛主於我故로 仁在內요 敬主於長故로 義在外라

'사랑은 나에게 主가 되므로 仁은 內이고 敬은 어른에 주가 되므로 義는 外임'을 말한 것이다.

4-5. 曰 耆秦人之炙 無以異於耆吾炙하니 夫物이 則亦有然者也니 然則耆炙도 亦有外與아

말씀하셨다. "진나라 사람의 불고기를 즐겨먹음이 우리 불고기를 즐겨먹음과 차이가 없으니, 만물이 또한 그러한 점이 있으니, 그러면 불고기를 즐겨 먹음도

또한 外인가?"

言長之耆之 皆出於心也라 林氏曰 告子 以食色爲性故로 因其所明者而通之하니라

○自篇首로 至此四章히 告子之辨이 屢屈而屢變其說하야 以求勝하고 卒不聞其能自反而有所疑也하니 此正其所謂不得於言이어든 勿求於心者니 所以卒於鹵莽而不得其正也라

'어른 대우함과 즐겨 먹음이 다 마음에서 나옴'을 말한 것이다. 임씨가 말하였다. "고자가 食·色을 性이라 여겼기 때문에, 그가 잘 아는 것을 이용하여 소통시킨 것이다."

○편 머리에서 4장까지, 고자의 변론이 누차 굽히고 누차 말을 바꾸어 이기려고만 하고 끝내 스스로 반성하여 의심했다는 말을 듣지 못했으니, 이것이 바로 그의 이른바 不得於言이어든 勿求於心*이다. 끝내 지리멸렬하여 그 올바름을 얻지 못한 까닭이다.

■ 耆 즐길 기(嗜)　　炙 불고기 자(炙)　　鹵 거칠 로　　莽 거칠 무

* 不得於言 勿求於心 :「公孫丑上」2장 9절에 보인다. 이는 '말에 잘못이 있으면 마음에서 구하지 말라.'는 뜻으로, 고자가 不動心을 빠르게 이룬 방법이다. 주자는 '밖에서 잃고서 안까지 버렸다.'하였다.

5-1. 孟季子 問公都子曰 何以謂義內也오

맹계자가 공도자에게 물었다. "어찌하여 義가 內的이라 하는가?"

孟季子는 疑孟仲子之弟也라 蓋聞孟子之言而未達故로 私論之하니라

맹계자는 맹중자의 동생인 듯하다. 아마도 맹자의 말씀을 듣고서 이해하지 못했기 때문에 사적으로 논의한 것이다.

5-2. 曰 行吾敬故로 謂之內也니라

대답하였다. "나의 공경을 행하므로 內的이라고 한다."

所敬之人이 雖在外나 然知其當敬而行吾心之敬하야 以敬之則不在外也라

공경하는 사람이 비록 外的이나, 마땅히 공경해야 함을 알아서 내 마음의 공경을 행하여 공경함은, 外的인 일이 아니다.

5-3. 鄕人이 長於伯兄一歲則誰敬고 曰 敬兄이니라 酌則誰先고 曰 先酌鄕人이니라 所敬은 在此하고 所長은 在彼하니 果在外라 非由內也로다

말하였다. "향인이 형보다 한 살 위면 누구를 공경하는가?" 대답하였다. "형을 공경한다." 말하였다. "술은 누구에게 먼저 따르는가?" 대답하였다. "향인에게 먼저 따른다." 말하였다. "공경하는 분은 형이고 어른 대우하는 분은 향인이니, 과연 外的이지 內的으로 말미암은 것이 아니로다."

伯은 長也라 酌은 酌酒也라 此皆季子問하고 公都子答이니 而季子又言如此면 則敬長之心이 果不由中出也라

伯은 맏이이다. 酌은 술을 따름이다. 이것은 다 맹계자가 묻고 공도자가 답한 것이니, 맹계자가 또 '이와 같다면 敬·長의 마음이 과연 마음으로 말미암아 나오는 것이 아님'을 말한 것이다.

5-4. 公都子 不能答하야 以告孟子한대 孟子曰 敬叔父乎아 敬弟乎아 하면 彼將曰 敬叔父라하리라 曰 弟爲尸則誰敬고하면 彼將曰 敬弟라하리라 子曰 惡(오)在其敬叔父也오하면 彼將曰 在位故也라하리니 子亦

曰 在位故也라하라 庸敬은 在兄하고 斯須之敬은 在鄕人하니라

공도자가 대답하지 못하여 맹자께 말씀드리자, 맹자께서 말씀하셨다. "'숙부를 공경하느냐, 아우를 공경하느냐?' 물으면, 그는 '숙부를 공경한다.' 할 것이다. '아우가 시동이 되면 누구를 공경하느냐?' 물으면, 그는 '아우를 공경한다.' 할 것이다. 자네가 '어디에 숙부를 공경함이 있는가?' 물으면, 그는 '지위에 있기 때문이다.'라고 할 것이니, 그대 또한 '지위에 있기 때문이다.' 말하라. 항상 공경함은 형에 있고, 잠시 공경함은 향인에 있는 것이다."

尸는 祭祀所主以象神이니 雖弟子爲之나 然敬之를 當如祖考也라 在位는 弟在尸位하고 鄕人이 在賓客之位也라 庸은 常也라 斯須는 暫時也니 言因時制宜 皆由中出也라

尸는 제사에 神主로 삼아 신을 상징하는 아이이니, 비록 아우가 해도 공경하기를 마땅히 조상과 같이 해야 한다. 在位는 아우는 尸의 지위이고, 향인은 손님의 지위이다. 庸은 항상적이다. 斯須는 잠시이다. 때에 따라 알맞게 처리함이 다 마음에서 나옴을 말한 것이다.

5-5. 季子 聞之하고 曰敬叔父則敬하고 敬弟則敬하니 果在外라 非由內也로다 公都子曰 冬日則飮湯하고 夏日則飮水하나니 然則飮食도 亦在外也로다

맹계자가 듣고서 말하였다. "숙부를 공경할 상황이면 공경하고 아우를 공경할 상황이면 공경하니, 과연 外的이지 內的으로 말미암음이 아니다." 공도자가 말하였다. "겨울에는 뜨거운 물을 마시고 여름에는 찬 물을 마시는데, 그렇다면 마시는 것도 또한 外的이로다."

此亦上章耆炙之義라
○范氏曰 二章問答이 大指略同하니 皆反覆譬喩하야 以曉當世하야

使明仁義之在內면 則知人之性善而皆可以爲堯舜矣리라

이 또한 윗글 불고기를 즐겨 먹는다는 뜻이다.

○범씨가 말하였다. "4장과 5장의 문답이 큰 뜻은 대략 같으니, 다 비유를 반복하여 당시 세상을 깨우쳐서 仁·義가 內的임을 밝히면, 人性이 善한 줄을 알아서 다 요순이 될 것이다."

■ 湯 끓일 탕

6-1. 公都子曰 告子曰 性은 無善無不善也라하고

공도자가 말하였다. "고자는 '性은 善도 없고 不善도 없다.'하고,

此亦生之謂性食色性也之意니 近世에 蘇氏胡氏之說이 蓋如此라

이 또한 生之謂性과 食色性의 뜻이니, 근세 소씨와 호씨의 설이 대개 이와 같다.

6-2. 或曰 性은 可以爲善이며 可以爲不善이니 是故로 文武 興則民이 好善하고 幽厲 興則民이 好暴(포)라하고

혹자는 '性은 善을 할 수도 不善을 할 수도 있으니, 이런 까닭으로 문왕과 무왕이 흥기하면 백성이 善을 좋아하고, 유왕과 려왕이 흥기하면 백성이 포학을 좋아한다.'하고,

此는 卽湍水之說也라

이것은 곧 고자의 단수설이다.

6-3. 或曰 有性善하며 有性不善하니 是故로 以堯爲君而有象하며 以瞽瞍爲父而有舜하며 以紂爲兄之子요 且以爲君而有微子啓王子

比干이라하나니

혹자는 '性이 善한 이도 있고 性이 不善한 이도 있으니, 이런 까닭으로 堯가 임금이신데도 상이 있으며, 고수가 아비인데도 舜이 있으며, 주가 조카요 임금인데도 미자 계와 왕자 비간이 있다.' 하는데,

> 韓子性有三品之說이 蓋如此라 按此文하면 則微子比干은 皆紂之叔父어늘 而書稱微子爲商王元子하니 疑此或有誤字라

韓子(한유)의 性 三品說이 대개 이와 같다. 이 글을 살펴보면 미자·비간은 다 주의 숙부인데 『書經』에 미자를 상왕의 元子라고 했으니, 이글에 혹 오자가 있는 듯하다.

6-4. 今曰 性善이라하시니 然則彼皆非與잇가 孟子曰 乃若其情則可以爲善矣니 乃所謂善也니라

이제 性善이라 말씀하시니, 그러면 저들이 다 잘못입니까? 맹자께서 말씀하셨다. "그 情인즉 善을 할 수 있으니, 이른바 善이라는 것이다.

> 乃若은 發語辭라 情者는 性之動也라 人之情이 本但可以爲善이요 而不可以爲惡이니 則性之本善을 可知矣라

乃若은 발어사이다. 情이란 性이 발동한 것이다. 사람의 情이 본래 단지 善을 할 수 있고 惡을 할 수 없으니, 性이 본래 善함을 알 수 있다.

6-5. 若夫爲不善은 非才之罪也니라

만일 不善을 함은, 재질의 죄가 아니다."

> 才는 猶材質이니 人之能也라 人有是性이면 則有是才니 性旣善이면 則才亦善이니 人之爲不善은 乃物欲陷溺而然이요 非其才之罪也라

才는 재질과 같으니, 사람의 선천적 능력이다. 사람이 이러한 性이 있으면 이 才가 있으니, 性이 이미 善하면 才도 역시 善하니, 사람이 不善을 함은 물욕에 빠져서 그런 것이지 재질의 죄가 아니다.

6-6. 惻隱之心을 人皆有之하며 羞惡(오)之心을 人皆有之하며 恭敬之心을 人皆有之하며 是非之心을 人皆有之하니 惻隱之心은 仁也요 羞惡(오)之心은 義也요 恭敬之心은 禮也요 是非之心은 智也니 仁義禮智 非由外鑠我也라 我固有之也언마는 弗思耳矣니 故로 曰求則得之하고 舍則失之라하니 或相倍蓰而無筭者는 不能盡其才者也니라

측은지심을 사람마다 간직하며 수오지심을 사람마다 간직하며 공경지심을 사람마다 간직하며 시비지심을 사람마다 간직하니, 측은지심은 仁이요 수오지심은 義요 공경지심은 禮요 시비지심은 智이니, 인·의·예·지는 외부에서 용해되어 내부로 들어온 것이 아니라 내가 본디 간직했건만 생각하지 않기 때문이다. 그러므로 '구하면 얻고 버려두면 잃는다.'하니, 혹 서로 2배 5배로 헤아릴 수 없이 차이가 나는 것은 재질을 다하지 못함 때문이다.

恭者는 敬之發於外者也요 敬者는 恭之主於中者也라 鑠은 以火銷金之名이니 自外以至內也라 筭은 數也라 言四者之心은 人所固有로대 但人自不思而求之耳니 所以善惡相去之遠은 由不思不求而不能擴充以盡其才也라 前篇에 言是四者 爲仁義禮智之端하고 而此不言端者는 彼欲其擴而充之요 此直因用以著其本體故로 言有不同耳라

恭이란 敬이 외면에 발로한 것이요, 敬이란 恭이 마음에 주간한 것이다. 鑠은 불로 쇠를 녹이는 명칭이니, 밖에서 안으로 들어온 것이다. 筭은 헤아림이다. '4가지 마음은 사람이 본디부터 간직한 것인데 다만 사람이 스스로 생각하여 구하지 않을 뿐이니, 善과 惡의 간격이 서로 멀어짐은 생각하고

구하지 않아서, 확충하여 재질을 다하지 못함 때문임'을 말한 것이다. 전편에는 이 네 가지가 인의예지의 단서가 됨을 말하고 여기서 단서를 말하지 않은 것은, 전편은 확충하고자 한 것이고 이편은 다만 직접 용도로 그 本體를 드러내려 했기 때문에, 말이 같지 않을 뿐이다.

■ 鑠 녹일 삭　　　蓰 다섯곱 사　　　銷 녹일 소　　　端 시초 단

6-7. 詩曰 天生蒸民하시니 有物有則(칙)이로다 民之秉夷라 好是懿德이라 하야늘 孔子曰 爲此詩者여 其知道乎인저 故로 有物이면 必有則(칙)이니 民之秉夷也라 故로 好是懿德이라하시니라

『詩』에 '하늘이 뭇 백성을 내시니, 사물이 있으면 법칙이 있도다. 백성이 간직한 것이 떳떳함이라 이 아름다운 덕을 좋아한다.'하거늘, 공자께서 '이 시를 지은 분이 도를 아는구나! 그러므로 사물이 있으면 반드시 법칙이 있으니, 백성이 간직한 것이 떳떳함이므로 이 아름다운 덕을 좋아한다.'하셨다."

詩는 大雅蒸民之篇이라 蒸은 詩作烝하니 衆也라 物은 事也요 則(칙)은 法也라 夷는 詩作彝하니 常也라 懿는 美也라 有物必有法은 如有耳目하면 則有聰明之德하고 有父子하면 則有慈孝之心이니 是는 民所秉執之常性也라 故로 人之情이 無不好此懿德者라 以此觀之하면 則人性之善을 可見이요 而公都子所問之三說은 皆不辨而自明矣라

○程子曰 性은 卽理也니 理則堯舜至於塗人이 一也요 才稟於氣에 氣有淸濁하니 稟其淸者 爲賢이요 稟其濁者 爲愚니 學而知之면 則氣無淸濁히 皆可至於善而復性之本이니 湯武身之 是也라 孔子所言下愚不移者는 則自暴自棄之人也라 又曰 論性不論氣면 不備요 論氣不論性이면 不明이니 二之則不是라 張子曰 形而後에 有氣質之性이니 善反之면 則天地之性이 存焉故로 氣質之性은 君子有弗性者焉이라

愚는 按程子此說才字 與孟子本文으로 小異하니 蓋孟子는 專指其發於性者言之故로 以爲才無不善하시고 程子는 兼指其禀於氣者言之하니 則人之才 固有昏明强弱之不同矣니 張子所謂氣質之性이 是也라 二說이 雖殊나 各有所當이로대 然以事理考之하면 程子爲密하니 蓋氣質所禀이 雖有不善이나 而不害性之本善이요 性雖本善이나 而不可以無省察矯揉之功이니 學者 所當深玩也니라

詩는 「대아」<증민>편이다. 蒸은 『詩』에는 烝자로 썼으니, 무리이다. 物은 일이요 則은 법칙이다. 夷는 『詩』에 彛자로 썼으니, 떳떳함이다. 懿는 아름다움이다. 有物必有法은, 예를 들어 耳目이 있으면 聰明의 德이 있고 父子가 있으면 慈孝의 心이 있으니, 이는 民이 간직한 떳떳한 本性이다. 그러므로 사람의 情이 이 아름다운 덕을 좋아하지 않는 이가 없다. 이로 보면 人性의 善을 알 수 있고, 공도자가 질문한 3가지 설은 다 변론하지 않아도 저절로 분명해질 것이다.

정자가 말하였다. "性은 곧 理이니, 理는 곧 요순에서 길가는 사람까지 한결같고 才를 氣에 품부 받음에 氣에는 청탁이 있으니, 淸한 것을 품부 받은 자가 현인이요 濁한 것을 품부 받은 자가 어리석은 사람이니, 배워서 알면 氣의 청탁에 관계없이 다 善에 이르러 본성을 회복할 수 있으니, 탕왕·무왕이 몸소 실천함이 이것이다. 공자께서 말씀하신 下愚不移는 곧 自暴自棄하는 사람이다." 또 말씀하셨다. "性을 논함에 氣를 논하지 않으면 구비하지 못함이고 氣를 논함에 性을 논하지 않으면 밝지 못함이니, 둘로 나누면 옳지 못하다." 장자가 말하였다. "형체가 생긴 뒤에 氣質의 性이 있으니, 선으로 돌아가면 本然의 性을 보존할 수 있기 때문에 기질의 성은 군자가 성으로 여기지 않는다."

내가 생각건대, 정자가 말한 才자가 『孟子』의 본문과 약간 다르니, 대개 맹자는 오로지 性에서 발로된 것을 말했기 때문에 才에 不善이 없다고 하시고, 정자는 氣에 품부된 것을 겸해서 말했기 때문에 사람의 才가 진실로 昏明强弱의 차이가 있으니, 장자의 이른바 氣質의 性이라 한 것이 이것이다. 두 설이

비록 다르나 각각 마땅한 것이 있다. 그러나 사리로 고찰하면 정자가 정밀하니, 대개 기질에 품부 받은 것이 비록 불선이 있으나 性의 本善을 해치지 않고 성이 비록 본래 선하나 성찰하고 바로잡는 노력이 없을 수 없으니, 학자가 마땅히 깊이 완미해야 할 것이다.

- 蒸 무리 증   夷 떳떳할 이   懿 아름다울 의   矯 바로잡을 교
  揉 바로잡을 유   玩 익숙할 완

7-1. 孟子曰 富歲엔 子弟 多賴하고 凶歲엔 子弟 多暴(포)하나니 非天之降才 爾殊也라 其所以陷溺其心者 然也니라

맹자께서 말씀하셨다. "풍년에는 자제가 힘입음이 많고 흉년에는 자제가 포학함이 많으니, 하늘이 내려준 재질이 그렇게 다른 것이 아니라 그 마음을 잃게 함이 그러하다.

富歲는 豊年也라 賴는 藉也라 豊年엔 衣食饒足故로 有所顧藉而爲善이요 凶年엔 衣食不足故로 有以陷溺其心而爲暴(포)니라

富歲는 풍년이다. 賴는 힘입음이다. 풍년에는 衣食이 넉넉하기 때문에 힘입을 곳이 있어서 善을 하고, 흉년은 의식이 부족하기 때문에 본심을 잃어서 포학을 한다.

- 賴 힘입을 뢰   爾 그럴 이   藉 힘입을 자

7-2. 今夫麰麥을 播種而耰之호대 其地 同하며 樹之時 又同하면 浡然而生하야 至於日至之時하야 皆熟矣나니 雖有不同이나 則地有肥磽하며 雨露之養과 人事之不齊也니라

이제 보리를 씨 뿌리고 흙으로 덮으면, 그 땅이 같으며 심는 때가 또 같으면 싹이 돋아 나와 무럭무럭 자라서 하지 때쯤 다 성숙하나니, 비록 작황이 같지

않으나, 이는 토질이 비옥하고 척박하며 비와 이슬의 기름과 사람의 일이 같지 못함이다.

> 麰는 大麥也라 耰는 覆種也라 日至之時는 謂當成熟之期也라 磽는 瘠薄也라

> 麰는 보리이다. 耰는 씨앗을 덮음이다. 日至之時는 성숙의 시기를 말한다. 磽는 척박함이다.

- 麰 보리 모   耰 덮을 우   浡 우쩍일어날 발   磽 척박할 요
  覆 덮을 부   瘠 파리할 척

7-3. 故로 凡同類者 擧相似也니 何獨至於人而疑之리오 聖人도 與我同類者시니라

그러므로 무릇 동류가 다 서로 비슷하니, 어찌 유독 사람만 의심하리요? 聖人도 나와 동류이시다.

> 聖人亦人耳니 其性之善이 無不同也라
> 聖人 역시 사람일 뿐이니, 그 性의 善함이 같지 않음이 없다.

- 擧 다 거

7-4. 故로 龍子曰 不知足而爲屨라도 我知其不爲蕢也라하니 屨之相似는 天下之足이 同也일새니라

그러므로 용자가 '발 크기를 모르고 신을 삼더라도 나는 삼태기 되지 않을 줄 안다.'하였으니, 신이 서로 유사함은 발이 같기 때문이다.

> 蕢는 草器也라 不知人足之大小而爲之屨에 雖未必適中이나 然必似足形이요 不至成蕢也라

蕢는 풀로 엮은 도구이다. 발 크기를 모르고 신을 삼음에, 비록 꼭 맞지는 않겠지만 반드시 발 모양과 비슷하지 삼태기가 되지는 않을 것이다.

- 履 신 구　　　　蕢 삼태기 궤

7-5. 口之於味에 有同耆也하니 易牙는 先得我口之所耆者也라 如使口之於味也에 其性이 與人殊 若犬馬之與我不同類也면 則天下何耆를 皆從易牙之於味也리오 至於味하야는 天下 期於易牙하나니 是는 天下之口 相似也일새니라

입이 맛에 똑같이 즐겨함이 있으니, 역아는 내 입이 즐기는 것을 먼저 터득한 자이다. 예컨대 입이 맛에 그 성질이 남과 다름이 개와 말이 나와 다른 類와 같다면, 천하 사람이 어찌 즐기는 것을 다 역아가 조미한 것에 좇으리오. 맛에는 천하가 다 역아에게 기대하나니, 이는 천하의 입이 서로 비슷하기 때문이다.

易牙는 古之知味者라 言易牙所調之味는 則天下皆以爲美也라
易牙는 옛날 맛을 안 자이다. '역아가 요리한 맛은 천하가 다 맛있게 여김'을 말한 것이다.

- 耆 즐길 기

7-6. 惟耳도 亦然하니 至於聲하야는 天下 期於師曠하나니 是는 天下之耳 相似也일새니라

귀 또한 그러하니, 소리는 천하가 다 사광에게 기대하나니, 이는 천하의 귀가 서로 비슷하기 때문이다.

師曠은 能審音者也라 言師曠所和之音은 則天下皆以爲美也라
師曠은 음을 깨우친 자이다. '사광이 연주한 음은 천하가 다 아름답게

'여김'을 말한 것이다.

- 審 알 심

7-7. 惟目도 亦然하니 至於子都하야는 天下 莫不知其姣也하나니 不知子都之姣者는 無目者也니라

눈 또한 그러하니, 자도는 천하가 그녀의 아름다움을 모르는 이 없으니, 자도의 아름다움을 모르는 자는 눈 먼 자이다.

子都는 古之美人也라 姣는 好也라
子都는 옛 美人이다. 姣는 아름다움이다.

- 姣 아름다울 교

7-8. 故로 曰口之於味也에 有同耆焉하며 耳之於聲也에 有同聽焉하며 目之於色也에 有同美焉하니 至於心하야 獨無所同然乎아 心之所同然者는 何也오 謂理也義也니 聖人은 先得我心之所同然耳시니 故로 理義之悅我心이 猶芻豢之悅我口니라

그러므로 입이 맛에 똑같이 즐기는 것이 있으며 귀가 소리에 똑같이 즐겨 듣는 것이 있으며 눈이 얼굴에 똑같이 아름답게 여기는 것이 있으니, 마음에는 유독 똑같이 그러한 것이 없겠는가? 마음이 똑같이 그러한 것은 무엇인가? 理이며 義이니, 성인은 내 마음의 똑같이 그러한 것을 먼저 터득하셨을 뿐이다. 그러므로 理와 義가 내 마음을 기쁘게 함이 추환의 고기가 내 입을 즐겁게 함과 같다."

然은 猶可也라 草食曰芻니 牛羊이 是也라 穀食曰豢이니 犬豕 是也라 程子曰 在物爲理요 處物爲義니 體用之謂也라 孟子 言人心이 無不

悅理義者하니 但聖人은 則先知先覺乎此耳요 非有以異於人也라 程子又曰 理義之悅我心이 猶芻豢之悅我口라하시니 此語 親切有味하니 須實體察得義理之悅心이 眞猶芻豢之悅口라야 始得이니라

然은 옳음과 같다. 풀 먹는 가축이 추이니, 소와 양이 이것이다. 곡식을 먹는 가축이 환이니, 개와 돼지가 이것이다. 정자가 말하였다. "만물에 내재한 것이 理요 만물을 마땅하게 처리함이 義이니, 체와 용을 말한다. 맹자께서는 '人心이 理와 義를 기뻐하지 않는 자가 없으니, 다만 성인은 이것을 먼저 지각하셨을 뿐이지 남과 다름이 있는 것이 아님'을 말씀하신 것이다." 정자가 또 말하였다. "理와 義가 내 마음을 기쁘게 함이 고기가 내 입을 즐겁게 함과 같다고 하셨으니, 이 말씀이 친절하고 맛이 있다. 모름지기 실제로 체념하여 義·理가 마음을 기쁘게 함을 터득한 것이, 진짜 고기가 입을 즐겁게 함과 같아야 비로소 터득한 것이다."

■ 芻 풀먹는가축 추   豢 곡식먹는가축 환

8-1. 孟子曰 牛山之木이 嘗美矣러니 以其郊於大國也라 斧斤이 伐之어니 可以爲美乎아 是其日夜之所息과 雨露之所潤에 非無萌蘖之生焉이언마는 牛羊이 又從而牧之라 是以로 若彼濯濯也하니 人이 見其濯濯也하고 以爲未嘗有材焉이라하나니 此 豈山之性也哉리오

맹자께서 말씀하셨다. "우산의 나무가 일찍이 아름답더니 큰 도시의 교외가 된지라 도끼로 벌목하니 아름다울 수 있으랴! 밤낮으로 생장함과 비와 이슬이 적심에 싹과 움이 나지 않음이 없건마는, 소와 양이 또 이어서 해치는지라 저렇게 민둥민둥하니, 사람이 그 민둥산을 보고 원래 재목이 없었다고 여기니, 이 어찌 산의 本性이겠는가?

牛山은 齊之東南山也라 邑外를 謂之郊라 言牛山之木이 前此에 固

嘗美矣러니 今爲大國之郊하야 伐之者 衆故로 失其美耳라 息은 生長
也니 日夜之所息은 謂氣化流行이 未嘗間斷故로 日夜之間에 凡物이
皆有所生長也라 萌은 芽也라 蘗은 芽之旁出者也라 濯濯은 光潔之貌라
材는 材木也라 言山木雖伐이나 猶有萌蘗이어늘 而牛羊이 又從而害之라
是以로 至於光潔而無草木也라

牛山은 제나라 수도 동남쪽 산이다. 도읍 밖을 교라고 한다. '우산의 나무가 이전에는 진실로 아름답더니, 이제 큰 도시의 교외가 되어 벌목하는 자가 많으므로 그 아름다움을 잃었을 뿐임'을 말한 것이다. 息은 생장함이니, 日夜之所息은 만물의 생성이 일찍이 끊어진 적이 없기 때문에, 밤낮으로 만물이 다 생장한다. 萌은 싹이다. 蘗은 싹이 곁에서 나온 것이다. 濯濯은 민둥민둥한 모양이다. 재는 재목이다. '산의 나무는 비록 벌목을 해도 오히려 싹과 움이 트는데, 소와 양이 이어서 뜯어먹기 때문에 민둥민둥해져 초목이 없게 됨'을 말한 것이다.

■ 息 불어날 식　　萌 싹 맹　　　蘗 움 얼　　　濯 빛날 탁

8-2. 雖存乎人者인들 豈無仁義之心哉리오마는 其所以放其良心者
亦猶斧斤之於木也에 旦旦而伐之어니 可以爲美乎아 其日夜之所
息과 平旦之氣에 其好惡(오)與人相近也者 幾希어늘 則其旦晝之所
爲 有梏亡之矣나니 梏之反覆則其夜氣 不足以存이오 夜氣 不足
以存則其違禽獸 不遠矣니 人이 見其禽獸也而以爲未嘗有才焉
者라하나니 是豈人之情也哉리오

비록 사람이 간직한 것인들 어찌 仁義의 마음이 없으리오마는 양심을 버리는 것이 또한 도끼로 날마다 벌목함과 같으니 아름다울 수 있으랴? 밤낮으로 생장함과 새벽의 청정한 기분에도 그 좋아함과 싫어함이 남과 서로 가까운

것이 거의 없어졌거늘, 낮에 하는 짓이 또 망쳐버리니, 반복하여 망치면 그 夜氣를 보존할 수 없고 그 夜氣를 보존하지 못하면 금수와 멀지 않을 것이니, 사람들이 그 금수 같음을 보고 일찍이 재질이 없었다고 여기나니, 어찌 이것이 사람의 情이겠는가?

良心者는 本然之善心이니 卽所謂仁義之心也라 平旦之氣는 謂未與物接之時淸明之氣也라 好惡(오) 與人相近은 言得人心之所同然也라 幾希는 不多也라 梏은 械也라 反覆은 展轉也라 言人之良心이 雖已放失이나 然其日夜之間에 猶必有所生長故로 平旦未與物接하야 其氣淸明之際에 良心이 猶必有發見(현)者로대 但其發見(현)이 至微어늘 而旦晝所爲之不善이 又已隨而梏亡之를 如山木旣伐에 猶有萌蘗이어늘 而牛羊이 又牧之也라 晝之所爲 旣有以害其夜之所息하고 夜之所息이 又不能勝其晝之所爲라 是以로 展轉相害하야 至於夜氣之生이 日以寖薄而不足以存其仁義之良心하고 則平旦之氣 亦不能淸而所好惡(오) 遂與人遠矣라

良心은 본연의 선한 마음이니, 이른바 인의의 마음이다. 平旦之氣는 사물과 접촉하지 않았을 때의 청명한 기분을 이른다. 好惡與人相近은 인심이 똑같이 그러한 것을 얻음을 말한 것이다. 幾希는 많지 않음이다. 梏은 형틀이다. 反覆은 엎치락뒤치락함이다. 사람의 양심이 비록 이미 버려졌으나 오히려 밤낮으로 반드시 생장하는 것이 있기 때문에 새벽에 사물과 접촉하지 않아 기분이 청명할 적에는, 양심이 반드시 발현하는 것이 있다. 다만 그 발현함이 지극히 미약하거늘 낮에 저지른 不善이 또 이어서 망치기를, 이미 벌목함에도 오히려 싹과 움이 트거늘 소와 양이 뜯어먹는 것과 같다. 낮에 한 짓이 이미 밤에 생장한 것을 해치고 밤에 생장한 것이 낮에 한 짓을 견디지 못하는지라, 이런 까닭으로 엎치락뒤치락 서로 해쳐서 夜氣로 생기는 것이 낮에 점차 없어져 그 仁義의 양심을 보존할 수 없고 새벽의 기분 또한 청정하지 못하여

好惡함이 드디어 남과 더불어 멀어지는 것이다.

- 旦 아침 단　　　梏 망칠 곡　　　違 갈 위　　　輾 반바퀴구를 전
  轉 한바퀴구를 전　隨 따를 수　　　寖 점점 침　　薄 얇을 박

8-3. 故로 苟得其養이면 無物不長이요 苟失其養이면 無物不消니라

그러므로 진실로 제대로 기르면 만물이 자라지 않을 것이 없고, 진실로 제대로 기르지 못한다면 만물이 멸망하지 않을 것이 없다.

山木人心이 其理一也라
山木과 人心이 그 이치가 한가지이다.

8-4. 孔子曰 操則存하고 舍則亡하야 出入無時하야 莫知其鄕은 惟心之謂與인저하시니라

공자께서 '잡으면 보존하고 놓으면 없어져 출입에 때가 없어서, 그 향방을 알 수 없는 것은 오직 마음을 이른 것이다.'하셨다."

孔子 言心이 操之則在此하고 捨之則失去하야 其出入이 無定時하고 亦無定處如此라하시니 孟子引之하야 以明心之神明不測이 得失之易(이)而保守之難하야 不可頃刻失其養하시니 學者 當無時而不用其力하야 使神淸氣定을 常如平旦之時면 則此心이 常存하야 無適而非仁義矣라 程子曰 心豈有出入이리오 亦以操舍而言耳니 操之之道는 敬以直內而已라

○ 愚는 聞之師호니 曰人이 理義之心이 未嘗無하니 唯持守之면 卽在爾라 若於旦晝之間에 不至梏亡이면 則夜氣愈淸하고 夜氣淸이면 則平旦未與物接之時에 湛然虛明氣象을 自可見矣라 孟子 發此夜氣之說이

於學者에 極有力하니 宜熟玩而深省之也니라

공자께서 '마음이 잡으면 여기에 있고 놓으면 버려져, 그 출입이 일정한 때가 없고 또 일정한 곳이 없음이 이와 같다.'하시니, 맹자께서 이를 인용하여, 마음의 神明不測함이 얻고 잃기는 쉽지만 보존하고 지키기는 어려워서 잠시도 그 기름을 잃어서는 안 됨을 밝히셨으니, 배우는 자가 마땅히 수시로 힘써 노력하여 정신의 청정과 기운의 안정을 항상 새벽과 같이하면, 이 마음이 항상 보존되어 어디서든 仁義 아님이 없을 것이다. 정자가 말하였다. "마음이 어찌 출입이 있으리오. 또한 잡고 놓는다는 것 때문에 말한 것뿐이다. 마음을 잡는 방법은 敬으로써 마음(內)을 곧게 할 따름이다."

○나는 선생님께 다음과 같은 말씀을 들었다. '사람이 理·義의 마음이 없던 적이 없으니, 오직 잡아 지키면 곧 있는 것이다. 만약 낮에 망치는 데 이르지 않으면 夜氣가 더욱 청정하고, 야기가 청정하면 사물과 접촉하지 않은 새벽에 고요하고 밝은 기상을 스스로 알 수 있다. 맹자께서 이 夜氣를 말씀하신 것이 배우는 자에게 매우 설득력이 있으니, 마땅히 익숙히 완미하고 깊이 살펴야 한다.'

■ 操 잡을 조　　鄕 방향 향　　愈 더욱 유　　湛 맑을 담

9-1. 孟子曰 無或乎王之不智也로다

맹자께서 말씀하셨다. "왕의 지혜롭지 못함이 괴이하게 여길 것이 없도다.

或은 與惑으로 同하니 疑怪也라 王은 疑指齊王이라

或은 惑자와 같으니, 의아해하고 괴이하게 여김이다. 왕은 제나라 왕을 가리킨 듯하다.

9-2. 雖有天下易(이)生之物也나 一日暴(폭)之요 十日寒之면 未有能生者也니 吾見(현)이 亦罕矣요 吾退而寒之者 至矣니 吾如有萌焉에

何哉리오

비록 천하에 쉽게 자라는 식물이라도 하루 햇빛 쬐고 열흘 춥게 하면 능히 자랄 것이 없으니, 내가 알현함이 또한 드물고 내가 물러남에 춥게 하는 자가 이르니, 내가 싹을 돋게 한들 어찌 하겠는가?

暴(폭)은 溫之也라 我見王之時 少는 猶一日暴(폭)之也요 我退則諂諛雜進之日이 多하니 是는 十日寒之也라 雖有萌蘖之生이나 我亦安能如之何哉리오

暴은 따뜻하게 함이다. 내가 왕을 뵙는 시간이 적음은 하루 햇빛 쬠과 같고 내가 물러나면 아첨하는 자가 뒤섞여 나아가는 날이 많으니, 이는 열흘을 춥게 함이다. 비록 싹은 나게 했으나 나 또한 이 싹을 능히 어찌하겠는가?

■ 罕 드물 한　　諂 아첨할 첨　　諛 아첨할 유　　安 어찌 안

9-3. 今夫奕之爲數 小數也나 不專心致志則不得也니 奕秋는 通國之善奕者也라 使奕秋로 誨二人奕이어든 其一人은 專心致志하야 惟奕秋之爲聽하고 一人은 雖聽之나 一心에 以爲有鴻鵠이 將至어든 思援弓繳而射(석)之하면 雖與之俱學이라도 弗若之矣나니 爲是其智 弗若與아 曰非然也니라

지금 바둑 두는 수법이 작은 기예이나 마음을 오로지하고 뜻을 다하지 않으면 터득할 수 없으니, 혁추는 온 나라에서 바둑을 잘 두는 자이다. 가령 혁추가 두 사람에게 바둑을 가르칠 경우, 한 사람은 마음을 오로지하며 뜻을 다하여 오직 혁추의 가르침을 듣고, 한 사람은 비록 들으나 마음 한구석에 기러기가 날아오면 활을 당겨 맞추기를 생각하면, 비록 함께 배우더라도 같지 못할 것이니, 이것이 그의 지혜가 같지 못하기 때문인가? 그렇지 않다.

奕은 圍棊也라 數는 技也라 致는 極也라 奕秋는 善奕者니 名이 秋也라

繳은 以繩繫矢而射也라

○程子 爲講官에 言於上曰 人主一日之間에 接賢士大夫之時 多하고 親宦官宮妾之時 少하면 則可以涵養氣質하야 而薰陶德性이라호대 時不能用하니 識者恨之러라 范氏曰 人君之心이 惟在所養하니 君子養之以善則智하고 小人養之以惡則愚라 然이나 賢人은 易(이)疎하고 小人은 易(이)親이라 是以로 寡不能勝衆하고 正不能勝邪하니 自古國家治日常少하고 而亂日常多 蓋以此也니라

奕은 바둑이다. 數는 기술이다. 致는 다함이다. 奕秋는 바둑을 잘 두는 자이니, 이름이 추이다. 繳은 줄로 화살을 매어 쏘는 것이다.

○정자가 경연관일 적에, 임금께 '임금이 하루에 어진 선비와 대부를 만나는 시간이 많고 환관과 궁녀를 친히 하는 시간이 적으면, 기질을 깊이 함양하여 덕성을 감화할 수 있습니다.' 말씀을 올렸으되, 당시에 쓰지 못하니 식자가 한스럽게 여겼다. 범씨가 말하였다. "임금의 마음이 오직 기르는 바에 달렸으니, 군자가 善으로 기르면 지혜롭고 소인이 악으로 기르면 어리석다. 그러나 현인은 소원하기 쉽고 소인은 친하기 쉽다. 이 때문에 적음은 많음을 이기지 못하고 正은 邪를 이기지 못하니, 옛날부터 나라가 다스려진 시기는 늘 적고 어지러운 시기는 늘 많았던 것이, 대개 이 때문이다."

- 奕 바둑 혁　　誨 가르칠 회　　鴻 기러기 홍　　鵠 고니 곡
  援 당길 원　　繳 주살 작　　射 맞출 석　　繩 줄 승
  繫 맬 계　　涵 젖을 함　　薰 향기 훈　　陶 만들 도
  疎 성글 소

10-1. 孟子曰 魚도 我所欲也며 熊掌도 亦我所欲也언마는 二者를 不可得兼인댄 舍魚而取熊掌者也로리라 生亦我所欲也며 義亦我所欲也언마는 二者를 不可得兼인댄 舍生而取義者也로리라

맹자께서 말씀하셨다. "생선회도 내 먹고 싶은 것이며 곰발바닥 요리도 또한

내 먹고 싶은 것이지만, 두 가지를 겸하지 못할진대 생선회를 버리고 웅장을 택할 것이다. 生 또한 내가 원하는 것이며 義 또한 내가 원하는 것이지만, 두 가지를 겸하지 못할진대 생을 버리고 의를 택하리라.

> 魚與熊掌이 皆美味而熊掌이 尤美也라

생선회와 곰발바닥 요리(웅장)가 다 맛있지만 웅장이 더 좋다.

10-2. 生亦我所欲이언마는 所欲이 有甚於生者라 故로 不爲苟得也하며 死亦我所惡(오)언마는 所惡(오) 有甚於死者라 故로 患有所不辟(피)也니라

生 또한 내 원하는 것이지만 원하는 것이 生보다 심함이 있는지라 그러므로 구차히 탐하지 않으며, 死 또한 내 싫어하는 것이지만 싫어하는 것이 죽음보다 심함이 있는지라 그러므로 환란을 피하지 않는 것이 있다.

> 釋所以舍生取義之意라 得은 得生也라 欲生惡(오)死者는 雖衆人利害之常情이나 而欲惡(오)有甚於生死者는 乃秉彝義理之良心이라 是以로 欲生而不爲苟得하고 惡(오)死而有所不避也라

생을 버리고 의를 택하는 까닭을 해석한 것이다. 得은 삶을 탐함이다. 삶을 원하고 죽음을 싫어하는 것은 비록 대중의 인지상정이나, 원함과 싫어함이 삶과 죽음보다 심함이 있는 것은 바로 간직한 떳떳한 義理의 양심이다. 이때문에 살고자 하되 구차히 탐하지 않고, 죽음을 싫어하되 피하지 않는 것이다.

■ 得 탐할 득   釋 풀 석   彝 떳떳할 이

10-3. 如使人之所欲이 莫甚於生이면 則凡可以得生者를 何不用也며 使人之所惡(오) 莫甚於死者면 則凡可以辟(피)患者를 何不爲也리오

만일 사람이 원하는 것이 生보다 심함이 없으면 곧 모든 生을 얻을 수 있는

것을 어찌 쓰지 않으며, 사람이 미워하는 것이 死보다 심함이 없으면 곧 모든 환란을 피할 수 있는 것을 어찌 쓰지 않겠는가?

　　設使人無秉彝之良心하고 而但有利害之私情이면 則凡可以偸生免死者는 皆將不顧禮義而爲之矣리라

　　설령 사람이 간직한 떳떳한 양심이 없고 다만 이해의 사적인 情만 있으면, 모든 生을 탐하고 죽음을 면할 수 있는 것은 다 예의를 돌보지 않고 행할 것이다.

■ 偸 탐할 투

10-4. 由是라 則生而有不用也하며 由是라 則可以辟(피)患而有不爲也니라

이로 말미암는지라 곧 살 수 있어도 쓰지 않음이 있으며, 이로 말미암는지라 곧 환란을 피할 수 있어도 하지 않음이 있다.

　　由其必有秉彝之良心이라 是以로 其能舍生取義如此라

　　반드시 간직한 떳떳한 양심으로 말미암는지라, 이 때문에 이와 같이 삶을 버리고 의를 택할 수 있다.

10-5. 是故로 所欲이 有甚於生者하며 所惡(오) 有甚於死者하니 非獨賢者 有是心也라 人皆有之언마는 賢者는 能勿喪耳니라

이러므로 원하는 것이 삶보다 심함이 있으며 싫어하는 것이 죽음보다 심함이 있으니, 유독 현자만 이 마음을 지닌 것이 아니라 사람이 다 지녔건만, 현자는 잃지 않을 뿐이다.

　　羞惡(오)之心을 人皆有之로대 但衆人은 汨於利欲而忘之하고 惟賢者는 能存之而不喪耳라

수오지심을 사람이 다 지녔지만, 다만 대중은 이욕에 빠져 잊고 오직 현자는 능히 보존하여 잃지 않는다.

- 汨 빠질 골

10-6. 一簞食(사)와 一豆羹을 得之則生하고 弗得則死라도 嘑爾而與之면 行道之人도 弗受하며 蹴爾而與之면 乞人도 不屑也니라

한 그릇 밥과 한 대접 국을 얻으면 살고 얻지 못하면 죽을지라도, 꾸짖고 주면 길가는 사람도 받지 않으며 짓밟아 주면 거지도 달갑게 여기지 않는다.

豆는 木器也라 嘑는 咄啐之貌라 行道之人은 路中凡人也라 蹴은 踐踏也라 乞人은 丐乞之人也라 不屑은 不以爲潔也라 言雖欲食之急이라도 而猶惡(오)無禮하야 有寧死而不食者하니 是其羞惡(오)之本心이 欲惡(오)有甚於生死者를 人皆有之也라

豆는 나무그릇이다. 嘑는 꾸짖는 모양이다. 行道之人은 거리의 보통 사람이다. 蹴은 짓밟음이다. 乞人은 거지이다. 不屑은 깨끗하게 여기지 않음이다. '비록 먹고자 함이 급할지라도 오히려 무례함을 싫어하여 차라리 죽어도 먹지 않을 경우가 있으니, 그 羞惡의 본심이 원함과 미워함이 삶과 죽음보다 심함이 있는 것을 사람이 다 지녔음'을 말한 것이다.

- 簞 대그릇 단   食 밥 사   豆 나무그릇 두   羹 국 갱
  嘑 꾸짖을 호   蹴 찰 축   屑 깨끗할 설   咄 꾸짖을 돌
  啐 중얼거릴 쵀 丐 빌 개

10-7. 萬鍾則不辨禮義而受之하나니 萬鍾이 於我何加焉이리오 爲宮室之美와 妻妾之奉과 所識窮乏者得我與인져

만종이면 예의를 가리지 않고 받으니, 만종이 내게 무엇을 더하겠는가? 궁실의

아름다움과 처첩의 봉양과 알고 지내는 궁핍한 자가 나를 은혜롭게 여김을 위해서 일 것이다.

萬鍾이 於我何加는 言於我身에 無所增益也라 所識窮乏者 得我는 謂所知識之窮乏者 感我之惠也라 上言人皆有羞惡(오)之心하고 此言衆人所以喪之由此三者하니 蓋理義之心이 雖曰固有나 而物欲之蔽 亦人所易(이)昏也니라

萬鍾이 於我何加는 나의 본심에 더할 것이 없음을 말한다. 所識窮乏者 得我는 알고 지내던 궁핍한 자가 나의 은혜를 감사히 여김을 이른다. 위에서 사람이 다 수오지심이 있음을 말하고 여기서 대중이 상실한 이유가 이 세 가지로 말미암음을 말했으니, 대개 義理의 마음이 비록 본디 지녔다고 하지만 물욕에 어둑해지기 쉽다.

* 萬鍾 : 후한 녹봉을 말함.

■ 鍾 되이름 종   蔽 가릴 폐

10-8. 鄕爲身엔 死而不受라가 今爲宮室之美하야 爲之하며 鄕爲身엔 死而不受라가 今爲妻妾之奉하야 爲之하며 鄕爲身엔 死而不受라가 今爲所識窮乏者 得我而爲之하나니 是亦不可以已乎아 此之謂失其本心이니라

저번에 자신을 위해서는 죽어도 받지 않다가 지금 궁실의 아름다움을 위하여 받으며 저번에 자신을 위해서는 죽어도 받지 않다가 지금 처첩의 봉양을 위하여 받으며 저번에 자신을 위해서는 죽어도 받지 않다가 지금 알고 지내는 궁핍한 자가 나를 은혜롭게 여김을 위하여 받으니, 이 또한 그만두지 못할 것인가? 이것이 그 본심을 잃었다고 이르는 것이다.

言三者는 身外之物이니 其得失이 比生死爲甚輕이어늘 鄕爲身에 死

猶不肯受嘑蹴之食이라가 今乃爲此三者而受無禮義之萬鍾하니 是豈不可以止乎아 本心은 謂羞惡(오)之心이라

○此章은 言羞惡(오)之心은 人所固有언마는 或能決死生於危迫之際로대 而不免計豊約於宴安之時라 是以로 君子 不可頃刻而不省察於斯焉이니라

'세 가지는 자신 밖의 일이니 그 득실이 生死에 비하여 매우 가볍거늘, 저번에 자신을 위해서는 죽어도 꾸짖고 짓밟은 음식을 기꺼이 받지 않다가 지금 이 세 가지를 위하여 예의 없는 만종을 받으니, 이 어찌 그만두지 못할 것이냐?'고 말한 것이다. 본심은 수오지심이다.

○이 장은, '수오지심은 사람이 본디 지닌 바이건만, 혹 위태롭고 절박한 상황에서는 死生을 결단할 수 있으되 편안한 상황에서는 빈부의 계교를 벗어나지 못한다. 이런 까닭으로 군자는 잠시라도 이를 살피지 않아서는 안 됨'을 말한 것이다.

■ 鄕 저번 향　　　際 사이 제

11-1. 孟子曰 仁은 人心也요 義는 人路也니라

맹자께서 말씀하셨다. "인은 사람의 마음이요, 의는 사람의 길이다.

仁者는 心之德이니 程子所謂心如穀種이요 仁則其生之性이 是也라 然이나 但謂之仁이면 則人不知其切於己라 故로 反而名之曰人心이라하시니 則可以見其爲此身酬酢萬變之主而不可須臾失矣니라 義者는 行事之宜니 謂之人路면 則可以見其爲出入往來必由之道而不可須臾舍矣니라

仁은 心의 덕이니, 정자가 이른바 心은 곡식의 씨앗과 같고 仁은 씨앗이 생장하는 본성이라 한 것이 이것이다. 그러나 단지 仁이라고 하면, 사람이

자기에게 그 간절함을 모른다. 그러므로 돌이켜 人心이라 이름 하셨으니, 몸의 만 가지 변화에 대응하는 주인으로서 잠시도 잃어서는 안 될 것임을 알 수 있다. 義는 일을 행함에 마땅함이니, 이를 人路라 하면 출입과 왕래에 반드시 이 길로 말미암아서 잠시도 버려서는 안 될 것임을 알 수 있다.

- 酬 잔질할 수　　酢 잔질할 작　　須 잠깐 수　　臾 잠깐 유

11-2. 舍其路而不由하며 放其心而不知求하나니 哀哉라

그 길을 버려두고 말미암지 않으며 그 마음을 버리고 구할 줄을 모르니, 애석하다!

　　哀哉二字를 最宜詳味니 令人으로 惕然有深省處니라
　　哀哉 두 자를 가장 상세히 음미해야 할 것이니, 사람으로 하여금 두려워 삼가서 깊이 반성하게 할 점이 있다.

- 惕 두려워삼갈 척

11-3. 人有鷄犬이 放則知求之호대 有放心而不知求하나니

사람이 닭과 개가 달아나면 찾을 줄 알되 마음을 버리고 구할 줄 모르니,

　　程子曰 心은 至重하고 鷄犬은 至輕이어늘 鷄犬放則知求之호대 心放則不知求하나니 豈愛其至輕而忘其至重哉아 弗思而已矣니라
　　愚는 謂上에 兼言仁義하고 而此下에 專論求放心者는 能求放心이면 則不違於仁而義在其中矣라
　　정자가 말하였다. "마음은 지극히 중요하고 닭과 개는 지극히 가벼운 것이거늘, 닭과 개가 나가면 찾을 줄 알되 마음이 버리면 구할 줄 모르니, 어찌 그 지극히 가벼운 것을 아끼고 그 지극히 중요한 것을 잊는가? 생각지 않아서일 따름이다."

나는 생각건대, 위에서는 仁義를 겸해서 말하고 이 아래는 오로지 求放心만을 논한 것은, 능히 버린 마음을 구하면 仁에 어긋나지 않고 義가 그 가운데 있기 때문이다.

11-4. 學問之道는 無他라 求其放心而已矣니라

학문하는 방도는 다른 것이 없다. 그 버린 마음을 구할 따름이다."

學問之事 固非一端이나 然이나 其道則在於求其放心而已니 蓋能如是면 則志氣淸明하고 義理昭著하야 而可以上達이요 不然則昏昧放逸하야 雖曰從事於學이나 而終不能有所發明矣라 故로 程子曰 聖賢千言萬語 只是欲人으로 將已放之心約之하야 使反復入身來니 自能尋向上去하야 下學而上達也라하시니 此乃孟子開示切要之言이어늘 程子 又發明之하야 曲盡其指하니 學者 宜服膺而勿失也니라

학문하는 일이 진실로 일단은 아니다. 그러나 그 방도는 버린 마음을 구함에 있을 뿐이다. 대개 능히 이와 같이 하면 志氣가 청명하고 義理가 밝게 드러나서 상달할 수 있고, 그렇지 못하면 어둡고 방종하여 비록 학문에 종사한다 해도 끝내 발명할 바가 없을 것이다. 그러므로 정자가 '성현의 많은 말씀이 단지 사람으로 하여금 이미 방종한 마음을 요약하여 내 몸으로 돌아오게 함이니, 스스로 향상 점을 찾아 일상에서 배우고 익혀(下學) 위로 天理에 통달(上達)케 한 것이다.'하시니, 이것이 곧 맹자께서 알려주신 절실하고 긴요한 말씀이거늘, 정자가 또 발명하여 그 뜻을 자세히 설명하니, 학자가 마땅히 가슴에 새겨서 잃지 말아야 할 것이다.

- 昭 밝을 소　　逸 잃을 일　　尋 찾을 심　　曲 자세히 곡
  膺 가슴 응

12-1. 孟子曰 今有無名之指 屈而不信이 非疾痛害事也언마는 如有

能信之者면 則不遠秦楚之路하나니 爲指之不若人也니라

맹자께서 말씀하셨다. "지금 무명지가 굽어 펴지지 못함이 아프거나 일에 해롭지 않건마는, 만일 능히 펴줄 자가 있다면 즉시 진·초의 길을 멀리 여기지 않으리니, 손가락이 남과 같지 못하기 때문이다.

無名指는 手之第四指也
무명지는 손의 네 번째 가락이다.

■ 信 펼 신

12-2. 指不若人則知惡(오)之호대 心不若人則不知惡(오)하나니 此之謂 不知類也니라

손가락이 남 같지 못하면 싫어할 줄 알되 마음이 남 같지 못하면 미워할 줄 모르니, 이것이 類를 모른다고 하는 것이다."

不知類는 言其不知輕重之等也라
不知類는 경중의 등급을 모름을 말한 것이다.

13-1. 孟子曰 拱把之桐梓를 人苟欲生之인댄 皆知所以養之者로대 至於身하야는 而不知所以養之者하나니 豈愛身이 不若桐梓哉리오 弗思 甚也일세라

맹자께서 말씀하셨다. "한 아름이나 한줌 되는 오동나무와 가래나무를 사람이 살리고자 하면 다 기르는 방법을 알지만 몸은 기르는 방법을 모르니, 어찌 몸을 사랑함이 오동나무와 가래나무만 못해서이겠는가? 생각지 않음이 심하기 때문이다."

拱은 兩手所圍也라 把는 一手所握也라 桐梓는 兩木名이라

拱은 두 손으로 잡는 정도이다. 把는 한 손으로 쥐는 정도이다. 桐梓는 두 나무이름이다.

■ 拱 아름 공   把 한줌 파   桐 오동나무 동   梓 가래나무 재
　所 정도 소   握 쥘 악

14-1. 孟子曰 人之於身也에 兼所愛니 兼所愛則兼所養也라 無尺寸之膚를 不愛焉則無尺寸之膚를 不養也니 所以考其善不善者는 豈有他哉리오 於己에 取之而已矣니라

맹자께서 말씀하셨다. "사람이 몸에 사랑하는 바가 똑같으니 사랑하는 바가 같으면 기르는 바가 같다. 尺寸의 살갗조차 사랑하지 않음이 없으면 尺寸의 살갗조차 기르지 않음이 없을 것이니, 그 잘잘못을 상고할 바가 어찌 다른 데 있겠는가? 자기의 몸에서 찾을 따름이다.

人於一身에 固當兼養이나 然欲考其所養之善否者인댄 惟在反之於身하야 以審其輕重而已矣라

사람이 한 몸에 진실로 기를 바가 같지만, 그 기른 바의 잘잘못을 상고하고자 할진대 오직 자신의 몸에 돌이켜 그 경중을 살피는 데 있을 따름이다.

14-2. 體 有貴賤하며 有小大하니 無以小害大하며 無以賤害貴니 養其小者 爲小人이요 養其大者 爲大人이니라

몸이 貴·賤이 있으며 大·小가 있으니, 小로써 大를 해치지 말며 賤으로써 貴를 해치지 말지니, 小를 기르는 자가 소인이 되고 大를 기르는 자가 대인이 된다.

賤而小者는 口腹也요 貴而大者는 心志也라
천하고 작은 것은 입과 배요, 귀하고 큰 것은 마음과 뜻이다.

14-3. 今有場師 舍其梧檟하고 養其樲棘하면 則爲賤場師焉이니라

이제 정원사가 오동나무와 가래나무를 버리고 멧대추나무를 기르면 천한 정원사가 된다.

場師는 治場圃者라 梧는 桐也요 檟는 梓也니 皆美材也라 樲棘은 小棗니 非美材也라

場師는 정원을 관리하는 자이다. 梧는 오동나무요 檟는 가래나무이니, 다 좋은 재목이다. 樲棘은 멧대추나무이니, 좋은 재목이 아니다.

■ 梧 벽오동나무 오   檟 개오동나무 가   樲 멧대추나무 이   棘 가시나무 극

14-4. 養其一指하고 而失其肩背而不知也면 則爲狼疾人也니라

한 손가락을 기르고 어깨와 등을 잃어도 모르면 꼽추가 된다.

狼이 善顧하니 疾則不能이라 故로 以爲失肩背之喩라

이리가 잘 돌아보니 병들면 못한다. 그러므로 어깨와 등 잃음을 비유한 것이다.

14-5. 飮食之人을 則人賤之矣나니 爲其養小以失大也니라

음식만 밝히는 사람을 사람이 천하게 여기나니, 小를 길러 大를 잃었기 때문이다.

飮食之人은 專養口腹者也라

飮食之人은 오로지 입과 배를 기르는 자이다.

14-6. 飮食之人이 無有失也면 則口腹이 豈適爲尺寸之膚哉리오

음식만 밝히는 사람이 잃음이 없으면, 입과 배가 어찌 다만 尺寸의 살갗만

되겠는가?"

此는 言若使專養口腹而能不失其大體면 則口腹之養은 軀命所關이라 不但爲尺寸之膚而已로대 但養小之人은 無不失其大者라 故로 口腹이 雖所當養이나 而終不可以小害大賤害貴也라

여기서는 '만약 오로지 입과 배만을 기르되 大體를 잃지 않게 하면, 입과 배를 기름은 몸과 생명에 관련된 것이라 尺寸의 살갗을 위함에 그칠 뿐만이 아니다. 다만 小를 기르는 사람은 大를 잃지 않을 자가 없다. 그러므로 입과 배가 비록 마땅히 기를 바이나, 끝내 小로써 大를 해치거나 賤으로써 貴를 해쳐서는 안 됨'을 말한 것이다.

15-1. 公都子 問曰 鈞是人也로대 或爲大人하며 或爲小人은 何也잇고 孟子曰 從其大體 爲大人이요 從其小體 爲小人이니라

공도자가 여쭈었다. "똑같은 사람이로되 혹 大人이 되며 혹 小人이 됨은 무엇 때문입니까?" 맹자께서 말씀하셨다. "大體를 따르는 이가 대인이 되고 小體를 따르는 이가 소인이 된다."

鈞은 同也라 從은 隨也라 大體는 心也요 小體는 耳目之類也라

鈞은 같음이다. 從은 따름이다. 대체는 마음이요 소체는 耳·目 등이다.

■ 鈞 똑같을 균

15-2. 曰 鈞是人也로대 或從其大體하며 或從其小體는 何也잇고 曰 耳目之官은 不思而蔽於物하나니 物이 交物則引之而已矣요 心之官則思라 思則得之하고 不思則不得也니 此 天之所與我者라 先立乎其大者면 則其小者 不能奪也니 此 爲大人而已矣니라

여쭈었다. "똑같은 사람이로되 혹 大體를 따르며 혹 小體를 따름은 무엇

때문입니까?" 말씀하셨다. "耳·目의 기능은 생각을 못하고 외물에 가려지니, 외물이 耳·目에 닿으면 끌려갈 뿐이다. 心의 기능은 생각함인지라 생각하면 얻고 생각하지 않으면 얻지 못한다. 이것이 하늘이 내게 부여하신 것이라 먼저 그 大體를 세우면 小體가 빼앗지 못하나니, 大人이 될 따름이다."

官之爲言은 司也니 耳司聽目司視 各有所職호대 而不能思라 是以로 蔽於外物하니 旣不能思而蔽於外物이면 則亦一物而已요 又以外物로 交於此物이면 其引之而去 不難矣라 心則能思而以思爲職하니 凡事物之來에 心得其職則得其理而物不能蔽요 失其職則不得其理而物來蔽之라 此三者는 皆天之所以與我者로대 而心爲大하니 若能有以立之면 則事無不思하야 而耳目之欲이 不能奪之矣니 此所以爲大人也니라 然이나 此天之此를 舊本에 多作比하고 而趙註에 亦以比方으로 釋之어늘 今本에 旣多作此而註亦作此乃하니 未詳孰是나 但作比字 於義에 爲短이라 故로 且從今本是하노라

○范浚心箴에 曰茫茫堪輿 俯仰無垠이로다 人於其間에 眇然有身하니 是身之微 太倉稊米로다 參(참)爲三才하니 曰惟心爾라 往古來今에 孰無此心이리오마는 心爲形役하야 乃獸乃禽하나니라 惟口耳目과 手足動靜이 投間抵隙하야 爲厥心病하나니 一心之微를 衆欲攻之하면 其與存者 嗚呼幾希니라 君子存誠하야 克念克敬하면 天君泰然하야 百體從令하리라

官이라는 말은 맡음이니, 귀는 聽을 맡고 눈은 視를 맡아 각기 맡은 바 있으되 생각은 못한다. 이 때문에 외물에 가려지니 생각하지 못하고 외물에 가려지면 또한 하나의 사물일 뿐이요, 또 외물이 눈·귀(此物)에 닿으면 끌고 가기가 어렵지 않다. 心은 능히 생각하고 생각함을 직분으로 삼으니, 모든 사물이 옴에 心이 직분을 하면 그 이치를 얻어서 외물이 가리지 못할 것이요, 그 직분을 잃으면 그 이치를 얻지 못하여 외물이 와서 가린다. 이 세 가지(耳·目·心)는 다 하늘이 나에게 부여한 것이지만 心이 중대하니, 만약 능히 心을

정립하면 일마다 생각하지 않음이 없어서 耳·目의 욕구가 빼앗지 못할 것이니, 이것이 大人이 되는 까닭이다. 그러나 此天의 此를 舊本에는 대부분 比자로 쓰고 조기의 주석에도 比·方(비교적·바야흐로)으로 해석했거늘, 今本에는 대부분 此자로 쓰고 주석에도 此乃로 썼으니 무엇이 옳은지 상세하지 않다. 다만 比자로 쓰는 것이 의미상 부족하기 때문에, 우선 今本을 따름이 옳다.

범준의 心箴에 말하였다. "망망한 우주여, 한도 끝도 없어라! 그 사이에 아득한 몸뚱이 하나, 이 몸은 太倉의 낱알 같도다! 참여하여 天地人 三才가 되니, 오직 心(마음) 때문이라! 고금에 누가 이 마음 없겠나? 마음이 형체에 부려져 이에 금수처럼 된 것이지. 오직 입과 耳·目 그리고 손발의 動靜이 틈을 공격하여, 마음의 병이 된다네. 一心의 은미한 의리를 모든 욕망이 공격하면, 아, 보존될 것이 거의 없으리라! 군자가 誠을 보존하여 능히 생각을 다하고 능히 공경하면, 마음(天君)이 태연하여 온 몸이 명령을 따르리라."

- 官 기능 관　　茫 아득할 망　　堪 하늘 감　　俯 구부릴 부
  垠 땅끝 은　　眇 작을 묘　　穧 돌피 제　　參 참여할 참
  抵 닥뜨릴 저　　隙 틈 극

16-1. 孟子曰 有天爵者하며 有人爵者하니 仁義忠信樂善不倦은 此天爵也요 公卿大夫는 此人爵也니라

맹자께서 말씀하셨다. "천작이 있으며 인작이 있으니, 仁·義·忠·信하여 善을 즐겨함을 게을리 않음은 천작이요 공경·대부는 인작이다.

天爵者는 德義 可尊自然之貴也라

天爵은 德·義가 존중할만한 자연의 귀함이다.

- 爵 벼슬 작　　倦 게으를 권

16-2. **古之人**은 **脩其天爵而人爵從之**러니라

옛 사람은 그 천작을 닦음에 인작이 따르더라.

> 修其天爵은 以爲吾分之所當然者耳라 人爵從之는 蓋不待求之而自至也라

修其天爵은 내 분수의 당연한 바를 할 뿐이다. 人爵從之는 대체로 구하지 않아도 저절로 이름이다.

16-3. **今之人**은 **脩其天爵**하야 **以要人爵**하고 **旣得人爵而棄其天爵**하나니 **則惑之甚者也**라 **終亦必亡而已矣**니라

지금 사람은 천작을 닦아서 인작을 요구하고 인작을 얻음에 천작을 버리니, 미혹함이 심한 것이다. 종국에는 또한 인작도 반드시 잃고 말 것이다."

> 要는 求也라 修天爵以要人爵하니 其心이 固已惑矣요 得人爵而棄天爵하니 則其惑이 又甚焉이라 終必並其所得之人爵而亡之也라

要는 요구함이다. 천작을 닦아 인작을 요구하니 그 마음이 진실로 이미 미혹함이요, 인작을 얻고서 천작을 버리니 그 미혹함이 더욱 심하다. 종국에는 반드시 얻은 인작을 함께 잃을 것이다.

17-1. **孟子曰 欲貴者**는 **人之同心也**니 **人人**이 **有貴於己者**언마는 **弗思耳**니라

맹자께서 말씀하셨다. "귀하고자 함은 사람의 똑같은 마음이니, 사람마다 자기에게 귀한 것을 지녔건만 생각하지 않을 뿐이다.

> 貴於己者는 謂天爵也라

貴於己者는 천작을 말한다.

17-2. 人之所貴者는 非良貴也니 趙孟之所貴를 趙孟이 能賤之니라

남이 귀하게 해준 것은 본연의 貴가 아니니, 조맹이 귀하게 해준 것을 조맹이 천하게 한다.

人之所貴는 謂人以爵位로 加己而後에 貴也라 良者는 本然之善也라 趙孟은 晉卿也라 能以爵祿與人而使之貴면 則亦能奪之而使之賤矣니 若良貴則人安得而賤之哉리오

人之所貴는 남이 작위를 준 뒤에 귀함을 이른다. 良은 본연의 善이다. 조맹은 진나라 경이다. 작록을 주어 귀하게 하면 또한 능히 빼앗아 천하게 할 수 있으니, 만약 본연의 貴라면 남이 어찌 賤하게 할 수 있겠는가?

17-3. 詩云 旣醉以酒요 旣飽以德이라하니 言飽乎仁義也라 所以不願人之膏粱之味也며 令聞廣譽 施於身이라 所以不願人之文繡也라

『詩』에 '이미 술에 취하고 이미 덕에 배부르다.' 하니, 인의에 배부른지라 남의 고량진미를 원하지 않으며, 선한 소문과 널리 칭찬이 몸에 더해진지라 남의 무늬 있고 수놓은 좋은 옷을 원하지 않음을 말한 것이다."

詩는 大雅旣醉之篇이라 飽는 充足也라 願은 欲也라 膏는 肥肉이요 粱은 美穀이라 令은 善也라 聞은 亦譽也라 文繡는 衣之美者也라 仁義充足而聞譽彰著는 皆所謂良貴也라

○ 尹氏曰 言在我者 重이면 則外物이 輕하니라

詩는「大雅」<旣醉>편이다. 飽는 충족함이다. 願은 바람이다. 膏는 살진 고기요, 粱은 맛있는 곡물이다. 令은 선함이다. 聞은 또한 칭찬이다. 文繡는 옷의 아름다운 것이다. 仁義가 충족하고 소문과 칭찬이 현저히 드러남은 다 이른바 良貴라는 것이다.

○윤씨가 말하였다. "내가 지닌 것이 중요하면 외물이 가벼움을 말한 것이다."

- 飽 배부를 포   膏 기름질 고   粱 기장 량   聞 소문 문
  繡 수놓을 수

18-1. 孟子曰 仁之勝不仁也 猶水勝火하니 今之爲仁者는 猶以一杯水로 救一車薪之火也라 不熄則謂之水不勝火라하나니 此 又與於不仁之甚者也라

맹자께서 말씀하셨다. "仁이 不仁을 이김이 물이 불을 이김과 같다. 지금 仁을 하는 자는 한 잔의 물로 한 수레의 섶에 난 불을 끄는 것과 같아서, 꺼지지 않으면 물이 불을 이기지 못한다고 말하니, 이 또한 不仁을 도움이 심한 자이다.

與는 猶助也라 仁之能勝不仁은 必然之理也로대 但爲之不力이면 則無以勝不仁이어늘 而人遂以爲眞不能勝이라하니 是는 我之所爲 有以深助於不仁者也라

與는 도움과 같다. 仁이 不仁을 이김은 필연의 이치이다. 다만 힘쓰지 않으면 不仁을 이길 수 없거늘, 사람이 진실로 이기지 못한다고 여기니, 이는 나의 소행이 不仁을 매우 돕는 것이다.

18-2. 亦終必亡而已矣니라

또한 종국에 반드시 잃을 뿐이다."

言此人之心이 亦且自怠於爲仁하니 終必幷與其所爲而亡之라
○ 趙氏曰 言爲仁不至而不反諸(저)已也라

'이 사람의 마음이 또한 仁을 함에 게으르니, 종국에는 반드시 그가 했던 것을 잃음'을 말한 것이다.

○ 조씨가 말하였다. "仁을 함이 지극하지 않고 자기에게 돌이키지도 않음을 말한 것이다."

19-1. 孟子曰 五穀者는 種之美者也나 苟爲不熟이면 不如荑稗니 夫仁도 亦在乎熟之而已矣니라

맹자께서 말씀하셨다. "오곡은 좋은 종자이나 진실로 익지 않으면 피만 못하니, 무릇 仁도 또한 익는데 달렸을 따름이다."

荑稗는 草之似穀者니 其實이 亦可食이나 然이나 不能如五穀之美也라 但五穀이 不熟이면 則反不如荑稗之熟이니 猶爲仁而不熟이면 則反不如爲他道之有成이라 是以로 爲仁은 必貴乎熟하니 而不可徒恃其種之美요 又不可以仁之難熟而甘爲他道之有成也니라

○尹氏曰 日新而不已則熟이라

荑稗는 곡식과 유사한 풀이니, 그 씨 또한 먹을 수 있다. 그러나 오곡의 좋음만 못하다. 다만 오곡이 익지 않으면 도리어 피가 익은 것만 못하니, 仁을 함에 익지 못하면 도리어 다른 道의 완성된 것만 못하다. 이 때문에 仁을 함은 반드시 익음을 귀히 여기니, 한갓 그 종자의 좋음만 믿어서는 안 되고 또 인이 익기 어렵다 하여 다른 道의 완성을 즐겨 해서는 안 된다.

○ 윤씨가 말하였다. "날로 새롭고 그치지 않으면 익는다."

■ 穀 곡식 곡   熟 익을 숙   荑 돌피 제   稗 피 패

20-1. 孟子曰 羿之敎人射에 必志於彀하나니 學者도 亦必志於彀니라

맹자께서 말씀하셨다. "예가 활쏘기를 가르침에 반드시 활 당김을 목표 삼게

하나니 배우는 자 또한 반드시 활 당김을 목표삼아야 한다.

羿는 善射者也라 志는 猶期也라 彀는 弓滿也니 滿而後發은 射之法也라 學은 謂學射라

羿는 활을 잘 쏘는 자이다. 志는 목표 삼음과 같다. 彀는 활 당김이니, 당긴 뒤에 발사함은 활 쏘는 방법이다. 學은 활쏘기 배움을 이른다.

- 羿 사람이름 예   彀 활당길 구   滿 당길 만

20-2. 大匠이 誨人에 必以規矩하나니 學者도 亦必以規矩니라

도편수가 사람을 가르칠 적에 반드시 그림쇠와 곡척을 이용하나니 배우는 자 또한 반드시 그림쇠와 곡척을 이용해야 한다."

大匠은 工師也라 規矩는 匠之法也라
○此章은 言事必有法然後에 可成이니 師舍是則無以敎요 弟子舍是則無以學이라 曲藝도 且然이온 況聖人之道乎아

大匠은 木工의 두목이다. 規矩는 장인의 준칙이다.
○이 장은 '일이 반드시 준칙이 있은 뒤에 이룰 수 있으니, 선생이 이를 놓으면 가르칠 수 없고 제자가 이를 놓으면 배울 수 없음.'을 말한 것이다. 기예도 그러하거늘 하물며 성인의 道임에랴!

告子章句下

凡十六章이라
모두 16장이다.

1-1. 任人이 有問屋廬子曰 禮與食이 孰重고 曰 禮重이니라

임나라 사람이 옥려자에게 물었다. "예와 음식 중 무엇이 중요한가?" 말하였다. "예가 중요하다."

任은 國名이라 屋廬子의 名은 連이니 孟子弟子也라
任은 나라이름이다. 옥려자의 이름은 연으로 맹자 제자이다.

1-2. 色與禮 孰重고

"혼인(色)과 예 중 무엇이 중요한가?"

任人이 復(부)問也라
임나라 사람이 다시 물은 것이다.

1-3. 曰 禮重이니라 曰 以禮食則飢而死하고 不以禮食則得食이라도 必以禮乎아 親迎則不得妻하고 不親迎則得妻라도 必親迎乎아 屋廬子 不能對하야 明日에 之鄒하야 以告孟子한대 孟子曰 於答是也에

何有리오

말하였다. "예가 중요하다." 물었다. "예를 차려 먹으면 굶어 죽고 예를 차리지 않고 먹으면 음식을 얻더라도 반드시 예를 차리겠는가? 친영하면 처를 얻지 못하고 친영하지 않으면 처를 얻더라도 반드시 친영하겠는가?" 옥려자가 대답하지 못하여 다음날 추나라에 가서 맹자께 아뢰자, 맹자께서 말씀하셨다. "이를 답함에 무슨 어려움이 있느냐?

何有는 不難也라

何有는 어렵지 않음이다.

1-4. 不揣其本而齊其末이면 方寸之木을 可使高於岑樓니라

그 밑동을 맞추지 않고 그 끝만을 가지런히 하면, 사방 한 치의 나무를 높은 누각(岑樓)보다 높게 할 수 있다.

本은 謂下요 末은 謂上이라 方寸之木은 至卑하니 喩食色이요 岑樓는 樓之高銳似山者니 至高하니 喩禮라 若不取其下之平하고 而升寸木이 於岑樓之上이면 則寸木反高하고 岑樓 反卑矣라

本은 밑동을 이르고 末은 위를 이른다. 方寸之木은 지극히 낮은 것이니 食·色을 비유한 것이요, 岑樓는 누각의 높게 솟음이 산과 비슷한 것으로 지극히 높은 것이니 예를 비유한 것이다. 만약 밑동을 똑같이 않고 한 치의 나무를 높은 누각위에 올려놓으면, 한 치의 나무가 도리어 높고 높은 누각이 도리어 낮다.

■ 揣 맞출 췌   岑 높을 잠

1-5. 金重於羽者는 豈謂一鉤金與一輿羽之謂哉리오

쇠가 깃털보다 무겁다함은 어찌 혁대 고리의 쇠와 한 수레의 깃털을 일컬어

말한 것인가?

鉤는 帶鉤也라 金本重而帶鉤小故로 輕하니 喩禮有輕於食色者요 羽本輕而一輿多故로 重하니 喩食色이 有重於禮者라

鉤는 혁대 고리이다. 쇠가 본래 무겁지만 혁대 고리는 작으므로 가벼우니, 예가 식·색보다 가벼움을 비유한 것이요, 깃털이 본래 가볍지만 한 수레는 많으므로 무거우니, 식·색이 예보다 중요함을 비유한 것이다.

■ 鉤 갈고리 구   帶 띠 대

1-6. 取食之重者와 與禮之輕者而比之면 奚翅食重이며 取色之重者와 與禮之輕者而比之면 奚翅色重이리오

음식의 중요한 것과 예의 가벼운 것을 택하여 비교하면 어찌 음식이 중요할 뿐이며, 혼인의 중요한 것과 예의 가벼운 것을 택하여 비교하면 어찌 혼인이 중요할 뿐이겠는가?

禮食親迎은 禮之輕者也요 飢而死以滅其性과 不得妻而廢人倫은 食色之重者也라 奚翅는 猶言何但이니 言其相去懸絶하야 不但有輕重之差而已니라

예식*과 친영*은 예의 가벼운 것이요 굶어 죽어 생명을 다함과 처를 얻지 못하여 인륜을 폐함은 식·색의 중요한 것이다. 奚翅는 何但이란 말과 같으니, 서로 거리가 현격하여 경중의 차이가 있을 뿐만이 아님을 말한 것이다.

■ 奚 어찌 해   翅 뿐 시   懸 매달 현   絶 사이끊어질 절

* 禮食 : 예를 갖추어 식사를 함.

* 親迎 : 六禮 즉 납채(納采), 문명(問名), 납길(納吉), 납폐(納幣), 청기(請期), 친영(親迎)의 하나이다. 신랑이 신부 집에 가서 신부를 직접 맞이하는 의식.

1-7. 往應之曰 紾兄之臂而奪之食則得食하고 不紾則不得食이라도 則將紾之乎아 踰東家牆而摟其處子則得妻하고 不摟則不得妻라도 則將摟之乎아하라

가서 대응하기를, '형의 팔을 비틀어 음식을 뺏으면 먹을 수 있고, 비틀지 않으면 먹지 못하더라도 비틀겠는가? 동쪽 집 담을 넘어 처녀를 끌어내면 아내를 얻고, 끌어내지 않으면 아내를 얻지 못하더라도 끌어내겠는가?'하라."

紾은 戾也라 摟는 牽也라 處子는 處女也라 此二者는 禮與食色이 皆其重者而以之相較면 則禮爲尤重也라

○此章은 言義理事物이 其輕重이 固有大分이나 然於其中에 又各自有輕重之別하니 聖賢於此에 錯綜斟酌하야 毫髮不差하니 固不肯枉尺而直尋하며 亦未嘗膠柱而調瑟하니 所以斷之를 一視於理之當然而已矣라

紾은 비틂이다. 摟는 끌어냄이다. 處子는 처녀이다. 이 두 가지는 예와 식·색이 다 중요한 것으로서 서로 비교하면 예가 더 중요하다.

○이 장은 '의리와 사물이 그 경중이 본래 큰 분한이 있다. 그러나 그 중에 또 각자의 경중의 차별이 있으니, 성현이 이점에 경위를 분별하고 천심을 헤아려 터럭만큼 차이도 없으니, 진실로 한 자를 굽혀 여덟 자를 펴는 일을 하지 않으며 또한 일찍이 기러기발을 아교로 붙여놓고 비파를 연주하지 않았으니, 단정하기를 한결같이 이치의 당연한 데에서 살피셨을 뿐임'을 말한 것이다.

■ 摟 끌어낼 루   柱 기러기발 주

2-1. 曹交 問曰 人皆可以爲堯舜이라하나니 有諸(저)잇가 孟子曰 然하다

조교가 여쭈었다. "사람이 다 요순이 될 수 있다 하니 그렇습니까?" 맹자께서

말씀하셨다. "그렇다."

趙氏曰 曹交는 曹君之弟也라 人皆可以爲堯舜은 疑古語어나 或孟子所嘗言也라

조씨가 말하였다. "조교는 조나라 임금의 아우이다. 사람이 다 요순이 될 수 있다함은 옛말이거나 혹은 맹자께서 일찍이 말씀하신 것인가 보다."

2-2. 交는 聞文王은 十尺이요 湯은 九尺이라호니 今交는 九尺四寸以長이로대 食粟而已로니 何如則可잇고

"저는 문왕은 10척이요 탕임금은 9척이라고 들었는데, 지금 저는 9척 4촌의 신장이지만 곡식만 축낼 뿐이니 어찌하면 좋습니까?"

曹交 問也라 食粟而已는 言無他材能也라

조교가 질문한 것이다. 食粟而已는 '아무런 재능이 없음'을 말한 것이다.

2-3. 曰 奚有於是리오 亦爲之而已矣니라 有人於此하니 力不能勝一匹雛면 則爲無力人矣요 今曰 擧百鈞이면 則爲有力人矣니 然則擧烏獲(확)之任이면 是亦爲烏獲(확)而已矣니 夫人은 豈以不勝爲患哉리오 弗爲耳니라

말씀하셨다. "어찌 이에 있겠는가? 또한 행할 따름이다. 여기 한사람이 있으니 힘이 능히 오리 새끼 한 마리 감당하지 못하면 무력한 사람이요, 이제 100균을 든다고 하면 곧 힘센 사람이다. 그러한즉 오확의 짐을 들면 이 사람 또한 오확일 뿐이니, 무릇 사람은 어찌 감당하지 못함을 걱정하겠는가? 하지 않을 뿐이다.

匹字는 本作鴄하니 鴨也라 從省(생)作匹하니 禮記에 說匹爲鶩이 是

也라 烏獲(확)은 古之有力人也니 能擧移千鈞하니라

匹字는 본래 鴄자이니 오리이다. 줄여 匹자로 쓴 것이니 『禮記』에 匹자를 鶩자로 설명한 것이 이것이다. 오확은 옛적 역사이니 능히 1,000균을 들어 옮겼다.

2-4. 徐行後長者를 謂之弟요 疾行先長者를 謂之不弟니 夫徐行者는 豈人所不能哉리오 所不爲也니 堯舜之道는 孝弟而已矣니라

천천히 가서 장자 뒤따름을 공손하다 하고 빨리 가서 장자 앞지름을 공손하지 않다 하니, 천천히 감은 어찌 사람이 능하지 못할 일이겠는가? 하지 않는 것이니 요순의 도는 효와 공경일 뿐이다.

陳氏曰 孝弟者는 人之良知良能自然之性也라 堯舜人倫之至도 亦率是性而已니 豈能加毫末於是哉리오 楊氏曰 堯舜之道 大矣로대 而所以爲之는 乃在夫行止疾徐之間이요 非有甚高難行之事也언마는 百姓은 蓋日用而不知耳니라

진씨가 말하였다. "효와 공경은 사람의 良知·良能으로서 자연의 본성이다. 요순의 인륜의 지극함도 이 본성을 따랐을 뿐이니, 어찌 여기에 터럭만큼이라도 더할 수 있겠는가?" 양씨가 말하였다. "요순의 도가 위대하지만 행하는 방법은 행위를 빨리 하느냐 천천히 하느냐에 달린 것이지, 매우 높고 행하기 어려운 일이 아니건만 백성은 대개 일상에서 행하면서도 모를 뿐이다."

2-5. 子 服堯之服하며 誦堯之言하며 行堯之行이면 是堯而已矣요 子 服桀之服하며 誦桀之言하며 行桀之行이면 是桀而已矣니라

그대가 요임금의 옷을 입으며 요임금의 말을 외며 요임금의 행실을 하면

바로 요임금일 뿐이요, 그대가 걸의 옷을 입으며 걸의 말을 외며 걸의 행실을 하면 바로 걸일 뿐이다."

言爲善爲惡이 皆在我而已니 詳曹交之問하면 淺陋麤率하니 必其進見之時에 禮貌衣冠言動之間에 多不循理故로 孟子 告之如此兩節云이라

'선을 함과 악을 함이 다 나에게 달렸을 뿐임'을 말한 것이니, 조교의 질문을 상심하면 천박하고 경솔하니 반드시 그가 만나 뵐 적에, 예모·의관·언동 등에 이치에 맞지 않는 것이 많았기 때문에 맹자께서 이 두 절에 말씀하신 것처럼 알려주었다.

■ 麤 거칠 추   率 가벼울 솔

2-6. 曰 交 得見(현)於鄒君이면 可以假館이니 願留而受業於門하노이다

말하였다. "제가 추나라 임금께 알현하면 관사를 빌릴 수 있으니, 머물러 문하에서 가르침을 받으려 합니다."

假館而後에 受業하니 又可見其求道之不篤이라

관사를 빌린 뒤에 가르침 받으니, 또한 그 도를 구함이 독실하지 못함을 알 수 있다.

2-7. 曰 夫道 若大路然하니 豈難知哉리오 人病不求耳니 子 歸而求之면 有餘師리라

말씀하셨다. "道는 큰길과 같으니 어찌 알기 어렵겠는가? 사람이 구하지 않음이 병통이니, 그대가 돌아가 구하면 다른 스승이 있을 것이다."

言道不難知하니 若歸而求之事親敬長之間이면 則性分之內에 萬理

皆備하야 隨處發見(현)하야 無不可師니 不必留此而受業也라

○曹交事長之禮 旣不至하고 求道之心이 又不篤故로 孟子 敎之以 孝弟而不容其受業하시니 蓋孔子餘力學文之意니 亦不屑之敎誨也라

'도는 알기 어렵지 않으니 만약 돌아가서 事親·敬長의 즈음에서 구하면, 본성 안에 모든 이치가 구비되어 상황에 따라 나타나서 다 스승 삼을만하니, 여기 머물게 하여 가르침 받을 필요가 없음'을 말한 것이다.

○조교의 어른 섬기는 예가 이미 지극하지 않고 도를 구하는 마음 또한 독실하지 않으므로, 맹자께서 효제로써 가르치시고 그의 가르침 받기를 용납하지 않으시니, 대개 공자께서 '여력이 있으면 글을 배우라.'는 의미이니, 또한 달갑게 여기지 않는 가르침이다.

3-1. 公孫丑(추) 問曰 高子曰 小弁(반)은 小人之詩也라하더이다 孟子曰 何以言之오 曰 怨이니이다

公孫丑가 여쭈었다. "高子가 <小弁>은 小人의 詩라고 하였습니다." 孟子께서 말씀하셨다. "무슨 이유로 그리 말하던가?" 말하였다. "원망 때문입니다."

高子는 齊人也라 小弁(반)은 小雅篇名이라 周幽王이 娶申后하야 生太子宜臼하고 又得褒姒하야 生伯服하고 而黜申后廢宜臼하니 於是에 宜臼之傅 爲作此詩하야 以叙其哀痛迫切之情也라

高子는 제나라 사람이다. 小弁은 「小雅」 편명이다. 주나라 유왕이 신후를 맞아들여 태자 의구를 낳고 또 포사를 얻어 백복을 낳고 신후를 내쫓고 의구를 폐하니, 이에 의구의 스승이 이 詩를 지어 애통하고 절박한 정을 서술한 것이다.

■ 弁 날개치며날 반　　娶 장가들 취　　臼 절구 구　　褒 기릴 포
　 姒 동서 사　　　　　黜 내칠 출　　　傅 스승 부

3-2. 曰 固哉라 高叟之爲詩也여 有人於此하니 越人이 關(만)弓而射(석)之어든 則己 談笑而道之는 無他라 疏之也요 其兄이 關(만)弓而射(석)之어든 則己 垂涕泣而道之는 無他라 戚之也니 小弁(반)之怨은 親親也라 親親은 仁也니 固矣夫라 高叟之爲詩也여

말씀하셨다. "고루하구나, 고수의 시를 평론함이여! 여기 한 사람이 있으니 월나라 사람이 활을 당겨 맞추려 할 경우 내가 담소하며 말함은 다름이 아니라 소원하기 때문이고, 형이 활을 당겨 맞추려 할 경우 내가 눈물을 흘리며 말함은 다름이 아니라 친하기 때문이니, <소반>의 원망함은 어버이를 친히 함이다. 어버이를 친히 함은 仁이니, 고루하구나, 고수가 시를 평론함이여!"

固는 謂執滯不通也라 爲는 猶治也라 越은 蠻夷國名이라 道는 語也라 親親之心은 仁之發也라

固는 막혀서 불통함을 이른다. 爲는 다룸과 같다. 越은 오랑캐 국명이다. 道는 말함이다. 어버이를 친히 하는 마음은 仁의 발로이다.

- 關 당길 만   射 쏠 석   道 말할 도   疏 성길 소
  垂 드리울 수   涕 눈물 체   戚 친할 척

3-3. 曰 凱風은 何以不怨이니잇고

여쭈었다. "<개풍>은 어찌하여 원망하지 않았습니까?"

凱風은 邶風篇名이라 衛有七子之母 不能安其室하니 七子 作此以自責也라

凱風은 「邶風」편명이다. 위나라에 일곱 아들을 둔 어미가 제 집을 편안히 여기지 못하니 일곱 아들이 이를 지어 자책한 것이다.

- 凱 즐길 개   邶 나라이름 패

3-4. 曰 凱風은 親之過 小者也요 小弁(반)은 親之過 大者也니 親之過 大而不怨이면 是는 愈疏也요 親之過 小而怨이면 是는 不可磯也니 愈疏도 不孝也요 不可磯도 亦不孝也니라

말씀하셨다. "개풍은 어버이의 허물이 작은 것이요 소반은 어버이의 허물이 큰 것이니, 어버이의 허물이 큰데도 원망치 않으면 이는 너무 소원하게 함이요, 어버이의 허물이 작은데도 원망하면 이는 지나치게 성냄이니, 너무 소원하게 함도 효가 아니요 지나치게 성냄도 효가 아니다.

磯는 水激石也니 不可磯는 言微激之而遽怒也라

磯는 물이 돌에 부딪힘이니 不可磯는 작은 부딪힘에도 갑자기 성냄을 말한 것이다.

■ 磯 물이돌부딪치는소리 기　　激 물부딪쳐흐를 격

3-5. 孔子曰 舜은 其至孝矣신져 五十而慕라하시니라

공자께서 '순임금은 지극한 효성이시구나. 50에도 원모하셨다.' 하셨다.

言舜猶怨慕하니 小弁(반)之怨은 不爲不孝也라

○趙氏曰 生之膝下하야 一體而分하야 喘息呼吸에 氣通於親하니 當親而疏에 怨慕號天이라 是以로 小弁(반)之怨은 未足爲愆也라

'순임금도 오히려 원모하셨으니, <소반>의 원망은 불효가 되지 않음'을 말한 것이다.

○조씨가 말하였다. "슬하에 태어나서 한 몸에서 나뉘어 호흡함에 기가 어버이에게 통하니, 응당 친할 데에 소원해짐에 원망하면서 사모하여 하늘에 울부짖은 것이다. 이런 까닭에 <소반>의 원망은 허물이 되지 않는다."

■ 膝 무릎 슬　　喘 숨찰 천　　息 숨쉴 식　　呼 내쉬는숨 호
　吸 들이마시는숨 흡　　愆 허물 건

4-1. 宋牼이 將之楚러니 孟子 遇於石丘하시다

송경이 초나라에 갈 적에 맹자께서 석구에서 만나셨다.

> 宋은 姓이요 牼은 名이라 石丘는 地名이라
> 宋은 성이요 牼은 이름이다. 石丘는 지명이다.

■ 牼 정강이뼈 경

4-2. 曰 先生은 將何之오

말씀하셨다. "先生은 어디로 가시오?"

> 趙氏曰 學士 年長者故로 謂之先生이라
> 조씨가 말하였다. "학사가 연장자이므로 선생이라 한 것이다."

4-3. 曰 吾聞秦楚 構兵호니 我 將見楚王하야 說(세)而罷之호되 楚王이 不悅이어든 我 將見秦王하야 說(세)而罷之호리니 二王에 我將有所遇焉이리라

말하였다. "내가 듣기에 진·초가 전쟁을 한다 하니, 내 초왕을 만나서 유세하여 그치게 하되 초왕이 기뻐하지 않으면 내 진왕을 만나서 유세하여 그치게 하려 하니 두 왕 중에 내가 합치함이 있을 것이외다."

> 時에 宋牼이 方欲見楚王호대 恐其不悅則將見秦王也라 遇는 合也라 按莊子書에 有宋銒者 禁攻寢兵하야 救世之戰하야 上說(세)下敎하야 强聒(괄)不舍라하야늘 疏에 云 齊宣王時人이라하니 以事考之하면 疑卽此人也라
> 때마침 송경이 막 초왕을 만나려하되 그가 기뻐하지 않으면 진왕을 만나려

한 듯하다. 遇는 합치함이다. 살펴보면, 『莊子』에 '송견이란 자가 공격을 금지하고 병사를 쉬게 하여 세상의 전쟁을 구제하고 위로 유세하고 아래로 가르쳐 애써 떠들기를 그치지 않았다.'하거늘, 注疏에 '제나라 선왕 때 사람이다'하니, 사실로 고찰하면 이 사람인 것 같다.

■ 構 얽을 구　　　鈃 술그릇 견　　　聒 떠들썩할 괄　　　舍 그칠 사

4-4. 曰 軻也는 請無問其詳이요 願聞其指하노니 說(세)之將如何오 曰 我 將言其不利也호리라 曰 先生之志則大矣어니와 先生之號則不可하다

말씀하셨다. "나는 상세한 것을 묻지 않고 그 요지를 듣고자 하니, 유세를 어떻게 하시렵니까?" 대답하였다. "내 그 불리함을 말하려 하오." 말씀하셨다. "선생의 뜻은 크지만 선생의 명분(號)은 옳지 못합니다.

　　徐氏曰 能於戰國擾攘之中에 而以罷兵息民으로 爲說(세)하니 其志可謂大矣라 然이나 以利爲名則不可也라
　　서씨가 말하였다. "능히 전국 시대의 혼란한 와중에 전쟁을 그치며 백성을 쉬게 하는 것으로 유세하니 그 뜻은 크다 하겠다. 그러나 利로 명분을 삼음은 옳지 못하다."

■ 擾 어지러울 요　　攘 물리칠 양

4-5. 先生이 以利로 說(세)秦楚之王이면 秦楚之王이 悅於利하야 以罷三軍之師하리니 是는 三軍之師 樂(락)罷而悅於利也라 爲人臣者 懷利以事其君하며 爲人子者 懷利以事其父하며 爲人弟者 懷利以事其兄이면 是는 君臣父子兄弟 終去仁義하고 懷利以相接이니 然而不亡者 未之有也니라 先生이 以仁義로 說(세)秦楚之王이면 秦楚之王이

悅於仁義하야 而罷三軍之師하리니 是는 三軍之師 樂(락)罷而悅於仁義也라 爲人臣者 懷仁義以事其君하며 爲人子者 懷仁義以事其父하며 爲人弟者 懷仁義以事其兄이면 是는 君臣父子兄弟 去利하고 懷仁義以相接也니 然而不王者 未之有也니 何必曰利리오

선생이 이로 진·초의 왕을 유세하면 진·초의 왕이 이에 기뻐하여 삼군의 군대를 파할 것이니, 이는 삼군의 군대가 파함을 즐거워하되 이에 기뻐한 것입니다. 신하된 자가 이를 생각하여 임금을 섬기며 자식 된 자가 이를 생각하여 아버지를 섬기며 아우 된 자가 이를 생각하여 형을 섬기면 이는 군신·부자·형제가 마침내 인의를 버리고 이를 생각하여 서로 대함이니, 그렇게 하고 망하지 않을 자는 없습니다. 선생이 인의로 진·초의 왕을 유세하면 진·초의 왕이 인의에 기뻐하여 삼군의 군대를 그칠 것이니, 이는 삼군의 군대가 그침을 즐거워하되 인의를 기뻐한 것입니다. 신하된 자가 인의를 생각하여 임금을 섬기며 자식 된 자가 인의를 생각하여 아버지를 섬기며 아우 된 자가 인의를 생각하여 형을 섬기면 이는 군신·부자·형제가 이를 버리고 인의를 생각하여 서로 대함이니, 그렇게 하고 王하지 않을 자는 없으니, 하필 利를 말하십니까?"

此章은 言休兵息民이 爲事則一이나 然이나 其心이 有義利之殊하고 而其效 有興亡之異하니 學者 所當深察而明辨之也니라

이 장은 전쟁을 그치며 백성을 쉬게 함이 일은 한가지이나, 그 마음이 義와 利의 차이가 있고 그 효험이 흥망의 차이가 있으니, 학자가 마땅히 깊이 살피고 밝게 분별해야 함을 말한 것이다.

5-1. 孟子 居鄒하실새 季任이 爲任處守러니 以幣交한대 受之而不報하시고 處於平陸하실새 儲子 爲相이러니 以幣交한대 受之而不報하시다

맹자께서 추에 계실 적에 계임이 임나라의 처수가 되었는데 폐백으로 교제하

자 받고 보답하지 않으시고, 평륙에 계실 적에 저자가 재상이 되었는데 폐백으로 교제하자 받고 보답하지 않으셨다.

趙氏曰 季任은 任君之弟니 任君이 朝會於鄰國이어늘 季任이 爲之居守其國也라 儲子는 齊相也라 不報者는 來見則當報之요 但以幣交則不必報也라

조씨가 말하였다. "계임은 임나라 임금의 아우로 임금이 이웃나라에 조회가거늘 계임이 대신하여 그 나라를 지켰다. 儲子는 제나라 재상이다. 不報란 와서 만나면 당연히 보답해야 하고 단지 폐백만 교제하면 반드시 보답해야 하는 것은 아니다."

5-2. 他日에 由鄒之任하사 見季子하시고 由平陸之齊하사 不見儲子하신대 屋廬子 喜曰 連이 得間矣와라

다른 날 추에서 임나라에 가시어 계자를 만나보시고 평륙에서 제나라에 가시어 저자를 만나보지 않으셨는데, 옥려자가 기뻐하면서 말하였다. "내가 여쭐 계제를 얻었구나."

屋廬子 知孟子之處此 必有義理故로 喜得其間隙而問之라

옥려자가 맹자의 이 처사가 반드시 의리가 있음을 알았던 까닭에 그 계제를 얻어 질문함을 기뻐한 것이다.

5-3. 問曰 夫子 之任하사 見季子하시고 之齊하사 不見儲子하시니 爲其爲相與잇가

여쭈었다. "부자께서 임나라에 가시어 계자를 만나보시고 제나라에 가셔서 저자를 만나보시지 않으시니 그가 재상이기 때문입니까?"

言儲子는 但爲齊相하야 不若季子攝守君位故로 輕之邪(야)잇가

'저자가 단지 제나라 재상이 되어 계자가 임금을 섭행함만 못하므로 가볍게 여기셨느냐?'고 말한 것이다.

5-4. 曰 非也라 書에 曰享은 多儀하니 儀不及物이면 曰不享이니 惟不役志于享이라하니

말씀하셨다. "아니다. 『書』에 '윗사람에게 예물을 드림에 예의가 많으니 예의가 예물에 미치지 못하면 윗사람에게 예물을 드리는 예가 아니니, 예물을 드림에 마음을 쓰지 않았기 때문이다' 하니,

書는 周書洛誥之篇이라 享은 奉上也라 儀는 禮也라 物은 幣也라 役은 用也라 言雖享이나 而禮意 不及其幣면 則是不享矣니 以其不用志于享故也라

書는 「周書」 <洛誥>편이다. 享은 윗사람에게 드림이다. 儀는 예의이다. 物은 폐백이다. 役은 씀이다. 비록 윗사람에게 예물을 드렸으나 예의 성의가 그 폐백에 미치지 못하면 이는 폐백을 드리는 예가 아니니, 폐백을 드림에 마음을 쓰지 않았기 때문임을 말한 것이다.

■ 享 드릴 향   奉 바칠 봉   役 쓸 역

5-5. 爲其不成享也니라

그 예물을 드리는 예를 다하지 못했기 때문이다."

孟子 釋書意如此하시니라

맹자께서 『書』의 뜻을 이와 같이 풀이하셨다.

5-6. 屋廬子 悅이어늘 **或**이 **問之**한대 **屋廬子曰 季子**는 **不得之鄒**요 **儲子**는 **得之平陸**일새니라

옥려자가 기뻐하거늘 혹자가 묻자 옥려자가 말하였다. "계자는 추에 갈 수 없고 저자는 평륙에 갈 수 있었기 때문이다."

徐氏曰 季子는 爲君居守하니 不得往他國以見孟子則以幣交而禮意已備요 儲子는 爲齊相하니 可以至齊之境內어늘 而不來見則雖以幣交而禮意不及其物也라

서씨가 말하였다. "계자는 임금을 대행하니 다른 나라에 가서 맹자를 만나뵐 수 없으니, 폐백으로 교제함에 禮의 성의가 이미 갖추어진 것이요, 저자는 제나라 재상으로 제나라 경내를 갈 수 있거늘 와서 만나보지 않으니, 비록 폐백으로 교제했으나 예의 성의가 그 예물에 미치지 못한 것이다."

6-1. 淳于髡이 **曰先名實者**는 **爲人也**요 **後名實者**는 **自爲也**니 **夫子 在三卿之中**하사 **名實**이 **未加於上下而去之**하시니 **仁者**도 **固如此乎**잇가

순우곤이 말하였다. "명예·실적을 앞세우는 자는 인민을 위하는 자요 명예·실적을 뒤로 하는 자는 자신을 위하는 자이니, 부자께서 삼경에 계시면서 명예·실적이 상하에 시행되지 못하여 떠나시니, 인자도 진실로 이렇습니까?"

名은 聲譽也요 實은 事功也라 言以名實爲先而爲之者는 是有志於救民者也요 以名實爲後而不爲者는 是欲獨善其身者也라 名實未加於上下는 言上未能正其君하고 下未能濟其民也라

名은 명예요 實은 실적이다. 명예·실적을 우선으로 하는 자는 백성을 구제함에 뜻을 둔 자요, 명예·실적을 뒤로 하여 하지 않는 자는 홀로 자신만 선하게 하려는 자이다. 名實未加於上下는 위로는 능히 그 임금을 바루지

못하고 아래로는 능히 그 백성을 구제하지 못함을 말한 것이다.

- 髡 머리깎을 곤

6-2. 孟子曰 居下位하야 不以賢事不肖者는 伯夷也요 五就湯하며 五就桀者는 伊尹也요 不惡(오)汙君하며 不辭小官者는 柳下惠也니 三子者 不同道하나 其趨는 一也니 一者는 何也오 曰仁也라 君子는 亦仁而已矣니 何必同이리오

맹자께서 말씀하셨다. "아래 지위에서 현덕으로 불초한 자를 섬기지 않은 이는 백이요, 다섯 번 탕왕에게 나아가며 다섯 번 걸에게 나아간 이는 이윤이요, 비천한 임금을 싫어하지 않으며 작은 관직을 사양치 않은 이는 류하혜이니, 세 분이 방도가 똑같지 않으나 그 취지는 한가지이니 한 가지는 무엇인가? 즉 인이다. 군자는 또한 인일 따름이니 어찌 반드시 똑같아야 하나?"

仁者는 無私心而合天理之謂라 楊氏曰 伊尹之就湯은 以三聘之勤也요 其就桀也는 湯이 進之也니 湯이 豈有伐桀之意哉리오 其進伊尹 以事之也는 欲其悔過遷善而已니 伊尹이 旣就湯이면 則以湯之心으로 爲心矣라 及其終也하야 人歸之하고 天命之하야 不得已而伐之耳니 若湯이 初求伊尹하야 卽有伐桀之心하고 而伊尹이 遂相之하야 以伐桀이면 是는 以取天下로 爲心也니 以取天下로 爲心이면 豈聖人之心哉리오

仁이란 사심이 없고 天理에 부합함을 이른다. 양씨가 말하였다. "이윤이 탕왕에게 나아감은 세 번 빙문한 근면함 때문이요 걸에게 나아감은 탕왕이 보낸 것이니, 탕왕이 어찌 걸을 정벌할 마음이 있었겠는가? 이윤을 보내 섬긴 것은 허물을 뉘우치고 선으로 옮아가게 하고자 했을 뿐이니, 이윤이 이미 탕왕에게 나아간즉 탕왕의 마음으로 마음먹은 것이다. 결국 인심이 돌아오고 하늘이 명하여 부득이 정벌했을 뿐이니, 만약 탕왕이 애초에 이윤을

구하여 걸을 정벌할 마음을 먹었고 이윤이 도와서 桀을 정벌했다면 이는 天下 취함을 마음먹은 것이니, 천하 취함을 마음먹었다면 어찌 성인의 마음이 겠는가?"

6-3. 曰 魯繆公之時에 公儀子 爲政하고 子柳子思 爲臣이로대 魯之削也 滋甚하니 若是乎賢者之無益於國也여

말하였다. "노나라 목공 때에 공의자가 정사를 하고 자류와 자사가 신하였지만 노나라가 영토를 빼앗김이 더욱 심했으니, 이렇듯 현자가 나라에 무익함이여."

公儀子의 名은 休이니 爲魯相하니라 子柳는 泄柳也라 削은 地見侵奪也라 髡이 譏孟子雖不去라도 亦未必能有爲也라

公儀子의 이름은 휴로 노나라 재상이었다. 子柳는 설류이다. 削은 땅을 빼앗김이다. 순우곤이 맹자께서 비록 떠나시지 않더라도 또한 반드시 하지 못했을 것임을 기롱한 것이다.

■ 削 깎을 삭   滋 더욱 자

6-4. 曰 虞 不用百里奚而亡하고 秦穆公이 用之而霸하니 不用賢則亡이니 削을 何可得與리오

말씀하셨다. "우나라가 백리해를 등용하지 않아서 망하고 진나라 목공이 등용해서 패권을 잡았으니, 현인을 등용하지 않으면 망하니 땅 빼앗김을 어찌 견주겠는가?"

百里奚事는 見(현)前篇하니라
百里奚의 일은 앞 편에 보였다.

6-5. 曰 昔者에 王豹 處於淇而河西 善謳하고 綿駒 處於高唐而齊右 善歌하고 華周杞梁之妻 善哭其夫而變國俗하니 有諸(저)內면 必形諸(저)外하나니 爲其事而無其功者를 髡이 未嘗覩之也로니 是故로 無賢者也니 有則髡必識之니이다

말하였다. "옛적에 왕표가 기수에 거처함에 하서 지역이 창가(謳)를 잘하고 면구가 고당에 거처함에 제나라 서쪽지역이 노래(歌)를 잘하고 화주와 기량의 처가 남편의 상에 슬피 곡을 잘함에 나라의 풍속이 바뀌었으니, 안에 차면 반드시 밖에 나타나니 그 일을 하고 그 공효가 없는 것을 내가 일찍 보지 못하였으니, 이런 까닭에 어진 자가 없다는 것이니 있으면 내가 반드시 알았을 것입니다.

王豹는 衛人이니 善謳하니라 淇는 水名이라 綿駒는 齊人이니 善歌하니라 高唐은 齊西邑이라 華周杞梁二人은 皆齊臣이니 戰死於莒에 其妻哭之哀하니 國俗이 化之하야 皆善哭하니라 髡이 以此로 譏孟子仕齊無功하니 未足爲賢也라

王豹는 위나라 사람으로 창가를 잘하였다. 淇는 물 이름이다. 綿駒는 제나라 사람으로 노래를 잘하였다. 高唐은 제나라 서쪽 읍이다. 화주와 기량 두 사람은 다 제나라 신하로 莒에서 전사함에 그 처가 애통하게 곡하니 나라 풍속이 감화되어 모두 哭을 잘하였다. 순우곤이 이것으로 맹자가 제나라 벼슬에 공이 없으니 어질지 못하다고 기롱한 것이다.

■ 謳 노래 구   綿 이어질 면   駒 망아지 구   覩 볼 도

6-6. 曰 孔子爲魯司寇러시니 不用하고 從而祭에 燔肉이 不至어늘 不稅(탈)冕而行하시니 不知者는 以爲爲肉也라하고 其知者는 以爲爲無禮也라하니 乃孔子則欲以微罪行하사 不欲爲苟去하시니 君子之所爲를

衆人이 固不識也니라

말씀하셨다. "공자께서 노나라 사구가 되셨는데, 말을 쓰지 않고 이어 교제 지냄에 번육이 이르지 않거늘 면관을 벗지 않고 떠나시니, 모르는 자는 번육 때문이라 하고 알만한 자는 무례 때문이라 하니, 공자께서는 은미한 잘못으로 떠나 명분 없이 구차히 떠나려 하지 않으신 것이니, 군자께서 행하신 것을 중인이 진실로 알지 못한다."

按史記에 孔子 爲魯司寇하사 攝行相事하시니 齊人이 聞而懼하야 於是에 以女樂으로 遺魯君한대 季桓子 與魯君으로 往觀之하고 怠於政事어늘 子路曰 夫子 可以行矣시리이다 孔子曰 魯今且郊하니 如致膰于大夫면 則吾猶可以止라하시더니 桓子 卒受齊女樂하고 郊又不致膰肉于大夫어늘 孔子 遂行하시니 孟子 言以爲爲肉者는 固不足道요 以爲爲無禮도 則亦未爲深知孔子者라 蓋聖人이 於父母之國에 不欲顯其君相之失이요 又不欲無故而苟去故로 不以女樂去하시고 而以膰肉行하시니 其見幾明決而用意忠厚하야 固非衆人所能識也니 然則孟子之所爲를 豈髡之所能識哉리오

○尹氏曰 淳于髡이 未嘗知仁하고 亦未嘗識賢也니 宜乎其言이 若是라

살펴보면, 『史記』에 공자께서 노나라 사구가 되시어 재상의 일을 섭행하시니, 제나라 사람이 듣고 두려워하여 이에 女樂을 노나라 임금에게 보내자, 계환자가 노나라 임금과 가서 보고 정사에 태만하거늘, 자로가 '부자께서 떠나실 만합니다.' 하자, 공자께서 '노나라가 이제 교제사를 지내니 만일 대부에게 번육을 보내면 내가 오히려 그칠 수 있다.' 하시더니, 환자가 끝내 제나라의 女樂을 받고, 교제에 大夫에게 번육을 보내지 않거늘 孔子께서 드디어 떠나셨다. 맹자께서 '번육 때문이라 하는 자는 진실로 말할 것도 없고 무례

때문이라 하는 자도 역시 孔子를 깊이 안 자가 아님'을 말씀하신 것이다. 대개 聖人이 父母의 나라에서 그 임금과 재상의 실정을 들어내고 싶지 않고 또 아무런 이유 없이 구차히 떠나고 싶지 않았기 때문에 女樂으로 떠나지 않고 번육으로 떠나신 것이니, 그 기미를 보심이 분명하고 마음 쓰심이 충후하여 진실로 중인이 알 바가 아니니, 그런즉 맹자께서 하신 일을 어찌 순우곤이 알 바이겠는가?

○윤씨가 말하였다. "순우곤이 일찍이 仁을 모르고 또 賢을 몰랐으니, 그의 말이 이와 같음이 마땅하다."

■ 燔 불사를 번   稅 벗을 탈   冕 면류관 면

7-1. 孟子曰 五霸者는 三王之罪人也요 今之諸侯는 五霸之罪人也요 今之大夫는 今之諸侯之罪人也니라

맹자께서 말씀하셨다. "오패는 삼왕의 죄인이요 지금 제후는 오패의 죄인이요 지금 대부는 지금 제후의 죄인이다.

趙氏曰 五霸는 齊桓晉文秦穆宋襄楚莊也라 三王은 夏禹商湯周文武也라 丁氏曰 夏昆吾商大彭豕韋周齊桓晉文을 謂之五霸라

조씨가 말하였다. "五霸는 제환공·진문공·진목공·송양공·초장공이다. 三王은 하나라 우왕·상나라 탕왕·주나라 문왕, 무왕이다." 정씨가 말하였다. "하곤오·상대팽·시위주·제환공·진문공을 五霸라 이른다."

7-2. 天子 適諸侯 曰巡狩요 諸侯 朝於天子 曰述職이니 春省耕而補不足하며 秋省斂而助不給하나니 入其疆하니 土地辟하며 田野治하며 養老尊賢하며 俊傑이 在位則有慶이니 慶以地하고 入其疆하니 土地荒蕪하며 遺老失賢하며 掊克이 在位則有讓이니 一不朝則貶其爵하고

再不朝則削其地하고 三不朝則六師로 移之하나니 是故로 天子는 討而不伐하고 諸侯는 伐而不討하나니 五霸者는 摟諸侯하야 以伐諸侯者也라 故로 曰五霸者는 三王之罪人也니라

천자가 제후에게 감을 巡狩라 하고 제후가 천자께 조회함을 述職이라하니 봄에 경작을 살펴 부족함을 보충하며 가을에 수확을 살펴 부족함을 보태준다. 국경에 들어가니 토지가 개간되며 田野가 다스려지며 노인을 봉양하며 현자를 존중하며 준걸이 지위에 있으면 상을 주니 상은 토지로 한다. 국경에 들어가니 토지가 황폐하며 노인을 버리고 현자를 잃었으며 취렴하는 이가 지위에 있으면 벌을 주니, 한번 조회하지 않으면 그 작위를 낮추고 재차 조회하지 않으면 토지를 깎고 세 번 조회하지 않으면 六師*로 제후를 바꾸니, 이런 까닭에 천자는 성토하고 정벌하지는 않으며 제후는 정벌하고 성토하지 못하나니, 오패는 제후를 이끌어 제후를 정벌한 자이다. 그러므로 오패는 삼왕의 죄인이라 한 것이다.

慶은 賞也니 益其地以賞之也라 掊克은 聚斂也라 讓은 責也라 移之者는 誅其人而變置之也라 討者는 出命以討其罪하고 而使方伯連帥로 帥(솔)諸侯以伐之也라 伐者는 奉天子之命하야 聲其罪而伐之也라 摟는 牽也니 五霸 牽諸侯하야 以伐諸侯하고 不用天子之命也라 自入其疆으로 至則有讓은 言巡狩之事하고 自一不朝로 至六師移之는 言述職之事하니라

慶은 상이니 그 땅을 보태서 상 줌이다. 掊克은 세금을 많이 거둠이다. 讓은 벌함이다. 移之란 그 사람을 죽이고 고쳐 세움이다. 討란 명을 내려 그 죄를 성토하고 방백·연수로 제후의 군대를 거느리고 정벌하게 함이다. 伐이란 천자의 명을 받들어 그 죄를 성토하고 정벌함이다. 摟는 끌어당김이니 오패가 제후를 이끌어 제후를 정벌하고 천자의 명을 쓰지 않음이다. 入其疆에서 則有讓까지는 巡狩의 일을 말한 것이고 一不朝에서 六師移之까지는

述職의 일을 말한 것이다.

- 掊 거둘 부   克 세금많이거둘 극

* 六師 : 중국 주나라 때에, 천자가 통솔하던 여섯 개의 군(軍). 1군에 1만 2,500명씩 모두 7만 5,000명으로 이루어졌다. 六軍과 같음.

7-3. 五霸에 桓公이 爲盛하더니 葵丘之會에 諸侯 束牲載書而不歃血하고 初命曰 誅不孝하며 無易樹子하며 無以妾爲妻라하고 再命曰 尊賢育才하야 以彰有德이라하고 三命曰 敬老慈幼하며 無忘賓旅라하고 四命曰 士無世官하며 官事無攝하며 取士必得하며 無專殺大夫라하고 五命曰 無曲防하며 無遏糴하며 無有封而不告라하고 曰凡我同盟之人은 旣盟之後에 言歸于好라하니 今之諸侯 皆犯此五禁하나니 故로 曰今之諸侯는 五霸之罪人也니라

오패 중에 환공이 성대했는데, 규구의 회합에서 제후가 희생을 묶어 맹서를 위에 올려놓고 피를 마시지 않은 채 初命에 '불효하는 자를 죽이며 한번 세운 세자를 바꾸지 말며 첩을 처로 삼지 말라.'하고, 再命에 '현인을 존중하며 인재를 길러서 덕 있는 이를 표창하라.'하고, 三命에 '노인을 공경하며 어린이를 사랑하며 빈객을 잊지 말라.'하고, 四命에 '士는 관직을 세습하게 말며 관사를 겸하게 말며 士를 택함에 반드시 알맞은 인재를 얻으며 대부를 마음대로 죽이지 말라.'하고, 五命에 '제방을 이웃나라에 피해주게 쌓지 말며 구휼미를 막지 말며 봉함에 반드시 고하라.'하고, '우리 모두 함께 맹서한 사람은 맹서한 뒤에 우호해야 한다.'하니, 지금의 제후가 다 이 5가지 금제를 범하고 있으니, 그래서 지금 제후는 오패의 죄인이라는 것이다.

按春秋傳에 僖公九年葵丘之會에 陳牲而不殺하고 讀書加於牲上하야 壹明天子之禁하니라 樹는 立也니 已立世子를 不得擅易이라 初命三事는

所以脩身正家之要也라 賓은 賓客也요 旅는 行旅也니 皆當有以待之하야 不可忽忘也라 士世祿而不世官은 恐其未必賢也라 官事無攝은 當廣求賢才以充之요 不可以闕人廢事也라 取士必得은 必得其人也라 無專殺大夫는 有罪則請命于天子而後에 殺之也라 無曲防은 不得曲爲隄防하야 壅泉激水하야 以專小利로 病鄰國也라 無遏糴은 鄰國凶荒에 不得閉糴也라 無有封而不告者는 不得專封國邑하야 而不告天子也라

살펴보면, 『春秋傳』에 희공 9년 규구의 회합에 희생을 진열하되 죽이지 않고 맹서문을 희생 위에 올려놓고 천자의 금제를 밝혔다. 樹는 세움이니 이미 세운 세자를 멋대로 바꿀 수 없다. 初命 3가지 일은 수신·제가의 요체이다. 賓은 빈객이요 旅는 여행자이니, 다 마땅히 대접하여 잊지 말아야 한다. 士는 대대로 祿을 주되 대대로 官職을 주지 않음은 반드시 어질지 못할 것을 걱정한 것이다. 官事無攝은 응당 널리 賢才를 구하여 충원해야지 사람을 비우고 일을 폐해서는 안 된다. 取士必得은 반드시 알맞은 인재를 얻음이다. 無專殺大夫는 죄가 있으면 天子에게 명을 청한 뒤에 죽임이다. 無曲防은 굽게 隄防을 만들어 샘을 막고 물을 세차게 흘려 작은 이익을 독점해 이웃 나라를 병들게 하지 않음이다. 無遏糴은 이웃 나라의 흉년에 구휼미를 막지 않음이다. 無有封而不告者는 國·邑을 멋대로 봉하여 天子에게 고하지 않음이 없음이다.

- 牲 희생 생　　獻 마실 삽　　樹 세울 수　　曲 그릇될 곡
  遏 막을 알　　糴 쌀구매할 적　壅 막을 옹

7-4. 長君之惡은 其罪 小하고 逢君之惡은 其罪 大하니 今之大夫 皆逢君之惡하나니 故로 曰今之大夫는 今之諸侯之罪人也니라

임금의 악을 조장함은 그 죄가 작고 임금의 악을 유도함은 그 죄가 크니

지금의 대부가 다 임금의 악을 유도하고 있으니, 그러므로 지금의 대부는 지금 제후의 죄인이라는 것이다."

君有過에 不能諫하고 又順之者는 長君之惡也요 君之過 未萌而先意導之者는 逢君之惡也라

○林氏曰 邵子有言治春秋者 不先治五霸之功罪면 則事無統理하야 而不得聖人之心이라 春秋之間에 有功者 未有大於五霸하고 有過者 亦未有大於五霸故로 五霸者는 功之首요 罪之魁也라하니 孟子 此章之意 其亦若此也與인져 然이나 五霸는 得罪於三王하고 今之諸侯는 得罪於五霸하니 皆出於異世故로 得以逃其罪어니와 至於今之大夫하얀 宜得罪於今之諸侯하니 則同時矣而諸侯非惟莫之罪也라 乃反以爲良臣而厚禮之하고 不以爲罪而反以爲功하니 何其謬(무)哉아

임금이 허물이 있음에 간하지 못하고 따르는 자는 임금의 악을 조장함이요, 임금의 허물이 싹트지 않았을 적에 앞서 마음으로 이끌어내는 자는 임금의 악을 유도하는 것이다.

○임씨가 말하였다. "소자가 '춘추를 공부하는 자가 오패의 공과 죄를 먼저 다스리지 않으면, 일이 계통과 조리가 없어서 성인의 마음을 이해 할 수 없다. 그러므로 춘추 시대에 공을 세운 것이 오패보다 큰 것이 없고 잘못한 것이 오패보다 큰 것이 없으므로 오패는 공의 으뜸이요 죄의 우두머리이다.'하니, 『孟子』이 장의 뜻이 또한 이와 같을 것이다. 그러나 오패는 삼왕에게 죄를 짓고 지금 제후는 오패에게 죄를 졌으니, 다 다른 세대에 나왔으므로 그 죄를 도피할 수 있지만, 지금 대부는 의당 지금 제후에게 죄를 지었으니, 즉 같은 시대인데도 제후가 벌을 주지 않을 뿐만 아니라 도리어 良臣으로 여겨 예우하고 죄로 여기지 않고 도리어 공으로 여기니, 어찌 그리도 잘못하는가?"

8-1. 魯 欲使愼子로 爲將軍이러니

노나라가 신자를 장군으로 삼고자 하였는데,

> 愼子는 魯臣이라
>
> 신자는 노나라 신하이다.

8-2. 孟子曰 不敎民而用之를 謂之殃民이니 殃民者는 不容於堯舜之世니라

孟子께서 말씀하셨다. "백성을 가르치지 않고 싸우게 함을 백성을 해친다 하니, 백성을 해치는 자는 요순의 세상에서는 용납되지 못한다.

> 敎民者는 敎之禮義하야 使知入事父兄하며 出事長上也라 用之는 使之戰也라
>
> 敎民은 예의로 가르쳐서 들어가서는 부모를 섬기며 나가서는 어른을 섬길 줄 알게 하는 것이다. 用之는 전쟁에 싸우게 함이다.

8-3. 一戰勝齊하야 遂有南陽이라도 然且不可하니라

한번 전쟁하여 제나라를 이겨 드디어 남양을 소유하더라도 또한 옳지 못하다.

> 是時에 魯蓋欲使愼子로 伐齊取南陽也라 故로 孟子 言就使愼子로 善戰하야 有功如此라도 且猶不可라
>
> 이때에 노나라가 신자로 하여금 제나라를 정벌하여 남양을 취하고자 하였다. 그러므로 孟子께서 설사 신자가 잘 싸워 공이 이와 같을지라도 또한 옳지 못하다고 말씀하신 것이다.

8-4. 愼子 勃然不悅曰 此則滑釐의 所不識也로소이다

신자가 발끈하여 기뻐하지 않으면서 말하였다. "이는 제가 알지 못할 바입니다."

> 滑釐는 愼子의 名이라
> 활리는 신자의 이름이다.

■ 勃 발끈할 발　　滑 미끄러울 활　　釐 다스릴 리

8-5. 曰 吾 明告子호리라 天子之地 方千里니 不千里면 不足以待諸侯요 諸侯之地 方百里니 不百里면 不足以守宗廟之典籍이니라

말씀하셨다. "내 분명하게 그대에게 알려주겠다. 천자의 땅이 사방 천리이니 천리가 아니면 제후를 접대할 수 없고 제후의 땅이 사방 백리이니 백리가 아니면 종묘의 전적을 지킬 수 없다.

> 待諸侯는 謂待其朝覲聘問之禮라 宗廟典籍은 祭祀會同之常制也라
> 待諸侯는 조근·빙문에 접대하는 예를 이른다. 宗廟典籍은 제사·회동의 일정한 제도이다.

* 朝覲: 신하가 입조하여 임금을 알현하는 일
* 聘問: 자기 나라를 대표하여 예를 갖춰 방문하는 일.

8-6. 周公之封於魯에 爲方百里也니 地非不足이로대 而儉於百里하며 太公之封於齊也에 亦爲方百里也니 地非不足也이로대 而儉於百里하니라

주공을 노나라에 봉할 적에 사방 백리였으니 땅이 부족한 것이 아니었지만 백리에 한정하였으며, 태공을 제나라에 봉할 적에 역시 사방 백리였으니 땅이

부족한 것이 아니었지만 백리에 한정하였다.

　　二公이 有大勳勞於天下호대 而其封國이 不過百里하니라 儉은 止而不過之意也라

　　두 공이 천하에 큰 공로가 있었으되 봉한 나라가 백리를 넘지 않았다. 儉은 한정하여 넘지 않는다는 의미이다.

8-7. 今魯 方百里者 五니 子 以爲有王者 作則魯 在所損乎아 在所益乎아

지금 노나라가 사방 백리인 것이 다섯이니, 그대 생각에는 왕 할 자가 일어나면 노나라 땅이 덜어지겠는가? 더해지겠는가?

　　魯地之大는 皆幷呑小國而得之니 有王者 作則必在所損矣리라

　　노나라 땅이 큰 것은 다 소국을 병탄하여 얻은 것이니 왕 할 자가 일어나면 반드시 덜어질 것이다.

8-8. 徒取諸(저)彼하야 以與此라도 然且仁者 不爲은 況於殺人以求之乎아

거저 저기서 가져다 여기에 줄지라도 인자가 하지 않을 것인데, 하물며 사람을 죽여서 구함이겠는가?

　　徒는 空也니 言不殺人而取之也라

　　徒는 공짜이니 사람을 죽이지 않고 취함을 말한 것이다.

8-9. 君子之事君也는 務引其君以當道하야 志於仁而已니라

君子가 임금을 섬김은 힘써 그 임금을 인도해서 도리에 합당하여 인에 뜻을

두텁게 할 뿐이다."

　　當道는 謂事合於理요 志仁은 謂心在於仁이라
　　當道는 일이 이치에 부합함을 이른다. 志仁은 마음이 인에 있음을 이른다.

9-1. 孟子曰 今之事君者曰 我能爲君하야 辟土地하며 充府庫라하나니 今之所謂良臣이요 古之所謂民賊也라 君不鄕道하야 不志於仁이어든 而求富之하니 是는 富桀也니라

孟子께서 말씀하셨다. "이제 임금을 섬기는 자가 '내가 임금을 위하여 토지를 개간하며 창고를 채운다.' 하니, 지금의 이른바 良臣이요 옛날의 이른바 民賊이다. 임금이 도를 향하지 않아 인에 뜻을 두지 않거늘 부유할 것을 요구하니 이는 걸을 부유하게 함이다.

　　辟은 開墾也라
　　辟은 개간이다.

■ 鄕 향할 향

9-2. 我能爲君하야 約與國하야 戰必克이라하나니 今之所謂良臣이요 古之所謂民賊也라 君不鄕道하야 不志於仁이어든 而求爲之强戰하니 是는 輔桀也니라

내 임금을 위하여 우호국(與國)과 맹약하여 전쟁하면 반드시 이긴다고 하니 지금의 이른바 良臣이요 옛날의 이른바 民賊이다. 임금이 도를 향하지 않아 인에 뜻을 두지 않거늘 그를 위하여 힘써 전쟁할 것을 요구하니 이는 걸을 보필함이다.

　　約은 要結也라 與國은 和好相與之國也라

約은 맹서함이다. 與國은 우호조약을 체결한 나라이다.

9-3. 由今之道하야 無變今之俗이면 雖與之天下라도 不能一朝居也니라

지금의 도를 따라서 지금의 풍속을 바꾸지 않으면 비록 天下를 주더라도 능히 하루아침도 살지 못할 것이다."

言必爭奪而至於危亡也라
반드시 쟁탈하여 멸망의 위기에 이름을 말한 것이다.

10-1. 白圭曰 吾欲二十而取一하노니 何如하니잇고

白圭가 말하였다. "내가 20분의 1을 취하려고 하는데 어떻습니까?"

白圭의 名은 丹이니 周人也라 欲更(경)稅法하야 二十分而取其一分하니라 林氏曰 按史記에 白圭 能薄飮食忍嗜欲하야 與童僕으로 同苦樂(락)하고 樂(락)觀時變하야 人棄我取하고 人取我與하야 以此로 居積致富하니 其爲此論은 蓋欲以其術로 施之國家也라

백규의 이름은 단으로 주나라 사람이다. 세법을 고쳐 20분의 1을 취하려 하였다. 임씨가 말하였다. "살펴보면, 『史記』에 백규가 음식을 박하게 하며 기욕을 참아 동복과 고락을 함께하고 시대 변화를 기꺼이 관찰하여 남이 버리면 취하고 남이 취하면 주는 방식으로 축적하고 치부하였으니, 그의 이 의논은 대개 그런 방법을 국가에 시행하려 한 것이다."

10-2. 孟子曰 子之道는 貉(맥)道也로다

맹자께서 말씀하셨다. "그대의 방도는 맥의 방도로다.

貉(맥)은 北方夷狄之國名也라

맥은 북방 오랑캐의 나라이름이다.

- 貊 북방종족 맥

10-3. 萬室之國에 一人이 陶則可乎아 曰 不可하니 器不足用也니이다

만실의 나라에 한 사람이 질그릇을 만들면 능하겠는가?" 대답하였다. "불가하니 그릇이 부족합니다."

孟子 設喩以詰圭하시고 而圭亦知其不可也라

맹자께서 비유하여 백규를 힐책하시고 백규 역시 불가함을 안 것이다.

- 陶 질그릇구울 도   詰 꾸짖을 힐

10-4. 曰 夫貉(맥)은 五穀이 不生하고 惟黍 生之하나니 無城郭宮室宗廟祭祀之禮하며 無諸侯幣帛饔飧하며 無百官有司라 故로 二十에 取一而足也니라

말씀하셨다. "맥은 오곡이 자라지 못하고 오직 기장만 자라나니 성곽·궁실·종묘·제사의 예가 없으며 제후의 폐백과 연회(饔飧)가 없으며 백관·유사가 없는지라, 그러므로 20분의 1을 취해도 충분하다.

北方은 地寒不生五穀하고 黍早熟故로 生之라 饔飧은 以飮食饋客之禮也라

北方은 땅이 차서 오곡을 생산할 수 없고 기장은 일찍 익으므로 생산한다. 饔飧은 음식으로 손님에게 먹이는 예이다.

- 黍 기장 서   饔 아침밥 옹   飧 저녁밥 손

10-5. 今에 居中國하야 去人倫하며 無君子면 如之何其可也리오

이제 중국에 살면서 인륜을 버리며 군자가 없으면 어찌 그것이 可하겠는가?

　　無君臣祭祀交際之禮면 是는 去人倫이요 無百官有司면 是는 無君子라

　　군신·제사·교제의 예가 없으면 이는 인륜을 버리는 것이요, 백관·유사가 없으면 이는 군자가 없는 것이다.

10-6. 陶以寡라도 且不可以爲國이온 況無君子乎아

질그릇 만드는 이가 적어도 나라를 다스리지 못할 것인데, 하물며 君子가 없음에랴!

　　因其辭以折之하시니라
　　그 말로 인하여 꺾으셨다.

10-7. 欲輕之於堯舜之道者는 大貉에 小貉也요 欲重之於堯舜之道者는 大桀에 小桀也니라

요순의 세법(道)보다 가볍게 하려는 자는 대맥에 소맥쯤 될 것이요, 요순의 세법(道)보다 무겁게 하려는 자는 대걸에 소걸 쯤 될 것이다."

　　什一而稅는 堯舜之道也라 多則桀이요 寡則貉이니 今欲輕重之면 則是小貉小桀而已라

　　10분의 1로 과세함은 요순의 법이다. 많으면 걸이요 적으면 맥이니, 지금 이보다 가볍거나 무겁게 하면 이는 소맥·소걸 쯤 될 뿐이다.

11-1. 白圭曰 丹之治水也 愈於禹호이다

백규가 말하였다. "단의 치수가 우임금보다 나은 것 같습니다."

趙氏曰 當時諸侯 有小水어늘 白圭 爲之築堤하야 壅而注之他國하니라

조씨가 말하였다. "당시 제후가 작은 홍수가 있거늘, 白圭가 제방을 쌓아 막고 타국으로 흘려보냈다."

11-2. 孟子曰 子 過矣로다 禹之治水는 水之道也니라

孟子께서 말씀하셨다. "그대가 잘못이로다. 우임금의 치수는 물의 이치를 따른 것이다.

順水之性也라
물의 본성을 따른 것이다.

11-3. 是故로 禹는 以四海爲壑이어시늘 今에 吾子는 以鄰國爲壑이로다

이런 까닭에 우임금은 사해를 구렁으로 삼으셨거늘, 지금 우리 그대는 이웃나라를 구렁으로 삼았도다.

壑은 受水處也라
壑은 물 받는 곳이다.

■ 壑 구렁 학

11-4. 水逆行을 謂之洚(강)水니 洚水者는 洪水也라 仁人之所惡(오)也니 吾子 過矣로다

물이 역행함을 강수라 하니 강수는 홍수이다. 어진이가 싫어하는 바이니,

우리 그대가 지나치도다."

水逆行者는 下流壅塞故로 水逆流하니 今乃壅水以害人이면 則與洪水之災로 無異矣라

水逆行이란 하류가 막히므로 물이 역류하는 것이니, 지금 물을 막아 사람을 해치면 홍수의 재해와 다름이 없다.

12-1. 孟子曰 君子 不亮이면 惡(오)乎執이리오

孟子께서 말씀하셨다. "君子가 신실하지 않으면 무엇을 잡아 지키겠는가?"

亮은 信也니 與諒으로 同하니라 惡(오)乎執은 言凡事苟且하야 無所執持也라

亮은 신실함이니 諒과 같다. 惡乎執은 모든 일이 구차하여 잡아 지킬 것이 없음을 말한 것이다.

■ 亮 미쁠 량　　惡 어찌 오　　諒 믿을 량

13-1. 魯 欲使樂正子로 爲政이러니 孟子曰 吾 聞之하고 喜而不寐호라

노나라가 악정자로 하여금 정사를 보게 하려 했는데, 孟子께서 말씀하셨다. "내가 듣고 기뻐서 잠 못 이루었노라."

喜其道之得行이라

그 도를 행할 수 있음을 기뻐하신 것이다.

13-2. 公孫丑(추)曰 樂正子는 强乎잇가 曰 否라 有知慮乎잇가 曰 否라 多聞識乎잇가 曰 否라

공손추가 여쭈었다. "악정자는 강합니까?" 말씀하셨다. "아니다." 여쭈었다.

"지혜와 사려가 있습니까?" 말씀하셨다. "아니다." 여쭈었다. "문견과 식견이 많습니까?" 말씀하셨다. "아니다."

> 此三者는 皆當世之所尙이요 而樂正子之所短이라 故로 丑(추) 疑而歷問之라

이 세 가지는 다 당세에 숭상하던 것이요, 악정자가 부족한 것이다. 그러므로 공손추가 의심하여 낱낱이 질문하였다.

13-3. 然則 奚爲喜而不寐시니잇고

"그러면 어찌 기뻐서 잠 못 이루셨습니까?"

> 丑(추) 問也라

공손추가 여쭌 것이다.

13-4. 曰 其爲人也 好善이니라 好善이 足乎잇가

말씀하셨다. "그 사람됨이 선을 좋아한다." 여쭈었다. "선을 좋아함이 족합니까?"

> 丑(추) 問也라

공손추가 여쭌 것이다.

13-5. 曰 好善이 優於天下은 而況魯國乎따녀

말씀하셨다. "선을 좋아하면 천하에도 넉넉하거늘 하물며 노나라쯤이랴!

> 優는 有餘裕也니 言雖治天下라도 尙有餘力也라

우는 여유 있음이니 비록 천하를 다스리더라도 오히려 여력이 있음을

말한 것이다.

13-6. 夫苟好善則四海之內 皆將輕千里而來하야 告之以善하고

진실로 선을 좋아하면 사해 안이 다 천리를 가볍게 여기고 찾아와 선으로써 고하고,

> 輕은 易(이)也니 言不以千里爲難也라
>
> 輕은 가벼움이니, 천리를 어렵게 여기지 않음을 말한 것이다.

13-7. 夫苟不好善則人將曰 訑訑를 予旣已知之矣로라하리니 訑訑之聲音顔色이 距人於千里之外하나니 士 止於千里之外則讒諂面諛之人이 至矣리니 與讒諂面諛之人으로 居면 國欲治인들 可得乎아

진실로 善을 좋아하지 않으면 사람이 '잘 난체 함을 내가 이미 안다.' 할 것이니, 잘난체하는 음성과 안색이 사람을 천리 밖에서 막으니, 士가 천리 밖에서 그치면 참소하고 아첨하며 면전에서 알랑거리는 사람이 이를 것이다. 참소하고 아첨하며 면전에서 알랑거리는 사람과 있으면 나라를 다스리고자 한들 할 수 있겠는가?"

> 訑訑는 自足其智하야 不嗜善言之貌라 君子小人이 迭爲消長하니 直諒多聞之士 遠則讒諂面諛之人이 至는 理勢然也라
>
> ○ 此章은 言爲政이 不在於用一己之長이요 而貴於有以來天下之善이라
>
> 訑訑는 그의 지혜를 스스로 만족하여 착한 말을 좋아하지 않는 모양이다. 君子와 小人이 번갈아 사라지고 자라나니, 정직하고 신실하고 견문이 많은 선비가 멀어지면 참소하고 아첨하며 면전에서 알랑거리는 사람이 오는 것은 자연의 이치가 그러한 것이다.

○이 장은 정사를 함이 한 몸의 장점을 씀에 있지 않고 천하의 선을 오게 함이 귀함을 말한 것이다.

■ 訑 으쓱거릴 이   迭 번갈아 질   消 사라질 소

14-1. 陳子曰 古之君子 何如則仕니잇고 孟子曰 所就 三이요 所去 三이니라

진자가 말하였다. "옛 군자가 어떠하면 벼슬하였습니까?" 맹자께서 말씀하셨다. "나아가는 경우가 세 가지요 떠나가는 경우가 세 가지이다.

其目이 在下하니라
그 조목이 아래에 있다.

14-2. 迎之致敬以有禮하며 言將行其言也則就之하고 禮貌未衰나 言弗行也則去之니라

영접함에 공경을 다하여 예가 있으며 그의 말을 행하겠다고 말하면 나아가고, 예모는 쇠하지 않았으나 말이 행해지지 못하면 떠나간다.

所謂見行可之仕니 若孔子於季桓子에 是也니 受女樂而不朝則去之矣라
이른바 행할 만함을 보신 벼슬이니, 예컨대 공자께서 계환자에게 이런 경우였으니, 女樂을 받아들이고 조회하지 않은즉 떠나는 것이다.

14-3. 其次는 雖未行其言也나 迎之致敬以有禮則就之하고 禮貌衰則去之니라

그 다음은 비록 그 말을 행하지는 않으나 영접함에 공경을 다하여 예가 있으면

나아가고 예모가 쇠하면 떠나간다.

所謂際可之仕니 若孔子於衛靈公에 是也라 故로 與公遊於囿라가 公이 仰視蜚雁而後에 去之하시니라

이른바 교제할 만한 벼슬이니, 예컨대 공자께서 위나라 영공에게 이런 경우이다. 그러므로 영공과 동산에 노닐다가 영공이 날아가는 기러기를 쳐다본 후에 떠나가셨다.

■ 囿 동산 유   蜚 날 비

14-4. 其下는 朝不食하며 夕不食하야 飢餓不能出門戶어든 君이 聞之曰 吾 大者론 不能行其道하고 又不能從其言也하야 使飢餓於我土地를 吾恥之라하고 周之인댄 亦可受也어니와 免死而已矣니라

그 아래는 아침에 먹지 못하며 저녁에 먹지 못하여 굶주려서 문밖에 나가지 못할 경우, 임금이 듣고 '내가 크게는 능히 그의 도를 행하지 못하고 또 능히 그의 말을 따르지 못하여 내 땅에서 굶주리게 함을 내 부끄러워한다.'하고 구휼하면 또한 받을 수 있지만 죽음을 면할 뿐이다."

所謂公養之仕也라 君之於民에 固有周之之義어든 況此又有悔過之言하니 所以可受라 然이나 未至於飢餓不能出門戶면 則猶不受也라 其曰 免死而已則其所受 亦有節矣라

이른바 나라에서 공양하는 벼슬이다. 임금이 백성에게 진실로 구휼해주는 의가 있거늘, 하물며 또 허물을 뉘우치는 말이 있으니 받을 수가 있다. 그러나 굶주려 능히 문밖출입을 못할 지경에 이르지 않으면 그래도 받지 않는다. 죽음을 면할 뿐이라 한즉 받는 것이 또한 절도가 있다.

15-1. 孟子曰 舜은 發於畎畝之中하시고 傅說(열)은 擧於版築之間하고

膠鬲은 擧於魚鹽之中하고 管夷吾는 擧於士하고 孫叔敖는 擧於海하고 百里奚는 擧於市하니라

맹자께서 말씀하셨다. "순임금은 농토에서 발신하시고 부열은 담쌓는 공사장에서 천거하고 膠鬲은 어시장에서 천거하고 管夷吾는 감옥에서 천거하고 孫叔敖는 바닷가에서 천거하고 百里奚는 시장에서 천거하였다.

舜은 耕歷山이라가 三十에 登庸하니라 說(열)은 築傅巖이러니 武丁이 擧之하니라 膠鬲은 遭亂하야 鬻(육)販魚鹽이러니 文王이 擧之하시니라 管仲은 囚於士官이러니 桓公이 擧以相國하고 孫叔敖는 隱處海濱이러니 楚莊王이 擧之爲令尹하니라 百里奚는 事見(현)前篇하니라

순임금은 역산에서 농사짓다가 30에 등용하였다. 부열은 부암에서 담을 쌓았는데 무정이 천거하였다. 교격은 난리를 만나 생선·소금을 팔았는데 문왕이 천거하였다. 관중은 감옥에 갇혔는데 환공이 재상으로 천거하고 손숙오는 바닷가에 은거하였는데 초장왕이 천거하여 영윤으로 삼았다. 백리해는 일이 앞 편에 보였다.

- 膠 아교 교　　鬲 막을 격　　鬻 팔 육　　販 팔 판
  濱 물가 빈

15-2. 故로 天將降大任於是人也신댄 必先苦其心志하며 勞其筋骨하며 餓其體膚하며 空乏其身하야 行拂亂其所爲하나니 所以動心忍性하야 曾益其所不能이니라

그러므로 하늘이 장차 대임을 이 사람에게 내리실진대, 반드시 먼저 그의 심지를 괴롭게 하며 그의 근골을 수고롭게 하며 그의 신체를 굶주리게 하며 그의 몸을 궁핍하게 하여 행함에 하는 일을 어긋나서 어지럽게 하나니, 마음을 동요하고 참을성을 길러 능하지 못한 바를 할 수 있게 하려는 것이다.

降大任은 使之任大事也니 若舜以下 是也라 空은 窮也요 乏은 絶也요 拂은 戾也니 言使之所爲 不遂하야 多背(패)戾也라 動心忍性은 謂竦動其心하고 堅忍其性也라 然이나 所謂性은 亦指氣禀食色而言耳라

程子曰 若要熟也인댄 順從這裏過니라

降大任은 그에게 대사를 맡김이니, 예컨대 순임금 이하가 이것이다. 空은 궁함이요 乏은 떨어짐이요 拂은 어긋남이니, 그가 하는 일을 이루지 못하게 하여 어그러짐이 많음을 말한 것이다. 動心忍性은 그의 마음을 흔들고 그의 성품을 참을성 있게 함을 이른다. 그러나 이른바 性은 역시 氣質之性과 食·色을 가리켜 말한 것뿐이다.

정자가 말하였다. "만약 순숙하려 할진댄 이러한 과정을 통과해야 한다."

■ 餓 주릴 아   乏 떨어질 핍   拂 어그러질 불   背 어그러질 패
  竦 놀랄 송

15-3. 人恒過然後에 能改하나니 困於心하며 衡(횡)於慮而後에 作하며 徵於色하며 發於聲而後에 喩니라

사람은 항상 잘못한 뒤에야 능히 고치나니 마음에 고달프며 생각에 어긋난 뒤에야 분기하며 남의 안색에서 증험하며 남의 음성으로 나타난 뒤에야 깨닫는다.

恒은 常也니 猶言大率也라 衡(횡)은 不順也라 作은 奮起也라 徵은 驗也라 喩는 曉也라 此는 又言中人之性이 常必有過然後에 能改니 蓋不能謹於平日故로 必事勢窮蹙하야 以至困於心하고 橫於慮然後에 能奮發而興起요 不能燭於幾微故로 必事理暴(포)著하야 以至驗於人之色하고 發於人之聲然後에 能警悟而通曉也라

恒은 항상적이니 대체란 말과 같다. 橫은 어긋남이다. 作은 분기함이다.

徵은 증험이다. 喩는 깨달음이다. 이는 또 보통 사람의 성품이 항상 반드시 잘못이 있은 뒤에야 능히 고치니, 대개 평소에 삼가지 못하므로 반드시 사세가 궁하고 뒤틀려 마음에 고달프며 생각에 어긋난 뒤에야, 능히 분발하여 흥기하는 것이요, 기미에 밝지 못하므로 반드시 사리가 환히 드러나 남의 안색에서 증험하고 남의 음성으로 나타난 뒤에야 능히 깨달아서 환히 깨우침을 말한 것이다.

■ 衡 어긋날 횡   徵 증험할 징   蹙 오그라들 축   暴 드러날 포

15-4. 入則無法家拂(필)士하고 出則無敵國外患者는 國恒亡이니라

들어가면 법가와 필사가 없고 밖에 나가면 적국과 외환이 없는 자는 나라가 항상 망한다.

此는 言國亦然也라 法家는 法度之世臣也요 拂士는 輔弼之賢士也라

이는 나라 또한 그러함을 말한 것이다. 法家는 대대로 법도를 지키는 신하요, 拂士는 보필하는 현사이다.

15-5. 然後에 知生於憂患而死於安樂(락)也니라

그런 뒤에야 우환에 살고 안락에 죽음을 알 것이다."

以上文觀之하면 則知人之生全은 出於憂患하고 而死亡은 由於安樂(락)矣라

○尹氏曰 言困窮拂鬱이 能堅人之志하고 而熟人之仁이니 以安樂(락)失之者 多矣니라

윗글로 관찰하면 사람의 온전한 삶은 우환에서 나오고 사망은 안락에서 유래함을 알 것이다.

○尹氏가 말하였다. "곤궁함과 어긋남이 사람의 의지를 굳게 하고 사람의 인을 순숙하게 한다는 말이니, 안락으로 잃는 자가 많다."

16-1. 孟子曰 敎 亦多術矣니 予 不屑之敎誨也者는 是亦敎誨之而 已矣니라

孟子께서 말씀하셨다. "가르침 역시 방법이 많으니, 내가 조촐하지 못하다 여겨 가르치지 아니함은 이 역시 가르침일 뿐이다."

多術은 言非一端이라 屑은 潔也니 不以其人爲潔而拒絶之니 所謂 不屑之敎誨也라 其人이 若能感此하여 退自脩省이면 則是亦我敎誨之 也라

○尹氏曰 言或抑或揚과 或與或不與 各因其材而篤之니 無非敎 也니라

多術은 일단이 아님을 말한 것이다. 屑은 조촐함이니 그 사람을 조촐히 여기지 않고 거절함이니, 이른바 조촐히 여기지 않는 가르침이다. 그 사람이 만약 이를 살 감발하여 물러나 스스로 수양하고 반성하면 이 또한 내가 가르친 것이다.

○尹氏가 말하였다. "혹 억제하고 혹 고양함과 혹 허여하고 혹 불허함이 각기 그 재능에 따라 돈독하게 하니 가르침이 아님이 없다는 말이다."

盡心章句上

凡四十六章이라
모두 46장이다.

1-1. 孟子曰 盡其心者는 知其性也니 知其性則知天矣니라

맹자께서 말씀하셨다. "그 마음을 다하는 자는 그 본성을 알기 때문이니 그 본성을 알면 하늘을 안다.

心者는 人之神明이니 所以具衆理而應萬事者也라 性은 則心之所具之理요 而天又理之所從以出者也라 人有是心이 莫非全體나 然不窮理면 則有所蔽하야 而無以盡乎此心之量이라 故로 能極其心之全體하야 而無不盡者는 必其能窮夫理而無不知者也니 旣知其理면 則其所從出이 亦不外是矣라 以大學之序로 言之하면 知性은 則物格之謂요 盡心은 則知至之謂也라

心이란 사람의 신명으로서, 모든 이치를 갖추어 모든 일에 대응하는 것이다. 性은 곧 마음에 갖춘 이치요, 天 또한 이치가 나오는 근원이다. 사람이 지닌 이 마음이 전체 아님이 없으나, 이치를 궁구하지 않으면 가려진 곳이 있어서 이 마음의 전체 분량을 다할 수 없다. 그러므로 그 마음의 전체를 극도로 하여 다하지 못함이 없는 자는 반드시 이치를 궁구하여 모르는 것이 없는 자이니, 이미 그 이치를 알면 이치가 나온 곳이 이에서 벗어나지 않을 것이다.

『大學』의 차서로 말하면, 知性은 物格을 말하고 盡心은 知至를 말한다.

1-2. 存其心하야 養其性은 所以事天也요

그 마음을 보존하여 그 본성을 함양함은 하늘을 섬기는 것이요,

存은 謂操而不舍요 養은 謂順而不害라 事는 則奉承而不違也라
存은 잡아서 놓지 않음을 이르고 養은 순응하여 해치지 않음을 이른다. 事는 받들어 어기지 않음이다.

1-3. 殀壽에 不貳하야 修身以俟之는 所以立命也니라

殀와 壽의 운명에 의혹하지 않고 수신하여 기다림은 천명을 확립하는 것이다."

殀壽는 命之短長也라 貳는 疑也라 不貳者는 知天之至요 修身以俟死는 則事天以終身也라 立命은 謂全其天之所付하야 不以人爲害之라
○程子曰 心也性也天也 一理也니 自理而言하면 謂之天이요 自稟受而言하면 謂之性이요 自存諸(저)人而言하면 謂之心이라 張子曰 由太虛하야 有天之名하고 由氣化하야 有道之名하고 合虛與氣하야 有性之名하고 合性與知覺하야 有心之名이라
愚는 謂盡心知性而知天은 所以造其理也요 存心養性以事天은 所以履其事也니 不知其理면 固不能履其事나 然이나 徒造其理而不履其事면 則亦無以有諸(저)己矣라 知天而不以殀壽로 貳其心은 智之盡也요 事天而能修身以俟死는 仁之至也니 智有不盡이면 固不知所以爲仁이나 然이나 智而不仁이면 則亦將流蕩不法하야 而不足以爲智矣라
殀壽는 운명의 길고 짧음이다. 貳는 의혹함이다. 不貳란 天의 지극함을 아는 것이요, 修身以俟死는 하늘을 섬겨 일생을 마침이다. 立命은 하늘이

부여해준 것을 온전히 하여 인위적으로 해치지 않음을 이른다.
　○정자가 말하였다. "心·性·天이 一理이니, 리로 말하면 天이라 하고 품부받은 것으로 말하면 性이라 하고 사람에게 보존된 것으로 말하면 心이라 한다." 장자가 말하였다. "太虛로 말미암아 天이란 이름이 생기고 氣化로 말미암아 道라는 이름이 생기고 虛와 氣를 합쳐 性이란 이름이 생기고 性과 知覺을 합쳐 心이란 이름이 생겼다."
　나는 생각건대, 盡心知性而知天(1절)은 그 이치에 도달하는 것이요, 存心養性以事天(2절)은 그 일을 이행하는 것이니, 그 이치를 모르면 진실로 그 일을 이행할 수 없다. 그러나 한갓 그 이치에만 도달하고 그 일을 이행하지 않으면 또한 자신의 몸에 지닐 수 없다. 知天하여 殀壽로써 마음에 의혹하지 않음은 지혜의 지극함이요 事天하고 수신하여 죽음을 기다림은 仁의 지극함이니, 지혜가 지극하지 못하면 진실로 仁을 행할 방법을 모를 것이다. 그러나 지혜롭되 仁하지 못하면 또한 방탕한 데로 빠져 지혜가 될 수 없다.

2-1. 孟子曰 莫非命也나 順受其正이니라

맹자께서 말씀하셨다. "命이 아닌 것이 없으나 그 正命을 순순히 받아야 한다.

　　人物之生이 吉凶禍福은 皆天所命이나 然이나 惟莫之致而至者 乃爲正命故로 君子 脩身以俟之는 所以順受乎此也니라
　　인간의 삶이 길흉화복은 다 하늘이 명한 것이다. 그러나 이루려 하지 않아도 이르는 것이 곧 正命이므로 군자가 수신하여 기다림은 이를 순순히 받아들이기 때문이다.

2-2. 是故로 知命者는 不立乎巖墻之下하나니라

이런 까닭으로 命을 아는 자는 위태한 담장 아래에 서지 않는다.

命은 謂正命이라 巖墻은 墻之將覆者니 知正命則不處危地하야 以取覆壓之禍라

命은 正命을 말한다. 巖墻은 넘어질듯 한 담장이니 正命을 알면 위태한 곳에 처하여 깔리는 재앙을 당하지 않는다.

- 巖 바위 암　　墻 담 장　　覆 넘어질 복　　壓 누를 압

2-3. 盡其道而死者는 正命也요

그 도를 다하여 죽는 것은 正命이요,

盡其道則所値之吉凶은 皆莫之致而至者矣라

그 도를 다한즉 만난 길흉은 다 이루려 하지 않아도 이른 것이다.

- 値 만날 치

2-4. 桎梏死者는 非正命也니라

형틀에서 죽는 것은 正命이 아니다."

桎梏은 所以拘罪人者라 言犯罪而死 與立巖墻之下者로 同하니 皆人所取요 非天所爲也라

○此章與上章은 蓋一時之言이니 所以發其末句未盡之意하니라

桎梏은 죄인을 묶는 것이다. 죄를 짓고 죽는 것이 위태한 담장 아래 서는 것과 같으니 다 사람이 취한 것이지 하늘이 한 것이 아님을 말한 것이다.

○이 장과 윗글은 아마도 한 때의 말씀인 듯하니, 末句의 미진한 뜻을 발명한 것이다.

- 桎 차꼬 질　　梏 쇠고랑 곡

3-1. 孟子曰 求則得之하고 舍則失之하나니 是求는 有益於得也니 求在我者也일새니라

맹자께서 말씀하셨다. "구하면 얻고 놓으면 잃으니, 이런 구함은 얻음에 유익하니 나에게 있는 것을 구하기 때문이다.

在我者는 謂仁義禮智 凡性之所有者라

在我者는 仁·義·禮·智로 무릇 본성에 지닌 것을 말한다.

3-2. 求之有道하고 得之有命하니 是求는 無益於得也니 求在外者也일새니라

구함에 도가 있고 얻음에 명이 있으니, 이런 구함은 얻음에 무익하니 밖에 있는 것을 구하기 때문이다."

有道는 言不可妄求요 有命은 則不可必得이라 在外者는 謂富貴利達凡外物이 皆是라
○趙氏曰 言爲仁이 由己요 富貴在天하니 如不可求인댄 從吾所好라

有道는 마음대로 구할 수 없음을 말한 것이요 有命은 얻음을 기필할 수 없는 것이다. 在外者는 富·貴·利·達 등 모든 외물이 다 이것이다.
○조씨가 말하였다. "仁을 함이 자기로 말미암고 부귀가 하늘에 달렸으니, 만일 구하지 못할진댄 내가 좋아하는 것을 따르겠다는 말이다."

■ 妄 멋대로 망

4-1. 孟子曰 萬物이 皆備於我矣니

맹자께서 말씀하셨다. "만물이 다 나에게 갖추어졌으니,

此는 言理之本然也라 大則君臣父子요 小則事物細微의 其當然之

理 無一不具於性分之內也라

이것은 이치의 본연을 말한 것이다. 크게는 군신과 부자요 작게는 자잘한 事와 物까지 그 당연한 이치가 본성의 분한 안에 하나도 갖추어지지 않은 것이 없다.

4-2. 反身而誠이면 樂(락)莫大焉이요

몸에 돌이켜 진실하면 즐거움이 이보다 클 수 없고

誠은 實也라 言反諸(저)身而所備之理를 皆如惡(오)惡臭好好色之實이니 然則其行之不待勉强而無不利矣리니 其爲樂(락)이 孰大於是리오

誠은 진실함이다. '몸에 돌이켜 구비한 이치를 다 악취를 싫어하고 예쁜 얼굴을 좋아하는 진실함과 같으니, 그러면 그 행실은 힘쓰지 않아도 순응하지 않음이 없을 것이니, 그 즐거움이 무엇이 이보다 크겠느냐.'고 말한 것이다.

■ 莫 없을 막　　　孰 무엇 숙

4-3. 强恕而行이면 求仁이 莫近焉이니라

恕를 힘써 행하면 仁을 구함이 이보다 가까운 것이 없다."

强은 勉强也요 恕는 推己以及人也라 反身而誠則仁矣니 其有未誠則是猶有私意之隔而理未純也라 故로 當凡事勉强推己及人이면 庶幾心公理得而仁不遠也라

○此章은 言萬物之理 具於吾身하니 體之而實이면 則道在我而樂(락)有餘요 行之以恕면 則私不容而仁可得이라

强은 힘씀이요 恕는 자기를 미루어 남에게 미침이다. 자신에 돌이켜 진실하면 仁함이니 진실하지 못한 점이 있으면 이는 오히려 사사로운 뜻에 막혀

이치가 순수하지 못하다. 그러므로 모든 일에 恕를 힘써 행하면 거의 마음이 공평하고 이치가 합당하여 인이 멀지 않을 것이다.

○ 이 장은 '만물의 이치가 내 몸에 갖추어졌으니, 體念하여 진실하면 道가 나에게 있어 즐거움이 넘치고 恕로써 행하면 사사를 용납하지 않아 仁할 수 있다.'는 말이다.

■ 强 힘쓸 강   隔 막힐 격   庶 거의 서   幾 거의 기

5. 孟子曰 行之而不著焉하며 習矣而不察焉이라 終身由之而不知其道者 衆也니라

맹자께서 말씀하셨다. "행하되 앎이 밝지 못하며 익숙하되 앎이 정밀하지 못한지라, 평생토록 말미암아도 그 도를 모르는 자가 많다."

著者는 知之明이요 察者는 識之精이라 言方行之而不能明其所當然하며 旣習矣而猶不識其所以然이라 所以終身由之而不知其道者 多也니라

著는 앎이 분명함이요 察은 앎이 정밀함이다. '바야흐로 행하되 그 당연한 도에 분명하지 않으며 익숙하되 그 소이연을 모르는지라, 평생토록 말미암고도 그 도를 모르는 자가 많음'을 말한 것이다.

■ 著 앎이분명할 저   察 앎이정밀할 찰

6. 孟子曰 人不可以無恥니 無恥之恥면 無恥矣니라

맹자께서 말씀하셨다. "사람이 부끄러움이 없지 못할 것이니 부끄러움 없음을 부끄러워하면 부끄러움이 없을 것이다."

趙氏曰 人能恥己之無所恥면 是能改行從善之人이니 終身無復(부)有恥辱之累矣니라

조씨가 말하였다. "사람이 자기의 부끄러울 바 없음을 부끄러워하면 바로 행실을 고쳐 선을 따르는 사람이니 평생 치욕을 더할 잘못은 없을 것이다."

7-1. 孟子曰 恥之於人에 大矣라

맹자께서 말씀하셨다. "부끄러움이 사람에게 중대하다.

恥者는 吾所固有 羞惡(오)之心也니 存之則進於聖賢이요 失之則入於禽獸라 故로 所繫 爲甚大니라

恥란 내가 본디 지닌 것이 부끄러워하고 미워하는 마음이니, 보존하면 성현에 나아가고 잃으면 짐승에 들어간다. 그러므로 관련된 것이 매우 중대하다.

7-2. 爲機變之巧者는 無所用恥焉이니라

간교하고 변덕스러운 술수를 부리는 자는 부끄러움을 쓸 곳이 없다.

爲機械變詐之巧者는 所爲之事 皆人所深恥어늘 而彼方且自以爲得計라 故로 無所用其愧恥之心也니라

爲機械變詐之巧者는 하는 일이 다 사람이 매우 부끄러워하는 것이거늘 저이가 바야흐로 하면서 스스로 목적 달성(得計)했다고 여긴다. 그러므로 그의 부끄러워하는 마음을 쓸 곳이 없다.

7-3. 不恥 不若人이면 何若人有리오

부끄럽지 않음이 남 같지 못하면 무엇이 남과 같은 것이 있겠는가?"

但無恥一事 不如人이면 則事事不如人矣라 或曰 不恥其不如人이면 則何能有如人之事리오하니 其義亦通이라 或이 問人有恥不能之心이 如

何오 程子曰 恥其不能而爲之는 可也요 恥其不能而掩藏之는 不可也니라

단지 부끄럽지 않음 한 가지 일이 남과 같지 못하면 일마다 남과 같지 못할 것이다. 혹자가 '남과 같지 못함을 부끄러워하지 않는다면 어찌 남과 같은 일이 있겠느냐.'고 하니, 그 뜻이 또한 통한다. 혹자가 물었다. "능치 못함을 부끄러워하는 마음이 어떠합니까?" 정자가 대답하였다. "능치 못함을 부끄러워하여 행함은 옳고 능치 못함을 부끄러워하여 엄폐함은 옳지 못하다."

■ 掩 가릴 엄   藏 감출 장

8. 孟子曰 古之賢王이 好善而忘勢하더니 古之賢士 何獨不然이리오 樂(락)其道而忘人之勢라 故로 王公이 不致敬盡禮則不得亟(기)見之하니 見且猶不得亟(기)온 而況得而臣之乎아

맹자께서 말씀하셨다. "옛 어진 왕이 선을 좋아하여 권세를 잊더니 옛 어진 선비가 어찌 홀로 그렇지 않았겠는가? 그 도를 즐거워하여 남의 권세를 잊은지라, 그러므로 왕공이 공경을 바치며 예의를 다하지 않으면 자주 만나보지 못하니, 만나봄도 오히려 자주 못하거늘 하물며 신하를 삼을 수 있겠는가."

言君當屈己以下賢이요 士不枉道而求利니 二者 勢若相反이로대 而實則相成이니 蓋亦各盡其道而已라

'임금은 자신을 굽혀 현인에게 낮춰야하고 선비는 도를 굽혀 利를 구하지 않으니, 양자가 형세가 상반된듯하지만 실상은 서로 이루어주는 것이니 대개 각기 자신의 도를 다할 뿐임'을 말한 것이다.

■ 致 바칠 치   亟 자주 기

9-1. 孟子 謂宋句踐曰 子 好遊乎아 吾 語子遊호리라

맹자께서 송구천에게 말씀하셨다. "그대가 유세함을 좋아하는가? 내 그대에

게 유세를 말해주겠다.

> 宋은 姓이요 句踐은 名이라 遊는 遊說(세)也라
>
> 송은 성이요 구천은 이름이다. 遊는 유세함이다.

9-2. 人知之라도 亦囂囂하며 人不知라도 亦囂囂니라

남이 알아줘도 만족하며 남이 몰라줘도 만족해야 한다."

> 趙氏曰 囂囂는 自得無欲之貌라
>
> 조씨가 말하였다. "囂囂는 자득하여 욕심이 없는 모양이다."

■ 囂 만족할 효

9-3. 曰 何如라야 斯可以囂囂矣잇고 曰 尊德樂(락)義則可以囂囂矣니라

여쭈었다. "어떻게 해야 만족할 수 있습니까?" 말씀하셨다. "덕을 존중하고 의를 즐거워한즉 만족할 수 있다.

> 德은 謂所得之善이니 尊之則有以自重而不慕乎人爵之榮이요 義는 謂所守之正이니 樂(락)之則有以自安而不徇乎外物之誘矣라
>
> 德은 부여받은 선을 말하니 이를 존중하면 스스로 소중히 여겨 벼슬의 영화를 흠모하지 않을 것이요, 義는 지킴이 바름을 말하니 이를 즐거워하면 스스로 편안하여 외물의 유혹을 따르지 않을 것이다.

■ 徇 따를 순   誘 유혹 유

9-4. 故로 士는 窮不失義하며 達不離道니라

그러므로 선비는 빈궁해도 의를 잃지 않으며 현달해도 도를 떠나지 않는다."

言不以貧賤而移하고 不以富貴而淫이니 此는 尊德樂(락)義 見(현)於
行事之實也라

'빈천 때문에 바꾸지 않고 부귀 때문에 빠지지 않으니, 이는 덕을 존중하고 의를 즐거워함이 행사의 실제에 나타난 것'을 말한 것이다.

■ 窮 빈궁할 궁   達 현달할 달

9-5. 窮不失義故로 士得己焉하고 達不離道故로 民不失望焉이니라

빈궁해도 의를 잃지 않으므로 선비가 행실이 올바르고 현달해도 도를 떠나지 않으므로 백성이 실망하지 않는다.

得己는 言不失己也라 民不失望은 言人素望其興道致治러니 而今에 果如所望也라

得己는 몸을 잃지 않음을 말한다. 民不失望은 사람이 평소 그가 도를 진흥하여 치세를 이룰 것을 바라였더니 지금 과연 바라던 바와 같음을 말한다.

9-6. 古之人이 得志하야는 澤加於民하고 不得志하야는 修身見(현)於世하니 窮則獨善其身하고 達則兼善天下니라

옛 사람이 뜻을 얻어서는 은택이 백성에 더해지고 뜻을 얻지 못해서는 수신하여 세상에 드러났으니, 빈궁하면 홀로 자신을 선하게 하고 현달하면 천하를 겸하여 선하게 하였다."

見(현)은 謂名實之顯著也라 此又言士得己民不失望之實이라
○ 此章은 言內重而外輕이면 則無往而不善이라

見은 명예와 실적이 현저함을 이른다. 이 또한 士得己·民不失望의 실적을

말한 것이다.

○이 장은 내면이 중요하고 외면이 가벼우면 어디를 가든 선하지 않음이 없음을 말한 것이다.

10-1. 孟子曰 待文王而後에 興者는 凡民也니 若夫豪傑之士는 雖無文王이라도 猶興이니라

맹자께서 말씀하셨다. "문왕을 기다린 뒤에 흥기하는 자는 범상한 백성이니, 만일 저 호걸의 선비는 비록 문왕이 없어도 오히려 흥기한다."

興者는 感動奮發之意라 凡民은 庸常之人也라 豪傑은 有過人之才智者也라 蓋降衷秉彝는 人所同得이로대 唯上智之資는 無物欲之蔽하야 爲能無待於敎而自能感發以有爲也라

興은 감동하여 분발한다는 뜻이다. 凡民은 범상한 사람이다. 豪傑은 뛰어난 재주와 지혜를 지닌 자이다. 대개 하늘이 부여한 덕과 지닌 양심은 사람이 똑같이 부여받은 것이지만 오직 上智의 자품은 물욕의 가림이 없어 가르침이 없어도 스스로 감발하여 행할 수 있다.

■ 降 내릴 강   衷 속마음 충   秉 잡을 병   彝 떳떳할 이

11-1. 孟子曰 附之以韓魏之家라도 如其自視欿然이면 則過人이 遠矣니라

맹자께서 말씀하셨다. "한·위 가문의 부를 더해줄지라도 부족한 듯이 보면 남보다 매우 뛰어나다."

附는 益也라 韓魏는 晉卿富家也라 欿然은 不自滿之意라 尹氏曰 言有過人之識이면 則不以富貴爲事라

附는 더해줌이다. 韓魏는 진나라 경으로 부유한 가문이다. 欿然은 자만하

지 않는다는 뜻이다. 윤씨가 말하였다. "뛰어난 식견이 있으면 부귀를 일삼지 않음을 말한 것이다."

- 欲 부족할 감

12-1. 孟子曰 以佚道使民이면 雖勞나 不怨하고 以生道殺民이면 雖死나 不怨殺者니라

맹자께서 말씀하셨다. "편안케 하고자 하는 도로 백성을 부리면 비록 수고로우나 원망하지 않고 살리고자 하는 도로 백성을 죽이면 비록 죽으나 죽인 자를 원망하지 않는다."

程子曰 以佚道使民은 謂本欲佚之也니 播穀乘屋之類 是也요 以生道殺民은 謂本欲生之也니 除害去惡之類 是也라 蓋不得已而爲其所當爲면 則雖咈民之欲이나 而民이 不怨하고 其不然者는 反是니라

정자가 말하였다. "以佚道使民은 본래 편안케 하고자 함을 이르니 씨 뿌리고 지붕을 올리는 종류가 이것이요, 以生道殺民은 본래 살리고자 함을 이른 것이니 해악을 제거하는 종류가 이것이다. 대개 부득이하여 그 마땅히 해야 할 바를 하게 하면 비록 백성의 욕구에 어긋나도 백성이 원망하지 않고 그 그렇지 않은 것은 이와 반대이다."

- 播 뿌릴 파   咈 어길 불

13-1. 孟子曰 覇者之民은 驩虞如也요 王者之民은 皥皥如也니라

맹자께서 말씀하셨다. "패자의 백성은 기쁜 듯하고 왕자의 백성은 스스로 만족한 듯하다.

驩虞는 與歡娛로 同이라 皥皥는 廣大自得之貌라 程子曰 驩虞는 有所造爲而然이니 豈能久也리오 耕田鑿井에 帝力이 何有於我리오 如天

之自然이 乃王者之政이라 楊氏曰 所以致人驩虞엔 必有違道干譽之 事어니와 若王者則如天하야 亦不令人喜하고 亦不令人怒라

驩虞는 기뻐함과 같다. 皞皞는 광대하게 자득한 모양이다. 정자가 말하였다. "驩虞는 조작하여 그러함이니 어찌 오랠 수 있겠는가? 밭 갈고 우물 파는 데 임금의 힘이 내게 무슨 상관이 있는가? 天의 자연 같이 함이 바로 왕자의 정치이다." 양씨가 말하였다. "사람을 기쁘게 함에는 반드시 도를 어기고 명예를 구하는 일이 있겠지만 왕자의 정치는 하늘과 같아서 사람을 기쁘게도 하지 않고 사람을 화나게 하지도 않는다."

- 驩 기뻐할 환   虞 기쁠 오   皞 밝을 호   鑿 팔 착
  違 어길 위

13-2. 殺之而不怨하며 利之而不庸이라 民日遷善而不知爲之者니라

죽여도 원망하지 않으며 이롭게 해줘도 공으로 여기지 않는지라, 백성이 날로 선에 옮아가되 누가 하는 줄을 모른다.

此는 所謂皞皞如也라 庸은 功也라 豐氏曰 因民之所惡(오)而去之요 非有心於殺之也니 何怨之有리오 因民之所利而利之요 非有心於利之也니 何庸之有리오 輔其性之自然하야 使自得之故로 民日遷善而不知誰之所爲也라

이것이 이른바 皞皞如라는 것이다. 庸은 공이다. 풍씨가 말하였다. "백성이 미워하는 바로 인하여 제거함이지 죽임에 마음을 둔 것이 아니니, 무슨 원망이 있겠는가? 백성이 이롭게 여기는 바로 인하여 이롭게 함이지 이롭게 함에 마음을 둔 것이 아니니, 무슨 공이 있겠는가? 타고난 그 본성의 자연을 도와 자득하게 하므로 백성이 날로 선에 옮아가되 누가 하는 줄을 모르는 것이다."

- 庸 공 용

13-3. 夫君子는 所過者 化하며 所存者 神이라 上下 與天地同流하나니 豈曰小補之哉리오

대저 군자는 지나간 곳이 감화하며 보존한 것이 신묘한지라, 상하가 천지와 함께 유행하나니 어찌 작은 보조라 하겠는가?"

君子는 聖人之通稱也라 所過者 化는 身所經歷之處에 卽人無不化니 如舜之耕歷山而田者 遜畔하고 陶河濱而器不苦窳也라 所存者 神은 心所存主處 便(변)神妙不測이니 如孔子之立斯立道斯行綏斯來動斯和하야 莫知其所以然而然也라 是其德業之盛이 乃與天地之化로 同運竝行하야 擧一世而甄陶之요 非如霸者 但小小補塞其罅漏而已니 此則王道之所以爲大요 而學者 所當盡心也니라

君子는 성인의 통칭이다. 所過者化는 몸소 지난 곳에 바로 감화하지 않는 사람이 없으니, 예를 들면 순임금이 역산에서 농사지을 적에 농부가 밭두둑을 사양하고 황하 가에서 질그릇을 만들 적에 그릇이 거칠고 흠집 난 것이 없음이다. 所存者神은 마음에 보존한 것이 곧 신묘불측함이니, 예를 들면 공자께서 세우면 서고 인도하면 행하고 편안히 하면 오고 고무하면 화하여 그 소이연을 모르면서도 그렇게 하는 것 등이다. 이는 그 덕업의 성대함이 천지의 조화와 함께 나란히 운행하여 온 세상을 감화(甄陶)하는 것이지 패자와 같이 폐단(罅漏)을 자잘하게 보완할 뿐만이 아니니, 이는 왕도가 위대한 까닭이요 학자가 마땅히 마음을 다해야 할 바이다.

■ 遜 상양할 손　　苦 무를 고　　窳 찌그러질 유　　綏 편안할 유
　 甄 교화할 견　　陶 만들 도　　罅 틈 하　　　　　 漏 샐 루

14-1. 孟子曰 仁言이 不如仁聲之入人深也니라

맹자께서 말씀하셨다. "인후한 말이 인후하다는 소문이 깊이 감동을 줌만 못하다.

程子曰 仁言은 謂以仁厚之言으로 加於民이요 仁聲은 謂仁聞이니 謂有仁之實而爲衆所稱道者也라 此尤見仁德之昭著故로 其感人이 尤深也라

정자가 말하였다. "仁言은 인후한 말로 백성에 더함을 이르고 仁聲은 인한 소문을 이르니, 인의 실상이 있어서 대중에게 일컬어짐을 이른다. 여기서 인덕이 밝게 드러나므로 그 감동이 더욱 깊음을 알 수 있다."

14-2. 善政이 不如善敎之得民也니라

선한 정령이 선한 교화가 민심을 얻음만 못하다.

政은 謂法度禁令이니 所以制其外也라 敎는 謂道德齊禮니 所以格其心也라

政은 법도와 금령을 이르니 외면을 제어하는 것이다. 敎는 덕으로 인도하고 예로 가지런히 함을 이르니 마음을 바로잡는 것이다.

■ 格 바로잡을 격

14-3. 善政은 民이 畏之하고 善敎는 民이 愛之하나니 善政은 得民財하고 善敎는 得民心이니라

선한 정령은 백성이 두려워하고 선한 교화는 백성이 사랑하나니, 선한 정령은 백성의 재물을 얻고 선한 교화는 백성의 마음을 얻는다."

得民財者는 百姓足而君無不足也요 得民心者는 不遺其親不後其君也라

得民財란 백성이 풍족하여 임금이 부족함이 없는 것이요, 得民心이란 그 부모를 버리지 않고 그 임금을 뒤로하지 않는 것이다.

15-1. 孟子曰 人之所不學而能者는 其良能也요 所不慮而知者는 其良知也니라

맹자께서 말씀하셨다. "사람이 배우지 않고도 능한 것은 양능이요, 생각하지 않고도 아는 것은 양지이다.

良者는 本然之善也라 程子曰 良知良能은 皆無所由니 乃出於天이요 不繫於人이라

良이란 본연의 선이다. 정자가 말하였다. "양지·양능은 다 말미암은 바가 없으니, 바로 하늘에서 나온 것이지 사람에 달린 것이 아니다."

15-2. 孩提之童이 無不知愛其親也며 及其長也하야 無不知敬其兄也니라

어르면 웃고 안아줄 만한 아이가 제 부모를 사랑할 줄 모르는 애 없으며 성장하여 제 형을 공경할 줄 모르는 애는 없다.

孩提는 二三歲之間에 知孩笑可提抱者也라 愛親敬長은 所謂良知良能也라

孩提는 2~3세쯤 어르면 웃고 안아줄 만한 아이이다. 愛親敬長은 이른바 양지·양능이다.

15-3. 親親은 仁也요 敬長은 義也니 無他라 達之天下也니라

어버이를 친히 함은 인이요 어른을 공경함은 의이니, 다른 이유가 없다. 천하에 통달하기 때문이다."

言親親敬長이 雖一人之私나 然이나 達之天下에 無不同者하니 所以爲仁義也라

'어버이를 친히 하고 어른을 공경함이 비록 한 사람의 사사로움이나 천하에 통달함에 같지 않은 자가 없으니 인의가 되는 까닭'을 말한 것이다.

16. 孟子曰 舜之居深山之中에 與木石居하시며 與鹿豕遊하시니 其所以異於深山之野人者 幾希러시니 及其聞一善言하시며 見一善行하샨 若決江河라 沛然莫之能禦也러시다

맹자께서 말씀하셨다. "순임금이 깊은 산중에 살적에 나무·돌과 사시며 사슴·돼지와 노셨으니, 깊은 산의 야인과 차이점이 거의 드무시더니, 한 마디 선한 말을 들으시며 한 가지 선한 행실을 보심에는, 강하를 터놓은지라 성대하여 능히 막을 이 없을 것 같으셨다."

居深山은 謂耕歷山時也라 蓋聖人之心이 至虛至明하야 渾然之中에 萬理畢具하야 一有感觸則其應이 甚速而無所不通하나니 非孟子造道之深이면 不能形容至此也라

居深山은 역산에서 경작하실 때를 이른다. 대개 성인의 마음이 지극히 비고 지극히 밝아 온통 순수한 가운데 모든 이치가 다 갖추어져서 하나의 감촉이 있으면 그 대응이 매우 빨라 통하지 않는 곳이 없으니, 맹자께서 도에 나간 경지가 깊지 않으시면 이러한 경지를 형용하지 못했을 것이다.

17-1. 孟子曰 無爲其所不爲하며 無欲其所不欲이니 如此而已矣니라

맹자께서 말씀하셨다. "그 해서는 안 될 바를 하지 말며 그 원하지 않는 바를 하고자 말지니 이와 같이 할 따름이다."

李氏曰 有所不爲不欲은 人皆有是心也로대 至於私意一萌而不能以禮義制之면 則爲所不爲하고 欲所不欲者 多矣니 能反是心이면 則

所謂擴充其羞惡(오)之心者니 而義不可勝用矣라 故로 曰如此而已矣
라하시니라

이씨가 말하였다. "해서도 안 되며 원해서도 안 되는 바가 있음은 사람마다 이 마음을 지녔지만, 사사로운 마음이 한 번 싹틈에 예의로 제어하지 못하면 해서는 안 될 바를 하고 원하지 않는 바를 하고자 하는 자가 많으니, 능히 이 마음을 돌이키면 즉 이른바 羞惡之心을 확충하는 자이니 의를 이루 다 쓰지 못할 것이다. 그러므로 '이와 같이 할 따름이다.'하신 것이다."

18-1. 孟子曰 人之有德慧術知者는 恒存乎疢疾이니라

맹자께서 말씀하셨다. "사람이 덕성의 지혜와 일의 지혜를 지닌 자는 항상 근심 속에 산다.

德慧者는 德之慧요 術知者는 術之知라 疢疾은 猶災患也라 言人必有疢疾이면 則能動心忍性하여 增益其所不能也라

德慧란 덕의 지혜요 術知란 일의 지혜이다. 疢疾은 근심과 같다. '사람이 반드시 근심이 있으면 마음을 격동하고 본성을 견인하게 하여 그의 능치 못한 바를 힘쓰게 함'을 말한 것이다.

■ 疢 열병 진

18-2. 獨孤臣孼子는 其操心也 危하며 其慮患也 深故로 達이니라

유독 외로운 신하와 서자는 그의 마음가짐이 엄격하며 근심을 생각함이 깊으므로 사리에 통달한다."

孤臣은 遠臣이요 孼子는 庶子니 皆不得於君親而常有疢疾者也라 達은 謂達於事理니 卽所謂德慧術知也라

孤臣은 먼 지방에서 온 신하요 孼子는 서자이니, 다 임금과 어버이에게 사랑을 얻지 못하여 항상 근심이 있는 자이다. 達은 사리에 통달함을 이르니 이른바 덕혜와 술지이다.

■ 危 엄격할 위

19-1. 孟子曰 有事君人者하니 事是君則爲容悅者也니라

맹자께서 말씀하셨다. "임금만 섬기는 사람 있으니, 임금을 섬기면 아첨하며 영합함을 하는 자이다.

阿徇以爲容하고 逢迎以爲悅이니 此는 鄙夫之事요 妾婦之道也라
아첨으로 용모하고 영합으로 기쁨을 삼으니, 이는 더러운 사내의 일이요, 첩부의 방도이다.

19-2. 有安社稷臣者하니 以安社稷爲悅者也니라

사직을 편안히 하는 신하가 있으니 사직의 안녕을 기쁨으로 삼는 자이다.

言大臣之計安社稷이 如小人之務悅其君하야 眷眷於此而不忘也라
'대신이 사직의 안녕을 꾀함이 소인이 임금에 영합하길 힘쓰듯이 하여 이에 연연하여 잊지 않음'을 말한 것이다.

19-3. 有天民者하니 達可行於天下而後에 行之者也니라

천민인 자 있으니, 현달하여 천하에 도를 행할 만한 뒤에 행하는 자이다.

民者는 無位之稱이니 以其全盡天理 乃天之民이라 故로 謂之天民이니 必其道 可行於天下然後에 行之요 不然則寧沒世不見知而不悔하야

不肯小用其道以徇於人也라 張子曰 必功覆(부)斯民然後에 出이니 如伊呂之徒라

民이란 지위가 없는 이의 호칭이니, 천리를 온전히 다함이 바로 하늘의 백성이다. 그러므로 天民이라 이른 것이니, 반드시 그 도를 천하에 행할 만한 뒤에 행하고 그렇지 못하면 차라리 일생 세상이 알아주지 않아도 후회하지 않아 기꺼이 작게 도를 써서 남을 따르지 않는다. 장자가 말하였다. "반드시 공이 이 백성을 뒤덮을 만한 뒤에 나아가니 이윤과 여상 같은 무리이다."

■ 覆 덮을 부

19-4. 有大人者하니 正己而物正者也니라

대인인 자 있으니, 자기를 바룸에 남이 저절로 바루어 지는 자이다."

大人은 德盛而上下化之니 所謂見(현)龍在田에 天下文明者라
○ 此章은 言人品不同이 略有四等하니 容悅佞臣은 不足言이요 安社稷則忠矣나 然이나 猶一國之士也요 天民則非一國之士矣나 然猶有意也니 無意無必하야 唯其所在에 而物無不化는 惟聖者야 能之니라

大人은 덕이 성대하여 상하가 감화하니, 이른바 나타난 용이 밭에 있음에 천하에 문명의 교화를 준다는 것이다.

○이 장은 '인품의 차이가 대략 4등급이 있으니, 아첨하고 영합하는 간신은 말할 것도 없고, 사직을 편안케 함은 충성스러우나 오히려 한 나라의 선비에 지나지 않고, 天民은 한 나라의 선비는 아니나 아직 마음 씀이 있으니, 마음 씀도 기필함도 없이 오직 그 있는 곳에 만물이 감화하지 않음이 없는 것은 성인만이 능함'을 말한 것이다.

20-1. 孟子曰 君子 有三樂(락)而王天下 不與存焉이니라

맹자께서 말씀하셨다. "군자가 세 가지 즐거움이 있으되 천하에 왕노릇함이 이에 들지 않는다.

20-2. 父母俱存하며 兄弟無故 一樂(락)也요

부모가 다 생존하시며 형제가 무고함이 첫째 즐거움이요,

此는 人所深願而不可必得者어늘 今旣得之면 其樂(락)을 可知라

이는 사람이 매우 원하는 바이나 기필하지 못할 것인데 지금 얻었다면 그 즐거움을 알 수 있다.

20-3. 仰不愧於天하며 俯不怍於人이 二樂(락)也요

우러러 하늘에 부끄럽지 않으며 고개 숙여 사람에게 부끄럽지 않음이 둘째 즐거움이요,

程子曰 人能克己하면 則仰不愧俯不怍하야 心廣體胖하니 其樂(락)을 可知니 有息則餒矣리라

정자가 말하였다. "사람이 능히 자기의 사욕을 이기면 하늘에 부끄럽지 않으며 사람에게 부끄럽지 않아 마음이 넓고 몸이 쭉 펴질 것이니, 그 즐거움을 알 수 있으니 사욕이 자라나면 쭈그러들 것이다."

■ 胖 펼 반   息 불어날 식   餒 주릴 뇌

20-4. 得天下英才而敎育之 三樂(락)也니

천하의 영재를 얻어서 교육함이 셋째 즐거움이니,

盡得一世明睿之才하야 而以所樂(락)乎已者로 敎而養之면 則斯道之傳을 得之者 衆하야 而天下後世에 將無不被其澤矣니 聖人之心所願欲者 莫大於此라 今旣得之면 其樂(락)이 爲何如哉아

한 세상의 인재를 다 얻어 자기에게 즐거운 바로써 가르쳐 기르면 斯道의 전함을 얻을 자가 많아 천하의 후세에 그 은택을 입지 않을 이가 없을 것이니, 성인이 마음에 원하는 바가 이보다 큰 것이 없다. 지금 이미 영재를 얻었으면 그 즐거움이 어떠하겠는가?

20-5. 君子 有三樂(락)而王天下 不與存焉이니라

군자가 세 가지 즐거움이 있으되 천하에 왕 노릇함이 거기에 들지 않는다."

林氏曰 此三樂(락)者는 一係於天하고 一係於人이요 其可以自致者는 惟不愧不怍而已니 學者 可不勉哉아

임씨가 말하였다. "이 세 가지 즐거움은 하나는 하늘에 달렸고 하나는 사람에 달린 것이요, 스스로 이룰 수 있는 것은 오직 하늘에 부끄럽지 않고 사람에게 부끄럽지 않는 것일 뿐이니, 학자가 어찌 힘쓰지 않겠는가?"

21-1. 孟子曰 廣土衆民을 君子 欲之나 所樂(락)은 不存焉이니라

맹자께서 말씀하셨다. "땅이 넓으며 백성이 많음을 군자가 원하나 즐거워하는 바는 이에 있지 않다.

地闊民聚하야 澤可遠施(이)故로 君子 欲之나 然未足以爲樂(락)也라

토지가 넓으며 백성이 많아서 은택이 멀리 미칠 수 있으므로 군자가 원하나 즐거움을 삼기에는 부족하다.

■ 施 뻗을 이

21-2. 中天下而立하야 定四海之民을 君子 樂(락)之나 所性은 不存焉이니라

천하의 중심에 서서 사해의 백성을 안정시킴을 군자가 즐거워하나 본성에는 있지 않다.

其道大行하야 無一夫不被其澤이라 故로 君子 樂(락)之나 然其所得於天者는 則不在是也라

그 도가 크게 행하여 한 사람도 그 은택을 입지 않은 이가 없다. 그러므로 군자가 즐거워하나 그가 하늘에서 부여받은 바에는 있지 않다.

21-3. 君子所性은 雖大行이나 不加焉이며 雖窮居나 不損焉이니 分定故也니라

군자가 본성은 비록 크게 행해지나 더하지도 않으며 비록 곤궁하여도 덜하지 않으니 분수가 정해졌기 때문이다.

分者는 所得於天之全體라 故로 不以窮達而有異라

分이란 하늘에서 부여받은 전체이다. 그러므로 곤궁과 영달 때문에 달라지지 않는다.

21-4. 君子所性은 仁義禮智 根於心이라 其生色也 睟然見(현)於面하며 盎於背하며 施於四體하야 四體 不言而喩니라

군자의 본성은 인·의·예·지가 마음에 근본한지라 그 빛이 얼굴에 밝게 나타나며 등에 가득하며 사지에 펼쳐져 사지가 말하지 않아도 깨닫는다."

上言所性之分이 與所欲所樂(락)不同하고 此乃言其蘊也라 仁義禮智는 性之四德也라 根은 本也라 生은 發見(현)也라 睟然은 淸和潤澤之

貌라 盎은 豐厚盈溢之意라 施於四體는 謂見(현)於動作威儀之間也라 喩는 曉也라 四體不言而喩는 言四體不待吾言而自能曉吾意也라 蓋氣稟이 淸明하야 無物欲之累면 則性之四德이 根本於心하야 其積之盛이면 則發而著見(현)於外者 不待言而無不順也라 程子曰 睟面盎背는 皆積誠致然이니 四體不言而喩는 唯有德者야 能之니라

○此章은 言君子 固欲其道之大行이나 然其所得於天者는 則不以是而有所加損也라

위에서는 본성의 분수가 원하는 바와 즐거워하는 바와는 같지 않음을 말하고, 여기서는 바로 그 깊은 뜻을 말한 것이다. 仁義禮智는 본성의 4덕이다. 根은 근본으로 함이다. 生은 발현함이다. 睟然은 맑고 부드러우며 윤택한 모양이다. 盎은 풍부하고 두터우며 가득하여 넘치는 모양이다. 施於四體는 동작과 위의에 나타남을 이른 것이다. 喩는 깨달음이다. 四體不言而喩는 사지가 말하지 않아도 저절로 내 뜻을 깨우침을 말한 것이다. 대개 기품이 청명하여 물욕의 폐해가 없으면 본성의 4덕이 마음에 근본하여 그 축적이 성대하면 발로하여 외면에 나타나는 것이 말하지 않아도 순응하지 않음이 없을 것이다. 정자가 말하였다. "睟面·盎背는 다 진실을 축적하여 이루어진 것이니, 四體不言而喩는 오직 덕을 지닌 자라야 능할 수 있다."

○이 장은 '군자가 진실로 그 도를 크게 행하고자 하나 그가 하늘에서 부여받은 성은 이것 때문에 더하고 덜할 바가 아님'을 말한 것이다.

22-1. 孟子曰 伯夷 辟(피)紂하야 居北海之濱이러니 聞文王作興하고 曰 盍歸乎來리오 吾聞西伯은 善養老者라하고 大(태)公이 辟(피)紂하야 居東海之濱이러니 聞文王作興하고 曰盍歸乎來리오 吾聞西伯은 善養老者라하니 天下에 有善養老則仁人이 以爲己歸矣니라

맹자께서 말씀하셨다. "백이가 주를 피하여 북해 가에 살더니 문왕이 흥기했다

는 말을 듣고 '어찌 돌아가지 않겠는가? 내가 서백은 노인을 잘 봉양하는 분이라고 들었다.'하고, 태공이 주를 피하여 동해 가에 살더니 문왕이 흥기했다는 말을 듣고 '어찌 돌아가지 않겠는가? 내가 서백은 노인을 잘 봉양하는 분이라고 들었다.'하니, 천하에 노인을 잘 봉양하는 이가 있으면 어진 사람이 자기 돌아갈 곳으로 삼는다.

己歸는 謂己之所歸라 餘見(현)前篇하니라

己歸는 자기가 돌아갈 곳을 이른다. 나머지는 전편에 보였다.

22-2. 五畝之宅에 樹墻下以桑하야 匹婦 蠶之則老者 足以衣帛矣며 五母鷄와 二母彘를 無失其時면 老者 足以無失肉矣며 百畝之田을 匹夫 耕之면 八口之家 可以無饑矣리라

5묘의 택지 담장 아래 뽕나무를 심어 한 부인이 누에를 치면 노인이 충분히 비단 옷을 입으며 암탉 5마리와 암퇘지 2마리를 그 시기를 놓치지 않으면 노인이 충분히 고기를 먹으며 100묘의 전답을 한 농부가 경작하면 8명의 식구가 굶주리지 않을 것이다.

此는 文王之政也라 一家養母鷄五母彘二也라 餘見(현)前篇하니라

이는 문왕의 정치이다. 한 집이 암탉 5마리와 암퇘지 2마리를 기른다. 나머지는 전편에 보였다.

22-3. 所謂西伯이 善養老者는 制其田里하야 敎之樹畜(흑)하며 導其妻子하야 使養其老니 五十에 非帛不煖하고 七十에 非肉不飽하나니 不煖不飽를 謂之凍餒니 文王之民이 無凍餒之老者 此之謂也니라

이른바 서백이 노인을 잘 봉양한다 함은 그 전답과 택지를 제정하여 심고 기름을 가르치며 처자를 인도하여 노인을 봉양하게 한 것이니, 50에는 비단

옷이 아니면 따뜻하지 않고 70에는 고기를 먹지 않으면 배부르지 않나니, 따뜻하지 않으며 배부르지 않음을 얼며 굶주림이라 이르니 문왕의 백성이 얼며 굶주린 노인이 없다는 것이 이를 두고 말하는 것이다."

田은 謂百畝之田이요 里는 謂五畝之宅이라 樹는 謂耕桑이요 畜(훅)은 謂鷄豚也라 趙氏曰 善養老者는 敎導之하야 使可以養其老耳요 非家賜而人益之也라

田은 100묘의 전답을 이르고 里는 5묘의 택지를 이른다. 樹는 뽕나무 심음을 이르고 畜(훅)은 닭과 돼지를 이른다. 조씨가 말하였다. "노인을 잘 봉양하는 자는 가르치고 인도하여 제 노인을 봉양하게 할 뿐이지 집집마다 주고 사람마다 더해주는 것이 아니다."

23-1. 孟子曰 易(이)其田疇하며 薄其稅斂이면 民可使富也니라

맹자께서 말씀하셨다. "그의 전답을 다스려 농사짓게 하며 그 세금을 가볍게 하면 백성을 부유하게 할 수 있다.

易(이)는 治也라 疇는 耕治之田也라

易(이)는 다스림이다. 疇는 갈고 다스리는 전답이다.

23-2. 食之以時하며 用之以禮면 財不可勝用也니라

먹기를 때에 맞게 하며 쓰기를 예에 맞게 하면 재물을 이루 다 쓸 수 없다.

敎民節儉이면 則財用足也라

백성에게 절약과 검소를 가르치면 재물의 용도가 풍족하다.

23-3. 民非水火면 不生活이로대 昏暮에 叩人之門戶하야 求水火어든 無

弗與者는 至足矣일새니 聖人이 治天下에 使有菽粟을 如水火하니 菽粟이 如水火면 而民이 焉有不仁者乎리오

백성이 물과 불이 없으면 생활을 못하지만 저물 무렵에 남의 대문을 두드리며 물과 불을 요구하면 안주는 이가 없는 것은 매우 풍족하기 때문이니, 성인이 천하를 다스림에 양식(菽粟)을 물과 불만큼 소유하게 하니 양식이 물과 불처럼 흔하다면 백성이 어찌 불인한 자가 있겠는가?"

水火는 民之所急이니 宜其愛之而反不愛者는 多故也라 尹氏曰 言禮義는 生於富足이니 民無常産이면 則無常心矣라

水火는 백성의 긴급한 것이니 아껴야 함이 마땅한데도 도리어 아끼지 않음은 많기 때문이다. 윤씨가 말하였다. "예·의는 풍족한 데서 생기니, 백성이 일정한 생산이 없으면 일정한 마음이 없음을 말한 것이다."

24-1. 孟子曰 孔子 登東山而小魯하시고 登太山而小天下하시니 故로 觀於海者에 難爲水요 遊於聖人之門者에 難爲言이니라

맹자께서 말씀하셨다. "공자께서 동산에 오르시어 노나라를 작게 여기시고 태산에 오르시어 천하를 작게 여기셨으니, 그러므로 바다를 본 자에게 물이 되기 어렵고 성인의 문하에서 배운 자에게 말이 되기 어렵다.

此는 言聖人之道 大也라 東山은 蓋魯城東之高山이요 而太山則又高矣라 此는 言所處益高면 則其視下益小하고 所見旣大면 則其小者는 不足觀也라 難爲水難爲言은 猶仁不可爲衆之意라

이것은 성인의 도가 큼을 말한 것이다. 東山은 노나라 성 동쪽의 높은 산이요, 태산은 더 높다. 이는 '처한 곳이 높을수록 그 아래가 작게 보이고 본 것이 이미 크면 그 작은 것은 볼품이 없음'을 말한 것이다. 難爲水難爲言은

인은 무리로 할 수 없다는 뜻과 같다.

24-2. 觀水 有術하니 必觀其瀾이니라 日月이 有明하니 容光에 必照焉이니라

물을 봄이 방법이 있으니 반드시 그 세차게 흐르는 곳을 관찰해야 한다. 일월이 밝음이 있으니 빛을 들일만한 곳에는 반드시 비춘다.

　　此는 言道之有本也라 瀾은 水之湍急處也라 明者는 光之體요 光者는 明之用也라 觀水之瀾이면 則知其源之有本矣요 觀日月於容光之隙에 無不照면 則知其明之有本矣라

　　이것은 도가 근본이 있음을 말한 것이다. 瀾은 물이 세차게 흐르는 곳이다. 明이란 光의 體요, 光이란 明의 用이다. 물이 세차게 흐르는 곳을 관찰하면 그 근원이 근본이 있음을 알 것이요, 일월이 빛을 들일만한 틈에 비추지 않는 곳이 없음을 관찰하면 그 밝음이 근본이 있음을 알 것이다.

■ 瀾 세차게흐를 란　　湍 급류 단

24-3. 流水之爲物也 不盈科면 不行하나니 君子之志於道也에도 不成章이면 不達이니라

흐르는 물의 성질이 웅덩이에 차지 못하면 흐르지 못하니, 군자가 도에 뜻을 둠에도 문채(章)를 이루지 못하면 통하지 못한다."

　　言學當以漸이라야 乃能至也라 成章은 所積者 厚而文章이 外見(현)也라 達者는 足於此而通於彼也라

　　○此章은 言聖人之道 大而有本하니 學之者 必以其漸이라야 乃能至也라

　　배움이 점진적이라야 능히 이를 수 있음을 말한 것이다. 成章은 축적한

것이 두터워서 문채가 외면에 나타남이다. 達이란 여기에 충족하여 저쪽에 통함이다.

○이 장은 '성인의 도가 크지만 근본이 있으니, 배우는 자가 반드시 점진적으로 나아가야 능히 이를 수 있음'을 말한 것이다.

■ 科 웅덩이 과

25-1. 孟子曰 雞鳴而起하야 孳孳爲善者는 舜之徒也요

맹자께서 말씀하셨다. "닭이 울거든 일어나 부지런히 선을 하는 자는 순임금의 무리요,

孳孳는 勤勉之意라 言雖未至於聖人이나 亦是聖人之徒也라

孳孳는 부지런히 힘쓴다는 의미이다. '비록 성인에 이르지는 못했으나 역시 성인의 무리임'을 말한 것이다.

■ 孳 부지런할 자

25-2. 雞鳴而起하야 孳孳爲利者는 蹠之徒也니

닭이 울거든 일어나 부지런히 利를 쫓는 자는 도척의 무리이니,

蹠은 盜蹠也라

蹠은 도척이다.

■ 蹠 밟을 척

25-3. 欲知舜與蹠之分인댄 無他라 利與善之間也니라

순임금과 도척의 구분을 알고자 할진대 다른 것이 없다. 利와 善의 사이이다."

程子曰 言間者는 謂相去不遠하야 所爭이 毫末耳라 善與利는 公私而已矣니 才出於善이면 便(변)以利言也라

○楊氏曰 舜蹠之相去 遠矣로대 而其分은 乃在利善之間而已니 是豈可以不謹이리오 然이나 講之不熟하고 見之不明이면 未有不以利爲義者니 又學者所當深察也니라 或이 問雞鳴而起하야 若未接物이면 如何爲善이니잇고 程子曰 只主於敬이 便(변)是爲善이니라

정자가 말하였다. "間이란 서로 거리가 멀지 않아 쟁점이 터럭 끝 정도일 뿐임을 이른 것으로 선과 이는 공과 사일 뿐임을 말한 것이니, 겨우 선에서 벗어나면 곧 이로써 말하는 것이다."

○양씨가 말하였다. "순과 도척의 간격이 멀지만 그 구분은 바로 이와 선의 사이에 있을 뿐이니, 이 어찌 삼가지 않겠는가? 그러나 강학이 익숙하지 못하고 견해가 밝지 못하면 利를 義라 여기지 않을 자가 없으니, 또한 학자가 마땅히 깊이 살펴야 할 바이다." 혹자가 물었다. "닭이 울거든 일어나 만일 사물을 접하지 않았으면 어떻게 선을 합니까?" 정자가 대답하였다. "다만 主敬이 바로 선을 함이다."

■ 才 겨우 재

26-1. 孟子曰 楊子는 取爲我하니 拔一毛而利天下라도 不爲也니라

맹자께서 말씀하셨다. "양자는 이기주의(爲我)에 겨우 만족하였으니, 한 터럭을 뽑아 천하를 이롭게 할지라도 하지 않는다.

楊子의 名은 朱라 取者는 僅足之意니 取爲我者는 僅足於爲我而已요 不及爲人也라 列子 稱其言曰 伯成子高 不以一毫利物이라하니 是也라

楊子의 이름은 주이다. 取란 겨우 만족한다는 의미이니, 取爲我란 겨우 이기주의(爲我)에 만족할 뿐이지 남을 위하지 않음이다. 열자가 그의 말을

일컬어 '백성자고가 한 터럭으로써도 남을 이롭게 하지 않았다.'하니 이 말이다.

- 取 겨우만족할 취

26-2. 墨子는 兼愛하니 摩頂放踵이라도 利天下인댄 爲之니라

묵자는 똑같이 사랑(兼愛)하니 정수리를 갈아 발꿈치에 이를지라도 천하를 이롭게 한다면 한다.

墨子의 名은 翟이라 兼愛는 無所不愛也라 摩頂은 摩突其頂也라 放은 至也라

묵자의 이름은 적이다. 兼愛는 사랑하지 않는 이가 없음이다. 摩頂은 그의 정수리를 가는 것이다. 放은 이름이다.

- 摩 갈 마   頂 정수리 정   放 이를 방   踵 발꿈치 종
  翟 꿩 적   突 부딪칠 돌

26-3. 子莫은 執中하니 執中이 爲近之나 執中無權이 猶執一也니라

자막은 楊·墨의 중을 고집하니, 중을 잡음이 도에 가까우나 중을 잡되 저울질 하지 않음이 한편만 잡음과 같다.

子莫은 魯之賢者也니 知楊墨之失中也라 故로 度(탁)於二者之間하야 而執其中하니라 近은 近道也라 權은 稱錘也니 所以稱物之輕重而取中也라 執中而無權이면 則膠於一定之中하야 而不知變이니 是亦執一而已矣라 程子曰 中字 最難識이니 須是默識心通이니라 且試言一廳則中央이 爲中이요 一家則廳非中而堂爲中이요 一國則堂非中而國之中이 爲中이니 推此類면 可見矣라 又曰 中不可執也니 識得則事事物物이 皆有自然之中하야 不待安排니 安排著(착)이면 則不中矣라

子莫은 노나라의 현자로 양주와 묵적이 중을 잃은 것을 알았다. 그러므로 두 사람의 사이(爲我와 兼愛)를 헤아려 그 중을 잡았다. 近은 도에 가까움이다. 權은 저울추이니, 물건의 경중을 저울질하여 중을 취하는 것이다. 중을 잡되 저울질하지 않으면 한 번 정해진 중에 고착하여 바꿀 줄을 모르니, 이 또한 한편만을 잡는 것일 뿐이다. 정자가 말하였다. "中자가 가장 알기 어려우니, 모름지기 묵묵히 알고 마음으로 통해야 한다. 우선 시험 삼아 말하면, 한 대청은 중앙이 중이요 한 집은 대청이 중앙이 아니고 당이 중이요 한 국가는 당이 중이 아니고 나라의 중앙이 중이니, 이런 종류를 추리하면 알 수 있다." 또 말하였다. "중은 고집할 수 없으니, 이를 알면 사물마다 다 자연의 중이 있어 안배할 필요가 없으니 안배하면 중이 아니다."

26-4. 所惡(오)執一者는 爲其賊道也니 擧一而廢百也니라

한편만 고집함을 미워하는 것은 도를 해치기 때문이니, 한 가지만 거행하고 백 가지를 폐지하는 것이다."

賊은 害也라 爲我는 害仁이요 兼愛는 害義라 執中者는 害於時中이니 皆擧一而廢百者也라

○ 此章은 言道之所貴者는 中이요 中之所貴者는 權이라 楊氏曰 禹稷이 三過其門而不入하니 苟不當其可면 則與墨子無異요 顔子在陋巷하야 不改其樂(락)하니 苟不當其可면 則與楊氏無異라 子莫은 執爲我兼愛之中而無權하야 鄕鄰有鬪而不知閉戶하고 同室有鬪而不知救之하니 是亦猶執一耳라 故로 孟子 以爲賊道하시니라 禹稷顔回 易地則皆然은 以其有權也니 不然則是亦楊墨而已矣라

賊은 해침이다. 爲我는 인을 해치고 兼愛는 의를 해친다. 執中이란 시중을 해치니, 다 하나만 거행하고 백 가지를 폐지하는 것이다.

○이 장은 도에서 귀한 것은 중도요 중에 귀한 것은 권도임을 말한 것이다. 양씨가 말하였다. "우임금과 후직이 세 번 자기 집 문을 지남에 들어가지 않았으니 진실로 도(其可)에 합당하지 못하면 묵자와 다름이 없고 안자가 누추한 집에 살면서 그의 즐거움을 고치지 않았으니 진실로 도에 합당하지 못하면 양씨와 다름이 없을 것이다. 자막은 위아와 겸애의 중을 잡았으되 권도가 없어 마을 이웃이 싸움에 문 닫을 줄 모르고 집안사람이 싸움에 말릴 줄 몰랐으니, 이 또한 한편을 잡음과 같을 뿐이다. 그러므로 맹자께서 도를 해친다고 하신 것이다. 우임금·후직·안회가 처지를 바꾸면 다 그리함은 그 권도가 있기 때문이니, 그렇게 못하면 이 역시 양주와 묵적일 따름이다."

27-1. 孟子曰 饑者 甘食하고 渴者 甘飮하나니 是 未得飮食之正也라 饑渴이 害之也니 豈惟口腹이 有饑渴之害리오 人心이 亦皆有害하니라

맹자께서 말씀하셨다. "굶주린 자가 아무거나 달게 먹고 목마른 자가 달게 마시나니 이는 음식의 바른 맛을 얻지 못함이라, 주림과 갈증이 해친 것이니 어찌 입과 배만이 주림과 갈증의 해침이 있겠는가? 人心 역시 다 해침이 있다.

口腹이 爲饑渴所害라 故로 於飮食에 不暇擇而失其正味요 人心이 爲貧賤所害라 故로 於富貴에 不暇擇而失其正理라

입과 배가 주림과 갈증의 해를 당했기 때문에 음식에 선택할 겨를이 없어서 그 바른 맛을 잃은 것이요, 人心이 빈천의 해를 당했기 때문에 부귀에 선택할 겨를이 없어서 그 바른 이치를 잃는다.

27-2. 人能無以饑渴之害로 爲心害면 則不及人을 不爲憂矣라

사람이 능히 주림과 갈증의 해로 마음의 해를 입지 않으면 남에 미치지 못함을 근심하지 않을 것이다."

人能不以貧賤之故而動其心이면 則過人이 遠矣리라

사람이 능히 빈천 때문에 그의 마음을 변하지 않으면 남보다 훨씬 뛰어날 것이다.

28-1. 孟子曰 柳下惠는 不以三公으로 易其介하니라

맹자께서 말씀하셨다. "유하혜는 삼공의 작위 때문에 자신의 지조를 바꾸지 않았다."

介는 有分辨之意라 柳下惠는 進不隱賢하야 必以其道하며 遺佚不怨하며 阨窮不憫하고 直道事人하야 至於三黜하니 是其介也라
○此章은 言柳下惠 和而不流하니 與孔子論夷齊不念舊惡으로 意正相類니 皆聖賢微顯闡幽之意也라

介는 분별하는 마음을 지님이다. 유하혜는 벼슬에 나가 자신의 포부를 숨기지 않아 반드시 그의 도로써 하며 버려져도 원망하지 않으며 곤궁해도 번뇌하지 않고 곧은 도로 사람을 섬겨 세 번 쫓겨나는 데 이르렀으니 이것이 그의 지조이다.

○이 장은 유하혜의 和而不流를 말한 것이니, 공자께서 夷齊不念舊惡*을 논한 것과 뜻이 서로 똑같은 종류이니 다 성현께서 나타난 것을 은미하게 하고 가려진 것을 밝히는 뜻이다.

* 夷齊不念舊惡 : 『논어』「공야장」편 5장에 보인다. 백이숙제는 악인의 조정에는 서지 않고 악인과 함께 말하지 않으며 향인과 같이 설 때 관이 바르지 않으면 뒤를 돌아보지 않고 떠나가 마치 자신을 더럽힐 것 같이 했다. 이들의 절개가 이와 같았으니, 의당 용납할 바 없을 것 같았다. 그러나 미워했던 사람이 능히 고치면 즉시 그쳤기 때문에, 사람들이 또한 그들을 심히 원망하지 않았다.

29. 孟子曰 有爲者 辟(비)若掘井하니 掘井九軔而不及泉이면 猶爲棄井也니라

맹자께서 말씀하셨다. "함이 있는 자가 비유하면 우물을 팜과 같으니 우물을 아홉 길을 파도 샘솟는 데 이르지 않으면 오히려 샘을 포기함과 같다."

八尺曰仞이라 言鑿井雖深이나 然未及泉而止면 猶爲自棄其井也라
○呂侍講이 曰仁不如堯하고 孝不如舜하고 學不如孔子면 終未入於聖人之域이요 終未至於天道니 未免爲半塗而廢하야 自棄前功也라

8척을 仞이라 한다. '우물을 판 것이 비록 깊으나 원천에 이르지 못하고 그치면 그 우물을 스스로 포기함과 같음'을 말한 것이다.

○여시강이 말하였다. "인이 요임금만 못하고 효가 순임금만 못하고 학문이 공자만 못하면 끝내 성인의 경지에 들어가지 못하고 끝내 천도에 이르지 못하니, 중도에 폐지하여 스스로 앞의 공적을 포기함을 면치 못한다."

30-1. 孟子曰 堯舜은 性之也요 湯武는 身之也요 五霸는 假之也니라

맹자께서 말씀하셨다. "요·순은 본성대로 하시고 탕·무는 몸소 실천하시고 오패는 가장하였다.

堯舜은 天性이 渾全하야 不假脩習이요 湯武는 脩身體道하야 以復其性이요 五霸는 則假借仁義之名하야 以求濟其貪欲之私耳라

요순은 천성이 온전하여 닦고 익힐 것이 없고, 탕무는 수신하고 도를 체념하여 본성을 회복하고, 오패는 인의의 이름을 가장하여 사적인 탐욕을 구하려 했을 뿐이다.

■ 渾 온통 혼

30-2. 久假而不歸하니 惡(오)知其非有也리오

오래 가장하고 본성으로 돌아가지 않으니, 어찌 그의 소유 아님을 알겠는가?"

歸는 還也라 有는 實有也니 言竊其名以終身而不自知其非眞有라 或이 曰蓋嘆世人이 莫覺其僞者라하니 亦通이라 舊說에 久假不歸로 卽爲眞有則誤矣라

○ 尹氏曰 性之者는 與道一也요 身之者는 履之也니 及其成功則一也라 五覇則假之而已라 是以로 功烈이 如彼其卑也니라

歸는 돌아감이다. 有는 실제 소유함이니, '그 이름을 훔쳐 평생 함에 그가 진짜 지닌 것이 아님을 스스로 모름'을 말한 것이다. 혹자가 '세상 사람이 그 거짓을 깨닫는 이 없음을 탄식한 것이다.'하니 또한 통한다. 구설에 久假不歸를 眞有라 한 것인즉 잘못이다.

○ 윤씨가 말하였다. "性之란 도와 일치함이요 身之란 실천함이니, 성공에 이르면 한 가지이다. 오패는 가장한 것일 뿐이다. 이 때문에 공적이 저처럼 낮은 것이다."

31-1. 公孫丑(추)曰 伊尹이 曰予不狎于不順이라하고 放太甲于桐한대 民이 大悅하고 太甲이 賢커늘 又反之한대 民이 大悅하니

공손추가 여쭈었다. "이윤이 '내가 의리에 따르지 않음을 두고 볼 수 없다.'하고 태갑을 동궁에 가두자 백성이 크게 기뻐하고 태갑이 어질거늘 다시 돌아오게 하자 백성이 크게 기뻐하니,

予不狎于不順은 太甲篇文이라 狎은 習見也라 不順은 言太甲所爲不順義理也라 餘見(현)前篇하니라

予不狎于不順은 <태갑>편 글이다. 狎은 익히 두고 봄이다. 不順은 태갑

의 소행이 의리에 따르지 않음을 말한 것이다. 나머지는 전편에 보였다.
■ 狎 익숙히볼 압

31-2 賢者之爲人臣也에 其君이 不賢則固可放與잇가 孟子曰 有伊尹之志則可커니와 無伊尹之志則簒也니라

현자가 신하 되어 그 임금이 어질지 못하면 진실로 가둘 수 있습니까?" 맹자께서 말씀하셨다. "이윤의 뜻을 지니면 괜찮겠지만 이윤의 뜻이 없으면 찬탈이다."

伊尹之志는 公天下以爲心하야 而無一毫之私者也라
伊尹之志는 천하를 공적인 것으로 간주하여 한 터럭만큼의 사사도 없는 것이다.

32-1. 公孫丑(추)曰 詩曰不素餐兮라하니 君子之不耕而食은 何也잇고 孟子曰 君子 居是國也에 其君이 用之則安富尊榮하고 其子弟 從之則孝弟忠信하나니 不素餐兮 孰大於是리오

공손추가 여쭈었다. "『詩』에 '공짜 녹을 먹지 않는다.'하니, 군자가 농사짓지 않고 먹음은 어째서입니까?" 맹자께서 말씀하셨다. "군자가 이 나라에 거처함에 그 임금이 등용하면 나라가 편안하며 부유하며 임금이 존귀하며 영화롭고 그 자제가 따르면 효도하며 공경하며 충성하며 신실하나니 공짜 녹을 먹지 않음이 무엇이 이보다 크겠는가?"

詩는 魏國風伐檀之篇이라 素는 空也니 無功而食祿을 謂之素餐이라 此與告陳相彭更(경)之意로 同이라
시는 위나라 「國風」<伐檀>편이다. 素는 공짜이니 공이 없이 녹만 먹음을 素餐이라 이른다. 이것은 진상과 팽경에게 알려준 뜻과 같다.
■ 素 빌 소   餐 먹을 찬

33-1. 王子墊이 問曰 士는 何事잇고

왕자 점이 여쭈었다. "선비는 무엇을 일삼습니까?"

墊은 齊王之子也라 上則公卿大夫요 下則農工商賈(고) 皆有所事어늘 而士居其間하야 獨無所事라 故로 王子 問之也라

墊은 제나라 왕의 아들이다. 위로는 공·경·대부부터 아래로는 농·공·상고가 다 일삼은 바가 있거늘 선비는 그 사이에 처하여 홀로 일삼은 것이 없다. 그러므로 왕자가 질문한 것이다.

■ 墊 빠질 점

33-2. 孟子曰 尙志니라

맹자께서 말씀하셨다. "뜻을 고상하게 지닌다."

尙은 高尙也라 志者는 心之所之也라 士旣未得行公卿大夫之道하고 又不當爲農工商賈(고)之業則高尙其志而已라

尙은 고상함이다. 志란 마음이 가는 바이다. 선비가 공·경·대부의 도를 얻어 행하지 못하고 또 마땅히 농·공·상고의 업을 하지 않으니 그 뜻을 고상하게 지닐 뿐이다.

33-3. 曰 何謂尙志잇고 曰 仁義而已矣니 殺一無罪 非仁也며 非其有而取之 非義也니 居惡(오)在오 仁이 是也라 路惡(오)在오 義 是也라 居仁由義면 大人之事 備矣니라

여쭈었다. "무엇을 尙志라 합니까?" 말씀하셨다. "인과 의일 뿐이니 죄 없는 한 사람을 죽임이 인이 아니며 그의 소유 아닌 것을 취함이 의가 아니니, 거처할 곳은 어디에 있는고? 인이 이것이다. 가야 할 길은 어디에 있는고? 의가 이것이

다. 인에 거처하며 의로 말미암으면 대인의 일이 갖추어진다."

非仁非義之事는 雖小不爲하고 而所居所由 無不在於仁義하니 此는 士所以尙其志也라 大人은 謂公卿大夫라 言士雖未得大人之位나 而其志如此면 則大人之事 體用已全하니 若小人之事는 則固非所當爲也라

인이 아니며 의 아닌 일은 비록 작아도 하지 않고 거처한 바와 말미암은 바가 인·의 아님이 없으니, 이것은 선비가 그 뜻을 고상하게 지니는 것이다. 大人은 공·경·대부를 이른다. '선비가 비록 대인의 지위는 얻지 못했으나, 그의 뜻이 이 같으면 대인의 일이 체와 용이 이미 완전하니 소인의 일 같은 것은 진실로 마땅히 할 바가 아님'을 말한 것이다.

34-1. 孟子曰 仲子 不義로 與之齊國而弗受를 人皆信之어니와 是舍簞食(사)豆羹之義也라 人莫大焉이어늘 亡(무)親戚君臣上下하니 以其小者로 信其大者 奚可哉리오

맹자께서 말씀하셨다. "중자가 불의로 제나라를 주어도 받지 않음을 사람이 다 믿지만 이는 대그릇 밥과 나무 그릇 국을 사양하는 의리이다. 人道보다 큰 것이 없거늘 친척과 군신과 상하가 없으니 그 작은 의리를 큰 의리라 믿는 것이 어찌 가능하겠는가?"

仲子는 陳仲子也라 言仲子 設若非義而與之齊國이라도 必不肯受를 齊人이 皆信其賢이나 然此但小廉耳라 其辟(피)兄離母하고 不食君祿하야 無人道之大倫하니 罪莫大焉이라 豈可以小廉으로 信其大節而遂以爲賢哉리오

仲子는 진중자이다. '중자가 가령 의 아닌 방법으로 제나라를 주어도 반드시 기꺼이 받지 않음을 제나라 사람이 다 그의 어짊을 믿을 것이나

이는 단지 작은 염치일 뿐이다. 그가 형을 피하며 어머니를 떠나고 임금의 녹을 먹지 않아 인도의 큰 윤리가 없으니, 죄가 이보다 더 큰 것이 없다. 어찌 작은 염치를 큰 절개라 믿어 급기야 어질다 여길 수 있겠느냐?'고 말한 것이다.

- 舍 놓을 사   簞 대그릇 단   豆 나무그릇 두   亡 없을 무
  奚 어찌 해

35-1. 桃應이 問曰 舜이 爲天子요 皐陶(요)爲士어든 瞽瞍 殺人則如之何잇고

도응이 여쭈었다. "순이 천자요 고요가 법관일 경우 고수가 살인하면 어찌합니까?"

桃應은 孟子弟子也라 其意以爲舜이 雖愛父나 而不可以私害公이요 皐陶 雖執法이나 而不可以刑天子之父라 故로 設此問하야 以觀聖賢用心之所極이요 非以爲眞有此事也라

桃應은 맹자의 제자이다. 그의 뜻은 순이 비록 아버지를 사랑하나 사로 공을 해치지 못할 것이요 고요가 비록 법을 집행하나 천자의 아버지를 처형하지 못할 것이라 여긴 것이다. 그러므로 이 질문을 가설하여 성현의 마음 씀의 극처를 관찰하려 한 것이지 진짜 이런 일이 있다고 한 것은 아니다.

35-2. 孟子曰 執之而已矣니라

맹자께서 말씀하셨다. "집행할 따름이다."

言皐陶(요)之心은 知有法而已요 不知有天子之父也라

'고요의 마음은 법이 있는 줄만을 알 뿐이지 천자의 아버지 있음을 모름'을 말한 것이다.

35-3. 然則舜은 不禁與잇가

여쭈었다. "그러면 순은 금지하지 않겠습니까?"

桃應이 問也라

도응이 물은 것이다.

35-4. 曰 夫舜이 惡(오)得而禁之시리오 夫有所受之也니라

말씀하셨다. "순이 어찌 금지하시겠는가? 대저 예부터 대대로 전해 받은 바가 있다."

言皐陶(요)之法이 有所傳受하야 非所敢私니 雖天子之命이라도 亦不得而廢之也라

'고요의 법이 예부터 전수받은 것이 있어 감히 사사로이 할 바가 아니니 비록 천자의 명령이라도 또한 폐지할 수 없음'을 말한 것이다.

35-5. 然則舜은 如之何잇고

여쭈었다. "그러면 순은 어찌합니까?"

桃應이 問也라

도응이 물은 것이다.

35-6. 曰 舜이 視棄天下하사대 猶棄敝蹝也하사 竊負而逃하사 遵海濱而處하사 終身訢然樂(락)而忘天下하시리라

말씀하셨다. "순이 천하 버리기를 헌신짝 버리듯 하시어 몰래 아버지를 업고 달아나시어 바닷가를 따라 사시어 평생토록 흔연히 즐거워하여 천하를 잊으실

것이다."

蹝는 草履也라 遵은 循也라 言舜之心은 知有父而已요 不知有天下也라 孟子 嘗言舜이 視天下를 猶草芥하고 而惟順於父母라야 可以解憂라하시니 與此意로 互相發이라

○ 此章은 言爲士者는 但知有法而不知天子父之爲尊이요 爲子者는 但知有父而不知天下之爲大니 蓋其所以爲心者 莫非天理之極人倫之至라 學者 察此而有得焉이면 則不待較計論量而天下에 無難處之事矣리라

蹝는 짚신이다. 遵은 따라감이다. '순의 마음은 아버지만 알 뿐이지 천하는 모름'을 말한 것이다. 맹자께서 일찍이 '천하 보기를 초개와 같이 하고 오직 부모님께 순응해야 근심을 풀 수 있었다.'하시니, 이 뜻과 상호 발명된다.

○ 이 장은 '법관이 된 자는 단지 법이 있음만을 알고 천자 아버지의 존귀함을 몰라야 할 것이요, 자식 된 자는 단지 아버지만 알고 천하가 큼을 몰라야 하니, 대개 마음에 간직한 것이 천리와 인륜의 지극함이 아님이 없음'을 말한 것이다. 학자가 이를 관찰하여 터득하면 계교하고 헤아리지 않아도 천하에 처리하기 어려운 일이 없을 것이다.

■ 弊 해질 폐   蹝 짚신 사   遵 따른 준   訴 기뻐할 흔

36-1. 孟子 自范之齊러시니 望見齊王之子하시고 喟然歎曰 居移氣하며 養移體하나니 大哉라 居乎여 夫非盡人之子與아

맹자께서 범읍에서 제나라 도읍으로 가시더니 제왕의 아들을 바라보시고 크게 탄식하며 말씀하셨다. "처한 지위가 기상을 바꾸며 음식과 의복이 신체를 변화하나니, 위대하구나, 처한 지위여! 다 사람의 자식이 아닌가?"

范은 齊邑이라 居는 謂所處之位라 養은 奉養也라 言人之居處 所繫

甚大하니 王子亦人子耳로대 特以所居不同이라 故로 所養不同하야 而其氣體有異也라

范은 제나라 읍이다. 居는 처한 지위를 이른다. 養은 봉양이다. 사람의 처한 지위가 관련성이 매우 중대하니 왕자 역시 사람의 자식일 뿐이지만 단지 처한 지위가 같지 않은지라, 그러므로 봉양한 바가 달라 그의 기상과 신체가 남다른 것이다.

- 喟 탄식할 위

36-2. 孟子曰

맹자께서 말씀하셨다.

張鄒 皆云羨文也라

장씨와 추씨가 다 연문이라 하였다.

36-3. 王子宮室車馬衣服이 多與人同而王子 若彼者는 其居 使之然也니 況居天下之廣居者乎아

왕자의 궁실과 거마와 의복이 대부분 남과 같은데도 왕자가 저와 같은 것은 그의 지위가 그렇게 한 것이니, 하물며 천하의 廣居(仁)에 처한 자이겠는가?

廣居는 見(현)前篇하니라 尹氏曰 睟然見(현)於面하고 盎於背는 居天下之廣居者 然也라

廣居는 전편에 보였다. 윤씨가 말하였다. "얼굴에 밝게 나타나며 등에 가득함은 천하의 광거에 처한 자가 그러하다."

36-4. 魯君이 之宋하야 呼於垤澤之門이어늘 守者曰 此非吾君也로대 何其聲之似我君也오하니 此는 無他라 居相似也니라

노나라 임금이 송나라에 가서 질택의 성문에서 부르거늘, 지키는 자가 '이분이 우리 임금이 아닌데도 어쩌면 이리 그 소리가 우리 임금과 비슷한가.'하니, 이는 다른 이유가 없다. 처한 지위가 서로 비슷하기 때문이다."

> 垤澤은 宋城門名也라 孟子 又引此事爲證하시니라
> 垤澤은 송나라 성문 이름이다. 맹자께서 또 이 일을 인용하여 증명하셨다.

■ 垤 개미둑 질

37-1. 孟子曰 食(사)而弗愛면 豕交之也요 愛而不敬이면 獸畜(휵)之也니라

맹자께서 말씀하셨다. "먹이기만 하고 사랑하지 않으면 돼지로 취급함이요 사랑하되 공경하지 않으면 짐승으로 기름이다.

> 交는 接也라 畜(휵)은 養也라 獸는 謂犬馬之屬이라
> 交는 취급함이다. 畜(휵)은 기름이다. 獸는 개와 말 등을 이른다.

■ 畜 기를 휵

37-2. 恭敬者는 幣之未將者也니라

공경이란 폐백을 받들지 않았을 적에 지닌 것이다.

> 將은 猶奉也니 詩曰 承筐是將이라하니라 程子曰 恭敬이 雖因威儀幣帛而後에 發見(현)이나 然幣之未將時에 已有此恭敬之心이요 非因幣帛而後有也라

將은 받듦과 같으니, 『詩』에 '광주리를 받들어 올린다.'하였다. 정자가 말하였다. "공경이 비록 위의와 폐백으로 인하여 나타나지만 폐백을 받들지 않았을 때에 이미 이 공경하는 마음을 갖는 것이지 폐백으로 인한 뒤에 지님이 아니다."

■ 幣 폐백 폐   　　將 받들 장   　　筐 광주리 광

37-3. 恭敬而無實이면 君子 不可虛拘니라

공경하되 정성이 없으면 군자가 헛되이 머물지 못할 것이다."

此는 言當時諸侯之待賢者 特以幣帛爲恭敬而無其實也라 拘는 留也라

이는 '당시의 제후가 현자를 대우함이 단지 폐백을 공경이라 여기고 그 정성이 없음'을 말한 것이다. 拘는 머무름이다.

■ 拘 머무를 구

38. 孟子曰 形色은 天性也니 惟聖人然後에 可以踐形이라

맹자께서 말씀하셨다. "형체와 색은 천성이니 오직 성인인 연후에 인간의 도리를 실천할 수 있다."

人之有形有色이 無不各有自然之理하니 所謂天性也라 踐은 如踐言之踐이라 蓋衆人은 有是形而不能盡其理故로 無以踐其形이요 惟聖人은 有是形而又能盡其理하니 然後에 可以踐其形而無歉也라

○程子曰 此는 言聖人이 盡得人道而能充其形也라 蓋人得天地之正氣而生하야 與萬物不同하니 旣爲人이면 須盡得人理然後에 稱其名이라 衆人은 有之而不知하고 賢人은 踐之而未盡하니 能充其形은 惟聖人也라 楊氏曰 天生烝民에 有物有則(칙)하니 物者는 形色也요 則(칙)者는 性也니 各盡其則(칙)이면 則可以踐形矣라

사람의 형체와 색이 각기 자연의 이치 아님이 없으니, 이른바 천성이다. 踐은 말을 실천한다는 踐자와 같다. 대개 대중은 이 형체를 지니고도 능히 그 이치를 다하지 못하므로 그의 형체의 도리를 실천할 수 없고, 오직 성인만은 이 형체를 지니고 또 능히 그 이치를 다하니, 그런 연후에 그의 형체의 도리를 실천하여 부족함이 없는 것이다.

○정자가 말하였다. "이는 '성인이 인도를 능히 그의 형체로 확충함'을 말한 것이다. 대개 사람이 천지의 바른 기운을 부여받고 태어나 만물과 다르니 이미 사람이라면 모름지기 사람의 이치를 다한 연후에 그 이름에 걸맞을 수 있다. 대중은 지녔으되 모르고 현인은 실천하되 미진하니 능히 그의 형체로 확충할 수 있는 이는 오직 성인뿐이다." 양씨가 말하였다. "하늘이 뭇 백성을 내심에 사물이 있으면 법칙이 있으니, 物이란 형색이요 則이란 性이니 각기 제 법칙을 다하면 형체의 도리를 실천할 수 있다."

■ 歉 부족할 겸

39-1. 齊宣王이 欲短喪이어늘 公孫丑(추)曰 爲朞之喪이 猶愈於已乎인져

제선왕이 喪期(3년상)를 단축하고자 하거늘 공손추가 말하였다. "기년 상을 함이 그만두는 것보다는 나은 것 같습니다."

已는 猶止也라

已는 그만 둠과 같다.

■ 朞 돌 기

39-2. 孟子曰 是猶或이 紾其兄之臂어든 子謂之姑徐徐云爾로다 亦敎之孝弟而已矣니라

맹자께서 말씀하셨다. "이는 혹자가 형의 팔을 비틀거든, 그대가 우선 천천히 하라고 함과 같도다. 또한 효제로 가르칠 따름이다."

紾은 戾也라 敎之以孝弟之道면 則彼當自知兄之不可戾而喪之不可短矣리라 孔子曰 子生三年然後에 免於父母之懷하나니 予也 有三年之愛於其父母乎아하시니 所謂敎之以孝弟者 如此하니 蓋示之以至情之不能已者요 非强之也라

紾은 비틂이다. 효제의 도로써 가르치면 저이가 마땅히 형의 팔을 비틀지 못하고 상기(3년상)를 단축하지 못할 것을 스스로 알 것이다. 공자께서 '자식이 태어나 3년 된 연후에 부모의 품을 벗어나나니 재여가 부모에게 3년의 사랑이 있었느냐?'하시니, 이른바 효제로 가르친다는 것이 이 같으니, 대개 지극한 정리로 그만두지 못함을 보여주는 것이지 강요하는 것이 아니다.

39-3. 王子 有其母死者어늘 其傅 爲之請數月之喪이러니 公孫丑(추)曰 若此者는 何如也잇고

왕자가 그의 생모 죽은 자가 있거늘 그의 스승이 그를 위해 수개월의 상기를 요청하였는데, 공손추가 여쭈었다. "이와 같은 것은 어떠합니까?"

陳氏曰 王子所生之母 死에 厭(압)於嫡母而不敢終喪이어늘 其傅 爲請於王하야 欲使得行數月之喪也라 時又適有此事하니 丑(추)問如此者는 是非何如잇고 按儀禮에 公子 爲其母하야 練冠麻衣縓緣하고 旣葬에 除之하니 疑當時에 此禮已廢하야 或旣葬而未忍卽除故로 請之也라

진씨가 말하였다. "왕자의 생모가 죽음에 적통의 어머니에게 눌려 감히 상기를 마칠 수 없거늘 그의 스승이 왕에게 요청하여 수개월의 상기를 할 수 있게 하려 한 것이다." 이 때 마침 이런 일이 있으니, 공손추가 이 같은 것은 시비가 어떠냐고 물은 것이다. 살펴보면, 「儀禮」에 '공자가 생모를 위해 련관에 삼베옷을 입고 붉은 도련을 하고 장사지내면 벗는다.'하니, 아마

도 당시에 이 예가 이미 폐지되어 혹은 이미 장사지내고 차마 벗지 못하겠기에 요청한 듯하다.

■ 厭 눌릴 압　　　練 누일 련　　　縓 분홍빛 전　　　緣 도련 연

39-4. 曰 是欲終之而不可得也라 雖加一日이나 愈於已하니 謂夫莫之禁而弗爲者也니라

말씀하셨다. "이는 마치려해도 할 수 없는 것이다. 비록 하루를 더해도 그만둠보다 나으니 금지하는 이가 없는데도 하지 않는 자를 이른 것이다."

言王子 欲終喪而不可得이어늘 其傅 爲請하니 雖止得加一日이라도 猶勝不加하니 我前所譏는 乃謂夫莫之禁而自不爲者耳라

○ 此章은 言三年通喪은 天經地義라 不容私意로 有所短長이니 示之至情이면 則不肖者 有以企而及之矣라

'왕자가 상기를 마치려해도 할 수 없거늘 그의 스승이 요청한 것이니 비록 단 하루를 더하더라도 더하지 않음보다 나으니, 내가 앞서 기롱한 것은 금지하는 이가 없는데도 스스로 하지 않는 자를 이른 것뿐임'을 말한 것이다.

○이 장은 공통의 3년상은 천지의 떳떳한 의리라서 사적인 마음으로 줄이고 늘임을 용납할 수 없으니, 지극한 정리를 보여주면 불초한 자가 발돋움하여 미칠 수 있을 것이다.

■ 止 다만 지　　　企 발돋움할 기

40-1. 孟子曰 君子之所以敎者 五니

맹자께서 말씀하셨다. "군자가 가르치는 방법이 다섯 가지이니,

下文五者는 蓋因人品高下와 或相去遠近先後之不同이라

아래 다섯 가지는 대개 인품의 고하와 혹은 서로 떨어진 지역의 원근과 시대의 선후 차이로 인한 것이다.

40-2. 有如時雨 化之者하며

때맞추어 내린 비가 변화시키듯 하는 것도 있으며,

時雨는 及時之雨也라 草木之生에 播種封植하야 人力已至로대 而未能自化하니 所少者는 雨露之滋耳라 及此時而雨之면 則其化速矣니 敎人之妙 亦猶是也니 若孔子之於顔曾이 是已라

時雨는 때맞추어 내린 비이다. 초목의 생장에 씨 뿌리고 배양하여 인력은 지극하지만 능히 스스로 변화하지 못하니 부족한 것은 우로의 자양일 뿐이다. 이러한 때에 비 내리면 그 변화가 신속할 것이다. 사람을 가르치는 신묘함이 또한 이와 같으니, 공자께서 안자와 증자를 가르치심이 이러할 뿐이다.

40-3. 有成德者하며 有達財者하며

덕을 이루게 하는 것도 있으며 재주를 통달케 하는 것도 있으며,

財는 與材로 同이라 此는 各因其所長而敎之者也라 成德은 如孔子之於冉閔이요 達財는 如孔子之於由賜라

財는 材자와 같다. 이는 각각 장점에 따라 가르치는 것이다. 成德은 공자께서 염우와 민자건을 가르치신 것 같고 達財는 공자께서 자로와 자공을 가르치심과 같다.

■ 財 재주 재

40-4. 有答問者하며

물음에 대답하는 것도 있으며,

就所問而答之니 若孔孟之於樊遲萬章也라

물은 바에 대답하는 것이니, 공자와 맹자께서 번지와 만장을 가르치심과 같다.

40-5. 有私淑艾者하니

그윽이 선으로 다스린 자 있으니,

私는 竊也요 淑은 善也요 艾는 治也라 人或不能及門受業하고 但聞君子之道於人而竊以善治其身이면 是亦君子敎誨之所及이니 若孔孟之於陳亢夷之 是也라 孟子亦曰 予未得爲孔子徒也나 予는 私淑諸人也라하시니라

私는 그윽이요 淑은 선이요 艾는 다스림이다. 사람이 혹 문하에서 수업하지 못하고 단지 남에게 군자의 도를 듣고 그윽이 선으로 자신을 다스리면 이 역시 군자의 가르침이 미친 것이니, 공자와 맹자께서 진항과 이지를 가르치심이 이런 예이다. 맹자께서 또 말씀하셨다. "내가 공자의 생도가 되지 못했으나 나는 남에게 사숙했다."

■ 私 그윽이 사　　淑 착할 숙　　艾 다스릴 예

40-6. 此五者는 君子之所以敎也니라

이 다섯 가지는 군자가 가르치는 방법이다."

聖賢施敎 各因其材하야 小以成小하고 大以成大하야 無棄人也라

성현의 가르침이 각기 그 재질에 따라 작으면 작게 이루고 크면 크게

이루어 사람을 버림이 없다.

41-1. 公孫丑㈜曰 道則高矣美矣나 宜若登天然이라 似不可及也니 何不使彼로 爲可幾及而日孳孳也잇고

공손추가 여쭈었다. "도는 높고도 아름다우나 하늘에 오름과 같은지라 도달하지 못할 듯하니, 어찌 저들로 하여금 거의 도달할 수 있게 하여 나날이 힘쓰게 하지 않으십니까?"

41-2. 孟子曰 大匠이 不爲拙工하야 改廢繩墨하며 羿 不爲拙射하야 變其彀率(률)이니라

맹자께서 말씀하셨다. "큰 목수가 졸렬한 목공을 위하여 먹줄을 고치거나 폐지하지 않으며 예가 졸렬한 사수를 위하여 활 당기는 규정을 바꾸지 않는다.

彀率(률)은 彎弓之限也라 言敎人者 皆有不可易之法하니 不容自貶以徇學者之不能也라

彀率은 활을 당기는 한계이다. '사람을 가르치는 자가 다 바꾸지 못할 법이 있으니 제멋대로 낮추어 배우는 자의 능치 못함을 따를 수 없음'을 말한 것이다.

■ 繩 줄 승　　彀 당길 구　　率 비율 률　　彎 당길 만

41-3. 君子 引而不發하야 躍如也하야 中道而立이어든 能者 從之니라

군자가 활시위를 당기되 쏘지 않아 튕겨나갈 듯이 하여 정확한 방법으로 중도로 서면 능한 자가 따라 한다."

引은 引弓也라 發은 發矢也라 躍如는 如踊躍而出也라 因上文彀率

(률)而言君子 教人에 但授以學之之法이요 而不告以得之之妙를 如射者之引弓而不發矢나 然이나 其所不告者 已如踊躍而見於前矣라 中者는 無過不及之謂라 中道而立은 言其非難非易(이)요 能者從之는 言學者 當自勉也라

○此章은 言道有定體하고 教有成法하니 卑不可抗이요 高不可貶이요 語不能顯이요 默不能藏이라

引은 활을 당김이다. 發은 화살을 쏨이다. 躍如는 튕겨나갈 듯이 함이다. 윗글 穀率을 토대로 '군자가 사람을 가르침에 단지 배운 방법만 전수하고 터득하는 묘법을 알려주지 못함을, 활 쏘는 자가 활을 당기기만 하고 쏘지 않으나, 그 알려주지 못하는 것이 이미 튕겨나갈 듯이 눈앞에서 보는 것과 같음'을 말한 것이다. 中이란 지나침도 미치지 못함도 없음을 이른다. 中道而立은 어렵지도 쉽지도 않음을 이르고 能者從之는 학자가 마땅히 스스로 힘써야 함을 말한다.

○이 장은 '도는 定體가 있고 교육은 成法이 있으니, 낮은 것은 높일 수 없고 높은 것은 깎아내릴 수 없고, 말로 드러낼 수 없고 침묵으로 감출 수 없음'을 말한 것이다.

■ 躍 뛸 약   踊 뛸 용   抗 들어올릴 항   貶 떨어트릴 폄

42-1. 孟子曰 天下 有道엔 以道殉身하고 天下 無道엔 以身殉道하나니

맹자께서 말씀하셨다. "천하가 도 있음엔 도로써 몸으로 따르고 천하가 도 없음엔 몸으로써 도를 따르나니,

殉은 如殉葬之殉이니 以死隨物之名也라 身出則道在必行이요 道屈則身在必退니 以死相從而不離也라

殉은 殉葬의 殉자와 같으니, 죽음으로써 사람을 따른다는 이름이다. 몸이

벼슬에 나가면 도가 반드시 행해지고 도가 굽으면 몸이 반드시 물러나니 죽음으로써 서로 따라 떠나지 않는다.

■ 殉 따라죽을 순

42-2. 未聞以道로 殉乎人者也케라

도로써 남을 따른다는 말은 듣지 못했다."

以道從人은 妾婦之道라
도로써 남을 따름은 첩부의 도이다.

43-1. 公都子曰 滕更(경)之在門也에 若在所禮而不答은 何也잇고

공도자가 여쭈었다. "등경이 문하에 있을 적에 예대할 바 있을 듯한데 대답하지 않으심은 어째서입니까?"

趙氏曰 滕更(경)은 滕君之弟로 來學者也라
조씨가 말하였다. "등경은 등나라 임금의 아우로 와서 배운 자이다."

■ 滕 오를 등

43-2. 孟子曰 挾貴而問하며 挾賢而問하며 挾長而問하며 挾有勳勞而問하며 挾故而問이 皆所不答也니 滕更(경)이 有二焉하니라

맹자께서 말씀하셨다. "존귀를 믿고 물으며 재능을 믿고 물으며 어른임을 믿고 물으며 공로가 있음을 믿고 물으며 옛 교분을 믿고 물음에 다 대답하지 않을 바이니, 등경이 두 가지가 있다."

趙氏曰 二는 謂挾貴挾賢也라 尹氏曰 有所挾이면 則受道之心이 不

專이니 所以不答也라

○此는 言君子 雖誨人不倦이나 又惡(오)夫意之不誠者라

조씨가 말하였다. "二는 挾貴와 挾賢을 이른다." 윤씨가 말하였다. "믿고 뽐내는 바가 있으면 도를 받아들이는 마음이 전일하지 못하기에 대답하지 않는 것이다."

○이것은 '군자가 비록 사람을 가르침에 게으르지는 않으나 마음이 진실하지 못함을 미워함'을 말한 것이다.

■ 挾 낄 협

44-1. 孟子曰 於不可已而已者는 無所不已요 於所厚者薄이면 無所不薄也니라

맹자께서 말씀하셨다. "그치지 못할 데서 그치는 자는 그치지 못할 바가 없고 후하게 할 바에서 박하면 박하게 못할 것이 없다.

已는 止也니 不可止는 謂所不得不爲者也라 所厚는 所當厚者也라 此는 言不及者之弊라

已는 그침이니 不可止는 하지 않을 수 없는 바를 이른다. 所厚는 마땅히 후하게 할 바이다. 이것은 미치지 못하는 자의 폐단을 말한 것이다.

44-2. 其進이 銳者는 其退 速이니라

그 전진함이 날쌘 자는 그 후퇴함이 신속하다."

進銳者는 用心太過하야 其氣易(이)衰故로 退速이라

○三者之弊는 理勢必然이니 雖過不及之不同이나 然이나 卒同歸於廢弛라

전진이 날쌘 자는 마음 씀이 매우 지나쳐서 그 기운이 쉽게 쇠하므로 후퇴함이 빠른 것이다.

○ 세 가지 폐단은 이치와 형세가 반드시 그러한 것이니, 비록 지나침과 미치지 못함이 다르나 끝내는 똑같이 피폐하고 해이해진다.

45-1. 孟子曰 君子之於物也에 愛之而弗仁하고 於民也에 仁之而弗親하나니 親親而仁民하며 仁民而愛物이니라

맹자께서 말씀하셨다. "군자가 만물을 사랑하되 仁으로 대하지 않고 백성을 仁으로 대하되 친히 하지 않나니 어버이를 친히 하고 백성을 仁으로 대하며 백성을 仁으로 대하고 만물을 사랑한다."

物은 謂禽獸草木이라 愛는 謂取之有時하고 用之有節이라 程子曰 仁은 推己及人이니 如老吾老以及人之老는 於民則可커니와 於物則不可하니 統而言之하면 則皆仁이요 分而言之하면 則有序라 楊氏曰 其分이 不同故로 所施 不能無差等하니 所謂理一而分殊者也라 尹氏曰 何以有是差等고 一本故也니 無僞也라

物은 금수와 초목을 이른다. 愛는 취함이 때가 있고 용도가 절도가 있음을 이른다. 정자가 말하였다. "仁은 자기를 미루어 남에게 미침이니, 예를 들어 나의 노인을 노인으로 대우함을 남의 노인에게 미룸은 백성에게는 가능하지만 만물에게는 불가하니 통틀어 말하면 곧 다 인이요, 나누어 말하면 곧 순서가 있다." 양씨가 말하였다. "그 분한이 같지 않으므로 시행함에 차등이 없을 수 없으니 이른바 理一分殊라는 것이다." 윤씨가 말하였다. "무엇 때문에 이런 차등이 있는가? 근본이 하나이기 때문이니 거짓이 없다."

46-1. 孟子曰 知者 無不知也나 當務之爲急이요 仁者 無不愛也나 急

親賢之爲務니 堯舜之知로 而不徧物은 急先務也요 堯舜之仁으로 不徧愛人은 急親賢也니라

맹자께서 말씀하셨다. "지자는 모를 것이 없으나 당무를 급히 여기고 인자가 사랑하지 않는 것이 없으나 현인을 친히 함을 급한 일로 삼으니, 요순의 지혜로 만물에 두루 미치지 못함은 먼저 할 일을 급히 함 때문이요 요순의 인으로 사람을 두루 사랑하지 못함은 현인을 친히 함을 급히 함 때문이다.

知者 固無不知나 然이나 常以所當務者로 爲急이면 則事無不治하야 而其爲知也 大矣요 仁者 固無不愛나 然이나 常急於親賢이면 則恩無不洽하야 而其爲仁也 博矣리라

지자가 진실로 모르는 것이 없으나, 항상 당무를 급한 일로 여기면 일마다 다스려지지 않음이 없어서 그 지혜로움이 위대할 것이요, 인자가 진실로 사랑하지 않는 것이 없으나 항상 현인을 친히 함에 급하면 은혜가 흡족하지 않음이 없어서 그 어짊이 넓을 것이다.

46-2. 不能三年之喪而緦小功之察하며 放飯流歠而問無齒決이 是之謂不知務니라

3년상을 능히 못하면서 시마와 소공을 자세히 하며 밥술을 크게 떠먹으며 국물을 길게 마시면서 이로 끊어 먹지 말 것을 강구함이 바로 당무를 모른다고 하는 것이다."

三年之喪은 服之重者也라 緦麻三月과 小功五月은 服之輕者也라 察은 致詳也라 放飯은 大飯이요 流歠은 長歠이니 不敬之大者也라 齒決은 齧斷乾(간)肉이니 不敬之小者也라 問은 講求之意라

○此章은 言君子之於道에 識其全體면 則心不狹이요 知所先後면 則事有序라 豐氏曰 智不急於先務면 雖徧知人之所知하고 徧能人之

所能이라도 徒弊精神而無益於天下之治矣요 仁不急於親賢이면 雖有仁民愛物之心이나 小人在位하야 無由下達하야 聰明이 日蔽於上하고 而惡政이 日加於下하리니 此는 孟子所謂不知務也라

　三年之喪은 상복 중 중한 것이다. 시마 3개월과 소공 5개월은 상복 중 가벼운 것이다. 察은 자세히 함이다. 放飯은 크게 떠먹음이요 流歠은 길게 마심이니, 불경 중 큰 것이요, 齒決은 말린 고기를 이로 끊음이니 불경 중 작은 것이다. 問은 강구한다는 뜻이다.

　○이 장은 '군자가 도에 그 전체를 알면 마음이 협소하지 않고 먼저하고 뒤에 할 바를 알면 일에 순서가 있음'을 말한 것이다. 풍씨가 말하였다. "지혜가 먼저 할 일에 급하지 않으면 비록 남이 아는 것을 두루 알고 남이 능한 것을 두루 능하더라도 한갓 정신만 피폐하고 천하를 다스림에는 무익할 것이요, 인이 현인을 친히 함에 급하지 않으면 비록 백성을 인으로 대하고 만물을 사랑하는 마음을 지녔더라도 소인이 높은 지위에 있어서 아래로 통달할 방법이 없어 총명이 날로 위에서 가려지고 악정이 날로 아래에 더해질 것이니, 이것은 맹자께서 이른바 당무를 모른다는 것이다."

■ 緦 시마 시　　　放 클 방　　　歠 마실 철　　　決 끊을 결

盡心章句下

凡三十八章이라

모두 38장이다.

1-1. 孟子曰 不仁哉라 梁惠王也여 仁者는 以其所愛로 及其所不愛하고 不仁者는 以其所不愛로 及其所愛니라

맹자께서 말씀하셨다. "불인하도다. 양나라 혜왕이여! 인자는 그가 사랑하는 바를 미루어 사랑하지 않는 바에 미치고, 불인한 자는 그가 사랑하지 않는 바를 미루어 사랑하는 바에 미친다."

親親而仁民하고 仁民而愛物하니 所謂以其所愛로 及其所不愛也라

어버이를 친히 하고서 백성을 인으로 대하고 백성을 인으로 대하고서 만물을 사랑하니, 이른바 그가 사랑하는 바를 미루어 사랑하지 않는 바에 미친다는 것이다.

1-2. 公孫丑(추)曰 何謂也잇고 梁惠王이 以土地之故로 糜爛其民而戰之하야 大敗하고 將復(부)之호대 恐不能勝故로 驅其所愛子弟하야 以殉之하니 是之謂以其所不愛로 及其所愛也니라

공손추가 여쭈었다. "무엇을 말한 것입니까?" 말씀하셨다. "양나라 혜왕이

토지 때문에 그의 백성을 썩어 문드러지게 하고 싸워 크게 패하고, 다시 싸우려 하되 이기지 못할까 두려우므로 그의 사랑하는 자식을 내몰아 죽이니, 이것을 일러 그가 사랑하지 않는 바를 미루어 사랑하는 바에 미친다는 것이다.

梁惠王以下는 孟子答辭也라 糜爛其民은 使之戰鬪하야 糜爛其血肉也라 復(부)之는 復(부)戰也라 子弟는 謂太子申也라 以土地之故로 及其民하고 以民之故로 及其子하니 皆以其所不愛로 及其所愛也라

○ 此는 承前篇之末三章之意하야 言仁人之恩은 自內及外하고 不仁之禍는 由疏逮親이라

梁惠王 이하는 맹자께서 대답하신 말씀이다. 糜爛其民은 싸우게 하여 그들의 피와 살을 썩어 문드러지게 함이다. 復(부)之는 다시 싸움이다. 子弟는 태자 신을 말한다. 토지 때문에 그의 백성에 미치고 백성 때문에 그의 자식에 미친 것이니, 다 그가 사랑하지 않는 것을 미루어 그가 사랑하는 바에 미친 것이다.

○ 이것은 전편의 마지막 3장의 뜻을 계승하여 '인한 사람의 은혜는 내부에서 외부로 미치고 불인한 사람의 재앙은 소원한 데에서 친한 이에게 미쳐나감'을 말한 것이다.

■ 糜 문드러질 미   爛 문드러질 란   殉 따라죽을 순

2-1. 孟子曰 春秋에 無義戰하니 彼善於此則有之矣니라

맹자께서 말씀하셨다. "『춘추』에 의로운 전쟁이 없으니, 저것이 이것보다 나은 것은 있다.

春秋에 每書諸侯戰伐之事에 必加譏貶하야 以著其擅興之罪하고 無有以爲合於義而許之者나 但就中彼善於此者則有之하니 如召陵之師之類 是也라

『春秋』에 매번 제후의 전쟁과 정벌을 기록할 적에 반드시 비난하고 폄하하여 그들 멋대로 전쟁을 일으킨 죄를 나타내고 의에 부합하는 것으로 허여한 것은 없으나, 다만 그 중에 저것이 이것보다 나은 것은 있으니, 소릉의 군대 같은 종류가 이러한 예이다.

* 彼善於此 : 저것이 이보다 조금 낫다는 의미이지 진선하다는 의미는 아니다.
* 召陵之師 : 『春秋』 애공 4년에 보인다. 제나라 환공이 초나라를 침략할 적에 소릉에 군을 주둔하고 맹세한 일을 말한다.

2-2. 征者는 上伐下也니 敵國은 不相征也니라

征이란 위에서 아래를 치는 것이니, 대등한 나라끼리는 서로 치지 못한다."

征은 所以正人也니 諸侯有罪면 則天子 討而正之하나니 此는 春秋 所以無義戰也라

征은 남을 바로잡는 것이니 제후가 죄가 있으면 천자가 성토하고 바로잡는 것이니, 이것은 『春秋』에 의로운 전쟁이 없는 까닭이다.

■ 敵 대등할 적

3-1. 孟子曰 盡信書則不如無書니라

맹자께서 말씀하셨다. "『書』를 다 믿으면 『書』가 없느니만 못하다.

程子曰 載事之辭 容有重稱而過其實者하니 學者 當識其義而已라 苟執於辭하면 則時或有害於義하니 不如無書之愈也라

정자가 말하였다. "사실을 기록한 말이 혹 심하게 칭찬하여 사실보다 지나친 것이 있으니 학자가 마땅히 그 뜻을 알아야 할 따름이다. 진실로 말에 집착하면 때로 혹 뜻을 해칠 수 있으니, 『書』가 없는 것이 더 낫다."

■ 載 기록할 재　　　容 혹 용　　　苟 진실로 구

3-2. 吾於武成에 取二三策而已矣로라

내가 <武成>편에서는 2-3책만 취택할 뿐이다.

武成은 周書篇名이니 武王이 伐紂하고 歸而記事之書也라 策은 竹簡也니 取其二三策之言이요 其餘는 不可盡信也라 程子曰 取其奉天伐暴(포)之意와 反政施仁之法而已라

武成은 「周書」 편명이니 무왕이 주를 정벌하고 돌아와 사실을 기록한 글이다. 策은 죽간이니 2-3책의 말을 취택하고 그 나머지는 다 믿을 수 없다. 정자가 말하였다. "천명을 받들어 포악한 자를 정벌한 의의와 정사를 돌이켜 인정을 베푼 법을 취택할 뿐이다."

■ 策 대쪽 책　　　簡 대쪽 간

3-3. 仁人은 無敵於天下니 以至仁으로 伐至不仁이어니 而何其血之流杵也리오

仁人은 천하에 적이 없으니 지극한 인으로써 지극한 불인을 치는데 무슨 피가 그리 흘러 방앗공이를 뜨게 하겠는가?"

杵는 舂杵也라 或作鹵하니 楯也라 武成에 言武王이 伐紂에 紂之前徒倒戈하야 攻于後以北(배)하야 血流漂杵라하니 孟子 言此則其不可信者나 然이나 書本意는 乃謂商人이 自相殺이요 非謂武王殺之也라 孟子之設是言은 懼後世之惑이요 且長不仁之心耳시니라

杵는 방앗공이이다. 혹 鹵자를 썼으니 방패이다. <武成>편에 '무왕이 주를 정벌함에 주의 전방병사가 창을 거꾸로 하여 후방을 공격함으로써 패배하여 피가 흘러 방앗공이를 떠다니게 했다.'하니, 맹자께서 '이는 믿을 수 없다.'고 하셨다. 『書』의 본뜻은 상나라 사람이 스스로 서로 죽임을 이른

것이지 무왕이 죽임을 이른 것이 아니다. 맹자께서 이 말씀을 하심은 후세의 의혹과 불인한 마음이 자라날까 걱정하신 것이다.

- 杵 공이 저
- 舂 찧을 용
- 鹵 방패 로
- 楯 방패 순
- 北 달아날 배
- 漂 떠다닐 표

4-1. 孟子曰 有人이 曰我 善爲陳하며 我 善爲戰이라하면 大罪也니라

맹자께서 말씀하셨다. "어떤 사람이 '내가 진을 잘 치며 내가 전쟁을 잘한다.' 하면 큰 죄이다.

制行(항)伍曰陳이요 交兵曰戰이라

항오 갖춤을 진이라 하고 병기로 싸움을 전이라 한다.

- 行 항렬 항
- 伍 다섯사람 오
- 陳 진법 진
- 兵 병장기 병

4-2. 國君이 好仁이면 天下에 無敵焉이니 南面而征에 北狄이 怨하며 東面而征에 西夷 怨하야 曰奚爲後我오하니라

임금이 인을 좋아하면 천하에 대적할 이 없으니 남쪽으로 정벌함에 북쪽 오랑캐가 원망하며 동쪽으로 정벌함에 서쪽 오랑캐가 원망하여 '어찌 우리를 뒤에 하는가.' 한다.

此는 引湯之事以明之하니 解見(현)前篇하니라

이것은 탕왕의 일을 인용하여 증명한 것이니, 해설이 전편에 보였다.

4-3. 武王之伐殷也에 革車 三百兩이요 虎賁이 三千人이러니라

무왕이 은나라를 정벌하심에 병거가 300대요 맹장이 3,000인 이었다.

又以武王之事로 明之也라 兩은 車數니 一車兩輪也라 千은 書序에

作百하니라

또 무왕의 일로써 증명한 것이다. 兩은 수레 대수이니 한 대에 바퀴 두 개이다. 千은 書序에 百자로 쓰였다.

4-4. 王曰 無畏하라 寧爾也라 非敵百姓也라하신대 若崩厥角하야 稽首하니라

무왕이 '두려워 마라. 너희를 편안히 하려함이지 백성을 적대함이 아니다.'하시자, 뿔을 땅에 대듯이 머리를 조아렸다.

書泰誓文이 與此小異하니 孟子之意는 當云王謂商人曰 無畏我也하라 我來伐紂는 本爲安寧汝요 非敵商之百姓也라한대 於是에 商人이 稽首至地를 如角之崩也라

『書』<泰誓>편 글이, 이와 조금 다르니 맹자의 뜻은 '마땅히 무왕이 상나라 사람에게 나를 두려워 마라. 내가 와서 주를 정벌함은 본래 너희의 안녕을 위해서지 상나라 백성을 대적하려 함이 아니라 하자, 이에 상나라 사람이 머리를 조아려 땅에 대기를 짐승이 뿔을 땅에 대듯이 했다.'고 말씀하신 것이다.

■ 崩 무너질 붕　　厥 그 궐　　稽 조아릴 계

4-5. 征之爲言은 正也니 各欲正己也니 焉用戰이리오

征이란 말은 바룸이니, 각기 자기를 바루고자 하니 어찌 전쟁을 하겠는가?"

民爲暴君所虐하야 皆欲仁者來正己之國也라

백성이 폭군에게 학대를 당하여 다 인자가 와서 자기 나라를 바로잡기를 바란 것이다.

5. 孟子曰 梓匠輪輿 能與人規矩언정 不能使人巧니라

맹자께서 말씀하셨다. "木工과 車工이 법도(規矩)를 알려줄지언정 솜씨 있게는 못한다."

尹氏曰 規矩는 法度니 可告者也요 巧則在其人이니 雖大匠이라도 亦末如之何也已라 蓋下學은 可以言傳이요 上達은 必由心悟라 莊周所論斲輪之意 蓋如此라

윤씨가 말하였다. "規矩는 법도로 알려 줄 수 있는 것이요 솜씨는 그 사람에 달린 것이니, 비록 훌륭한 장인이라도 또한 어찌할 수 없다." 대개 下學은 말로 전할 수 있고 上達은 반드시 마음으로 깨달아야 한다. 장주가 논한 바퀴를 솜씨 있게 깎는다는 의미*가 대개 이와 같다.

■ 梓 가래나무 재   末 없을 말   斲 깎을 착

*斲輪之意 : 『장자』「천도」편에 보인다. 제나라 환공이 당상에서 독서를 할 적에 당하에서 수레바퀴를 깎던 거공이 임금께서 읽으시는 성인의 글은 찌꺼기(糟魄)에 불과하다면서 자신의 하찮은 바퀴 깎는 일조차 정교한 솜씨는 '손으로 터득하고 마음으로 응한다(得之於手而應之於心).'고 하였다. 이는 경문의 도구(規矩)와 상달의 학문(巧)의 사례로 성인의 글도 하나의 도구이며 이를 깨우침은 심득에 있음을 말한 것이다. 斲輪之意 역시 심득이 귀중함을 말한 것이다.

6. 孟子曰 舜之飯糗茹草也에 若將終身焉이러시니 及其爲天子也하산 被袗衣鼓琴하시며 二女果를 若固有之러시다

맹자께서 말씀하셨다. "순임금이 마른 양식을 드시며 나물을 드실 적에는 그렇게 일생을 마치실 듯이 하시더니, 천자가 되셔서는 수놓은 옷을 입으시며 거문고를 연주하시며 두 여인이 모시는 것을 본디 소유하신 듯이 하셨다."

飯은 食也요 糗는 乾(간)糒也라 茹는 亦食也라 袗은 畫衣也라 二女는

堯二女也라 果는 女侍也라 言聖人之心이 不以貧賤而有慕於外하며 不以富貴而有動於中하고 隨遇而安하야 無預於己하니 所性이 分定故也라

飯은 먹음이요 糗는 말린 밥이다. 茹는 역시 먹음이다. 袗은 수놓은 옷이다. 二女는 요임금의 두 딸이다. 果는 여자가 모심이다. '성인의 마음이 빈천 때문에 외물을 흠모하지 않으며 부귀 때문에 마음이 동요하지 않고 처지에 따라 편안하여 자기에 관여함이 없으니, 본성의 분수가 정해졌기 때문임을 말한 것이다.

■ 飯 먹을 반　　　茹 먹을 여　　　袗 홑옷 진　　　果 모실 과

7. 孟子曰 吾 今而後에 知殺人親之重也와라 殺人之父면 人亦殺其父하고 殺人之兄이면 人亦殺其兄하나니 然則非自殺之也언정 一間耳니라

맹자께서 말씀하셨다. "내가 지금에서야 남의 친족 죽임이 중대한 것임을 알겠다. 남의 아비를 죽이면 남도 그의 아비를 죽이고 남의 형을 죽이면 남도 그의 형을 죽이나니, 그렇고 보면 스스로 죽이지 않을지언정 한 칸 차이일 뿐이다."

言吾今而後知者는 必有所爲而感發也라 一間者는 我往彼來間一人耳니 其實은 與自害其親으로 無異也라 范氏曰 知此則愛敬人之親하고 人亦愛敬其親矣리라

내가 이제야 알았다고 말한 것은 반드시 어떤 일이 있어 느끼어 말씀하신 것이다. 一間이란 내가 함에 저이가 응해옴이 한 사람 사이일 뿐이니 그 실상은 자신이 그의 친족을 해친 것과 차이가 없다. 범씨가 말하였다. "이를

알면 남의 친족을 사랑하며 공경할 것이고 남도 그의 친족을 사랑하며 공경하게 될 것이다."

8-1. 孟子曰 古之爲關也는 將以禦暴(포)러니

맹자께서 말씀하셨다. "옛적에 관문을 둔 것은 포악함을 막으려던 것이었는데,

譏察非常이라

수상한 자를 기찰함이다.

■ 關 관문 관   禦 막을 어

8-2. 今之爲關也는 將以爲暴(포)로다

지금 관문을 둔 것은 포악한 짓을 하려 함이로다."

征稅出入이라

○范氏曰 古之耕者는 什一이러니 後世或收太半之稅하니 此는 以賦斂爲暴(포)也요 文王之囿는 與民同之러니 齊宣王之囿는 爲阱國中하니 此는 以園囿爲暴(포)也라 後世爲暴(포) 不止於關하니 若使孟子로 用於諸侯하야 必行文王之政이면 凡此之類 皆不終日而改也시리라

출입자에게 세금을 거둠이다.

○범씨가 말하였다. "옛날 농부는 10분의 1을 내더니 후대에는 혹 태반의 세를 거두니, 이는 세금으로 포악한 짓을 함이요. 문왕의 동산은 백성과 함께 하더니 제나라 선왕의 동산은 도읍 중앙에 함정을 만든 것이니, 이는 동산으로 포악함이다. 후대에 포악한 짓을 함이 관문에만 그치지 않았으니, 만일 맹자께서 제후에게 등용되어 반드시 문왕의 정사를 하신다면 모든 이런 종류가 다 하루도 지나지 않아서 고치실 것이다."

9. 孟子曰 身不行道면 不行於妻子요 使人不以道면 不能行於妻子니라

맹자께서 말씀하셨다. "몸이 도를 행하지 않으면 처자에게도 행해질 수 없고 사람 부리기를 도로써 하지 않으면 처자에게도 행해지지 못한다."

身不行道者는 以行言之라 不行者는 道不行也라 使人不以道者는 以事言之라 不能行者는 令不行也라

身不行道는 행실로 말한 것이다. 不行이란 도가 행해지지 않음이다. 使人不以道는 일로 말한 것이다. 不能行이란 명령이 행해지지 못함이다.

10. 孟子曰 周于利者는 凶年이 不能殺하고 周于德者는 邪世 不能亂이니라

맹자께서 말씀하셨다. "재물을 두루 갖춘 자는 흉년에 죽이지 못하고 덕을 두루 갖춘 자는 난세가 어지럽히지 못한다."

周는 足也니 言積之厚則用有餘라

周는 풍족함이니 축적이 두터우면 용도가 넉넉함을 말한 것이다.

- 周 풍족할 주

11. 孟子曰 好名之人은 能讓千乘之國하나니 苟非其人이면 簞食(사)豆羹에 見(현)於色하나니라

맹자께서 말씀하셨다. "명성을 좋아하는 자는 천승의 나라도 능히 사양하나니, 진실로 그런 사람이 아니라면 대그릇 밥과 나무그릇 국에서 얼굴에 나타난다."

好名之人은 矯情干譽라 是以로 能讓千乘之國이나 然若本非能輕

富貴之人이면 則於得失之小者에 反不覺其眞情之發見(현)矣라 蓋觀人을 不於其所勉이요 而於其所忽然後에 可以見其所安之實也라

명성을 좋아하는 사람은 실정을 거짓으로 꾸며 명예를 구한다. 이런 이유로 능히 천승의 나라를 사양할 수 있다. 그러나 본디 부귀를 가볍게 여기는 사람이 아니라면 득실의 작은 것에서 도리어 그의 진정이 나타남을 깨닫지 못한다. 대개 사람 관찰을 그가 힘써 노력하는 것에서 하지 않고 그가 소홀히 여기는 것에서 한 연후에 그가 편안히 여기는 실정을 알 수 있다.

■ 矯 바로잡을 교   干 구할 간

12-1. 孟子曰 不信仁賢則國이 空虛하고

맹자께서 말씀하셨다. "인자와 현자를 믿지 않으면 나라가 텅 비고

空虛는 言若無人然이라
空虛는 사람 없는 것과 같음을 말한 것이다.

12-2. 無禮義則上下 亂하고

예와 의가 없으면 상하가 혼란하고

禮義는 所以辨上下定民志라
禮·義는 상하를 분별하고 백성의 뜻을 안정시키는 것이다.

12-3. 無政事則財用이 不足이니라

정사가 없으면 재용이 부족하다."

生之無道하고 取之無度하고 用之無節故也라

○尹氏曰 三者에 以仁賢爲本이니 無仁賢이면 則禮義政事處之 皆不以其道矣라

생산이 방도가 없고 취함이 한도가 없고 용도가 절제가 없기 때문이다.
○윤씨가 말하였다. "세 가지에 仁賢이 근본이니 仁賢이 없으면 예의와 정사를 처리함이 다 합당한 도로써 하지 못할 것이다."

13. 孟子曰 不仁而得國者는 有之矣어니와 不仁而得天下는 未之有也니라

맹자께서 말씀하셨다. "仁하지 못하고 나라를 얻는 자는 있거니와 仁하지 못하고 천하를 얻는 이는 없다."

言不仁之人이 騁其私智하야 可以盜千乘之國이어니와 而不可以得丘民之心이라 鄒氏曰 自秦以來로 不仁而得天下者 有矣나 然皆一再傳而失之하니 猶不得也라 所謂得天下者는 必如三代而後에 可니라

'인하지 못한 사람이 그의 사사로운 지혜를 굴려 천승의 나라를 훔칠 수는 있거니와 백성의 마음을 얻을 수는 없음'을 말한 것이다. 추씨가 말하였다. "진나라 이래로 인하지 못하고 천하를 얻은 자가 있으나 다 한두 번 전하고 잃었으니 얻지 못함과 같다. 이른바 천하를 얻는다 함은 반드시 三代처럼 한 뒤에 가하다."

■ 騁 달릴 빙

14-1. 孟子曰 民이 爲貴하고 社稷이 次之하고 君이 爲輕하니라

맹자께서 말씀하셨다. "백성이 귀하고 사직이 다음이고 임금이 가볍다.

社는 土神이요 稷은 穀神이니 建國則立壇壝以祀之라 蓋國은 以民爲

本이요 社稷도 亦爲民而立이며 而君之尊이 又係於二者之存亡이라 故로 其輕重이 如此라

社는 토신이요 稷은 곡신이니 건국하면 제단을 세워 제사한다. 대개 국가는 백성을 근본으로 삼고 사직 역시 백성을 위해 세우며 임금의 존귀함이 또한 두 가지의 존망에 달려 있다. 그러므로 그 경중이 이와 같은 것이다.

■ 稷 곡신 직   穀 곡식 곡   壇 단 단   壝 담 유

14-2. 是故로 得乎丘民이 而爲天子요 得乎天子 爲諸侯요 得乎諸侯 爲大夫니라

이러한 연유로 백성의 마음을 얻은 이가 천자가 되고 천자의 마음을 얻은 이가 제후가 되고 제후의 마음을 얻은 이가 대부가 된다.

丘民은 田野之民이니 至微賤也라 然이나 得其心이면 則天下 歸之요 天子는 至尊貴也로대 而得其心者 不過爲諸侯耳니 是는 民爲重也라

丘民은 들녘의 백성이니 지극히 미천하다. 그러나 그들 마음을 얻으면 천하가 그에게 돌아가고 천자는 지극히 존귀하지만 그의 마음을 얻은 자가 불과 제후가 될 뿐이니, 이는 백성이 귀중한 것이다.

14-3. 諸侯 危社稷則變置하나니라

제후가 사직을 위태롭게 하면 바꾼다.

諸侯無道하야 將使社稷으로 爲人所滅이면 則當更(경)立賢君이니 是는 君輕於社稷也라

제후가 무도하여 사직이 남에게 멸망당할 것 같으면 마땅히 교체하여 어진 임금을 세워야 할 것이니, 이는 임금이 사직보다 가벼운 것이다.

14-4. 犧牲이 旣成하며 粢盛이 旣潔하야 祭祀以時호대 然而旱乾(간)水
溢則變置社稷하나니라

희생이 이미 가지런하며 粢盛이 이미 정결하여 제때에 제사를 올리는데도 가뭄이 들고 홍수가 나면 사직을 옮겨 세운다."

祭祀不失禮로대 而土穀之神이 不能爲民禦災捍患이면 則毁其壇壝
而更(갱)置之니 亦年不順成八蜡不通之意니 是는 社稷이 雖重於君이나
而輕於民也라

제사가 예를 잃지 않았는데도 토신과 곡신이 백성을 위해 재앙과 환란을 막지 못하면 그 제단을 헐어 다시 세우니, 또한 年不順成, 八蜡不通의 뜻이니 이는 사직이 비록 임금보다 중요하나 백성보다는 가벼운 것이다.

■ 盛 담을 성   乾 마를 간

* 年不順成八蜡不通 : 한 해의 농사가 순조롭지 못하면 팔사를 지내지 않는다.

15. 孟子曰 聖人은 百世之師也니 伯夷柳下惠 是也라 故로 聞伯夷
之風者는 頑夫 廉하며 懦夫 有立志하고 聞柳下惠之風者는 薄夫 敦
하며 鄙夫 寬하나니 奮乎百世之上이어든 百世之下에 聞者 莫不興起
也하니 非聖人而能若是乎아 而況於親炙(적)之者乎아

맹자께서 말씀하셨다. "성인은 백대의 스승이니 백이와 유하혜가 이런 분이다. 그러므로 백이의 풍도를 들은 자는 완악한 사내가 청렴해지며 나약한 사내가 뜻을 세우고 유하혜의 풍도를 들은 자는 야박한 사내가 후해지며 속 좁은 사내가 관대해지니 백대 전에 분발하셨는데도 백대 후에 듣는 자가 감동하고 흥기하지 않는 이가 없으니, 성인이 아니고서 능하겠는가? 하물며 직접 성인의 훈도를 받은 자이랴!"

興起는 感動奮發也라 親炙(적)은 親近而薰炙(적)之也라 餘見(현)前篇하니라

興起는 감동하고 분발함이다. 親炙은 친근하게 훈도함이다. 나머지는 전편에 보였다.

- 頑 탐할 완
- 廉 살필 렴
- 懦 나약할 나
- 薄 야박할 박
- 鄙 비루할 비
- 奮 떨칠 분
- 炙 구을 적
- 薰 훈자 훈

16. 孟子曰 仁也者는 人也니 合而言之하면 道也니라

맹자께서 말씀하셨다. "仁이란 人이니 합하여 말하면 道이다."

仁者는 人之所以爲人之理也라 然이나 仁은 理也요 人은 物也니 以仁之理로 合於人之身而言之면 乃所謂道者也라

○程子曰 中庸所謂率性之謂道 是也라 或曰 外國本에 人也之下에 有義也者는 宜也 禮也者는 履也 智也者는 知也 信也者는 實也 凡二十字라하니 今按如此則理極分明이나 然未詳其是否也로다

仁은 사람이 사람 된 이치이다. 그러나 仁은 理요 人은 物이니 인의 이치로 사람의 몸에 합하여 말하면 이른바 도라는 것이다.

○정자가 말하였다. "『中庸』에 이른바 率性之謂道라는 것이 이것이다. 혹자가 '외국 책에 人也의 아래에 義也者宜也禮也者履也智也者知也信也者實也 총 20자가 있다.'하니, 지금 살펴보면, 이와 같은즉 이치는 매우 분명하나 그것이 옳은지는 상세하지 않다."

17. 孟子曰 孔子之去魯에 曰遲遲라 吾行也여하시니 去父母國之道也요 去齊에 接淅而行하시니 去他國之道也니라

맹자께서 말씀하셨다. "공자께서 노나라를 떠날 적에 '더디고 더디구나, 나의

행차여!'하시니, 부모국을 떠나는 도요, 제나라를 떠날 적에 담근 쌀을 건져 들고 가시니 다른 나라를 떠나는 도이다."

重出이라

거듭 나왔다.

18. 孟子曰 君子之戹於陳蔡之間은 無上下之交也니라

맹자께서 말씀하셨다. "군자께서 진나라와 채나라의 국경에서 곤액을 당하심은 상하(君臣)에 교제가 없었기 때문이다."

君子는 孔子也라 戹은 與厄으로 同이라 君臣皆惡하야 無所與交也라
君子는 孔子이다. 戹은 厄자와 같다. 임금과 신하가 다 악하여 교제한 바가 없다.

■ 戹 재앙 액

19-1. 貉稽曰 稽 大不理於口호이다

맥계가 말하였다. "제가 남들의 비방만 받습니다."

趙氏曰 貉은 姓이요 稽는 名이니 爲衆口所訕이라 理는 賴也라 今按漢書컨대 無俚를 方言에 亦訓賴하니라

조씨가 말하였다. "貉은 성이요 稽는 이름이니 많은 사람에게 비방을 받았다." 理는 의뢰함이다. 지금 『漢書』를 살펴보면, 無俚를 방언에 의뢰함이라 풀이하였다.

■ 理 의뢰할 리   俚 의뢰 리

* 無俚 의지하여 몸 부칠 데가 없음.

19-2. 孟子曰 無傷也라 士憎兹多口하니라

맹자께서 말씀하셨다. "해로울 것 없다. 선비가 더욱 이 비방이 많다.

趙氏曰 爲士者 益多爲衆口所訕이라하니 按此則憎當從土어늘 今本에 皆從心하니 蓋傳寫之誤라

조씨가 '선비 된 자가 더욱 많은 사람들의 비방을 받음이 많다.'하니, 이를 살펴보면, 憎자는 마땅히 土部여야 하거늘 현행 책에 다 心部를 썼으니, 대개 잘못 옮겨 적은 것이다.

■ 訕 헐뜯을 산

19-3. 詩云 憂心悄悄어늘 慍于群小라하니 孔子也시고 肆不殄厥慍하시나 亦不隕厥問이라하니 文王也시니라

『詩』에 '근심어린 마음 안면에 가득한데 뭇 소인에게 노여움을 당한다.'하니 공자의 일이시고, '노여움 당함이 끊이지 않으시나 또한 그 명성은 떨어트리지 않았다.'하니 문왕의 일이시다."

詩는 邶風柏舟及大雅緜之篇也라 悄悄는 憂貌라 慍은 怒也라 本言衛之仁人이 見怒於群小어늘 孟子以爲孔子之事 可以當之라하시니라 肆는 發語辭라 隕은 墜也라 問은 聲問也라 本言大(태)王이 事昆夷에 雖不能殄絶其慍怒나 亦不自墜其聲問之美어늘 孟子以爲文王之事 可以當之라하시니라

○尹氏曰 言人顧自處如何니 盡其在我者而已라

詩는 「邶風」<柏舟>편 및 「大雅」<緜>편이다. 悄悄는 근심하는 모양이다. 慍은 노여움이다. 본래 위나라의 어진 사람이 뭇 소인에게 노여움 당함을 말한 것인데, 맹자께서 공자의 일이 해당한다고 여기셨다. 肆는 발어사이다.

隕은 떨어짐이다. 問은 명성이다. 본래 '태왕이 곤이를 섬김에 비록 그 노여움을 다 끊지는 못했으나 또한 그의 아름다운 명성을 스스로 떨어트리지 않음'을 말한 것인데, 맹자께서 문왕의 일이 해당한다고 여기셨다.

○윤씨가 말하였다. "사람이 스스로 처신함이 어떠한가를 돌아볼 것이니, 내가 지닌 것을 다할 뿐임을 말한 것이다."

20-1. 孟子曰 賢者는 以其昭昭로 使人昭昭어늘 今엔 以其昏昏으로 使人昭昭로다

맹자께서 말씀하셨다. "현자는 자기의 밝은 덕으로 남을 밝게 하거늘, 지금에는 자기의 어둑한 것으로 남을 밝게 하는구나."

昭昭는 明也요 昏昏은 闇也라 尹氏曰 大學之道는 在自昭明德하야 而施於天下國家니 其有不順者 寡矣리라

昭昭는 밝음이요, 昏昏은 어둑함이다. 윤씨가 말하였다. "대학의 도는 자신의 명덕을 밝혀 천하와 국가에 시행하는 데 있으니, 순종하지 않는 자가 적을 것이다."

21-1. 孟子 謂高子曰 山徑之蹊間이 介(알)然用之而成路하고 爲間不用則茅塞之矣나니 今에 茅塞子之心矣로다

맹자께서 고자에게 말씀하셨다. "산 속 좁은 길에 한 사람이 다닐만한 곳이 잠깐 이용함에 큰길이 되고 조금만 이용하지 않으면 띠 풀이 막으니, 지금 띠 풀이 그대 마음을 막았도다."

徑은 小路也라 蹊는 人行處也라 介(알)然은 倏然之頃也라 用은 由也라 路는 大路也라 爲間은 少頃也라 茅塞은 茅草生而塞之也라 言理義之心은 不可少有間斷也라

徑은 좁은 길이다. 蹊는 한 사람이 다닐만한 곳이다. 介然은 잠깐의 시간이다. 用은 이용함이다. 路는 큰길이다. 爲間은 잠깐이다. 茅塞은 띠 풀이 나서 막음이다. 理義의 마음이 잠시도 간단이 있어서는 안 됨을 말한 것이다.

■ 徑 지름길 경   蹊 지름길 혜(길 혜)   介 잠깐 알   倏 잠깐 숙

22-1. 高子曰 禹之聲이 尙文王之聲이로소이다

고자가 말하였다. "우임금의 음악이 문왕의 음악보다 더욱 낫습니다."

尙은 加尙也라 豐氏曰 言禹之樂이 過於文王之樂이라

尙은 더욱 나음이다. 풍씨가 말하였다. "우임금의 음악이 문왕의 음악보다 뛰어남을 말한 것이다."

■ 尙 나을 상   加 더욱 가

22-2. 孟子曰 何以言之오 曰 以追(퇴)蠡니이다

맹자께서 말씀하셨다. "무엇을 가지고 말하는가?" 대답하였다. "종 끈이 좀먹어 닳은 것으로 말한 것입니다."

豐氏曰 追(퇴)는 鐘紐也니 周禮所謂旋蟲이 是也라 蠡者는 齧木蟲也니 言禹時鐘在者 鐘紐如蟲齧而欲絶하니 蓋用之者 多요 而文王之鐘은 不然하니 是以로 知禹之樂이 過於文王之樂也라

풍씨가 말하였다. "追는 종 끈이니, 『周禮』에 이른바 선충이라는 것이 이것이다." 蠡란 나무를 갉아 먹는 벌레이니, '우임금 때의 종은 종 끈이 좀먹어 끊어질듯 하니, 대개 사용자가 많았고 문왕의 종은 그렇지 않으니, 이런 까닭으로 우임금의 음악이 문왕의 음악보다 뛰어남을 안다.'말한 것이다.

■ 追 종거는끈 퇴   蠡 좀먹을 려   齧 씹을 설

22-3. 曰 是奚足哉리오 城門之軌 兩馬之力與아

말씀하셨다. "이것으로 어찌 충분하겠는가? 성문의 바퀴 자국이 깊게 패인 것이 말 두필의 힘 때문인가?"

豐氏曰 奚足은 言此何足以知之也라 軌는 車轍迹也라 兩馬는 一車所駕也라 城中之涂는 容九軌하야 車可散行故로 其轍迹이 淺하고 城門이 惟容一車하야 車皆由之故로 其轍迹이 深하니 蓋日久車多所致요 非一車兩馬之力이 能使之然也라 言禹在文王前千餘年이라 故로 鐘久而紐絶이요 文王之鐘은 則未久而紐全이니 不可以此而議優劣也라

○ 此章文義는 本不可曉라 舊說에 相承如此而豐氏差明白故로 今存之나 亦未知其是否也로다

풍씨가 말하였다. "奚足은 이것으로 어찌 충분히 알겠느냐는 말이다." 軌는 수레바퀴 자국이다. 兩馬는 수레 한 대에 멍에 매는 것이다. 성 안의 길은 아홉 대의 수레를 수용하여 수레가 분산하여 다니므로 그 바퀴자국이 얕고 성문은 오직 한 대만 수용하여 수레가 다 다니므로 바퀴자국이 깊으니, 대개 날이 오래고 수레가 많아 만들어진 것이지 한 대 두 마리 말의 힘이 그렇게 한 것이 아니다. 우임금은 문왕보다 천 년 전에 사신 분이다. 그러므로 종이 오래되어 끈이 끊어질 듯하고 문왕의 종은 오래되지 않아서 끈이 온전한 것이니 이로써 우열을 의논할 수 없음을 말한 것이다.

○ 이 장의 글 뜻은 본래 분명하지 않다. 구설에 이어 받은 것이 이와 같되 풍씨가 조금 명백하므로 지금 보존하나 또한 옳은지는 모르겠다.

■ 奚 어찌 해　　駕 멍에 가　　涂 길 도　　紐 끈 뉴
　差 조금 차

23-1. 齊 饑어늘 陳臻이 曰國人이 皆以夫子로 將復(부)爲發棠이라하니

殆不可復(부)로소이다

제나라가 흉년들거늘 진진이 여쭈었다. "나라 사람이 다들 부자께서 다시 당읍의 창고를 열게 할 것이라 여기는데, 아마 다시 못할 것 같습니다."

先時에 齊國이 嘗饑어늘 孟子 勸王發棠邑之倉하야 以賑貧窮이러니 至此에 又饑하니 陳臻이 問言齊人이 望孟子 復(부)勸王發棠이라하고 而又自言恐其不可也라

전 번에 제나라가 흉년 들거늘 맹자께서 왕에게 권하여 당읍의 창고를 열어 구휼하였는데 이제 또 흉년드니, 진진이 '제나라 사람이 맹자께서 다시 왕에게 권하여 당읍의 창고 열기를 바란다.'여쭙고 자신의 생각에는 불가할 것 같다고 여쭤 본 것이다.

■ 發 열 발   殆 아마 태   賑 구휼할 진

23-2. 孟子曰 是爲馮婦也로다 晉人有馮婦者 善搏虎하더니 卒爲善士하야 則之野할새 有衆이 逐虎하니 虎負嵎어늘 莫之敢攖하야 望見馮婦하고 趨而迎之한대 馮婦 攘臂下車하니 衆皆悅之하고 其爲士者는 笑之하니라

맹자께서 말씀하셨다. "이는 풍부라는 사람이 되는 꼴이로다. 진나라 사람 풍부라는 자가 호랑이를 맨손으로 잘 잡더니 마침내 善士가 되어 들을 지나갈 적에 한 무리가 호랑이를 쫓으니 호랑이가 산모퉁이를 등지고 으르렁대거늘 감히 달려들지 못하다가 풍부를 멀리 바라보고 쫓아가서 맞이하자 풍부가 팔을 걷고 수레에서 내려오니 대중은 다 기뻐하고 그 선비 된 자는 비웃었다."

手執曰搏이라 卒爲善士는 後能改行爲善也라 之는 適也라 負는 依也라 山曲曰嵎라 攖은 觸也라 笑之는 笑其不知止也라 疑此時에 齊王이

已不能用孟子하고 而孟子亦將去矣라 故로 其言이 如此라

맨손으로 때려잡음을 搏이라 한다. 卒爲善士는 뒤에 행실을 고쳐 선을 함이다. 之는 감이다. 負는 의지함이다. 산굽이를 嵎라 한다. 攖은 달려듦이다. 笑之는 그가 자제할 줄 모름을 비웃음이다. 아마 이 때 제나라 왕이 이미 맹자를 등용하지 못하고 맹자 역시 떠나려 하신 듯하다. 그러므로 그 말씀이 이와 같은 것이다.

■ 攖 달려들 영   觸 달려들 촉

24-1. 孟子曰 口之於味也와 目之於色也와 耳之於聲也와 鼻之於臭也와 四肢之於安佚也에 性也나 有命焉이라 君子 不謂性也니라

맹자께서 말씀하셨다. "입이 맛에, 눈이 색깔에, 귀가 소리에, 코가 냄새에, 사지가 편안함에는 타고난 기질의 성이나 운명이 있는지라, 군자가 性이라 이르지 않는다.

程子曰 五者之欲은 性也라 然이나 有分하야 不能皆如其願則是命也니 不可謂我性之所有而求必得之也니라

愚는 按不能皆如其願이 不止爲貧賤이라 蓋雖富貴之極이라도 亦有品節限制則是亦有命也라

정자가 말하였다. "다섯 가지 욕구는 기질의 성이다. 그러나 분수가 있어서 다 원하는 대로 하지 못한즉 운명이니, 내 본성에 지닌 바로써 구하면 반드시 얻을 수 있다고 말할 수 없다."

내가 살피건대, 다 원하는 대로 못할 것이 빈천뿐만이 아니다. 대개 비록 부귀가 극에 달해도 절제해야 할 것이 있다면 이 역시 운명이다.

24-2. 仁之於父子也와 義之於君臣也와 禮之於賓主也와 智之於賢者也와 聖人之於天道也에 命也나 有性焉이라 君子 不謂命也니라

인이 부자에, 의가 군신에, 예가 빈주에, 지혜가 현자에, 성인이 천도에는 정해진 운명이 있으나 본성인지라, 군자가 명이라 이르지 않는다."

程子曰 仁義禮智天道 在人에 則賦於命者는 所禀이 有厚薄淸濁이라 然而性善하야 可學而盡故로 不謂之命也라 張子曰 晏嬰이 智矣로대 而不知仲尼하니 是非命邪(야)아

愚는 按所禀者 厚而淸하면 則其仁之於父子也에 至하고 義之於君臣也에 盡하고 禮之於賓主也에 恭하고 智之於賢否也에 哲하고 聖人之於天道也에 無不脗合而純亦不已焉이요 薄而濁이면 則反是니 是皆所謂命也라 或曰者는 當作否요 人은 衍字라하니 更(갱)詳之니라

○愚는 聞之師호니 曰此二條者는 皆性之所有而命於天者也라 然이나 世之人이 以前五者로 爲性하야 雖有不得이라도 而必欲求之하고 以後五者로 爲命하야 一有不至면 則不復(부)致力이라 故로 孟子 各就其重處 言之하사 以伸此而抑彼也시니 張子所謂養則付命於天하고 道則責成於己 其言이 約而盡矣로다

정자가 말하였다. "인·의·예·지·천도가 사람에게 명하여 부여한 것은 품부받은 바가 기질의 청탁과 후박이 있다. 그러나 본성이 선하여 배워서 다할 수 있으므로 명이라 이르지 않는다." 장자가 말하였다. "안영이 지혜롭지만 중니를 알아보지 못했으니, 이것이 운명이 아닌가?"

내가 생각건대, 살펴보면 품부한 바가 후하고 맑으면 그 인이 부자에 지극하고 의가 군신에 다하고 예가 빈주에 공손하고 지가 현·불초에 밝고 성인이 천도에 합치하지 않음이 없어서 순수할 뿐이요, 품부한 바가 박하고 탁하면 이와 반대이니, 이것이 다 이른바 운명이라는 것이다. 혹자가 '者는

마땅히 否라 해야 하고 人은 불어난 글자(衍字)'라 하니, 다시 상세히 보아야 한다.

○나는 선생님께 들었다. 이 두 조목은 다 성에 지닌 것으로서 하늘에서 명한 것이다. 그러나 세상 사람이 앞의 5가지를 성이라 하여 비록 얻지 못해도 반드시 얻으려 하고, 뒤 5가지를 명이라 하여 하나라도 지극하지 못하면 더는 노력하지 않는다. 그러므로 맹자께서 각기 그 중점에 나가 말씀하시어 이를 펼치고 저것을 억제하셨으니, 장자가 이른바 '생활여건(養)은 하늘에서 명한 것이고 도는 성취를 자신에서 책임진다.'는 것이, 그 말이 요약되고 다하였도다.

* 중점: 앞의 중점은 명, 뒤의 중점은 성

25-1. 浩生不害 問曰 樂正子는 何人也잇고 孟子曰 善人也며 信人也니라

호생불해가 여쭈었다. "악정자는 어떤 사람입니까?" 맹자께서 말씀하셨다. "선인이며 신인이다."

趙氏曰 浩生은 姓이요 不害는 名이니 齊人也라
조씨가 말하였다. "浩生은 성이요 不害는 이름이니 제나라 사람이다."

25-2. 何謂善이며 何謂信이잇고

여쭈었다. "어떤 사람이 선인이며 어떤 사람이 신인입니까?"

不害 問也라
불해가 여쭌 것이다.

25-3. 曰 可欲之謂善이요

말씀하셨다. "사람이 다 하고자 할 만한 이를 선인이라 하고

天下之理 其善者는 必可欲이요 其惡者는 必可惡(오)니 其爲人也 可欲而不可惡(오)면 則可謂善人矣라

천하의 이치가 그 선한 것은 반드시 하고자 하고 그 악한 것은 반드시 미워하니 그의 사람됨이 하고자 하고 미워하지 않으면 곧 선인이라 할 수 있다.

25-4. 有諸(저)己之謂信이요

선을 자신의 몸에 지닌 이를 신인이라 하고

凡所謂善을 皆實有之하야 如惡(오)惡臭하고 如好好色이면 是則可謂信人矣라 張子曰 志仁無惡之謂善이요 誠善於身之謂信이라

모든 이른바 선을 다 실제 소유하여 악취를 싫어하듯 하고 예쁜 얼굴을 좋아하듯 하면 이는 곧 신인이라 할 수 있다. 장자가 말하였다. "인에 뜻을 두어 악함이 없는 것을 선이라 하고 몸에 진실로 선함을 신이라 한다."

25-5. 充實之謂美요

선을 가득 채워 실한 이를 미인이라 하고

力行其善하야 至於充滿而積實이면 則美在其中而無待於外矣라

그 선을 힘써 행하여 충만하게 내실을 쌓는데 이르면, 곧 미가 그 속에 있어서 밖에서 이름을 기다리지 않을 것이다.

25-6. 充實而有光輝之謂大요

선이 충실하여 빛나는 이를 대인이라 하고

和順積中而英華發外하고 美在其中而暢於四支하고 發於事業이면 則德業至盛而不可加矣라

온순함이 마음속에 쌓여 아름다운 심정이 외면에 나타나고 내면의 아름다움이 사지로 뻗어 나가고 사업에 나타나면, 덕과 사업이 지극히 성대하여 더할 것이 없을 것이다.

25-7. 大而化之之謂聖이요

대인으로서 조화하는 이를 성인이라 하고

大而能化하야 使其大者로 泯然無復(부)可見之迹이면 則不思不勉호대 從容中道而非人力之所能爲矣라 張子曰 大可爲也어니와 化不可爲也니 在熟之而已矣니라

크고 능히 변화하여 그 큰 것을 더 이상 볼 수 있는 자취를 깨끗이 없애버리면 생각하지 않고 노력하지 않아도 자연히 도에 맞아 인력으로 할 수 있는 바가 아닐 것이다. 장자가 말하였다. "大는 할 수 있지만 化는 할 수 없으니 순숙함에 달렸을 뿐이다."

25-8. 聖而不可知之之謂神이니

성인으로서 사람이 알 수 없는 경지를 신인이라 하니,

程子曰 聖不可知는 謂聖之至妙를 人所不能測이요 非聖人之上에 又有一等神人也라

정자가 말하였다. "聖不可知는 성인의 지극한 묘리를 사람이 헤아리지

못하는 곳을 말하는 것이요, 성인 위에 한 단계 신인이 있는 것은 아니다."

25-9. 樂正子는 二之中이요 四之下也니라

악정자는 두 가지(善·信) 중간이요, 네 가지(美·大·聖·神) 아래이다."

蓋在善信之間하니 觀其從於子敖하면 則其有諸(저)己者 或未實也라 張子曰 顔淵樂正子 皆知好仁矣로대 樂正子는 志仁無惡而不致於學하니 所以但爲善人信人而已요 顔子는 好學不倦하야 合仁與智하야 具體聖人호대 獨未至聖人之止耳라

○程子曰 士之所難者는 在有諸(저)己而已니 能有諸(저)己면 則居之安하고 資之深하야 而美且大를 可以馴致矣어니와 徒知可欲之善하고 而若存若亡而已면 則能不受變於俗者 鮮矣리라 尹氏曰 自可欲之善으로 至於聖而不可知之神이 上下一理니 擴充而至於神이면 則不可得而名矣리라

대체로 善·信의 사이에 처한듯하니 그가 자오를 따라 간 것을 보면 그가 몸에 지닌 것이 혹 진실하지 못하다. 장자가 말하였다. "안연과 악정자가 다 같이 인을 좋아할 줄 알았으되, 악정자는 인에 뜻을 두고 악함은 없었으나 학문에 전심하지 않았으니 단지 선인·신인이 되었을 뿐이요, 안자는 배우기를 좋아하고 게을리 하지 않아 인·지에 합치하여 성인의 體段을 갖추었으되 유독 성인의 至善(止)에 이르지 못했을 뿐이다."

○정자가 말하였다. "선비가 어렵게 여길 바는 선을 자기 몸에 지님에 달렸을 뿐이니 능히 몸에 지니면 거처함이 편안하고 의뢰함이 깊어서 미인·대인을 순순히 이룰 수 있지만 단지 하고자 하는 것이 선인 줄만 알고 때로 보존하기도 하고 때로 망치기도 할 뿐이라면 세속에 변화되지 않을 자가 드물 것이다." 윤씨가 말하였다. "可欲之善부터 聖而不可知之神까지 상하

가 하나의 이치이니 확충하여 신인의 경지에 이르면 무어라 이름 지을 수 없을 것이다."

26-1. 孟子曰 逃墨이면 必歸於楊이요 逃楊이면 必歸於儒니 歸커든 斯受之而已矣니라

맹자께서 말씀하셨다. "묵적의 도에서 나오면 반드시 양주의 도로 돌아갈 것이요, 양주의 도에서 나오면 반드시 유학의 도로 돌아올 것이니 돌아오면 받아들일 뿐이다.

墨氏는 務外而不情하고 楊氏는 太簡而近實이라 故로 其反正之漸이 大略如此라 歸斯受之者는 憫其陷溺之久而取其悔悟之新也라

묵씨는 외면에 힘쓰되 진실하지 못하고 양씨는 지나치게 간략하되 진실에 가깝다. 그러므로 정으로 돌아오는 순서가 대략 이와 같다. 歸斯受之란 오랫동안 빠진 것을 딱하게 여기고 새로 깨우친 것을 받아들이는 것이다.

26-2. 今之與楊墨辯者는 如追放豚하니 旣入其苙어든 又從而招之로다

지금 양·묵의 도를 하는 자와 변론하는 자는 달아난 돼지를 쫓듯이 하니 이미 우리에 들왔거든 또 이어서 발을 묶는구나."

放豚은 放逸之豕豚也라 苙은 闌也라 招는 罥也니 羈其足也라 言彼旣來歸어든 而又追咎其旣往之失也라

○ 此章은 見聖賢之於異端에 距之心嚴하고 而於其來歸에 待之甚恕하니 距之嚴故로 人知彼說之爲邪하고 待之恕故로 人知此道之可反이니 仁之至요 義之盡也라

放豚은 우리를 달아난 돼지이다. 苙은 우리이다. 招는 옭아맴이니 그 발을 얽어매는 것이다. 저가 이미 돌아왔음에도 또 그의 지난 잘못을 추궁함을

말한 것이다.

○이 장은 성현이 이단에 대해서 막음이 매우 엄격하고 돌아옴에 대우함이 매우 너그러움을 볼 수 있다. 막음이 엄격하므로 사람이 저 학설이 사악함을 알고 대우함이 너그러우므로 사람이 이 도가 돌아갈 만함을 알 수 있으니, 인의 지극함이요 의의 극진함이다.

- 芏 우리 립　　招 얽어맬 초　　胃 옭을 견　　羈 얽을 기

27. 孟子曰 有布縷之征과 粟米之征과 力役之征하니 君子 用其一이요 緩其二니 用其二면 而民이 有殍하고 用其三이면 而父子 離니라

맹자께서 말씀하셨다. "베와 실의 세금과 곡식의 세금과 부역의 세금이 있으니, 정치하는 사람(君子)이 그 하나를 행하고 그 둘은 늦춰야 할 것이니, 그 두 가지를 함께 행하면 백성이 굶주리고 그 세 가지를 한꺼번에 행하면 부모 자식이 이산한다."

征賦之法이 歲有常數나 然이나 布縷는 取之於夏하고 粟米는 取之於秋하고 力役은 取之於冬하야 當各以其時니 若幷取之면 則民力이 有所不堪矣라 今兩稅三限之法이 亦此意也라 尹氏曰 言民爲邦本이니 取之無度면 則其國이 危矣라

세금을 취하는 법이 한 해에 정해진 수 가 있다. 그러나 베와 실은 여름에 거두고 곡식은 가을에 거두고 부역은 겨울에 행하여 마땅히 각각의 때에 맞추어야 한다. 만일 한꺼번에 다 거두면 백성이 견딜 수가 없다. 지금 兩稅三限之法이 또한 이 뜻이다. 윤씨가 말하였다. "백성이 나라의 근본이니 세금이 법도가 없으면 나라가 위태해짐을 말한 것이다."

- 殍 굶주릴 표

28. 孟子曰 諸侯之寶 三이니 土地와 人民과 政事니 寶珠玉者는 殃必及身이니라

맹자께서 말씀하셨다. "제후의 보배가 세 가지이니 토지·인민·정사이니 주옥을 보배로 삼는 자는 재앙이 반드시 몸에 미친다."

尹氏曰 言寶得其寶者는 安하고 寶失其寶者는 危라

윤씨가 말하였다. "그 보배로운 것을 보배로 삼은 자는 편안하고 그 보배롭지 못한 것을 보배로 삼은 자는 위태하다는 말이다."

29. 盆成括이 仕於齊러니 孟子曰 死矣로다 盆成括이여 盆成括이 見殺이어늘 門人이 問曰 夫子 何以知其將見殺이시니잇고 曰 其爲人也 小有才요 未聞君子之大道也하니 則足以殺其軀而已矣니라

분성괄이 제나라에 벼슬하였는데 맹자께서 말씀하셨다. "죽겠구나, 분성괄이여!" 분성괄이 살해당하자 문인이 여쭈었다. "부자께서 어떻게 그가 살해당할 줄을 아셨습니까?" 말씀하셨다. "그의 사람됨이 조금 재주가 있고 군자의 대도를 듣지 못했으니, 제 몸을 죽이기에 충분할 따름이다."

盆成은 姓이요 括은 名也라 恃才妄作은 所以取禍니라 徐氏曰 君子는 道其常而已니 括有死之道焉하니 設使幸而獲免이라도 孟子之言이 猶信也라

盆成은 성이요 括은 이름이다. 재주를 믿고 함부로 행함은 화를 취하는 원인이다. 서씨가 말하였다. "군자는 상도를 말할 뿐이니 괄이 죽을 이치가 있으니 설사 요행히 면하더라도 맹자의 말씀이 그래도 믿을 만하다."

30-1. 孟子 之滕하사 館於上宮이어늘 有業屨於牖上이러니 館人이 求之

弗得하다

맹자께서 등나라에 가시어 상궁에 묵으시거늘, 창 위에 삼던 짚신이 있었는데 여관 주인이 찾지 못했다.

館은 舍也라 上宮은 別宮名이라 業屨는 織之有次業而未成者니 蓋館人所作을 置之牖上而失之也라

館은 여관이다. 上宮은 별궁 이름이다. 業屨는 다음에 할 일감을 남겨 완성 하지 못한 것이니, 아마도 여관 주인이 만들던 것을 창 위에 올려놓았다가 잃어버린 듯하다.

■ 舍 여관 사

30-2. 或이 問之曰 若是乎從者之廋也여 曰 子 以是로 爲竊屨來與아 曰 殆非也라 夫子之設科也는 往者를 不追하며 來者를 不拒하사 苟以是心으로 至커든 斯受之而已矣시니라

혹자가 여쭈었다. "이같이 종자가 숨기는군요." 말씀하셨다. "그대가 이 일로 신을 훔치기 위해 왔다고 생각하느냐?" 대답하였다. "아닙니다. 부자께서 강의를 개설하심은 가는 자를 잡지 않고 오는 자를 막지 않으시어 진실로 이 마음으로 오면 받아줄 뿐이십니다."

或이 問之者는 問於孟子也라 廋는 匿也니 言子之從者 乃匿人之物이 如此乎여 孟子 答之에 而或人이 自悟其失하고 因言此從者固不爲竊屨而來라 但夫子設置科條하야 以待學者하야 苟以向道之心而來면 則受之耳니 雖夫子라도 亦不能保其往也라 門人이 取其言有合於聖賢之指라 故로 記之하니라

或이 問之는 맹자께 여쭌 것이다. 廋는 숨김이니, 선생의 종자가 남의

물건을 숨김이 이러함을 말한 것이다. 맹자께서 대답하심에 혹인이 그의 실수를 스스로 깨닫고, 이어서 '이 종자가 진실로 신을 훔치기 위해 온 것은 아니다. 단지 부자께서는 과목을 개설하여 학자를 기다려 진실로 도를 향한 마음으로 오면 받을 뿐이시니 부자라도 또한 그의 지난 일을 보증할 수는 없다.'고 말한 것이다. 문인이 그의 말이 성현의 뜻에 부합함을 취한 것이다. 그러므로 기록하였다.

■ 廋 숨길 수

31-1. 孟子曰 人皆有所不忍하니 達之於其所忍이면 仁也요 人皆有所不爲하니 達之於其所爲면 義也니라

맹자께서 말씀하셨다. "사람이 다 차마 못하는 바를 지녔으니 그가 차마 하는 바에 통달하면 仁이요, 사람이 다 하지 않는 바가 있으니 그가 차마 하는 바에 통달하면 義이다.

惻隱羞惡(오)之心을 人皆有之故로 莫不有所不忍不爲하니 此는 仁義之端也라 然이나 以氣質之偏과 物欲之蔽로 則於他事에 或有不能者하니 但推所能하야 達之於所不能이면 則無非仁義矣리라

측은히 여기는 마음과 부끄러워하고 미워하는 마음을 사람이 다 지녔으므로 차마 못할 바와 하지 않을 바를 지닌 것이니, 이것은 仁·義의 단서이다. 그러나 기질의 치우침과 물욕의 가림으로써 다른 일에 혹 능치 못할 점이 있는 것이니, 단지 능한 바를 미루어 능치 못한 바에 통달하면 仁·義가 아닌 것이 없을 것이다.

31-2. 人能充無欲害人之心이면 而仁을 不可勝用也며 人能充無穿踰之心이면 而義를 不可勝用也니라

사람이 능히 남을 해치지 않으려는 마음을 채우면 인을 이루 다 쓰지 못하며,

사람이 도둑질 않으려는 마음을 채우면 의를 이루 다 쓰지 못한다.

充은 滿也라 穿은 穿穴이요 踰는 踰墻이니 皆爲盜之事也라 能推所不忍하야 以達於所忍이면 則能滿其無欲害人之心而無不仁矣요 能推其所不爲하야 以達於所爲면 則能滿其無穿踰之心而無不義矣리라

充은 채움이다. 穿은 구멍을 뚫음이요 踰는 담을 넘음이니 다 도적질하는 일이다. 차마 못할 바를 미루어 차마 할 바에 통달하면 남을 해치지 않으려는 마음을 채워서 인 아닌 것이 없고 하지 않을 바를 미루어 해야 할 바에 통달하면 도적질 않으려는 마음을 채워서 의 아닌 것이 없을 것이다.

31-3. 人能充無受爾汝之實이면 無所往而不爲義也니라

사람이 너라는 호칭을 듣지 않으려는 마음을 능히 채우면 가는 곳마다 의 아님이 없을 것이다.

此는 申說上文充無穿踰之心之意也라 蓋爾汝는 人所輕賤之稱이니 人雖或有所貪昧隱忍而甘受之者나 然이나 其中心은 必有慚忿而不肯受之之實이니 人能卽此而推之하야 使其充滿無所虧缺이면 則無適而非義矣라

이것은 윗글 도적질 않으려는 마음을 채운다는 뜻을 거듭 설명한 것이다. 대개 爾·汝는 사람이 얕잡아 천시하는 호칭이니 사람이 비록 탐욕에 어둑하여 속으로 견디며 달게 받는 자가 있으나, 그의 속마음은 반드시 부끄럽고 분하여 기꺼이 수용하지 않으려는 실상이 있을 것이니, 사람이 이 점을 미루어 그의 마음에 가득 채워 빈 곳을 없게 하면 어디를 가든 의 아닌 것이 없을 것이다.

31-4. 士 未可以言而言이면 是는 以言餂之也요 可以言而不言이면

是는 以不言餂之也니 是皆穿踰之類也니라

선비가 말할 만하지 않은데 말하면 이는 말로 남의 속을 떠보는 것이요, 말할 만한데 말하지 않으면 말하지 않는 것으로 남의 속을 떠보는 것이니, 이것이 다 도적질하는 종류이다."

餂은 探取之也니 今人이 以舌取物曰餂이라하니 卽此意也라 便佞隱默이 皆有意探取於人하니 是亦穿踰之類라 然其事隱微하야 人所忽易(이)故로 特擧以見(현)例하야 明必推無穿踰之心하야 達於此而悉去之然後에 爲能充其無穿踰之心也라

餂은 더듬어 취함이니, 지금 사람이 혀로 음식 핥음을 餂이라 하니 바로 이 뜻이다. 말로 아첨함과 침묵함이 다 남을 더듬어 취하려는 의도이니 이 역시 도적질하는 종류이다. 그러나 그 일이 은미하여 남이 소홀히 여기는 바이므로 특별히 예를 들어 반드시 도적질 않으려는 마음을 미루어 통달하여 다 제거한 뒤에 능히 도적질 않으려는 마음을 채울 수 있음을 밝힌 것이다.

■ 餂 낚을 첨 　　便 말잘할 편 　　佞 아첨할 녕

32-1. 孟子曰 言近而指遠者는 善言也요 守約而施博者는 善道也니 君子之言也는 不下帶而道 存焉이니라

맹자께서 말씀하셨다. "말이 비근하되 뜻이 심원한 것은 좋은 말이요 지킴이 간략하되 혜택이 넓은 것은 좋은 도이니, 군자의 말은 눈앞에 보이는 것(不下帶)이지만 도가 존재한다.

古人이 視不下於帶하니 則帶之上은 乃目前常見至近之處也라 擧目前之近事而至理存焉하니 所以爲言近而指遠也니라

옛사람이 시야가 허리띠 아래로 내려가지 않았으니, 허리띠 위는 눈앞에

항상 보이는 지극히 가까운 곳이다. 눈앞의 일을 사례로 들지만 지극한 이치가 존재하니, 말이 비근하되 뜻이 심원한 것이다.

32-2. 君子之守는 脩其身而天下 平이니라

군자가 지킴은 수신을 함에 천하가 화평한 것이다.

> 此所謂守約而施博也라
> 이것이 이른바 지키는 것이 간략하되 혜택이 넓다는 것이다.

32-3. 人病은 舍其田而芸人之田이니 所求於人者 重이요 而所以自任者 輕이니라

사람의 병통은 제 밭은 버려두고 남의 밭을 김매는 것이니, 남에게 요구하는 것이 무겁고 자신이 책임지는 것이 가볍기 때문이다."

> 此言不守約而務博施之病이라
> 이것은 지키는 것이 간략하지 못한데도 혜택이 널리 미치기를 힘쓰는 병통을 말한 것이다.

33-1. 孟子曰 堯舜은 性者也요 湯武는 反之也시니라

맹자께서 말씀하셨다. "요순은 본성대로 하신 분이요, 탕무는 본성으로 돌아가신 분이다.

> 性者는 得全於天하야 無所汚壞하야 不假脩爲하니 聖之至也요 反之者는 脩爲以復(복)其性하야 而至於聖人也라 程子曰 性之反之는 古未有此語하니 蓋自孟子發之하시니라 呂氏曰 無意而安行은 性也요 有意利行而至於無意는 復(복)性者也라 堯舜은 不失其性하고 湯武는 善反

其性하니 及其成功則一也라

性者는 하늘에서 온전한 덕을 부여받아 더럽히고 망가뜨린 것이 없어서 인위적으로 수양할 것이 없으니 성인의 지극함이요, 反之者는 수양함으로써 그의 본성을 회복하여 성인에 이른 것이다. 정자가 말하였다. "性之·反之는 옛날에는 이 말이 없었으니 대개 맹자께서 발명하신 것이다." 여씨가 말하였다. "마음 쓰지 않고 편안히 행함은 본성대로 함이요, 利行에 마음 써서 마음 씀이 없는 데 이름은 본성을 회복함이다. 요순은 그의 본성을 잃지 않았고 탕무는 그의 본성으로 잘 돌아갔으니 그 공을 완성함인즉 똑같다."

33-2. 動容周旋이 中禮者는 盛德之至也니 哭死而哀 非爲生者也며 經德不回 非以干祿也며 言語必信이 非以正行也니라

용모와 행함이 예에 맞는 자는 성덕의 지극함이니, 죽은 이를 곡하여 슬퍼함이 산 자를 위함이 아니며 덕을 떳떳이 하여 간사한 짓을 하지 않음이 봉록을 구함이 아니며 언어를 반드시 신실하게 함이 행실을 바로잡으려함이 아니다.

細微曲折이 無不中禮는 乃其盛德之至니 自然而中이요 而非有意於中也라 經은 常也요 回는 曲也라 三者는 亦皆自然而然이니 非有意而爲之라 皆聖人之事요 性之之德也라

자잘한 용모와 상세한 행위가 다 예에 맞음은 바로 성덕의 지극함이니 자연히 예에 맞는 것이지 예에 맞음에 뜻을 둔 것이 아니다. 經은 떳떳함이요 回는 간사함이다. 세 가지도 다 자연히 그러한 것이니, 마음먹고 한 것이 아니라서 다 성인의 일이요 본성대로 한 덕이다.

■ 回 간사할 회   曲 간사할 곡

33-3. 君子는 行法하야 以俟命而已矣니라

군자는 당연한 진리(法)를 행하여 운명을 기다릴 뿐이다."

法者는 天理之當然者也라 君子 行之而吉凶禍福은 有所不計니 蓋雖未至於自然而已非有所爲而爲矣라 此는 反之之事니 董子所謂正其義不謀其利하며 明其道不計其功이 正此意也라

○程子曰 動容周旋이 中禮者는 盛德之至요 行法以俟命者는 朝聞道夕死可矣之意也라 呂氏曰 法由此立하고 命由此出은 聖人也요 行法以俟命은 君子也니 聖人은 性之요 君子는 所以復(복)其性也니라

法이란 천리의 당연한 것이다. 군자가 이를 행하되 길흉화복은 계교 못할 바가 있으니, 대개 비록 자연히 하는 경지(聖人)에는 이르지 못했으나 이미 무엇인가를 위해 하는 것은 있지 않다는 것이다. 이것은 본성을 회복하는 일이니, 동자의 이른바 그 의를 바로하고 그 이익을 도모하지 않으며 그 도를 밝히고 그 공을 계교하지 않는다는 것이 바로 이 뜻이다.

○정자가 말하였다. "용모와 행함이 예에 맞는 것은 성덕의 지극함이요, 당연한 진리(法)를 행하여 운명을 기다리는 것은 아침에 도를 들으면 저녁에 죽어도 좋다는 뜻이다." 여씨가 말하였다. "진리(法)가 이로 말미암아 성립하고 운명이 이로 말미암아 나오는 분은 성인이요, 진리를 행하여 운명을 기다리는 분은 군자이니, 성인은 본성대로 하고 군자는 그의 본성을 회복하는 것이다."

34-1. 孟子曰 說(세)大人則藐之하야 勿視其巍巍然이니라

맹자께서 말씀하셨다. "대인을 유세할 적에는 가볍게 여겨 그의 부귀한 권세를 보지 말아야 한다.

趙氏曰 大人은 當時尊貴者也라 藐는 輕之也라 巍巍는 富貴高顯之

貌라 藐焉而不畏之면 則志意舒展하야 言語得盡也라

조씨가 말하였다. "대인은 당시 존귀한 자이다." 藐는 가볍게 여김이다. 巍巍는 부귀가 높이 드러난 모양이다. 가볍게 여겨 두려워하지 않으면 뜻을 펼쳐 말을 다할 수 있다.

■ 藐 작을 묘   巍 높을 외

34-2. 堂高數仞과 榱題數尺을 我 得志라도 弗爲也며 食前方丈과 侍妾數百人을 我 得志라도 弗爲也며 般樂(락)飮酒와 驅騁田獵과 後車千乘을 我 得志라도 弗爲也니 在彼者는 皆我所不爲也요 在我者는 皆古之制也니 吾何畏彼哉리오

당 높이 두어 길과 서까래 끝머리 두어 척을 내가 뜻을 얻어도 하지 않으며 사방 한 장인 상에 차린 음식과 모시는 첩 수백 인을 내가 뜻을 얻더라도 하지 않으며, 즐기며 술 마심과 몰고 달리며 사냥함과 뒤따르는 수레 1000대를 내가 뜻을 얻더라도 하지 않을 것이니, 저에게 있는 것은 다 내가 하지 않는 바요 내게 있는 것은 다 옛 법제이니, 내 어찌 저를 두려워하겠는가?"

榱는 桷也요 題는 頭也라 食前方丈은 饌食列於前者 方一丈也라 此皆其所謂巍巍然者니 我雖得志라도 有所不爲요 而所守者는 皆古聖賢之法이니 則彼之巍巍者 何足道哉리오
○楊氏曰 孟子此章이 以己之長으로 方人之短하야 猶有此等氣象하니 在孔子則無此矣시리라

榱는 서까래요 題는 끝머리이다. 食前方丈은 찬과 음식을 앞에 나열한 것이 사방 한 장이다. 이것은 다 그의 이른바 巍巍然이란 것이니, 내가 비록 뜻을 얻더라도 하지 않을 바요, 내가 지키는 바는 다 옛 성현의 법이니 저의 높게 나타난 것이 어찌 말할 거리이겠는가?

○양씨가 말하였다. "『孟子』이 장이 자기의 장점으로 남의 단점을 비교하여 아직도 이런 기상이 있으니, 공자에게는 이런 것이야 없으시다."

■ 榱 서까래 최   桷 서까래 각   題는 끝머리 제   方 비교할 방

35. 孟子曰 養心이 莫善於寡欲하니 其爲人也 寡欲이면 雖有不存焉者라도 寡矣요 其爲人也 多欲이면 雖有存焉者라도 寡矣니라

맹자께서 말씀하셨다. "마음을 존양함이 욕심을 적게 함보다 좋은 것이 없으니, 그 사람됨이 욕심이 적으면 비록 보존하지 않을 때가 있더라도 적고 그 사람됨이 욕심이 많으면 비록 보존할 때가 있더라도 적다."

欲은 如口鼻耳目四支之欲이니 雖人之所不能無나 然多而不節이면 未有不失其本心者니 學者 所當深戒也니라 程子曰 所欲은 不必沈溺이니 只有所向이면 便(변)是欲이니라

欲은 이목구비와 사지의 욕심 같은 것이니, 비록 사람이 없을 수 없으나 많은데도 절제하지 않으면 그 본심을 잃지 않을 자가 없으니, 학자가 마땅히 깊이 경계해야 할 바이다. 정자가 말하였다. "욕심은 반드시 빠져듦만이 아니니 단지 향하기만 하면 바로 욕심이다."

36-1. 曾晳이 嗜羊棗러니 而曾子 不忍食羊棗하시니라

증석이 양조를 즐겨 먹더니 증자께서 차마 양조를 잡숫지 못하셨다.

羊棗는 實小하고 黑而圓하니 又謂之羊矢棗라 曾子 以父嗜之로 父沒之後에 食必思親이라 故로 不忍食也라

羊棗는 열매가 작고 검으며 둥그니 또한 양시조라 한다. 증자께서 아버지가 즐기셨기 때문에 아버지가 돌아가신 뒤에 먹을 적에 반드시 생각나는지라

그러므로 차마 잡숫지 못한 것이다.

■ 嗜 즐길 기   棗 대추 조

36-2. 公孫丑(추) 問曰 膾炙與羊棗 孰美니잇고 孟子曰 膾炙哉인져 公孫丑(추)曰 然則曾子는 何爲食膾炙而不食羊棗시니잇고 曰 膾炙는 所同也요 羊棗는 所獨也니 諱名不諱姓하나니 姓은 所同也요 名은 所獨也일새니라

공손추가 여쭈었다. "회자와 양조가 어느 것이 더 맛있습니까?" 말씀하셨다. "회자이지" 공손추가 여쭈었다. "그렇다면 증자는 어째서 회자는 잡숫고 양조는 잡숫지 않으셨습니까?" 말씀하셨다. "회자는 공통적이고 양조는 독특한 것이니 이름은 숨기고 성은 숨기지 않나니, 성은 공통적이고 이름은 독특하기 때문이다."

肉을 聶而切之 爲膾라 炙는 炙(적)*肉也라

고기를 저며서 썬 것이 회이다. 炙는 구운 고기이다.

■ 膾 저민고기 회   炙 구운고기 자

* 자와 적의 구분은 『논어』「학이」편 10장 강설 참조.

37-1. 萬章이 問曰 孔子 在陳하사 曰 盍歸乎來리오 吾黨之士 狂簡하야 進取호대 不忘其初라하시니 孔子 在陳하사 何思魯之狂士시니잇고

만장이 여쭈었다. "공자께서 진나라에 계실 적에 '어찌 돌아가지 않으리오. 우리 고을의 선비가 뜻은 크지만 일은 소략하여 높고 진취적이되 그들의 예전 습관(初)을 버리지 못한다.'하셨으니, 공자께서 진나라에 계실 적에 어째서 노나라의 뜻 큰 선비(狂士)를 생각하셨습니까?"

盍은 何不也라 狂簡은 謂志大而略於事라 進取는 謂求望高遠이라 不忘其初는 謂不能改其舊也라 此語 與論語小異하니라

盍은 어찌 아니함이다. 狂簡은 뜻은 크지만 일에 소략함을 말한다. 進取는 높고 원대한 것을 소망함을 말한다. 不忘其初는 그 옛 습관을 고치지 못함을 말한다. 이 말이 『論語』와 조금 다르다.

37-2. 孟子曰 孔子 不得中道而與之인댄 必也狂獧乎인져 狂者는 進取요 獧者는 有所不爲也라하시니 孔子 豈不欲中道哉시리오마는 不可必得故로 思其次也시니라

맹자께서 말씀하셨다. "공자께서 '中道의 선비를 얻어 함께 할 수 없다면 반드시 광자와 견자이리라. 광자는 높고 원대한 것을 추구하는 자이고 견자는 하지 않는 바가 있다.'하셨으니, 공자께서 어찌 中道의 선비를 얻고 싶지 않으시겠는가마는 반드시 얻지는 못하기 때문에 그 다음을 생각하신 것이다."

不得中道로 至有所不爲는 據論語하면 亦孔子之言이니 然則孔子字下에 當有曰字라 論語에 道作行하고 獧作狷이라 有所不爲者는 知恥自好하야 不爲不善之人也라 孔子豈不欲中道以下는 孟子言也라

不得中道에서 有所不爲까지는 『論語』에 의하면 공자의 말씀이니 그렇다면 孔子 글자 아래에 마땅히 曰자가 있어야 한다. 『論語』에는 道자를 行자로 쓰고 獧자를 狷자로 썼다. 有所不爲는 부끄러움을 알고 자신을 소중히 여겨 불선을 하지 않는 사람이다. 孔子豈不欲中道 이하는 맹자 말씀이다.

37-3. 敢問何如라야 斯可謂狂矣니잇고

"감히 여쭙겠습니다. 어떠해야 광자라 할 수 있습니까?"

萬章이 問이라

만장이 여쭌 것이다.

37-4. 曰 如琴張曾晳牧皮者 孔子之所謂狂矣니라

말씀하셨다. "금장·증석·목피 같은 자가 공자께서 이른바 광자이다."

琴張의 名은 牢요 字는 子張이라 子桑戶死에 琴張이 臨其喪而歌하니 事見(현)莊子하니 雖未必盡然이나 要必有近似者라 曾晳은 見(현)前篇하니 季武子死에 曾晳이 倚其門而歌하니 事見(현)檀弓이요 又言志에 異乎三子者之撰(선)하니 事見(현)論語하니라 牧皮는 未詳이라

금장의 이름은 뢰요 자는 자장이다. 자상호가 죽었을 적에 금장이 그의 상가에 가서 노래하였으니 사실이 『莊子』에 보인다. 비록 반드시 다 그런 것은 아니지만 요점이 반드시 근사한 점이 있다. 증석은 전편에 보이니 계무자가 죽었을 적에 증석이 그의 문에 기대어 노래하였으니 일이 <檀弓>편에 보이고, 또 뜻을 말함에 3子(자로, 염구, 공서화)가 지닌 것과 달랐으니, 사실이 『論語』에 보인다. 목피는 상고할 수 없다.

■ 撰 가질 선

37-5. 何以謂之狂也니잇고

"어째서 광자라 합니까?"

萬章이 問이라

만장이 여쭌 것이다.

37-6. 曰 其志 嘐嘐然曰 古之人古之人이여호대 夷考其行而不掩焉者也니라

말씀하셨다. "그의 뜻이 매우 커서 '옛사람이여, 옛사람이여!' 큰소리치지만

평소 그의 행실을 살펴보면 실천하지 못하는 자이다.

嘐嘐는 志大言大也라 重言古之人은 見其動輒稱之요 不一稱而已也라 夷는 平也라 掩은 覆也니 言平考其行하면 則不能覆其言也라 程子曰 曾晳이 言志而夫子 與之하시니 蓋與聖人之志로 同하니 便(변)是堯舜氣象也로되 特行有不掩焉耳니 此所謂狂也라

嘐嘐는 뜻도 크고 말도 큼이다. 거듭 옛사람을 말함은 그가 걸핏하면 일컫고 한 번 일컬었을 뿐이 아님을 알 수 있다. 夷는 평소이다. 掩은 뒤덮음이니, 평소 그의 행실을 살피면 그의 말을 뒤덮지 못함을 말한 것이다. 정자가 말하였다. "증석이 뜻을 말함에 부자께서 허여하셨으니 대개 성인의 뜻과 같으니 바로 요순의 기상이지만 단지 행실이 따르지 못할 뿐이니 이것이 이른바 광자이다."

■ 嘐 큰소리칠 효　　動 걸핏하면 동　　輒 문득 첩　　夷 평소 이

37-7. 狂者를 又不可得이어든 欲得不屑不潔之士而與之하시니 是獧也니 是 又其次也니라

광자를 또 얻지 못할 경우 조촐하지 않은 것을 달가워하지 않는 선비를 얻어 함께하고자 하셨으니, 바로 견자이니 이 또한 그 다음가는 선비이다."

此는 因上文所引하야 遂解所以思得獧者之意라 狂은 有志者也요 獧은 有守者也니 有志者는 能進於道요 有守者는 不失其身이라 屑은 潔也라

이것은 위 인용문을 토대로 드디어 견자를 생각한 뜻을 풀이한 것이다. 狂은 뜻을 지닌 자요 獧은 지킴이 있는 자이니, 뜻을 지닌 자는 능히 도에 나아가고 지킴이 있는 자는 제 몸을 잃지 않는다. 屑은 조촐함이다.

37-8. 孔子曰 過我門而不入我室이라도 我不憾焉者는 其惟鄕原乎인져 鄕原은 德之賊也라하시니 曰 何如라야 斯可謂之鄕原矣니잇고

"공자께서 '내 대문을 지나되 내 집에 들어오지 않을지라도 내 서운하지 않은 자는 그 오직 향원이로다. 향원은 덕을 해치는 자이다.'하셨으니, 어떠해야 향원이라 할 수 있습니까?"

鄕原은 非有識者라 原은 與愿으로 同하니 荀子에 原慤字를 皆讀作愿하니 謂謹愿之人也라 故로 鄕里所謂愿人을 謂之鄕原이라 孔子 以其似德而非德이라 故로 以爲德之賊이라하시니라 過門不入而不恨之는 以其不見親就로 爲幸이니 深惡(오)而痛絶之也라 萬章이 又引孔子之言而問也라

鄕原은 식견이 있는 자가 아니다. 原은 愿자와 같으니 『荀子』에 原慤字를 다 독음을 愿이라 하니 근후한 사람을 말한다. 그러므로 향리에서 이른바 근후한 사람을 향원이라 한다. 공자께서 그가 덕과 비슷하나 덕이 아니라고 여기셨으므로 덕을 해치는 자라 하셨다. 문을 지나며 들어오지 않아도 서운하게 여기지 않으심은 그가 친히 만나지 않음을 다행으로 여기심이니 깊이 미워하고 통렬하게 거절한 것이다. 만장이 또 공자의 말씀을 인용하여 여쭌 것이다.

37-9. 曰 何以是嘐嘐也하야 言不顧行하며 行不顧言이요 則曰古之人 古之人이여하며 行何爲踽踽涼涼이리요 生斯世也라 爲斯世也하야 善斯可矣라하야 閹然媚於世也者 是鄕原也니라

말씀하셨다. "어찌 이리도 뜻이 크고 큰소리치면서 말은 행실을 돌아보지 않으며 행실은 말을 돌아보지 않고 '옛사람이여, 옛사람이여!'하며 '행하기를 어찌 홀로 하며 박대 받는 짓만 하겠는가? 이 세상에 태어나서 이 세상을

위하여 잘 한다 하면 괜찮다.'하여 엄연히 세상에 아첨하는 자가 바로 향원이다."

踽踽는 獨行不進之貌라 涼涼은 薄也니 不見親厚於人也라 鄉原이 譏狂者曰 何用如此嘐嘐然하야 行不掩其言하고 而徒每事必稱古人邪(야)하며 又譏狷者曰 何必如此踽踽涼涼하야 無所親厚哉아 人旣生於此世면 則但當爲此世之人하야 使當世之人으로 皆以爲善則可矣라 하니 此 鄉原之志也라 閹은 如奄人之奄이니 閉藏之意也라 媚는 求悅於人也라 孟子 言此深自閉藏하야 以求親媚於世하니 是鄉原之行也라 하시니라

踽踽는 홀로 행하여 나아가지 못하는 모양이다. 涼涼은 박대함이니 남에게 친절한 후의를 받지 못함이다. 향원이 광자를 기롱하여 '어찌 이리도 뜻이 크고 큰소리치면서 행실은 그의 말을 실천하지 못하고 한갓 매사에 반드시 옛사람만 일컫는가?'하며 또 견자를 기롱하여 '하필이면 이같이 홀로 가며 박대만 당하여 친절한 후의를 입지 못하는가?'하고 '사람이 이미 이 세상에 태어났으면 마땅히 이 세상 사람을 위하여 당세의 사람이 다 잘한다고 여기게 하면 괜찮다.'하니, 이것이 향원의 뜻이다. 閹은 奄人의 奄자와 같으니, 감춘다는 뜻이다. 媚는 남에게 기쁨을 구함이다. 맹자께서 '이는 깊이 자신을 감추고서 세상에 기뻐하기를 구하는 것이니, 바로 향원의 행실이다.'말씀하신 것이다.

■ 踽 홀로걸을 우   閹 숨길 엄   奄 내시 엄

37-10. 萬章이 曰 一鄉이 皆稱原人焉이면 無所往而不爲原人이어늘 孔子 以爲德之賊은 何哉잇고

만장이 여쭈었다. "일향이 다 근후한 사람이라 일컬으면 가는 곳마다 근후한 사람이거늘, 공자께서 덕을 해치는 자라 여기심은 무엇 때문입니까?"

原은 亦謹厚之稱이어늘 而孔子 以爲德之賊이라 故로 萬章이 疑之하니라

原은 또한 근후하다는 칭송인데 공자께서 덕을 해치는 자라 여기셨다. 그러므로 만장이 의심한 것이다.

37-11. 曰 非之無擧也요 刺之無刺也하야 同乎流俗하며 合乎汙世하야 居之似忠信하며 行之似廉潔하야 衆皆悅之어든 自以爲是而不可與入堯舜之道니 故로 曰德之賊也라하시니라

말씀하셨다. "그르다 하려해도 들춰낼 것이 없고 기롱하려해도 기롱할 만한 것이 없어 세속의 흐름과 함께하며 타락한 세속에 부합하여 마음 둠이 忠信한듯 하며 행함에 청렴결백한 듯하여 대중이 다 기뻐하면 스스로 옳게 여겨 함께 요순의 도에 들어가지 못하니, 그러므로 '덕을 해치는 자이다.' 하신 것이다.

呂侍講曰 言此等之人은 欲非之則無可擧요 欲刺之則無可刺也라 하니라 流俗者는 風俗頹靡 如水之下流하야 衆莫不然也라 汙는 濁也라 非忠信而似忠信하고 非廉潔而似廉潔이라

여시강이 말하였다. "이런 무리의 사람은 비난하려 해도 들춰낼 것이 없고 기롱하려 해도 기롱할 것이 없다고 말한 것이다." 流俗이란 풍속의 퇴폐함이 물이 흘러내려가듯이 대중이 그렇지 않음이 없음이다. 汙는 혼탁함이다. 충신하지 않은데도 忠信한 듯하고 청렴결백하지 않은데도 청렴결백한 듯하다.

■ 頹 무너질 퇴　　靡 쓰러질 미

37-12. 孔子曰 惡(오)似而非者하노니 惡(오)莠는 恐其亂苗也요 惡(오)佞은 恐其亂義也요 惡(오)利口는 恐其亂信也요 惡(오)鄭聲은 恐其亂樂也요 惡(오)紫는 恐其亂朱也요 惡(오)鄕原은 恐其亂德也라하시니라

공자께서 말씀하셨다. '사이비를 미워하노니 가라지 풀을 미워함은 묘를 어지

럽힐까 걱정함이요 말재주를 미워함은 의를 어지럽힐까 걱정함이요 수다스럽고 실상이 없는 말을 미워함은 신을 어지럽힐까 걱정함이요 음란한 음악(鄭聲)을 미워함은 바른 음악을 어지럽힐까 걱정함이요 간색인 자주색을 미워함은 정색인 붉은색을 어지럽힐까 걱정함이요 향원을 미워함은 덕을 어지럽힐까 걱정함이다.'

孟子 又引孔子之言하야 以明之하시니라 莠는 似苗之草也라 佞은 才智之稱이니 其言이 似義而非義也라 利口는 多言而不實者也라 鄭聲은 淫樂也요 樂은 正樂也라 紫는 間色이요 朱는 正色也라 鄕原이 不狂不獧하야 人皆以爲善하니 有似乎中道而實非也라 故로 恐其亂德이니라

맹자께서 또 공자의 말씀을 인용하여 밝히셨다. 莠는 묘와 비슷한 풀이다. 佞은 말의 재주와 지혜를 일컫는 말이니, 그 말이 義인듯하지만 義가 아니다. 利口는 수다스럽고 실상이 없는 것이다. 鄭聲은 음란한 음악이요 樂은 정악이다. 紫는 간색이요 朱는 정색이다. 향원이 광자도 견자도 아닌데 사람이 다 잘한다고 여기니 중도인 듯하나 실제는 아니다. 그러므로 덕을 어지럽힐까 걱정하는 것이다.

■ 莠 강아지풀 유　　佞 재주 녕

37-13. 君子 反經而已矣니 經正則庶民이 興하고 庶民이 興이면 斯無邪慝矣리라

군자는 상도를 회복할 뿐이니 상도가 바루어지면 서민이 흥기하고 서민이 흥기하면 사특한 것들은 없어질 것이다."

反은 復也라 經은 常也니 萬世不易之常道也라 興은 興起於善也라 邪慝은 如鄕原之屬이 是也라 世衰道微하야 大經不正이라 故로 人人得爲異說하야 以濟其私하야 而邪慝幷起하니 不可勝正이라 君子於此에 亦

復其常道而已니 常道旣復이면 則民興於善하야 而是非明白하야 無所回互하야 雖有邪慝이나 不足以惑之矣니라

○尹氏曰 君子取夫狂狷者는 蓋以狂者는 志大而可與進道요 狷者는 有所不爲而可與有爲也라 所惡(오)於鄕原而欲痛絶之者는 爲其似是而非하야 惑人之深也니 絶之之術은 無他焉이라 亦曰反經而已矣니라

反은 돌아감이다. 經은 떳떳함이니 영원히 변하지 않는 常道이다. 興은 선에 흥기함이다. 邪慝은 향원과 같은 무리이다. 세상에 도가 쇠미하여 상도가 바루어지지 않았다. 그러므로 사람마다 이설을 만들어 자신의 사욕을 건지려 하여 사특한 것들이 함께 일어나니 이루다 바로잡을 수 없다. 군자가 이에 또한 상도로 돌아가게 할 따름이니, 상도가 회복되면 백성이 선에 흥기하여 시비가 명백하여 돌아보고 비교할 바가 없어져 비록 사특한 짓이 있으나 현혹되지 않는다.

○윤씨가 말하였다. "군자가 저 광자와 견자에게 취하는 것은 대개 광자는 뜻이 커서 함께 도에 나아갈 수 있고 견자는 하지 않는 바가 있어서 함께 행할 수 있기 때문이다. 향원을 미워하여 통렬하게 거절한 것은 그가 사이비라 남을 현혹함이 심하기 때문이니, 거절하는 방법은 다른 것이 없다. 역시 상도로 돌아가게 할 따름이다."

■ 狷 성급할 견　　回 돌아볼 회

38. 孟子曰 由堯舜至於湯이 五百有餘歲니 若禹皐陶(요)則見而知之하시고 若湯則聞而知之하시니라

맹자께서 말씀하셨다. "요순에서 탕까지 500여 년이니 우와 고요는 보아서 아셨고 탕은 들어서 아셨다.

趙氏曰 五百歲而聖人出은 天道之常이라 然이나 亦有遲速하야 不能

正五百年이라 故로 言有餘也라 尹氏曰 知는 謂知其道也라

조씨가 말하였다. "500년에 성인이 나옴은 천도의 떳떳함이다. 그러나 또한 늦고 빠름이 있어서 500년을 기약할 수 없다. 그래서 有餘라 말한 것이다." 윤씨가 말하였다. "知는 그 도를 앎을 말한 것이다."

■ 正 미리기약할 정

38-2. 由湯至於文王이 五百有餘歲니 若伊尹萊朱則見而知之하고 若文王則聞而知之하시니라

탕에서 문왕까지 500여 년이니 이윤과 래주는 보아서 알았고 문왕은 들어서 아셨다.

趙氏曰 萊朱는 湯賢臣이라 或曰 卽仲虺也라하니 爲湯左相하니라

조씨가 말하였다. "래주는 탕의 어진 신하이다." 혹자는 '곧 중훼이다.'하니 탕의 재상이 되었다.

38-3. 由文王至於孔子 五百有餘歲니 若太公望散宜生則見而知之하고 若孔子則聞而知之하시니라

문왕에서 공자까지 500여 년이니 태공망과 산의생은 보아서 알고 공자는 들어서 아셨다.

散은 氏요 宜生은 名이니 文王의 賢臣也라 子貢이 曰文武之道 未墜於地하야 在人이라 賢者는 識(지)其大者하고 不賢者는 識(지)其小者하야 莫不有文武之道焉하니 夫子 焉不學이시리오하니 此所謂聞而知之也니라

산은 성씨요 의생은 이름이니 문왕의 어진 신하이다. 자공이 '문왕·무왕의 도가 땅에 떨어지지 않고 사람에 있는지라 현자는 그 큰 것을 기억하고 어질지 못한 자는 그 작은 것을 기억하여 문왕·무왕의 도를 지니지 않은 자가 없으니

부자께서 어디선들 배우지 않으셨으리오.' 하니, 이것이 이른바 들어서 알았다는 것이다.

38-4. 由孔子而來로 至於今이 百有餘歲니 去聖人之世 若此其未遠也며 近聖人之居 若此其甚也로대 然而無有乎爾하니 則亦無有乎爾로다

공자 이래로 지금까지 100여 년이니 성인의 세대가 멀지 않으며 성인이 사신 곳이 매우 가까운데도 보고 안 분이 없으니, 역시 들어서 아는 자도 없겠구나."

林氏曰 孟子 言孔子至今時未遠하고 鄒魯相去 又近이라 然而已無有見而知之者矣하니 則五百餘歲之後에 又豈復(부)有聞而知之者乎리오

愚는 按此言은 雖若不敢自謂己得其傳而憂後世遂失其傳이나 然이나 乃所以自見其有不得辭者요 而又以見夫天理民彛不可泯滅하니 百世之下에 必將有神會而心得之者耳라 故로 於篇終에 歷序群聖之統하시고 而終之以此하시니 所以明其傳之有在요 而又以俟後聖於無窮也시니 其旨 深哉로다

○有宋元豊八年에 河南程顥伯淳이 卒커늘 潞公文彦博이 題其墓曰 明道先生이라하니 而其弟頤正叔이 序之曰 周公沒에 聖人之道不行하고 孟軻死에 聖人之學이 不傳하니 道不行이라 百世無善治하고 學不傳이라 千載無眞儒하니 無善治라도 士猶得以明夫善治之道하야 以淑諸(저)人하야 以傳諸(저)後어니와 無眞儒면 則天下貿貿焉莫知所之하야 人欲肆而天理滅矣라 先生이 生乎千四百年之後하야 得不傳之學於遺經하야 以興起斯文으로 爲己任하야 辨異端하고 闢私說하야 使聖人之道로 煥然復(부)明於世하시니 蓋自孟子之後一人而已라 然이나 學者 於道에

不知所向이면 則孰知斯人之爲功이며 不知所至면 則孰知斯名之稱情 也哉리오

임씨가 말하였다. "맹자께서 '공자와 지금 시대가 멀지 않고 추나라 지역과 노나라가 또 가깝다. 그런데도 이미 보고서 안자가 없으니 500여 년 뒤에 어찌 다시 들어서 아는 자가 있겠는가?'말씀하신 것이다."

내가 살피건대, 이 말씀은 비록 감히 자기가 그 전함을 얻었다고 자위하지는 않았지만 후세에 드디어 그 전함을 잃을까 걱정한 것이다. 그러나 그 사양하지 못할 점이 있음을 자신이 아신 것이요, 또한 저 천리와 양심이 없어질 수 없으니 100세 뒤에 반드시 정신으로 합치하고 마음으로 터득하는 자가 있으리라는 것을 아신 것이다. 그러므로 편 마무리에 여러 성인의 도통을 낱낱이 서술하시고 이 말씀으로 마무리 하셨으니, 그 전함이 있음을 밝히려 한 것이요 또한 영원히 후대의 성인을 기다리려 하신 것이니 그 뜻이 심원하도다.

○송 원풍 8년(1085)에 하남에 사는 정호 백순이 돌아가시자, 노공 문언박이 그의 묘비에 명도선생이라 쓰니 그의 아우 정이 정숙이 다음과 같이 서문을 지었다. '주공이 돌아가심에 성인의 도가 행해지지 않았고 맹자가 돌아가심에 성인의 학문이 전해지지 않으니, 도가 행해지지 않은지라 100대에 훌륭한 정치가 없고 학문이 전해지지 않은지라 천년 동안 진짜 선비가 없었으니 훌륭한 정치가 없더라도 선비가 오히려 훌륭한 정치 방법을 밝혀 사람을 가르쳐서 후대에 전할 수 있겠지만 진짜 선비가 없으면 천하가 암흑에 빠져 갈 곳을 몰라 욕망에 빠져 천리가 없어질 것이다. 선생께서 1,400년 뒤에 태어나 남은 경서에서 전해지지 않은 학문을 터득하여 斯學의 흥기를 자기 책임으로 삼아 이단을 분변하고 사설을 물리쳐 성인의 도를 다시 세상에 찬란히 빛나게 하셨으니, 대개 맹자 후로 한 분일뿐이다. 그러나 학자가 도에 있어서 향할 바를 모르면 누가 이 사람의 공인 줄 알며 이른 경지를 모르면 누가 이 이름(明道)이 실정에 맞는 줄을 알겠는가?'

跋文

　　병주 선생님의 칠순을 맞이하여 출간한 『論語集註』附講說 초판의 미진한 부분을, 양래 이태구와 원춘 강원모가 함께 참여하여 교정을 마친 것은 2009년 2월이었다.

　　현 시대의 흐름과 멀리 떨어져 뚜벅뚜벅 걸으시며 쌓아 오신 병주 이선생의 학문을 정리·발표하고 개인주의·합리주의라는 사조아래 왜곡되고 일탈된 교육·문화의 병폐를 바로잡는 데 미력이나마 소임을 다하고자 대전외국어고등학교를 마지막으로 교직을 떠난 다음 해의 일이었다.

　　이래 여종 권선길, 양래 이태구, 이강 김정찬이 공역하여 『孟子集註』·『大學中庸章句』附譯解를 마치고 四書를 함께 출간하게 되었다.

　　본래 재주와 덕이 부족한 사람이 의기만 충만하였기에 병주 선생께서도 항상 '울퉁불퉁한 기질을 소마하는 데 힘쓰라.' 권면하셨지만 귀담아 듣지 않았다. 이로 인하여 2006년 말부터 시작된 긴 환란은 선생의 삶과 학문이 용해된 저술을 세상에 내놓는데 한없이 지연되었으니, 이 모든 것이 나의 잘못이 아닐 수 없다.

　　자신을 알지 못했으니 사람을 알지 못할 것이요, 사람을 알지 못하니 하늘을 알지 못함은 당연한 이치라 하겠다. 그럼에도 소임을 다하리라 했던 初志가 한 순간도 흔들리고 동요한 적이 없었으니, 이는 선생의 가르침과 동문수학하는 붕우들의 격려와 믿음에 연유한 것이라 하겠다.

　　自求之禍를 겪으면서 선비문화원은 협소한 곳으로 옮겨졌고 명칭 또한 善善

儒敎經傳硏究所로 바뀌었으니, 이 또한 나의 잘못이요, 그로 인해 선생과 붕우들에게 누를 끼치게 되었다. 사죄하고 사죄할 따름이다.

　이런 와중에도 주중의 경전강의 과목 외에 토요강학회를 개설하여 선생님까지 참여하여 지도해주시고 양래 이태구가 강한『小學』을 거쳐 근암 박우철이 강한『韓人學選』·『心經』을 마치고 금년 11월에는 이성진, 이승우, 한준, 손병식이『近思錄』을 輪講하는 경지까지 발전하였으니, 선생의 제자들이 학문에 漸進하고 自彊不息하는 자세 또한 선생의 교화 덕택이라 하겠다.

　직장생활의 고단함도 잊고 멀리 인천에서 빠짐없이 강학회에 참여한 오정인 동학의 학문에 대한 열정과 강의에 남다른 재주가 있는 강원모의 경전강의와 한시에 뜻과 재능을 지닌 이승한과 이상윤 동문의 창작열에 찬사를 보내며 아울러 학문의 발전과 성취를 기원하는 바이다.

　환란 속에서 물심양면으로 도와준 하응수, 김윤중, 김정찬, 박우철에게 마음 깊이 고마움을 전하고, 특히 김윤중의 자친께서 주신 도움은 너무나 큰 것이라서 지면이나마 삼가 감사를 올립니다. 아울러 선선유교경전연구소 허선만 감사의 도움과 묵묵히 감내하고 자신의 도리를 다해준 처자식에게도 고마움을 전한다.

　시련과 환란은 백년인생에 짝하는 것이나 나의 경우는 지인들에게 고통을 주게 되는 지경에 이르렀기에 말이 길어진 것이다. 그러나 역경을 넘지 못하면 필부에 지나지 못할 것이니, 이를 기록함은 나의 소임을 다시 한 번 되새기기 위함이니 매정한 훈계와 격려를 기대할 뿐이다.

2012년 12월　일 善善儒敎經傳硏究所에서 고주환은 삼가 쓰다.

善善儒敎經傳硏究所國譯委員
國譯委員: 高珠煥 權善吉
李泰九 金正讚
檢討委員: 姜元模 韓 俊
朴宇喆 李性振

孟子集註

印刷 : 2013年 1月 21日
發行 : 2013年 1月 25日
譯註 : 善善儒敎經傳硏究所
　　　大田廣域市 西區 屯山洞 915 청사오피스텔 508호
　　　TEL. (042) 472-1479
　　　www.sunsun.co.kr
編輯人 : 李承雨
發行人 : 高珠煥
發行處 : (株)善善
　　　大田廣域市 西區 屯山洞 915 청사오피스텔 508호
　　　TEL. (042) 472-1479
　　　FAX. (042) 472-1479
　　　E-mail : kjmong1479@hanmail.net
　　　登錄番號 : 第 2011-23 호

定價 40,000원

ISBN 978-89-98674-04-5 04140